日本語能力試験 N2に出る

ネパール語・カンボジア語・ラオス語 版

日本語単語 スピードマスター

जापानी शब्दहरूको तिब्र ज्ञान

រៀនវាក្យសព្ទភាសាជប៉ុនយ៉ាងស្ទាត់ជំនាញនិងឆាប់រហ័ស

ຮຽນຮູ້ຄຳສັບພາສາຍີ່ປຸ່ນແບບວ່ອງໄວ

倉品　さやか
Kurashina Sayaka

Jリサーチ出版

はじめに

「もっと単語を知っていたらいろいろ話せるのに」「問題集もしてみたけど、もっともっと単語を増やしたい！」……と思ったことはありませんか。

この本は、シリーズ前編の『日本語単語スピードマスター BASIC 1800』、そして『日本語単語スピードマスター STANDARD2400』に続く、さらに一つ上のレベルの単語集で、関連語を含めて約 2500 の語を取り上げています。単語は、中級や中上級のテキスト、以前の日本語能力試験の出題基準、新しい日本語能力試験の問題集など、さまざまな資料を参考に、生活でどのように使われているかを考えて選びました。

この本では、一つ一つの言葉をばらばらでなく、テーマごとに整理しながら覚えていきますので、興味のあるユニットから始めてください。それぞれの語についても、意味だけでなく、例文やよく使われる表現、関係のある言葉なども一緒に学べるようにしています。

例文は、会話文を中心に、日常よく使われる表現を紹介しています。覚えたら、生活の中ですぐ役立つことでしょう。これらの例文が付属の音声に収められていますので、単語や表現を覚えながら、聞き取りや発音の練習もできます。電車の中や寝る前に使うのもいいでしょう。どんどん活用してください。たくさんの単語を取り上げたかったので、この本には練習問題はありませんが、赤いシートを使ってどれだけ覚えたか確認しながら勉強することもできます。覚えたら、単語の隣にある□にどんどんチェックを入れていきましょう。

この本でたくさんの言葉を覚えて、たくさん日本語を話してください。

倉品さやか

この本の使い方

यो पुस्तक प्रयोग गर्न कसरी／របៀបប្រើប្រាស់សៀវភៅនេះ／ວິທີການໃຊ້ປຶ້ມຫົວນີ້

覚えておきたい基本語に□をつけています。

याद गर्न आवश्यक आधारभूत शब्दहरूमा □को उल्लेख गरिएको छ।／
ពាក្យមូលដ្ឋានគ្រឹះដែលគួរចងចាំ ត្រូវបានដាក់សំគាល់ដោយសញ្ញា□។／
ມີເຄື່ອງໝາຍ□ໝາຍໄວ້ທີ່ຄຳສັບພື້ນຖານທີ່ຢາກຈື່ຈຳ

⓭ □ 大気　(वायुमण्डल／បរិយាកាស／ອາກາດ(ໃນຊັ້ນບັນຍາກາດ))

▶ 大気中には、さまざまな有害物質も含まれている。
(वायुमण्डलभित्र पनि विभिन्न प्रकारका हानिकारक तत्वहरू हुन्छ ।／
នៅក្នុងបរិយាកាសក៏មានផ្ទុកនូវសារធាតុគ្រោះថ្នាក់ផ្សេងៗផងដែរ។／ອາກາດໃນຊັ້ນບັນຍາກາດປະກອບດ້ວຍສານພິດຫຼາຍຊະນິດ.)

▷ 大気汚染　(वायु प्रदुषण／ការបំពុលបរិយាកាស／ບັນຫາສະພາບອາກາດ)

例文や熟語の例などを紹介します。

उदाहरण वाक्य तथा शब्द टुक्काहरूका उदाहरणको परिचय गरिएको छ।／
បង្ហាញឃ្លាឧទាហរណ៍ និងឧទាហរណ៍នៃពាក្យឃ្លាដែលមានន័យពិសេស។／
ແນະນຳຕົວຢ່າງຂອງປະໂຫຍກແລະສຳນວນ

▶は、音声が収録されています（▷は音声なし）。

▶मा अडियो रेकर्ड गरिएको छ ।（आवाज नभएमा▷）／
▶មានថតសំលេង (▷មិនមានសម្លេងទេ)។／
▶ໝາຍຄວາມວ່າມີສຽງເວົ້າຖືກບັນທຶກ (▷ແມ່ນບໍ່ມີສຽງບັນທຶກ)

［　　］で示した言葉と同じグループの言葉などを紹介します。

［　　］देखाइएको शब्दको एउटै समूहमा पर्ने शब्दको परिचय गरिएको छ।／
បង្ហាញពីពាក្យនៅដែលក្នុងក្រុមដូចគ្នាជាដើមនឹងពាក្យដែលមានសញ្ញា［　　］។／
ແນະນຳຄຳສັບໃນໝວດດຽວກັນແລະຄຳສັບອື່ນໆທີ່ສະແດງດ້ວຍເຄື່ອງໝາຍ［　　］

- 同 **同義語**　पर्यायवाचीशब्द／សទិសន័យ／ຄຳທີ່ມີຄວາມໝາຍຄືກັນ
- 対 **対義語**　शब्द गरेको विपरीत／ពាក្យផ្ទុយ／ຄຳກົງກັນຂ້າມ
- 話 **会話で多い言い方**　कुराकानी गर्दाअधिक प्रयोग हुने बोलिहरू／របៀបនិយាយដែលមានច្រើននៅក្នុងការសន្ទនា／ວິທີເວົ້າທີ່ນຳໃຊ້ຫຼາຍໃນບົດສົນທະນາ
- て **ていねいな言い方**　आदरका बोलिहरू／របៀបនិយាយដែលគួរសម／ວິທີເວົ້າແບບສຸພາບ

➡ 音声ダウンロードの案内は、この本の一番最後にあります。

अडियो डाउनलोड गर्ने तरिका यस किताबको सबभन्दा पछाडी रहेको जानकारी गराउँदछु ।／
ការណែនាំអំពីការទាញយកសំលេងគឺនៅចុងបំផុតនៃសៀវភៅនេះ／
ຄຳແນະນຳໃນການດາວໂຫຼດສຽງເວົ້າຢູ່ທ້າຍສຸດຂອງປຶ້ມຫົວນີ້.

もくじ　सामग्रीहरूको तालिका／មាតិកា／ສາລະບານ

PART 2 コツコツ覚えよう、基本の言葉 …… 225

बिस्तार बिस्तार याद गरौं,आधारभूत शब्दहरू／ចងចាំបន្តិចម្តងៗ, ពាក្យមូលដ្ឋានគ្រឹះ／
ຈື່ຈຳເທື່ອລະໜ້ອຍ, ຄຳສັບພື້ນຖານ

テーマ別で覚えよう、基本の言葉

फरक फरक प्रसंगद्वारा याद गरौं,आधारभूत शब्दहरू
ចងចាំទៅតាមប្រធានបទ, ពាក្យមូលដ្ឋានគ្រឹះ
ຈື່ຈຳເປັນຫົວຂໍ້, ຄຳສັບພື້ນຖານ

★ 例文は会話表現が中心で、短縮や変形など、話し言葉の特徴はそのままにしています。

उदाहरण वाक्यहरुलाई कुराकानीमा केन्द्रिकृत गरेर, छोटकरीमा परिवर्तन गरी, बोलिचालिको भाषालाई जस्ताको तस्तै प्रस्तुत गरिएको छ ।／ប្រយោគឧទាហរណ៍មានការបញ្ចេញមតិសន្ទនាជាចម្បង ហើយលក្ខណៈពិសេសនៃភាសានិយាយ ដូចជាការធ្វើឱ្យខ្លីនិងការផ្លាស់ប្តូរទំរង់គឺត្រូវបានរក្សាទុកដដែល។／ປະໂຫຍກຕົວຢ່າງສ່ວນຫຼາຍເປັນສຳນວນໃນບົດສົນທະນາແລະຍັງຄົງຮັກສາລັກສະນະສະເພາະຂອງພາສາເວົ້າເຊັ່ນ: ເຮັດໃຫ້ຄຳເວົ້າສັ້ນລົງ ແລະ ມີການປັບປ່ຽນວິທີເວົ້າ.

★ 表記については、漢字とひらがなを厳密に統一していません。

खान्जी र हिरागानाको लेखन कमबद्धता मिलाएको छैन ।／អំពីប្រយោគគឺអក្សរកាន់ជីនិងអក្សរហ៊ីរ៉ាហ្គាណាមិនបានបង្រួបបង្រួមយ៉ាងម៉ត់ចត់ទេ។／ການສະແດງວິທີອ່ານຂອງຄັນຈິແລະຮິລະກະນະຈະບໍ່ຄືກັນໝົດສະເໝີໄປ.

UNIT 1

時間(じかん)・時(とき) (समय, बेला, अवस्था／ពេលវេលា-ម៉ោង／ເວລາ)

❶ □ かつて (धेरै पहिल／កាលពីយូរលង់ណាស់មកហើយ／ແຕ່ກ່ອນ, ກ່ອນໜ້ານີ້)

▶ かつてはこの町(まち)も栄(さか)えていました。

(धेरै पहिले यो सहर पनि समृद्ध थियो ।／ទីក្រុងនេះក៏ធ្លាប់មានភាពចម្រុងចម្រើនផងដែរ កាលពីយូរលង់ណាស់មកហើយ／ແຕ່ກ່ອນຕົວເມືອງນີ້ເຄີຍົດງາມ.)

❷ □ 先(さき)ほど/先程(さきほど) (एक छिन अघि／មុននេះ／ວ່າງກີ້ນີ້, ວ່າງໜຶ່ງ) て

▶ 先ほど荷物(にもつ)が届(とど)きました。

(एक छिन अघि सामान आइपुग्यो ।／ខ្ញុំបានទទួលកញ្ចប់របស់មុននេះ／ວ່າງກີ້ນີ້ເຄື່ອງໄດ້ມາຮອດ.)

❸ □ 現在(げんざい) (वर्तमान समय (अहिले)／បច្ចុប្បន្ន／ປະຈຸບັນ)

▶ 現在、日本(にほん)は午後(ごご)８時(じ)です。

(अहिले, जापानमा रातिको ८ बज्यो ।／បច្ចុប្បន្ន ប្រទេសជប៉ុនគឺម៉ោង 8／ປະຈຸບັນ, ຢູ່ຍີ່ປຸ່ນແມ່ນເວລາ 8 ໂມງ.)

❹ □ 過去(かこ) (बितेको समय अथवा विगत (भूतकाल)／អតីតកាល／ອະດີດ)

❺ □ 未来(みらい) (भविष्य／អនាគត／ອະນາຄົດ, ພາຍໜ້າ)

❻ □ ただ今(いま) (अहिले (भर्खरैको अवस्था)／ឥឡូវនេះ／ເວລານີ້, ດຽວນີ້) て

▶ 〈電話(でんわ)〉佐藤(さとう)はただ今席(せき)を外(はず)しております。

(<फोन> सातोउ अहिले आफ्नो कुर्सीमा हुनुहुन्न ।／<ទូរស័ព្ទ> លោកសាតូមិននៅកន្លែងទេឥឡូវនេះ ។／(ໂທລະສັບ) ດຽວນີ້, ຊາໂຕ້ ອອກໄປນອກ.)

❼ □ 至急(しきゅう) (तुरुन्तै, छिटो／បន្ទាន់ ប្រញាប់ខ្លាំង／ດ່ວນ, ຢ່າງຮີບດ່ວນ)

▶ 至急、お返事(へんじ)ください。／大(だい)至急、電話(でんわ)をください。

(तुरुन्तै, जवाफ दिनुहोस् । छिटो फोन गर्नुहोस् ।／សូមឆ្លើយតបឲ្យបានឆាប់បំផុត។ / សូមទូរសព្ទមកខ្ញុំជាបន្ទាន់បំផុត។／ກະລຸນາຕອບດ່ວນ./ກະລຸນາໂທຫາດ່ວນ.)

❽ □ 今(いま)のところ (अहिलेको (अहिलेको अवस्था)／សម្រាប់ពេលនេះ／ຕອນນີ້)

▶ 今のところ、予定(よてい)の変更(へんこう)はないようです。

(अहिलेको लागि, समय तालिका परिवर्तन छैन जस्तो छ ।／ពេលនេះដូចជាមិនមានការផ្លាស់ប្តូរក្នុងកាលវិភាគទេ ។／ຕອນນີ້, ບໍ່ຮຽງຊີມີການປ່ຽນແປງກຳນົດການ.)

❾ □ 今(いま)にも (अहिले पनि／នៅពេលណាមួយភ្លាមៗ／ໄວໆນີ້, ກຳລັງຈະເກີດຂຶ້ນດຽວນີ້ແລ້ວ)

▶ 今にも降(ふ)り出(だ)しそう。早(はや)く帰(かえ)ろう。

(अहिले पानी पर्ला जस्तो छ। चाँडो घर जाऔं।／វាជិតនឹងត្រូវធ្លាក់មកហើយ។ តោះទៅផ្ទះលឿនឡើង។／ຕອນນີ້, (ຝົນ) ກຽມຊິຕົກແລ້ວ. ພາກັນເມືອໄວໆເທາະ.)

❿ □ じき(に) (छिटो／មិនយូរប៉ុន្មាន ឆាប់ៗ／ທັນທີ, ບຶດດຽວ)

▶「まだ降(ふ)ってるね」「じきにやむでしょう」

(“अझै पानी परिरहेछ है ?” “छिटो रोकिन्छ होला।”／«វានៅតែមានភ្លៀងធ្លាក់»។ «ភ្លៀងនឹងឈប់ឆាប់ៗ»។／“(ຝົນ) ຍັງຕົກຢູ່ເນາະ” “ບຶດດຽວກໍ່ເຊົາ”)

⓫ □ いよいよ (अन्तत／ទីបំផុត／ໃກ້ຊິຮອດ)

▶ いよいよ明日(あした)で卒業(そつぎょう)ですね。

(अन्ततः भोलि दिक्षित हुने भयो है ?／ទីបំផុតបញ្ចប់ការសិក្សានៅថ្ងៃស្អែកនេះ។／ໃກ້ຊິຮຽນຈົບໃນມື້ອື່ນແລ້ວເນາະ.)

⓬ □ 近頃(ちかごろ) (आजकल／ថ្មីៗនេះ／ໄລຍະນີ້, ສະໄໝນີ້)

▶ 近頃の若者(わかもの)は、そんなことも知(し)らないのか。

(आजकलका युवालाई, त्यस्तो कुरा पनि थाहा छैन ?／តើយុវវ័យសព្វថ្ងៃនេះសូម្បីតែរឿងប៉ុន្នឹងមិនដឹងរឿងទេឬ ?／ໄວໜຸ່ມສະໄໝນີ້ບໍ່ຮູ້ຈັກຮອດເລື່ອງແນວນັ້ນເນາະ.)

⓭ □ 近々(ちかぢか) (छिट्टै／ក្នុងពេលឆាប់ៗខាងមុខនេះ／ອີກບໍ່ດົນ, ໃນເວລາອັນໃກ້ນີ້, ໃນໄວໆນີ້)

▶ これのチョコレート味(あじ)が、近々発売(はつばい)されるそうです。

(यो चकलेटी स्वाद, छिट्टै बजारमा आउला जस्तो छ।／"គេនិយាយថារសជាតិសូកូឡានេះនឹងត្រូវបានបញ្ចេញលក់ក្នុងពេលឆាប់ៗនេះ។"／ລົດໂຊໂກແລັດຈະມີວາງຂາຍໃນອີກບໍ່ດົນ.)

⓮ □ やがて (अलिखेर／នៅទីបំផុត／ໃນເວລາຕໍ່ມາ, ໃນທີ່ສຸດ)

▶ 薬(くすり)を飲(の)んで寝(ね)ていれば、やがて熱(ねつ)も下(さ)がるでしょう。

(औषधी खाएर सुतिरहेमा, अलिखेरमा ज्वरो घट्छ होला।／ប្រសិនបើញ៉ាំថ្នាំហើយគេងសំរាក ទីបំផុតកម្តៅនឹងធ្លាក់ចុះ ។／ຖ້າກິນຢາແລ້ວນອນ, ໄຂ້ກໍ່ຄົງຈະຫຼຸດລົງ.)

⓯ □ いずれ (या त, कुनै／នឹងត្រូវ／ໃນມື້ໜຶ່ງ, ອີກບໍ່ດົນ, ໃນອະນາຄົດ)

▶ 真実(しんじつ)はいずれ明(あき)らかになるだろう。

(सत्यकुरा कुनै दिन प्रकट हुन्छ होला।／ការពិតនឹងត្រូវលេចឡើងជាមិនខាន／ໃນມື້ໜຶ່ງ, ຄວາມເປັນຈິງກໍ່ຈະປະກົດໃຫ້ເຫັນ.)

⑯ □ そのうち(に) (कुनै दिन／នៅពេលណាមួយ／ອີກບໍ່ດົນ, ໃນໄວໆນີ້)

▶ そのうちまた会(あ)いましょう。

(कुनै दिन फेरि भेटौंला ।／ខ្ញុំនឹងជួបអ្នកម្តងទៀតនៅពេលណាមួយ／ພົບກັນໃໝ່ໃນໄວໆນີ້ເນາະ.)

⑰ □ いつまでも (कहिल्यै／ជាដរាប ពេលណាក៏ដោយ ជារាងរហូត／ບໍ່ວ່າຈະຜ່ານໄປດົນເທົ່າໃດ, ດົນນານ)

▶ 日本(にっぽん)での生活(せいかつ)はいつまでも忘(わす)れません。

(मैले जापानमा बिताएको जीवन कहिल्यै बिर्सिने छैन ।／ខ្ញុំនឹងមិនភ្លេចការរស់នៅក្នុងប្រទេសជប៉ុនជារៀងរហូត／ບໍ່ວ່າຈະຜ່ານໄປດົນເທົ່າໃດກໍ່ບໍ່ສາມາດລືມການໃຊ້ຊີວິດຢູ່ທີ່ຍີ່ປຸ່ນໄດ້.)

▶ いつまでも寝(ね)てないで、早(はや)く起(お)きなさい。

(जतिबेला पनि सुतिरहने होइन, झट्ट (छिटो) उठ ।／កុំដេករហូត ក្រោកឡើងអោយលឿន／ຕື່ນໄດ້ແລ້ວ, ຢ່ານອນດົນຫຼາຍ.)

⑱ □ 永久(えいきゅう) (अनन्त सम्म, अनन्तकाल／ជារៀងរហូត／ບໍ່ມີສິ້ນສຸດ, ຊົ່ວນິລັນດອນ)

▶ ここの海(うみ)の美(うつく)しさは永久に変(か)わらないでほしい。

(यो समुन्द्रको सुन्दरता अनन्तकालसम्म परिवर्तन नहोस् भन्ने चाहना गर्दछु ।／ភាពស្រស់ស្អាតនៃសមុទ្រនៅទីនេះនឹងមិនផ្លាស់ប្តូរជារៀងរហូត／ຢາກໃຫ້ທະເລແຫ່ງນີ້ຊົງຄວາມງົດງາມຢ່າງບໍ່ມີວັນປ່ຽນແປງ.)

⑲ □ 四季(しき) (चार ऋतु／រដូវទាំង៤／ສີ່ລະດູ, ລະດູທັງສີ່)

▶ 四季の変化(へんか)を楽(たの)しめるのが、ここの魅力(みりょく)です。

(चार ऋतुहरुको परिवर्तनको मज्जा लिन सक्नुनै, यहाँको आकर्षण हो ।／ភាពរីករាយលើបំរែបំរួលរដូវទាំង៤ គឺជាភាពទាក់ទាញនៅទីនេះ／ການທີ່ສາມາດເພີດເພີນໄປກັບການປ່ຽນແປງຂອງລະດູທັງສີ່ຄືສະເໜ່ຂອງຢູ່ນີ້.)

⑳ □ 月日(つきひ) (समय (महिना, दिन)／ថ្ងៃខែ／ວັນເວລາ)

▶ 月日が過(す)ぎるのは、早(はや)いものですね。

(समय बित्ने कुरा, चाँडो छ है ।／រាឆាប់ពេកហើយសម្រាប់ថ្ងៃខែដែលកន្លងផុតទៅ។／ວັນເວລາຜ່ານໄປໄວເນາະ.)

㉑ □ 年月(ねんげつ/としつき) (समय (वर्ष, महिना)／ខែឆ្នាំ／ເວລາອັນຍາວນານ)

▶ 薬(くすり)の開発(かいはつ)に、10年(ねん)という長(なが)い年月がかかった。

(यो औषधीको विकास गर्न, दस वर्ष लाग्यो ।／វាបានចំណាយពេលយូរ 10 ឆ្នាំដើម្បីផលិតថ្នាំ／ໃຊ້ເວລາອັນຍາວນານເຖິງ 10 ປີ ໃນການພັດທະນາຢາ.)

㉒ □ 本日（ほんじつ） (आज／ថ្ងៃនេះ／ມື້ນີ້)

▷〈宣伝〉本日のサービス品

(<विज्ञापन> आजको सस्तो सामान ।／<ការផ្សព្វផ្សាយ> ផលិតផលសេវាកម្មថ្ងៃនេះ／<ໂຄສະນາ> ສິນຄ້າບໍລິການສຳລັບມື້ນີ້.)

㉓ □ 節目（ふしめ） (मोड (परिवर्तन विन्दु)／ដំណាក់កាលមួយ／ຈຸດພິກຜັນ)

▷人生の節目、節目を迎える

(जीवनको मोड, जीवनमा मोड आउनु ।／ដំណាក់ កាល មួយក្នុង ជីវិត, ឈានដល់ដំណាក់ កាល មួយ／ຈຸດພິກຜັນຂອງຊີວິດ, ກ້າວເຂົ້າສູ່ຈຸດພິກຜັນ.)

㉔ □ 挨拶（あいさつ） (मन्तव्य, अभिवादन／ការសួរសុខទុក្ខ សុន្ទរកថាស្វាគមន៍／ການທັກທາຍໃນໂອກາດຕ່າງໆ)

※物事が始まるとき、変わるときの言葉や礼儀。

▷開会の挨拶、就任の挨拶

(शुरुको मन्तव्य (कार्यक्रम), पदमा नियुक्ती／ការថ្លែងសុន្ទរកថាបើកកិច្ច សុន្ទរកថាទទួលតំណែង។／ການກ່າວເປີດພິທີ, ການກ່າວຮັບຕຳແໜ່ງ)

▶明日、ご挨拶に伺います。

(भोलि, तपाईलाई भेट्न आउने छु ।／ខ្ញុំនឹងមកជំរាបសួរនៅថ្ងៃស្អែក។／ມື້ອື່ນຈະເຂົ້າໄປທັກທາຍ.)

㉕ □ 区切り（くぎり） (पृथक्करण／ការបំបែក ការញែកដាច់ពីគ្នា／ຈຸດເຊື່ອມຕໍ່, ວັກຕອນ)

㉖ □ 前の〜（まえの） (अघिल्लो (अगाडी)／នៃពេលមុន／...ກ່ອນໜ້າ)

▶前の日は早めに寝たほうがいいよ。

(अघिल्लो दिन चाँडो सुत्दा हुन्छ है ।／គួរតែចូលគេងអោយបានឆាប់មុនថ្ងៃ។／ຄວນຈະນອນໄວໃນມື້ກ່ອນໜ້າ.)

▶前の年は海外に一度も行ってない。

(गएको वर्ष एक पटक पनि विदेश गइन ।／ឆ្នាំមុន ខ្ញុំមិនដែលបានទៅបរទេសទេ។／ປີກ່ອນໜ້າບໍ່ໄດ້ໄປຕ່າງປະເທດຈັກເທື່ອເລີຍ.)

㉗ □ 前〜（ぜん） (अघिको (अगाडी)／មុននេះ／ກ່ອນ...)

▷前日、前年、前回　※「前週」「前月」とはいわない。

(गएको दिन, गएको वर्ष, ※अघिल्लो पटक, गएको हप्ता, गएको महिना भनिँदैन ।／ថ្ងៃមុន។ឆ្នាំមុន។ពេលវេលាមុន ។ ※「前週」「前月」គឺមិនបានប្រើ／ມື້ກ່ອນໜ້ານັ້ນ, ປີກ່ອນໜ້ານັ້ນ, ເທື່ອກ່ອນໜ້ານັ້ນ. "ຈະບໍ່ເວົ້າສຳລັບ「前週」「前月」")

㉘ □ 翌年（よくねん） (अर्को वर्ष／ឆ្នាំបន្ទាប់ ឆ្នាំក្រោយ／ປີຕໍ່ມາ)

▶大会の翌年には、彼はプロとして活躍を始めた。

(प्रतियोगिताको अर्को वर्ष, उनले पेशाको रुपमा काम शुरु गऱ्यो ।／ឆ្នាំបន្ទាប់នៃការប្រកួត គាត់ចាប់ផ្ដើមអាជីពរបស់គាត់។／ໃນການແຂ່ງຂັນຂອງປີຕໍ່ມາ, ລາວຈະໄດ້ເຄື່ອນໄຫວໃນຖານະມືອາຊີບ.)

❷❾ □ ～末（まつ） (अन्त्य, अन्त／នៅចំណុចចប់／ທ້າຍ...)

▷ 今月（こんげつ）末、来週（らいしゅう）末、年（ねん）末

(यस महिनाको अन्त्य, आउने हप्ताको अन्त्य, वर्षको अन्त／ចុងខែនេះ ចុងសប្តាហ៍ក្រោយ ចុងឆ្នាំ／ທ້າຍເດືອນນີ້, ທ້າຍອາທິດໜ້າ, ທ້າຍປີ)

❸⓿ □ 半（なか）ば (मध्य, विचमा／កណ្តាល／ກາງ...)

▷ 来週（らいしゅう）半ば、５月（がつ）半ば

(आउने हप्ताको मध्य, मे महिनाको मध्य／ពាក់កណ្តាលសប្តាហ៍ក្រោយ ពាក់កណ្តាលខែឧសភា／ກາງອາທິດໜ້າ, ກາງເດືອນ5)

❸❶ □ ～過（す）ぎ (पछि (समय बित्नु)／លើស／ກາຍ..., ຫຼັງ...)

▶ 帰（かえ）りは７時（じ）過（す）ぎになると思（おも）う。

(मलाई लाग्छ म ७ बजे पछि फर्कन्छु होला ।／ខ្ញុំគិតថាខ្ញុំនឹងត្រឡប់មកវិញបន្ទាប់ពីលើសម៉ោង ៧ ។／ຫຼັງ7ໂມງຄິດວ່າຊິກັບ.)

▶ 今（いま）、２時（じ）５分（ふん）過ぎです。

(अहिले, २ बजेर ५ मिनेट गयो ।／ឥឡូវនេះបានកន្លងផុតម៉ោង 2:05 នាទី／ດຽວນີ້ເວລາ2ໂມງປາຍ5ນາທີ.)

❸❷ □ 後（のち）(に) (पछि／ក្រោយ (មក)／ຫຼັງຈາກ, ໃນພາຍຫຼັງ)

▶ 後にその良（よ）さが認（みと）められ、広（ひろ）く使（つか）われるようになった。

(पछि त्यसको राम्रो कुरा स्वीकार्य भएर, धेरैले प्रयोग गर्न थाल्यो ।／ក្រោយមក ភាពល្អនោះត្រូវបានទទួលស្គាល់ ហើយត្រូវបានគេប្រើយ៉ាងទូលំទូលាយ។／ຄວາມດີນັ້ນໄດ້ກາຍເປັນທີ່ຍອມຮັບແລະຖືກນຳໃຊ້ໃນວົງກວ້າງ.)

❸❸ □ 直後（ちょくご） (वित्तिक／ភ្លាមៗបន្ទាប់ពីនោះ ភ្លាមៗ／ທັນທີຫຼັງຈາກທີ່...)

▶ 帰国（きこく）した直後に、その知（し）らせを聞（き）きました。

(देश फर्कने बित्तिकै मैले त्यो खबर सुने ।／បន្ទាប់ពីត្រលប់ទៅប្រទេសជប៉ុនភ្លាមៗ ខ្ញុំបានលឺព័ត៌មាននេះ។／ໄດ້ຮັບແຈ້ງຂ່າວນັ້ນທັນທີຫຼັງຈາກທີ່ກັບປະເທດ.)

❸❹ □ 以後（いご） (अबका दिनमा (यस पछि)／ក្រោយមក／ຕໍ່ຈາກນີ້ໄປ, ຫຼັງຈາກນັ້ນ)

▶ 申（もう）し訳（わけ）ありませんでした。以後、気（き）をつけます。

(मलाई माफ गर्नुहोस् आउने दिनमा ध्यान दिनेछु ।／ខ្ញុំសូមអភ័យទោស។ ខ្ញុំនឹងប្រុងប្រយ័ត្នចាប់ពីពេលនេះតទៅ។／ຂໍອະໄພ. ຕໍ່ຈາກນີ້ໄປຊິລະມັດລະວັງ.)

35 □ **当日**（とうじつ） (कुनै कार्य गर्न निश्चित गरेको दिन／នៅថ្ងៃនេះ／(ຣອດ) ມື້ແທ້, ມື້ (ທີ່ກຳນົດ) ນັ້ນ)

▶ 大会当日は、正面玄関に9時に集合してください。
(प्रतियोगिताको दिन ९ बजे मूलद्वारमा भेला हुनुहोस् ।／នៅថ្ងៃប្រកួតសូមប្រជុំនៅច្រកមាត់ទ្វារនៅម៉ោង ៩។／ໃນມື້ແຂ່ງຂັນ, ກະລຸນາລວມໂຕກັນທີ່ທາງເຂົ້າດ້ານໜ້າເວລາ9ໂມງ)

36 □ **当時**（とうじ） (कुनै कार्य गर्न निश्चित गरेको समय／នៅពេលនោះ នៅម៉ោងនោះ／ໃນຍຸກນັ້ນ, ໃນສະໄໝນັ້ນ, ໃນຕອນນັ້ນ)

▶ ここが、当時、僕が住んでいた学生寮です。
(यो ठाउँ म पहिले बसेको छात्रावास (होस्टेल) हो ।／ទីនេះគឺជាអន្តេវាសិកដ្ឋាននិស្សិតដែលខ្ញុំបានរស់នៅនាពេលនោះ។／ບ່ອນນີ້ແມ່ນຫໍພັກນັກສຶກສາທີ່ຂ້ອຍຢູ່ໃນຕອນນັ້ນ.)

37 □ **折**（おり） (बेला／នាពេលមួយ／ໂອກາດ, ເວລາ, ຕອນ)

▶ 出張の折には大変お世話になりました。
(मेरो व्यापारिक भ्रमणको बेला गर्नुभएको सहयोगको लागि धन्यवाद छ ।／សូមអរគុណយ៉ាងខ្លាំង នាពេលដំណើរទស្សនកិច្ចអាជីវកម្ម／ຂອບໃຈທີ່ໄດ້ເອົາໃຈໃສ່ເປັນຢ່າງດີຕອນ (ຂ້ອຍ) ອອກເຮັດວຽກນອກ (ເທື່ອນັ້ນ).)

▶ 転職のことは、折を見て親に話そうと思う。
(काम परिवर्तनको कुरा, अवस्था हेरेर अभिभावक संग कुरा गरौं भन्ने विचारमा छु ।／រឿងប្តូរការងារ ខ្ញុំនឹងនិយាយជាមួយឪពុកម្តាយនាពេលមួយ។／ເລື່ອງປ່ຽນບ່ອນເຮັດວຽກ, ຄິດວ່າຊິຫາໂອກາດລົມກັບພໍ່ແມ່.)

38 □ **チャンス** (अवसर／ឱកាស／ໂອກາດ)

▷ チャンスをつかむ、チャンスを逃す
(अवसर प्राप्त गर्नु , अवसर गुमाउन／ឆក់ឱកាស ខកខានឱកាស／ຄວ້າໂອກາດ, ພາດໂອກາດ.)

39 □ **きっかけ** (मौका, अवसर／អ្វីដែលបណ្តាលអោយ／ເຫດຈູງໃຈ, ແຮງຈູງໃຈ, ສາເຫດ, ຍ້ອນ...)

▶ 友達に薦められて聞いたのがきっかけで、彼らのファンになりました。
(साथीले सुझाव दिएको गीत सुनेपछि म उनीहरूको अनुरागी बनें ।／ខ្ញុំបានក្លាយជាអ្នកគាំទ្ររបស់ពួកគាត់ដោយសារតែខ្ញុំបានលឺថាពួកគាត់ត្រូវបានណែនាំដោយមិត្តភក្តិរបស់ខ្ញុំ។／ຍ້ອນຖືກໝູ່ຊັກຊວນຈຶ່ງໄດ້ກາຍມາເປັນແຟນຄຣັບຂອງພວກເຂົາ.)

40 □ **瞬間**（しゅんかん） (निमेष, क्षण, पल／នៅពេលនោះ／ຂະນະ)

▶ 車と車がぶつかった瞬間を見た。
(मैले गाडी ठोक्किएको क्षण देखें ।／ខ្ញុំបានឃើញឡានបុកឡាននៅពេលនោះ។／ເຫັນເຫດການໃນຂະນະທີ່ລົດຕຳກັນ.)

41 ☐ 最中 (भैरहेको बेला (हुँदै गरेको कार्यको विच भाग)／នៅពាក់កណ្ដាល／ຢູ່ລະຫວ່າງ (ເຮັດສິ່ງໃດສິ່ງໜຶ່ງ), ຢູ່ໃນຂະນະທີ່)
さいちゅう

▶ 試験の最中に停電が起きた。
しけん　ていでん　お

(परीक्षा भईरहेको बेला बिजुली गयो ।／ការដាច់ចរន្តអគ្គិសនីបានកើតឡើងក្នុងកំឡុងពេលកំពុងប្រលង។／ໄຟດັບໃນລະຫວ່າງການສອບເສັງ.)

42 ☐ 西暦 (ईस्वी संम्वत／ឆ្នាំសកល／ຄິດຕະສັກກະຫຼາດ (ຄສ))
せいれき

43 ☐ 年代 (१० वर्षको अनुपातमा छुत्याएको पिंढी, पुस्ता／អាយុ／ຍຸກສະໄໝ, ກຳນົດຊ່ວງຂອງປີ)
ねんだい

▷ 70年代のロック

(७० औं दशकको रक म्युजिक／ចាក់សោក្នុងវ័យអាយុ70 ឆ្នាំ／ເພງຣັອກສະໄໝປີ70)

44 ☐ 原始 (शुरु, प्राचिन／បឋម ដំបូងគេបង្អស់／ດັ້ງເດີມ, ໂບຮານ)
げんし

▷ 原始的なやり方、原始人
てき　かた　じん

(मौलिक तरिका, अविकसित मानिस (आदिम जाति)／របៀបធ្វើបឋម។មនុស្សកើតដំបូងគេបង្អស់／ວິທີດັ້ງເດີມ, ຄົນດັ້ງເດີມ)

音声DL 04

45 ☐ 近代 (आधुनिक／សម័យទំនើប／ສະໄໝໃໝ່)
きんだい

▶ 近代の日本文学を研究しています。
にほんぶんがく　けんきゅう

(जापानको साहित्यबारे अध्ययन गर्दैछु ।／ខ្ញុំកំពុងសិក្សាអក្សរសាស្ត្រជប៉ុនសម័យទំនើប／ພວມຄົ້ນຄວ້າວັນນະຄະດີຍຸກໃໝ່ຂອງຍີ່ປຸ່ນ.)

46 ☐ 日時 (दिनको समय／កាលបរិច្ឆេទ ឬពេលវេលា／ວັນແລະເວລາ)
にちじ

▶ 日時と場所は、決まり次第、お知らせします。
ばしょ　き　しだい　し

(समय र स्थान निश्चित भए पश्चात खबर गर्दछु ।／កាលបរិច្ឆេទនិងទីតាំង នឹងត្រូវប្រកាសនៅពេលបានសំរេចភ្លាម។／ຊິແຈ້ງທັນທີທີ່ມີການຕົກລົງເລື່ອງສະຖານທີ່, ວັນ ແລະ ເວລາ.)

47 ☐ 日中 (दिउँसो (बिहान देखि साँझ सम्म)／កំឡុងពេលថ្ងៃ／ກາງເວັນ)
にっちゅう

▶ 日中は暖かいですが、夜は寒くなるでしょう。
あたた　よる　さむ

(दिउँसो न्यानो छ तर राति जाडो हुन्छ होला ।／វានឹងក្ដៅនៅពេលថ្ងៃប៉ុន្តែត្រជាក់នៅពេលយប់។／ອາກາດອຸ່ນໃນຕອນກາງເວັນແຕ່ຕອນກາງຄືນຄືຊິໜາວ.)

48 ☐ 終日 (दिनभर／ពេញមួយថ្ងៃ／ໝົດມື້, ຕະຫຼອດມື້)
しゅうじつ

▶ 店内は終日禁煙です。
てんない　きんえん

(पसलभित्र धुम्रपान निषेध छ ।／ការជក់បារីត្រូវបានហាមឃាត់ពេញមួយថ្ងៃនៅក្នុងហាង។／ຫ້າມສູບຢາພາຍໃນຮ້ານໝົດມື້.)

❹❾ □ **昼間**(ひるま) (दिन (दिउँसो)／ពេលថ្ងៃ／ຍາມກາງເວັນ, ຕອນກາງເວັນ)

▶ 昼間は働(はたら)いて、夜(よる)、学校(がっこう)に行(い)っています。

(दिउँसो काम गरेर राति विद्यालय जाने गर्दछु ।／ខ្ញុំធ្វើការពេលថ្ងៃហើយទៅសាលារៀនពេលយប់។／ຕອນກາງເວັນແມ່ນເຮັດວຽກ, ຕອນກາງຄືນແມ່ນໄປໂຮງຮຽນ.)

❺⓿ □ **夜間**(やかん) (राती／ពេលយប់／ຍາມກາງຄືນ, ຕອນກາງຄືນ)

▶ 夜間は、電気(でんき) 料金(りょうきん)が割引(わりびき)になります。

(राति बिजुलीको शुल्क छुट हुन्छ ।／នៅពេលយប់វិក័យប័ត្រអគ្គិសនីត្រូវបានបញ្ចុះតម្លៃ។／ຄ່າໄຟຟ້າທີ່ໃຊ້ຍາມກາງຄືນຈະມີສ່ວນຫຼຸດ.)

❺❶ □ **深夜**(しんや) (मध्यरात／កណ្ដាលអាធ្រាត／ຕອນເດິກ)

❺❷ □ **夜(よ)が明(あ)ける** (भिसमिसे विहानी हुनु (रात सकिनु)／យប់ឆ្លងចូលទៀបភ្លឺ／ໃກ້ຊິແຈ້ງ)

❺❸ □ **夜明(よあ)け** (भिसमिसे विहानी／ទៀបភ្លឺ／ຂ້ອນຄ່ຳ)

❺❹ □ **明(あ)け方(がた)** (बिहानी पख／ព្រឹកព្រលឹម／ຂ້ອນແຈ້ງ)

▶ 父(ちち)が出(で)かけたのは、明け方の５時頃(じごろ)です。

(बुवा घरबाट निस्कनु भएको बिहानी पख ५ बजेतिर हो ।／ឪពុកខ្ញុំចេញទៅក្រៅប្រហែលជាម៉ោង5ព្រឹកព្រលឹម។／ພໍ່ອອກເຮືອນຕອນຂ້ອນແຈ້ງປະມານ 5 ໂມງເຊົ້າ.)

❺❺ □ **元日**(がんじつ) (नयाँ बर्षको दिन (जनवरी १ तारिखलाई जनाउँछ ।)／ថ្ងៃចូលឆ្នាំថ្មីទី១／ມື້ຂຶ້ນປີໃໝ່ສາກົນ)

※「１月１日(がつついたち)」のこと。

❺❻ □ **祝日**(しゅくじつ) (सार्वजनिक विदा／ថ្ងៃឈប់សំរាក／ມື້ພັກລັດຖະການ)

※法律(ほうりつ)で定(さだ)められた国(くに)の休(やす)みの日(ひ)。

(※कानुनद्वारा निर्णय गरेको सार्वजनिक बिदा ।／※ថ្ងៃឈប់សម្រាកជាតិដែលកំណត់ដោយច្បាប់／※ມື້ພັກຂອງຊາດທີ່ໄດ້ລະບຸໃນກົດໝາຍ)

❺❼ □ **祭日**(さいじつ) (पर्व विदा／ថ្ងៃឈប់សំរាក／ມື້ພັກບຸນປະເພນີ)

※神社(じんじゃ)などで伝統的(でんとうてき)な行事(ぎょうじ)が行(おこな)われる日(ひ)。俗(ぞく)に、「祝日(しゅくじつ)」のこと。

(※परम्परागत रुपमा मठ मन्दिरमा गएर (देवी देवताको) पुजा पाठ गर्ने पर्वको दिन । "दैनिक भाषामा सार्वजनिक बिदा"／※ថ្ងៃដែលព្រឹត្តិការណ៍ប្រពៃណីត្រូវបានធ្វើឡើងនៅទីសក្ការៈបូជា។ វាមានន័យថា <ថ្ងៃឈប់សំរាក> ។／※ມື້ທີ່ສານພະພູມຕ່າງໆຈັດບຸນປະເພນີ. ໂດຍທົ່ວໄປແລ້ວແມ່ນ "ມື້ພັກລັດຖະການ")

58 □ **上旬** じょうじゅん (महिनाको प्रारम्भिक दिन (महिनाको पहिलो १० दिनलाई जनाउछ ।)／ខាងដើម／ຕົ້ນເດືອນ (ປະມານວັນທີ 1 ເຖິງວັນທີ 10))

▶ ８月上旬に発売の予定です。

(अगस्ट महिनाको प्रारम्भिक दिनमा बिक्री वितरण गर्ने योजना हो ।／វាត្រូវបានគ្រោងនឹងបើកលក់នៅដើមខែសីហា។／ມີກຳນົດວາງຂາຍໃນຕົ້ນເດືອນສິງຫາ.)

59 □ **中旬** ちゅうじゅん (महिनाको मध्य (महिनाको विचभाग अर्थात ११गते देखि २० गते सम्म ।)／ពាក់កណ្ដាល／ກາງເດືອນ (ປະມານວັນທີ 11 ເຖິງວັນທີ 20))

60 □ **下旬** げじゅん (महिनाको अन्त्य (महिनाको अन्त अर्थात २१गते देखि महिनाको अन्तिम दिन सम्म ।)／ខាងចុង／ທ້າຍເດືອນ (ຫຼັງວັນທີ 21 ເປັນຕົ້ນໄປ))

61 □ **暮れ** く (अन्त／ព្រះអាទិត្យរៀបលិច／ທ້າຍປີ)

▶ 毎年、暮れに実家に帰ります。

(हरेक वर्षको अन्तमा आफ्नो घर फर्कन्छु ।／ជារៀងរាល់ឆ្នាំ ខ្ញុំទៅផ្ទះនៅពេលព្រះអាទិត្យរៀបលិច។／ທຸກໆທ້າຍປີຈະກັບບ້ານເກີດ.)

62 □ **年中** ねんじゅう (वर्षभरि／ពេញមួយឆ្នាំ／ພາຍໃນ 1 ປີ, ເປັນປະຈຳ)

▶ 弟は年中ジーパンをはいている。

(भाईले वर्षभरी जिन्सपाइन्ट लगाउँछ ।／បងប្រុសរបស់ខ្ញុំស្លៀកខោខូវប៊យពេញមួយឆ្នាំ។／ນ້ອງຊາຍມັກໃສ່ໂສ້ງຢີ້ນເປັນປະຈຳ.)

63 □ **日頃** ひごろ (अक्सर (जहिले पनि)／ប្រចាំថ្ងៃ／ປົກກະຕິ, ຢູ່ສະເໝີ, ເປັນປະຈຳ)

▶ 日頃のお礼に、食事でもおごらせてください。

(तपाईंप्रति आभारी छु, मलाई खाना खुवाउने अवसर दिनुहोस।)／សូមឲ្យខ្ញុំប៉ាវបាយអ្នក សម្រាប់អំណរគុណប្រចាំថ្ងៃ។／ຂໍລ້ຽງເຂົ້າເພື່ອເປັນການສະແດງຄວາມຂອບໃຈ (ທີ່ເອົາໃຈໃສ່) ຢ່າງເປັນປະຈຳ.)

64 □ **普段** ふだん (सामान्यतया (प्राय)／ជាធម្មតា／"ສະພາບປົກກະຕິ, ຢ່າງສະໝໍ່າສະເໝີ")

▶ 普段運動をしないから、ちょっと走るだけで息が切れる。

(म सामान्यतया व्यायाम नगर्ने भएकाले अलिकति दौगुर्दा पनि स्वाँ स्वाँ आउँछ (श्सास फेर्न गाह्रे हुन्छ) ।／ជាធម្មតាខ្ញុំមិនហាត់ប្រាណ ដូច្នេះខ្ញុំមិនអាចដកដង្ហើមបានដោយគ្រាន់តែរត់បន្តិច។／ບໍ່ໄດ້ອອກກຳລັງກາຍຢ່າງສະໝໍ່າສະເໝີ, ແລ່ນໜ້ອຍໜຶ່ງກໍ່ຫອບ.)

▷ 普段着 (हरेक दिन लगाउने लुगा (वस्त्र)／សំលៀកបំពាក់រាល់ថ្ងៃ／ເຄື່ອງນຸ່ງທີ່ໃສ່ຕາມປົກກະຕິ)

65 □ **臨時** りんじ (अस्थायी／បណ្ដោះអាសន្ន／ຊົ່ວຄາວ, ສະເພາະກິດ, ພິເສດ)

▷ 臨時休業、臨時バス

(अस्थायी बन्द, अस्थायी बस／ការបិទបណ្ដោះអាសន្ន ឡានក្រុងបណ្ដោះអាសន្ន／ການປິດບໍລິການຊົ່ວຄາວ, ລົດໂດຍສານພິເສດ.)

66 □ 延長(する)(えんちょう) (लम्ब्याउनु (बढाउनु)／ពន្យាពេល／ຕໍ່ເວລາ, ຍືດເວລາ)

▶ 会議(かいぎ)を1時間(じかん)延長することにした。

(बैठक १ घन्टा लम्ब्याउने निर्णय गरे ।／ខ្ញុំបានសំរេចពន្យារពេលការប្រជុំមួយម៉ោង។／ໄດ້ຕໍ່ເວລາກອງປະຊຸມອອກໄປຕື່ມອີກ 1 ຊົ່ວໂມງ.)

67 □ 年度(ねんど) (आर्थिक वर्ष／ឆ្នាំ／ຮອບປີ, ປີການບັນຊີ, ປີງົບປະມານ, ປີການສຶກສາ)

▶ うちの会社(かいしゃ)では、今月(こんげつ)から新(あたら)しい年度に変(か)わります。

(हाम्रो कम्पनीमा यस महिनाबाट नयाँ आर्थिक वर्ष परिवर्तन हुन्छ ।／ក្រុមហ៊ុនរបស់យើងខ្ញុំ នឹងផ្លាស់ប្តូរទៅជាឆ្នាំថ្មីចាប់ពីខែនេះតទៅ។／ບໍລິສັດຂອງພວກເຮົາຈະປ່ຽນເປັນປີງົບປະມານໃໝ່ນັບແຕ່ເດືອນນີ້ໄປ.)

▷ 今(こん)年度、来(らい)年度 (यस शैक्षिक वर्ष, आउने शैक्षिक वर्ष／ឆ្នាំនេះ ឆ្នាំក្រោយ／ປີນີ້, ປີໜ້າ)

05

家族（かぞく） (परिवार／គ្រួសារ／ຄອບຄົວ)

❶ □ **親**（おや） (बुबाआमा／ឪពុកម្ដាយ មាតាបិតា／ພໍ່ແມ່)

▶ 昔（むかし）は親に心配（しんぱい）ばかりかけていました。

(उहिले बुबाआमालाई धेरै दुःख दिएको थिएँ ।／ពីមុនខ្ញុំធ្វើអោយឪពុកម្ដាយបារម្ភពីខ្ញុំ។／ໃນອະດີດມີແຕ່ເຮັດໃຫ້ພໍ່ແມ່ເປັນຫ່ວງ.)

▷ 親（おや）と子（こ）の関係（かんけい）

(बुबाआमा र बच्चाको सम्बन्ध／ទំនាក់ទំនងឪពុកម្ដាយនិងកូន／ສາຍພົວພັນລະຫວ່າງລູກແລະພໍ່ແມ່.)

❷ □ **父親**（ちちおや） (बुबा／ឪពុក／ພໍ່)

▷ 父親の役割（やくわり） (बुबाका भूमिका／តួនាទីឪពុក／ໜ້າທີ່ຂອງຜູ້ເປັນພໍ່.)

❸ □ **母親**（ははおや） (आमा／ម្ដាយ／ແມ່)

▶ 彼（かれ）は母親の愛情（あいじょう）を知（し）らずに育（そだ）ったんです。

(उनले आफ्नो आमाको स्नेह (माया) थाहा नपाईकन हुर्कियो ।／គាត់ធំឡើងដោយមិនដឹងពីសេចក្ដីស្រលាញ់របស់ម្ដាយគាត់។／ລາວເຕີບໃຫຍ່ຂຶ້ນມາໂດຍທີ່ບໍ່ໄດ້ຮັບຮູ້ເຖິງຄວາມຮັກຂອງແມ່ (ທີ່ມີໃຫ້).)

❹ □ **一家**（いっか） (परिवार／ផ្ទះ／ຄອບຄົວ, ຕະກູນ)

▶ 林（はやし）さん一家とは長（なが）い付（つ）き合（あ）いです。

(हायासी जीको परिवारसँग धेरै पहिला देखिको सम्बन्ध हो ।／ខ្ញុំមានទំនាក់ទំនងយូរជាមួយផ្ទះលោកហាយ៉ាសី។／ຄົບຄ້າສະມາຄົມກັບຄອບຄົວຮາຍະຊິມາດົນນານ.)

▶ こういう便利（べんり）な物（もの）だったら、一家に一台（いちだい）はほしいね。

(यस्तो सुविधाजनक सामान हरेक परिवारलाई एक वटा चाहिन्छ हगी ?／ប្រសិនបើវត្ថុនឹងងាយស្រួលបែបនេះខ្ញុំចង់បានមួយដាក់ផ្ទះ។／ຖ້າມັນເຮັດໃຫ້ສະດວກຄືແນວນີ້ແລ້ວກໍ່ຢາກໄດ້ຈັກໜ່ວຍໜຶ່ງໄວ້ໃນຄອບຄົວເນາະ.)

❺ □ **嫁**（よめ） (छोराको स्वास्नी／ភរិយា／ເມຍ, ເຈົ້າສາວ, ລູກໄພ້)

▶ こんなきれいな人（ひと）が息子（むすこ）のお嫁さんになってくれるなんて。

(मलाई लाग्दैन कि यस्तो राम्री मान्छे मेरो छोराको श्रीमती हुन्छे ।／ខ្ញុំមិនគិតថាមនុស្សស្អាតបែបនេះនឹងក្លាយជាភរិយារបស់កូនប្រុសខ្ញុំទេ។／ຜູ້ງາມຄືລາວຍອມມາເປັນເມຍຂອງລູກຊາຍເສີຍ.)

▷ 嫁に行（い）く (बिहे गरेर जान／ទៅធ្វើជាភរិយា／ແຕ່ງດອງ, ສ້າງຄອບຄົວ)

❻ □ 花嫁（はなよめ） (दुलही／កូនក្រមុំ／ເຈົ້າສາວ)

▶ 花嫁とご両親（りょうしん）の三人（さんにん）で写真（しゃしん）を撮（と）りましょう。

(दुलही र बुबाआमा तीन जनाको फोटो खिचौँ ।／តោះថតរូបជុំគ្នាបីនាក់ជាមួយកូនក្រមុំនិងឪពុកម្ដាយរបស់នាង។／ລົບກວນໃຫ້ເຈົ້າສາວແລະພໍ່ແມ່ຖ່າຍຮູບນຳກັນ3ຄົນ.)

❼ □ 夫妻（ふさい） (श्रीमान र श्रीमती／ប្ដីប្រពន្ធ／ສາມີພັນລະຍາ, ຜົວເມຍ, ໃຊ້ເອີ້ນຄູ່ຜົວເມຍຮ່ວມກັນໂດຍນຳເອົາໄປຕໍ່ທ້າຍນາມສະກຸນ)

▶ 林（はやし）夫妻は少（すこ）し遅（おく）れてくるって言（い）ってたよ。

(हायासीजीको दम्पत्ति आउन अलि ढिला हुन्छ भनेको थियो ।／ប្ដីប្រពន្ធលោកលោកស្រីហាយ៉ាសីបានប្រាប់មកថាពួកគេនឹងយឺតពេលបន្តិចហើយ។／ຄູ່ຜົວເມຍຮາຍະຊິບອກວ່າຊິມາຊ້າໜ້ອຍໜຶ່ງ.)

❽ □ 夫人（ふじん） (श्रीमती／លោកស្រី អ្នកស្រី／(ຄຳຍົກຍ້ອງແມ່ຍິງທີ່ແຕ່ງດອງແລ້ວ) ທ່ານນາງ, ຍາແມ່)

▶ まり子（こ）夫人も一緒（いっしょ）に来（く）るそうです。

(श्रीमती मारिको पनि सँगै आउनु हुन्छ जस्तो छ ।／លោកស្រីម៉ារីកូនឹងមកជាមួយនាង។／ທ່ານນາງມະລິໂກະກໍ່ຈະມານຳກັນ.)

▷ 社長（しゃちょう）夫人、市長（しちょう）夫人

(प्रबन्ध निर्देशकको पत्नी, नगरपाल (मेयर) को पत्नी／លោកស្រីប្រធានក្រុមហ៊ុន លោកស្រីអភិបាលក្រុង／ພັນລະຍາທ່ານປະທານ (ບໍລິສັດ), ພັນລະຍາທ່ານເຈົ້າເມືອງ)

❾ □ 奥様（おくさま） (पत्नी／ប្រពន្ធ／ພັນລະຍາ, ເມຍ)

▶ これから社長（しゃちょう）の奥様がいらっしゃるそうです。

(अहिले अध्यक्ष ज्यूको श्रीमती आउनु हुन्छ जस्तो छ ।／ភរិយារបស់ប្រធានក្រុមហ៊ុននឹងមកបន្តិចទៀតនេះ។／ໄດ້ຍິນວ່າພັນລະຍາທ່ານປະທານ (ບໍລິສັດ) ຈະມາ.)

❿ □ 婚約（こんやく）(する) (विवाह गर्नु／ភ្ជាប់ពាក្យ／ການໝັ້ນໝາຍ)

▶「あの二人（ふたり）、婚約したみたいですね」「へえ、やっぱり結婚（けっこん）するんだ。式（しき）はいつ挙（あ）げるのかな？」

(तिनीहरू २ जनाले विवाह गऱ्यो जस्तो छ हगी, हँ ? साँच्चै विवाह गर्ने भयो, विवाहको कार्यक्रम कहिले हो नि ?／វាមើលទៅពួកគាត់ពីរនាក់ហាក់ដូចជាបានភ្ជាប់ពាក្យរួចហើយ ។ - ហេពិតជារៀបការមែនហើយ។ តើពិធីនឹងត្រូវធ្វើឡើងនៅពេលណា?／"2ຄົນນັ້ນຄືຊິແມ່ນໝັ້ນໝາຍກັນແລ້ວ. - ໂອ, ຊິແຕ່ງດອງກັນຕາມທີ່ຄິດໄວ້ເລີຍ. ຊິພາກັນຈັດງານແຕ່ງຢູ່ໃສນໍຫັ້ນ?)

⓫ □ 妊娠（にんしん）(する) (गर्भवती हुनु／មានកូន／ຖືພາ)

⑫ □ 出産(する) (बच्चा जन्म दिनु／បង្កើតកូន／ອອກລູກ, ເກີດລູກ)

しゅっさん

▶ 彼女は年内に出産する予定です。

かのじょ ねんない よてい

(उनले यो वर्ष भित्र बच्चा जन्माउने योजना गरेकी छिन् ।／នាងមានគំរោងសម្រាលកូននៅចុងឆ្នាំនេះ។／ລາວມີກຳນົດເກີດລູກພາຍໃນປີນີ້.)

▷ 出産祝い (जन्मोत्सव／ការអបអរសាទរការចាប់កំណើត／ຂອງຂວັນເນື່ອງໃນໂອກາດເກີດລູກ, ສະຫຼອງເກີດລູກ.)

いわ

⑬ □ 育児 (बच्चा हुर्काउनु／ការថែទាំកុមារ／ການລ້ຽງດູລູກ)

いくじ

▷ 育児休暇、育児に役立つ本、育児に疲れる

きゅうか やくだ ほん つか

(सुत्केरी बिदा, बच्चा हेरचाहका लागि उपयुक्त किताब, बच्चा हुर्काउन गाह्रो ।／ការឈប់សម្រាកថែទាំកុមារ សៀវភៅមានប្រយោជន៍សម្រាប់ថែទាំកុមារ នឿយហត់នឹងការថែទាំកុមារ／ພັກເກີດລູກ, ປຶ້ມທີ່ເປັນປະໂຫຍດໃຫ້ແກ່ການລ້ຽງລູກ, ເມື່ອຍນຳການລ້ຽງລູກ)

⑭ □ 双子 (जुम्लयाहा／កូនភ្លោះ／ຝາແຝດ, ລູກແຝດ)

ふたご

⑮ □ ～連れ (साथमा (सहित)／មកតាម／ພາ～ມານຳ)

づ

▶ 動物園は、家族連れの客で賑わっていた。

どうぶつえん かぞくづ きゃく にぎ

(परिवारको साथ आएको कारण चिडियाखाना भिड थियो ।／សួនសត្វនេះសំបូរទៅដោយភ្ញៀវក្រុមគ្រួសារមកតាម។／ສວນສັດໜາແໜ້ນໄປດ້ວຍລູກຄ້າທີ່ພາຄອບຄົວມານຳ.)

▷ 子供連れの客 (बच्चा लिएर आउने पाहुना／ភ្ញៀវដែលមានកូនមកតាម／ລູກຄ້າທີ່ພາລູກມານຳ.)

こども

UNIT 3

人（ひと） (मानिस (मान्छे)／មនុស្ស／ຄົນ)

❶ □ **幼い**（おさな） (सानो (कम उमेर)／ក្មេង កូនក្មេង／ຍັງເປັນເດັກນ້ອຍ, ອາຍຸຍັງນ້ອຍ, ໄຮ້ດຽງສາ)

▶ こんな幼い子（こ）に一人（ひとり）で留守番（るすばん）をさせるなんて、かわいそう。

(यस्तो सानो बच्चालाई घर कुरुवा राख्नु कस्तो माया लाग्दो ।／គួរឱ្យអាណិតណាស់ដែលមានក្មេងបែបនេះនៅចាំផ្ទះតែម្នាក់ឯង។／ເປັນຕາອິຕົນເດ້, ໃຫ້ເດັກນ້ອຍຊໍ່ານີ້ເຝົ້າເຮືອນຜູ້ດຽວແບບນັ້ນ.)

❷ □ **坊ちゃん**（ぼっ） (केटो, ठिटा／អ្នកប្រុស ក្មេងប្រុស／ຄໍາສໍາລັບເອີ້ນລູກຊາຍຄົນອື່ນ, ລູກຊາຍ)

▶ 隣（となり）の坊ちゃん、春（はる）から小学生（しょうがくせい）になるそうよ。

(सँगैको छिमेकको केटो वसन्त ऋतुदेखि प्राथमिक स्कुल जान्छ होला जस्तो छ। (प्राथमिक तहको विद्यार्थी)／ក្មេងប្រុសនៅជាប់នឹង ចាប់ពីនិទាឃរដូវ នឹងក្លាយជាសិស្សថ្នាក់បឋមសិក្សា។／ໄດ້ຍິນວ່າລູກຊາຍຄົນຂ້າງບ້ານຊິໄດ້ເປັນນັກຮຽນປະຖົມໃນລະດູບານໃໝ່.)

❸ □ **世代**（せだい） (पिंढी, पुस्ता／ជំនាន់／ສະໄໝ, ໄວ, ລຸ້ນຄົນ, ຄົນທີ່ມີຊີວິດໃນຊ່ວງດຽວກັນ)

▷ 若（わか）い世代、世代交代（こうたい）

(युवा पिंढी, पुस्ता परिवर्तन／ក្មេងជំនាន់ក្រោយ ការប្ដូរផ្លាស់នៃជំនាន់／ໄວໜຸ່ມ, ການປ່ຽນລຸ້ນຄົນ)

❹ □ **成人**（せいじん） (युवा, वयस्क／វ័យជំទង់／ການບັນລຸນິຕິພາວະ, ການເຕີບໂຕເປັນຜູ້ໃຫຍ່, ຜູ້ໃຫຍ່ (ຜູ້ທີ່ມີອາຍຸຕັ້ງແຕ່20 ປີຂຶ້ນໄປ))

▷ 成人式（しき） (युवा (वयस्क) उमेर समुहको समारोह ।／ពិធីវ័យជំទង់／ພິທີສະຫຼອງການບັນລຸນິຕິພາວະ.)

❺ □ **未成年**（みせいねん） (नाबालिगहरु (नाबालक, नाबालिग)／អនីតិជន វ័យមិនទាន់គ្រប់អាយុពេញវ័យ／ຍັງບໍ່ບັນລຸນິຕິພາວະ)

▶ 未成年にお酒（さけ）を売（う）ることは、法律（ほうりつ）で禁（きん）じられている。

(नाबालिगहरुलाई मदिरा बेच्न कानुनले निषेध गरेको छ ।／ការលក់គ្រឿងស្រវឹងដល់អនីតិជនត្រូវបានហាមឃាត់ដោយច្បាប់។／ການຂາຍເຫຼົ້າໃຫ້ແກ່ຜູ້ທີ່ຍັງບໍ່ທັນບັນລຸນິຕິພາວະແມ່ນຜິດກົດໝາຍ.)

❻ □ **老人**（ろうじん） (वृद्ध (बुढो मान्छे)／មនុស្សចាស់ជរា／ຜູ້ເຖົ້າ, ຜູ້ອາວຸໂສ)

❼ □ **寿命**（じゅみょう） (जीवनकाल (आयु)／ជីវិត／ອາຍຸໄຂ, ອາຍຸການໃຊ້ງານ)

▷ 平均（へいきん）寿命 (औसत जीवन (आयु)／ជីវិតជាមធ្យម／ອາຍຸການໃຊ້ງານສະເລ່ຍ)

❽ □ 亡(な)くなる (मृत्यु हुनु／ស្លាប់ ខូច／ຕາຍ, ເສຍຊີວິດ)

▶ お世話(せわ)になった先生(せんせい)が亡くなったと聞(き)いて、びっくりした。

(मलाई सहयोग गर्नु भएको शिक्षकको मृत्यु भएको सुन्दा छक्क परे ।／ខ្ញុំភ្ញាក់ផ្អើលពេលលឺថាគ្រូដែលមើលថែខ្ញុំបានស្លាប់។／ຮູ້ສຶກຕົກໃຈເມື່ອໄດ້ຮັບຂ່າວວ່າອາຈານທີ່ເຄີຍເອົາໃຈໃສ່ເຮົາໄດ້ເສຍຊີວິດ.)

❾ □ 亡(な)くす (गुमाउनु／បាត់បង់／ສູນເສຍ (ໃຊ້ກັບການຈາກໄປຂອງຄົນ), ເຮັດໃຫ້ເສຍຊີວິດ, ເຮັດໃຫ້ຈາກໄປ)

▶ あの方(かた)は、去年(きょねん)、ご主人(しゅじん)を亡くしたそうです。

(उनले गएको वर्ष आफ्नो श्रीमान गुमाएको जस्तो छ ।／គាត់នោះដូចជាបានបាត់បង់ស្វាមីកាលពីឆ្នាំមុន។／ລາວໄດ້ສູນເສຍຜູ້ເປັນຜົວປີກາຍ.)

❿ □ 人生(じんせい) (जीवन／ជីវិត／ຊີວິດຄົນ, ຊ່ວງຊີວິດ)

⓫ □ 本人(ほんにん) (सम्बन्धित व्यक्ति (स्वयम, आफै)／បុគ្គលផ្ទាល់／ຜູ້ກ່ຽວ, ເຈົ້າໂຕ)

▶ 本人に直接(ちょくせつ)聞(き)いてみます。

(उनलाई म आफै सोधी हेर्छु ।／ខ្ញុំនឹងសួរគាត់ដោយផ្ទាល់។／ຊິຖາມຜູ້ກ່ຽວໂດຍກົງ.)

⓬ □ 自身(じしん) (आफै／ខ្លួនឯង／ຕົນເອງ, ໂດຍສ່ວນໂຕ, (ດ້ວຍ) ຕົນເອງ)

▶ 彼(かれ)自身、自分(じぶん)がどんな仕事(しごと)をしたいのか、よくわかっていなかった。

(उहाँ आफैंलाई, आफूले कस्तो काम गर्न चाहेको हो, राम्रो सँग थाहा छैन ।／ខ្លួនគាត់ផ្ទាល់ក៏មិនដឹងថាគាត់ចង់ធ្វើកិច្ចការអ្វីដែរ។／ລາວເອງບໍ່ເຂົ້າໃຈວ່າຕົນເອງຢາກເຮັດວຽກຫຍັງ.)

⓭ □ 自(みずか)ら (आफै बाट／ផ្ទាល់／ຕົນເອງ, ໂຕເອງ)

▶ 社長(しゃちょう)自ら新(あたら)しいプロジェクトの説明(せつめい)を始(はじ)めた。

(कम्पनीका अध्यक्षद्वारा आफैंले नयाँ परियोजनाको व्याख्या शुरु गर्नु भयो ।／លោកប្រធានផ្ទាល់បានចាប់ផ្តើមពន្យល់អំពីគម្រោងថ្មីនេះ។／ທ່ານປະທານໄດ້ອະທິບາຍກ່ຽວກັບໂຄງການໃໝ່ດ້ວຍຕົນເອງ.)

⓮ □ 者(もの) (व्यक्ति, मान्छे, मानिस／បុគ្គល អ្នក／ຄົນທີ່..., ຜູ້ທີ່...)

▶ すみません、先(さき)ほどお電話(でんわ)した者ですが……。

(माफ गर्नुहोस् म अघि भर्खर फोन गर्ने व्यक्ती हुँ ।／សូមអភ័យទោសផង ខ្ញុំជាអ្នកដែលទូរស័ព្ទទៅអ្នកមុននេះ...／ຂໍໂທດເນາະ, ຂ້ອຍແມ່ນຜູ້ທີ່ໂທຫາວ່າງກີ້ນີ້.)

▶ 強(つよ)い者が勝(か)つのではない。勝った者が強いのだ。

(बलियो व्यक्तिले जित्ने होईन, जितेको व्यक्ति बलियो हो ।／អ្នកខ្លាំងមិនប្រាកដថាឈ្នះទេ អ្នកឈ្នះគឺជាអ្នកខ្លាំង។／ບໍ່ແມ່ນຄົນທີ່ແຂງແກ່ງຈະເອົາຊະນະ, ຜູ້ທີ່ຊະນະຄືຄົນທີ່ແຂງແກ່ງ.)

⑮ □ 人物（じんぶつ） (व्यक्ति (मानिस)／មនុស្ស／ລັກສະນະບຸກຄົນ)

▶ 彼（かれ）は風景（ふうけい）を描（か）くことが多（おお）く、人物を描くのは珍（めずら）しい。

(उनले प्राय धेरै मात्रामा दृष्यको चित्र कोर्ने गर्दछ, तर मानिसको चित्र कोर्नु भनेको अनौठो लाग्यो ।／ភាគច្រើនគាត់គូរទេសភាព ហើយកម្រនឹងគូរមនុស្សណាស់។／ສ່ວນຫຼາຍລາວມັກແຕ້ມຮູບທິວທັດ, ບໍ່ຄ່ອຍແຕ້ມຮູບຄົນ.)

⑯ □ 美人（びじん） (सुन्दरी केटी／ស្រីស្អាត នារីស្អាត／ຄົນງາມ)

⑰ □ 人込み（ひとごみ） (मान्छेको भीडभाड／ហ្វូងមនុស្ស／ຝູງຊົນ)

▶ 人込みは苦手（にがて）です。

(मलाई मान्छेको भीडभाड मन पर्दैन ।／ខ្ញុំមិនចូលចិត្តហ្វូងមនុស្សទេ។／ບໍ່ມັກບ່ອນຄົນຫຼາຍ.)

⑱ □ 大衆（たいしゅう） (जन साधारण／ទូទៅ សាធារណៈ／ມວນຊົນ, ປະຊາຊົນ)

▷ 大衆文化（ぶんか）、大衆食堂（しょくどう）

(लोकप्रिय संस्कृति, लोकप्रिय भोजन कोठा ।／វប្បធម៌ទូទៅ បន្ទប់បរិភោគអាហារទូទៅសាធារណៈ／ວັດທະນະທຳຂອງມວນຊົນ, ຮ້ານອາຫານລາຄາຖືກ, ບ່ອນກິນເຂົ້າລວມ.)

UNIT 4

人と人（ひと と ひと）

(मानिस र मानिस／មនុស្សនិងមនុស្ស／ຄົນ ແລະ ຄົນ)

❶ □ 目上（めうえ） (वरिष्ठ (अग्रज व्यक्ति)／អ្នកមានឋានៈខ្ពស់ជាង／ຜູ້ໃຫຍ່, ຜູ້ອາວຸໂສກວ່າ)

▶ 目上の人（ひと）には言葉使い（ことばづか）に気（き）をつけてください。

(वरिष्ठ (आफू भन्दा ठूलो) व्यक्तिसँग बोल्दा भाषा प्रयोगमा सावधानी अपनाउनुहोस् ।／សូមប្រយ័ត្នចំពោះការប្រើប្រាស់ពាក្យទៅថ្នាក់លើ។／ກະລຸນາລະວັງການໃຊ້ຄຳເວົ້າກັບຜູ້ໃຫຍ່.)

❷ □ 敬う（うやま） (सम्मान／គោរព／ເຄົາລົບນັບຖື)

▶ 相手（あいて）を敬う気持（きも）ちが大切（たいせつ）です。

(अर्को व्यक्तिलाई आदर गर्नु महत्वपूर्ण हुन्छ ।／វាចាំបាច់ណាស់ក្នុងការគោរពអ្នកដទៃ។／ການໃຫ້ຄວາມເຄົາລົບນັບຖືຕໍ່ກັບອີກຝ່າຍໜຶ່ງເປັນສິ່ງສຳຄັນ.)

❸ □ 恩（おん） (गुण／ព្រះគុណ គុណអាស្រ័យ／ບຸນຄຸນ, ຄວາມເມດຕາ, ຄວາມກະລຸນາ)

▶ 先生（せんせい）に受（う）けた恩は一生（いっしょう）忘（わす）れません。

(मेरो गुरुले मलाई लगाउनुभएको गुण जीवनभर बिर्सने छैन ।／ខ្ញុំនឹងមិនភ្លេចគុណបំណាច់ដែលខ្ញុំបានទទួលពីគ្រូឡើយ។／ຈະບໍ່ມີວັນລືມບຸນຄຸນທີ່ໄດ້ຮັບຈາກອາຈານ.)

❹ □ 気（き）を遣（つか）う (अप्ठ्यारो मान्नु／ប្រុងប្រយ័ត្ន យកចិត្តទុកដាក់／ເກງໃຈ, ລະວັງ, ໃສ່ໃຈ, ກັງວົນ, ລະມັດລະວັງ, ໃສ່ໃຈສິ່ງຮອບໂຕ)

▶「何（なに）かお飲（の）みになりますか」「いえ、結構（けっこう）です。どうぞ気を使わないでください」

("तपाईं केही पिउनु हुन्छ ?" "अहँ, ठिकै छ, धन्यवाद । अप्ठ्यारो नमान्नुहोस् ।"／"តើអ្នកចង់ពិសារអ្វីទេ?" ទេមិនអីទេសូមកុំបារម្ភ។／"ເອົາເຄື່ອງດື່ມຫຍັງບໍ່? " "ບໍ່, ໄດ້ແລ້ວ, ບໍ່ໃຫ້ກັງວົນ.)

❺ □ 気（き）が合（あ）う (मन मिल्नु／ចុះសម្រុងគ្នា／ເຂົ້າກັນ, ຖືກໃຈ, ໄປນຳກັນໄດ້ດີ, ເຂົ້າກັນໄດ້ດີກັບ...)

▶ あの二人（ふたり）は気が合うんでしょうね。いつも一緒（いっしょ）にいる。

(ती दुई व्यक्तिको मन मिल्छ जस्तो छ है, जहिले पनि सँग सँगै हुन्छ ।／ខ្ញុំគិតថាអ្នកទាំងពីរនាក់នឹងចុះសម្រុងគ្នា តែងតែនៅជាមួយគ្នា／2ຄົນນັ້ນເຂົ້າກັນໄດ້ດີເນາະ, ຢູ່ນຳກັນຕະຫຼອດ.)

❻ □ 友（とも） (साथी／មិត្តភក្តិ／ໝູ່, ໝູ່ເພື່ອນ)

▶ 私（わたし）にとって彼（かれ）は、友であり、また、よきライバルでもあった。

(ऊ मेरो लागि साथी र कहिलेकाहीं राम्रो प्रतिस्पर्धी थियो ।／ចំពោះខ្ញុំគាត់ជាមិត្តនិងជាគូប្រជែងដ៏ល្អម្នាក់។
※書き言葉的 ពាក្យសរសេរ／ສຳລັບຂ້ອຍແລ້ວ, ລາວຄືໝູ່ ແລະທັງເປັນຄູ່ແຂ່ງທີ່ດີ.)

❼ □ 友情（ゆうじょう） (मित्रता／មិត្តភាព／ມິດຕະພາບ)

▶ 今回（こんかい）のことで、二人（ふたり）の友情はさらに深（ふか）まった。

(यस पटकको घटनाले गर्दा यी दुईबीचको मित्रता झन गहिरो भयो ।／
លើកនេះមិត្តភាពរវាងអ្នកទាំងពីរកាន់តែមានភាពស៊ីជម្រៅ។／ຍ້ອນເຫດການນີ້, ເຮັດໃຫ້ມິດຕະພາບຂອງທັງສອງເລິກເຊິ່ງຂຶ້ນ.)

❽ □ 友好（ゆうこう） (मैत्री／មិត្តភាព／ມິດຕະພາບ)

▶ 私（わたし）の町（まち）は中国（ちゅうごく）のある町と友好関係（かんけい）を結（むす）んでいる。

(मेरो शहर चीनको एउटा शहरसँग मैत्री सम्बन्ध छ ।／ទីក្រុងរបស់ខ្ញុំចងមិត្តភាពជាមួយទីក្រុងមួយនៅប្រទេសចិន។／
ເມືອງທີ່ຂ້ອຍຢູ່ໄດ້ຜູກສາຍພົວພັນມິດຕະພາບກັບເມືອງໜຶ່ງໃນປະເທດຈີນ.)

❾ □ 付（つ）き合（あ）う (आफु संगै लग्नु／ចេញទៅជាមួយ ណាត់ជួបគ្នា／ຄົບຫາ, (ໄປ) ເປັນໝູ່)

▶ スーツを買（か）うのは初（はじ）めてなので、兄（あに）に付き合ってもらった。

(पहिलो पटक सुट किन्ने भएकोले मैले दाजुलाई आफूसँगै लगें ।／
នេះជាលើកទីមួយហើយដែលខ្ញុំបានទិញឈុតអាវធំដូច្នេះខ្ញុំបានសុំឱ្យបងប្រុសខ្ញុំទៅជាមួយគ្នា។／
ຊື້ສູດເປັນເທື່ອທຳອິດເລີຍໃຫ້ອ້າຍມາເປັນໝູ່.)

▶ あの二人（ふたり）は付き合っているらしい。

(ती दुई जना एकआपसमा मन पराउँछ जस्तो छ ।／ពីរនាក់នោះដូចជាកំពុងទាក់ទងគ្នា។／2ຄົນນັ້ນຄືຊິຄົບຫາກັນຢູ່.)

❿ □ 付（つ）き合（あ）い (साथ दिन／បានជាគ្នា ជាមួយគ្នា／ການຄົບຄ້າສະມາຄົມ)

▷ 付き合いで飲（の）みに行（い）く

(बाहिर पिउन जान साथ दिनु ।／ណាត់ជួបផឹកជាមួយគ្នា／ໄປດື່ມເພື່ອເປັນການຄົບຄ້າສະມາຄົມ.)

⓫ □ 信用（しんよう）(する) (विश्वास गर्नु／ទំនុកចិត្ត(ទុកចិត្ត)／ຄວາມໄວ້ໃຈ, ຄວາມເຊື່ອຖື)

▷ 信用を得（え）る、信用を失（うしな）う

(विश्वासनीयता प्राप्त गर्नु , विश्वासनीयता गुमाउन／ទទួលបានទំនុកចិត្ត / បាត់បង់ទំនុកចិត្ត／
ໄດ້ຮັບຄວາມໄວໃຈ, ສູນເສຍຄວາມໄວ້ໃຈ.)

▷ 信用を高（たか）める、信用を落（お）とす

(विश्वासनीयता बढाउनु , विश्वासनीयता हराउन／បង្កើនភាពជឿជាក់ បាត់បង់ភាពជឿជាក់／
ຍົກສູງຄວາມເຊື່ອຖື, ຫຼຸດຄວາມເຊື່ອຖື.)

⓬ □ 信頼（しんらい）(する) (विश्वास गर्नु／ភាពជឿជាក់(ជឿជាក់)／ຄວາມໄວ້ວາງໃຈ, ຄວາມໄວ້ເນື້ອເຊື່ອໃຈ, ການເຊື່ອຖື)

▷ 相手（あいて）と信頼関係（かんけい）を築（きず）く

(दोस्रो व्यक्तिसँग विश्वासको सम्बन्ध बढाउनुहोस् ।／កសាងទំនាក់ទំនងភាពទុកចិត្តជាមួយភាគីម្ខាងទៀត／
ສ້າງຄວາມໄວວາງໃຈກັບອີກຝ່າຍໜຶ່ງ.)

⑬ □ 契約(する) (करार गर्नु／កិច្ចសន្យា(ធ្វើឬចុះកិច្ចសន្យា)／ສັນຍາ)

▶ まだ正式には契約をしていない。

(आधिकारिकरुपमा अझै करारमा हस्ताक्षर गरेको छैन ।／ខ្ញុំមិនទាន់បានចុះកិច្ចសន្យាជាផ្លូវការនៅឡើយទេ។／ບໍ່ໄດ້ເຮັດສັນຍາຢ່າງເປັນທາງການ.)

▷ 契約書 (सम्झौता पत्र／កិច្ចសន្យា／ສັນຍາ)

⑭ □ 裏切る (धोखा दिनु／ក្បត់／ຫັກຫຼັງ, ທໍລະຍົດ, ເຮັດໃຫ້ຜິດຫວັງ)

▶ 友達を裏切るようなことはしません。

(साथीलाई धोका हुने खालको काम गर्दिन ।／ខ្ញុំនឹងមិនក្បត់មិត្តភក្តិរបស់ខ្ញុំទេ។／ຈະບໍ່ເຮັດໃນສິ່ງທີ່ທໍລະຍົດຕໍ່ໝູ່ເພື່ອນ.)

⑮ □ 救う (उद्धार गर्नु／ជួយសង្គ្រោះ／ຊ່ວຍໃຫ້ລອດພົ້ນຈາກ)

▶ 不幸な動物たちを救うのが、活動の目的です。

(विचल्ली अवस्थामा रहेका जनावरलाई उद्धार गर्नु यस कार्यको उद्धेश्य हो ।／គោលបំណងនៃសកម្មភាពគឺដើម្បីជួយសង្គ្រោះសត្វដែលមានទុក្ខលំបាក។／ການຊ່ວຍເຫຼືອສັດໃຫ້ລອດພົ້ນຈາກເຄາະຮ້າຍຄືຈຸດປະສົງຂອງກິດຈະກຳ.)

⑯ □ 援助(する) (मद्धत गर्नु／ជួយ／ຄວາມຊ່ວຍເຫຼືອ)

▶ この店を始める時、親に少し援助してもらいました。

(यो पसल शुरु गर्दा (गरेको बेला), आमाबुबाले मलाई केही मद्धत गर्नु भएको थियो ।／នៅពេលចាប់ផ្តើមហាងនេះ ខ្ញុំបានទទួលជំនួយបន្តិចបន្តួចពីឪពុកម្តាយរបស់ខ្ញុំ។／ຕອນເລີ່ມເຮັດຮ້ານນີ້, (ຂ້ອຍ)ໄດ້ຮັບການຊ່ວຍເຫຼືອຈາກພໍ່ແມ່ໜ້ອຍໜຶ່ງ.)

⑰ □ 励ます (प्रोत्साहन गर्नु／លើកទឹកចិត្ត／ໃຫ້ກຳລັງໃຈ)

▶ 周りのみんなに励まされて、今まで頑張ってこられた。

(मेरो वरिपरि रहेका सबैजनाले प्रोत्साहित गरेको हुनाले, आजको दिनसम्म राम्रो गर्न सकिरहेको छु ।／បន្ទាប់ពីទទួលបានការលើកទឹកចិត្តពីមនុស្សគ្រប់គ្នានៅជុំវិញ ធ្វើអោយខ្ញុំខិតខំអស់ពីសមត្ថភាពរហូតមកដល់ពេលនេះ។／ພະຍາຍາມມາຮອດທຸກມື້ນີ້ໄດ້ຍ້ອນກຳລັງໃຈຈາກຄົນອ້ອມຂ້າງ.)

⑱ □ 慰める (सान्त्वना दिनु (ढाढस दिनु)／លួងលោម／ປອບໃຈ, ເຮັດໃຫ້ລືມຄວາມເສົ້າ)

▶ 私が元気がないときは、彼女がいつも慰めてくれました。

(म खिन्न, निराश हुँदा जहिलेपनि उनले मलाई सान्त्वना दिन्थ्यो ।／នាងតែងតែលួងលោមខ្ញុំពេលខ្ញុំមិនស្រួលខ្លួន។／ລາວຈະປອບໃຈທຸກຄັ້ງໃນຍາມທີ່ຂ້ອຍບໍ່ສະບາຍໃຈ.)

⑲ □ おかげ (कृपाले／អំណរគុណ／ຄວາມຊ່ວຍເຫຼືອ-(ຂອງທ່ານ), ຄວາມສະໜັບສະໜູນ-(ຂອງທ່ານ))

▶ 今回優勝(こんかいゆうしょう)できたのは、コーチのおかげです。
(प्रशिक्षकको कृपाले यस पटक जित्न सफल भएको हो ।／ខ្ញុំអាចឈ្នះលើកនេះបានដោយសារតែគុណគ្រូបង្វឹករបស់ខ្ញុំ។／ສາມາດເອົາຊະນະໄດ້ຍ້ອນຄວາມຊ່ວຍເຫຼືອຂອງຄູຝຶກ.)

⑳ □ お互(たが)い(に) (एकआपस मा／ទៅវិញទៅមក／ເຊິ່ງກັນແລະກັນ)

▶ お互いに納得(なっとく)するまで、よく話(はな)し合(あ)ってください。
(एक आपसमा सन्तुष्ट नभएसम्म धेरै छलफल गर्नुहोस् ।／សូមពិភាក្សាគ្នាឱ្យបានល្អរហូតដល់អ្នកយល់ពីគ្នាទៅវិញទៅមក។／ກະລຸນາລົມກັນໃຫ້ດີກຈົນກວ່າຈະເຂົ້າໃຈເຊິ່ງກັນແລະກັນ.)

㉑ □ 助(たす)け合(あ)う (एक अर्कालाई मद्धत गर्नु／ជួយគ្នា／ຊ່ວຍເຫຼືອກັນ)

▶ みんなで助け合って、生(い)きていってほしい。
(सबैले एकले अर्कालाई मद्धत गरेर बाँच्न चाहन्छु ।／ខ្ញុំចង់អោយអ្នករាល់គ្នាជួយគ្នាទៅវិញទៅមកនិងរស់នៅ។／ຢາກໃຫ້ທຸກຄົນໃຊ້ຊີວິດໂດຍການຊ່ວຍເຫຼືອກັນ.)

㉒ □ 共同(きょうどう) (साझेदारी／រួម／ສຳລັບໃຊ້ຮ່ວມກັນ)

▶ 友達(ともだち)と会社(かいしゃ)を共同経営(けいえい)することにしました。
(साथीसँग साझेदारीमा कम्पनी संचालन गर्ने निर्णय गरें ।／ខ្ញុំបានសំរេចចិត្តបើកក្រុមហ៊ុនមួយរួមជាមួយមិត្តភក្តិរបស់ខ្ញុំ។／ໄດ້ຕົກລົງບໍລິຫານບໍລິສັດຮ່ວມກັນກັບໝູ່.)

㉓ □ 競(きそ)う (प्रतिस्पर्धा गर्नु／ប្រកួតប្រជែង／ແຂ່ງຂັນ, ຍາດຊີງ)

▷ 技(わざ)を競う、美(び)を競う
(एक आपसमा क्षमताको लागि प्रतिस्पर्धा गर्नु, सुन्दरताको लागि प्रतिस्पर्धा गर्नु／ប្រកួតប្រជែងជំនាញ ប្រកួតប្រជែងភាពស្រស់ស្អាត។／ແຂ່ງຂັນດ້ານຝີມື, ການແຂ່ງຂັນຄວາມງາມ.)

㉔ □ 競争(きょうそう)(する) (प्रतिस्पर्धा गर्न／ការប្រណាំងប្រជែង(ប្រកួត)／ການແຂ່ງຂັນ, ການຊີງດີຊີງເດັ່ນ)

▷ 企業間(きぎょうかん)の競争 (कम्पनीहरु बीचको प्रतिस्पर्धा／ការប្រកួតប្រជែងរវាងក្រុមហ៊ុន／ການແຂ່ງຂັນລະຫວ່າງພາກທຸລະກິດ.)

㉕ □ 対立(たいりつ)(する) (बाझिन／ប្រឆាំងនឹង(ផ្ទុយនឹង)／ຄວາມຂັດແຍ່ງ, ປະເຊີນໜ້າກັນ)

▶ バンドの方針(ほうしん)について、メンバーの間(あいだ)で意見(いけん)が対立している。
(व्याण्डको योजनालाई लिएर सदस्यहरु बीच विचार बाझिंदै ।／អំពីគោលដៅរបស់ក្រុមតន្ត្រីនេះយោបល់ក្នុងចំណោមសមាជិកគឺផ្ទុយគ្នា។／ສະມາຊິກວົງມີຄຳເຫັນທີ່ຂັດແຍ່ງກັນກ່ຽວກັບນະໂຍບາຍຂອງວົງ.)

㉖ □ 反抗(はんこう)(する) (विरोध गर्नु／ប្រឆាំង តបតវិញ／ການຕໍ່ຕ້ານ, ການຕອບໂຕ້)

▶ うちの息子(むすこ)は何(なに)を言(い)っても、すぐ反抗するんです。

(हाम्रो छोरालाई जे भने पनि तुरुन्त विरोध गर्छ ।／មិនថាខ្ញុំនិយាយអ្វីទេ កូនប្រុសខ្ញុំប្រឆាំងភ្លាមៗ។／
ບໍ່ວ່າຊິເວົ້າຫຍັງໄປລູກຊາຍຂອງຂ້ອຍຈະຕອບໂຕ້ທັນທີ.)

㉗ □ 薦(すす)める (सिफारीस गर्नु／ណែនាំ／ແນະນຳ, ສະໜັບສະໜູນ)

▶ 先生(せんせい)に薦められた本(ほん)を買(か)って読(よ)んでみた。

(गुरुले सिफारिश गरेको किताब किनेर पढी हेरें ।／ខ្ញុំបានទិញសៀវភៅដែលបានណែនាំដោយគ្រូរបស់ខ្ញុំហើយអានវា។／
ໄດ້ຊື້ປຶ້ມທີ່ອາຈານແນະນຳມາລອງອ່ານ.)

㉘ □ 誘(さそ)う (निम्ता गर्नु／អញ្ជើញ／ຊວນ, ເຊີນຊວນ)

▶ 友達(ともだち)を映画(えいが)に誘ったけど、断(ことわ)られた。

(साथीलाई सिनेमा हेर्न जानको लागि निम्ता दिएको थिएँ तर जान मानेन ।／
ខ្ញុំបានអញ្ជើញមិត្តខ្ញុំទៅមើលកុនប៉ុន្តែត្រូវបានបដិសេធ។／ຊວນໝູ່ໄປເບິ່ງຮູບເງົາແຕ່ຖືກປະຕິເສດ.)

㉙ □ 連(つ)れる (सँगै लग्नु／នាំទៅជាមួយ／ພາ, ນຳ)

▶ 友達(ともだち)も連れて行(い)っていいですか。

(साथीलाई पनि सँगै लगे हुन्छ ?／តើខ្ញុំអាចនាំមិត្តភក្តិមកជាមួយខ្ញុំបានទេ?／ພາໝູ່ໄປນຳໄດ້ບໍ່?)

㉚ □ だます (ठग्नु／បោកប្រាស់／ຫຼອກລວງ, ສໍ້ໂກງ)

▶ 怪(あや)しい広告(こうこく)だなあ。だまされないように気(き)をつけて。

(शंकास्पद विज्ञापन हो ।／វាជាការផ្សាយពាណិជ្ជកម្មគួរឱ្យសង្ស័យ សូមប្រយ័ត្នកុំអោយចាញ់បោកគេ／
ເປັນໂຄສະນາທີ່ໜ້າສົງໄສເນາະ, ລະວັງຢ່າໃຫ້ຖືກຫຼອກລວງ.)

㉛ □ 傷(きず)つける (चित्त दुखाउनु／ធ្វើអោយឈឺចាប់ផ្លូវចិត្ត／ທຳຮ້າຍຄວາມຮູ້ສຶກ)

▶ 私(わたし)の余計(よけい)な一言(ひとこと)が、彼女(かのじょ)を傷つけたみたいです。

(मेरो नचाहिने एक शब्दले उनलाई चित्त दुखाएँ जस्तो छ ।／វាជាពាក្យអត់ប្រយោជន៍របស់ខ្ញុំ ប៉ុន្តែធ្វើឱ្យនាងឈឺចាប់។／
ຄຳເວົ້າຂອງຂ້ອຍທີ່ເກີນຄວາມຈຳເປັນຄືຊິທຳຮ້າຍຄວາມຮູ້ສຶກຂອງລາວ.)

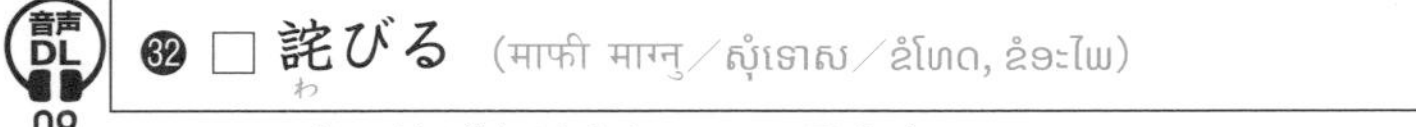

㉜ □ 詫(わ)びる (माफी माग्नु／សុំទោស／ຂໍໂທດ, ຂໍອະໄພ)

▶ 丁寧(ていねい)に詫びたほうがいいと思(おも)うよ。

(मलाई लाग्छ कि तपाईले विनम्रतापूर्वक माफी माग्नुपर्छ ।／ខ្ញុំគិតថាអ្នកគួរតែសុំទោសដោយសមរម្យ។／
ຄິດວ່າຄວນຈະຂໍໂທດຢ່າງສຸພາບ.)

▷ 詫び状（＝お詫びの手紙）
じょう　　　　　　て がみ

(माफी (माफी पत्र)／ការសូមអភ័យទោស (= លិខិតសុំទោស)／ຈົດໝາຍຂໍໂທດ)

▶ ご迷惑をおかけしたことを深くお詫び申し上げます。
めいわく　　　　　　　　ふか　　　　もう　あ

(तपाइलाई कष्ट दिएकोमा माफी चाहन्छु ।／ខ្ញុំសូមអភ័យទោសយ៉ាងខ្លាំងចំពោះរឿងដែលបានរំខានដល់អ្នក។／
ຂໍອະໄພເປັນຢ່າງສູງທີ່ລົບກວນ.)

❸❸ □ 面会（する） (भेट्नु／ជួបប្រជុំ／ການເຂົ້າພົບ, ການເຂົ້າຢ້ຽມ, ການໂອ້ລົມປຶກສາ)
めんかい

▶ 知事との面会が許された。
ちじ　　　　　ゆる

(गभर्नरसँग भेट्ने अनुमति दिईयो ।／ការប្រជុំជួបជាមួយអភិបាលត្រូវបានអនុញ្ញាត។／ໄດ້ຮັບອະນຸຍາດໃຫ້ເຂົ້າພົບທ່ານເຈົ້າແຂວງ.)

❸❹ □ 見舞い (बिरामी भेट्न जानु／ទៅសួរសុខទុក្ខ／
ການຢ້ຽມຢາມຄົນເຈັບ, ການສົ່ງຈົດໝາຍຫຼືເຄື່ອງໄປທັກທາຍ)
み ま

▶ 入院している友達のお見舞いに行った。
にゅういん　　　ともだち　　　　　い

(अस्पतालमा भर्ना गरिएको साथीलाई भेट्न (बिरामी भेट्न जानु) गएँ ।／
ខ្ញុំបានទៅសួរសុខទុក្ខមិត្តខ្ញុំដែលកំពុងសម្រាកព្យាបាលនៅមន្ទីរពេទ្យ។／ໄດ້ໄປຢ້ຽມຢາມໝູ່ທີ່ນອນໂຮງໝໍ.)

❸❺ □ 集まり (भेला／ការប្រមូលផ្តុំ／ການຊຸມນຸມ, ການລວມກຸ່ມ, ກຸ່ມທີ່ມາລວມໂຕກັນ)
あつ

▶ 毎週金曜日は、サークルの集まりがあります。
まいしゅうきんようび

(हरेक हप्ताको शुक्रबार साकुरको भेला हुन्छ ।／រៀងរាល់ថ្ងៃសុក្រមានការប្រមូលផ្តុំជាក្រុម។／
ໃນທຸກໆວັນສຸກຈະມີການລວມໂຕກັນຂອງສະໂມສອນ.)

❸❻ □ 集会 (सभा／ការប្រមូលផ្តុំគ្នា／ການນັດປະຊຸມ, ການລວມໂຕ, ການຈັບກຸ່ມກັນ)
しゅうかい

❸❼ □ 会合 (बैठक／ការប្រជុំ／ການພົບປະເຈລະຈາ, ການປະຊຸມຫາລື, ກອງປະຊຸມ)
かいごう

▶ ３つの大学の関係者が集まって、会合が開かれた。
だいがく　かんけいしゃ　あつ　　　　　ひら

(तीन विश्वविद्यालयका अधिकारीहरु सँगै बैठक बसेको थियो ।／
ការប្រជុំមួយដែលមានអ្នកចូលរួមមកពីសាកលវិទ្យាល័យចំនួន៣ត្រូវបានបើកដំណើរការណ៍ឡើង ។／
ກອງປະຊຸມໄດ້ໄຂຂຶ້ນໂດຍການເຂົ້າຮ່ວມຈາກພາກສ່ວນທີ່ກ່ຽວຂ້ອງຂອງ3ມະຫາວິທະຍາໄລ.)

❸❽ □ 再会（する） (फेरि भेट्नु (पुन मिलन हुनु)／ជួបម្តងទៀត／ການກັບມາພົບກັນໃໝ່)
さいかい

▶ こんなところで高校時代の友達と再会するとは思わなかった。
こうこう じ だい　ともだち　　　　　　　おも

(यस्तो ठाउँमा हाईस्कुलको साथीलाई फेरि भेट्छु भनेर सोचेकै थिएन ।／
ខ្ញុំមិនរំពឹងថានឹងជួបមិត្តវិទ្យាល័យរបស់ខ្ញុំម្តងទៀតនៅកន្លែងបែបនេះទេ។／
ບໍ່ຄິດວ່າຊິໄດ້ກັບມາພົບໝູ່ສະໄໝຮຽນມັດທະຍົມປາຍຢູ່ບ່ອນນີ້.)

39 □ **別(わか)れる** (छुट्टिनु (छुट्टनु)／បែកគ្នា／จากกัน, แยกกัน, ลาจาก, (คู่รัก) เลิกกัน)

▶ 友達(ともだち)と駅(えき)で別れて、私(わたし)はバスに乗(の)った。

(साथी सँग स्टेशनमा बिदा भएर, म बसमा चढें ।／ខ្ញុំបានបែកគ្នាជាមួយមិត្តរបស់ខ្ញុំនៅឯស្ថានីយ៍ហើយឡើងជិះឡានក្រុង។／แยกกันกับหมู่ที่สะถานีแล้วข้อยก็ขึ้นลົດเม.)

▶ 彼女(かのじょ)と別れて１年(ねん)も経(た)つのにまだ忘(わす)れられない。

(केटी साथी (गर्ल फ्रेण्ड) सँग छुटेको १ वर्ष भैसक्दा पनि अझै बिर्सिन सकेन ।／ទោះបីជាខ្ញុំបានចែកផ្លូវជាមួយនាងអស់រយះពេល១ឆ្នាំក៏ដោយ ប៉ុន្តែខ្ញុំនៅតែមិនអាចបំភ្លេចបាន។／เลิกกันกับแฟนได้ปีหนึ่งแล้วแต่ยังลืมบ่ได้.)

40 □ **愛情(あいじょう)** (माया (प्रेम भाव)／សេចក្តីស្រលាញ់／ความรัก)

▷ 子供(こども)に対(たい)する愛情、深(ふか)い愛情 (बच्चाहरुप्रतिको स्नेह, गहिरो स्नेह／សេចក្តីស្រឡាញ់ចំពោះកុមារ ការស្រលាញ់ជ្រាលជ្រៅ／ความรักที่มีต่อลูก, ความรักที่เลิกเซิ่ง.)

41 □ **かわいがる** (माया गर्नु (आफूभन्दा सानोलाई)／ចូលចិត្ត／รัก, แพง, ให้ความเมตตา)

▶ 彼女(かのじょ)はその猫(ねこ)をとてもかわいがっていました。

(उनले त्यो बिरालोलाई धेरै माया गर्नु हुन्थ्यो ।／នាងពិតជាចូលចិត្តឆ្មាណាស់។／ลาวแพงแมวโตนั้นหลาย.)

42 □ **甘(あま)やかす** (पुलपुलाउनु／ទំនើងតាមចិត្ត／(ລ້ຽງດູແບບ) ตามใจ)

▶ 最近(さいきん)、子供(こども)を甘やかす親(おや)が増(ふ)えている。

(आजकल, बच्चाहरुलाई पुलपुलाउने बुबाआमाहरु बढ्दै छ ।／ថ្មីៗនេះឪពុកម្តាយដែលទំនើងតាមចិត្តកូនកាន់តែមានច្រើនឡើង ៗ／ໄລຍະນີ້, ມີພໍ່ແມ່ທີ່ລ້ຽງດູລູກແບບຕາມໃຈເພີ່ມຂຶ້ນ.)

43 □ **しつけ** (अनुशासन／វិន័យ／ການອົບຮົມ, ການສັ່ງສອນ)

▶ うちの父親(ちちおや)はしつけが厳(きび)しかったです。

(मेरो बुबा अनुशासनमा कडा हुनुहुन्थ्यो ।／ឪពុកខ្ញុំមានវិន័យតឹងរឹង។／ພໍ່ຂ້ອຍສັ່ງສອນຢ່າງເຂັ້ມງວດ.)

44 □ **同級生(どうきゅうせい)** (सहपाठी／មិត្តរួមជំនាន់／ເພື່ອນຮ່ວມຊັ້ນຮຽນ, ເພື່ອນຮ່ວມຫ້ອງຮຽນ)

45 □ 類 クラスメート(＝同(おな)じクラスの人(ひと))

46 □ **ルームメート** (रुम पार्टनर／មិត្តរួមថ្នាក់／ເພື່ອນຮ່ວມຫ້ອງ)

音声DL 10

食べ物・料理（たべもの・りょうり）

(खानेकुरा । खाना／អាហារ / ម្ហូបអាហារ／ແນວກິນ, ອາຫານ)

❶ □ 食物（しょくもつ） (खाना／អាហារ／ອາຫານ)

▷ 食物アレルギー (खानाद्वारा हुने एलर्जी／អាឡែរហ្ស៊ីអាហារ／ແພ້ອາຫານ)

❷ □ 食糧（しょくりょう） (खाद्यान्न／ស្បៀងអាហារ／ສະບຽງອາຫານ, ອາຫານຫຼັກຂອງປະເທດ)

▶ 少（すこ）しでも、食糧不足（ふそく）に苦（くる）しむ人（ひと）たちを救（すく）いたい。

(थोरै मात्र भएपनि खान नपाएका गरीब निमुखा मानिसहरूलाई सहायता गर्न चाहन्छु ।／ខ្ញុំចង់ជួយសង្គ្រោះប្រជាជនដែលរងគ្រោះដោយកង្វះខាតស្បៀងអាហារទោះបីជាតិចតួចក៏ដោយ។／ໜ້ອຍໜຶ່ງກໍ່ຍັງດີ, ຢາກຊ່ວຍເຫຼືອຜູ້ທີ່ປະສົບໄພຂາດແຄນອາຫານ.)

❸ □ 果実（かじつ） (फलफुल／ផ្លែឈើ／ໝາກໄມ້)

▷ 果実酒（しゅ） (फलफूलबाट बनेको रक्सी／ស្រាផ្លែឈើ／ເຫຼົ້າໝາກໄມ້)

❹ □ 飯（めし） (खाना／បាយ／ອາຫານ, ຄາບເຂົ້າ)

▶〈暗（くら）い話題（わだい）など〉今（いま）、そんな話（はなし）をするなよ。飯がまずくなる。

(अहिले त्यस्तो कुरा नगर, खाना नमिठो हुन्छ ।／កុំនិយាយអំពីរឿងនេះឥឡូវ បាយនឹងក្លាយជាអត់ឆ្ងាញ់

★「ご飯」の俗な言い方。 រឺធីពេញនិយមក្នុងការនិយាយថា "បាយ" ។／ຢ່າເວົ້າເລື່ອງແນວໃນເວລານີ້, ຊິກິນເຂົ້າບໍ່ແຊບ.)

❺ □ 餅（もち） (भाटको केक／នំម៉ូជី／ໂມຈິ)

❻ □ かび (ढुसी／ផ្សិត／ຕົກໂມະ, ເຊື້ອລາ, ອອກເຫັດ)

▶ あっ、このパン、かびが生（は）えてる。

(ओहो ! यो पाउरोटी त ढुसी परेछ ।／អា នំប៉័ងនេះដុះផ្សិត។／ໂອ້, ເຂົ້າໜົມປັງນີ້ຕົກໂມະແລ້ວ.)

❼ □ スイカ (खरभुजा／ឪឡឹក／ໝາກໂມ)

❽ □ アイスキャンディー (आईस क्यान्डी／ការ៉េម／ກະແລ້ມໄມ້)

時間・時 1
家族 2
人 3
人と人 4
食べ物・料理 5
家具・家電・家庭用品 6
毎日の生活 7
交通・移動 8
建物・施設・部屋 9
読む・書く・聞く・話す 10

❾ □ 冷凍（れいとう）(する)　(बरफद्वारा चिस्याएको (चिसो गर्नु)／បង្កក ក្លាសេ ／ການແຊ່ແຂງ (ອາຫານ))

▷ 冷凍食品（しょくひん）　(फ्रिजमा राखेको खानेकुरा (बरफद्वारा चिस्याएको खानेकुरा)／អាហារក្លាសេ／ອາຫານແຊ່ແຂງ)

❿ □ 自炊（じすい）(する)　(आफैले (स्वयम) खाना पकाउनु／ដាំបាយធ្វើម្ហូបដោយខ្លួនឯង／ການເຮັດກິນດ້ວຍຕົນເອງ)

▶ 一人（ひとり）暮（ぐ）らしをしてから自炊をするようになった。

(एक्लै जीवनयापन गर्न थालेदेखि आफैंले खाना पकाउन शुरु गरें ।／បន្ទាប់ពីរស់នៅម្នាក់ឯងខ្ញុំ ចាប់ផ្តើមដាំបាយចំអិនម្ហូបដោយខ្លួនឯង។／ເຮັດກິນເອງນັບແຕ່ໃຊ້ຊີວິດຜູ້ດຽວ.)

⓫ □ まな板（いた）　(चपीङ्ग बोर्ड／ជ្រុញ ក្តារកាត់／ຂຽງ)

⓬ □ 大（おお）さじ　(ठूलो चम्चा／ចំណុះស្លាបព្រាធំ／ບ່ວງກິນເຂົ້າ, ບ່ວງແກງ)

▶ 〈料理（りょうり）〉さとうを大さじ１杯（いっぱい）入（い）れてください。

(〈खाना〉 पकाउँदा ठूलो चम्चाले एक चम्चा चिनी हाल्नुहोस् ।／សូមបន្ថែមស្ករស ១ ស្លាបព្រាបាយ(ម្ហូប)។／(ອາຫານ) ກະລຸນາໃສ່ນ້ຳຕານ1ບ່ວງກິນເຂົ້າ.)

⓭ □ 小（こ）さじ　(सानो चम्चा／ចំណុះស្លាបព្រាតូច／ບ່ວງກາເຟ, ບ່ວງນ້ອຍ)

⓮ □ 器（うつわ）　(भाँडो／ចាន／ຖ້ວຍຈານ, ພາຊະນະ)

▶ サラダを入（い）れる器がない。

(सलाद राख्ने भाँडो छैन ।／គ្មានចានដាក់សាឡាដ／ບໍ່ມີພາຊະນະໃສ່ສະຫຼັດ.)

▶ あの社長（しゃちょう）には、器の大（おお）きさを感（かん）じる。

(उहाँ हाकिम साहेबको मन ठूलो छ ।／ខ្ញុំមានអារម្មណ៍ថាលោកប្រធាននោះជាមនុស្សអត់អោន／ຮູ້ສຶກໄດ້ວ່າທ່ານປະທານຜູ້ນັ້ນມີຄວາມອົດທົນ.)

⓯ □ 丼（どんぶり）　(बाउल (भाँडो)／បាយចានគោម／ຖ້ວຍ)

▶ 丼の中（なか）には、魚（さかな）や貝（かい）がたっぷりと入（はい）っていました。

(बाउलमा माछा र शँख (शेल) तन्न राखेको थियो ।／មានត្រីនិងគ្រុំជាច្រើននៅក្នុងបាយចានគោម។／ໃນຖ້ວຍເຕັມໄດ້ວຍປາແລະຫອຍ.)

▷ 牛丼（ぎゅうどん）、カツ丼(ブタのカツのどんぶり)

(बाउलको भातको माथी गाईको मासु राखेको खाना, बाउलको भातको माथी सुँगुरको मासु (सुँगुरको कटलेट) राखेको खाना ।／បាយសាច់គោ បាយកាតសឺដុង (បាយសាច់ជ្រូកបំពង)／ເຂົ້າລາດໜ້າງົວ, ເຂົ້າລາດໜ້າໝູ)

⑯ □ ストロー (पिय पदार्थ पिउने पाइप (स्त्रो)／ទុយរបឺតទឹក／ທໍ່ດູດ)

⑰ □ 献立(こんだて) (मेनु (खानाको तालिका वा मुल्य सुची)／ម៉ឺនុយមុខម្ហូប／ລາຍການອາຫານ)

▶ 寮(りょう)では、一か月(げつ)の夕飯(ゆうはん)の献立が表(ひょう)になっています。

(छात्रावासमा त एक महिनाको रातिको खानाको प्रकारको तालिका (चार्ट) हुन्छ ।／
នៅក្នុងអន្តេវាសិកដ្ឋាន ម៉ឺនុយមុខម្ហូបអាហារពេលល្ងាចមួយខែគឺបានបង្ហាញហើយ។／
ທີ່ຫໍພັກຈະມີຕາຕະລາງລາຍການອາຫານປະຈຳເດືອນ.)

⑱ □ お代(か)わり(する) (थप गर्नु (खाना वा पिय पदार्थ)／យកបន្ថែម ថែម／ເອົາອີກ)

▶「コーヒーのお代わりは？」「じゃ、いただきます」

("कफी थप्नु हुन्छ कि ? (अर्को एक कप कफी पिउनु हुन्छ कि ?)" "त्यसो भए दिनुहोस् ।"／
"យកបន្ថែមកាហ្វេមួយពែងទៀតយ៉ាងម៉េចដែរ?" អញ្ចឹងខ្ញុំសុំបន្ថែមហើយចឹង។／"ເອົາກາເຟອີກບໍ່?" "ໂດຍ, ເອົາ")

UNIT 6 家具(かぐ)・家電(かでん)・家庭用品(かていようひん)

11

(फर्निचर, घरेलु उपकरणहरु, घरेलु सामानहरु／គ្រឿងសង្ហារឹម / គ្រឿងអគ្គសនីប្រើក្នុងផ្ទះ / ឧបករណ៍ប្រើប្រាស់ក្នុងផ្ទះ／ເຄື່ອງເຮືອນ(ເຟີນິເຈີ), ເຄື່ອງໄຟຟ້າ, ເຄື່ອງໃຊ້ພາຍໃນເຮືອນ)

❶ □ 引(ひ)き出(だ)し (घर्रा／ថតតុ／ລິ້ນຊັກ)

▶ はさみは、机(つくえ)の一番上(いちばんうえ)の引き出しに入(はい)っています。

(कैंची टेबुलको सबभन्दा माथिको घर्राभित्र छ ।／កន្ត្រៃមាននៅក្នុងថតតុនៅខាងលើគេបង្អស់។／ມີດຕັດຢູ່ໃນລິ້ນຊັກໂຕະຖ້ານເທິງສຸດ.)

❷ □ たんす (दराज／ទូរដាក់របស់／ຕູ້ເຄື່ອງ)

▶ たんすの引(ひ)き出(だ)しの奥(おく)から懐(なつ)かしい服(ふく)が出(で)てきた。

(दराज भित्रबाट अनौठो लुगा निस्क्यो ।／សម្លៀកបំពាក់ដែលជាទីនឹករលឹកបានចេញពីខាងក្រោយនៃថតទូរដាក់ឥវ៉ាន់។／ເຫັນເສື້ອທີ່ເຮັດໃຫ້ລະລຶກເຖິງຄວາມຫຼັງຈາກທາງໃນສຸດຂອງລິ້ນຊັກຕູ້ເຄື່ອງ.)

❸ □ 座布団(ざぶとん) (चकटी／ខ្នើយទ្រាប់អង្គុយជប៉ុន／ເບາະຮອງນັ່ງ)

❹ □ 電球(でんきゅう) (चिम／អំពូល／ດອກໄຟປ້ອມ)

▶ 電球が切(き)れたから、買(か)ってこないと。

(चिम जलेकोले किनेर ल्याउनु पर्छ ।／អំពូលបានដាច់អស់ហើយដូច្នេះខ្ញុំត្រូវទៅទិញវា។／ດອກໄຟຂາດແລ້ວ, ຕ້ອງໄດ້ຊື້ມາ(ປ່ຽນ).)

❺ □ 蛍光灯(けいこうとう) (ट्युब लाईट／ពន្លឺអំពូលភ្លើង／ດອກໄຟນີອອນ)

❻ □ 暖房(だんぼう) (हिटर／ម៉ាស៊ីនកំដៅ／ແອອຸ່ນ)

▶ その部屋(へや)は暖房があまり効(き)いてなくて、寒(さむ)かった。

(त्यो कोठामा हिटर त्यतिको नबलेको भएर जाडो थियो ।／បន្ទប់នោះគឺម៉ាស៊ីនកំដៅដំណើរការមិនសូវស្រួល វាត្រជាក់។／ໜາວເພາະແອອຸ່ນຂອງຫ້ອງນັ້ນບໍ່ອຸ່ນປານໃດ.)

❼ □ ミシン (मिसिन／ម៉ាស៊ីនដេរ／ຈັກຫຍິບເຄື່ອງ)

▶ ここ、破(やぶ)れたんですか。じゃ、私(わたし)がミシンをかけてあげますよ。

(यहाँ च्यात्तिएको हो ? त्यसो भए म लुगा सिउने मेशिनले सिलाइदिन्छु ।／តើមានរហែកនៅទីនេះមែនទេ? ចឹងខ្ញុំនឹងបើកម៉ាស៊ីនដេរអោយ។ ／ບ່ອນນີ້ຂາດບໍ? ຄັນຊັ້ນ, ຂ້ອຍຊິຫຍິບຈັກໃຫ້.)

❽ □ 炊飯器（すいはんき） (राईस कुकर／ឆ្នាំងបាយ／ໝໍ້ຫຸງເຂົ້າ)

❾ □ ごみ袋（ぶくろ） (फोहर राख्ने झोला／ថង់សំរាម／ຖົງຂີ້ເຫຍື້ອ)

毎日の生活（まいにち せいかつ）

(हरेक दिनको जीवन／ជីវភាពប្រចាំថ្ងៃ／ການໃຊ້ຊີວິດໃນທຸກໆວັນ)

❶ □ 起床(きしょう)(する) (उठनु (सुतेर उठनु)／ក្រោកពីគេង／ການຕື່ນນອນ, ການຕື່ນແລະລຸກອອກຈາກບ່ອນນອນ)

▶ 研修中(けんしゅうちゅう)は6時(じ)起床です。

(प्रशिक्षण अवधिभर बिहान ६ बजे उठ्छु।／ក្នុងពេលហ្វឹកហាត់គឺក្រោកពីគេងនៅម៉ោង ៦／ໃນລະຫວ່າງຝຶກງານແມ່ນຕື່ນນອນ6ໂມງ.)

❷ □ 対就寝(しゅうしん)(する) (सुत्नु／ចូលគេង／ການເຂົ້ານອນ)

▶ 病院(びょういん)では就寝時間(じかん)が決(き)まっています。

(अस्पतालमा सुत्ने समय तय गरेको हुन्छ।／នៅមន្ទីរពេទ្យម៉ោងចូលគេងត្រូវបានកំណត់។／ທີ່ໂຮງໝໍ, ໂມງນອນຈະຖືກກຳນົດ.)

❸ □ 寝坊(ねぼう)(する) (ढिला सम्म सुत्नु／គេងជ្រុល／ການຕື່ນສວາຍ, ການນອນຕື່ນສວາຍ)

▶ 明日(あした)、寝坊したら起(お)こしてね。

(भोलि, ढिलासम्म सुतेंभने, मलाई उठाउनु है।／ថ្ងៃស្អែកបើខ្ញុំគេងជ្រុលដាស់ខ្ញុំផង／ມື້ອື່ນ, ຖ້າຕື່ນສວາຍແລ້ວປຸກແດ່ເດີ້.)

❹ □ 歯磨(はみが)き (दाँत माझ्नु／ដុសធ្មេញ／ການຖູແຂ້ວ, ຢາຖູແຂ້ວ)

❺ □ 朝刊(ちょうかん) (बिहानको पत्रिका／កាសែតពេលព្រឹក／ໜັງສືພິມສະບັບເຊົ້າ)

▶ 対夕刊(ゆうかん)

(साँझको पत्रिका／កាសែតពេលល្ងាច／ໜັງສືພິມສະບັບແລງ)

❻ □ 髪(かみ)をとかす (कपाल कोर्नु／សិតសក់／ຫວີຜົມ)

▶ 寝坊(ねぼう)したから、髪をとかす時間(じかん)もなかった。

(ढिलासम्म सुतेकोले कपाल कोर्ने समय पनि भएन।／ព្រោះគេងជ្រុល ម៉ោងសិតសក់ក៏មិនមាន／ນອນຕື່ນສວາຍກໍ່ເລີຍບໍ່ມີເວລາຮອດຊິຫວີຜົມ.)

❼ □ 香水(こうすい) (अत्तर／ទឹកអប់／ນ້ຳຫອມ)

❽ □ (お)出掛（でか）け(する) (बाहिर जानु／ចេញក្រៅ／ພວມຈະອອກໄປນອກ, ອອກໄປນອກ)

▶「どちらにお出掛けですか」「ちょっとお花見（はなみ）に」

("तपाईं बाहिर जादै हुनुहुन्छ ?" एकछिन साकुरा हेर्नको लागि ।／<ចេញក្រៅទៅណាដែរ?><រកទៅមើលផ្កាបន្តិច>／"ພວມຊິອອກໄປໃສນໍ?" "ອອກໄປເບິ່ງດອກໄມ້ໜ້ອຍໜຶ່ງ")

❾ □ レジ袋（ぶくろ） (पसलमा दिने प्लास्टिक झोला／ស្បោងឬថង់ដាក់ឥវ៉ាន់／ຖົງຢາງໃສ່ເຄື່ອງຊື້, ຖົງໃຊ້ແລ້ວຖິ້ມ)

❿ □ 炊事（すいじ）(する) (खाना पकाउनु／ចម្អិនអាហារ／ການຄົວກິນ, ການເຮັດກິນ, ການປຸງແຕ່ງອາຫານ)

⓫ □ 洗（あら）い物（もの） (भाँडा पखाल्नु／លាងចាន／ເຄື່ອງນຸ່ງ ຫຼື ຖ້ວຍຈານທີ່ຕ້ອງລ້າງ, ເຄື່ອງທີ່ຕ້ອງລ້າງ)

▶料理（りょうり）は妻（つま）で、洗い物は私（わたし）がやっています。

(मेरो श्रीमतीले खाना पकाउछिन् र मैले भाँडा पखाल्ने काम गर्दछु ।／ប្រពន្ធរបស់ខ្ញុំចម្អិនអាហារហើយខ្ញុំលាងចាន។／ເມຍເຮັດກິນ, ຖ້ວຍຈານແມ່ນຂ້ອຍລ້າງ.)

▶また、洗い物がたまってる。

(फेरि, धुने भाँडा थुप्रिएको छ ।／ទៀតហើយ ចានលាងត្រូវបានគរ។／ເຄື່ອງທີ່ຕ້ອງລ້າງກອງເຕັມອີກແລ້ວ.)

⓬ □ 生（なま）ごみ (कुहिने फोहर／សំរាមស្រស់ឆៅ／ຂີ້ເຫຍື້ອ (ເສດອາຫານ))

⓭ □ くず (फोहर (टुका)／កាកសំណល់／ເສດຜົງ, ເສດຫຼືສ່ວນທີ່ບໍ່ມີປະໂຫຍດ)

▷くず入（い）れ、くずかご、パンくず

(फोहर राख्ने भाँडो, फोहर राख्ने वास्केट, पाउरोटीका टुका／របស់ដាក់សំរាម ធុងសំរាម កាកសំណល់នំប៉័ង／ຖັງຂີ້ເຫຍື້ອ, ເສດເຂົ້າໜົມປັງ)

⓮ □ 紙（かみ）くず (कागजका टुका फोहर／កំទេចក្រដាស／ເສດເຈ້ຍ)

⓯ □ 掃（は）く (बढाल्नु／បោស／ກວາດ, ປັດ(ຝຸ່ນ))

▶床（ゆか）は、簡単（かんたん）にほうきで掃いてから雑巾（ぞうきん）で拭（ふ）いてください。

(भुइँ कुचोले बढालिसकेपछि पोछाले पुछ्नुहोस् ।／បោសសំអាតកំរាលឥដ្ឋដោយប្រើអំបោសងាយៗហើយបន្ទាប់មកជូតកំរាលដោយក្រណាត់។／ໃຊ້ຟອຍກວາດພື້ນແບບງ່າຍໆແລ້ວຕາມດ້ວຍເອົາຜ້າຖູເດີ້.)

⑯ □ 片付(かたづ)く (सकिनु (मिलाउनु)／សម្អាត ឬរៀបចំអោយមានសណ្តាប់ធ្នាប់／ສະສາງ, ຈັດແຈງໃຫ້ເປັນລະບຽບຮຽບຮ້ອຍ)

▶ 今(いま)の仕事(しごと)が片づいたら、ちょっと旅行(りょこう)に行(い)くつもりです。

(अहिलेको काम सकेपछि एकचोटी भ्रमण गर्न जाने ईच्छा छ।／នៅពេលដែលខ្ញុំរៀបចំបញ្ចប់ការងារឥឡូវហើយខ្ញុំនឹងដើរលេង។／ສະສາງວຽກນີ້ແລ້ວຕັ້ງໃຈຊິໄປທ່ຽວໜ້ອຍໜຶ່ງ.)

▷ 部屋(へや)が片づく (कोठा सफा हुनु (मिलाउनु)／រៀបចំបន្ទប់អោយស្អាត／ມ້ຽນຫ້ອງ)

⑰ □ 昼寝(ひるね)(する) (अल्प निद्रा सुत्नु (आराम गर्नु)／ដេកថ្ងៃ／ການນອນສວາຍ)

⑱ □ 休息(きゅうそく)(する) (आराम गर्नु／សម្រាក／ການພັກຜ່ອນ)

▶ 練習熱心(れんしゅうねっしん)なのはいいけど、週(しゅう)に一日(いちにち)は休息日が必要(ひつよう)だよ。

(मिहिनेतका साथ अभ्यास गर्नु राम्रो हो तर हप्ताको एक दिन आराम गर्न आवश्यक छ।／វាពិតជាល្អណាស់ដែលខំប្រឹងចំពោះការហ្វឹកហាត់ប៉ុន្តែក៏ត្រូវការថ្ងៃសម្រាកមួយថ្ងៃក្នុងមួយសប្តាហ៍ដែរ។／ການຕັ້ງໃຈຝຶກຊ້ອມແມ່ນດີແຕ່ກໍ່ຄວນມີມື້ພັກຜ່ອນມື້ໜຶ່ງຕໍ່ອາທິດໄດ໋.)

⑲ □ 休養(きゅうよう)(する) (आराम गर्नु／សម្រាក／ການພັກຟື້ນ, ການພັກຜ່ອນຈາກການເຮັດວຽກ)

▶ 彼女(かのじょ)は治療(ちりょう)のため、半年(はんとし)ほど休養をとるそうです。

(उनी उपचारको लागि लगभग ६महिना जति आराम गर्छ जस्तो छ।／នាងនឹងសុំសម្រាក់ប្រហែលកន្លះឆ្នាំដើម្បីព្យាបាល។／ລາວຂໍລາພັກປະມານເຄິ່ງປີເພື່ອເຂົ້າຮັບການປິ່ນປົວ.)

⑳ □ のんびりする (फुर्सदमा रहनु／បន្ធូរអារម្មណ៍／ເຮັດໂຕຕາມສະບາຍ)

▶ たまには温泉(おんせん)にでも行(い)って、のんびりしたい。

(कहिलेकाही तातोपानी बस्न गएर भएपनि आराम गर्न जान चाहन्छु।／ពេលខ្លះខ្ញុំចង់ទៅត្រាំទឹកក្តៅហើយសម្រាកបន្ធូរអារម្មណ៍។／ດົນໆກໍ່ຢາກໄປບໍ່ນໍ້າຮ້ອນ, ເຮັດໂຕຕາມສະບາຍ(ຢູ່ຫັ້ນ).)

㉑ □ 余暇(よか) (फुर्सदको समय／ការលំហែ／ເວລາຫວ່າງ)

▷ 余暇の過(す)ごし方(かた)

(फुर्सदको समय बिताउने तरिका／របៀបចំណាយពេលទំនេរ／ວິທີການໃຊ້ເວລາໃນຍາມຫວ່າງ.)

㉒ □ 日課(にっか) (दैनिकी／ទំលាប់ប្រចាំថ្ងៃ／ກິດຈະວັດປະຈຳວັນ)

▶ 朝(あさ)、公園(こうえん)までジョギングするのが日課です。

(विहान, पार्कसम्म ज्योगिन्ग जाने मेरो दैकिकी हो।／ទម្លាប់ប្រចាំថ្ងៃរបស់ខ្ញុំគឺការទៅដើរហាត់ប្រាណទៅសួនច្បារនៅពេលព្រឹក។／ແລ່ນໄປຮອດສວນສາທາລະນະໃນຕອນເຊົ້າເປັນກິດຈະວັດປະຈຳວັນ.)

UNIT 8 交通（こうつう）・移動（いどう）

音声DL 13

(सवारी,सर्नु／ចរាចរណ៍ / ផ្លាស់ទី／
ການ ຄົມມະນາຄົມ, ການຈາລະຈອນ, ການເຄື່ອນຍ້າຍ)

❶ □ 交通機関（こうつうきかん） (यातायात सुविधा／មធ្យោបាយដឹកជញ្ជូន／ລະບົບການຄົມມະນາຄົມ)

▶ 大雨（おおあめ）により、交通機関にも影響（えいきょう）が出始（ではじ）めた。

(भारी वर्षाका कारण यातायात सुविधा प्रभावित हुन थाल्यो ।／
ភ្លៀងធ្លាក់ខ្លាំងបានបណ្តាលអោយចាប់ផ្តើមប៉ះពាល់ដល់ការដឹកជញ្ជូន។／ຝົນຕົກໜັກເຮັດໃຫ້ລະບົບການຄົມມະນາຄົມເລີ່ມໄດ້ຮັບຜົນກະທົບ.)

❷ □ 私鉄（してつ） (निजी कम्पनिको रेल／ផ្លូវដែកឯកជន／ບໍລິສັດລົດໄຟເອກະຊົນ)

▶ JR、私鉄ともに、平常通（へいじょうどお）りの運転（うんてん）です。

(जे आर (जापान रेल), निजी कम्पनिको रेल पनि सामान्यतय चलिरहेको छ। ★जे आर धेरै समय पहिले जापानको राष्ट्रिय रेल वे थियो। अहिले निजी कम्पनी भयो तापनि अन्य निजी रेल भन्दा फरक विचारधारा रहेको छ।／
ទាំងផ្លូវរថភ្លើង JR និងផ្លូវដែកឯកជនដំណើរការដូចធម្មតា។ JR គឺជាផ្លូវដែកជាតិពីមុន។ ទោះបីជាបច្ចុប្បន្ននេះវាជាក្រុមហ៊ុនឯកជនក៏ដោយ វាត្រូវបានសម្គាល់ពីផ្លូវដែកឯកជនធម្មតា។／ທັງລົດໄຟສາຍJRແລະລົດໄຟສາຍເອກະຊົນແມ່ນແລ່ນຕາມປົກກະຕິ.
★ລົດໄຟສາຍJR ແມ່ນສາຍລົດໄຟຂອງປະເທດທີ່ມີມາແຕ່ກ່ອນ, ປະຈຸບັນແມ່ນຄຸ້ມຄອງບໍລິຫານໂດຍບໍລິສັດເອກະຊົນແຕ່ຈະຖືກຈຳແນກຈາກບໍລິສັດລົດໄຟເອກະຊົນທົ່ວໄປ.)

※JRは昔（むかし）の国（くに）の鉄道（てつどう）。そのため、一般（いっぱん）の私鉄とは区別（くべつ）されている。

❸ □ ジェット機（き） (जेट हवाई जहाज／យន្តហោះ／ເຮືອບິນເຈັດ)

▷ 自家用（じかよう）ジェット機 (निजी जेट हवाई जहाज／យន្តហោះឯកជន／ເຮືອບິນເຈັດສ່ວນໂຕ)

❹ □ 時速（じそく） (गति／ល្បឿន／ຄວາມໄວຕໍ່ຊົ່ວໂມງ)

▷ 時速50キロで走（はし）る

(५० कि. मी. को गतिले दौडिन्छ ।／រត់ក្នុងល្បឿន ៥០ គីឡូម៉ែត្រ / ម៉ោង／ຂັບເຄື່ອນດ້ວຍຄວາມໄວ50ກມຕໍ່ຊົ່ວໂມງ)

❺ □ 道路（どうろ） (मोटर बाटो／ផ្លូវ／ຖະໜົນ, ຫົນທາງ)

▶ この辺（へん）は道路ばかりで、空気（くうき）があまりきれいじゃない。

(यतातिर मोटर बाटोमात्र भएकोले त्यतिको स्वच्छ हावा छैन ।／នៅម្តុំនេះមានផ្លូវច្រើន ហើយខ្យល់ក៏មិនស្អាតដែរ។／
ເຂດນີ້ມີແຕ່ຖະໜົນຫົນທາງ, ອາກາດເລີຍບໍ່ບໍລິສຸດປານໃດ.)

❻ □ 横断歩道（おうだんほどう） (जेब्रा कस／ផ្លូវអ្នកថ្មើរជើងឆ្លងកាត់／ທາງມ້າລາຍ, ທາງຂ້າມ)

▶ 横断歩道があるところを渡（わた）りましょう。

(जेब्रा कस भएको ठाउँबाट बाटो काटौं ।／ឆ្លងកាត់កន្លែងដែលមានអ្នកថ្មើរជើងឆ្លងកាត់។／ຂ້າມບ່ອນທີ່ມີທາງມາລາຍກັນເທາະ.)

❼ □ **ガードレール** (बार (बाटोको दायाँ बायाँको बार)／របាំងដែកតាមផ្លូវ／ຮົ້ວກັນ(ທີ່ຂອບທາງ))

❽ □ **信号**(しんごう) (ट्राफिक बत्ती／ភ្លើងចរាចរណ៍／ສັນຍານໄຟຈາລະຈອນ, ໄຟສັນຍານ)

▶ あっ、信号が青(あお)になってる。渡(わた)っちゃおう。

(ओहो !। ट्राफिक बत्ती हरियो भएको छ, बाटो काटौं ।／អូភ្លើងចរាចរណ៍ពណ៌ខៀវ តោះឆ្លងកាត់ម៉ងទៅ។／
ໂອ້, ໄຟສັນຍານເປັນສີຂຽວແລ້ວຂ້າມເລີຍ.)

❾ □ **標識**(ひょうしき) (चिन्ह (ट्राफिक चिन्ह)／ចុះហត្ថលេខា／ເຄື່ອງໝາຍ)

▶ あの道路(どうろ)標識、何(なん)て書(か)いてあるか見(み)える？

(त्यो ट्राफिक चिन्हमा के भनेर लेखिएको छ, देखिन्छ ?／តើអ្នកអាចឃើញផ្លាកសញ្ញានោះសរសេរអ្វីទេ?／
ເຄື່ອງໝາຍບອກທາງນັ້ນຂຽນວ່າແນວໃດເຫັນບໍ່?)

❿ □ **十字路**(じゅうじろ) (चौबाटो／ផ្លូវបំបែក／ສີ່ແຍກ)

▶ そこの十字路を左(ひだり)に曲(ま)がってください。

(त्यो चौबाटो बायाँ घुम्नुहोस् ।／បត់ឆ្វេងនៅផ្លូវបំបែកនៅទីនោះ។／ກະລຸນາລ້ຽວຊ້າຍບ່ອນສີ່ແຍກນັ້ນ.)

⓫ □ **Uターン(する)**(ユー) (यू टर्न गर्नु／ត្រលប់ក្រោយវិញ／ບ່ອນລ້ຽວກັບ, ລ້ຽວກັບ)

▶ おかしいな。道(みち)を間違(まちが)えたみたいだ。Uターンしよう。

(अनौठो लाग्यो, मैले बाटो गल्ती गरें जस्तो लाग्छ पूरै फर्कौं (यू टर्न गरौं)／
ដូចជាចម្លែក។ វាហាក់ដូចជាខ្ញុំបានច្រលំខុសផ្លូវ តោះត្រលប់ក្រោយវិញ។／ແປກເວີ້ຍ, ຄືຊິມາຜິດທາງ, ລ້ຽວກັບເທາະ.)

▶ この道(みち)は狭(せま)いから、Uターンはできない。

(यो बाटो साँगुरो भएकोले पूरै फर्काउन (यू टर्न गर्न) सकिदैन／ដោយសារតែផ្លូវនេះគឺតូចមិនអាយត្រលប់ក្រោយបានទេ។／
ທາງເສັ້ນນີ້ແຄບເລີຍລ້ຽວກັບບໍ່ໄດ້.)

⓬ □ **通行止め**(つうこうど) (बाटो बन्द／ផ្លូវបិទមិនអោយឆ្លងកាត់／ທາງຕັນ)

▶ この先(さき)は工事(こうじ)で通行止めになっている。

(यस अगाडि निमार्ण कार्य हुँदै गरेकोले बाटो बन्द छ ।／ផ្លូវខាងមុខត្រូវបានបិទមិនអោយឆ្លងកាត់ដោយសារការងារសាងសង់។／
ທາງໜ້າມີການກໍ່ສ້າງບໍ່ສາມາດຜ່ານໄດ້.)

⓭ □ **回り道(する)**(まわりみち) (घुमाउरो बाटो (घुम्नु)／ផ្លូវវាង／ທາງອ້ອມ, ຍ່າງອ້ອມ)

▶ ちょっとぐらい回り道してもいいですよ。のんびり行(い)きましょう。

(थोरै घुमाउरो बाटो भएर गए पनि हुन्छ । बिस्तारै जाऔं ।／អ្នកអាចជិះផ្លូវវាងមួយរយៈ។ តោះទៅលេងៗ។／
ຍ່າງອ້ອມໜ້ອຍໜຶ່ງກໍ່ໄດ້ເດີ້, ຄ່ອຍໄປເອົາເນາະ.)

⓮ □ 遠回り(とおまわ)(する) (धेरै लामो बाटो (घुम्नु)／ផ្លូវវាងឆ្ងាយ／ທາງອ້ອມ, ອ້ອມໄກ)

▶ そっちから行(い)くと遠回りになるよ。

(त्यताबाट गयो भने बाटो धेरै लामो हुन्छ ।／ប្រសិនបើអ្នកចេញទៅតាមនោះ វានឹងវាងឆ្ងាយ។／ຖ້າໄປທາງນັ້ນຊິໄດ້ອ້ອມໄກ.)

▶ 遠回りにはなりますが、渋滞(じゅうたい)がないのでこっちから行きます。

(बाटो धेरै लामो हुन्छ तर जाम नहुने भएकोले यहाँबाट जान्छु ।／
វានឹងជាផ្លូវវាងឆ្ងាយប៉ុន្តែដោយសារមិនមានចរាចរណ៍ខ្ញុំនឹងចេញពីទីនេះ។／ອ້ອມໄກແດ່ແຕ່ບໍ່ມີລົດຕິດເລີຍຊິໄປທາງນີ້ເອົາ.)

⓯ □ 道順(みちじゅん) (बाटो रुट／ទិសដៅ／ລໍາດັບເສັ້ນທາງຈົນເຖິງຈຸດໝາຍ)

▶ 今(いま)、駅(えき)にいるんですが、そちらまでの道順を教(おし)えていただけますか。

(अहिले, स्टेशनमा छु, त्यहाँ सम्मको बाटोको रुट भन्न सक्नु हुन्छ ?／
ខ្ញុំឥឡូវនេះនៅស្ថានីយ៍ តើអ្នកអាចផ្តល់ការណែនាំទិសដៅទៅដល់នឹងមកខ្ញុំបានទេ?／
ດຽວນີ້ຢູ່ສະຖານີ, ລົບກວນບອກທາງໄປຫາບ່ອນນັ້ນໃຫ້ແດ່.)

⓰ □ 徒歩(とほ) (पैदल हिडनु／ថ្មើរជើង／ຍ່າງ)

▷〈不動産広告(ふどうさんこうこく)〉駅(えき)から徒歩５分(ふん)

(〈रियल स्टेटको विज्ञापन〉 स्टेशनबाट पैदल ५ मिनेट／<ការផ្សាយពាណិជ្ជកម្មអចលនទ្រព្យ> ដើរ ៥ នាទីពីស្ថានីយ៍／
(ໂຄສະນາອະສັງຫາລິມະຊັບ) 5ນາທີຍ່າງຈາກສະຖານີ)

⓱ □ 助手席(じょしゅせき) (सहायक सीट／កៅអីអ្នកដំណើរ／ບ່ອນນັ່ງຜູ້ໂດຍສານ, ບ່ອນນັ່ງຂ້າງຄົນຂັບ)

⓲ □ 急(きゅう)ブレーキ (अचानक ब्रेक／ហ្វ្រាំងភ្លាមៗ／ເບກກະທັນຫັນ) 同急停車(ていしゃ)

▶ 安全(あんぜん)のため、急ブレーキを踏(ふ)む場合(ばあい)もあります。

(सुरक्षाको लागि, अचानक ब्रेक लगाउन सक्छ ।／ដើម្បីសុវត្ថិភាពអ្នកអាចនឹងជាន់ហ្វ្រាំងភ្លាមៗ។／
ອາດຈະມີກໍລະນີຢຽບເບກກະທັນຫັນເພື່ອຄວາມປອດໄພ.)

⓳ □ 車輪(しゃりん) (पाङ्ग्रा／កង់ឡាន／ກົງລົດ)

▶ 自転車(じてんしゃ)の車輪にスカートがひっかかってしまった。

(स्कर्ट साइकलको पाङ्ग्रामा च्यापिएको छ ।／សំពត់បានទាក់ជាប់នៅនឹងកង់ឡាន។／ກະໂປ່ງພັນເຂົ້າກົງລົດຖີບຊໍ້າ.)

⓴ □ 時刻表(じこくひょう) (समय तालिका／តារាងពេលវេលា／ຕາຕະລາງລົດອອກ, ຕາຕະລາງການບິນ)

㉑ □ ラッシュ (भिडभाँड (जाम)／ប្រញាប់／ຊົ່ວໂມງຮີບດ່ວນ, ຊົ່ວໂມງເລັ່ງດ່ວນ)

▷ 通勤(つうきん)ラッシュ (कार्यालय समयको जाम／ធ្វើដំណើរទៅធ្វើការប្រញាប់／ໄປວຽກໃນຊົ່ວໂມງຮີບດ່ວນ.)

音声DL 14

㉒ □ 車掌(しゃしょう) (कन्डक्टर／អ្នកបើករថភ្លើង／ພະນັກງານເກັບຄ່າໂດຍສານ, ພະນັກງານກວດປີ້)

▶ この電車(でんしゃ)で行(い)けるのかなあ。あそこに車掌さんがいるから聞いてみよう。

(यो रेलबाट जान सक्छ होला । त्यहाँ बसेको कन्डक्टरलाई सोधी हेरौं ।／
តើជិះរថភ្លើងនេះអាចទៅបានឬអត់ទេ? នៅទីនោះមានអ្នកបើករថភ្លើងតោះសួរមើល។／
ຂຶ້ນລົດໄຟຄັນນີ້ໄປໄດ້ບໍ່ເນາະ? ພະນັກງານກວດປີ້ຢູ່ຫັ້ນ, ລອງຖາມເບິ່ງເນາະ.)

㉓ □ 吊(つ)り革(かわ) (स्ट्र्याप (सवारी साधनको समाउने डोरी)／ខ្សែរព្ួរ／ຮາວຈັບ)

▶ 急(きゅう)ブレーキを踏(ふ)むことがあるから、吊革につかまっていたほうがいいよ。

(अचानक ब्रेक लगाउन सक्ने भएकोले स्ट्र्याप समाउनु होस् ।／
អ្នកអាចនឹងជាន់ហ្វ្រាំងភ្លាមៗ ដូច្នេះវាជាការប្រសើរក្នុងការកាន់ខ្សែរព្ួរ／ຈັບຮາວຈັບດີກວ່າເພາະມີການຢຽບເບກກະທັນຫັນ.)

㉔ □ 乗車券(じょうしゃけん) (बस, ट्रेनको टिकट／សំបុត្រជិះរថភ្លើង／ປີ້)

▶〈車掌(しゃしょう)〉乗車券を拝見(はいけん)します。

(〈कन्डकटर〉 टिकट देखाउनहोस् ।／(អ្នកបើករថភ្លើង) ខ្ញុំនឹងមើលសំបុត្រជិះរថភ្លើង។／(ພະນັກງານກວດປີ້) ຂໍເບິ່ງປີ້ຂຶ້ນລົດແດ່.)

㉕ □ 通過(つうか)(する) (भएर (जानु) पासिंग／ឆ្លងកាត់／ຜ່ານ／ແລ່ນກາຍ)

▶ 次(つぎ)の急行列車(きゅうこうれっしゃ)は、当駅(とうえき)を通過します。

(अर्को एक्सप्रेस ट्रेन, यस स्टेशन भएर जान्छ ।／រថភ្លើងល្បឿនបន្ទាប់នឹងឆ្លងកាត់ស្ថានីយនេះ។／
ລົດໄຟດ່ວນຄັນຕໍ່ໄປຈະແລ່ນກາຍສະຖານີນີ້.)

㉖ □ 乗(の)り越(こ)す (किनेको टिकट भन्दा अगाडी सम्म चढनु／ជិះហួស／
ຜ່ານໄປ, ກາຍຈຸດມາຍປາຍທາງ)

▶ 乗り越した分(ぶん)を精算(せいさん)しないと。

(टिकट काटेको भन्दा अगाडिसम्म चढेको हिसाब मिलाउनुपर्छ ।／ខ្ញុំត្រូវទូទាត់ចំនួនដែលខ្ញុំបានជិះហួស／
ຕ້ອງໄດ້ຄິດໄລ່ຄ່າປີ້ລົດ (ສຳລັບໄລຍະທາງທີ່ກາຍໄປ))

㉗ □ 乗(の)り越(こ)し (पार गर्दै／ការជិះហួស／ຜ່ານໄປ)

㉘ □ 乗(の)り過(す)ごす (ओभर राइड (ओर्लनु पर्ने ठाँउ भन्दा अगाडी सम्म चढनु)／ជិះហួស／
ຂີ່ຜ່ານມາ)

▶ 本(ほん)に夢中(むちゅう)になっていて、うっかり乗り過ごしてしまった。

(किताब पढ्नमा मग्न भएर ओर्लनु पर्ने ठाँउ भन्दा धेरै अगाडिसम्म पुगें ।／
ខ្ញុំរវល់ជក់មើលសៀវភៅពេក ជិះរថភ្លើងហួសចំណតបាត់។／ຟາງອ່ານປຶ້ມຈົນຂີ່ລົດໄຟກາຍປ້າຍລົງໂດຍບໍ່ທັນລະວັງ.)

㉙ □ 乗り継ぐ（のりつぐ） (ट्रेन (गाडी) परिवर्तन गर्नु／ប្តូរផ្ទេររថភ្លើង／ຂຶ້ນຕໍ່ໄປຍັງຈຸດໝາຍ, ຕໍ່ລົດໄຟ, ຕໍ່ຍົນ)

▶ 新幹線じゃなくても、電車をうまく乗り継げば、そんなに時間かからないですよ。

(बुलेट ट्रेन नचढेपनि राम्रोसँग ट्रेन परिवर्तन गर्न सकेमा त्यतिको समय लाग्दैन ।／
ទោះបីវាមិនមែនជារថភ្លើងលឿនបំផុតក៏ដោយ វាមិនចំណាយពេលយូរទេប្រសិនបើអ្នកអាចប្តូររថភ្លើងបានល្អ។／
ບໍ່ຈຳເປັນຕ້ອງໃຊ້ລົດໄຟຊິງກັງເຊັນ, ຖ້າຕໍ່ລົດໄຟທຳມະດາຖືກຈັງຫວະກໍ່ບໍ່ໃຊ້ເວລາຫຼາຍ.)

㉚ □ 脱線(する)（だっせん） (रेलको पटरी (रेलको पटरीबाट पाङ्ग्रा बाहिर जानु)／រថភ្លើងធ្លាក់ផ្លូវ／ການຕົກລາງ)

▶ カーブでスピードを落とさないと、脱線することもあり得る。

(घुम्तीमा गति घटाएन भने रेल (पटरी) बाहिर जान सक्छ ।／
ប្រសិនបើអ្នកមិនបន្ថយល្បឿនលើខ្សែកោងទេ អាចធ្វើឱ្យរថភ្លើងធ្លាក់ផ្លូវ។／
ຖ້າບໍ່ຫຼຸດຜ່ອນຄວາມໄວໃນເວລາເຂົ້າໂຄ້ງ, ເປັນໄປໄດ້ທີ່ຈະຕົກລາງ.)

㉛ □ 人通り（ひとどおり） (मान्छेको चहलपहल／ផ្លូវមនុស្សដើរឆ្លងកាត់／ຄົນຍ່າງໄປມາ)

▶ 駅前はやっぱり人通りが多いね。

(स्टेशन अगाडि मान्छेको चहलपहल धेरै छ है ।／នៅមុខស្ថានីយ៍រថភ្លើង វាប្រាកដណាស់មានមនុស្សដើរឆ្លងកាត់ច្រើន／
ໜ້າສະຖານນີມີຄົນຍ່າງໄປຍ່າງມາຫຼາຍຄືທີ່ຄິດໄວ້ເລີຍ.)

㉜ □ 行き来（いき／ゆき） (आउने जाने／ទៅវិញទៅមក／ການໄປມາຫາສູ່, ການສັນຈອນໄປມາ)

▶ お互いの家を行き来するうちに、自然と結婚について考えるようになりました。

(एकआपसको घरमा आउने जाने गर्दागर्दै प्राकृतिकरुपमा बिहेको बारेमा सोच्न थालेछु ।／
នៅពេលដែលខ្ញុំដើរទៅផ្ទះទៅវិញទៅមកខ្ញុំតែងតែគិតអំពីអាពាហ៍ពិពាហ៍ដោយមិនដឹងខ្លួន។／
ໃນລະຫວ່າງການໄປມາຫາສູ່ຄອບຄົວເຊິ່ງກັນແລະກັນ, ກໍ່ໄດ້ເຮັດໃຫ້ຄິດເຖິງເລື່ອງສ້າງຄອບຄົວຂຶ້ນມາໂດຍທຳມະຊາດ.)

㉝ □ 行き帰り（いきかえり） (जाने आउने／ដើរទៅមក／ການໄປແລະກັບ, ໄປກັບ)

▶ 最近は運動不足で、会社の行き帰りにちょっと歩くだけです。

(आजकल शारिरीक व्यायाम कम भएकोले अफिस जाने आउने गर्दा थोरै हिड्ने मात्र हो ।／
ខ្ញុំមិនបានធ្វើលំហាត់ប្រាណនាពេលថ្មីៗនេះទេដូច្នេះខ្ញុំគ្រាន់តែដើរទៅមកពីការិយាល័យបន្តិចប៉ុណ្ណោះ។／
ໄລຍະນີ້ບໍ່ໄດ້ອອກກຳລັງກາຍຢ່າງພຽງພໍ, ມີແຕ່ຍ່າງໄປກັບບໍລິສັດໜ້ອຍດຽວ.)

㉞ □ 訪れる（おとずれる） (भ्रमण (कतै जानु)／មកទស្សនកិច្ច／ຢ້ຽມຢາມ)

▶ この工場には、ときどき、外国の方も見学に訪れる。

(यो उद्योगमा, कहिलेकाही, विदेशीहरू पनि शैक्षिक भ्रमणको लागि आउने गर्दछ ।／
ជនបរទេសក៏មកទស្សនកិច្ចរោងចក្រនេះម្តងម្កាលដែរ។／ບາງຄັ້ງບາງຄາວກໍ່ມີຄົນຕ່າງປະເທດມາທັດສະນະສຶກສາທີ່ໂຮງງານແຫ່ງນີ້.)

1 時間・時
2 家族
3 人
4 人と人
5 食べ物・料理
6 家具・家電・家庭用品
7 毎日の生活
8 交通・移動
9 建物・施設・部屋
10 読む・書く・聞く・話す

㉟ □ 引き返す(ひきかえす) (पछाडि फर्काउन／ត្រលប់ទៅក្រោយ／ກັບຄືນບ່ອນເກົ່າ)

▶〈車の中〉大変！ 財布を忘れたみたい。引き返してもらえる？
(くるま なか たいへん さいふ わす)
(ओहो ! मैले पर्स बिर्से जस्तो लाग्छ । गाडी पछाडि फर्काउन सक्नुहुन्छ ?／
យ៉ាប់ហើយ! ខ្ញុំគិតថាខ្ញុំភ្លេចកាបូបហើយ។ តើអាចត្រឡប់ក្រោយអោយបានទេ?／
ຕາຍຄັກ! ຄືຊິແມ່ນລືມກະເປົາເງິນ, ກັບຄືນບອນເກົ່າໃຫ້ແດ່.)

㊱ □ 通りかかる(とおりかかる) (भएर जाँदै (जानु)／ដើរកាត់／ເກີດຂຶ້ນຕອນກາຍມາ)

▶おばあさんが倒れているのを通りかかった男性が見つけて、すぐに救急車を呼んだそうです。
(たお だんせい み きゅうきゅうしゃ よ)
(मेरो हजुरआमा लडिरहेको ठाउँ भएर जाँदै गरेको एकजना मानिसले देखेर तुरुन्त एम्बुलेन्स बोलायो ।／
បុរសម្នាក់ដែលដើរកាត់ឃើញលោកយាយម្នាក់ដេកដួល ហើយក៏បានហៅឡានពេទ្យបន្ទាន់។／
ຜູ້ຊາຍຄົນໜຶ່ງກາຍມາເຫັນແມ່ປ້າໜຶ່ງລົ້ມເລີຍເອີ້ນລົດໂຮງໝໍທັນທີ.)

▶その店の前を通りかかると、中から陽気な音楽が聞こえてきた。
(みせ まえ なか ようき おんがく き)
(जब म त्यो स्टोरको अगाडि भएर जाँदै थिएँ, मैले भित्रबाट सुमधुर संगीत सुनें ।／
ពេលខ្ញុំដើរកាត់មុខហាងខ្ញុំលឺសំលេងរីករាយពីខាងក្នុង។／ເມື່ອກາຍຮ້ານນັ້ນ, ຈະໄດ້ຍິນສຽງເພງທີ່ມ່ວນຊື່ນອອກມາຈາກທາງໃນ.)

㊲ □ 横切る(よこぎる) (कस गर्नु／ឆ្លងកាត់នៅចំពោះមុខ／ຂ້າມ, ຕັດຂ້າມ, ຂ້າມຟາກ)

▶目の前を鳥が横切ってびっくりした。
(め まえ とり)
(मेरो आँखो अगाडिबाट चरा कस भएको देखेर म छक्क परें ।／
ខ្ញុំមានការភ្ញាក់ផ្អើលដែលបានឃើញសត្វបក្សីឆ្លងកាត់ចំពោះមុខខ្ញុំ។／ນົກ (ບິນ) ຂ້າມມາຢູ່ຕໍ່ໜ້າ, ຕົກໃຈໝົດ.)

㊳ □ すれ違う(すれちがう) (एक अर्को व्यक्तिमा नजिकबाट विपरित दिशा भएर जानु／ជ្រោះគ្នា បញ្ច្រាសគ្នា／ສວນທາງ, ບໍ່ເຫັນດ້ວຍ)

▶「林さんは2、3分前に帰ったところだよ」「えっ、じゃ、どこかですれ違ったんだ。残念」
(はやし ぷんまえ かえ ざんねん)
(“हायासी जी २, ३ मिनेट अघि फर्केको मात्र थियो ।” “ए, बाटोमा कसो भेटेन, कस्तो बेकार भो ।”／
"លោកហាយ៉ាស៊ីទើបតែត្រឡប់មកវិញប៉ុន្មាននាទីមុន" អញ្ចឹងពេលនោះជ្រោះគ្នានៅកន្លែងណាមួយហើយ គួរអោយសោកស្ដាយណាស់ "／
"ຮະຢະຊິ ຫາກໍ່ກັບໄດ້ 2-3 ນາທີ" "ຫວາ, ອາດຈະສວນທາງກັນບ່ອນໃດບ່ອນໜຶ່ງ, ເສຍດາຍ.")

㊴ □ 前進(する)(ぜんしん) (अगाडि बढ्नु／បន្តទៅមុខ／ການເລື່ອນໄປຂ້າງໜ້າ, ການກ້າວໜ້າ)

▶風が強くて、なかなか前進できない。
(かぜ つよ)
(हावाको वेगले गर्दा, जति कोशिस गरेपनि अगाडि बढ्न सकेन ।／
ខ្យល់គឺខ្លាំងណាស់ដែលខ្ញុំមិនអាចបន្តទៅមុខបានយ៉ាងងាយស្រួល។／ລົມແຮງ, ເຄື່ອນໄປທາງໜ້າບໍ່ໄດ້ປານໃດເລີຍ.)

❹⓪ □ 移る (सर्नु (ठाँउ सर्नु, रोग सर्नु)／ផ្លាស់ទី／ย้าย, ป่ຽນໄປສູ່) 類 移動する

▶ ここ、うるさいから、向こうの席に移ろう。

(यहाँ हल्ला धेरै भएकोले पल्लो सीटमा सरौ ।／នៅទីនេះមានសំលេងរំខាន ដូច្នេះតោះផ្លាស់ទៅកៅអីផ្សេងទៀត។／ຢູ່ບ່ອນນີ້ມັນມັນ, ຍ້າຍໄປນັ່ງພຸ້ນເທາະ.)

▶ 子供の風邪が移ったみたいだ。

(बच्चाको रुघा मलाई सर्‍यो जस्तो लाग्छ ।／ខ្ញុំហាក់ដូចជាឆ្លងផ្តាសាយពីកូន／ຄືຊິຕິດຫວັດຈາກລູກ.)

❹❶ □ 留まる (बस्नु／ស្នាក់នៅ／จອດ, ຢຸດ, ມອດ)

▶ もう少しここに留まっていたいけど、もう行かないと。

(म यहाँ केहीबेर बस्न चाहन्छु तर जानुपर्छ ।／ខ្ញុំចង់ស្នាក់នៅទីនេះអោយបានយូរជាងនេះបន្តិចប៉ុន្តែខ្ញុំត្រូវទៅ។／ຢາກຢຸດຢູ່ນີ້ຕື່ມອີກຈັກໜ້ອຍໜຶ່ງແຕ່ວ່າຕ້ອງໄປລະ.)

❹❷ □ 寄る (काम विषेशले कहिँ भएर जानु／ឆៀងចូលឬឆ្លងកាត់／ແວ່, ຢ້ຽມ)

▶ あと５分か……。郵便局に寄るつもりだったけど、無理だな。

(अर्को ५ मिनेट मात्र बाँकी ??? हुलाक कार्यालय भएर जान चाहेको थिएँ तर सम्भव छैन ।／នៅសល់ ៥ នាទីទៀត... ខ្ញុំនឹងគំរោងឆៀងចូលប៉ុស្តិ៍ប្រៃសណីយ៍ប៉ុន្តែខ្ញុំមិនអាចទេ។／ເຫຼືອແຕ່5ນາທີ...ຕັ້ງໃຈຊິແວ່ໄປສະນີແຕ່ບໍ່ທັນລະ.)

❹❸ □ 寄せる (कुनै ठाँउ तिर च्याप्नु (ढल्क्याउनु)／ទៅជិត ចាប់／ເຂົ້າໃກ້, ຫຍັບເຂົ້າໃກ້, ຮວບຮວມ, ກອງໄວ້ຂ້າງໜຶ່ງ)

▶ 荷物をもうちょっと壁に寄せてくれる？

(सामान अझ थोरै भित्तातिर च्यापेर राख्नुहोस् ।／តើអ្នកអាចយកឥវ៉ាន់ទៅជិតជញ្ជាំងបន្តិចទៀតបានទេ?／ເອົາເຄື່ອງມາກອງໄວ້ຂ້າງຝາໃຫ້ໄດ້ບໍ່?)

▶ 今回の調査には、多くの研究者が関心を寄せている。

(यस पटकको सर्भेक्षणमा धेरै अनुसन्धाताहरूले चासो राखेको छ ।／អ្នកស្រាវជ្រាវជាច្រើនចាប់អារម្មណ៍នឹងការស្ទង់មតិនេះ។／ການສຳຫຼວດໃນເທື່ອນີ້ມີນັກຄົ້ນຄວ້າຫຼາຍທ່ານໃຫ້ຄວາມສົນໃຈ.)

❹❹ □ 近寄る (नजिक जानु／មកកាន់តែជិត／ໃກ້ເຂົ້າມາ)

▶ もっと近寄ってよく見て。それ、虫じゃないみたいなんだよ。

(अझ नजिक गएर राम्रोसँग हेर्दा त्यो किरा जस्ता देखिँदैन ।／ចូលអោយជិតបន្តិចមកហើយមើលអោយច្បាស់។ វាដូចជាមិនមែនជាសត្វល្អិតទេ។／ເຂົ້າມາເບິ່ງໃກ້ໆຕື່ມອີກແມະ, ອັນນັ້ນບໍ່ຊົງຊິແມ່ນແມງໄມ້ໄດ໋.)

16

㊺ □ 接近(する) (नजिकिनु／មកតភ្ជាប់ ភ្ជាប់អោយជិត／ໃກ້, ເຂົ້າໃກ້)

▶ 台風12号は、今夜にも九州に接近する見込みです。

(ताइफून १२ नं. आज राति पनि क्युस्युमा नजिकिने अपेक्षा गरिएको छ ।／
ព្យុះទី១២ ត្រូវបានគេរំពឹងថានឹងចូលមកខិតជិតក្យូស៊ូនៅយប់នេះផងដែរ។／ຄາດຄະເນວ່າພະຍຸເບີທີ12ຈະເຂົ້າໃກ້ເຂດຄິວຊູໃນຄ່ຳຄືນນີ້.)

㊻ □ どく (हटनु (ठाउँ देखि हटनु)／ខិតចេញ／ຖອຍ, ເປີດທາງ)

▶ そこにいると通れないから、ちょっとどいてください。

(यदि तपाईं त्यहाँ बस्नु भयो भने पास हुन सकिँदैन त्यसैले तपाईं त्यहाँबाट हट्नुहोस् ।／
ប្រសិនបើអ្នកនៅទីនោះគឺមិនអាចឆ្លងកាត់បានទេ ដូច្នេះសូមខិតចេញទៅបន្តិច។／
ຜ່ານບໍ່ໄດ້ຖ້າຢູ່ຫັ້ນ, ເປີດທາງໃຫ້ແດ່ໜ້ອຍໜຶ່ງ.)

㊼ □ どける (हटाउनु (पन्छाउनु)／យកចេញ／ຫຍັບອອກ, ຫຼີກໄປທາງອື່ນ)

▶ じゃまだから、ちょっとこの箱、どけてくれない?

(अलि अवरोध भएकोले, यो बाकस एकचोटी हटाईदिन सक्नुहुन्छ ?／ដោយសារទើស ជួយយកប្រអប់នេះខិតចេញបន្តិចបានទេ?
／ມັນຄຸງ, ຫຍັບກ່ອງອອກໃຫ້ໜ້ອຍໜຶ່ງໄດ້ບໍ່?)

㊽ □ ずらす (सार्नु, समय परिवर्तन गर्नु／ផ្លាស់ប្ដូរចេញ／ເລື່ອນ, ຍ້າຍ)

▶ 都合が悪くなったので、歯医者の予約を1時間ずらしてもらった。

(समय अनुकुल नभएकोले, दन्त चिकित्सक सँग भेट गर्ने समय १ घण्टा परिवर्तन गरें ।／
ដោយសារតែពេលវេលាខ្ញុំមិនល្អ ខ្ញុំបានប្ដូរពន្យាម៉ោងកក់១ម៉ោងរបស់ពេទ្យធ្មេញ។／
ບໍ່ສະດວກເລີຍຂໍເລື່ອນນັດໝໍແຂ້ວອອກໄປ1ຊົ່ວໂມງ.)

▶ ここに置くとじゃまになるから、ちょっとずらそう。

(यहाँ राख्यो भने अवरोध खडा हुने भएकोले सारौं ।／
ប្រសិនបើអ្នកដាក់វានៅទីនេះវានឹងមានភាពរំខានដូច្នេះសូមផ្លាស់ប្ដូរវាចេញបន្តិច។／ຖ້າວາງຢູ່ນີ້ມັນຊິຄຸງຍ້າຍໜ້ອຍໜຶ່ງເທາະ.)

㊾ □ それる (ठिक ठाउँमा नलाग्नु／ប្ដូរខុសចំនុចបន្តិច／ຄາດເຄື່ອນ, ໄປທາງອື່ນ)

▶ シュートをしたけど、ちょっと上にそれてしまった。

(मैले बल हानेको तर अलि माथि भएर गयो ।／ខ្ញុំបានបាញ់ប៉ុន្តែវាបានខុសចំនុចបន្តិច។／ຍິງແລ້ວແຕ່ຖືກທາງເທິງຊ້ຳ.)

▶ 話はちょっとそれてしまったけど、要するに反対だということです。

(अलि फरक कुरा भयो तर विपरीत भन्ने कुरा हो ।／រឿងនេះវាខុសគោលដៅបន្តិចប៉ុន្តែនិយាយអោយចំគឺថាបដិសេធ។／
ເນື້ອໃນການໂອ້ລົມອາດມີການຄາດເຄື່ອນໄປທາງອື່ນແຕ່ສະຫຼຸບກໍ່ຄືຄັດຄ້ານ.)

50 □ **よける** (पन्छिनु／គេសចៀស／ຫຼີກ)

▶ あの人、すごい勢いで走ってくるから、よけられなくてぶつかっちゃったよ。

(त्यो मानिस, एकदम छिटो दगुर्दै आएकोले, पन्छिन नसकेर एक आपसमा ठोक्कियो／
ម្នាក់នោះពិតជារត់លឿនខ្លាំងណាស់ ដូច្នេះខ្ញុំមិនអាចគេចជៀសផុតទើបបុកប៉ះគ្នាតែម្តង។／
ຜູ້ນັ້ນລາວແລ່ນມາດ້ວຍຄວາມແຮງ, ຫຼີກບໍ່ທັນເລີຍຖືກຕຳຊໍ້າ.)

51 □ **出入り** (भित्र बाहिर／ចេញចូល／ການເຂົ້າອອກ)

▶ ここは人の出入りが激しいから、裏から荷物を入れましょう。

(यहाँ भित्र बाहिर गर्ने मानिसको भिड भएकोले ,पछाडिबाट सामान राखौं ।／
នៅទីនេះមានមនុស្សចេញចូលច្រើន ដូច្នេះសូមដាក់ឥវ៉ាន់តាមខាងក្រោយ។／
ເອົາເຄື່ອງເຂົ້າທາງດ້ານຫຼັງເອົາເພາະວ່າບ່ອນນີ້ຄົນເຂົ້າອອກຫຼາຍ.)

52 □ **持ち込む** (साथमा ल्याउनु／យកចូល／ຖືເຂົ້າມາ, ເອົ້າ...ເຂົ້າ)

▶ 〈飛行機で〉このバッグは大きすぎて、機内に持ち込むことができなかった。

(〈हवाइ जहाज भित्र〉 यो ब्याग धेरै ठूलो भएर, जहाज भित्र साथमा ल्याउन सकेन ।／
<តាមយន្តហោះ> កាបូបនេះធំពេកមិនអាចយកចូលក្នុងយន្តហោះបានទេ។／(ໃນເຮືອບິນ) ກະເປົາໜ່ວຍນີ້ໃຫຍ່ໂພດເອົາເຂົ້າຍົນບໍ່ໄດ້.)

53 □ **持ち込み** (साथमा लग्न／ការយកចូល／ຖືເຂົ້າມາ)

▶ 会場内への飲み物の持ち込みは禁じられています。

(कार्यक्रम स्थलमा पेय पदार्थहरु साथमा ल्याउन निषेध गरिएको छ ।／ការនាំយកភេសជ្ជៈចូលកន្លែងត្រូវហាមឃាត់។／
ຫ້າມນຳເຄື່ອງດື່ມເຂົ້າມາໃນສະຖານທີ່ງານ.)

54 □ **上京(する)** (टोक्यो आउनु／មកតូក្យូ／ໄປໂຕກຽວ)

▶ 私は高校卒業と同時に上京しました。

(म हाईस्कुल स्नातक गरे सँगै टोक्यो आएको थिएँ ।／ខ្ញុំបានមកដល់ទីក្រុងតូក្យូនៅពេលខ្ញុំបញ្ចប់ការសិក្សានៅវិទ្យាល័យ។／
ຂ້ອຍຈົບມັດທະຍົມປາຍແລ້ວ, ໃນເວລາດຽວກັນກໍ່ໄດ້ເດີນທາງໄປໂຕກຽວ.)

55 □ **行方** (रहेको ठाउँ／ទិសដៅ／ບ່ອນໃດ, ແຖວໃດ)

▶ 現在も、犯人の行方はわかっていない。

(अहिलेसम्म पनि अपराधी रहेको ठाउँ पत्ता लगाउन सकेको छैन ।／
សូម្បីតែឥឡូវនេះកន្លែងលាក់ខ្លួនរបស់ឧក្រិដ្ឋជនក៏មិនទាន់ដឹងដែរ។／ປະຈຸບັນຍັງບໍ່ຮູ້ວ່າຄົນຮ້າຍຢູ່ບ່ອນໃດ.)

▷ 行方不明 (बेपत्ता (लापता)／ការបាត់ខ្លួន／ຫາຍໂຕໄປ, ບໍ່ຮູ້ບ່ອນຢູ່)

UNIT 9

音声DL 17

建物(たてもの)・施設(しせつ)・部屋(へや)

(भवन र सुविधा र कोठा／អាគារ / មណ្ឌល / បន្ទប់／ອາຄານ, ສິ່ງກໍ່ສ້າງ, ຫ້ອງ)

❶ □ 設計(せっけい)(する) (डिजाइन गर्नु／រចនា គូសប្លង់／ການອອກແບບ, ການວາງແຜນ)

▶ この劇場(げきじょう)は、有名(ゆうめい)な建築家(けんちくか)が設計したそうだ。

(यो थियटर प्रसिद्ध वास्तुकार (आर्किटेक) द्वारा डिजाइन गरिएको थियो ।／
រោងល្ខោននេះលឺថាត្រូវបានរចនាឬគូសប្លង់ដោយស្ថាបត្យករដ៏ល្បីល្បាញម្នាក់។／
ໄດ້ຍິນວ່າໂຮງລະຄອນນີ້ຖືກອອກແບບໂດຍສະຖາປະນິກທີ່ມີຊື່ສຽງ.)

❷ □ 建(た)てる (निर्माण／កសាង សាងសង់／ສ້າງ, ສ້າງຂຶ້ນ)

▶ このお寺(てら)は約(やく)800年前(ねんまえ)に建てられたそうです。

(यो मन्दिर ८०० वर्ष जति अगाडि निर्माण गरिएको हो ।／ប្រាសាទនេះលឺថាត្រូវបានគេសាងសង់ប្រហែល 800 ឆ្នាំមកហើយ។／ໄດ້ຍິນວ່າວັດຫຼັງນີ້ຖືກສ້າງຂຶ້ນປະມານ800ປີກ່ອນ.)

❸ □ 新築(しんちく) (नयाँ निर्माण／សំណង់ថ្មី／ການກໍ່ສ້າງໃໝ່, ສິ່ງກໍ່ສ້າງໃໝ່, ປຸກໃໝ່)　反 中古

▶ 〈不動産屋(ふどうさんや)で〉新築か、なるべく新(あたら)しいところがいいんですが。

(〈घर जग्गा कारोबार गर्ने एजेन्ट〉 मलाई नयाँ घर अथवा सकेसम्म नयाँ निर्माण स्थलको चाहना राख्दछु ।／
<នៅភ្នាក់ងារអចលនៈទ្រព្យ> ខ្ញុំចង់បានអាគារថ្មីរឺកន្លែងថ្មីតាមដែលអាចធ្វើទៅបាន។／
(ທີ່ບໍລິສັດອະສັງຫາລິມະຊັບ) ເອົາຫຼັງປຸກໃໝ່ ຫຼືວ່າ ຫຼັງທີ່ໃໝ່ເທົ່າທີ່ຈະເປັນໄປໄດ້ໃຫ້ແດ່.)

❹ □ ワンルームマンション (एक कोठाको अपार्टमेन्ट／ផ្ទះល្វែងស្ទូឌីយោ／ອາພາດເມັ້ນ1ຫ້ອງ)

▶ ワンルームマンションなので、テレビもベッドも全部(ぜんぶ)、同(おな)じ部屋(へや)にあります。

(एक कोठाको अपार्टमेन्ट भएकोले टेलिभिजन पनि खाट पनि सबै एउटै कोठामा छ ।／
ដោយសារវាជាអាផាតមិនគ្រែមួយ ទូរទស្សន៍និងគ្រែគឺនៅក្នុងបន្ទប់តែមួយ។／
ເນື່ອງຈາກວ່າແມ່ນອາພາດເມັ້ນ1ຫ້ອງ ທຸກຢ່າງທັງໂທລະທັດ, ທັງຕຽງຈຶ່ງວາງຢູ່ໃນຫ້ອງດຽວກັນ.)

❺ □ 団地(だんち) (आवास क्षेत्र／អគារលំនៅដ្ឋាន／ກຸ່ມອາຄານ (ທີ່ຖືກສ້າງຕາມແຜນວຽກ))

▶ 住(す)んでいた団地には、同(おな)じくらいの年(とし)の子(こ)がたくさんいました。

(म बसेको आवास क्षेत्रमा मेरो उमेर जतिको बच्चाहरू धेरै थियो ।／
មានក្មេងៗជាច្រើនដែលមានអាយុស្របាលគ្នានៅក្នុងអគារលំនៅដ្ឋានដែលខ្ញុំរស់នៅ។／
ກຸ່ມອາຄານທີ່ເຄີຍອາໄສມີເດັກນ້ອຍທີ່ອາຍຸຊໍ່າໆກັນຢູ່ຫຼາຍ)

❻ □ 住宅（じゅうたく）（आवास／លំនៅដ្ឋាន／ບ້ານເຮືອນ, ເຄຫະສະຖານ）

▶ この辺（あた）りは住宅ばかりで、ほかに何（なに）もありません。

（यस स्थानमा आवासीय घरहरूमात्र भएकोले, अरु केही पनि छैन ।／មានតែផ្ទះនៅជុំវិញទីនេះទេហើយគ្មានអ្វីទៀតទេ។／ຢູ່ເຂດນີ້ນອກຈາກບ້ານເຮືອນແລ້ວກໍ່ບໍ່ມີຫຍັງເລີຍ.）

▷ 住宅街（がい）、住宅ローン

（आवासीय घर, आवासीय ऋण／តំបន់លំនៅដ្ឋាន ប្រាក់កម្ចីបង់រំលួសផ្ទះ／ເຂດໝູ່ບ້ານ, ການຜ່ອນບ້ານ）

❼ □ 住居（じゅうきょ）（निवास／ការស្នាក់នៅ／ທີ່ຢູ່ອາໄສ, ບ່ອນຢູ່）

❽ □ 家屋（かおく）（घर／ផ្ទះ／ບ້ານເຮືອນ, ທີ່ພັກອາໄສ）

▶ この町（まち）には伝統的（でんとうてき）な日本（にほん）家屋が多（おお）く残（のこ）っている。

（यो शहरमा परम्परागत जापानी शैलीका घरहरू अहिलेसम्म बाँकी रहेको छ ।／ផ្ទះបែបប្រពៃណីជប៉ុនជាច្រើននៅតែមាននៅក្នុងទីក្រុងនេះ។／ເມືອງນີ້ຍັງມີບ້ານເຮືອນດັ້ງເດີມແບບຊົງຍີ່ປຸ່ນຫຼົງເຫຼືອຢູ່ຫຼາຍ.）

❾ □ 設備（せつび）（सुविधा／គ្រឿងបរិក្ខារ／ອຸປະກອນ, ເຄື່ອງອຳນວຍຄວາມສະດວກ）

▶ エレベーターや駐車場（ちゅうしゃじょう）などの設備も、マンションを選（えら）ぶときのポイントです。

（अपार्टमेन्ट छनौट गर्दा लिफ्ट र पार्किङ्ग जस्ता सुविधाहरू, पनि महत्वपूर्ण हुन्छ ।／គ្រឿងបរិក្ខារដូចជាជណ្ដើរយន្តនិងចំណតក៏ជាចំនុចសំខាន់ដែរនៅពេលជ្រើសរើសអាផាតមិន។／ສິ່ງອຳນວຍຄວາມສະດວກເຊັ່ນ: ລິຟ, ບ່ອນຈອດລົດແລະອື່ນໆຄືຈຸດສຳຄັນເວລາເລືອກອາພາດເມັ້ນ.）

❿ □ 物置（ものおき）（भन्डारण／បន្ទប់ផ្ទុករបស់／ຫ້ອງມ້ຽນເຄື່ອງ）

▶ しばらく使（つか）いそうもない物（もの）は物置に入（い）れておこう。

（केही समय प्रयोग नगर्ने सामानहरू स्टोरमा भन्डारण गरेर राखौं ।／ដាក់របស់ដែលអ្នកគិតថាមិនអាចប្រើបានមួយរយៈនៅក្នុងបន្ទប់ផ្ទុករបស់។／ເອົາເຄື່ອງທີ່ກະວ່າຊິບໍ່ໄດ້ໃຊ້ໃນໄລຍະໜຶ່ງເຂົ້າມ້ຽນໃນຫ້ອງມ້ຽນເຄື່ອງ.）

⓫ □ 倉庫（そうこ）（गोदाम／ឃ្លាំង／ສາງມ້ຽນເຄື່ອງ, ຫ້ອງມ້ຽນເຄື່ອງ）

⓬ □ 車庫（しゃこ）（ग्यारेज／យានដ្ឋាន／ຄອກລົດ）

▶ 車庫には、車（くるま）のほか、自転車（じてんしゃ）も２台（だい）置（お）いています。

（ग्यारेजमा, गाडी बाहेक साईकल २ वटा पनि राखेको छु ।／ក្រៅពីឡានក៏មានរថយន្ត២គ្រឿងនៅក្នុងយានដ្ឋានផងដែរ។／ນອກຈາກລົດໃຫຍ່ແລ້ວຍັງມີລົດຖີບພ້ອມ2ຄັນຈອດຢູ່ໃນຄອກລົດ.）

⑬ □ **小屋(こや)** (झुप्रो (लज)／កូនផ្ទះសំណាក់／ຕູບ, ສາລາ)

▶ あんなところに山小屋(やまごや)がある。ちょっと行(い)ってみよう。

(यस्तो ठाउँमा पनि माउन्टेन लज छ। एकचोटी गएर हेरौं।／
មានផ្ទះសំណាក់ភ្នំមួយនៅក្នុងកន្លែងបែបនេះ។តោះទៅមើលមួយភ្លែត។／ຢູ່ບ່ອນແບບນັ້ນກໍ່ມີຕູບເທິງພູ, ໄປລອງເບິ່ງກັນເທາະ.)

⑭ □ **温室(おんしつ)** (ग्रिन हाउस／ផ្ទះកញ្ចក់／ເຮືອນຮົ່ມ)

▶ この温室では、イチゴを作(つく)っています。

(यो ग्रिन हाउसमा स्ट्रबेरी उत्पादन गरेको छ।／ខ្ញុំដាំផ្លែស្ត្របឺរីនៅក្នុងផ្ទះកញ្ចក់នេះ។／ປູກໝາກສະຕໍເບຣີໃນເຮືອນຮົ່ມຫຼັງນີ້.)

⑮ □ **和室(わしつ)** (जापानी शैलीको कोठा／បន្ទប់បែបជប៉ុន／ຫ້ອງແບບຍີ່ປຸ່ນ)

▶ このホテルには、和室と洋室(ようしつ)、両方(りょうほう)ある。

(यो होटलमा, जापानी र युरोपियन शैलीको कोठाहरू छन्।／
សណ្ឋាគារនេះមានទាំងបន្ទប់បែបជប៉ុននិងបន្ទប់បែបលោកខាងលិច។／
ທີ່ໂຮງແຮມແຫ່ງນີ້ມີທັງຫ້ອງແບບຍີ່ປຸ່ນແລະຫ້ອງແບບຕາເວັນຕົກ.)

⑯ □ **洋室(ようしつ)** (युरोपियन शैलीको कोठा／បន្ទប់បែបលោកខាងលិច／ຫ້ອງແບບຕາເວັນຕົກ)

18

⑰ □ **座敷(ざしき)** (जापानी ढाँचा बसेर खाने ठाउँ (जासिकिरु／បន្ទប់តាតាមី／ຫ້ອງແບບຍີ່ປຸ່ນ)

▶ 座敷とテーブルの席(せき)と、どっちにする?

(हामी भुईंमा बस्ने (जाकिकी) वा कुर्सी (टेबुल), के गरौं ?／បានបន្ទប់តាតាមីនិងបន្ទប់មានកៅអីតុ តើអ្នកចង់បានមួយណា?／
ຈະເລືອກນັ່ງໃນຫ້ອງແບບຍີ່ປຸ່ນ ຫຼື ໂຕະກິນເຂົ້າ.)

⑱ □ **ふすま** (स्लाईड ढोका (काठको फ्रेममा जापानी कागज प्रयोग गरेको स्लाईड ढोका)／
ទ្វាររុញដាស់បែបជប៉ុន／ປະຕູເລື່ອນຫຸ້ມດ້ວຍເຈ້ຍໜາ (ແບບຍີ່ປຸ່ນ))

▶ ふすまを閉(し)めるときは静(しず)かにお願(ねが)いします。

(स्लाईड ढोका बिस्तारै लगाउनुहोस्।／សូមស្ងាត់ពេលបិទទ្វាររុញដាស់បែបជប៉ុន／ເວລາອັດປະຕູເລື່ອນ, ກະລຸນາອັດຄ່ອຍໆ.)

⑲ □ **押(お)し入(い)れ** (सिरक दसना राख्ने दराज／ទូរដាក់របស់ក្នុងបន្ទប់／
ຕູ້ມ້ຽນເຄື່ອງຕິດຝາ (ຕູ້ມ້ຽນບ່ອນນອນ))

▶ 〈旅館(りょかん)で〉押し入れにまだ毛布(もうふ)がありますよ。

(〈होटलमा〉 सिरक दसना राख्ने दराजमा सिरक बाँकी छ है।／<នៅផ្ទះសំណាក់> នៅតែមានភួយនៅទូរដាក់របស់ក្នុងបន្ទប់។／
(ທີ່ໂຮງແຮມ) ຍັງມີຜ້າຫົ່ມຢູ່ໃນຕູ້ເດີ້.)

⑳ □ 手洗い（てあら） (शौचालय／បន្ទប់ទឹក／ຫ້ອງນ້ຳ)

▶「すみません、お手洗いはどちらですか」「あちらの奥（おく）になります」

(“माफ गर्नुहोस्, शौचालय कहाँ होला?” “उ त्यता भित्र तिर छ ।”／
(សូមអភ័យទោស តើមួយណាជាបន្ទប់ទឹក?)(វាស្ថិតនៅខាងក្រោយនៅទីនោះ)／"ຂໍໂທດ, ຫ້ອງນ້ຳຢູ່ໃສ" "ຢູ່ທາງໃນສຸດພຸ້ນ")

㉑ □ 流し（なが） (भाँडा धुने ठाउँ／កន្លែងលាងចាន／ອ່າງລ້າງ (ພາຊະນະ))

▶ 食（た）べ終（お）わったら、食器（しょっき）は流しに置（お）いと(←てお)いて。

(खान सकेपछि, भाँडाहरु भाँडा माझ्ने ठाँउमा राख्नुहोस् ।／នៅពេលញ៉ាំរួចហើយ សូមទុកចាននៅកន្លែងលាងចាន។／
ຖ້າກິນແລ້ວ, ໃຫ້ວາງຖ້ວຍຈານໄວ້ຢູ່ອ່າງລ້າງ.)

▷ 流し台（だい） (भवन र सुविधा र कोठा／ទូរលាងចាន／ອ່າງລ້າງຖ້ວຍ)

㉒ □ 門（もん） (ढोका／ខ្លោងទ្វារ／ປະຕູ)

▶ 門の前（まえ）でみんなで写真（しゃしん）を撮（と）りましょう。

(सबैजना ढोकाको अगाडि फोटो खिचौं । ढोकाको अगाडि सबै जना भएर फोटो खिचौं ।／
តោះថតរូបជាមួយគ្នានៅមុខខ្លោងទ្វារ។／ຖ່າຍຮູບໝົດທຸກຄົນຢູ່ທາງໜ້າປະຕູທາງເຂົ້າກັນເທາະ.)

▷ 校門（こう）、正門（せい） (स्कुल ढोका, मुख्य ढोका／ខ្លោងទ្វារសាលារៀន ច្រកទ្វារមុខ／ປະຕູໂຮງຮຽນ, ປະຕູໃຫຍ່ (ປະຕູທາງເຂົ້າຫຼັກ))

㉓ □ 裏口（うらぐち） (पछाडी पट्टीको ढोका／ទ្វារខាងក្រោយ／ທາງອອກດ້ານຫຼັງ)

▶ 表（おもて）は人（ひと）が多（おお）いので、裏口から出（で）てください。

(अगाडी मानिस धेरै भएकोले पछाडीको पट्टीको ढोका बाट निस्कनुहोस ।／
មានមនុស្សជាច្រើននៅខាងមុខដូច្នេះសូមចេញពីទ្វារខាងក្រោយ។／ເນື່ອງຈາກດ້ານໜ້າມີຄົນຫຼາຍ, ກະລຸນາອອກທາງດ້ານຫຼັງ.)

㉔ □ 塀（へい） (पर्खाल／របង／ຮົ້ວ)

▶ 塀の上（うえ）で猫（ねこ）が気持（きも）ちよさそうに寝（ね）ている。

(पर्खालको माथि बिरालो आनन्दले सुतिरहेको छ ।／ឆ្មាកំពុងដេកយ៉ាងសុខស្រួលនៅលើរបង។／
ໂຕແມວນອນຢູ່ເທິງຮົ້ວຢ່າງສະບາຍໆ.)

㉕ □ 垣根（かきね） (ढुङ्गा वा बोट बिरुवा बाट घर वरिपरि लगाएको बार／របងខ្ពស់／ຮົ້ວ)

▶ その家（いえ）は高（たか）い垣根に囲（かこ）まれていて、中（なか）がほとんど見（み）えない。

(त्यो घर अग्लो (ढुङ्गा वा बोट बिरुवा बाट घर वरिपरि लगाएको) बारद्वारा घेरिएकोले भित्र केही पनि देखिदैन ।／
ផ្ទះនេះព័ទ្ធជុំវិញដោយរបងខ្ពស់ ហើយស្ទើរតែមិនអាចមើលឃើញអ្វីសោះនៅខាងក្នុងនោះ។／
ເຮືອນຫຼັງນີ້ຖືກລ້ອມດ້ວຍຮົ້ວທີ່ສູງຈົນແນມເກືອບບໍ່ເຫັນທາງໃນ.)

㉖ □ 井戸（いど） (ईनार／អណ្តូង／ບໍ່ນ້ຳສ້າງ)

▶ 昔（むかし）はみんな、この井戸まで水（みず）をくみに来（き）たそうです。

(उहिले सबै जना, यस ईनारमा पानी लिन आउथें ।／នៅសម័យមុន មនុស្សគ្រប់គ្នាបានមកដងយកទឹកនៅអណ្តូងនេះ។／ໄດ້ຍິນວ່າແຕ່ກ່ອນທຸກຄົນຈະມາຕັກນ້ຳຮອດບໍ່ນ້ຳສ້າງນີ້)

㉗ □ 地下水（ちかすい） (जमिनको मुनीको पानी／ទឹកក្រោមដី／ນ້ຳໃຕ້ດິນ, ນ້ຳບາດານ)

▶ この辺（あた）りでは、農業用（のうぎょうよう）に地下水が利用（りよう）されている。

(यता नजिक, खेती प्रयोजनको लागि जमिन मुनिको पानी प्रयोग गरिएको छ ।／ទឹកក្រោមដីត្រូវបានប្រើសម្រាប់កសិកម្មនៅក្នុងតំបន់នេះ។／ຢູ່ເຂດນີ້, ນ້ຳບາດານໄດ້ຖືກນຳໃຊ້ເພື່ອການກະສິກຳ.)

㉘ □ 下水（げすい） (ढल／លូទឹកស្អុយ／ນ້ຳເສຍ, ການລະບາຍນ້ຳເສຍ, ທໍ່ລະບາຍນ້ຳເສຍ)

▷ 下水処理場（しょりじょう）、下水工事（こうじ）

(ढल प्रसोधन प्लान्ट, ढल निकास काय／រោងចក្រចំរោះទឹកស្អុយ។សំណង់លូទឹកស្អុយ／ສະຖານທີ່ບຳບັດນ້ຳເສຍ, ວຽກກໍ່ສ້າງທໍ່ລະບາຍນ້ຳເສຍ)

㉙ □ 噴水（ふんすい） (फोहरा／កន្លែងទឹកបាញ់／ນ້ຳພຸ)

㉚ □ 煙突（えんとつ） (चिम्नि／ផ្សែង／ປ່ອງໄຟ)

㉛ □ 電柱（でんちゅう） (बिजुलीको पोल／បង្គោលភ្លើង／ເສົາໄຟ, ເສົາໂທລະສັບ)　同 電信柱（でんしんばしら）

㉜ □ 塔（とう） (टावर／អគារ／ເຈດີ, ທາດ)

㉝ □ 寺院（じいん） (मठ मन्दिर (गुम्बा, बिहार)／ប្រាសាទ／ວັດ)

▶ そこは歴史（れきし）のある町（まち）で、古（ふる）い仏教（ぶっきょう）の寺院がいくつかあった。

(त्यो इतिहास बोकेको शहर हो । केही पुराना बुद्धिष्ट गुम्बा, बिहार पनि थिए ।／វាជាទីក្រុងប្រវត្តិសាស្ត្រមួយ ដែលមានប្រាសាទព្រះចំណាស់មួយចំនួន។／ບ່ອນນັ້ນແມ່ນເມືອງປະຫວັດສາດຈຶ່ງມີວັດທາງສາດສະໜາພຸດທີ່ເກົ່າແກ່ຈຳນວນໜຶ່ງ.)

㉞ □ 名所（めいしょ） (प्रसिद्ध ठाउँ／កន្លែងល្បីល្បាញ／ສະຖານທີ່ທີ່ມີຊື່ສຽງ)

▶ ここは桜（さくら）の名所として有名（ゆうめい）で、花見（はなみ）のシーズンはとてもにぎやかになります。

(यस ठाउँ साकुराको लागि प्रसिद्ध भएर (साकुरा फूल) फक्न थाले पछि धेरै चहल पहल हुन्छ।／
នេះជាកន្លែងល្បីល្បាញដោយសារផ្កាសាគូរ៉ាហើយរដូវមើលផ្កាគឺអ៊ូអរខ្លាំងណាស់។／
ສະຖານທີ່ນີ້ມີຊື່ສຽງຍ້ອນດອກສະກຸລະ, ສະນັ້ນໃນລະດູການເບິ່ງດອກສະກຸລະຈະມີຄວາມຄຶກຄື້ນຫຼາຍ.)

㉟ □ 役所（やくしょ） (सरकारी कार्यालय／ការិយាល័យរដ្ឋបាល／ຫ້ອງການພາກລັດ)

▶ 役所に行（い）けば、必要（ひつよう）な手続（てつづ）きがわかるんじゃない？

(सरकारी कार्यालय गएमा, आवश्यक प्रकिया सबै थाहा हुन्न र ?／
ប្រសិនបើអ្នកទៅការិយាល័យរដ្ឋបាលតើអាចដឹងនីតិវិធីចាំបាច់មែន?／ຖ້າໄປຫ້ອງການພາກລັດ, ຫາກຊິເຂົ້າໃຈລະບຽບການທີ່ຈຳເປັນ.)

▷ 市（し）役所 (नगरपालिका, गाउँपालिका／សាលាក្រុង／ຫ້ອງການປົກຄອງເມືອງ)

㊱ □ 商店（しょうてん） (स्टोर／ហាងទិញឥវ៉ាន់／ຮ້ານຂາຍເຄື່ອງ, ຮ້ານຄ້າ)

▶ 駅（えき）に降（お）りてしばらく、商店が続（つづ）く通（とお）りを歩（ある）いてみた。

(स्टेशनमा ओर्लेर केही समय, व्यापारिक पसलहरू भएको बाटोमा हिडें।／
ខ្ញុំចុះពីស្ថានីយ៍ហើយដើរតាមផ្លូវហាងបន្តមួយរយៈពេលខ្លី។／ລົງລົດໄຟແລ້ວລອງຍ່າງໄປໄລຍະໜຶ່ງຕາມເສັ້ນທາງທີ່ມີຮ້ານຄ້າລຽນກັນ.)

㊲ □ 商店街（がい） (व्यापारिक पसलहरू भएको बाटो／ហាងលក់ទំនិញឬឥវ៉ាន់／ເຂດຮ້ານຄ້າ)

㊳ □ シャッター (सटर／បិទ／ປະຕູມ້ວນ)

UNIT 10

読む・書く・聞く・話す
よ　か　き　はな

(पढ्नु , लेख्नु , सुन्नु , बोल्न／អាន / សរសេរ / ស្តាប់ / និយាយ／ອ່ານ, ຂຽນ, ຟັງ, ເວົ້າ)

❶ □ 文書（ぶんしょ） (वाक्य／ឯកសារ／ເອກະສານ, ງານຂຽນ)

▷ 文書で質問（しつもん）する、ビジネス文書 (वाक्यबाट प्रश्न गर्न, व्यवसायिक वाक्य／សួរសំណួរជាលាយលក្ខណ៍អក្សរ ឯកសារអាជីវកម្ម／ຕັ້ງຄຳຖາມໂດຍການຂຽນ, ເອກະສານທຸລະກິດ)

❷ □ 文献（ぶんけん） (साहित्य／អក្សរសិល្ប៍／ເອກະສານ, ໜັງສື)

▷ 古（ふる）い文献を調（しら）べる (पूरानो साहित्य खोज गर्नु ।／ពិនិត្យមើលអក្សរសិល្ប៍ចាស់／ກວດເບິ່ງເອກະສານເກົ່າ.)

❸ □ 読（よ）み (उच्चारण／ការអាន／ອ່ານ)

▷ 漢字（かんじ）の読み (खान्जीको उच्चारण／ការអានកាន់ជិ／ການອ່ານອັກສອນຄັນຈິ)

❹ □ 書（か）き上（あ）げる (लेखी भ्याउनु／សរសេរបញ្ចប់／ຍົກຂຶ້ນມາຂຽນ)

▶ 何（なん）とか締（し）め切（き）りまでに論文（ろんぶん）を書き上げた。

(मैले म्याद समाप्त हुनु अघि थेसिस लेखी भ्याउन सकें ।／ទោះយ៉ាងម៉េចក៏ដោយខ្ញុំបានសរសេរបញ្ចប់និក្ខេបបទដល់ត្រឹមថ្ងៃផុតកំណត់។／ເຮັດທຸກວິທີທາງຈົນຂຽນບົດວິທະຍານິພົນແລ້ວທັນກຳນົດສົ່ງ.)

❺ □ 書（か）き取（と）る (सुनेर हेरेर लेख्नु／សរសេរកត់ត្រាទុក／ການຈົດຄຳເວົ້າ)

▷ ノートに書き取る (सुनेर हेरेर नोटमा लेख्नु ।／សរសេរកត់ត្រាទុកក្នុងសៀវភៅ／ຈົດຄຳເວົ້າລົງໃນປຶ້ມບັນທຶກ)

❻ □ 書（か）き取（と）り (लेख्न／ការកត់ត្រាទុក／ການກ່າຍ, ການຈົດ)

▷ 漢字（かんじ）の書き取りのテスト (सुनेर हेरेर खान्जी लेख्ने जाँच ।／តេស្តសរសេរអក្សរកាន់ជិ／ການສອບເສັງຫັດກ່າຍອັກສອນຄັນຈິ.)

❼ □ 書（か）き直（なお）す (लेखी सच्याउनु／សរសេរឡើងវិញ／ຂຽນໃໝ່, ຂຽນແກ້ໄຂໃໝ່, ຂຽນຄືນໃໝ່)

▶ 字（じ）を間違（まちが）えたので、最初（さいしょ）から書き直した。

(अक्षर लेख्न गल्ती गरेकोले शुरुदेखि लेखेर सच्याए ।／ដោយសារតែអក្សរខុសដូច្នេះខ្ញុំសរសេរវាឡើងវិញចាប់ពីដំបូងមកវិញ។／ໄດ້ຂຽນຄືນໃໝ່ແຕ່ທຳອິດເພາະວ່າຂຽນຜິດ.)

❽ □ 書き留める (टिप्नु (लेख्नु)／កត់ត្រាទុក／ຈົດໄວ້ (ກັນລືມ))

▶ 思いついたアイデアは、手帳に書き留めています。

(आफ्नो विचारमा आएका कुराहरू सबै नोटमा टिप्छु ।／ខ្ញុំសរសេរគំនិតដែលខ្ញុំមាននៅក្នុងសៀវភៅកំណត់ហេតុរបស់ខ្ញុំ។／ຈົດຄວາມຄິດທີ່ມີກອອກລົງໃນປຶ້ມບັນທຶກໄວ້ເພື່ອກັນລືມ.)

❾ □ 描く (चित्र कोर्नु (लेख्नु)／គូ／ແຕ້ມຮູບ, ວາດແຕ້ມ)

▶ 子供の頃、将来にどんな夢を描いていましたか。

(तपाई सानो छँदा भविष्यको कस्तो सपनाको रेखा कोर्नु भएको थियो ?／កាលពីអ្នកនៅក្មេង តើអ្នកបានគូររូបសុបិន្តបែបណានាពេលអនាគត?／ຕອນຍັງນ້ອຍໄດ້ວາດແຕ້ມຄວາມຝັນໃນອະນາຄົດຄືແນວໃດ?)

❿ □ 表示(する) (प्रदर्शन (चार्ट)／បង្ហាញ／ການສະແດງໃຫ້ເຂົ້າໃຈ, ການສະແດງດ້ວຍຕາຕະລາງ)

▷ カロリー表示 (क्यालोरी चार्ट／ការបង្ហាញកាឡូរី／ສະແດງແຄລໍລີ້)

⓫ □ 投書 (सम्पादकलाई चिट्ठी／សរសេរប្រកាស／ການສົ່ງຈົດໝາຍຮ້ອງທຸກໄປລົງໃນຫົວຂ່າວໜັງສືພິມຫຼືວາລະສານ)

▷ 新聞に投書する (पत्रिकाको सम्पादकलाई चिट्ठी पठाउनु ।／សរសេរប្រកាសកាសែត／ສົ່ງຈົດໝາຍຮ້ອງທຸກໄປລົງໃນຫົວຂ່າວໜັງສືພິມ.)

⓬ □ 推薦状 (सिफारिस पत्र／លិខិតណែនាំ／ຈົດໝາຍແນະນຳ)

⓭ □ 聞き手 (श्रोता／អ្នកស្តាប់／ຜູ້ຟັງ) 反 話し手

⓮ □ 聞き逃す (राम्रो संग नसुन्नु (प्रस्त संग नसुन्नु)／ខកខានស្តាប់／ຟັງບໍ່ທັນ)

▶ あ、今のところ、聞き逃しちゃった。何て言ったの？

(ऐ,,, अहिले,,, प्रष्टसँग सुन्न सकेन,,, के भन्नु भएको थियो ?／អូឥឡូវនេះខ្ញុំខកខានបានស្តាប់។ តើអ្នកបាននិយាយថាយ៉ាងម៉េច?／ຣະ, ວ່າງໜຶ່ງຟັງບໍ່ທັນຊ້ຳ. ໄດ້ເວົ້າຫຍັງເກາະ?)

⓯ □ 問い合わせる (सोध्नु (संम्पर्क गर्नु)／សាកសួរ／ສອບຖາມ)

▶ いつから予約できるか、問い合わせてみた。

(कहिलेदेखि बुकिङ्ग गर्न सकिन्छ भनी सोधें ।／ខ្ញុំបានសាកសួរថាតើពេលណាដែលខ្ញុំអាចធ្វើការកក់បាន។／ລອງສອບຖາມເບິ່ງວ່າສາມາດເລີ່ມຈອງໄດ້ຕັ້ງແຕ່ມື້ໃດ.)

⓰ □ 問い合わせ (सोधपुछ／ការសាកសួរ／ຕິດຕໍ່ສອບຖາມ)

▷ お問い合わせは下記まで。

(सोधपुछको लागि कृपया तल सम्पर्क गर्नुहोस् ।／សម្រាប់ការសាកសួរសូមទំនាក់ទំនងខាងក្រោម។／ຕິດຕໍ່ສອບຖາມໄດ້ທີ່ (ເບີໂທ, ອີເມລ, ທີ່ຢູ່) ຂ້າງລຸ່ມນີ້.)

⑰ □ 話題（わだい） (विषय／ប្រធានបទ／ຫົວຂໍ້, ຫົວເລື່ອງ, ເລື່ອງລົມ)

▶ 彼（かれ）は話題が豊富（ほうふ）ですね。

(उहाँ सँग धेरै बोल्ने विषयहरू छन ।／គាត់មានប្រធានបទជាច្រើន។／ລາວມີເລື່ອງລົມຫຼາຍເນາະ.)

⑱ □ 言（い）いかける (भन्न शुरु गर्नु／និយាយអ្វីមួយទៅ／ທຳທ່າຊິເວົ້າ)

▶ 彼女（かのじょ）は、何（なに）か言いかけて、途中（とちゅう）でやめた。

(उनले केही भन्न शुरू गर्दै बीचमा रोकिनु भयो ।／នាងនិយាយអ្វីមួយទៅហើយឈប់ពាក់កណ្ដាល។／ລາວທຳທ່າຊິເວົ້າຫຍັງບາງຢ່າງແຕ່ຢຸດບໍ່ເວົ້າຕໍ່.)

⑲ □ 話（はな）しかける (बोल्नु (कुरा गर्नु)／និយាយរក／ເຂົ້າໄປທັກທາຍ, ເຂົ້າມາລົມນຳ)

▶ 彼（かれ）はすごく忙（いそが）しそうで、話しかけられない。

(उहाँ धेरै व्यस्त देखेर कुरा गर्न सकिन ।／គាត់មើលទៅរវល់ណាស់ដែលមិនអាចនិយាយរកគាត់បាន។／ລາວຊົງຊິຫຍຸ້ງຫຼາຍເຂົ້າໄປທັກທາຍບໍ່ໄດ້ເລີຍ.)

⑳ □ 呼（よ）びかける (ठूलो स्वरले बोलाउनु (आह्वान गर्नु)／ហៅប្រាប់／ຮຽກຮ້ອງ, ຂໍຮ້ອງ, ຊວນ)

▶ 被害（ひがい）が拡大（かくだい）しないよう、警察（けいさつ）が注意（ちゅうい）を呼びかけている。

(क्षती फैलनबाट रोक्नको लागि प्रहरीले सबैलाई सावधानी अह्वान गर्नु भयो ।／ប៉ូលីសកំពុងប្រាប់អោយប្រុងប្រយ័ត្ន ដើម្បីការពារការខូចខាតកាន់តែរាលដាលធំឡើង។／ຕຳຫຼວດໄດ້ຮຽກຮ້ອງໃຫ້ລະມັດລະວັງເພື່ອບໍ່ໃຫ້ຄວາມເສຍຫາຍແຜ່ຂະຫຍາຍອອກໄປ.)

㉑ □ ささやく (खासखुस गर्नु／ខ្សឹបៗ／ຊິ່ມ)

▶ そんなささやくような小（ち）さい声（こえ）じゃ聞（き）こえないよ。

(त्यस्तो सानो स्वरले खासखुस गरेको सुन्न सकिन है ।／ខ្ញុំមិនអាចលឺសំលេងតូចដែលខ្សឹបៗបានទេ។／(ເວົ້າ)ສຽງນ້ອຍໆປານຊິ່ມກໍ່ບໍ່ໄດ້ຍິນລະ.)

㉒ □ 発言（はつげん）(する) (वक्तव्य दिनु／ថ្លែងសុន្ទរកថា／ການອອກຄຳເຫັນ, ການເວົ້າສະແດງຄວາມຄິດເຫັນ)

▶ 大臣（だいじん）の発言が問題（もんだい）になっている。

(मन्त्रीको वक्तव्य विवादित छ ।／សុន្ទរកថារបស់លោករដ្ឋមន្ត្រីគឺមានបញ្ហា។／ການເວົ້າສະແດງຄວາມຄິດເຫັນຂອງທ່ານລັດຖະມົນຕີໄດ້ກາຍມາເປັນບັນຫາ.)

㉓ □ 演説（えんぜつ）(する) (भाषण गर्नु／ថ្លែងសុន្ទរកថា／ການປາໄສ, ການປະທັກກະຖາ, ກ່າວຄຳປາໄສ)

▶ もうすぐ大統領（だいとうりょう）の演説が始（はじ）まるよ。

(अब तुरुन्तै राष्ट्रपतिको भाषण शुरु हुन्छ ।／សុន្ទរកថារបស់លោកប្រធានាធិបតីនឹងចាប់ផ្ដើមហើយ។／ອີກຈັກໜ້ອຍທ່ານປະທານາທິບໍດີກໍ່ຈະເລີ່ມກ່າວຄຳປາໄສ.)

㉔ □ 話(はな)し合(あ)う (छलफल गर्नु／ពិភាក្សា／ເຈລະຈາກັນ, ໂອ້ລົມກັນ)

▶ 今後(こんご)のことについて、みんなでよく話し合ってください。
(अबको कुराको बारेमा सबै जना भएर छलफल गर्नुहोस् ।／សូមពិភាក្សារួមគ្នាអោយបានល្អអំពីថ្ងៃអនាគត។／ເທື່ອໜ້າ, ກະລຸນາໂອ້ລົມກັນໝົດທຸກຄົນກ່ຽວເລື່ອງນີ້ໃຫ້ດີໆ.)

▷ 話し合い (छलफल／ការពិភាក្សាឬការនិយាយគ្នា／ການເຈລະຈາກັນ, ການໂອ້ລົມກັນ)

音声DL 20

㉕ □ 論(ろん)じる/論ずる (बताउनु／ពិភាក្សា / ពិភាក្សា／ຖົກຖຽງ, ອະທິບາຍຢ່າງເປັນລະບົບ)

▶〈司会(しかい)〉次(つぎ)は、安全性(あんぜんせい)について論じたいと思(おも)います。
(〈संचालक〉 अर्को सुरक्षाको बारेमा बताउन चाहन्छु ।／(ពិធីករ)បន្ទាប់មកទៀត ខ្ញុំចង់ពិភាក្សាអំពីសុវត្ថិភាព។／(ພິທີກອນ) ຕໍ່ໄປຢາກອະທິບາຍກ່ຽວກັບຄວາມປອດໄພ.)

㉖ □ 論争(ろんそう)(する) (बहस गर्नु／ជជែកវែកញែក／ການພິພາກ, ການໂຕ້ຖຽງ)

▶ 消費税(しょうひぜい)をめぐって、激(はげ)しい論争が起(お)きている。
(उपभोक्ता करको विषयलाई लिएर एउटा ठूलो बहस चलिरहेको छ ।／មានការជជែកវែកញែកយ៉ាងខ្លាំងអំពីពន្ធលើការប្រើប្រាស់។／ເກີດການໂຕ້ຖຽງຢ່າງດຸເດືອດກ່ຽວກັບພາສີຊົມໃຊ້.)

㉗ □ 解説(かいせつ)(する) (व्याख्या गर्नु／ពន្យល់／ການອະທິບາຍ, ການບັນລະຍາຍວິເຄາະ, ການພາກ(ກິລາ))

▶ この参考書(さんこうしょ)は解説が丁寧(ていねい)です。
(यो पुस्तकको व्याख्या शिष्ट छ ।／ការពន្យល់អំពីឯកសារយោងនេះគឺល្អគួរសម។／ຄຳອະທິບາຍໃນເອກະສານອ້າງອີງນີ້ເຂົ້າໃຈງ່າຍ.)

㉘ □ コメント(する) (टिप्पणी गर्नु／ផ្តល់យោបល់／ຂໍ້ຄິດເຫັນ, ຄຳເຫັນ, ຂໍ້ສັງເກດ)

▶ 作品(さくひん)について、先生(せんせい)からコメントをもらった。
(मेरो कामबारे शिक्षकबाट मैले टिप्पणी पाएँ ।／ខ្ញុំបានទទួលការផ្តល់យោបល់ពីគ្រូអំពីការងារនេះ។／ໄດ້ຮັບຄຳເຫັນຈາກອາຈານກ່ຽວກັບຜົນງານທີ່ປະດິດ.)

㉙ □ 文句(もんく) (गुनासो／ការត្អូញត្អែរ ការតវ៉ា／ຄຳຈົ່ມ, ຄຳຮ້ອງທຸກ, ຂໍ້ຄວາມ, ສຳນວນ)

▶ 作(つく)ってあげたんだから、文句を言(い)わずに食(た)べて。
(मैले खाना बनाई दिएकोले गुनासो नगरी खाउ ।／ខ្ញុំបានធ្វើអោយហើយ ដូច្នេះសូមញ៉ាំកុំត្អូញត្អែរ។／ກິນບໍ່ຕ້ອງຈົ່ມເພາະເຮັດໃຫ້ແລ້ວ.)

▶ 文句があったら、会社(かいしゃ)に言(い)って。
(गुनासो भएमा, अफिसमा भन ।／ប្រសិនបើអ្នកមានបណ្តឹងតវ៉ាណាមួយសូមនិយាយប្រាប់ក្រុមហ៊ុន។／ຖ້າມີຄຳຮ້ອງທຸກກໍ່ໃຫ້ເວົ້າກັບບໍລິສັດ.)

▷ 宣伝(せんでん)文句、誘(さそ)い文句、決(き)まり文句
(प्रचार उजुरी, आमन्त्रित उजुरी, निश्चित उजुरी／ឃ្លាផ្សាយពាណិជ្ជកម្ម, ពាក្យបណ្តឹងកោះហៅ, ពាក្យដដែល／ຂໍ້ຄວາມໂຄສະນາ, ຄຳເຊີນ, ຄຳເວົ້າຕິດປາກ, ຄຳເວົ້າທີ່ໃຊ້ເປັນຮູບແບບ)

㉚ □ 愚痴(ぐち) (चुकली (कुरा काट्नु)／ពាក្យបណ្ដឹង／ການຈົ່ມບໍ່ເຂົ້າເລື່ອງ)

▶ 彼女(かのじょ)は最近(さいきん)、会(あ)うといつも会社(かいしゃ)の愚痴を言(い)う。

(उनी आजकल भेट भयोकि अफिसको कुरा काट्न थाल्छ ।／
ថ្មីៗនេះនាងតែងតែប្ដឹងត្អូញត្អែរអំពីក្រុមហ៊ុននៅរាល់ពេលណាដែលជួបគ្នា។／ໄລຍະນີ້, ພໍ້ກັນທຸກເທື່ອລາວກໍ່ຈະຈົ່ມເລື່ອງບໍລິສັດ.)

㉛ □ 不平(ふへい) (असन्तुष्ट／រអ៊ូរទាំ មិនពេញចិត្ត／ບໍ່ພໍໃຈ)

▶ 彼(かれ)は不平を言(い)うばかりで、自分(じぶん)では何(なに)もしようとしない。

(उ जहिले पनि असन्तुष्टी मात्र पोख्ने गर्छ, तर आफैंले केही गर्ने प्रयास गर्दैन ।／
គាត់និយាយរអ៊ូរទាំច្រើនដង ហើយមិនព្យាយាមធ្វើអ្វីដោយខ្លួនឯង។／ລາວມີແຕ່ວ່າບໍ່ພໍໃຈແຕ່ຕົນເອງກໍ່ບໍ່ຄິດຊິເຮັດຫຍັງ.)

㉜ □ 一言(ひとこと) (एक शब्द／ពាក្យមួយម៉ាត់／ຄຳເວົ້າສັ້ນໆ)

▶ 最後(さいご)に一言言(い)わせてください。

(मलाई अन्तमा एक शब्द बोल्न दिनुहोस् ।／ខ្ញុំសូមនិយាយពាក្យមួយម៉ាត់ចុងក្រោយ។／ທ້າຍສຸດນີ້ຂໍກ່າວສັ້ນໆ.)

㉝ □ 言付(ことづ)け (सन्देश／សារ និយាយប្រាប់／ການຝາກບອກຕໍ່,ການຝາກຂໍ້ຄວາມ,ຂໍ້ຄວາມທີ່ຝາກບອກຕໍ່)

▶ 原(はら)さん、いないの？　じゃ、言付けを頼(たの)んでもいい？

(हारा जी हुनु हुन्न? त्यसो भए एउटा सन्देश छोड्न सक्छु ?／
លោកហារ៉ាអត់នៅទេ? អញ្ចឹង តើអាចពឹងអោយជួយនិយាយប្រាប់បានទេ?／ທ້າວຮະລະບໍ່ຢູ່ຫວາ? ຂໍຝາກຂໍ້ຄວາມຫາລາວໄດ້ບໍ່?)

▷ 言付(ことづ)ける (सन्देश दिन／និយាយភ្ជាប់／ຝາກບອກ, ຝາກຄວາມຫາ)

㉞ □ 早口(はやくち) (छिटो बोलिने／និយាយលឿន／ເວົ້າໄວ)

▶ 佐藤(さとう)さんは興奮(こうふん)すると早口になる。

(सातोजी उत्तेजित हुँदा छिटो बोल्नुहुन्छ ।／លោកសាតូនិយាយលឿននៅពេលគាត់រំភើប។／
ເວລາທ້າວຊາໂຕ້ຕື່ນເຕັ້ນ, ລາວຈະເວົ້າໄວ.)

㉟ □ うなずく／うなづく (समस्या छैन भनि टाउको हल्लाउनु／ងក់ក្បាល／ງຶກໜ້າ)

▶ 私(わたし)が説明(せつめい)すると、彼(かれ)はうなづき、「問題(もんだい)ありません」と言(い)った。

(मैले व्याख्या गर्दा उनले टाउको हल्लाएर "समस्या छैन" भन्यो ।／
នៅពេលខ្ញុំពន្យល់គាត់ហើយគាត់ងក់ក្បាលហើយនិយាយថា "គ្មានបញ្ហាទេ" ។／
ເມື່ອຂ້ອຍອະທິບາຍ, ລາວຈະງຶກໜ້າແລະເວົ້າວ່າ "ບໍ່ມີບັນຫາ")

UNIT 11

天気・天候
てんき　てんこう

(मौसम／អាកាសធាតុ / ធាតុអាកាស／ອາກາດ, ສະພາບອາກາດ)

❶ □ **天候**（てんこう） (मौसम／ធាតុអាកាស／ສະພາບອາກາດໃນຊ່ວງເວລາໜຶ່ງ)

▶ 小さい飛行機なので、天候によっては、多少揺れることがあります。

(यो सानो हवाई जहाज भएकोले मौसम प्रतिकुलता अनुसार थोरै हल्लिन सक्छ ।／
ដោយសារវាជាយន្តហោះតូចវាអាចនឹងរញ្ជួយបន្តិចបន្តួចអាស្រ័យលើធាតុអាកាស។／
ເນື່ອງຈາກວ່າເປັນຍົນລຳນ້ອຍຈຶ່ງອາດຈະໄກວບໍ່ນ້ອຍກໍ່ຫຼາຍອີງຕາມສະພາບອາກາດ.)

❷ □ **快晴**（かいせい） (सफा मौसम／ស្រលះ／ອາກາດປອດໂປ່ງແຈ່ມໃສ)

▶ その日は雲一つない快晴だった。

(त्यो दिन बादलबिनाको सफा मौसम थियो ।／ថ្ងៃនោះជាថ្ងៃដែលស្រលះគ្មានពពក។／
ມື້ນັ້ນອາກາດປອດໂປ່ງບໍ່ມີເມກຈັກໜ້ອຍເລີຍ.)

❸ □ **夕立**（ゆうだち） (छिटफुट वर्षा／ភ្លៀងបើកថ្ងៃ／ຝົນທີ່ຕົກລົງມາໃນຍາມແລງ)

▶「うわっ、雨だ」「夕立だから、すぐ止むよ」

(“ओ हो । पानी पऱ्यो ।” “छिटफुट वर्षा भएकोले छिटै रोकिन्छ ।”／
"អីយ៉ា! មេឃភ្លៀងហើយ" ព្រោះជាភ្លៀងបើកថ្ងៃបន្តិចទៀតរាំងហើយ។／"ອຸ້ຍ, ຝົນຕົກ" "ຝົນຕົກໃນຍາມແລງ, ບຶດດຽວກໍ່ເຊົາ")

❹ □ **大雨**（おおあめ） (भारी वर्षा／ភ្លៀងធ្លាក់ខ្លាំង／ຝົນຕົກໜັກ)

▶ 昨夜の大雨で川の水が急激に増えた。

(गएको राति; भारी वर्षाको कारणले नदीको पानीमा उच्च वहाव थियो ।／
ភ្លៀងធ្លាក់ខ្លាំងកាលពីយប់មិញបណ្ដាលឱ្យមានការកើនឡើងយ៉ាងខ្លាំងនៃទឹកទន្លេ។／
ມື້ຄືນນີ້ຝົນຕົກໜັກເຮັດໃຫ້ປະລິມານນ້ຳໃນແມ່ນ້ຳເພີ່ມຂຶ້ນຢ່າງໄວວາ.)

❺ □ **ざあざあ** (मुसलधारे वर्षा／សម្លេងភ្លៀងខ្លាំង／ສຽງຝົນຕົກດັງສາດໆ)

▶「どう？　雨は？　やみそうにない？」「うん。ざあざあ降ってる」

(“अझै वर्षा भईरहेछ ? तुरुन्तै रोकिएला जस्तो छैन र ?” “अँ, मुसुलधारे परिरहेकोछ ।”／
"តើយ៉ាងម៉េចដែរ? តើវាកំពុងភ្លៀង? តើមើលទៅទំនងឈប់ភ្លៀងទេ?" មែនហើយវាកំពុងភ្លៀងខ្លាំង។／
"ເປັນແນວໃດ? ຝົນຫັ້ນນະ? ບໍ່ຊົງຊິເຊົາຕົກບໍ?" "ແມ່ນ, ຍັງຕົກສາດໆ")

▷ ざあざあ降り（の雨） (मुसलधारे वषा／មេឃភ្លៀងខ្លាំង／(ຝົນ)ຕົກສາດໆ)

❻ □ **雷が落ちる**（かみなりがおちる） (चटचाङ्ग पर्नु (विजुली चम्कनु)／រន្ទះបាញ់／ຟ້າຜ່າ)

❼ □ **警報**(けいほう) (चेतावनी (पुर्व सुचना)／ប្រកាសអាសន្ន／ການເຕືອນໄພ, ການເຕືອນ, ການຕັກເຕືອນ)

▶〈テレビ〉今(いま)、県南部(けんなんぶ)に大雨(おおあめ)警報が出(で)ています。

(〈टि.भी.〉 अहिले दक्षिण प्रिफेक्चरमा मा भारी वर्षा भएको चेतावनी दिएको छ ।／
<ទូរទស្សន៍>ឥឡូវនេះមានប្រកាសអាសន្នពីភ្លៀងធ្លាក់ខ្លាំងនៅប៉ែកខាងត្បូងនៃខេត្ត។／
(ໂທລະທັດ) ແຈ້ງເຕືອນຈະມີຝົນຕົກໜັກຢູ່ທາງພາກໃຕ້ຂອງແຂວງ.)

❽ □ **霧**(きり) (कुहिरो (हुस्सु)／អ័ព្ទ／ໝອກ)

▶「霧が出(で)てきたから、前(まえ)が見(み)えにくいよ」「運転(うんてん)、気(き)をつけて」

(“कुहिरोले गर्दा अगाडि केही पनि देखिदैन”, “ध्यान दिएर गाडी चलाउनुहोस् ।”／
"ពិបាកនឹងមើលខាងមុខព្រោះចុះអ័ព្ទ" ។ បើកបរត្រូវប្រយ័ត្ន។／"ໝອກລົງເລີຍແນມບໍ່ເຫັນທາງໜ້າ" "ຂັບລົດລະວັງເດີ້")

▷ 霧が晴(は)れる (कुहिरो हट्नु ।／មេឃចុះអ័ព្ទប្រែជាស្រលះ／ໝອກຈາງລົງແລ້ວ.)

❾ □ **霜**(しも) (तुसारो／ទឹកសន្សើម／ນ້ຳຄ້າງ ຫຼື ອາຍນ້ຳທີ່ເປັນນ້ຳກ້າມຕາມພື້ນດິນ)

▶「最近(さいきん)、寒(さむ)いね」「うん。うちの庭(にわ)にも、今朝(けさ)、霜が降(お)りてたよ」

(“आजकल जाडो छ है ?” “अँ, मेरो घरको बगैचामा पनि आज बिहान टुसारो परेको थियो ।”／
"ថ្មីៗនេះត្រជាក់" ។ មែនហើយនៅក្នុងសួនរបស់ខ្ញុំនៅព្រឹកនេះមានធ្លាក់ទឹកសន្សើម។／
"ໄລຍະນີ້, ໜາວເນາະ" "ແມ່ນ, ມື້ເຊົ້ານີ້ກໍ່ມີນ້ຳກ້າມຢູ່ສວນຂອງຂ້ອຍ")

▷ 霜が降りる (टुसारो पर्नु ।／ធ្លាក់ទឹកសន្សើម／ມີນ້ຳກ້າມ)

❿ □ **吹雪**(ふぶき) (हिम आंधी／ព្យុះព្រិល／ພະຍຸຫິມະ)

▶ 吹雪で何(なに)も見(み)えなくなった。 (हिम आँधीले गर्दा मैले केही देख्न सकिन ।／
ខ្ញុំមិនអាចមើលឃើញអ្វីទាំងអស់ដោយសារតែព្យុះព្រិល។／ພະຍຸຫິມະເຮັດໃຫ້ແນມບໍ່ເຫັນຫຍັງເລີຍ.)

▷ 吹雪(ふぶ)く (हिम आँधी चल्नु ।／មានព្យុះព្រិល／ຫິມະຕົກແຮງ)

⓫ □ **湿気**(しっけ) (आद्रता (ओस)／សំណើម／ຄວາມຊື້ນ, ຄວາມຊຸ່ມ)

▶ この時期(じき)は湿気が多(おお)くて、洗濯物(せんたくもの)がなかなか乾(かわ)かない。

(यस समय आद्रता धेरै भएकोले गर्दा धोएको लुगा सुक्न धेरै समय लाग्छ ।／
ក្នុងអំឡុងពេលនេះសំណើមខ្ពស់ហើយខោអាវបោកគក់មិនស្ងួតងាយទេ។／
ຍາມນີ້ມີຄວາມຊື້ນຫຼາຍເຄື່ອງຕາກເລີຍບໍ່ແຫ້ງງ່າຍ.)

⓬ □ **梅雨**(つゆ)**が明**(あ)**ける** (बर्षाको मौसम सकिनु／ចប់រដូវវស្សា／ສິ້ນສຸດລະດູຝົນ)

13 □ **大気**（たいき） (वायुमण्डल／បរិយាកាស／ອາກາດ(ໃນຊັ້ນບັນຍາກາດ))

▶ 大気中（ちゅう）には、さまざまな有害物質（ゆうがいぶっしつ）も含（ふく）まれている。

(वायुमण्डलभित्र पनि विभिन्न प्रकारका हानिकारक तत्वहरू हुन्छ ।／
នៅក្នុងបរិយាកាសក៏មានផ្ទុកនូវសារធាតុគ្រោះថ្នាក់ផ្សេងៗផងដែរ។／ອາກາດໃນຊັ້ນບັນຍາກາດປະກອບດ້ວຍສານພິດຫຼາຍຊະນິດ.)

▷ 大気汚染（おせん） (वायु प्रदुषण／ការបំពុលបរិយាកាស／ບັນຫາສະພາບອາກາດ)

14 □ **気圧**（きあつ） (वायुचाप (वायुमण्डलको दवाब)／សម្ពាធបរិយាកាស／ຄວາມກົດດັນອາກາດ)

▶ では、天気図（てんきず）で、現在（げんざい）の気圧の様子（ようす）を見（み）てみましょう。

(मौसम सम्वन्धी जानकारी (विवरण वा तालिका) मा वायुमण्डलीय चापको अवस्था हेरौं ।／
សូមក្រឡេកមើលសម្ពាធបរិយាកាសបច្ចុប្បន្ននៅលើផែនទីអាកាសធាតុ។／
ບາດນີ້, ເຮົາລອງມາເບິ່ງສະພາບຄວາມກົດດັນອາກາດໃນແຜນຜັງສະພາບອາກາດ.)

15 □ **高気圧**（こうきあつ） (उच्च वायुचाप／សម្ពាធបរិយាកាសខ្ពស់／ຄວາມກົດອາກາດສູງ)

▶ あすは全国的（ぜんこくてき）に高気圧に覆（おお）われ、よく晴（は）れるでしょう。

(भोलि देशभरी उच्च वायुचापको कारणले मौसम सफा रहने छ ।／
ថ្ងៃស្អែកនឹងគ្របដណ្ដប់ដោយសម្ពាធបរិយាកាសខ្ពស់ទូទាំងប្រទេស នឹងធ្វើអោយមេឃស្រលះ។／
ມື້ອື່ນຄວາມກົດດັນອາກາດສູງຈະປົກຄຸມຢູ່ທົ່ວທຸກພາກຂອງປະເທດເຊິ່ງຈະເຮັດໃຫ້ອາກາດປອດໂປ່ງ.)

16 □ **低気圧**（ていきあつ） (कम वायुचाप दवाब／សម្ពាធបរិយាកាសទាប／ຄວາມກົດອາກາດຕໍ່າ)

▶〈天気予報（てんきよほう）〉発達（はったつ）した低気圧によって、各地（かくち）で激（はげ）しい雨（あめ）が降（ふ）っています。

(〈मौसम पूर्वानुमान〉 वायु चापको कमीले केही ठाउँमा भारी वर्षा हुँदैछ ।／
<ការព្យាករណ៍អាកាសធាតុ> ដោយសារប្រព័ន្ធសម្ពាធបរិយាកាសទាបដែលបានធ្វើអោយមានភ្លៀងធ្លាក់ខ្លាំងដោយកន្លែង។／
(ພະຍາກອນອາກາດ) ຄວາມກົດດັນອາກາດຕໍ່າທີ່ເພີ່ມກຳລັງຂຶ້ນໄດ້ເຮັດໃຫ້ມີຝົນຕົກໜັກຢູ່ທົ່ວທຸກພາກ.)

17 □ **温暖（な）**（おんだん） (न्यानो／ភាពកក់ក្ដៅ／ອາກາດອົບອຸ່ນ)

▶ ここは年中（ねんじゅう）温暖な気候（きこう）なので、とても暮（く）らしやすいです。

(यहाँको जलवायु वर्षभरी न्यानो हुनाले बसोबासको लागि धेरै सहज छ ।／
អាកាសធាតុនៅទីនេះមានភាពកក់ក្ដៅពេញមួយឆ្នាំដូច្នេះវាមានភាពស្រួលក្នុងការរស់នៅ។／
ເນື່ອງຈາກວ່າຢູ່ນີ້ອາກາດອົບອຸ່ນຕະຫຼອດປີຈຶ່ງເຮັດໃຫ້ຢູ່ງ່າຍຫຼາຍ.)

18 □ **温帯**（おんたい） (न्यानो एरिया／តំបន់វាលលំហ／ເຂດອົບອຸ່ນ)

▷ 温帯低気圧（ていきあつ） (एक्स्ट्राट्रपिकल साइक्लोन／ព្យុះស៊ីក្លូនត្រូពិច／ພະຍຸໄຊໂຄຣນ(ພະຍຸໝຸນ)ນອກເຂດຮ້ອນ)

19 □ **寒帯**（かんたい） (जाडो एरिया／តំបន់អង់តាកទិក／ເຂດໜາວ)

20 □ **熱帯**（ねったい） (ट्रपिकल／តំបន់ត្រូពិច／ເຂດຮ້ອນ)

▷ 熱帯のジャングル (उष्ण जंगल／ព្រៃតំបន់ត្រូពិច／ປ່າເຂດຮ້ອນ)

UNIT 12

お金（かね）

(पैसा／លុយ／ເງິນ)

❶ □ 現金（げんきん） (नगद／សាច់ប្រាក់／ເງິນສົດ)

▶ お支払（しはら）いは、現金とカード、どちらになさいますか。

(नगद या कार्ड के बाट भुक्तानी गर्नुहुन्छ ?／តើអ្នកទូទាត់ជាសាច់ប្រាក់ឬកាតទេ?／ຊິຈ່າຍດ້ວຍເງິນສົດຫຼືບັດເຄຣດິດນໍ?)

❷ □ キャッシュ (नगद／លុយ／ເງິນສົດ)

▷ キャッシュで払（はら）う (नगदबाट भुक्तानी गर्छु ।／បង់ជាលុយ／ຈ່າຍເງິນສົດ)

❸ □ 金銭（きんせん） (पैसा／លុយកាក់／ເງິນ, ເງິນສົດ)

▶ この事件（じけん）は、金銭関係（かんけい）のトラブルが原因（げんいん）らしい。

(यो घटना पैसा (आर्थिक) समस्याको कारणले भएको जस्तो छ ।／ករណីនេះហាក់ដូចជាបណ្ដាលមកពីបញ្ហាលុយកាក់។／ບັນຫາກ່ຽວກັບເງິນຄືສາເຫດຂອງຄະດີນີ້.)

❹ □ 大金（たいきん） (ठूलो रकम／លុយច្រើន／ເງິນກ້ອນໃຫຍ່, ເງິນຈຳນວນຫຼາຍ)

▶ 500万円（まんえん）もの大金を、彼（かれ）はどうやって集（あつ）めたんだろう。

(५० लाख येन सम्मको ठूलो रकम उस्ले कसरी जम्मा गर्‍यो होला ?／តើគាត់ប្រមូលបានលុយច្រើន ៥ លានយ៉េនយ៉ាងដូចម្ដេច?／ລາວຮວບຮວມເງິນຈຳນວນຫຼາຍຮອດ5ລ້ານເຢັນໄດ້ແນວໃດເນາະ.)

❺ □ 紙幣（しへい） (नोट／ក្រដាសប្រាក់／ທັນນະບັດ)　同 (お)札

❻ □ 為替（かわせ） (विनिमय／ការប្ដូរប្រាក់／ການແລກປ່ຽນເງິນຕາ)

▶ 今日（きょう）の為替レートはどれくらいですか。

(आजको विनिमय दर कति हो ?／តើអត្រាប្ដូរប្រាក់ថ្ងៃនេះប្រហែលប៉ុន្មាន?／ອັດຕາແລກປ່ຽນຂອງມື້ນີ້ແມ່ນເທົ່າໃດ?)

❼ □ 銀行口座（ぎんこうこうざ） (बैंक खाता／គណនីធនាគារ／ບັນຊີທະນາຄານ)

▷ 銀行口座を開（ひら）く (बैंक खाता खोल्न／បើកគណនីធនាគារ／ເປີດບັນຊີທະນາຄານ)

❽ □ 送金(そうきん)(する) (रकमान्तर (गर्नु)／ផ្ញើរលុយ／ໂອນເງິນ, ສົ່ງເງິນ)

▶ 海外(かいがい)に送金するときは、手数料(てすうりょう)がかなりかかる。

(विदेशमा रकमान्तर गर्दा शुल्क धेरै लाग्छ।／នៅពេលផ្ញើប្រាក់ទៅក្រៅប្រទេសចំណាយថ្លៃសេវាច្រើន។／
ເວລາໂອນເງິນໄປຕ່າງປະເທດຈະເສຍຄ່າທຳນຽມຂ້ອນຂ້າງຫຼາຍ.)

❾ □ 納(おさ)める (भुक्तान गर्नु／បង់លុយ／ຊຳລະ, ຈ່າຍ, ສົ່ງມອບ, ເກັບໄວ້, ຮັບ)

▶ 家賃(やちん)は毎月(まいつき)、月末(げつまつ)に納めています。

(घरभाडा हरेक महिनाको अन्तमा भुक्तान गर्दछ／ឈ្នួលផ្ទះត្រូវបង់លុយនៅចុងខែនីមួយៗ។／ຊຳລະຄ່າເຊົ່າເຮືອນທຸກໆທ້າຍເດືອນ.)

▷ 税金(ぜいきん)を納める、家賃を納める

(कर तिर्नु, घरभाडा तिर्नु／បង់ពន្ធ។បង់ថ្លៃឈ្នួលផ្ទះ។／ຈ່າຍພາສີ, ຈ່າຍຄ່າເຊົ່າເຮືອນ)

❿ □ 関税(かんぜい) (भन्सार／ពន្ធ／ພາສີ (ນຳເຂົ້າ ຫຼື ສົ່ງອອກ))

▶ これらの輸入品(ゆにゅうひん)は関税がかかっているから、どうしても値段が高くなる。

(यी आयातित बस्तुमा भन्सार लागेको हुनाले अनिवार्यरुपमा मूल्य महंगो हुन्छ।／
ទំនិញនាំចូលចាប់ពីពេលនេះទៅត្រូវបង់ពន្ធដូច្នេះតម្លៃនឹងឡើងខ្ពស់ចៀសមិនផុត។／
ຈັ່ງໃດລາຄາກໍ່ແພງຂຶ້ນເພາະວ່າເຄື່ອງນຳເຂົ້າເຫຼົ່ານີ້ໄດ້ເສຍພາສີ.)

▷ 関税の引(ひ)き上(あ)げ (भन्सार शुल्क बृद्धि／ការតំឡើងថ្លៃពន្ធ／ຂຶ້ນພາສີ)

⓫ □ 課税(かぜい)(する) (कर लगाउनु／ការយកពន្ធ／ການຄິດໄລ່ພາສີ, ການເກັບພາສີ)

▶ 家賃(やちん)などの収入(しゅうにゅう)も課税されます。

(घरभाडाको आयमा पनि कर लगाईन्छ।／ប្រាក់ចំណូលដូចជាការជួលក៏ត្រូវយកពន្ធដែរ។／
ລາຍຮັບຈາກຄ່າເຊົ່າເຮືອນກໍ່ຖືກເກັບພາສີ.)

⓬ □ 請求(せいきゅう)(する) (बिल पेश गर्नु／ការទាមទារបង់ថ្លៃ／ການຮຽກຮ້ອງ, ການທວງຖາມ)

▶ こちらにミスがあったので、代金(だいきん)を請求するつもりはありません。

(यहाँको (हाम्रो) गल्ती भएकोले तपाईलाई बिल पेश गर्ने छैन।／ខ្ញុំបានធ្វើខុសនៅចំនុចនេះដូច្នេះខ្ញុំនឹងមិនគិតថ្លៃអ្នកទេ។／
ທາງເຮົາມີຄວາມຜິດຈຶ່ງບໍ່ຂໍຮຽກຮ້ອງຄ່າ(ເສຍຫາຍ))

⓭ □ 請求書(せいきゅうしょ) (बिल／វិក័យប័ត្រ／ໃບຮຽກເກັບເງິນ, ໃບແຈ້ງໜີ້)

⓮ □ 代金(だいきん) (मुल्य／ថ្លៃលុយ／ເງິນຄ່າ...(ສິ່ງຂອງ))

▶ 旅行(りょこう)の代金は、出発前(しゅっぱつまえ)に払(はら)うことになっています。

(यात्राको लागि आवश्यक मूल्य प्रस्थान अघि तिर्नुपर्ने हुन्छ।／ថ្លៃលុយនៃការធ្វើដំណើរគឺត្រូវបង់មុនពេលចាកចេញ។／
ເງິນຄ່າທ່ອງທ່ຽວແມ່ນໃຫ້ຈ່າຍກ່ອນອອກເດີນທາງ.)

⑮ □ 手数料（てすうりょう） (शुल्क／ថ្លៃសេវា／ຄ່າທຳນຽມ, ຄ່າດຳເນີນການ)

▶ 部屋（へや）を借（か）りるときは、不動産屋（ふどうさんや）に手数料を払（はら）わなければならない。

(कोठा भाडामा लिंदा घर जग्गा कारोबार ऐजेन्टलाई कमिशन तिर्नुपर्छ ।／
នៅពេលជួលបន្ទប់អ្នកត្រូវបង់ថ្លៃសេវាទៅភ្នាក់ងារអចលនៈទ្រព្យ។／ເວລາເຊົ່າຫ້ອງຕ້ອງໄດ້ຈ່າຍຄ່າທຳນຽມໃຫ້ບໍລິສັດອະສັງຫາລິມມະຊັບ.)

⑯ □ 引（ひ）く (छुट (घटाउनु)／ដកតម្លៃ／ລົບ(ເລກ))

▶ サービスで200円（えん）引いてくれた。

(सर्भिस (सेवा) को रुपमा २०० येन छुट दियो ।／គាត់ដកតម្លៃ ឱ្យខ្ញុំ២០០ យ៉េនលើសេវាកម្ម។／
ລົບອອກ200ເຢັນສຳລັບຄ່າບໍລິການ.)

⑰ □ 割（わ）り引（び）く (छुट／បញ្ចុះតំលៃ／ຫຼຸດລາຄາ, ຫານ)

▶ ちょっと傷（きず）があったので、1000円（えん）割り引いてくれた。

(त्यहाँ सानो हल्का कोरिएको (स्कयाच भएको) ले १००० येन छुट दियो ।／
មានស្នាមកោសតិចតួចដូច្នេះបានទទួលការបញ្ចុះតំលៃ ១០០០ យ៉េន។／ມີຮອຍຂີດໜ້ອຍໜຶ່ງຈຶ່ງຫຼຸດລາຄາໃຫ້1000ເຢັນ)

▶ セール品（ひん）は２割引きです。

(सेल (बिक्री) को सबै सामानमा २० प्रतिशत छुट छ ।／ទំនិញលក់បញ្ចុះតំលៃ ២០% ។／ຫຼຸດ20%ສຳລັບເຄື່ອງຫຼຸດລາຄາ.)

⑱ □ 学生割引（がくせいわりびき）（学割（がくわり）） (विद्यार्थी छुट／ការបញ្ចុះតម្លៃសំរាប់និស្សិត／ສ່ວນຫຼຸດສຳລັບນັກຮຽນ)

▶ 電車（でんしゃ）やバスには学割がある。

(रेल र बसहरूमा विद्यार्थी छुट छ ।／មានការបញ្ចុះតម្លៃចំពោះនិស្សិតសម្រាប់រថភ្លើងនិងឡានក្រុង។／
(ປີ້)ລົດໄຟແລະລົດເມແມ່ນມີສ່ວນຫຼຸດສຳລັບນັກຮຽນ.)

⑲ □ 値引（ねび）き（する） (छुट गर्नु／ការបញ្ចុះតម្លៃ／ການຫຼຸດລາຄາ)

▶ 食品（しょくひん）の場合（ばあい）、閉店（へいてん）が近（ちか）づくとよく値引きされる。

(खाद्य सामग्रीको पसल बन्द हुने समय नजिकिदै आयो भने धेरै छुट गर्दछ ।／
ចំពោះម្ហូបអាហារ ត្រូវបានបញ្ចុះតម្លៃជាញឹកញាប់នៅពេលហាងជិតបិទ។／ແນວກິນຈະຫຼຸດລາຄາເວລາໃກ້ໆຊິປິດຮ້ານ.)

⑳ □ 立（た）て替（か）える (अरुको लागी पैसा तिर्नु／បង់ថ្លៃជំនួស／ສຳຮອງຈ່າຍແທນໄປກ່ອນ, ຈ່າຍແທນໄປກ່ອນ)

▶ ごめん、チケット代（だい）、立て替えといてくれる？　明日（あした）、払（はら）うから。

(मलाई माफ गर्नुस् । मेरो लागि टिकटको पैसा तिरिदिन सक्नुहुन्छ ? म तपाईलाई भोलि फिर्ता गर्छु ।／
ខ្ញុំសុំទោសតើអ្នកអាចបង់ថ្លៃសំបុត្រនិងការជំនួសបានទេ?ខ្ញុំនឹងបង់ប្រាក់នៅថ្ងៃស្អែក។／
ຂໍໂທດເດີ້, ຈ່າຍຄ່າປີ້ແທນກ່ອນໃຫ້ແດ່ໄດ້ບໍ່? ມື້ອື່ນຊິຈ່າຍຄືນ.)

㉑ □ **借金（しゃっきん）（する）** (ऋण (सापट) लिनु／ខ្ចីប្រាក់／ເງິນກູ້ຢືມ, ໜີ້, ເປັນໜີ້)

▶ 借金を返（かえ）すため、彼（かれ）は寝（ね）ずに働（はたら）いた。

(उस्ले आफूले लिएको ऋण चुक्ता गर्नको लागि दिन रात नसुती काम गऱ्यो ।／គាត់ធ្វើការដោយមិនដេកដើម្បីសងបំណុល។／ລາວເຮັດວຽກແບບບໍ່ໄດ້ນອນເພື່ອໃຊ້ໜີ້.)

㉒ □ **破産（はさん）（する）** (टाट पल्टिनु／ក្ស័យធន／ການລົ້ມລະລາຍ, ການສູນເສຍຊັບສິນທັງໝົດ)

▶ その後（ご）も借金（しゃっきん）は増（ふ）え続（つづ）け、彼（かれ）はとうとう破産してしまった。

(त्यसपछि पनि ऋण बढ्दै गएर अन्ततः ऊ टाट पल्टियो ।／
បន្ទាប់ពីនោះមកការខ្ចីប្រាក់បន្តកើនឡើងហើយទីបំផុតគាត់បានក្ស័យធន។／
ຫຼັງຈາກນັ້ນມາໜີ້ສິນກໍ່ເພີ່ມຂຶ້ນເລື້ອຍໆ, ໃນທີ່ສຸດລາວກໍ່ສູນເສຍຊັບສິນທັງໝົດ.)

㉓ □ **募金（ぼきん）（する）** (चन्द संकलन／បរិច្ចាកប្រាក់／ຮັບບໍລິຈາກເງິນຊ່ວຍເຫຼືອ)

▶ 多（おお）くのスポーツ選手（せんしゅ）が、募金活動（かつどう）に協力（きょうりょく）した。

(धेरै खेलाडीहरूले चन्दा संकलन कार्यमा सहयोग गर्दछ ।／កីឡាករជាច្រើនបានសហការគ្នាក្នុងសកម្មភាពរៃអង្គាសប្រាក់។／ນັກກິລາຫຼາຍຄົນໄດ້ໃຫ້ການຮ່ວມມືຕໍ່ກິດຈະກຳບໍລິຈາກເງິນ.)

▶ 金額（きんがく）はほんの少（すこ）しですが、ときどき募金をします。

(रकम ज्यादै थोरै हुन्छ तर पनि म समय समयमा संकलन गर्दछु ।／ចំនួនលុយតិចតួចក្តីប៉ុន្តែពេលខ្លះបរិច្ចាកប្រាក់។／ເງິນມີພຽງແຕ່ໜ້ອຍດຽວ, ບາງຄັ້ງບາງຄາວກໍ່ຮັບບໍລິຈາກເງິນຊ່ວຍເຫຼືອ.)

㉔ □ **集金（しゅうきん）（する）** (शुल्क संकलन गर्नु／ប្រមូលលុយ／ການເກັບເງິນ(ຈາກລູກຄ້າ))

▶ 町内会費（ちょうないかいひ）の集金に参（まい）りました。

(म टोल सुधार समितिको सदस्यता शुल्क संकलनको लागि आएँ ।／ខ្ញុំមកប្រមូលលុយថ្លៃសមាជិកក្នុងសង្កាត់។／ມາເກັບເງິນຄ່າສະມາຊິກຂອງສະມາຄົມບ້ານ)

㉕ □ **給与（きゅうよ）** (तलब／ប្រាក់ខែ／ເງິນເດືອນ, ເບ້ຍລ້ຽງ, ສິ່ງທີ່ແຈກຢາຍໃຫ້, ການແຈກຢາຍໃຫ້)

▶ 毎月（まいつき）の給与のほか、年（ねん）２回（かい）のボーナスがある。

(मासिक तलबका साथै वर्षमा दुई पटक बोनस पनि हुन्छ ।／ក្រៅពីប្រាក់ខែប្រចាំខែមានប្រាក់រង្វាន់ពីរដងក្នុងមួយឆ្នាំ។／ນອກຈາກເງິນເດືອນຂອງທຸກໆເດືອນແລ້ວຍັງໄດ້ເງິນໂບນັດ2ເທື່ອຕໍ່ປີ.)

㉖ □ **月給（げっきゅう）** (मासिक तलब／ប្រាក់ប្រចាំខែ／ເງິນເດືອນ)

㉗ □ **家計（かけい）** (घर खर्च／ថវិកាគ្រួសារ／ຄ່າໃຊ້ຈ່າຍພາຍໃນຄອບຄົວ)

▶ 安（やす）い給料なので、家計は毎月（まいつき）苦（くる）しいです。

(मेरो तलब थोरै भएकोले हरेक महिनाको घर खर्च धान्न गाह्रो छ ।／ដោយសារតែប្រាក់ខែទាបថវិកាគ្រួសារពិបាករាល់ខែ។／ເນື່ອງຈາກໄດ້ເງິນເດືອນໜ້ອຍຈຶ່ງມີຄວາມລຳບາກເລື່ອງຄ່າໃຊ້ຈ່າຍພາຍໃນຄອບຄົວໃນແຕ່ລະເດືອນ.)

㉘ □ 出費（しゅっぴ） (खर्च／ការចំណាយ／ລາຍຈ່າຍ, ຄ່າຄອງຊີບ, ຄ່າໃຊ້ຈ່າຍ)

▶ 年末年始は出費が多くなる。
ねんまつねんし　おお

(वर्षको अन्त्य र नयाँ वर्षको छुट्टीको समयमा खर्च धेरै बढ्छ ।／ការចំណាយកើនឡើងក្នុងអំឡុងពេលចុងឆ្នាំនិងដើមឆ្នាំ។／ລາຍຈ່າຍຫຼາຍຂຶ້ນໃນທ້າຍປີແລະຕົ້ນປີ.)

㉙ □ 無駄遣い（むだづかい） (फजुल खर्च／ខ្ជះខ្ជាយ／ໃຊ້ຢ່າງສິ້ນເປືອງ, ໃຊ້ຢ່າງບໍ່ຄຸ້ມຄ່າ)

▶ これ、前に買ったのとほとんど同じじゃない？ また無駄遣いして。
まえ　か　おな

(यो लगभग मैले पहिले किनेको जस्तै छैन ? फेरि फजुल खर्च गऱ्यो ।／
តើវាស្មើរតែមិនដូចអ្វីដែលខ្ញុំបានទិញពីមុនទេឬ? ខ្ជះខ្ជាយទៀតហើយ។／
ອັນນີ້, ບໍ່ແມ່ນອັນດຽວກັນກັບທີ່ຊື້ກ່ອນໜ້ານີ້ຫວາ? ໃຊ້ຈ່າຍຢ່າງສິ້ນເປືອງອີກລະ.)

㉚ □ 経費（けいひ） (खर्च／ថ្លៃចំណាយធ្វើជំនួញ／ຄ່າໃຊ້ຈ່າຍ)

▶ 会社から、なるべく経費を抑えるように言われている。
かいしゃ　おさ　い

(अफिसबाट मलाई सकेसम्म खर्च घटाउन भनेको छ ।／
ក្រុមហ៊ុនបានប្រាប់ខ្ញុំឱ្យកាត់បន្ថយថ្លៃចំណាយធ្វើជំនួញឱ្យបានតាមដែលអាចធ្វើទៅបាន។／
ບໍລິສັດບອກໃຫ້ຈຳກັດຄ່າໃຊ້ຈ່າຍເທົ່າທີ່ຈະເຮັດໄດ້.)

㉛ □ コスト (लागत, खर्च／ថ្លៃដើម／ຄ່າໃຊ້ຈ່າຍ, ລາຄາ, ຕົ້ນທຶນ)

▶ 材料にコストがかかりすぎている。
ざいりょう

(कच्चा सामग्रीमा लागत धेरै लागि रहेको छ ।／វត្ថុធាតុដើមគឺចំណាយច្រើនហើយ។／ເສຍຄ່າໃຊ້ຈ່າຍໄປກັບວັດຖຸດິບຫຼາຍໂພດ.)

▶ もう少しコストを抑えよう。
すこ　おさ

(अझै थोरै लागत कम गरौं ।／តោះរក្សាថ្លៃដើមបន្តិចបន្តទៀត។／ຈຳກັດຄ່າໃຊ້ຈ່າຍອີກໜ້ອຍໜຶ່ງເທາະ.)

㉜ □ 領収書（りょうしゅうしょ） (रसिद／វិក័យប័ត្របង់ប្រាក់／ໃບຮັບເງິນ)

㉝ □ 資本（しほん） (पूँजी／ដើមទុន／ເງິນທຶນ, ເງິນລົງທຶນ)

▶ 会社を大きくしていくには、まず資本が必要です。
かいしゃ　おお　ひつよう

(कम्पनी ठूलो गर्दै लानको लागि त पूँजी आवश्यक पर्दछ ।／ដើម្បីពង្រីកក្រុមហ៊ុនដំបូងអ្នកត្រូវការដើមទុន។／
ກ່ອນອື່ນໝົດຈຳເປັນຕ້ອງມີເງິນທຶນເພື່ອເຮັດໃຫ້ບໍລິສັດໃຫຍ່ຂຶ້ນ.)

▷ 資本金、社会資本、「体が資本」
きん　しゃかい　からだ

(पूँजी, सामाजिक पूँजी, “शारिर पूँजी हो”／ប្រាក់ដើមទុន។មូលធនសង្គម។ "រាងកាយគឺជាដើមទុន"／
ທຶນຈົດທະບຽນ, ເງິນທຶນເພື່ອສັງຄົມ, "ຮ່າງກາຍຄືເງິນທຶນ" ເປັນສຳນວນເຊິ່ງມີຄວາມໝາຍວ່າ: ຮ່າງກາຍເປັນສິ່ງຈຳເປັນເພື່ອການດຳລົງຊີວິດແລະດຳເນີນວຽກງານໄດ້ຢ່າງສະດວກ.)

㉞ □ 資金 (कोष／ប្រាក់ដើមទុន／ເງິນທຶນ)
しきん

▶ 開店資金に、あと100万円ほど必要です。
かいてん　まんえん　ひつよう

(पसल खोल्नको लागि करिब १ लाख येनको कोष चाहिन्छ।／ត្រូវការប្រាក់ដើមទុនប្រហែល ១ លានយ៉េនដើម្បីបើកហាងនេះ។／ຕ້ອງການເງິນທຶນເພື່ອເປີດຮ້ານອີກ1ລ້ານເຢັນ.)

㉟ □ 収入 (आम्दानी／ប្រាក់ចំណូល／ລາຍໄດ້, ລາຍຮັບ)
しゅうにゅう

▶ 毎月の収入はどれくらいですか。
まいつき

(तपाईको मासिक आम्दानी कति हो?／តើប្រាក់ចំណូលប្រចាំខែរបស់អ្នកបានប៉ុន្មាន?／ລາຍຮັບໃນແຕ່ລະເດືອນແມ່ນປະມານເທົ່າໃດ?)

㊱ □ 支出 (खर्च／ការចំណាយ／ການໃຊ້ຈ່າຍ, ລາຍຈ່າຍ, ຄ່າໃຊ້ຈ່າຍ)
ししゅつ

▶ 収入はあまり変わらないのに、支出はちょっとずつ増えている。
しゅうにゅう　か　ふ

(आम्दानीमा खासै परिवर्तन छैन, तर अलि अलि खर्च बढेको छ।／ប្រាក់ចំណូលមិនបានផ្លាស់ប្តូរច្រើនទេប៉ុន្តែការចំណាយបានកើនឡើងបន្តិចម្តង ៗ ។／ທັງໆທີ່ລາຍຮັບບໍ່ມີການປ່ຽນແປງປານໃດແຕ່ລາຍຈ່າຍເພີ່ມຂຶ້ນເທື່ອລະໜ້ອຍ.)

㊲ □ 会費 (सदस्यता शुल्क／ថ្លៃសមាជិក／ຄ່າສະມາຊິກ)
かいひ

▷ パーティーの会費、年会費
ねん

(पार्टीको सदस्यता शुल्क, वार्षिक शुल्क／ថ្លៃចូលរួមពិធីជប់លាង។ថ្លៃសមាជិកភាពជាប្រចាំឆ្នាំ។／ຄ່າງານລ້ຽງ, ຄ່າສະມາຊິກປະຈຳປີ)

㊳ □ 回数券 (कुपन／សំបុត្រគូប៉ុង／ປີ້ທີ່ກຳນົດຈຳນວນຄັ້ງ(ນຳໃຊ້))
かいすうけん

▶ 何回も乗るなら、回数券の方が得だよ。
なんかい　の　ほう　とく

(यदि तपाईं धेरै पटक रेल चढ्नु हुन्छ भने कुपन टिकट राम्रो हुन्छ।／ប្រសិនបើអ្នកជិះច្រើនដងសំបុត្រគូប៉ុងគឺល្អជាង។／ຖ້າຊີຂຶ້ນຫຼາຍເທື່ອຊື້ປີ້ທີ່ກຳນົດຈຳນວນຄັ້ງຈະຄຸ້ມກວ່າ.)

㊴ □ 賞金 (पुरस्कार पैसा／ប្រាក់រង្វាន់／ເງິນລາງວັນ)
しょうきん

▶ 優勝したら、賞金がもらえるそうだよ。
ゆうしょう

(यदि तपाईंले जित्नु भयो भने पुरस्कार पैसा पाउँछ।／ប្រសិនបើអ្នកឈ្នះអ្នកនឹងទទួលបានប្រាក់រង្វាន់។／ຖ້າຊະນະ ຈະໄດ້ຮັບເງິນເງິນລາງວັນເດີ້.)

▷ 賞金を獲得する (पुरस्कार जित्नु／ឈ្នះប្រាក់រង្វាន់／ຮັບເງິນລາງວັນ)
かくとく

UNIT 13

服(ふく)・くつ (लुगा, जुत्ता／សម្លៀកបំពាក់ / ស្បែកជើង／ເຄື່ອງນຸ່ງ, ເກີບ)

❶ □ 衣服(いふく) (कपडा, लुगा／សម្លៀកបំពាក់／ເຄື່ອງນຸ່ງຮົ່ມ, ເສື້ອຜ້າ)

▶ 住(す)む家(いえ)も衣服も、当時(とうじ)と今(いま)とでは全(まった)く異(こと)なる。

(म बस्ने घर र कपडाहरू ती दिनहरू भन्दा बिलकुलै फरक छन् ।／
ផ្ទះរស់នៅនិងសម្លៀកបំពាក់គឺខុសគ្នាទាំងស្រុងពីសម័យនោះ។／
ທັງເຮືອນຢູ່ແລະເຄື່ອງນຸ່ງຮົ່ມຂອງເວລານັ້ນແລະດຽວນີ້ແມ່ນແຕກຕ່າງກັນຢ່າງສິ້ນເຊີງ.)

❷ □ 格好(かっこう) (भेष (पहिरहन)／រូបរាង／ການແຕ່ງກາຍ, ຮູບຮ່າງ, ທ່າທາງ)

▶ 結婚式(けっこんしき)にはどんな格好で行(い)けばいいんだろう。

(विवाहको समारोहमा कस्तो लुगामा (पहिरहन) जाँदा ठिक होला ?／តើខ្ញុំគួររៀបចំខ្លួនបែបណាសម្រាប់ពិធីមង្គលការ?／
ຊິແຕ່ງກາຍແນວໃດໄປງານແຕ່ງດອງດີນໍ.)

❸ □ かっこいい (राम्रो, सुन्दर／ភាពឡូយ／ດູດີ, ເຈົ້າຊູ້)

▷ かっこいい車(くるま)、かっこいい男(おとこ)の人(ひと)

(राम्रो कार, राम्रो मान्छे／ឡានឡូយ។បុរសឡូយ។／ລົດງາມ, ຜູ້ຊາຍເຈົ້າຊູ້, ຜູ້ງາມ)

❹ □ かっこ悪(わる)い (नराम्रो／មិនសមរម្យ／ຂີ້ຮ້າຍ)

▶ みんなの前(まえ)で恥(はじ)をかいて、かっこ悪かった。

(सबैको अगाडि लजाएर नराम्रो लाग्यो ।／ដោយសារខ្មាស់អៀនចំពោះមុខមនុស្សគ្រប់គ្នា វាពិតជាមិនសមរម្យមែន។／
ຮູ້ສຶກບໍ່ດີເລີຍທີ່ເສຍໜ້າຕໍ່ໜ້າທຸກຄົນ.)

❺ □ 和服(わふく) (जापानी लुगा／សម្លៀកបំពាក់ប្រពៃណីជប៉ុន／ເຄື່ອງນຸ່ງແບບຍີ່ປຸ່ນ)

▶ 和服の似合(にあ)う女性(じょせい)になりたいです。

(म किमोनोमा राम्री देखिने महिला बन्न चाहन्छु ।／
ខ្ញុំចង់ក្លាយជានារីម្នាក់ដែលមើលទៅសាកសមនិងសម្លៀកបំពាក់ប្រពៃណីជប៉ុន។／ຢາກເປັນແມ່ຍິງທີ່ນຸ່ງຊຸດຍີ່ປຸ່ນຄື.)

❻ □ 寝巻き/寝間着（ねまき/ねまき） (पाईजामा (सुत्ने बेला लगाउने लुगा)／កសម្លៀកបំពាក់គេងយប់／ຊຸດນອນ)

▶ 怠け者（なまけもの）だから、休み（やすみ）の日（ひ）は寝巻きのまま過（す）ごすこともあります。

(अल्छी भएकोले बिदाको दिन पाईजामा मात्र लगाएर पनि दिन बिताउँछु ।／ព្រោះខ្ញុំលច្រអូស ថ្ងៃឈប់សំរាក ខ្ញុំចំណាយពេលពេញមួយថ្ងៃដោយស្លៀកសម្លៀកបំពាក់គេងយប់។／ເພາະວ່າເປັນຄົນຂີ້ຄ້ານ, ໃຊ້ເວລາໃນມື້ພັກໃນຊຸດນອນກໍ່ເຮັດ.)

❼ □ エプロン (एप्रोन／អាវអៀម／ຜ້າກັນເປື້ອນ)

❽ □ 長袖（ながそで） (लामो बाहुला／អាវដៃវែង／ເສື້ອແຂນຍາວ)

❾ □ 半袖（はんそで） (छोटो बाहुला／អាវដៃខ្លី／ເສື້ອແຂນສັ້ນ)

❿ □ フリーサイズ (फ्रि साईज／ទំហំតែមួយ／ຂະໜາດດຽວ)

▶ これはフリーサイズだから、小（ち い）さすぎるってことはないと思（おも）うよ。

(यो फ्रि साईज भएकोले, मलाई लाग्दैन कि यो अत्यन्त सानो हुन्छ ।／ទំហំតែមួយដូច្នេះខ្ញុំមិនគិតថាវាតូចពេកទេ។／ບໍ່ມີຄຳວ່ານ້ອຍເກີນໄປດອກເພາະອັນນີ້ມີຂະໜາດດຽວ.)

⓫ □ 襟（えり） (सर्टको कलर／កអាវ／ຄໍເສື້ອ)

▶ 襟をきちんとして。かっこ悪（わる）いよ。

(सर्टको कलर सफा राख्नुहोस् । नराम्रो देखियो ।／ដាក់កអាវអោយស្រួលបួល។ វាមិនសមរម្យទេ។／ແປງຄໍເສື້ອໃຫ້ດີໆ, ຂີ້ຮ້າຍໄດ໋.)

⓬ □ スカーフ (स्कार्फ／កន្សែងបង់ក／ຜ້າພັນຄໍ)

⓭ □ 生地（きじ） (कपडा／ក្រណាត់／ເນື້ອແພ, ເນື້ອແທ້)

▶ 余（あま）った生地で、お弁当（べんとう）を入（い）れる袋（ふくろ）を作（つく）った。

(बाँकी रहेको कपडाले टिफिन बक्स राख्ने झोला बनाएँ ।／ខ្ញុំបានធ្វើកាបូបដើម្បីដាក់ប្រអប់អាហារថ្ងៃត្រង់ពីក្រណាត់ដែលសល់។／ໃຊ້ແພທີ່ເຫຼືອເຮັດຖົງໃສ່ປິ່ນໂຕ.)

▷ ピザの生地 (पिज्जा बनाउने रोटी／សាច់នំភីហ្សា／ແປ້ງພິດຊ່າ)

⓮ □ ハンドバッグ (ह्याण्ड ब्याग／កាបូបដៃ／ກະເປົາຖື, ກະຫິ້ວ)

⑮ □ 化粧品（けしょうひん） (सिंगार पटार सामग्री／គ្រឿងសំអាង／ເຄື່ອງສຳອາງ)

⑯ □ 下駄（げた） (खराउ／ស្បែកជើងឈើ／ເກີບໄມ້ຍີປຸ່ນ)

⑰ □ 下駄箱（げたばこ） (जुत्ता राख्ने र्‍याक／ប្រអប់ស្បែកជើង／ຕູ້ໃສ່ເກີບ)

▶ うちの下駄箱は、上の２つの棚が私(わたし)用で、あとは全部、彼女が使っています。 ※「くつ入れ」も使うが、「下駄箱」のほうがふつう。

(मेरो घरको जुत्ता राख्ने र्‍याकमा, माथिको २ वटा तखता मैले प्रयोग गर्दछु। बाँकी सबै उनीले प्रयोग गर्छिन्।
※“कुचु इरे” पनि प्रयोग गर्छु तर “ गेता बाको” चाहिँ प्राय जसो प्रयोग गर्ने गरिन्छ।／
ក្នុងប្រអប់ស្បែកជើង ថតពីរខាងលើគឺសម្រាប់ខ្ញុំហើយនៅសល់គឺនាងប្រើទាំងអស់។
※ពាក្យ「くつ入れ」ក៏ត្រូវបានប្រើ ប៉ុន្តែពាក្យ「下駄箱」គឺរឹតតែប្រើធម្មតា ។／
2ຖ້ານເທິງສຸດຂອງຕູ້ເກີບຢູ່ເຮືອນແມ່ນຂ້ອຍໃຊ້, ອີກທີ່ເຫຼືອທັງໝົດແມ່ນແຟນຂ້ອຍໃຊ້.
※「くつ入れ」ກໍ່ໃຊ້ແຕ່ວ່າ「下駄箱」ຈະຖືກໃຊ້ໂດຍທົ່ວໄປຫຼາຍກວ່າ.)

⑱ □ 流行る（はやる） (लोकप्रिय, प्रचलित／ពេញនិយម／ເປັນທີ່ນິຍົມ, ແພ່ຫຼາຍ, ລະບາດ)

▶ これ、最近、若い人の間で流行っているんでしょう？

(यो आजकलको युवाहरूमा धेरै लोकप्रिय भइरहेको छ, होइन ?／
សព្វថ្ងៃនេះរបស់នេះវាពេញនិយមក្នុងចំណោមយុវវ័យសព្វថ្ងៃមែនទេ?／ປະຈຸບັນ, ອັນນີ້ເປັນທີ່ນິຍົມສຳລັບໄວໜຸ່ມແມ່ນເບາະ?)

UNIT 14

音声DL 25

数量(すうりょう)・程度(ていど)

(परिणाम, मात्रा／បរិមាណ / ប្រមាណ／ປະລິມານ, ລະດັບ)

❶ □ やや (हल्का／បន្តិច／ເລັກໜ້ອຍ, ໜ້ອຍໜຶ່ງ)

▶ 値段(ねだん)はやや高(たか)めですが、その分(ぶん)、機能(きのう)が充実(じゅうじつ)しています。

(मुल्य हल्का महंगो छ त्यसको सत्ता धेरै उपयोगी छ ।／តម្លៃគឺខ្ពស់បន្តិចប៉ុន្តែមុខងារគឺមានច្រើន។／ລາຄາຢາກສູງໜ້ອຍໜຶ່ງແຕ່ວ່າໜ້າທີ່ການໃຊ້ງານແມ່ນຖືກອັດແໜ້ນ.)

❷ □ いくぶん(幾分(いくぶん)) (केहि／មួយចំណែក／ສ່ວນໜຶ່ງ, ບາງສ່ວນ, ເລັກໜ້ອຍ)

▶ 先週(せんしゅう)よりはいくぶんよくなったけど、まだ完全(かんぜん)には治(なお)ってません。

(गए हप्ता भन्दा केही राम्रो भयो तर अझै पूर्णरुपमा निको भएको छैन ।／វាល្អប្រសើរជាងកាលពីសប្ដាហ៍មុនមួយចំណែកប៉ុន្តែវាមិនទាន់ជាសះស្បើយទាំងស្រុងទេ។／ດີຂຶ້ນເລັກໜ້ອຍຈາກອາທິດແລ້ວນີ້ແຕ່ຍັງບໍ່ທັນເຊົາຄັກເທື່ອ.)

❸ □ いくらか (केहि／ខ្លះ／...ແດ່, ຂ້ອນຂ້າງ...)

▶ 今日(きょう)、お金(かね)を用意(ようい)してこなかったから、いくらか貸(か)してくれない？

(आज मैले पैसा नबोकेको हुनाले केही रकम सापटी दिन सक्नु हुन्छ／ដោយសារខ្ញុំមិនបានត្រៀមលុយទេថ្ងៃនេះតើអ្នកអាចអោយខ្ញុំខ្ចីខ្លះបានទេ?／ຂໍຢືມເງິນຈັກໜ້ອຍໜຶ່ງແດ່ໄດ້ບໍ? ເພາະວ່າມື້ນີ້ບໍ່ໄດ້ກຽມເງິນມາ.)

❹ □ 多少(たしょう) (धेरथोर／បន្តិច／ຈຳນວນໜ້ອຍຫຼາຍ, ເລັກໜ້ອຍ, ໜ້ອຍໜຶ່ງ.)

▶ 多少遠(とお)くてもかまいません。

(धेरथोर टाढा भए हुन सक्छ है ।／វាមិនមានបញ្ហាទេប្រសិនបើវានៅឆ្ងាយបន្តិចក្ដី។／ໄກໜ້ອຍໜຶ່ງບໍ່ເປັນຫຍັງ.)

❺ □ ほんの (केहि (अलि कति)／បន្តិច／ພຽງແຕ່, ເລັກໆໜ້ອຍໆ)

▶ ほんの数(すう)ミリ違(ちが)うだけで、やり直(なお)しです。

(मात्र केही मिलिमिटर फरक भएतापनि फेरि शुरुदेखि बनाउँछु ।／ទោះវាខុសគ្នាតែប៉ុន្មានមីលីម៉ែត្របន្តិចក្ដីត្រូវធ្វើសារឡើងវិញ។／ແຕກຕ່າງພຽງແຕ່ຈັກມິນລີເທົ່ານັ້ນ, ຊິເຮັດຄືນໃໝ່.)

❻ □ わずか(な) (थोरै, कम मात्रामा／បន្តិច／ພຽງເລັກໜ້ອຍ, ໜ້ອຍດຽວ)

▶ １位(い)と２位の差(さ)はわずかだった。

(पहिलो र दोस्रोको भिन्नता थोरै मात्र थियो ।／ភាពខុសគ្នារវាងចំណាត់ថ្នាក់លេខ ១ និងលេខ ២ គឺតែបន្តិច។／ທີ1 ແລະທີ2 ຕ່າງກັນພຽງໜ້ອຍດຽວ.)

⑦ □ 若干（じゃっかん） (हल्का／បន្តិច／ພຽງເລັກໜ້ອຍ, ໜ້ອຍດຽວ)

▶ 若干の汚（よご）れはありますが、ほとんど新品（しんぴん）です。

(हल्का फोहर छ तर नयाँ नै छ ।／មានភាពកខ្វក់បន្តិចក៏ដោយប៉ុន្តែវាសឹងស្មើរនឹងរបស់ថ្មី។／
ມີຮອຍເປື້ອນໜ້ອຍດຽວແຕ່ກໍ່ເກືອບວ່າແມ່ນເຄື່ອງໃໝ່.)

▷〈広告（こうこく）〉若干名募集（めいぼしゅう） (〈विज्ञापन〉 केही संख्याको भर्ती／〈សេចក្តីប្រកាស〉 ការជ្រើសរើសមនុស្សមួយចំនួនតូច／
(ໂຄສະນາ)ປະກາດຮັບພຽງໜ້ອຍດຽວ)

⑧ □ せいぜい (लगभग／ប៉ុណ្ណោះ／ຄວາມສາມາດຢ່າງເຕັມທີ່, ຢ່າງໜ້ອຍກໍ່..., ຢ່າງຫຼາຍກໍ່...)

▶ 安（やす）いといっても、せいぜい数百円（すうひゃくえん）です。

(सस्तो भनेतापनि लगभग सयौं येन पर्छ ।／បើទោះបីជាវាថោកជាងក៏ដោយ ក៏វារាប់រយយ៉េនប៉ុណ្ណឹ។／
ເວົ້າວ່າລາຄາຖືກແຕ່ກໍ່ຫຼາຍຮ້ອຍເຢັນ.)

⑨ □ 大量（たいりょう） (धेरै／ច្រើន／ຈຳນວນຫຼາຍ)

▷ 大量の水（みず）、大量のゴミ

(धेरै पानी, धेरै फोहोर／ទឹកច្រើន។សំរាមច្រើន។／ນ້ຳຫຼາຍ, ຂີ້ເຫຍື້ອຫຼາຍ)

⑩ □ 大量（たいりょう）に (ठूलो परिणाम／យ៉ាងច្រើន／ຢ່າງຫຼວງຫຼາຍ)

▶ ここには、当時（とうじ）の写真（しゃしん）やフィルムが大量に保管（ほかん）されている。

(यहाँ उहिलेका फोटोग्राफ र फिल्महरू ठूलो परिणाममा भण्डारण गरिराखेको छ ।／
រូបថតនិងហ្វីលម៍តាំងពីពេលនោះមកត្រូវបានរក្សាទុកនៅទីនេះយ៉ាងច្រើន។／
ຢູ່ທີ່ນີ້ມີຮູບພາບແລະຟິມໃນເວລານັ້ນຖືກຮັກສາໄວ້ຢ່າງຫຼວງຫຼາຍ.)

⑪ □ 膨大（ぼうだい）(な) (ठूलो परिणाम (थुप्रो)／ចំនួនដ៏ច្រើន／ຂະໜາດໃຫຍ່, ມະໂຫລານ, ຫຼວງຫຼາຍ)

▷ 膨大な資料（しりょう）、膨大なデータ

(ठूलो परिणामको कागज पत्र, ठूलो परिणामको डाटा／ចំនួនដ៏ច្រើននៃឯកសារ, ចំនួនដ៏ច្រើននៃទិន្នន័យ／
ເອກະສານຢ່າງຫຼວງຫຼາຍ, ຂໍ້ມູນຢ່າງຫຼວງຫຼາຍ)

⑫ □ 莫大（ばくだい）(な) (धेरै (ठूलो)／ដ៏ច្រើន／ໃຫຍ່ຫຼາຍ, ມະຫາສານ)

▷ 莫大な費用（ひよう）、莫大な財産（ざいさん）

(ठूलो लागत, धेरै सम्पत्ति／ការចំណាយដ៏ច្រើន។ទ្រព្យសម្បត្តិដ៏ច្រើន។／ຄ່າໃຊ້ຈ່າຍຢ່າງມະຫາສານ, ຊັບສົມບັດຢ່າງມະຫາສານ)

⑬ □ 無数（むすう） (अनगिन्ती／រាប់មិនអស់／ຈຳນວນນັບບໍ່ຖ້ວນ)

▶ よく見（み）ると表面（ひょうめん）に無数の傷（きず）があった。

(राम्रोसँग हेर्‍यो भने सतहमा अनगिन्ती घाउ थियो ।／
ប្រសិនបើអ្នកក្រឡេកមើលអោយជិតមានទៅមានស្នាមកោសរាប់មិនអស់នៅលើផ្ទៃខាងមុខ។／ເບິ່ງຄັກໆແລ້ວມີຮ້ອຍຂູດຢ່າງນັບບໍ່ຖ້ວນຢູ່ເທິງພື້ນຜິວ.)

⑭ □ 数(かぞ)え切(き)れない (असंख्य／រាប់មិនអស់／ນັບບໍ່ຖ້ວນ)

▶ 数え切れないほどの星(ほし)が見(み)えた。

(मैले असंख्य तारा देखें ।／ខ្ញុំបានឃើញផ្កាយរាប់មិនអស់។／ເຫັນດາວຈຳນວນນັບບໍ່ຖ້ວນ.)

⑮ □ 定員(ていいん) (क्षमता／ចំនួនមនុស្សដែលបានកំនត់／ຈຳນວນຄົນທີ່ກຳໄວ້, ຈຳນວນຄົນທີ່ບັນຈຸໄດ້)

⑯ □ 過半数(かはんすう) (बहुमत／ភាគច្រើន／ຈຳນວນກາຍເຄິ່ງ)

▶ この案(あん)には、出席者(しゅっせきしゃ)の過半数が賛成(さんせい)した。

(त्यहाँ उपस्थित व्यक्तिहरूको बहुमत प्रस्तावमा सहमत भए ।／អ្នកចូលរួមភាគច្រើនបានយល់ស្របនឹងសំណើរនេះ។／ຈຳນວນກາຍເຄິ່ງຂອງຜູ້ເຂົ້າຮ່ວມເຫັນດີຕໍ່ຂໍ້ສະເໜີນີ້.)

⑰ □ 達(たっ)する (लक्ष्यमा पुग्नु (उदेश्य पुरा गर्नु)／ឈានដល់／ໄປເຖິງ(ເປົ້າໝາຍ), ຝຶກຝົນຈົນຊ່ຽວຊານ)

▶ あと少(すこ)しで貯金(ちょきん)が目標金額(もくひょうきんがく)に達する。

(अबको कहि समयमा मैले गरेको बचतले लक्ष्य प्राप्त गर्छ ।／ការសន្សំនឹងឈានដល់ចំនួនគោលដៅក្នុងពេលដ៏ខ្លី។／ອີກໜ້ອຍໜຶ່ງເງິນຝາກກໍ່ຈະເຖິງເປົ້າໝາຍຈຳນວນເງິນແລ້ວ.)

⑱ □ 足(た)る (पुग्नु (सक्नु), विश्वास गर्न सक्नु／គ្រប់គ្រាន់／ພຽງພໍ, ສົມຄວນທີ່ຈະ...)

▶ 彼女(かのじょ)は、信頼(しんらい)に足る人物(じんぶつ)です。

(उनी एक विश्वास गर्न सक्ने व्यक्ति हो／នាងគឺជាមនុស្សដែលអាចទុកចិត្តបានគ្រប់គ្រាន់។／ລາວເປັນຄົນທີ່ໜ້າເຊື່ອຖື.)

⑲ □ 満員(まんいん) (भरिभराउ／មនុស្សពេញ／ຄົນເຕັມ, ຄົນແໜ້ນໜາ, ບໍ່ມີບ່ອນວ່າງ)

▶ 満員だから、次(つぎ)の電車(でんしゃ)にしましょう。

(यो भरिभराउ भएकोले अर्को रेलमा जाऔं ।／មនុស្សពេញហើយដូច្នេះសូមជិះរថភ្លើងបន្ទាប់។／ຄົນເຕັມ, ຂຶ້ນຄັນຕໍ່ໄປເອົາເທາະ.)

⑳ □ 過剰(かじょう)(な) (अत्याधिक／លើស／ຫຼາຍເກີນໄປ, ເກີນຄວນ)

▶ いくら栄養(えいよう)があるといっても、過剰にとるのはよくない。

(जति पौष्टिक भए पनि अत्याधिक मात्रामा खानु राम्रो होइन ।／
ទោះបីជាវាមានជីវជាតិយ៉ាងណាក៏ដោយវាមិនល្អទេក្នុងការយកវាលើស។／
ເຖິງວ່າຊິມີຄຸນຄ່າທາງອາຫານຫຼາຍຊ່ຳໃດກໍ່ຕາມ(ກິນ)ຫຼາຍເກີນໄປກໍ່ບໍ່ດີ.)

26

㉑ □ 余り（あま） (बाँकी／របស់សល់／ສ່ວນທີ່ເຫຼືອ)

▶「余りはどうしますか」「もう使（つか）わないから捨（す）ててくれる？」

(“बाँकी रहेको के गर्ने?” अब प्रयोग नगर्ने भएकोले फालिदिनु हुन्छ कि ?／
"តើអ្នកធ្វើអ្វីជាមួយនៅរបស់សល់?" "តើអ្នកអាចបោះវាចោលបានទេព្រោះខ្ញុំមិនប្រើវាទៀតទេ?"／
"ຊິເຮັດແນວໃດກັບສ່ວນທີ່ເຫຼືອ?" "ບໍ່ໃຊ້ແລ້ວຖິ້ມໃຫ້ແດ່")

㉒ □ 余分（よぶん）(な) (नचाहिने, बढि भएको／របស់លើស／ສ່ວນທີ່ເຫຼືອ, ສ່ວນເກີນ)

▶ 余分な油（あぶら）は拭（ふ）き取（と）ってください。

(बढी भएको तेल पुछ्नुहोस् ।／ជូតប្រេងលើស។／ເຊັດນ້ຳມັນທີ່ເຫຼືອອອກແດ່.)

▷ 類 余計（よけい）、余り（あま）

(अतिरिक्त, बाँकी／ភាពលើស, របស់សល់／ເກີນຄວາມຈຳເປັນ, ບໍ່ຄ່ອຍຈະ...)

㉓ □ 余裕（よゆう） (फुर्सद／លទ្ធភាពធ្វើអ្វីផ្សេង／ກຳລັງຫຼືເວລາທີ່ເຫຼືອພໍ, ກຳລັງຫຼືເວລາທີ່ພໍຊິເຮັດຫຍັງໄດ້ສະບາຍໆ)

▶ 今（いま）忙（いそが）しくて、ほかのことをする余裕がない。

(म अहिले व्यस्त भएकोले अरु काम गर्ने फुर्सद छैन ।／ខ្ញុំរវល់ណាស់ឥឡូវនេះហើយមិនអាចមានលទ្ធភាពធ្វើអ្វីផ្សេងបានទេ។／
ດຽວນີ້ຫຍຸ້ງຫຼາຍບໍ່ມີເວລາເຫຼືອພໍຊິເຮັດແນວອື່ນ.)

▶ ちょうどじゃなく、２センチくらい余裕があったほうがいい。

(ठिक्क नगरिकन २ सेन्टीमिटर जति मार्जिन हुनु उत्तम हो ।／មិនមែនអោយត្រឹមទេ លើស២សង់ទីម៉ែតល្អជាង។／
ບໍ່ເອົາແບບພໍດີເລີຍ, ຈັ່ງໄວ້ປະມານ2ເຊັນພໍໃຫ້ຮັດຫຍັງໄດ້ສະບາຍໆ.)

㉔ □ 分量（ぶんりょう） (मात्रा／រង្វាស់រង្វាល់／ປະລິມານ)

▶ ちょっと味（あじ）が薄（うす）いなあ。何（なに）か分量を間違（まちが）えたみたい。

(अलि स्वाद खल्लो छ, केहि सामाग्रीको मात्रा गल्ती भएको जस्तो छ ।／
រសជាតិគឺស្រាលបន្តិច។ វាហាក់ដូចជាខ្ញុំមានច្រលំចំពោះរង្វាស់រង្វាល់។／
ລົດຊາດຈືດໜ້ອຍໜຶ່ງ. ອາດຈະກະປະລິມານອັນໃດອັນໜຶ່ງຜິດ.)

㉕ □ 目安（めやす） (अनुमानित／ប្រហាក់ប្រហែល／ເກນ, ບັນທັດຖານ, ຈຸດປະສົງ, ຄວາມມຸ່ງໝາຍ)

▶ カバーは半年（はんとし）を目安に交換（こうかん）してください。

(कभर चाहिँ अनुमानित ६ महिनामा परिवर्तन गर्नुहोस् ।／ប្តូរគម្របរៀងរាល់ប្រហាក់ប្រហែលកន្លះឆ្នាំម្តង។／
ກະລຸນາປ່ຽນໂກບ(ຫຼັງໃຊ້ໄດ້)ປະມານເຄິ່ງປີ.)

㉖ □ 推定（すいてい）(する) (अनुमान गर्नु／សន្មត់／ການສັນນິຖານ, ການຄາດຄະເນ, ການປະເມີນ)

▶ このような若者（わかもの）が、全国（ぜんこく）で推定200万人（まんにん）いると言（い）われる。

(यस्तो युवाहरू देशभर अनुमानित २० लाख छन् भनिन्छ ।／
គេនិយាយថាមានយុវជនបែបនេះសន្មត់ថាមានប្រមាណ ២ លាននាក់នៅទូទាំងប្រទេស។／
ມີການຄາດຄະເນວ່າໄວໜຸ່ມແບບນີ້ມີຢູ່2ລ້ານຄົນໃນທົ່ວປະເທດ.)

㉗ □ **大半**（たいはん） (धेरै मात्रा／ភាគច្រើន／ສ່ວນຫຼາຍ, ຫຼາຍກວ່າເຄິ່ງ)

▶ 彼女(かのじょ)は給料(きゅうりょう)の大半を洋服(ようふく)に使(つか)っているそうです。

(उनी आफ्नो तलबको आधा भन्दा धेरै मात्रा लुगामा खर्च गर्छिन् ।／នាងចំណាយប្រាក់ខែភាគច្រើនលើសម្លៀកបំពាក់។／ໄດ້ຍິນວ່າລາວໃຊ້ເງິນຫຼາຍກວ່າເຄິ່ງໜຶ່ງຂອງເງິນເດືອນເພື່ອຊື້ເຄື່ອງນຸ່ງ.)

㉘ □ **大分**（だいぶ／だいぶん） (पहिले भन्दा धेरै／ច្រើន／ຂ້ອນຂ້າງ, ຫຼາຍ)

▶「体調(たいちょう)はどうですか」「おかげさまで大分よくなりました」

("तपाई अहिले कस्तो महशुस गर्नुहुन्छ ?" धन्यबाद, पहिले भन्दा अहिले धेरै ठिक भयो ।／
<តើអ្នកយ៉ាងម៉េចហើយ?><សូមអរគុណអ្នកខ្ញុំប្រសើរជាងមុនច្រើន។>／
"ສະພາບຮ່າງກາຍເປັນແນວໃດແລ້ວ?" "ຂອບໃຈທີ່ເປັນຫ່ວງ. ດີຂຶ້ນຫຼາຍແລ້ວ.")

㉙ □ **増す**（ます） (बढाउनु, थप्नु／បន្ថែម／ສູງຂຶ້ນ, ເພີ່ມຂຶ້ນ, ຫຼາຍຂຶ້ນ)

▶ チーズを加(くわ)えたら、おいしさが増した。

(चिज थपेर अफ स्वादिष्ट भयो ।／ការបន្ថែមឈីសធ្វើឱ្យវាកាន់តែឆ្ងាញ់។／ຕື່ມຊີສເຂົ້າໄປແລ້ວແຊບຂຶ້ນ.)

㉚ □ **増大(する)**（ぞうだい） (बढ्नु／កើនឡើង／ການເພີ່ມຂະໜາດຫຼືຈຳນວນ)

▷ 負担(ふたん)の増大、機会(きかい)の増大

(बोफ बढ्यो, अवसरहरू बढ्यो／បន្ទុកកើនឡើង។ឱកាសកើនឡើង។／ຄວາມຮັບຜິດຊອບເພີ່ມຂຶ້ນ, ໂອກາດເພີ່ມຂຶ້ນ)

㉛ □ **急増(する)**（きゅうぞう） (द्रुत गतिमा वृद्धि हुनु／កើនឡើងយ៉ាងឆាប់រហ័ស／ການເພີ່ມຂຶ້ນຢ່າງໄວວາ)

▶ 近年(きんねん)、ネットに関(かん)するトラブルが急増している。

(आजकल ईन्टरनेटसँग सम्बन्धित समस्याहरू द्रुत गतिमा वृद्धि भइरहेको छ ।／
ក្នុងប៉ុន្មានឆ្នាំថ្មីៗនេះបញ្ហាទាក់ទងនឹងអ៊ីនធឺណិតបានកើនឡើងយ៉ាងឆាប់រហ័ស។／
ໃນປະຈຸບັນ, ບັນຫາທີ່ກ່ຽວພັນກັບອິນເຕີເນັດເພີ່ມຂຶ້ນຢ່າງໄວວາ.)

㉜ □ **激増(する)**（げきぞう） (नाटकीय रुपमा बृद्धि हुनु／កើនឡើងយ៉ាងខ្លាំង／ການເພີ່ມຂຶ້ນຢ່າງໄວວາ)

▶ この10年間(ねんかん)で高齢者(こうれいしゃ)が激増している。

(गत १० वर्षमा बृद्धाहरूको संख्या नाटकीय रुपमा बृद्धि भएको छ ।／
ចំនួនមនុស្សចាស់បានកើនឡើងយ៉ាងខ្លាំងក្នុងរយៈពេល ១០ ឆ្នាំចុងក្រោយនេះ។／ໃນໄລຍະ10ປີນີ້ຜູ້ສູງອາຍຸເພີ່ມຂຶ້ນຢ່າງໄວວາ.)

㉝ □ **激減(する)**（げきげん） (नाटकीय रुपमा कम हुनु／ធ្លាក់ចុះយ៉ាងខ្លាំង／ການຫຼຸດລົງຢ່າງໄວວາ)

▶ ワクチンの普及(ふきゅう)により、患者数(かんじゃすう)は激減した。

(खोपको विकासले विरामीहरूको संख्या नाटकीय रुपमा घटेको छ ।／
ជាមួយនឹងការរីកទូលាយនៃវ៉ាក់សាំងចំនួនអ្នកជំងឺបានធ្លាក់ចុះយ៉ាងខ្លាំង។／ການແຜ່ຫຼາຍຂອງວັກຊີນເຮັດໃຫ້ຈຳນວນຄົນເຈັບຫຼຸດລົງຢ່າງໄວວາ.)

❸❹ □ 横(よこ)ばい (स्थीर／ភាពស្មើ ដដែល មិនប្រែប្រួល／ຄົງຢູ່ໃນລະດັບເດີມ, ບໍ່ມີການປ່ຽນແປງຫຼາຍ)

▶ 売上(うりあげ)は、ここ数年(すうねん)、横ばいです。

(पछिल्ला केही वर्षमा बिक्री स्थीर रहेको छ ।／ការលក់មិនប្រែប្រួលក្នុងរយៈពេលប៉ុន្មានឆ្នាំចុងក្រោយនេះ។／ຫຼາຍປີນີ້, ຍອດຂາຍບໍ່ມີການປ່ຽນແປງຫຼາຍປານໃດ.)

❸❺ □ 上昇(じょうしょう)(する) (उच्च (बढ्नु, उकालो लाग्नु)／កើនឡើង／ສູງຂຶ້ນ)

▷ 気温(きおん)の上昇、物価(ぶっか)が上昇する

(तापक्रम बढ्नु, मुल्य बढ्नु／សីតុណ្ហភាពកើនឡើង។តម្លៃកើនឡើង។／ອຸນຫະພູມສູງຂຶ້ນ, ຄ່າຄອງຊີບສູງຂຶ້ນ)

❸❻ □ 下降(かこう)(する) (ओरालो लाग्नु (आर्थिक मन्दी हुनु)／ធ្លាក់ចុះ／ລົງ(ຕໍ່າ), ຕົກ(ຕໍ່າ))

▷ 景気(けいき)の下降、人気(にんき)が下降する

(आर्थिक मन्दी, लोकप्रियतामा कमी हुनु ।／ការធ្លាក់ចុះសេដ្ឋកិច្ច។ប្រជាប្រិយភាពធ្លាក់ចុះ។／ເສດຖະກິດຕົກຕໍ່າ, ຊື່ສຽງຕົກຕໍ່າ)

❸❼ □ 大小(だいしょう) (सानो र ठूलो／ធំនិងតូច／ຂະໜາດໃຫຍ່ແລະນ້ອຍ)

▶ 研修所(けんしゅうじょ)では、大小さまざまな部屋(へや)を使(つか)うことができた。

(प्रशिक्षण केन्द्रमा विभिन्न सानो र ठूलो कोठाहरूको प्रयोग गर्न सके ।／នៅមជ្ឈមណ្ឌលបណ្តុះបណ្តាលយើងអាចប្រើបន្ទប់ធំនិងតូចដែលមានទំហំផ្សេងៗ។／ຢູ່ບ່ອນຝຶກອົບຮົມມີຫຼາຍຫ້ອງທັງຂະໜາດໃຫຍ່ແລະນ້ອຍທີ່ສາມາດນຳໃຊ້ໄດ້.)

❸❽ □ 規模(きぼ) (स्केल／ខ្នាត／ຂະໜາດ, ສັດສ່ວນ)

❸❾ □ 大規模(だいきぼ)(な) (ठूलो मात्रा／ខ្នាតធំ／ຂະໜາດໃຫຍ່)

▷ 大規模な工事(こうじ) (ठूलो मात्रामा निर्माण／សំណង់ខ្នាតធំ／ການກໍ່ສ້າງຂະໜາດໃຫຍ່)

❹⓿ □ 小規模(しょうきぼ)(な) (सानो मात्रा／ខ្នាតតូច／ຂະໜາດນ້ອຍ)

❹❶ □ 程度(ていど) (प्रकार (मात्रा)／កម្រិត／ລະດັບ, ເກນ, ປະມານ)

▶ けがの程度によっては、手術(しゅじゅつ)の可能性(かのうせい)もある。

(घाउको प्रकार र अवस्था अनुसार अपरेशन गर्न सम्भव हुन सक्छ ।／តាមកម្រិតរបួសអាចឈានដល់ការវះកាត់។／ມີຄວາມເປັນໄປໄດ້ທີ່ຈະໄດ້ຮັບການຜ່າຕັດຂຶ້ນຢູ່ກັບລະດັບຂອງອາການບາດເຈັບ.)

❹❷ □ 平均(へいきん)(する) (औसत (गर्नु)／ជាមធ្យម／ໂດຍສະເລ່ຍ, ສະເລ່ຍ)

▶ 平均してひと月(つき)に３冊(さつ)くらい本(ほん)を読(よ)みます。

(म एक महिनाको औसतमा ३ वटा किताब पढ्छु ।／ខ្ញុំអានសៀវភៅប្រហែល ៣ ក្បាលក្នុងមួយខែជាមធ្យម។／ສະເລ່ຍແລ້ວອ່ານປຶ້ມປະມານ3ຫົວຕໍ່ເດືອນ.)

UNIT 15 趣味・娯楽・スポーツ

しゅみ ごらく

(रुचि, मनोरञ्जन, खेलकुद／ចំណូលចិត្ត កំសាន្ត កីឡា／ກິດຈະວັດປະຈຳວັນ, ຄວາມບັນເທີງ, ກິລາ)

❶ □ 鑑賞(する)（かんしょう） (चलचित्र (चित्र) हेर्नु , गीत सुन्नु／វាយតំលៃ／ການຊື່ນຊົມໃນສິນລະປະ)

▷〈履歴書の「趣味」欄などで〉音楽鑑賞、映画鑑賞（りれきしょ、しゅみ、らん、おんがく、えいが）

(〈बायो डाटाको (रुचि) कोठामा〉 चलचित्र हेर्नु, गीत सुन्नु／
(នៅក្នុងក្រឡោន「ចំណូលចិត្ត」របស់ប្រវត្តរូបសង្ខេប) វាយតំលៃតន្ត្រី វាយតំលៃខ្សែរភាពយន្ត／
(ໃນຂໍ້ "ກິດຈະວັດປະຈຳວັນ" ໃນ ໃບຊີວະປະຫວັດ) ເບິ່ງຮູບເງົາ, ຟັງເພງ)

❷ □ 上映(する)（じょうえい） (चलचित्र देखाउनु／បញ្ចាំង／ການສາຍຮູບເງົາ, ການສາຍໜັງ)

▶ この映画は、現在、５つの映画館で上映されている。（えいが、げんざい、かん）

(यो चलचित्र अहिले ५वटा हलहरुमा लागिरहेछ (देखाइरहेको छ) ।／
ខ្សែរភាពយន្តនេះកុំពុងតែដាក់បញ្ចាំងនៅរោងភាពយន្តចំនួន៥／ປະຈຸບັນຮູບເງົາເລື່ອງນີ້ພວມອອກສາຍຢູ່ທີ່ໂຮງຮູບເງົາຈຳນວນ 5 ໂຮງ.)

❸ □ 生け花（いけばな） (ईकेबाना (विभिन्न फूलहरु मिलाउनु)／តុបតែងផ្កា／ການຈັດດອກໄມ້ແບບຍີ່ປຸ່ນ)

▷ 生け花を習う、生け花教室（なら、きょうしつ）

(ईकेबाना सिक्नु, ईकेबानाको कक्षा／រៀនតុបតែងផ្កា ថ្នាក់រៀនតុបតែងផ្កា／
ຮຽນຈັດດອກໄມ້ແບບຍີ່ປຸ່ນ, ຫ້ອງຮຽນຈັດດອກໄມ້ແບບຍີ່ປຸ່ນ)

❹ □ 作法（さほう） (शिष्टाचार／របៀបរបប／ວິທີການ, ຮູບແບບ, ທຳນຽມ, ມາລະຍາດ)

▶ 国によって、食事のときの作法が全然違うね。（くに、しょくじ、ぜんぜんちが）

(देश अनुसार खाना खाने बेलाको शिष्टाचार बिल्कुलै फरक छ है ?／ប្រទេសនីមួយៗមានរបៀបរបបបរិភោគអាហារផ្សេងគ្នា។
／ມາລະຍາດຂອງການຮັບປະທານອາຫານຢູ່ແຕ່ລະປະເທດແຕກຕ່າງຢ່າງຕາຍໂຕ.)

❺ □ 習字（しゅうじ） (लिपी लेख्ने कला／រៀនសរសេរ／ການຂຽນລື້ມຮອຍໂຕໜັງສື)

❻ □ 稽古(する)（けいこ） (अभ्यास गर्नु／ហាត់សម／ການຮ່ຳຮຽນສິນລະປະວິຊາການ, ຝຶກຊ້ອມ)

▶ 週に２回、空手の稽古があります。（しゅう、かい、からて）

(हप्तामा २ पटक करातेको अभ्यास गर्छु ।／ហាត់សមការ៉ាត់តេមួយសប្តាហ៍២ដង／ຝຶກຊ້ອມຄາລາເຕ້ໄດ້ອາທິດໜຶ່ງ2ເທື່ອ.)

❼ □ 俳句（はいく） (हाइकु／កំណាព្យជប៉ុន／ກອນໄຮຄຸ)

❽ □ 絵(の)具 (पेन्ट सामग्री／សម្ភារៈគំនូរ／ສີ(ສຳລັບແຕ້ມຮູບ))

❾ □ 囲碁 (इगो／ល្បែងដាក់គ្រាប់សខ្មៅព័ន្ធរបស់ជប៉ុន／ເກມໝາກດ້ານຍີ່ປຸ່ນ, ເກມໂກະ)

▷ 碁を打つ (इगो खेल्नु／លេងល្បែងដាក់គ្រាប់សខ្មៅ／ຫຼິ້ນໂກະ)

❿ □ 将棋 (स्योगी／ល្បែងអុកជប៉ុន／ໝາກລຸກ)

▷ 将棋を差す (स्योगी खेल्नु／លេងអុក／ຫຼິ້ນໝາກລຸກ)

⓫ □ トランプ (तास／ល្បែងបៀ／ໄພ້)

⓬ □ 占う (भविष्यवाणी／ទស្សន៍ទាយ／ດູມໍ, ທຳນາຍ)

▶「この人の占いはよく当たるらしいね」「へー、私も占ってほしいな」
(“यो मानिसको भविष्यवाणी घेरै मिल्छ रे है ?” “साच्चै,,म पनि हेराउन चाहन्छु ।”／
(ការទស្សន៍ទាយរបស់ម្នាក់នេះភាគច្រើនត្រូវ) (ហេ ខ្ញុំចង់ទាយដែរ)／
"ຜູ້ນີ້ຄືໆວ່າດູມໍຖືກດີໄດ໋" "ແມ່ນຫວາ, ຂ້ອຍກໍ່ຢາກໃຫ້ລາວດູມໍໃຫ້.")

⓭ □ 占い (जोतिष／ការទស្សន៍ទាយ／ການດູມໍ)

▶「占いは信じるほうですか」「全部じゃないけど、少しは」
(“केहि मात्रामा विस्वास गर्छौ ?” “सबै त होईन अलि अलि,”／(ជឿការទស្សន៍ទាយទេ?) (មិនទាំងអស់ទេ តិចតួច)／
"ເຊື່ອໃນເລື່ອງດູມໍບໍ່?" "ບໍ່ທັງໝົດແຕ່ໜ້ອຍໜຶ່ງ")

▷ 星占い (राशिफल／ទស្សន៍ទាយតាមផ្កាយ／ໂຫລາສາດ, ການທຳນາຍດວງດາວ)

⓮ □ 園芸 (बागवानी／សិល្បៈតែងសួន／ການປູກຕົ້ນໄມ້)

▶ 狭い庭だけど、父は趣味の園芸を楽しんでいる。
(सानो बगैचा भएतापनि बुबा आफ्नो रुचिको बागवानीमा रमाउनु हुन्छ ।／វាជាសួនច្បារតូចមែន តែឪពុកខ្ញុំរីករាយនឹងតែងសួន／ພໍ່ມ່ວນຊື່ນກັບການປູກຕົ້ນໄມ້ເປັນກິດຈະວັດປະຈຳວັນເຖິງວ່າສວນຈະແຄບກໍ່ຕາມ.)

⓯ □ 栽培(する) (खेती गर्नु／ដាំដុះ／ການເພາະປູກ, ການລ້ຽງສັດນ້ຳ, ການປູກພືດ)

▶ 今度、郊外の土地をちょっと借りて、野菜を栽培してみようと思います。
(आउँदा दिनमा शहर बाहिर केहि जग्गा भाँडामा लिई तरकारी खेती गरि हेर्ने विचार गर्दैछु ।／
លើកក្រោយគិតថាខ្ចីដីនៅឯជនបទសាកល្បងដាំដុះបន្លែ／ເທື່ອໜ້າ, ຄິດວ່າຊິເຊົ່າດິນຢູ່ຊານເມືອງເພື່ອລອງປູກຜັກເບິ່ງ.)

⑯ □ **コレクション(する)** (संग्रह／ប្រមូលរក្សាទុក／ເຄື່ອງທີ່ສະສົມໄວ້)

▶ このレコードは、私(わたし)のコレクションの中(なか)でも特(とく)に貴重(きちょう)なものです。

(केहि मात्रामा विस्वास गर्छौं ? सबै त होईन अलि अलि／
ឌីសចម្រៀងនេះគឺមានតំលៃពិសេសណាស់ក្នុងចំណោមការប្រមូលរក្សាទុករបស់ខ្ញុំ／
ແຜ່ນສຽງນີ້ສຳຄັນເປັນພິເສດໃນບັນດາເຄື່ອງທີ່ສະສົມໄວ້.)

⑰ □ **レクリエーション** (मनोरञ्जन／ល្បែងកំសាន្ត／
ການຫຼິ້ນ, ສາລະບັນເທີງ, ສັນທະນາການ, ການພັກຜ່ອນຢ່ອນໃຈ)

▶ 今度(こんど)の研修(けんしゅう)、４日間(かかん)もあるから、何(なに)かレクリエーションも必要(ひつよう)だね。

(अवको प्रशिक्षण ४दिन भएकोले केहि मनोरञ्जन कार्य पनि गर्न आवश्यक छ ।／
សិក្ខាកម្មលើកក្រោយ មានពេលដល់ទៅ៤ថ្ងៃ ដូចនេះត្រូវការល្បែងកំសាន្តខ្លះហើយ／
ການຝຶກອົບຮົມໃນເທື່ອໜ້າມີຕັ້ງວ່າ4ມື້, ສະນັ້ນຄວນມີກິດຈະກຳເພື່ອການພັກຜ່ອນຢ່ອນໃຈອັນໃດອັນໜຶ່ງເນາະ.)

⑱ □ **海水浴(かいすいよく)** (समुन्द्रमा नुहाउन／លេងទឹកសមុទ្រ／ການອາບນ້ຳທະເລ, ການຫຼິ້ນນ້ຳທະເລ)

▷ 海水浴に行(い)く (समुन्द्रमा नुहाउन जानु ।／ទៅលេងទឹកសមុទ្រ／ໄປຫຼິ້ນນ້ຳທະເລ.)

⑲ □ **泳(およ)ぎ** (पौडि／ហែលទឹក／ການລອຍນ້ຳ)

▶ うちの犬(いぬ)のほうが、私(わたし)よりずっと泳ぎが上手(じょうず)です。

(मेरो कुकुर म भन्दा धेरै राम्रो पौडिन्छ ।／ឆ្កែរបស់ខ្ញុំពូកែហែលទឹកជាងខ្ញុំឆ្ងាយ／ໝາຢູ່ເຮືອນລອຍນ້ຳເກັ່ງກວ່າຂ້ອຍຫຼາຍ.)

⑳ □ **競技(きょうぎ)(する)** (प्रतिस्पर्धा गर्नु／ប្រកួត／ການແຂ່ງຂັນກິລາ, ການຊີງໄຊ)

▶ 今度(こんど)のアジア大会(たいかい)では、約(やく)50種類(しゅるい)の競技が行(おこな)われます。

(आउँदो एशियन च्याम्पियनसीपमा ५० प्रकारका खेलहरुमा प्रतिस्पर्धा गराईनेछ ।／
ការប្រកួតនៅអាស៊ីលើកក្រោយ មានវិញ្ញាសារប្រហែល៥០ត្រូវបានប្រារព្ធឡើង／
ປະມານ50ປະເພດກິລາຖືກກຳນົດໃຊ້ໃນການແຂ່ງຂັນເອຊຽນ ເກມ (Asian Games)ໃນຄັ້ງຕໍ່ໄປ.)

㉑ □ **観戦(かんせん)(する)** (खेल प्रतियोगिता हेर्नु／មើលការប្រកួត／ການເບິ່ງການແຂ່ງຂັນ)

▶ 今日(きょう)はスポーツ観戦には最高(さいこう)の天気(てんき)ですね。

(आज खेल प्रतियोगिता हेर्नको लागी एकदम राम्रो मौषम हो ।／ថ្ងៃនេះពិតជាអាកាសធាតុល្អមែនសំរាប់មើលការប្រកួត／
ອາກາດດີຫຼາຍສຳລັບເບິ່ງການແຂ່ງຂັນໃນມື້ນີ້.)

㉒ □ **コート** (टेनिस कोट／តារាង／ເດີ່ນ(ກິລາ))

▶ 午後(ごご)からテニスをするんだったら、コートを予約(よやく)しておかないと。

(आज दिउँसोबाट टेनिस खेल्ने भएमा कोर्ट बुकिङ्ग गर्नु पर्छ ।／
គួរតែកក់តារាងទុកមុនទៅដោយសារត្រូវលេងតេនីសចាប់ពីពេលរសៀលទៅ／ຕ້ອງຈອງເດີ່ນໄວ້ເພາະວ່າຕອນສວາຍຊິຕີເທນນິສ.)

㉓ □ ラケット (राकेट／រ៉ាកែត／ໄມ້ຕີ (ເທນນິສ, ດອກປີກໄກ່))

㉔ □ ～対～ (विरुद्ध／ទល់／ລະຫວ່າງ～ແລະ～)

▶ イタリア対日本の試合は、明日の夜７時からです。

(इटाली र जापान बीचको खेल भोली राती ७ बजे देखि हो ।／ការប្រកួតរវាងអ៊ីតាលីនិងជប៉ុនចាប់ពីម៉ោង៧យប់ស្អែក／ການແຂ່ງຂັນລະຫວ່າງອິຕາລີແລະຍີ່ປຸ່ນຈະເລີ່ມມື້ອື່ນເວລາ 7ໂມງ.)

▶ ２対１でイタリアが勝った。

(एक गोल विरुद्ध दुई गोलले इटालीले जित्यो ।／អ៊ីតាលីឈ្នះ២ទល់នឹង១／ອິຕາລີເອົາຊະນະ 2 ຕໍ່ 1.)

㉕ □ 番組 (कार्यक्रम／កម្មវិធីទូរទស្សន៍／ລາຍການ(ໂທລະທັດ, ວິທະຍຸ))

▶ 今晩、何か面白そうな番組ある？

(आज राती के रमाइलो कार्यक्रम छ ?／យប់នេះមានកម្មវិធីទូរទស្សន៍អ្វីគួរអោយចាប់អារម្មណ៍ទេ?／ມື້ແລງນີ້ມີລາຍການຫຍັງທີ່ໜ້າສົນໃຈບໍ່?)

UNIT 16

体 からだ

(शरीर／រាងកាយ／ຮ່າງກາຍ)

❶ □ 額(ひたい) (निधार／ថ្ងាស／ໜ້າຜາກ)

▶ 教室(きょうしつ)の中(なか)は暑(あつ)いのか、額に汗(あせ)をかいている子(こ)もいた。

(केही बच्चाहरूको निधारबाट पसिना बगिरहेका थियो, सायद कक्षा कोठा भित्र गर्मी थियो ।／ក្មេងខ្លះបែកញើសនៅលើថ្ងាសប្រហែលជាមកពីវាក្តៅនៅក្នុងថ្នាក់។／ຫ້ອງຮຽນຮ້ອນເອົ້າເບາະ? ເພາະວ່າມີເດັກນ້ອຍທີ່ເຫື່ອອອກຕາມໜ້າຜາກ.)

❷ □ 話 おでこ (निधार／ថ្ងាស／ໜ້າຜາກ)

❸ □ まぶた (आँखी भौ／ត្របកភ្នែក／ໜັງຕາ)

❹ □ 瞳(ひとみ) (आँखा／គ្រាប់ភ្នែក／ແກ້ວຕາ, ຕາດຳ)

❺ □ 頬(ほお／ほほ) (गाला／ថ្ពាល់／ແກ້ມ)

▶ 妹(いもうと)は怒(おこ)るとすぐ頬を膨(ふく)らませる。

(मेरी बहिनी रिसाउने बित्तिकै आफ्नो गाला फुलाउँछिन् ।／ប្អូនស្រីរបស់ខ្ញុំប៉ោងថ្ពាល់ភ្លាមនៅពេលនាងខឹង។／ຍາມນ້ອງສາວໃຈຮ້າຍ ຈະສະແດງອອກທາງສີໜ້າທັນທີ.)

❻ □ あご (चिउँदो／ចង្កា／ຄາງ)

▷ あごひげ、あごが長(なが)い (दाह्री, लामो चिउँदा／ពុកចង្កា។ចង្កាវែង។／ໜວດຢູ່ຄາງ, ຄາງຍາວ)

❼ □ 腕(うで) (पाखुरा／ដើមដៃ／ແຂນ)

❽ □ 脇(わき) (काखी, नजिक／ក្លៀក／ຂີ້ແຮ້, ດ້ານຂ້າງ, (ອອກ) ນອກເລື່ອງ, ສ່ວນທີ່ບໍ່ສຳຄັນ)

▶ 車(くるま)は店(みせ)の脇に停(と)めました。

(पसलको छेउमा गाडी रोक्यो ।／ឡានចតក្បែរហាង។／ຈອດລົດໄວ້ຂ້າງຮ້ານ.)

天気・天候 11
お金 12
服・くつ 13
数量・程度 14
趣味・娯楽・スポーツ 15
体 16
健康・病気 17
地球・自然 18
事務用品 19
仕事・作業 20

❾ □ ウエスト (कम्मर／ចង្កេះ／ແອວ)

▶〈試着室（しちゃくしつ）で〉「どう？　ちょっと小（ちい）さい？」「いや、ウエストはちょうどいい」

(〈लुगाको ट्रायल गर्ने कोठामा〉 "कस्तो छ अलि सानो छ हो ?" "होइन कम्मर ठीक छ ।"／
<នៅក្នុងបន្ទប់ប្តូរសំលៀកបំពាក់> "តើយ៉ាងម៉េច? តូចទេ?" ទេចង្កេះគឺត្រឹមត្រូវហើយ។／
(ທີ່ຫ້ອງລອງເຄື່ອງ) "ນ້ອຍໜ້ອຍໜຶ່ງບໍ?" "ບໍ່ນະ, ແອວພໍດີເລີຍ.")

❿ □ 親指（おやゆび） (बुढी औंला／មេដៃ／ນີ້ວໂປ້)

⓫ □ 人（ひと）さし指（ゆび） (चोर औंला／ម្រាមដៃចង្អុល／ນີ້ວຊີ້)

⓬ □ 中指（なかゆび） (माझी औंला／ម្រាមដៃកណ្តាល／ນີ້ວກາງ)

⓭ □ 薬指（くすりゆび） (साईली औंला／ម្រាមដៃនាង／ນີ້ວນາງ)

⓮ □ 小指（こゆび） (कान्छी औंला／ម្រាមកូនដៃ／ນີ້ວກ້ອຍ)

⓯ □ 肺（はい） (फोक्सो／សួត／ປອດ)

⓰ □ 呼吸（こきゅう）（する） (श्वास फेर्नु／ដកដង្ហើម／ການຫາຍໃຈ, ການສູດລົມຫາຍໃຈ)

▶目（め）を閉（と）じて、ゆっくりと呼吸をしてください。

(आँखा बन्द गर्नुहोस् र विस्तारै श्वास फेर्नुहोस् ।／បិទភ្នែកហើយដកដង្ហើមយឺត ៗ ។／ກະລຸນາຫຼັບຕາແລ້ວຄ່ອຍໆຫາຍໃຈ.)

⓱ □ 血（ち） (रगत／ឈាម／ເລືອດ)

▶手（て）、どうしたの？　血が出（で）てるよ。

(हातमा के भएको ? रगत बगिरहेछ त ?／តើដៃរបស់អ្នកមានបញ្ហាអ្វី? ឈាមវាចេញមក។／ມືເປັນຫຍັງ? ເລືອດອອກໄດ໋ຫັ້ນ.)

⓲ □ 血液（けつえき） (रगत／ឈាម／ເລືອດ)

▶今（いま）、B型（がた）の血液が不足（ふそく）しているそうです。

(अहिले बी ग्रुपको रगतको अभाव छ ।／វាហាក់ដូចជាមានការខ្វះឈាមប្រភេទ B ឥឡូវនេះ។／
ໄດ້ຍິນວ່າດຽວນີ້ເລືອດກຸບBບໍ່ພຽງພໍ.)

⑲ □ 筋肉（きんにく） (मांसपेशी／សាច់ដុំ／ກ້າມຊີ້ນ)

▶ 昨日（きのう）、ちょっと走（はし）っただけなんだけど、普段使（ふだんつか）わない筋肉だから、痛（いた）くて痛くて。

(हिजो अलिकति दौडिएको मात्र थियो, सामान्यतय नचलाउने मांसपेशी भएर हो कि धेरै दुख्यो ।／
ខ្ញុំទើបតែរត់បានបន្តិចកាលពីម្សិលមិញប៉ុន្តែវាឈឺណាស់ព្រោះវាជាសាច់ដុំដែលខ្ញុំមិនប្រើជាធម្មតា។／
ມື້ວານນີ້ແລ່ນໜ້ອຍດຽວເທົ່ານັ້ນກໍ່ເຈັບໆເພາະວ່າປົກກະຕິບໍ່ຄ່ອຍໃຊ້ກ້າມຊີ້ນ(ສ່ວນຂາ).)

⑳ □ 全身（ぜんしん） (शरीर／រាងកាយទាំងមូល／ໝົດຕົນໂຕ, ທົ່ວໂຕ)

▶ 子供（こども）の時（とき）からのアレルギーで、食（た）べると全身がかゆくなるんです。

(मलाई सानो छँदादेखि एलर्जी थियो, यदि मैले यो खायो भने पुरै शरीर चिलाउँछ ।／
ខ្ញុំធ្លាប់មានប្រតិកម្មនឹងវាតាំងពីខ្ញុំនៅក្មេងហើយពេលខ្ញុំញ៉ាំវារាងកាយរបស់ខ្ញុំទាំងមូលរមាស់។／
ເປັນພູມແພ້ຕັ້ງແຕ່ນ້ອຍສະນັ້ນກິນໃສ່ແລ້ວຈະຄັນໝົດຕົນໂຕ.)

㉑ □ 脳（のう） (मस्तिष्क (दिमाग)／ខួរក្បាល／ສະໝອງ)

▶ 運動（うんどう）することで、脳の働（はたら）きも活発（かっぱつ）になります。

(व्यायाम गर्नाले मस्तिष्कको काम सकिय हुन्छ ।／តាមរយៈការធ្វើលំហាត់ប្រាណការងារខួរក្បាលចាប់ផ្តើមសកម្ម។／
ການອອກກຳລັງກາຍເຮັດໃຫ້ສະໝອງເຮັດວຽກໄດ້ຢ່າງວ່ອງໄວ.)

㉒ □ 頭脳（ずのう） (दिमाग／ខួរក្បាល／ສະຕິປັນຍາ, ຫົວສະໝອງ, ມັນສະໝອງ)

▷ 人工頭脳（じんこうずのう） (मानिसले बनाएको दिमाग／ខួរក្បាលសិប្បនិម្មិត／ຄອມພິວເຕີ້)

㉓ □ 体力（たいりょく） (शारिरीक शक्ति／កាយសម្បទា／ແຮງ, ເຫື່ອແຮງ)

▶ またちょっとやせたんじゃない？　しっかり食（た）べて体力をつけないと病気（びょうき）になるよ。

(फेरी दुब्लाउनु भएको ? राम्रो संग खाएर शारिरीक शक्ति प्राप्त गरेन भने विरामी हुन्छ है ।／
តើអ្នកស្គមទៀតហើយឬ? ប្រសិនបើអ្នកញ៉ាំមិនបានល្អហើយមិនប្រយ័ត្នកាយសម្បទាអ្នកនឹងធ្លាក់ខ្លួនឈឺ។／
ບໍ່ແມ່ນຈ່ອຍລົງອີກແລ້ວບໍ? ກິນຫຼາຍໆໃຫ້ມີເຫື່ອແຮງບໍ່ດັ່ງນັ້ນຊິບໍ່ສະບາຍເດີ້.)

UNIT 17

音声DL 29

健康・病気
けんこう びょうき

(स्वस्थ, बिरामी／សុខភាព / ជំងឺ／ສຸຂະພາບ, ໂລກໄພໄຂ້ເຈັບ)

❶ □ 痛む (दुख्नु／ឈឺចាប់／ເຈັບ, ປວດ)
いた

▶ 寒くなると昔けがをしたところが痛む。(जाडो भयो कि पहिला घाउ भएको ठाउँमा दुख्छ।／នៅពេលដែលវាត្រជាក់កន្លែងដែលខ្ញុំរងរបួសកាលពីមុនឈឺចាប់ណាស់។／ເຈັບບາດເກົ່າເມື່ອອາກາດໜາວຂຶ້ນ.)
さむ　むかし

▷ 痛める［腰を］ (चोट (कम्मर)／ឈឺចាប់ [ចង្កេះ]／ເຈັບ"ແອວ")
こし

❷ □ 腫れる (सुन्निनु (सुज)／ហើម／ໃຄ່, ບວມ)
は

▶ 風邪をひいたみたいで、のどが少し腫れている。
かぜ　すこ

(मलाई चिसो लाग्यो जस्तो छ घाँटी अलि सुन्निएको छ।／ខ្ញុំមានជំងឺផ្តាសាយហើយបំពង់ករបស់ខ្ញុំហើមបន្តិច។／ຄໍແດງຄືຊິແມ່ນເປັນຫວັດ.)

❸ □ 腫れ (सुजन／ភាពហើម／ການບວມ)
は

❹ □ 花粉症 (पराग सेचन／ជំងឺចាញ់លំអងផ្កា／ໂລກແພ້ເກສອນດອກໄມ້)
かふんしょう

▶ 花粉症の私には春はつらい季節です。
わたし　はる　きせつ

(वसन्त ऋतुमा हुने पराग सेचनले मलाई गाह्रो हुन्छ।／រដូវផ្ការីកគឺជារដូវកាលលំបាកខ្ញុំចាញ់លំអងផ្កា។／ລະດູບານໃໝ່ຄືລະດູການທີ່ລຳບາກສຳລັບຄົນທີ່ແພ້ເກສອນດອກໄມ້ຄືຂ້ອຍ.)

❺ □ くしゃみ (छींक गर्नु／កណ្តាស់／ຈາມ)

▶ 急にくしゃみが出て、止まらなくなった。
きゅう　で　と

(अचानक आच्छिउँ (छींक) आएर रोकिदैन त।／ខ្ញុំកណ្តាស់ភ្លាមហើយមិនឈប់សោះ។／ຈາມກະທັນຫັນແລະບໍ່ເຊົາອີກ.)

❻ □ 咳 (खोकि／ក្អក／ໄອ)
せき

▶ 昨日から咳が出て、喉も痛いんです。
きのう　で　のど　いた

(हिजोदेखि खोकी लागकोले, मेरो घाँटी दुखेको छ।／ខ្ញុំក្អកតាំងពីម្សិលមិញហើយបំពង់ករបស់ខ្ញុំឈឺ។／ໄອຕັ້ງແຕ່ມື້ວານແລະເຈັບຄໍພ້ອມ.)

❼ □ 吐き気(はけ) (वाक वाकी／អារម្មណ៍ចង់ក្អួត／ປຸ້ນທ້ອງ, ປວກຮາກ)

▶ 頭痛(ずつう)がひどくて、吐き気がするんです。

(धेरै टाउको दुखेर वाकवाकी लागेको छ ।／ខ្ញុំឈឺក្បាលខ្លាំងហើយខ្ញុំមានអារម្មណ៍ចង់ក្អួត។／ເຈັບຫົວແຮງແລະຮູ້ສຶກປວດຮາກ.)

❽ □ 傷(きず)あと (खत (घाउको दाग)／ស្លាកស្នាម／ແປ້ວ)

▶ この傷あとは、ずっと残(のこ)るんでしょうか。

(यो घाउको दाग संधैभरी रहन्छ ?／តើស្លាកស្នាមនេះនៅតែមានជារៀងរហូតឬ?／ຮອຍແປ້ວນີ້ຊິຫຼົງເຫຼືອຕະຫຼອດໄປບໍ?)

❾ □ 傷(きず)がつく (दाग लाग्नु／មានស្លាកស្នាម／ເປັນບາດ, ມີຮອຍຂູດ)

▶ 傷がついたリンゴはちょっと安(やす)くなっています。

(दाग लागेको स्याउ अलि सस्तो हुन्छ ।／ផ្លែប៉ោមមានស្លាកស្នាមតម្លៃថោកជាងបន្តិច។／
ໝາກແອັບເປີ້ນທີ່ມີຮອຍຂູດລາຄາຈະຖືກລົງ.)

❿ □ 傷口(きずぐち) (घाउ／មុខរបួស／ປາກບາດ)

▶ まず、傷口をきれいな水(みず)で洗(あら)ってください。

(पहिले सफा पानीले घाउ धुनुहोस् ।／ដំបូងត្រូវលាងសម្អាតមុខរបួសដោយទឹកស្អាត។／
ກ່ອນອື່ນໝົດ, ກະລຸນາລ້າງປາກບາດດ້ວຍນ້ຳສະອາດ.)

⓫ □ 重体(じゅうたい) (गम्भीर／ជំងឺធ្ងន់／ອາການໜັກ, ອາການສາຫັດ)

▶〈ニュース〉病院(びょういん)に運(はこ)ばれた乗客(じょうきゃく)のうち、１人(ひとり)が重体とのことです。

(〈समाचार〉 अस्पतालमा ल्याएको यात्रु मध्ये एक जना गम्भीर छ ।／
អ្នកដំណើរម្នាក់ក្នុងចំណោមអ្នកដំណើរនាំទៅមន្ទីរពេទ្យមានជំងឺធ្ងន់។／
(ຂ່າວ) ໜຶ່ງໃນຜູ້ໂດຍສານທີ່ຖືກນຳສົ່ງໂຮງໝໍແມ່ນມີອາການສາຫັດ.)

⓬ □ けが人(にん) (घाईते／អ្នករងរបួស／ຜູ້ໄດ້ຮັບບາດເຈັບ)

▶〈ニュース〉この事故(じこ)により、けが人が多数出(たすうで)ているとのことです。

(〈समाचार〉 भनिन्छ कि यस दुर्घटनामा धेरै व्यक्तिहरू घाइते भएको छ ।／
〈ព័ត៌មាន〉 គេនិយាយថាមនុស្សជាច្រើនបានរងរបួសនៅក្នុងគ្រោះថ្នាក់នេះ។／
(ຂ່າວ) ມີຜູ້ໄດ້ຮັບບາດເຈັບຈຳນວນຫຼາຍຈາກອຸບັດຕິເຫດໃນຄັ້ງນີ້.)

⓭ □ 医者(いしゃ)にかかる (डाक्टरलाई देखाउनु／ទៅជួបគ្រូពេទ្យ／ປຶກສາທ່ານໝໍ)

▶ ときどき胃(い)が痛(いた)くなるようになって、半年(はんとし)ほど医者にかかっています。

(कहिलेकाही पेट दुख्ने भएकोले ६ महिना देखि डाक्टरलाई देखाउदै आएको छु ।／
ពេលខ្លះក្រពះរបស់ខ្ញុំឈឺហើយខ្ញុំតែងតែទៅជួបគ្រូពេទ្យប្រហែលជាកន្លះឆ្នាំហើយ។／
ຮູ້ສຶກເຈັບກະເພາະຂຶ້ນໃນບາງຄັ້ງບັງຄາວຈຶ່ງປຶກສາທ່ານໝໍໄດ້ປະມານເຄິ່ງປີແລ້ວ.)

⑭ □ **診察(しんさつ)(する)** (चिकित्सा जाँच／ពិនិត្យសុខភាព／ການກວດໄຂ້)

▷ 診察券(けん)(＝診察カード) (चिकित्सा जाँच टिकट, चिकित्सा जाँच कार्ड／សំបុត្រពិនិត្យសុខភាព (= កាតពិនិត្យសុខភាព)／ບັດຄົນເຈັບ)

⑮ □ **血圧(けつあつ)** (रक्तचाप／សម្ពាធឈាម／ຄວາມດັນເລືອດ, ຄວາມດັນໂລຫິດ)

▷ 血圧が上(あ)がる、血圧が低(ひく)い、高(こう)血圧の人(ひと)

(रक्तचाप बढ्नु, रक्तचाप कमी, उच्च रक्तचाप भएको मानिस／
លើសឈាម។សម្ពាធឈាមទាប។អ្នកដែលមានជំងឺលើសឈាម។／ຄວາມດັນຂຶ້ນ, ຄວາມດັນຕ່ຳ, ຄົນທີ່ມີຄວາມດັນເລືອດສູງ)

⑯ □ **レントゲン** (एक्स – रे／រូបកាំរស្មីអ៊ិច／ສ່ອງໄຟຟ້າ, ເອັກສເຣ, ລັງສີ)

▶ レントゲン(写真(しゃしん))を撮(と)るときは、金属類(きんぞくるい)を外(はず)してください。

(जब एक्स–रे (फोटो) लिनुहुन्छ, कृपया धातुका बस्तुहरु फुकाल्नुहोस् ।／
នៅពេលថតរូបកាំរស្មីអ៊ិច (រូបថត) សូមដកប្រភេទជាតិលោហៈចេញ។／ປົດສິ່ງທີ່ເປັນໂລຫະອອກເວລາສ່ອງໄຟຟ້າ.)

音声DL 30

⑰ □ **診断(しんだん)(する)** (विरामी जाँच गर्नु (रोग निदान गर्नु)／វិនិច្ឆ័យរោគ／ກວດ (ພະຍາດ, ສຸຂະພາບ))

▶ 診断の結果(けっか)、１週間(しゅうかん)の入院(にゅういん)が必要(ひつよう)と言(い)われた。

(विरामी जाँचको रिपोर्ट अनुसार १ हप्ता अस्पताल भर्ना हुनपर्छ भन्यो ।／
ជាលទ្ធផលនៃការធ្វើរោគវិនិច្ឆ័យគាត់ត្រូវបានគេប្រាប់ថាគាត់ត្រូវការចូលមន្ទីរពេទ្យរយៈពេលមួយសប្ដាហ៍។／
ຜົນຂອງການກວດອອກມາວ່າ ຈຳເປັນນອນໂຮງໝໍ1ອາທິດ.)

⑱ □ **カルテ** (मेडिकल रेकर्ड कार्ड／កំណត់ត្រាវេជ្ជសាស្ត្រ／
ປະຫວັດການຮັກສາຄົນເຈັບ, ບັນທຶກຄົນເຈັບ)

▶ 先生(せんせい)は、カルテを書(か)きながら、次々(つぎつぎ)と質問(しつもん)をしてきた。

(डाक्टर सायबले मेडिकल रेकर्ड कार्डमा लेख्दै मलाई एक पछि अर्को प्रश्न सोध्नुभयो ।／
គ្រូពេទ្យបានសរសេរកំណត់ត្រាវេជ្ជសាស្ត្របណ្ដើរសួរសំណួរជាបន្តបន្ទាប់បណ្ដើរ។／
ທ່ານໝໍໄດ້ບັນທຶກປະຫວັດການຮັກສາຄົນເຈັບໄປນຳແລະຖາມຄຳຖາມຢ່າງຕິດຕໍ່ກັນ.)

⑲ □ **産婦人科(さんふじんか)** (प्रसुति र स्त्री रोग विज्ञान／ផ្នែកសម្ភពនិងរោគស្ត្រី／ພະແນກປະດຸງຄັນ)

⑳ □ **皮膚科(ひふか)** (छाला विज्ञान／រោគសើស្បែក／ພະແນກໂລກຜິວໜັງ, ວິຊາໂລກຜິວໜັງ)

㉑ □ **歯科(しか)** (दन्त चिकित्सा／ធ្មេញ／ພະແນກທັນຕະກຳ)

㉒ □ 保健 (बीमा, स्वास्थ्य／សុខាភិបាល／ສຸຂະສຶກສາ, ການຮັກສາ, ພາລະນະໄມ, ສາທາລະນະສຸກ)

▷ 医療や保健の分野

(चिकित्सा र स्वास्थ्य क्षेत्र ।／វិស័យវេជ្ជសាស្ត្រនិងសុខាភិបាល／ພະແນກສາທາລະນະສຸກແລະການບໍລິການທາງການແພດ)

㉓ □ 薬品 (औषधी／ថ្នាំ／ຢາ, ສານເຄມີ)

▶ この中には危険な薬品も含まれていますので、絶対に触らないでください。

(यस भित्र खतरनाक औषधीहरू भएको हुनाले कहिल्यै नछुनुहोला ।／កុំប៉ះវាព្រោះវាផ្ទុកសារធាតុថ្នាំគ្រោះថ្នាក់។／ກະລຸນາຢ່າຈັບເພາະວ່າໃນນີ້ປະກອບດ້ວຍສານເຄມີທີ່ເປັນອັນຕະລາຍ.)

㉔ □ 目薬 (आँखाको औषधी／ថ្នាំបន្តក់ភ្នែក／ຢາຕາ, ຢາຢອດຕາ)

▶ 私は目が乾きやすいから、目薬をよくさします。

(मेरो आँखा सुख्खा हुने भएकोले आँखामा लगाउने औषधी लगाउँछु ।／ជារឿយៗខ្ញុំប្រើថ្នាំបន្តក់ភ្នែកពីព្រោះភ្នែករបស់ខ្ញុំងាយស្ងួត។／ຕາຂອງຂ້ອຍແຫ້ງງ່າຍຈຶ່ງຕ້ອງຢອດຢາຕາເລື້ອຍໆ.)

㉕ □ 医療 (चिकित्सा／វេជ្ជសាស្ត្រ／ການຮັກສາພະຍາບານ, ການຮັກສາ(ທາງການແພດ))

▶ この技術は、いろいろな医療機関で使われている。

(यो प्रविधि विभिन्न चिकित्सा संस्थाहरूमा प्रयोग गरिन्छ ।／បច្ចេកវិទ្យានេះត្រូវបានប្រើនៅក្នុងស្ថាប័នវេជ្ជសាស្ត្រផ្សេងៗគ្នា។／ເຕັກໂນໂລຊີນີ້ຖືກນຳໃຊ້ຢູ່ທີ່ສະຖາບັນສຸຂະພາບຫຼາຍແຫ່ງ.)

▷ 医療費 (स्वस्थ्य खच／ថ្លៃបង់ប្រាក់វេជ្ជសាស្ត្រ／ຄ່າປິ່ນປົວ)

㉖ □ 健康保険証 (स्वास्थ्य बीमा प्रमाण पत्र／ប័ណ្ណធានារ៉ាប់រងសុខភាព／ບັດປະກັນສຸຂະພາບ)

※短く、「保険証」と言うことが多い。

㉗ □ 健康診断 (स्वास्थ्य निदान／ពិនិត្យសុខភាព／ກວດສຸຂະພາບ)

▶ 年に１度は健康診断を受けましょう。

(वर्षमा एक पटक स्वस्थ्य जाँच गर्नुहोस् ।／ពិនិត្យសុខភាពម្តងក្នុងមួយឆ្នាំ។／ເຂົ້າຮັບການກວດສຸຂະພາບປີໜຶ່ງເທື່ອໜຶ່ງ.)

㉘ □ 不健康(な) (अस्वस्थ／មិនល្អទេចំពោះសុខភាព／ສຸຂະພາບບໍ່ແຂງແຮງ)

▶ ファストフードばかり食べてたら不健康ですよ。

(फास्ट फुडमात्र खायो भने स्वस्थ्य बिग्रन्छ ।／វាមិនល្អទេចំពោះសុខភាពប្រសិនបើអ្នកញ៉ាំតែអាហាររហ័ស។／ກິນແຕ່ອາຫານຈານດ່ວນຈະເຮັດໃຫ້ສຸຂະພາບບໍ່ແຂງແຮງເດີ້.)

㉙ □ うがい （घाँटी कुल्ला／ខ្ពុរមាត់／ບ້ວນປາກ）

▶ 風邪(かぜ)の予防(よぼう)に、うがいと手洗(てあら)いが効果的(こうかてき)です。

（रुघा रोकथाम गर्न घाँटी कुल्ला र हात धुनु प्रभावकारी हुन्छ ।／
ការខ្ពុរមាត់និងលាងដៃមានប្រសិទ្ធភាពក្នុងការការពារជំងឺផ្តាសាយ។／
ການບ້ວນປາກແລະລ້າງມືຄືການປ້ອງກັນຫວັດທີ່ມີປະສິດທິຜົນ.）

㉚ □ カウンセリング （सल्लाह／ការប្រឹក្សា／ການໃຫ້ຄໍາປຶກສາ, ການໃຫ້ຄໍາແນະນໍາ）

▶ 最近(さいきん)、何(なに)に対(たい)してもやる気(き)がないと言(い)ったら、カウンセリングを受(う)けるよう勧(すす)められた。

（आजकल, जे गर्न पनि जाँगर चलेन भने परामर्श लिनको लागी सल्लाह दिइन्छ ।／
ថ្មីៗនេះខ្ញុំបាននិយាយថាខ្ញុំគ្មានទឹកចិត្តសម្រាប់អ្វីទេ ស្រាប់តែខ្ញុំត្រូវបានគេណែនាំឱ្យទទួលបានការប្រឹក្សា។／
ເມື່ອເວົ້າວ່າ, ໄລຍະນີ້(ຂ້ອຍ)ບໍ່ມີຄວາມກະຕືລືລົ້ນທີ່ຊິເຮັດຫຍັງ. ກໍ່ເລີຍຖືກແນະນໍາໃຫ້ເຂົ້າຮັບຄໍາປຶກສາ.）

㉛ □ リハビリ （रिहाबिरी गर्नु／ស្តារនីតិសម្បទា／ກາຍະພາບບໍາບັດ）

▶ 祖父(そふ)は、少(すこ)しでも自分(じぶん)で歩(ある)けるように、リハビリを続(つづ)けている。

（मेरो हजुर बुबा अलिकति भएपनि आफै हिड्नको लागि रिहाबिरी जानु भइरहेको छ ।／
ជីតារបស់ខ្ញុំនៅតែបន្តស្តារនីតិសម្បទាដើម្បីឱ្យគាត់អាចដើរដោយខ្លួនឯងបាន។／
ພໍ່ເຖົ້າສືບຕໍ່ເຮັດກາຍະພາບບໍາບັດເພື່ອໃຫ້ສາມາດຍ່າງໄດ້ດ້ວຍຕົນເອງໜ້ອຍໜຶ່ງກໍ່ຍັງດີ.）

㉜ □ 空腹(くうふく) （भोक／ពោះទទេរ／ທ້ອງຫວ່າງ, ຫິວ） 反 満腹(まんぷく)

▶ 空腹に耐(た)えられず、夜中(よなか)にカップラーメンを食(た)べてしまった。

（म भोक सहन नसकेर मध्य रातमा कप रामेन खाए ।／
ខ្ញុំមិនអាចទ្រាំទ្រនឹងភាពពោះទទេរបានទេហើយញ៉ាំមីនៅកណ្តាលអធ្រាត្រ។／ມື້ຄືນນີ້ອົດຫິວບໍ່ໄດ້ກໍ່ເລີຍກິນໝີ່ກ່ອງ.）

㉝ □ あくび （हाई／ស្ងាប／ຫາວ, ຫາວນອນ）

▶ さっきからあくびばかりしてるね。寝不足(ねぶそく)？

（तिमीलाई लगातार हाई मात्र आईरहेको छ, निद्रा पुगेन कि ?／អ្នកស្ងាបរហូតមុននឹង។ គេងមិនគ្រប់?／
ຫວ່າງກີ້ນີ້ມີແຕ່ຫາວນອນເນາະ. ນອນບໍ່ພໍບໍ?）

㉞ □ しゃっくり （हिचकी, बाडुली／ស្អឹក／ສະເອິ）

▶ 困(こま)ったなあ。しゃっくりが止(と)まらない。

（हत्तेरिका, हिचकी (बाडुली) त रोकिदैन त ।／ខ្ញុំកំពុងមានបញ្ហា។មិនឈប់ស្អឹកសោះ។／ຕາຍລະ, ສະເອິບໍ່ເຊົາ.）

UNIT 18 音声DL 31

地球・自然（ちきゅう しぜん）

(पृथ्वी, प्रकृती／ផែនដី / ធម្មជាតិ／ໂລກ, ທຳມະຊາດ)

❶ □ 太陽（たいよう） (सुर्य／ព្រះអាទិត្យ／ຕາເວັນ)

❷ □ 重力（じゅうりょく） (गुरुत्वकर्षण／ទំនាញផែនដី／ແຮງດຶງດູດ, ແຮງໂນ້ມຖ່ວງ)

▷ 無重力の世界（むじゅうりょくのせかい）

(गुरुत्वार्षण नभएको संसार／ពិភពគ្មានទំនាញផែនដី／ໂລກທີ່ປາດສະຈາກນ້ຳໜັກ)

❸ □ 引力（いんりょく） (गुरुत्वकर्षण／ទំនាញ／ແຮງດຶງດູດ, ແຮງດຶງ)

▷ 月の引力に引っ張られる（つき　ひ　ぱ）

(चन्द्रमाको गुरुत्वार्षणले तानिनु／ទាញដោយទំនាញព្រះចន្ទ／ຖືກດຶງດູດດ້ວຍແຮງດຶງດູດຂອງດວງຈັນ.)

❹ □ 日光（にっこう） (सुर्यको किरण／ពន្លឺថ្ងៃ／ແສງແດດ, ແສງຕາເວັນ)

▷ 日光浴（にっこうよく）

(सूर्यस्नान／ការហាលកម្ដៅថ្ងៃ／ອາບແດດ)

❺ □ 日差し（ひざし） (घाम／ពន្លឺព្រះអាទិត្យ／ແສງຕາເວັນ)

▷ 日差しを避ける（さ）

(घामबाट बच्नु／ជៀសវាងពន្លឺព្រះអាទិត្យ／ຫຼີກລ່ຽງແສງຕາເວັນ)

❻ □ 火口（かこう） (ज्वालामुखीको मुख／មាត់ភ្លើង／ປາກປ່ອງພູເຂົາໄຟ)

❼ □ 噴火（する）（ふんか） (स्फोटन／ផ្ទុះផ្កាភ្លើង／ການທີ່ພູເຂົາໄຟລະເບີດແລະພົ່ນລາວາອອກມາ)

❽ □ 溶岩（ようがん） (लाभा／កំអែភ្នំភ្លើង／ລາວາ)

⑨ □ **野**(の) ((प्राकृतिक) मैदान／វាល／ທົ່ງ)

▶ 彼女(かのじょ)には、野に咲(さ)く花(はな)のような自然(しぜん)な魅力(みりょく)を感(かん)じる。

(उनीमा (प्राकृतिक) मैदानमा समतल फुलेको फूल जस्तो प्राकृतिक आकर्षण भएको अनुभूति गर्न सकिन्छ ।／
នាងមានមន្តស្នេហ៍ធម្មជាតិដូចជាផ្កាកំពុងរីកដុះដាលនៅឯវាល។／
ຮູ້ສຶກເຖິງສະເໜ່ທີ່ເປັນທຳມະຊາດຂອງລາວເຊິ່ງປຽບສະເໝືອນດອກໄມ້ທີ່ເບັ່ງບານໃນທົ່ງ.)

▷ 野ネズミ

(जंगली मुसो／កណ្ដុរព្រៃ／ໜູປ່າ)

⑩ □ **野原**(のはら) (मैदान／វាល／ທົ່ງຫຍ້າ)

▶ 広(ひろ)い野原には、知(し)らない花(はな)がたくさん咲(さ)いていた。

(ठूलो मैदानमा अज्ञात फूलहरू धेरै फूलिरहेका थिए ।／ផ្កាដែលមិនស្គាល់ជាច្រើនបានរីកដុះដាលនៅវាលធំ។／
ມີດອກໄມ້ທີ່ເຮົາບໍ່ຮູ້ຈັກຢ່າງຫຼວງຫຼາຍເບັ່ງບານໃນທົ່ງຫຍ້າອັນກວ້າງຂວາງ.)

⑪ □ **平野**(へいや) (मैदान／ទំនាប／ທົ່ງພຽງ)

▶ 県南部(けんなんぶ)は、海岸(かいがん)に沿(そ)って平野が広(ひろ)がっている。

(प्रान्तको दक्षिणी भागको समुन्दी तटको किनारमा मैदानी क्षेत्रहरू बिस्तार भएको छ ।／
នៅភាគខាងត្បូងនៃខេត្តនេះវាលទំនាបលាតសន្ធឹងតាមបណ្ដោយឆ្នេរសមុទ្រ។／
ມີທົ່ງພຽງທີ່ກວ້າງຂວາງລຽບຕາມແຄມທະເລທາງພາກໃຕ້ຂອງແຂວງ.)

⑫ □ **地平線**(ちへいせん) (क्षितिज रेखा (जमिन)／ជើងមេឃ／ເສັ້ນຂອບຟ້າ)

▶ ここは山(やま)も高(たか)い建物(たてもの)もないから、地平線が見(み)えるんです。

(यहाँ पहाड पनि अग्लो र अग्ला भवन पनि नभएकोले क्षितिज रेखा देख्न सकिन्छ ।／
មិនមានភ្នំឬអាគារខ្ពស់ ៗ នៅទីនេះទេដូច្នេះអ្នកអាចមើលឃើញជើងមេឃ។／
ຢູ່ນີ້ພູກໍ່ສູງຕຶກອາຄານກໍ່ບໍ່ມີຈຶ່ງແນມເຫັນເສັ້ນຂອບຟ້າ.)

⑬ □ **水平線**(すいへいせん) (क्षितिज रेखा (समुन्द्र)／ផ្ដេកលើផ្ទៃទឹក／ເສັ້ນຂອບຟ້າ)

▶ 水平線に日(ひ)が沈(しず)むのをずっと見(み)ていた。

(क्षितिज रेखामा सूर्य अस्ताउँदै गरेको हेरिरहें ।／ខ្ញុំបានមើលព្រះអាទិត្យលិចផ្ដេកលើផ្ទៃទឹក។／ເບິ່ງຕາເວັນຕົກຈົນລັບເສັ້ນຂອບຟ້າ.)

⑭ □ **日の出**(ひので) (सूर्योदय／ថ្ងៃរះ／ຕາເວັນຂຶ້ນ)

▷ 日の出の時間(じかん)、日の出を見(み)る

(सूर्योदयको समय, सूर्योदय हेर्नु ।／ពេលវេលាថ្ងៃរះ។មើលថ្ងៃរះ។／ເວລາທີ່ຕາເວັນຂຶ້ນ, ເບິ່ງຕາເວັນຂຶ້ນ)

⑮ □ **日の入り**(ひのいり) (सूर्यास्त／ថ្ងៃលិច／ຕາເວັນຕົກ)

⑯ □ **盆地**（ぼんち） (उपत्यका／ជ្រលងភ្នំ／ແຜ່ນດິນຮູບອ່າງທີ່ອ້ອມຮອບດ້ວຍພູເຂົາຫຼືພູພຽງ)

▶ ここは盆地だから、朝（あさ）と夜（よる）の気温差（きおんさ）が大（おお）きい。

(यो उपत्यका भएकोले बिहान र रातको तापक्रममा धेरै भिन्नता छ।／
ដោយសារនេះជាជ្រលងភ្នំភាពខុសគ្នានៃសីតុណ្ហភាពរវាងពេលព្រឹកនិងពេលយប់មានទំហំធំ។／
ເນື່ອງຈາກບ່ອນນີ້ຖືກອ້ອມຮອບດ້ວຍພູເຂົາ, ດັ່ງນັ້ນອຸນຫະພູມໃນຕອນເຊົ້າແລະຕອນແລງຈຶ່ງແຕກຕ່າງກັນຫຼາຍ.)

⑰ □ **泉**（いずみ） (मुहान (पानीको मुल)／ប្លុកទឹក／ນ້ຳພຸ)

⑱ □ **半島**（はんとう） (प्रायद्विप／ឧបទ្វីប／ແຫຼມ)

▷ 朝鮮（ちょうせん）半島

(कोरियाली प्रायद्विप／ឧបទ្វីបកូរ៉េ／ແຫຼມເກົາຫຼີ)

⑲ □ **海洋**（かいよう） (सागर／មហាសមុទ្រ／ມະຫາສະມຸດ)

▷ 海洋調査（ちょうさ）

(समुन्द्री सागरको सर्भेक्षण／ការស្រាវជ្រាវមហាសមុទ្រ／ການສຳຫຼວດມະຫາສະມຸດ)

⑳ □ **現象**（げんしょう） (घटना／បាតុភូត／ປະກົດການ)

▷ 自然（しぜん）現象

(प्राकृतिक घटना／បាតុភូតធម្មជាតិ／ປະກົດການທາງທຳມະຊາດ)

㉑ □ **津波**（つなみ） (सुनामी／រលកយក្សស៊ូណាមិ／ຄື້ນຊູນາມິ, ຄື້ນຍັກ, ຄື້ນທະເລ)

▶〈ニュース〉この地震（じしん）による津波の心配（しんぱい）はありません。

(〈समाचार〉 यो भुकम्पबाट सुनामी आउने डर छैन।／
〈ព័ត៌មាន〉 មិនចាំបាច់ព្រួយបារម្ភអំពីរលកយក្សស៊ូណាមិដែលបង្កឡើងដោយការរញ្ជួយដីនេះទេ។／
(ຂ່າວ) ບໍ່ມີຄື້ນຊູນະມິທີ່ເກີດຈາກແຜ່ນດິນໄຫວໃນຄັ້ງນີ້.)

㉒ □ **水面**（すいめん） (पानीको सतह／ផ្ទៃទឹក／ຜິວນ້ຳ, ໜ້ານ້ຳ)

▶ 見（み）て。水面に氷（こおり）が張（は）ってる。

(हेर, पानीको सतहमा त्यहाँ बरफ छ।／មើលទៅ។ មានទឹកកកនៅលើផ្ទៃទឹក។／ເບິ່ງແມະ, ຜິວນ້ຳແຂງນ້ຳກ້ອນ.)

㉓ □ **赤道**（せきどう） (भुमध्य रेखा／អេក្វាទ័រ／ເສັ້ນສູນສູດ)

㉔ □ **ジャングル**（जंगल／ព្រៃ／ປ່າ）

㉕ □ **酸素**（अक्सिजन／អុកស៊ីសែន／ຄາບອນ）
さんそ

㉖ □ **二酸化炭素**（कार्बन डाइअक्साइड／កាបូនឌីអុកស៊ីត／ກາບອນໄດອົກຊາຍ）
にさんかたんそ

㉗ □ **地球温暖化**（ग्लोबल वार्मिंग／ការឡើងកំដៅភពផែនដី／ພາວະໂລກຮ້ອນ）
ちきゅうおんだんか

㉘ □ **自然保護**（प्रकृति संरक्षण／ការអភិរក្សធម្មជាតិ／ການອະນຸລັກທໍາມະຊາດ）
しぜんほご

㉙ □ **エコ**（इको／រក្សាបរិស្ថាន／ນິເວດວິທະຍາ）

▶ エコに関心のある多くの企業が、このリサイクル技術を採用した。
かんしん　おお　きぎょう　ぎじゅつ　さいよう

（धेरै इको–मैत्री कम्पनीहरूले यो रिसाइक्लिंग टेक्नोलाजी अपनाएको छ ।／
ក្រុមហ៊ុនដែលទាក់ទងនិងរក្សាបរិស្ថានជាច្រើនបានប្រើប្រាស់បច្ចេកវិទ្យាកែឆ្នៃនេះ។／
ບໍລິສັດທີ່ມີຄວາມສົນໃຈກ່ຽວກັບນິເວດວິທະຍາໄດ້ນໍາໃຊ້ເຕັກໂນໂລຊີໃນການລີໄຊເຄີ້ນນີ້.）

▷ エコバッグ、エコカー

（इको झोला, इको कार／ស្បោងការពារបរិស្ថាន។ឡានការពារបរិស្ថាន។／
ຖົງຮັກໂລກ (ຖົງຜ້າ, ຖົງເຈ້ຍ), ລົດທີ່ເປັນມິດຕໍ່ສິ່ງແວດລ້ອມ）

㉚ □ **絶滅(する)**（मासिनु (लुप्त हुनु)／ផុតពូជ／ການສູນພັນ, ໝົດສິ້ນໄປ, ຫາບສາບສູນ）
ぜつめつ

▶ パンダは絶滅のおそれのある動物として、保護の対象になっている。
どうぶつ　ほご　たいしょう

（पाण्डा मासिने डर भएको जनावरको रुपमा संमरक्षण योजनामा राखेको छ ।／
ខ្លាឃ្មុំផេនដាត្រូវបានការពារជាសត្វជិតផុតពូជ។／ມີຄວາມໜ້າກັງວົນທີ່ໝີແພນດ້າຈະສູນພັນດັ່ງນັ້ນຈຶ່ງຖືກຈັດຢູ່ໃນເປົ້າໝາຍສັດອະນຸລັກ.）

UNIT 19

音声DL 32

事務用品(じむようひん)

(कार्यालय प्रयोजनका सामान／សម្ភារៈការិយាល័យ／ເຄື່ອງໃຊ້ຫ້ອງການ)

❶ □ 便(びん)せん (लेटर प्याड／លិខិតក្រដាស／ເຄື່ອງຂຽນ, ເຈ້ຍຂຽນ)

▶ こういうきれいな便せんで手紙(てがみ)をもらうと、うれしいよね。

(यति राम्रो लेटर प्याडमा चिट्ठी पाउँदा खुशी लाग्छ।／
ពិតជាសប្បាយចិត្តណាស់ក្នុងការទទួលបានសំបុត្រមួយដែលជាលិខិតក្រដាសដ៏ស្រស់ស្អាតបែបនេះ។／
ດີໃຈໄດ໋ເນາະທີ່ໄດ້ຮັບຈົດໝາຍທີ່ໃຊ້ເຈ້ຍງາມໆແບບນີ້.)

❷ □ 筆(ふで) (ब्रश／ជក់／ຟອຍສຳລັບແຕ້ມຮູບຫຼືຂຽນ, ພູ່ກັນ)

▶ この筆はちょっと毛(け)が硬(かた)い。

(यो ब्रशको रौं अलि कडा छ।／ជក់នេះមានសរសៃរោមរឹងបន្តិច។／ພູ່ກັນກ້ານນີ້ຟອຍແຂງໜ້ອຍໜຶ່ງ.)

❸ □ 筆記(ひっき) (लेखन／សរសេរ／ການຂຽນ)

▷ 筆記用具(ようぐ)、筆記試験(しけん)

(लेख्ने वस्तु , लिखित परीक्षा／ឧបករណ៍សរសេរ។ការប្រលងសរសេរ។／ອຸປະກອນການຂຽນ, ເສັງຂຽນ)

❹ □ 蛍光(けいこう)ペン (हाइलाटर／ប៊ិចហ្វើតហាយឡាយ／ບິກສະທ້ອນ)

❺ □ 修正液(しゅうせいえき) (टिपेक्स／ទឹកលុប／ນ້ຳລຶບ)

❻ □ 定規(じょうぎ) (रुलर／បន្ទាត់／ໄມ້ບັນທັດ)

▶ 線(せん)を引(ひ)くときは、定規を使(つか)ってきれいにね。

(रेखा तान्ने वेला रुलरको प्रयोगले सफा देखिन्छ है।／នៅពេលគូរបន្ទាត់ប្រើបន្ទាត់គូសអោយស្អាត។／
ເວລາຂີດເສັ້ນ, ໃຫ້ໃຊ້ໄມ້ບັນທັດຂີດໃຫ້ງາມໆເດີ້.)

❼ □ 同 物差(ものさ)し (रुलर／បន្ទាត់／ໄມ້ບັນທັດ, ມາດຕະຖານ)

▶ 彼(かれ)は自分(じぶん)の物差しでしか物事(ものごと)を判断(はんだん)できないんだよ。

(उनले आफ्नो रुलरले बाहेक काम कुराको निर्णय गर्न सक्दैन।／
គាត់អាចវិនិច្ឆ័យរឿងរ៉ាវបានតែជាមួយរឿងផ្ទាល់ខ្លួនរបស់គាត់។／ລາວຊິເອົາແຕ່ມາດຕະຖານຂອງຕົນເອງມາຕັດສິນສິ່ງຕ່າງໆບໍ່ໄດ້ໄດ໋.)

❽ □ ガムテープ （ကမ် တိပ်／ស្កុតបិទ／ສະກອັດກາວ (ສຳລັບແພັກເຄື່ອງ))

▶ 段ボール箱はあるけど、ガムテープがない。

（မ သင်္ကာ ကဒ်ဘုတ် ဘက္ကစ ရှိ တာ ကမ် တိပ် မရှိဘူး ။／ខ្ញុំមានប្រអប់ក្រដាសឡាំងប៉ុន្តែខ្ញុំមិនមានស្កុតបិទទេ។／ມີແກັດເຈ້ຍແຕ່ບໍ່ມີສະກັອດ.）

UNIT 20

音声DL 33

仕事(しごと)・作業(さぎょう)

(काम, कार्यभार／ការងារ / ការងារ／ວຽກງານ)

❶ □ **労働(ろうどう)(する)** (काम गर्नु／ធ្វើពលកម្ម／ແຮງງານ)

▷ 労働時間(じかん)、労働者(しゃ)、労働力不足(りょくぶそく)

(काम गर्ने समय, श्रमिक, श्रम अभाव／ម៉ោងធ្វើការ។អ្នកធ្វើការ។កង្វះកម្លាំងពលកម្ម។／ຊົ່ວໂມງເຮັດວຽກ, ກຳມະກອນ, ຂາດກຳມະກອນ)

❷ □ **怠(なま)ける** (अल्छी गर्नु／ខ្ជិល／ຂີ້ຄ້ານ)

▷ 練習(れんしゅう)を怠ける、怠け者(もの)

(अभ्यासमा अल्छी गर्नु, अल्छी／ខ្ជិលហាត់ណាស់។មនុស្សខ្ជិល។／ຂີ້ຄ້ານຝຶກຊ້ອມ, ຄົນຂີ້ຄ້ານ)

❸ □ **収穫(しゅうかく)(する)** (बाली भित्रयाउनु／ប្រមូលផល／ການເກັບກ່ຽວຜົນຜະລິດ)

▷ 米(こめ)の収穫 (धान भित्रयाउनु／ការប្រមូលផលស្រូវ／ເກັບກ່ຽວເຂົ້າ)

▶ 調(しら)べたが、特(とく)に収穫はなかった。

(मैले जाँच गरे, तर खाशै फसल थिएन／ខ្ញុំបានពិនិត្យប៉ុន្តែមិនមានការប្រមូលផលទេ។／ສຳຫຼວດແລ້ວ, ບໍ່ມີຫຍັງໃຫ້ເກັບກ່ຽວເປັນພິເສດ.)

❹ □ **製作(せいさく)(する)** (उत्पादन गर्नु／ផលិត／ການຜະລິດ)

▷ 自動車部品(じどうしゃぶひん)の製作会社(がいしゃ)

(गाडीको पार्टस् उत्पादन गर्ने कम्पनी／ក្រុមហ៊ុនផលិតគ្រឿងបន្លាស់រថយន្ត／ບໍລິສັດຜະລິດອາໄຫຼ່ລົດໃຫຍ່)

❺ □ **組(く)み立(た)てる** (जोर जार गर्नु／ផ្គុំឡើង／ກໍ່ຂຶ້ນ, ປະກອບຊິ້ນສ່ວນ)

▷ 棚(たな)を組み立てる (तखताहरू जोरजार गर्नु ।／ផ្គុំតម្លើងធ្នើ／ປະກອບຖ້ານວາງເຄື່ອງ)

❻ □ **組(く)み立(た)て** (एसेम्बली (जोड्नु)／តម្លើង／ການປະກອບຊິ້ນສ່ວນ)

▷ 自動車(じどうしゃ)の組立工場(こうじょう) (कार एसेम्बली (एसेंबली) कारखाना／រោងចក្រតម្លើងរថយន្ត／ໂຮງງານປະກອບລົດໃຫຍ່)

❼ □ **企画(きかく)(する)** (योजना बनाउनु／ផែនការ／ການວາງແຜນ)

▷ 企画が通(とお)る (योजना स्वीकृत हुनु ।／តាមផែនការ／ແຜນການຜ່ານ.)

❽ □ **編集(する)** へんしゅう (संम्पादन गर्नु／កែសម្រួល／แก้ไข, บันนาทิกาน, กานตัดต่ํ, กานลำดับ(พาบ))

▷ 雑誌の編集、編集者 (ざっし、しゃ)
(पत्रिकाको सम्पादन, सम्पादक／បោះពុម្ពផ្សាយទស្សនាវដ្តី។អ្នកបោះពុម្ពផ្សាយ។／ตัดต่ํวาละสาน, ผู้ตัดต่ํ)

❾ □ **制作(する)** せいさく (बनाउनु (चलचित्र)／ផលិត／กานผะลิด)

▷ 映画の制作 (えいが) (चलचित्र बनाउन／ផលិតកម្មភាពយន្ត／กานผะลิดรูบเງົາ (ໜັງ))

❿ □ **作成(する)** さくせい (बनाउनु, लेख्नु (तयार पार्नु)／ធ្វើ／เร็ดຂຶ້ນ, ຜະລິດ, ຮ່າງ, ສ້າງ)

▶ 明日までに報告書を作成しなければならない。(あした、ほうこくしょ)
(मैले भोलि सम्म रिपार्ट तयार गर्नुपर्ने छ।／ខ្ញុំត្រូវធ្វើរបាយការណ៍អោយហើយត្រឹមថ្ងៃស្អែក។／
ຕ້ອງເຮັດບົດລາຍງານໃຫ້ແລ້ວພາຍໃນມື້ອື່ນ.)

⓫ □ **未完成(な)** みかんせい (अधूरा／មិនទាន់រួចរាល់／ຍັງບໍ່ສຳເລັດສົມບູນ)

▷ 未完成の曲 (きょく) (अधूरो गीत／ចម្រៀងមិនទាន់រួចរាល់／ບົດເພງທີ່ຍັງບໍ່ສຳເລັດສົມບູນ.)

⓬ □ **手入れ(する)** てい (हेरचाह गर्नु／យកចិត្តទុកដាក់／ການເບິ່ງແຍງ)

▶ よく手入れがされた庭ですね。(にわ)
(धेरै हेरचाह गरेको बगैचा रहेछ है？／វាជាសួនដែលយកចិត្តទុកដាក់បានល្អ។／ເປັນສວນທີ່ໄດ້ຮັບການເບິ່ງແຍງເປັນຢ່າງດີ.)

⓭ □ **手間** てま (समय, परिश्रम लाग्नु／ប្រើពេល／ຄ່າແຮງ, ຄ່າບໍລິການ, ເວລາ)

▶ おもしろそうだけど、かなりの手間になりそうだね。
(रमाईलो जस्तो देखिन्छ तर धेरै समय र परिश्रम लाग्ने देखिन्छ है？／
វាស្តាប់មើលទៅគួរអោយចាប់អារម្មណ៍ណាស់ប៉ុន្តែវាប្រហែលជាការងារដែលប្រើពេលច្រើន។／ໜ້າສົນໃຈແຕ່ຄືຊິເສຍເວລາຫຼາຍ.)

▶ ちょっと手間がかかるけど、すごくおいしいんですよ。
(अलि समय र परिश्रम लाग्छ तर एकदम मिठो छ।／វាត្រូវការពេលច្រើនតិចប៉ុន្តែវាពិតជាឆ្ងាញ់ណាស់។／
ເສຍເວລາໜ້ອຍໜຶ່ງແຕ່ແຊບໄດ໋.)

⓮ □ **修正(する)** しゅうせい (सच्याउनु／កែសម្រួល／ແກ້ໄຂ)

▶ 間違ったところを修正しました。(まちが)
(मैले गल्ती गरेको ठाउँमा सच्याइसकें।／ខ្ញុំបានកែសម្រួលកំហុសហើយ។／ແກ້ໄຂບ່ອນທີ່ຜິດ.)

⑮ □ やり直(なお)す (दोर्‍याएर गर्नु, पुन दोर्‍याउनु／ធ្វើឡើងវិញ／ເຮັດໃໝ່ອີກ)

▶ 間違(まちが)いがあったので、計算(けいさん)をやり直すことになった。

(गल्ती भएकोले हिसाब पुन दोर्‍याएर गर्नुपर्‍यो ।／ខ្ញុំបានធ្វើខុសដូច្នេះខ្ញុំត្រូវធ្វើការគណនាឡើងវិញ។／ມີບ່ອນຜິດກໍ່ເລີຍຄິດໄລ່ໃໝ່ອີກ.)

▷ やり直し (फेरि गर्नु ।／ការធ្វើឡើងវិញ／ເຮັດໃໝ່ອີກ)

⑯ □ プレゼン(する) (प्रस्तुत गर्नु／ការបង្ហាញ／ການສະເໜີ, ການລາຍງານ, ການສະແດງ)

▷ 新商品(しんしょうひん)のプレゼン

(नयाँ उत्पादनको प्रस्तुतीकरण／ការបង្ហាញផលិតផលថ្មីៗ／ການນຳສະເໜີສິນຄ້າ)

⑰ □ やり取(と)り(する) (आदान प्रदान गर्नु／ទាក់ទងទៅវិញទៅមក／ການໃຫ້ແລະການຮັບ, ການແລກປ່ຽນ, ການໂຕ້ຕອບ)

▶ 彼(かれ)とはメールのやり取(と)りだけで、まだ会(あ)ったことがない。

(मैले उहाँसँग मात्र ईमेल आदान प्रदान गरेको छु तर अहिलेसम्म उहाँलाई भेटेको छैन ।／ខ្ញុំបានតែទាក់ទងទៅវិញទៅមកតាមអ៊ីម៉ែលជាមួយគាត់តែប៉ុណ្ណោះ តែខ្ញុំមិនទាន់បានជួបគាត់នៅឡើយ។／ເຄີຍແຕ່ໂຕ້ຕອບກັນທາງເມລກັບລາວແຕ່ຍັງບໍ່ເຄີຍເຫັນໜ້າ.)

⑱ □ 打(う)ち合(あ)わせる (बैठक बस्नु／ប្រជុំ／ຫາລືກັນລ່ວງໜ້າ)

⑲ □ 打(う)ち合(あ)わせ (बैठक／ការប្រជុំ／ການນັດໝາຍເພື່ອພົບປະໂອ້ລົມ, ການປະຊຸມກຽມວຽກ, ການຫາລືກັນລ່ວງໜ້າເພື່ອດຳເນີນການສິ່ງໃດສິ່ງໜຶ່ງ)

▶ 会(かい)が始(はじ)まる前(まえ)にもう一度(いちど)打ち合わせをしましょう。

(बैठक शुरु हुनु अघि फेरि एकचोटी बैठक बसौं ।／សូមឱ្យមានការប្រជុំមួយទៀតមុនពេលពិធីចាប់ផ្តើម។／ຫາລືກັນລ່ວງໜ້າອີກເທື່ອໜຶ່ງເນາະກ່ອນທີ່ງານຈະເລີ່ມ)

⑳ □ 応対(おうたい)(する) (प्रतिकया गर्नु (जवाफ दिनु)／ឆ្លើយតប／ການຮັບ (ແຂກ, ໂທລະສັບ))

▶ まず、電話(でんわ)の応対ができるようになってください。

(सबैभन्दा पहिले, कृपया फोनबाट अन्तरकिया गर्न (जवाफ दिन) सक्षम हुनुहोस् ।／ជាបឋមសូមមេត្តាឆ្លើយតបទូរស័ព្ទអោយបានល្អសិនទៅ។／ກ່ອນອື່ນໝົດຕ້ອງຮັບໂທລະສັບໃຫ້ເປັນ.)

㉑ □ 取(と)り次(つ)ぐ (मध्यस्थ गर्नु／ទទួលភ្ជាប់／ປະສານງານ, ສົ່ງຂ່າວ, ຕໍ່ສາຍ (ໂທລະສັບ), ຝາກບອກ)

▶ 森部長(もりぶちょう)にお取り次ぎいただけますでしょうか。

(के तपाई श्री मोरिजी लाई मध्यस्तकर्तारुपमा काम गर्न दिनहुन्छ ?／តើអ្នកអាចភ្ជាប់ខ្ញុំជាមួយប្រធានផ្នែកម៉ូរីបានទេ?／ລົບກວນປະສານງານຫາຫົວໜ້າໂມລິໃຫ້ໄດ້ບໍ່?)

▷ 取り次ぎ (मध्यस्ता／ការទទួលភ្ជាប់／ການສົ່ງຂ່າວ, ການຕ້ອນຮັບແຂກ)

㉒ □ 保留（ほりゅう）(する) (होल्ड गर्ने／ទុកមួយអន្លើ／ພັກເລື່ອງໄວ້ກ່ອນ, ສຳຮອງໄວ້, ກັນເອົາໄວ້, ພັກສາຍພາຍໃນ)

▶ 内線（ないせん）に回（まわ）すときは、保留にしてから、内線番号（ばんごう）を押（お）してください。

(एक्स्टेन्सन फोन पास गर्ने बेला, होल्डमा राखेर एक्स्टेन्सन नम्बर थिच्नुहोस् ।／
នៅពេលបង្វែទៅខ្សែទូរស័ព្ទខាងក្នុងសូមដាក់ក្នុងការរងចាំហើយចុចលេខខ្សែទូរស័ព្ទខាងក្នុង។／
ເວລາໂອນສາຍພາຍໃນ, ກະລຸນາພັກສາຍໂທເຂົ້າແລ້ວກົດເບີພາຍໃນ.)

▶「これは中止（ちゅうし）になったの？」「とりあえず保留だって」

("यो फोन काटेको हो ?" "होईन अहिले होल्डमा"／"តើនេះត្រូវបានលុបចោលឬ?""លីថាមុនដំបូងទុកមួយអន្លើសិន។"／
"ອັນນີ້ຖືກຍົກເລີກແລ້ວບໍ?" "ສຳຮອງໄວ້ສຳລັບຕອນນີ້ວ່າຊັ້ນ")

㉓ □ 席（せき）を外（はず）す (सीट छोड्न／អវត្តមាន／ອອກໄປນອກ)

▶〈電話（でんわ）〉担当者（たんとうしゃ）はただ今（いま）席を外しておりますが……。

(〈फोन〉 सम्बन्धित व्यक्ति अहिले कुर्सीमा सीटमा हुनुहुन्न ।／<ទូរស័ព្ទ> អ្នកទទួលខុសត្រូវ បច្ចុប្បន្នគឺអវត្តមាន／
(ໂທລະສັບ) ຜູ້ຮັບຜິດຊອບຍັງອອກໄປນອກຢູ່...)

㉔ □ 取（と）り扱（あつか）う (संञ्चालन गनु／ប្រើ／ຈັດການ)

㉕ □ 取（と）り扱（あつか）い (प्रयोग／ការប្រើ／ການຈັດການ, ການນຳໃຊ້)

▶ 割（わ）れやすいので、取り扱いに注意（ちゅうい）してください。

(फुत्न सकिने भएकोले प्रयोग गर्दा ध्यान दिनुहोस् ।／សូមប្រើប្រាស់ដោយប្រយ័ត្ន ព្រោះវាងាយស្រួយបែក។／
ນຳໃຊ້ຢ່າງລະມັດລະວັງແດ່ເດີ້ເພາະວ່າແຕກງ່າຍ.)

㉖ □ 管理（かんり）(する) (व्यवस्थापन गर्नु, ख्याल राख्न／គ្រប់គ្រង／ການເບິ່ງແຍງ, ການຄວບຄຸມ, ການຈັດການ, ບໍລິຫານ)

▷ 商品（しょうひん）の管理、体調（たいちょう）を管理する

(उत्पादित बस्तुको व्यवस्थापन, स्वस्थ्यको ख्याल गर्नु ।／ការគ្រប់គ្រងផលិតផល។ការគ្រប់គ្រងស្ថានភាពរាងកាយ។／
ຄວບຄຸມສິນຄ້າ, ຮັກສາສະພາບຮ່າງກາຍ)

㉗ □ 効率（こうりつ） (दक्षता／ប្រសិទ្ធភាព／ຄວາມມີປະສິດທິພາບ)

▷ 効率を重視（じゅうし）する

(कामको दक्षतामा ध्यान पुऱ्याउनु ।／ផ្តោតលើប្រសិទ្ធភាព／ໃຫ້ຄວາມສຳຄັນດ້ານປະສິດທິພາບ)

㉘ □ 効率的（こうりつてき）(な) (कुशल／ដែលមានប្រសិទ្ធភាព／ມີປະສິດທິພາບ)

▷ 効率的なやり方

(कुशलताका साथ गर्ने तरिका ।／វិធីដែលមានប្រសិទ្ធភាព／ວິທີທີ່ມີປະສິດທິພາບ)

㉙ □ 能率(のうりつ) (दक्षता, कुशल／ប្រសិទ្ធភាព／ປະສິດທິພາບ, ຄວາມສາມາດ)

▶ 広(ひろ)いテーブルに変(か)えたら、作業(さぎょう)の能率が上(あ)がった。
(फराकिलो टेबुलमा परिवर्तन गर्दा कार्य दक्षता बढ्यो ।／ការផ្លាស់ប្តូរទៅតុធំជាងមុនធ្វើឱ្យការងាររបស់ខ្ញុំកាន់តែមានប្រសិទ្ធភាព។／ປ່ຽນໄປໂຕະທີ່ກວ້າງຈຶ່ງເຮັດໃຫ້ວຽກມີປະສິດທິພາບຂຶ້ນ)

㉚ □ 合理的(な)(ごうりてき) (उचित／ដែលសមហេតុផល／ສົມເຫດສົມຜົນ)

▷ 合理的な考(かんが)え (उचित विचार／គំនិតសមហេតុផល／ຄວາມຄິດທີ່ສົມເຫດສົມຜົນ)

㉛ □ 合理化(する)(ごうりか) (तर्कसंगत／ធ្វើអោយសមហេតុផល／ເຮັດໃຫ້ສົມເຫດສົມຜົນ)

UNIT 21

技術・産業
ぎじゅつ　さんぎょう

(प्रविधि, उद्योग／បច្ចេកទេស・ឧស្សាហកម្ម／ເຕັກໂນໂລຊີ, ອຸດສະຫະກຳ)

❶ □ 発明(する)(आविस्कार गर्नु／របកគំហើញថ្មី／ການປະດິດ)
はつめい

❷ □ 発射(する)(प्रक्षेपण／បាញ់／ການຍິງປືນ, ການຍິງຈະຫຼວດ)
はっしゃ

▷ロケットを発射する(रकेट प्रक्षेपण गर्नु／បាញ់រ៉ុក្កែត／ຍິງຈະຫຼວດ)

❸ □ 発電(उर्जा उत्पादन／ផលិតកម្មអគ្គិសនី／ການຜະລິດກະແສໄຟຟ້າ)
はつでん

▷原子力発電(原発)、発電所
げんしりょく　げんぱつ　しょ

(आणविक उर्जा (आणविक) उत्पादन केन्द्र／អគ្គិសនីដើរដោយថាមពលបរមាណូ、 រោងចក្រផលិតថាមពលអគ្គិសនី／ພະລັງງານນິວເຄຣຍ, ໂຮງໄຟຟ້າ)

❹ □ 放射能(रेडियोधर्मि, विकिरण／វិទ្យុសកម្ម／ສິ່ງທີ່ມີຄຸນສົມບັດເປັນກຳມັນຕະພາບລັງສີ)
ほうしゃのう

▷放射能汚染、放射能から身を守る
おせん　み　まも

(रेडियोधर्मीको प्रदुषण, विकिरणबाट आफूलाई जोगाउनु／ភាពកខ្វក់ដោយវិទ្យុសកម្ម、ការពារខ្លួនពីវិទ្យុសកម្ម／ການປົນເປື້ອນສານກຳມັນຕະພາບລັງສີ, ປົກປ້ອງຮ່າງກາຍຈາກກຳມັນຕະພາບລັງສີ)

❺ □ 原爆/原子爆弾(आणविक बम／គ្រាប់បែកបរមាណូ／ລະເບີດປະລຳມະນູ, ລະເບີດນິວເຄຣຍ)
げんばく　げんしばくだん

❻ □ 映像(चित्र／វីដេអូ／ພາບ, ຮູບປັ້ນ)
えいぞう

▶この映画は、映像の美しさが高く評価された。
えいが　うつく　たか　ひょうか

(यो चलचित्रको चित्रको सुन्दरताले गर्दा राम्रो मूल्यांकन गरियो ।／ខ្សែភាពយន្តនេះត្រូវបានអោយតំលៃខ្ពស់លើភាពស្រស់ស្អាតរបស់វីដេអូ／ຮູບເງົາເລື່ອງນີ້ໄດ້ຖືກຕີລາຄາສູງໃນດ້ານຄວາມງົດງາມຂອງພາບ.)

❼ □ 音声(ध्वनी／សំលេង／ສຽງ)
おんせい

❽ □ 農業(कृषि／កសិកម្ម／ກະສິກຳ)
のうぎょう

⑨ □ 工業（こうぎょう） (उद्योग／ឧស្សាហកម្ម／ອຸດສະຫະກຳ)

⑩ □ 漁業（ぎょぎょう） (मत्स्यपालन／ជលផល／ການປະມົງ)

▶ 海（うみ）に面（めん）したこの辺（あた）りは、昔（むかし）から漁業が盛（さか）んでした。

(समुन्द्रको सामुन्ने पर्ने यो ठाउँमा धेरै पहिलादेखि मत्स्यपालन को व्यवसाय फस्टाएको थियो ।／
ម្តុំកន្លែងបែរទៅសមុទ្រនេះ ជលផលនេសាទមានភាពរុងរឿងតាំងពីមុនមក／
ເຂດເຊິ່ງໜ້າທະເລແຫ່ງນີ້ມີຄວາມຈະເລີນຮຸ່ງເຮືອງດ້ານການປະມົງມາຕັ້ງແຕ່ກ່ອນ.)

⑪ □ 水産業（すいさんぎょう） (मत्स्य उद्योग／ឧស្សាហកម្មនេសាទ／ການປະມົງ, ອຸດສະຫະກຳການປະມົງ)

▶ 水産業で働（はたら）く人（ひと）の数（かず）は、年々減少（ねんねんげんしょう）している。

(मत्स्य उद्योगमा काम गर्ने श्रमिकहरूको संख्या हरेक वर्ष घट्दोक्रम छ ।／
ចំនួនមនុស្សដែលធ្វើការផ្នែកឧស្សាហកម្មនេសាទមានការធ្លាក់ចុះជារៀងរាល់ឆ្នាំ／
ຈຳນວນຜູ້ເຮັດວຽກໃນອຸດສະຫະກຳການປະມົງຫຼຸດລົງທຸກໆປີ.)

⑫ □ 製造業（せいぞうぎょう） (निर्माण उद्योग／ផលិតកម្ម／ອຸດສະຫະກຳການຜະລິດ)

⑬ □ メーカー (निर्माण उद्योग／ក្រុមហ៊ុនផលិត／ຜູ້ຜະລິດ, ເຈົ້າຂອງໂຮງງານ)

⑭ □ 商業（しょうぎょう） (व्यापार／ពាណិជ្ជកម្ម／ການຄ້າ, ທຸລະກິດ)

▶ この辺（あた）りに大（おお）きな商業施設（しせつ）ができるそうだ。

(यतातिर, ठूलो व्यापारिक भवनहरू निमार्ण हुदैछ ।／លឺថាកន្លែងម្តុំនេះនឹងមានការបង្កើតមជ្ឈមណ្ឌលពាណិជ្ជកម្មធំ／
ຢູ່ເຂດນີ້ຈະມີສູນການຄ້າຂະໜາດໃຫຍ່ເກີດຂຶ້ນ.)

⑮ □ 農産物（のうさんぶつ） (कृषि उत्पादन／ផលិតផលកសិកម្ម／ຜະລິດຕະພັນກະສິກຳ)

▷ 農産物の輸入（ゆにゅう） (कृषि उत्पादनको आयात／ការនាំចូលផលិតផលកសិកម្ម／ການນຳເຂົ້າຜະລິດຕະພັນກະສິກຳ)

⑯ □ 農薬（のうやく） (विषादी／ថ្នាំកសិកម្ម／ຢາຂ້າແມງໄມ້, ຢາກຳຈັດສັດຕູພືດ)

▶ これは、農薬（のうやく）をほとんど使（つか）わずに育（そだ）てた野菜（やさい）です。

(यो विषादी प्रयोग नगरी उत्पादन गरेको तरकारी हो ।／នេះជាបន្លែដែលធំធាត់ឡើងដោយសឹងតែមិនប្រើថ្នាំកសិកម្ម／
ຜັກທີ່ປູກນີ້ເກືອບວ່າບໍ່ໄດ້ໃສ່ຢາຂ້າແມງໄມ້.)

⑰ □ **工芸**（こうげい） (हस्तकला／សិប្បកម្ម／ສິນລະປະໃນດ້ານອຸດສະຫະກຳ, ເຕັກນິກການຜະລິດ)

▷ ガラス工芸、工芸品（ひん）、伝統（でんとう）工芸

(सिसा सम्बन्धि हस्तकला, हस्तकलाका सामान, परम्परागत हस्तकला／
សិប្បកម្មកញ្ចក់、ផលិតផលសិប្បកម្ម、សិប្បកម្មប្រពៃណី／
ເຄື່ອງແກ້ວ, ງານຝີມື, ງານຫັດຖະກຳ, ງານຝີມືແບບດັ້ງເດີມ, ສິນລະປະປະຈຳຊາດ)

⑱ □ **名産**（めいさん） (विशेषता／ផលិតកម្មប្រចាំតំបន់／
ຜົນຜະລິດທີ່ມີຊື່ສຽງຂອງທ້ອງຖິ່ນ, ເຄື່ອງຂຶ້ນຊື່ຂອງທ້ອງຖິ່ນ)

▶ この地方（ちほう）の名産といえば、やはりリンゴですね。

(यो ठाउँको विषेशता भनेको साँच्चै स्याउ नै हो है।／បើនិយាយពីផលិតកម្មប្រចាំតំបន់នេះគឺច្បាស់ជាដំណាំប៉ោមហើយ／
ຖ້າເວົ້າເຖິງຜົນຜະລິດທີ່ມີຊື່ສຽງຂອງທ້ອງຖິ່ນນີ້ແລ້ວຕ້ອງແມ່ນໝາກແອັບເປີ້ນ.)

⑲ □ **名物**（めいぶつ） (प्रख्यात बस्तु (विशेषता)／ផលិតផលប្រចាំតំបន់／ເຄື່ອງຂຶ້ນຊື່ຂອງທ້ອງຖິ່ນ)

▷ 大阪（おおさか）名物 (ओसाकाको (प्रख्यात बस्तु) विषेशता／ផលិតផលប្រចាំតំបន់អូសាកា／ ເຄື່ອງຂຶ້ນຊື່ຂອງໂອຊາກາ)

⑳ □ **穀物**（こくもつ） (अन्न／ផលិតផលដំណាំគ្រាប់／ທັນຍະພືດ)

▶ 日本（にっぽん）は、小麦（こむぎ）やとうもろこしなど多（おお）くの穀物を輸入（ゆにゅう）している。

(जापानले गहुँ, मकै आदि धेरै खाद्यान्नहरू आयात गर्दछ।／
ប្រទេសជប៉ុនកំពុងនាំចូលផលិតផលដំណាំគ្រាប់ជាច្រើនដូចជាស្រូវសាលីនិងពោតជាដើម／
ຍີ່ປຸ່ນນຳເຂົ້າທັນຍະພືດຫຼາຍຊະນິດເຊັ່ນວ່າ: ເຂົ້າສາລີ, ສາລີແລະອື່ນໆ.)

㉑ □ **産地**（さんち） (उत्पादन गर्ने ठाउँ／តំបន់ផលិត／ແຫຼ່ງຜະລິດ)

▶ この辺（あた）りはブドウの産地として有名（ゆうめい）です。

(यस क्षेत्र अंगुर उत्पादन गर्नको लागि प्रसिद्ध छ।／តំបន់នេះជាតំបន់ល្បីឈ្មោះមួយផ្នែកដាំដុះទំពាំងបាយជូ／
ເຂດນີ້ແມ່ນແຫຼ່ງປູກຝັງໝາກອາງຸ່ນທີ່ມີຊື່ສຽງ.)

㉒ □ **国産**（こくさん） (स्वदेशी उत्पादन／ផលិតផលក្នុងស្រុក／
ຜົນຜະລິດພາຍໃນປະເທດ, ຜະລິດຕະພັນພາຍໃນປະເທດ)

▶ この店（みせ）では国産の材料（ざいりょう）しか使（つか）っていません。

(यो पसलमा स्वदेशी सामाग्री बाहेक प्रयोग गर्दैन।／ហាងមួយនេះប្រើប្រាស់វត្ថុធាតុដើមក្នុងស្រុក／
ຮ້ານນີ້ນຳໃຊ້ພຽງແຕ່ວັດຖຸດິບທີ່ເປັນຜະລິດຕະພັນພາຍໃນປະເທດ.)

㉓ □ **～原産**（げんさん） (माल, उत्पादित／ផលិតផលដើមរបស់～／...ທີ່ມີຕົ້ນກຳເນີດ, ຖິ່ນກຳເນີດຂອງ...)

▷ メキシコ原産の花（はな） (मेक्सिकोमा उत्पादित फूल／ផ្កាមកពីប្រទេសមិចស៊ិចកូ／
ດອກໄມ້ທີ່ມີຕົ້ນກຳເນີດຢູ່ປະເທດແມັກຊີໂກ.)

UNIT 22

音声DL 35

原料・材料
げんりょう　ざいりょう

(कच्चा सामग्री, सामग्री／វត្ថុធាតុដើម・ធាតុផ្សំ／ວັດຖຸດິບ, ສ່ວນປະກອບ)

❶ □ 素材（そざい） (सामग्री／វត្ថុធាតុដើម／ວັດຖຸດິບ)

▶ 最近（さいきん）は、天然（てんねん）素材を使（つか）った化粧品（けしょうひん）が人気（にんき）です。

(आजकल, प्राकृतिक सामग्रीबाट बनेको सौन्दर्य सामग्री लोकप्रिय छ।／
បច្ចុប្បន្ននេះគ្រឿងសំអាងដែលវត្ថុធាតុដើមធម្មជាតិមានការពេញនិយម／
ເຄື່ອງສຳອາງທີ່ນຳໃຊ້ວັດຖຸດິບຈາກທຳມະຊາດເປັນທີ່ນິຍົມໃນໄລຍະນີ້.)

❷ □ 布（ぬの） (कपडा／ក្រណាត់／ຜ້າ)

▶ 汚（よご）れないよう、何（なに）か布で覆（おお）ったほうがいい。

(यसलाई फोहर हुनबाट बचाउन केही कपडाले छोप्दा राम्रो हुन्छ।／
ដើម្បីកុំអោយប្រឡាក់គួរតែគ្របក្រណាត់អ្វីមួយ／ເອົາຜ້າຫຼືອັນໃດປົກຫຸ້ມໄວ້ດີກວ່າເພື່ອບໍ່ໃຫ້ເປື້ອນ.)

❸ □ 綿（めん） (कपास／កប្បាស／ຝ້າຍ, ຜ້າຝ້າຍ, ສຳລີ)

▷ 綿100%のシャツ

(१०० प्रतिशत कटन (कपास)द्वारा बनेको सर्ट／អាវសាច់កប្បាស១០០%／ເສື້ອຝ້າຍ100%)

▶「ぬいぐるみを作（つく）ってるの？」「そう。最後（さいご）に綿（わた）を入（い）れれば完成（かんせい）」

("गुडिया बनाउन भएको हो ?" "हजुर, अन्तिममा कपास हालेपछि सक्यो।"／
កំពុងតែដេរតុក្កតា? ហ្នឹងហើយ។ជាចុងក្រោយគ្រាន់តែញាត់កប្បាសចូលរួចរាល់／
"ຊິເຮັດຕຸກກະຕາບໍ?" "ແມ່ນ, ໃນຂັ້ນຕອນສຸດທ້າຍນີ້ຍັດຝ້າຍໃສ່ກໍ່ຖືວ່າສຳເລັດ.")

❹ □ 絹（きぬ） (रेशम／សូត／ໄໝ)

❺ □ 同 シルク (रेशम／សូត／ໄໝ)

❻ □ 毛皮（けがわ） (भुवा／រោមសត្វ／ໜັງສັດທີ່ມີຂົນ)

▷ 毛皮のコート (भुवाले बनेको कोट／អាវក្រៅរោមសត្វ／ເສື້ອຄຸມທີ່ເຮັດຈາກໜັງສັດ (ເສື້ອຂົນສັດ))

❼ □ 羊毛（ようもう） (उन／រោមចៀម／ຂົນແກະ)

▶ オーストラリアは、羊毛の生産（せいさん）が盛（さか）んです。

(अस्ट्रेलिया उन उत्पादनमा समृद्ध छ।／នៅប្រទេសអូស្ត្រាលីការផលិតរោមចៀមមានការកើនឡើង／
ປະເທດອົດສະຕາລີປະສົບຜົນສຳເລັດໃນການຜະລິດຂົນແກະ.)

❽ □ 毛糸（けいと） (धागो／អំបោះរោមសត្វ／ໄໝພົມ)

▷ 毛糸のマフラー (धागोको मफलर／ខ្នើយអំបោះរោមសត្វ／ຜ້າພັນຄໍໄໝ)

❾ □ 材木（ざいもく） (काठ／ឈើ／ໄມ້, ທ່ອນໄມ້) 同木材（もくざい）

▷ 材木店（てん） (काठ पसल／ដេប៉ូឈើ／ຮ້ານຂາຍໄມ້)

❿ □ 鉱物（こうぶつ） (खनिज／រ៉ែ／ແຮ່ທາດ)

▷ 鉱物資源（しげん） (खनिज स्रोतहरू／ធនធានរ៉ែ／ຊັບພະຍາກອນແຮ່ທາດ)

⓫ □ 銅（どう） (तामा／ស្ពាន់／ທອງ)

⓬ □ プラスチック (प्लास्टिक／ប្លាស្ទិក／ປລາດສະຕິກ, ຢາງ)

▷ プラスチックの容器（ようき） (प्लास्टिकको भाँडा／ធុងប្លាស្ទិក／ພາຊະນະຢາງ)

⓭ □ 水素（すいそ） (हाइड्रोजन／អ៊ីដ្រូសែន／ໄຮໂດຣເຈັນ)

⓮ □ 成分（せいぶん） (भाग, अंश (मिसावत अंग)／ធាតុ／ສ່ວນປະກອບ, ສ່ວນຜະສົມ)

▶ 食品（しょくひん）を買（か）うときは、どんな成分が含（ふく）まれているか、必（かなら）ず確認（かくにん）します。

(खानेवस्तु खरिद गर्दा त्यस खानामा के कति अंश (मिसावट अंग) सामग्री समावेश गरेको छ त्यो निश्चित गर्नुहोस् ।／ពេលទិញគ្រឿងបរិភោគត្រូវតែពិនិត្យធាតុផ្សំបែបណាខ្លះក្នុងនោះ／ເວລາຊື້ຂອງກິນຈະກວດເບິ່ງໃຫ້ຄັກວ່າມີສ່ວນປະກອບຫຍັງແດ່.)

▷ 成分表示（ひょうじ） (इन्ग्रेडियन्ट (अंश) चाट／ការបង្ហាញធាតុផ្សំ／ສະແດງສ່ວນປະກອບ)

⓯ □ 無害（むがい）(な) (हानिरहित／មិនមានភាពប៉ះពាល់／ບໍ່ເປັນອັນຕະລາຍ)

▶ この洗剤（せんざい）は体（からだ）に無害なので、安心（あんしん）して使（つか）える。

(यो लुगा धुने पाउडर शरिरकोलागी हानिरहित भएकोले ढुक्क भएर प्रयोग गर्न सकिन्छ ।／ដោយសារតែសាប៊ូនេះមិនមានភាពប៉ះពាល់ដល់រាងកាយ អាចប្រើបានដោយទុកចិត្ត／ສາມາດໃຊ້ແຟັບຊະນິດນີ້ໄດ້ຢ່າງອຸ່ນໃຈເພາະວ່າມັນບໍ່ເປັນອັນຕະລາຍຕໍ່ຮ່າງກາຍ.)

⑯ □ 再利用(する)(さいりよう) (पुन प्रयोग गर्नु／ប្រើប្រាស់ឡើងវិញ／ການນຳມາໃຊ້ໃໝ່)

▶ 再利用できるものは、ここには捨(す)てないでください。

(पुनः प्रयोग गर्न मिल्ने सामान यहाँ नफाल्नुहोस् ।／សូមកុំបោះរបស់ដែលអាចប្រើប្រាស់ឡើងវិញបាននៅទីនេះ／
ອັນໃດທີ່ສາມາດນຳມາໃຊ້ໃໝ່ໄດ້, ກະລຸນາຢ່າຖິ້ມຢູ່ນີ້.)

UNIT 23

道具・器具・機械

どうぐ　きぐ　きかい

(औजार, भाँडो, मशीन／ឧបករណ៍ បរិក្ខា គ្រឿងចក្រ／ອຸປະກອນ, ເຄື່ອງມື, ເຄື່ອງຈັກ)

❶ □ 装置（そうち） (उपकरण／បរិធាន／ການຕິດຕັ້ງອຸປະກອນ/ເຄື່ອງມື)

▶ 安全（あんぜん）のため、この装置を取（と）り付（つ）ける必要（ひつよう）があります。

(सुरक्षाको लागि यो उपकरण राख्न आवश्यक छ ।／ដើម្បីសុវត្ថិភាពយើងត្រូវបំពាក់បរិធាននេះជាចាំបាច់／ມີຄວາມຈຳເປັນໃນການຕິດຕັ້ງອຸປະກອນເພື່ອຄວາມປອດໄພ.)

❷ □ 器械（きかい） (उपकरण／ឧបករណ៍មេកានិច／ເຄື່ອງມື)

❸ □ はかり (तराजु／ជញ្ជីង／ຊິງ, ຊິງສັ່ງ)

▶〈料理（りょうり）〉材料（ざいりょう）は、はかりを使（つか）って正確（せいかく）に量（はか）ってください。

(〈खाना〉 तराजु (स्केल)को प्रयोग गरेर सामग्रीलाई सही तौल गर्नहोस् ।／
សំរាប់គ្រឿងផ្សំម្ហូបសូមប្រើជញ្ជីងថ្លឹងអោយបានត្រឹមត្រូវ／
(ອາຫານ) ໃນການເຮັດອາຫານ, ກະລຸນາໃຊ້ຊິງສັ່ງປະລິມານວັດຖຸດິບໃຫ້ຖືກຕ້ອງ.)

❹ □ タイマー (टाईमर／នាឡិកាកំណត់ពេល／ເຄື່ອງຕັ້ງເວລາ, ໂມງຈັບເວລາ)

▷ タイマーをセットする (टाईमर सेट गर्ने／កំណត់ពេលនាឡិកា／ຕັ້ງເວລາ)

❺ □ メーター (तराजु／រង្វាស់／ມິດເຕີ້)

❻ □ 受話器（じゅわき） (फोनको ह्यान्ड सेट／ឧបករណ៍ទទួលសំលេង／ຫູໂທລະສັບ)

❼ □ 電卓（でんたく） (क्यालकुलेटर／ម៉ាស៊ីនគិតលេខ／ຈັກຄິດໄລ່)

❽ □ ライター (लाईटर／ដែកកេះ／ກັບໄຟ)

❾ □ 金庫（きんこ） (लकर (सेफ)／ទូសុវត្ថិភាព／ຕູ້ນິລະໄພ, ຕູ້ເຊັບ)

⑩ □ **望遠鏡**（ぼうえんきょう） (टेलिस्कोप／កែវយឹត／ກ້ອງສ່ອງທາງໄກ)

⑪ □ **針金**（はりがね） (तार／លួស／ລວດ)

⑫ □ **ばね** (स्प्रि／រស័រ／ສະປິງ)

⑬ □ **鎖**（くさり） (सिकि／ច្រវ៉ាក់／ໂສ້)

⑭ □ **水筒**（すいとう） (पानीको बोटल／បពង់ដាក់ទឹក／ກະຕິກນ້ຳ, ຕຸກນ້ຳ)

⑮ □ **蛇口**（じゃぐち） (नल (धारा)／ក្បាលរ៉ូប៊ីណេ／ກອັກນ້ຳ)

▶ 蛇口をひねっても水（みず）が出（で）てこないんですが……。

(धारा खोले पनि पानी निस्कँदैन त／ទោះជាមួលក្បាលរ៉ូប៊ីណេក៏ទឹកមិនចេញ／ບິດກອັກນ້ຳແລ້ວແຕ່ນ້ຳກໍ່ຍັງບໍ່ອອກ...)

⑯ □ **栓**（せん） (बिर्को／គំរប／ຫົວອັດກອັກ)

▷ 栓抜（ぬ）き (बिर्को खोल्ने ओपनर (सिसीको बिर्को खोल्ने वस्तु)／ប្រដាប់គាស់គំរប／ແນວໄຂວາຍ)

⑰ □ **パイプ** (पाईप／បពង់បង្ហូរ／ທໍ່)

▶ パイプが詰（つ）まって、水（みず）の流（なが）れが悪（わる）い。

(पाईप जाम भएर पानीको बहाव खराब छ ।／ទឹកហូរមិនល្អដោយសារបំពង់បង្ហូរស្ទះ／ທໍ່ອຸດຕັນເຮັດໃຫ້ນ້ຳໄຫຼຍາກ.)

▶ 彼（かれ）は日本（にほん）と中国（ちゅうごく）とのパイプ役（やく）として期待（きたい）されている。

(उनले जापान र चीनको पाईपु (सेतु)को रुपमा काम गर्ने अपेक्षा गरको छ ।／
គាត់ត្រូវបានរំពឹងថាក្លាយជាអ្នកមានភារកិច្ចផ្សារភ្ជាប់ប្រទេសជប៉ុននិងប្រទេសចិន／
ລາວຖືກຄາດຫວັງໃຫ້ເປັນຜູ້ໄກ່ເກ່ຍລະຫວ່າງຍີ່ປຸ່ນແລະຈີນ.)

⑱ □ **はしご** (भऱ्याङ्ग／ជណ្ដើរ／ຂັ້ນໄດ(ກ່າຍ))

⑲ □ **レンガ/れんが** (ईँट्टा／ឥដ្ឋ／ດິນຈີ່, ກ້ອນດິນຈີ່)

⑳ □ **ペンキ** (रंग／ថ្នាំលាប／ການທາສີ)

▷ 〈貼り紙〉ペンキ塗りたて
は　がみ　　ぬ

(〈टाँस्ने कागज〉 नयाँ रंग लगाउन／(ក្រដាសបិត)ទើបតែលាបថ្នាំថ្មីៗ／(ເຈ້ຍທີ່ຕິດປະກາດ) ທາສີໃໝ່, ທາສີທາກໍ່ແລ້ວ)

㉑ □ **雑巾** (फोहर पुछ्ने कपडा／ក្រណាត់ជូត／ຜ້າສຳລັບເຊັດທຳຄວາມສະອາດ, ຜ້າເຊັດພື້ນ)
ぞうきん

▶ 床は雑巾で軽く拭いてください。
ゆか　　かる　ふ

(भुइँ फोहर पुछ्ने कपडाले हल्का पुछ्नुहोस् ।／សូមជូតកន្លែងជាន់បន្តិចទៅ／ກະລຸນາໃຊ້ຜ້າເຊັດພື້ນຄ່ອຍໆ.)

㉒ □ **綱** (डोरी／ខ្សែពួរ／ເຊືອກເສັ້ນໃຫຍ່)
つな

㉓ □ **風船** (बेलुन／ប៉េតប៉ោង／ໝາກປູມເປົ້າ)
ふうせん

㉔ □ **刀** (तरवार／ដាវ／ດາບ)
かたな

㉕ □ **かみそり** (रेजर (दाह्री काट्ने ब्लेड)／ឡាមកោរ／ມີດແຖ)

㉖ □ **のこぎり** (करौती／រណារ／ເລື່ອຍ)

㉗ □ **鉄砲** (बन्दुक／កាំភ្លើង／ປືນ)
てっぽう

▶ 16世紀に日本に鉄砲が伝わった。
せいき　にほん　　　つた

(१६ शताब्दीमा जापानमा बन्दुक भित्रियो ।／កាំភ្លើងបានចូលមកដល់ប្រទេសជប៉ុនក្នុងសតវត្សន៍ទី១៦／ໃນສັດຕະວັດທີ16, ປືນຖືກໄດ້ນຳເຂົ້າມາເຜີຍແຜ່ໃນປະເທດຍີ່ປຸ່ນ.)

㉘ □ **銃** (बन्दुक (पेस्टोल)／កាំភ្លើង／ປືນ (ຂະໜາດນ້ອຍ, ຂະໜາດພົກພາ))
じゅう

▷ 銃の規制 (बन्दुक (पेस्टोल) नियन्त्रण कानून／បទប្បញ្ញត្តិកាំភ្លើង／ການຄວບຄຸມປືນ)
きせい

㉙ □ **武器** (हतियार／អាវុធ／ອາວຸດ)
ぶき

UNIT 24

動物・植物・人間
どうぶつ　しょくぶつ　にんげん

(जनावर, बिरुवा, मानव／សត្វ រុក្ខជាតិ មនុស្ស／ສັດ, ພືດ, ມະນຸດ)

音声DL 37

❶ □ 蒔く／撒く (रोप्नु, छर्नु／ព្រួសគ្រាប់／ຫວ່ານ)

▶ うちではピーマンは、3月に種を蒔いて、6～7月に収穫します。

(मैले घरमा मार्चमा हरियो खुर्सानी रोपेर जुन देखि जुलाईमा टिप्छु ।／ម្ទេសផ្លោករបស់ខ្ញុំព្រួសគ្រាប់នៅខែមិនាប្រមូលផលនៅចន្លោះខែមិថុនានិងកក្កដា／ສຳລັບໝາກພິກຢວກຢູ່ເຮືອນຂອງຂ້ອຍ, ແມ່ນໄດ້ຫວ່ານໃນຕອນເດືອນ3 ແລະຊີເກັບກ່ຽວໃນລະຫວ່າງເດືອນ6ຫາເດືອນ7.)

❷ □ 根 (जरा／ឫស／ຮາກຕົ້ນໄມ້)

▶ 3年前に植えたこの木も、しっかりと根を伸ばしたようだ。

(३ बर्ष अगाडि रोपेको रुखले आफ्नो जरा फिंजायो जस्तो छ ।／ដើមឈើដែលបានដាំកាលពីបីឆ្នាំមុន ទំនងដូចជាចាក់ឫសរឹងមាំហើយ／ຕົ້ນໄມ້ທີ່ປູກເມື່ອ3ປີກ່ອນກໍ່ຄືຊີອອກຮາກລັກແນ່ແລ້ວ.)

▶ 話 根っこ

(जड (जरा)／ចុងឫស／ຮາກໄມ້, ຕໍໄມ້)

❸ □ 養分 (पोषक तत्व／ជីវជាតិ／ສານອາຫານທີ່ໃຫ້ປະໂຫຍດແກ່ຮ່າງກາຍ)

▶ 根をしっかり張らないと、土の養分を吸い取ることができない。

(जरा राम्रोसंग फैलिएन भने माटोबाट पोषक तत्व बिरुवाले लिन सक्दैन ।／ប្រសិនបើចាក់ឫសមិនបានរឹងមាំ គឺមិនអាចស្រូបជីជាតិពីដីបានទេ／ຖ້າບໍ່ຝັງຮາກໃຫ້ແໜ້ນໆຊີເຮັດໃຫ້ບໍ່ສາມາດດູດຊຶມສານອາຫານຈາກດິນໄດ້.)

❹ □ 草 (घाँस／ស្មៅ／ຫຍ້າ)

▶ 見て。こんなところにも草が生えている。

(हेर, यस्तो ठाउँमा पनि घाँस उम्रेको छ ।／មើលនេះនែ ទោះបីនៅកន្លែងបែបនេះក៏មានស្មៅដុះដែរ／ເບິ່ງແມະ, ມີຫຍ້າຂຶ້ນຢູ່ແຖວນີ້ເສີຍ.)

▷ 草を刈る (घाँस काट्नु／កាត់ស្មៅ／ຕັດຫຍ້າ, ຖາງຫຍ້າ)

❺ □ 茂る (बाक्लो हुनु／លាស់ជ្រោងច្រាង／ຕົ້ນໄມ້ຂຶ້ນຢ່າງໜາແໜ້ນ)

▶ 草が茂っていて、ボールがすぐに見つからない。

(घाँस बाक्लो भएकोले बल तुरुन्तै भेटाउन सकेन ।／ដោយសាស្មៅលាស់ជ្រោងច្រាងធ្វើអោយមិនអាចរកបាល់ឃើញភ្លាមៗ／ຫຍ້າຂຶ້ນຢ່າງໜາແໜ້ນຊອກໝາກບານຈົນບໍ່ເຫັນ.)

❻ □ 幹（みき） (डाँठ／ដើម／ລຳຕົ້ນ)

❼ □ 芽（め） (टुसा／ពន្លក／ຕົ້ນອ່ອນ, ໜໍ່)

▶ 暖（あたた）かくなって、やっと芽が出（で）てきた。

(न्यानो भएर बल्ल टुसाउन थाल्यो ।／ដោយសារអាកាសធាតុចាប់ឡើងកំដៅពន្លកបានលាស់ចេញ／
ອາກາດອົບອຸ່ນຂຶ້ນເຮັດໃຫ້ແຕກໜໍ່ໃນທີ່ສຸດ.)

❽ □ つぼみ (पालुवा／ក្រពុំ／ດອກຈູມ, ແຕກໜໍ່)

▶ やっとつぼみがついたね。もうすぐ咲（さ）くかな？

(बल्ल पालुवा लाग्यो, अब छिट्टै फुल्छ होला ।／មានក្រពុំផ្កាហើយ ប្រហែលជារីកឆាប់ៗហើយ／
ໃນທີ່ສຸດກໍ່ອອກດອກຈູມແລ້ວເນາະ. ບຶດດຽວກໍ່ບານໄດ້ເນາະ?)

▷ つぼみが咲き始（はじ）める

(पालुवा फुल्न शुरु हुन्छ ।／ក្រពុំផ្កាចាប់ផ្ដើមលាស់／ດອກຈູມເລີ່ມບານ.)

❾ □ 花粉（かふん） (पराग／លំអងផ្កា／ລະອອງເກສອນດອກໄມ້)

▶「風邪（かぜ）ですか」「いえ、花粉症（しょう）なんです。朝から鼻水がとまらなくて……」

(“रुघा लागेको हो ?” “अहँ, एलर्जी (पराग) हो । बिहान देखि नाकबाट पानी बगेको रोकिदैन ।”／
ផ្ដាសាយរឺ? ទេជំងឺប្រតិកម្មនឹងលំអងផ្កាទេ ហៀរសំបោរមិនបាត់តាំងពីព្រឹកមកម្លេះ／
"ເປັນຫວັດບໍ?" "ບໍ່ນະ, ແພ້ເກສອນດອກໄມ້. ນ້ຳມູກໄຫຼບໍ່ເຊົາແຕ່ເຊົ້າ")

❿ □ 雄（おす） (भाले／ឈ្មោល／(ສັດ)ເພດຜູ້)

⓫ □ 雌（めす） (पोठी／ញី／(ສັດ)ເພດແມ່)

⓬ □ 稲（いね） (धानको बोट／ដើមស្រូវ／ນາເຂົ້າ)

▶ 稲の葉（は）は、濃（こ）い緑色（みどりいろ）から、徐々（じょじょ）に黄緑色（きみどり）に変化（へんか）していきます。

(धानको बोटको पात गाढा हरियो बाट रातो, पहेंलो हरियो रंगमा परिवर्तन हुदैंछ ।／
ស្លឹកស្រូវប្រែពណ៌ពីបៃតងចាស់ទៅជាលឿងបៃតង／ໃບເຂົ້າຈະປ່ຽນຈາກສີຂຽວແກ່ໄປເປັນສີເຫຼືອງເທື່ອລະໜ້ອຍ.)

⓭ □ 紅葉（こうよう） (रुखको पात परिवर्तन／ស្លឹកឈើប្រែពណ៌／ໃບໄມ້ແດງໃນລະດູໃບໄມ້ຫຼົ່ນ, ໃບໄມ້ປ່ຽນສີ)

▶ 京都（きょうと）は紅葉の時期（じき）が一番（いちばん）混（こ）むそうだよ。

(क्योटो सहरमा रुखको पात परिवर्तन हुने मौसममा धेरै भिडभाड हुन्छ ।／
លឺថានៅទីក្រុងក្យូតូមានភាពអូអរខ្លាំងនៅរដូវស្លឹកឈើប្រែពណ៌／
ໄດ້ຍິນວ່າລະດູການໃບໄມ້ປ່ຽນສີຄືຍາມທີ່ມີຄົນໜາແໜ້ນທີ່ສຸດທີ່ກຽວໂຕ.)

⑭ □ **落ち葉**（おちば） (खसेको पात／ស្លឹកឈើជ្រុះ／ໃບໄມ້ຫຼົ່ນ)

⑮ □ 類 **枯れ葉**（かれは） (सुकेको पात／ស្លឹកឈើងាប់／ໃບໄມ້ແຫ້ງ)

⑯ □ **並木**（なみき） (रुखहरुको पंक्ती (लाईन)／ដើមឈើជាជួរ／ຕົ້ນໄມ້ທີ່ປູກລຽນກັນຕາມຫົນທາງ)

▶ 春になったら、この桜並木はきれいなんだろうね。
(जब वसन्त लाग्छ, साकुरा फूलको रुखहरूको पंक्ति सुन्दर देख्छ होला है ।／
ប្រសិនបើដល់រដូវផ្ការីក ដើមផ្កាសាគឺរ៉ាជាជួរពិតជាស្អាតណាស់／ຕົ້ນໄມ້ທີ່ປູກລຽນກັນຕາມຫົນທາງນີ້ຊິງາມໃນລະດູບານໃໝ່.)

⑰ □ **植木**（うえき） (बोटोबिरुवा／ដើមឈើលំអរ／ຕົ້ນໄມ້ທີ່ປູກໄວ້ໃນສວນຫຼືກະຖາງ)

▷ 植木用のはさみ (बोटोबिरुवा काट्ने कैंची／កន្ត្រៃកាត់ថែសួន／ມີດຕັດງ່າໄມ້)

⑱ □ **梅**（うめ） (आलुबखडा／ផ្លាំ／ໝາກບ້ວຍ)

▶「あの花、桜？」「２月だから桜はまだだよ。あれは梅だよ」
("त्यो फूल साकुरा हो ?" "अहिले फेब्रुअरी भएकोले साकुरा फूल्दैन, त्यो आलुबखडा हो ।"／
ផ្កានោះជាផ្កាសាគឺរ៉ា? ទើបតែខែកុម្ភៈមិនមែនសាគឺរ៉ាទេ នោះគឺជាផ្កាផ្លាំ／
"ດອກນັ້ນແມ່ນສະກຸລະບໍ?" "ຕອນນີ້ແມ່ນເດືອນ2 ດອກສະກຸລະຍັງບໍ່ທັນບານເທື່ອ. ອັນນັ້ນແມ່ນດອກບ້ວຍ")

⑲ □ **杉**（すぎ） (धुपी (देवदारु)／ស្រល់／ຕົ້ນແປກຍີ່ປຸ່ນ)

▶ 今年は杉の花粉が多いんだって。いやだなあ。
(यो वर्ष धुपी (देवदारु)को परागकण धेरै हुन्छ रे त । मलाई त मनै पर्दैन ।／
លឺថាឆ្នាំនេះមានលំអងផ្កាស្រល់ច្រើន ពិតជាធុញទ្រាន់មែន／ປີນີ້, ລະອອງເກສອນຢູ່ນຳຕົ້ນແປກມີຫຼາຍວ່າຊັ້ນ. ບໍ່ມັກເດ້.)

⑳ □ **巣**（す） (गुँड／សំបុក／ຮັງ)

㉑ □ **小鳥**（ことり） (सानो चरा／កូនបក្សី／ນົກນ້ອຍ)

▶ 動物好きの家だったので、小鳥も飼っていました。
(जनावर मन पराउने घर भएकोले सानो चरा पनि पालेको थिए ।／
ដោយគ្រួសារខ្ញុំស្រលាញ់សត្វ យើងបានចិញ្ចឹមកូនបក្សី／ນົກນ້ອຍກໍ່ລ້ຽງເພາະວ່າເປັນຄົນຮັກສັດ.)

㉒ □ **つばさ** (पखेटा／ស្លាប／ປີກ)

▷ 翼を広げる (पखेटा फैलाउन／ត្រដាងស្លាប／ພືປີກ)

㉓ □ 蚊（か） (लामखुट्टे／មូស／ຍຸງ)

▶ なんか、かゆいなあ。蚊に刺（さ）されたかもしれない。

(कस्तो चिलाएको, लामखुट्टेले टोक्यो जस्तो छ ।／ដូចជារាងរមាស់ ប្រហែលមូសខាំហើយ／ເປັນຄັນໆນ່າ. ຄືຊິແມ່ນຖືກຍຸງກັດ.)

㉔ □ 金魚（きんぎょ） (गोल्डफिस／ត្រីមាស／ປາຄຳ)

㉕ □ サメ (सार्क／ត្រីឆ្លាម／ປາສະຫຼາມ)

㉖ □ 象（ぞう） (हात्ती／ដំរី／ຊ້າງ)

㉗ □ 角（つの） (सिंग／ស្នែង／ເຂົາສັດ)

㉘ □ 細胞（さいぼう） (सेल／កោសិកា／ເຊວ)

㉙ □ 遺伝（いでん）(する) (वंशानगुण सर्नु／តំណពូជ／ພັນທຸກຳ, ກຳມະພັນ)

▶「両親（りょうしん）とも背（せ）が高（たか）いんです」「じゃあ、遺伝だね」

(“बुबाआमा दुबै अग्लो हुनहुन्छ” “त्यसोभए, यो वंशानुगत हो ।”／ឪពុកម្ដាយខ្ញុំក៏មានកំពស់ខ្ពស់ដែរ អីចឹងមកពីតំណពូជហើយ／"ທັງພໍ່ແລະແມ່ໂຕສູງ" "ເປັນກຳມະພັນເນາະ")

㉚ □ 遺伝子（いでんし） (जीन／ហ្សែន／ໜ່ວຍຖ່າຍທອດລັກສະນະທາງພັນທຸກຳ)

▷ 遺伝子組（く）み換（か）え食品（しょくひん）

(जेनेटिकली (जीन) परिमाजित खाना／អាហារបង្កើតដោយបំលាស់ប្តូរហ្សែន／ອາຫານສຳລັບພັນທຸກຳສາຍຜະສົມ)

㉛ □ 細菌（さいきん） (ब्याक्टेरिया／បាក់តេរី／ເຊື້ອໂລກ, ເຊື້ອຈຸລິນຊີ)

▶ 口（くち）の中（なか）には、常（つね）にたくさんの細菌がいる。

(मुख भित्र जहिलेपनि धेरै ब्याक्टेरियाहरू रहेको हुन्छ ।／នៅក្នុងមាត់ជាធម្មតាមានបាក់តេរីជាច្រើន／ໃນປາກຂອງຄົນເຮົາມີເຊື້ອໂລກຢ່າງຫຼວງຫຼາຍຢູ່ແລ້ວ.)

UNIT 25

音声DL 38

学校(がっこう)・教育(きょういく)

(विद्यालय, शिक्षा／សាលា អប់រំ／ໂຮງຮຽນ, ການສຶກສາ)

❶ □ 課程(かてい) (कोर्स／វគ្គសិក្សា／ຫຼັກສູດ)

▶ 教師(きょうし)になるには、まず２年間(ねんかん)の専門(せんもん)課程を修了(しゅうりょう)しなければならない。

(शिक्षक बन्नकोलागि तपाईंले दुई वर्षको विशेष कोर्स पुरा गर्नु पर्छ ।／
ដើម្បីក្លាយជាគ្រូបង្រៀន ដំបូងត្រូវបញ្ចប់វគ្គសិក្សាគរុកោសល្យ២ឆ្នាំ／
ກ່ອນອື່ນໝົດຕ້ອງຈົບຫຼັກສູດ2ປີຂອງລະດັບວິຊາສະເພາະຈຶ່ງສາມາດເປັນຄູສອນໄດ້.)

▷ 通信(つうしん) 教育(きょういく)課程

(संचार शिक्षाको कोर्स／វគ្គសិក្សាតាមប្រព័ន្ធអ៊ីនធឺណេត／ຫຼັກສູດການຮຽນທາງໄກ)

❷ □ カリキュラム (पाठ्यक्रम／កាលវិភាគ／ຫຼັກສູດ)

▶ 新(あたら)しいコースのカリキュラムが決(き)まった。

(नयाँ कोर्सको पाठ्यक्रम निश्चित भयो ।／កាលវិភាគរបស់វគ្គសិក្សាថ្មីត្រូវបានសំរេច／ຫຼັກສູດໃໝ່ຖືກອະນຸມັດແລ້ວ)

❸ □ 在学(ざいがく)(する) (भर्ना हुनु／កំពុងសិក្សា／ການມີຊື່ທີ່ຂຶ້ນທະບຽນເປັນນັກຮຽນຫຼືນັກສຶກສາຂອງ ສະຖາບັນການສຶກສາ, ເປັນນັກຮຽນຢູ່ທີ່ (ສະຖາບັນການສຶກສາ))

▶ 彼女(かのじょ)とは大学(だいがく)が同(おな)じで、在学中(ちゅう)からの知(し)り合(あ)いです。

(उनी सँग विश्वविद्यालय एउटै हुनाले, सँगै पढ्दाको चिनजान हो ।／
នាងជាមិត្តរួមមហាវិទ្យាល័យ ហើយយើងស្គាល់គ្នាតាំងពីកំពុងសិក្សា／
ຮູ້ຈັກກັບລາວຕັ້ງແຕ່ຕອນເປັນນັກຮຽນຢູ່ທີ່ມະຫາວິທະຍາໄລດຽວກັນ.)

❹ □ 進学(しんがく)(する) (उच्च शिक्षाको लिनु／បន្តការសិក្សា／ເຂົ້າສຶກສາຕໍ່ (ໃນລະດັບທີ່ສູງຂຶ້ນ), ຮຽນຕໍ່)

▶ 大学院(だいがくいん)に進学するか就職(しゅうしょく)するかで迷(まよ)っている。

(मास्टरको लागि भर्ना हुने कि जागिर खाने कुरामा दोमन भइहेको छ ।／
កំពុងតែច្របូកច្របល់មិនដឹងថាគួបន្តការសិក្សានៅថ្នាក់ឧត្តមសិក្សារឺចូលបំពេញការងារ／
ຍັງຕັດສິນໃຈບໍ່ຖືກວ່າຊິຮຽນຕໍ່ປະລິນຍາໂທຫຼືເຮັດວຽກ.)

❺ □ 再試験(さいしけん) (पुन परिक्षा／ប្រលងសាឡើងវិញ／ເສັງຄືນ, ສອບເສັງໃໝ່ອີກຄັ້ງ)

▶ 60点以下(てんいか)の学生(がくせい)は来週(らいしゅう)、再試験を行(おこな)います。

(६० अंक भन्दा कम आएका विद्यार्थीहरूलाई अर्को हप्ता पुन: परिक्षा गरिनेछ ।／
សិស្សដែលទទួលបានពិន្ទុក្រោម៦០ នឹងត្រូវប្រលងសាឡើងវិញនៅសប្តាហ៍ក្រោយ／
ໃນອາທິດໜ້າຈະມີການສອບເສັງໃໝ່ອີກຄັ້ງສຳລັບນັກຮຽນທີ່ໄດ້ຄະແນນ60ລົງມາ.)

❻ □ 答案 (उत्तर／ចម្លើយ／ຄຳຕອບ (ຕໍ່ຄຳຖາມ), ຂໍ້ຄວາມທີ່ຕອບ)
とうあん

▶ 答案用紙に名前を書き忘れてしまった。
ようし　なまえ　か　わす

(मैले उत्तर पुस्तिकामा आफ्नो नाम लेख्न बिर्सें ।／ខ្ញុំបានភ្លេចសរសេរឈ្មោះនៅលើក្រដាសចម្លើយ／ລືມຂຽນຊື່ໃສ່ໃນເຈ້ຍຄຳຕອບ.)

❼ □ 不合格 (अनुतीर्ण (फेल)／ប្រលងធ្លាក់／ເສັງຕົກ, ບໍ່ຜ່ານເກນ)
ふごうかく

▶ 残念ですが、今回は不合格です。
ざんねん　こんかい

(दुर्भाग्यवस म यस पटक फेल भयो ।／ពិតជាគួអោយសោកស្តាយណាស់លើកនេះប្រលងធ្លាក់／ເສຍໃຈທີ່ເສັງຕົກໃນເທື່ອນີ້.)

❽ □ 落第(する) (असफल हुनु／ធ្លាក់／ການເສັງຕົກ, ການຄ້າງຫ້ອງ)
らくだい

▶ テストの点がよくても、授業を休みすぎると落第になる。
てん　じゅぎょう　やす

(परीक्षामा राम्रो अंक ल्याएतापनि कक्षामा धेरै अनुपस्थित भएमा फेल हुन्छ ।／
ទោះបីជាពិន្ទុប្រលងល្អក៏ដោយប្រសិនបើឈប់សំរាកច្រើននៅតែធ្លាក់／
ຄະແນນສອບເສັງຊິດີກໍ່ຕາມແຕ່ຖ້າຂາດຮຽນຫຼາຍເກີນໄປກໍ່ຄ້າງຫ້ອງໄດ້.)

❾ □ 幼稚園 (बाल सदन／សាលាមត្តេយ្យ／ໂຮງຮຽນອະນຸບານ)
ようちえん

❿ □ 塾 (कोचिङ्ग／រៀនគួ／ຮຽນເພີ້ມ, ຮຽນພິເສດ)
じゅく

▶ 受験のため、学校が終わると毎日塾に通っていた。
じゅけん　がっこう　お　まいにち　かよ

(प्रवेशिका परीक्षा दिनकालागि म हरेक दिन विद्यालय सकेपछि कोचिङ्ग गईरहेको छु ।／
ដើម្បីការប្រលង ក្រោយចប់ពីសាលាជារៀងរាល់ថ្ងៃតែងតែទៅរៀនគួ／
ໄປຮຽນເພີ້ມທຸກມື້ຫຼັງຈາກເລີກໂຮງຮຽນເພື່ອກຽມເສັງເຂົ້າສຶກສາຕໍ່.)

⓫ □ 幼児 (बच्चा／កុមារ／ເດັກນ້ອຍ (ກ່ອນເຂົ້າໂຮງຮຽນ))
ようじ

▶ 幼児向けの本なので、絵がたくさん描いてあります。
む　ほん　え　か

(यो साना बच्चाहरूको पुस्तक भएकोले धेरै चित्रहरु छन् ।／ដោយសារជាសៀវភៅសំរាប់កុមារ មានគូររូបជាច្រើន／
ເປັນປຶ້ມສຳລັບເດັກນ້ອຍກ່ອນໄວຮຽນຈຶ່ງມີຮູບແຕ້ມຫຼາຍ.)

⓬ □ 児童 (केटाकेटी (निम्न माध्यमिक स्तरको)／កុមារតូច／ເດັກນ້ອຍ)
じどう

▶ 安全のため、保護者に児童の送り迎えを頼んでいる。
あんぜん　ほごしゃ　おく　むか　たの

(सुरक्षाको लागि, हामी अभिभावकलाई आफ्नो बच्चाहरू पुऱ्याउन र लिन आउनको लागि आग्रह गर्दछौं ।／
ដើម្បីសុវត្ថិភាព សូមអាណាព្យាបាលជូនកុមារទៅមក／ຮຽກຮ້ອງໃຫ້ຜູ້ປົກຄອງຮັບສົ່ງເດັກນ້ອຍເພື່ອຄວາມປອດໄພ.)

⓭ □ 新入生（しんにゅうせい） (नयाँ विद्यार्थी／សិស្សចូលថ្មី／ນັກຮຽນໃໝ່, ນັກສຶກສາປີທີ1)

▶ 新入生に学校（がっこう）を案内（あんない）してあげた。

(मैले नयाँ आएका विद्यार्थीहरुलाई विद्यालय देखाँए ।／បានបង្ហាញទីធ្លាសាលាដល់សិស្សចូលថ្មី／ພານັກຮຽນໃໝ່ເລາະເບິ່ງໂຮງຮຽນ.)

⓮ □ 校庭（こうてい） (विद्यालयको प्रांगण／សួនច្បាសាលា／ເດີ່ນໂຮງຮຽນ)

▶ 校庭で遊（あそ）ぶ子供（こども）もいれば、教室（きょうしつ）で本（ほん）を読（よ）む子供もいる。

(विद्यालयको प्रांगणमा खेल्ने बच्चा पनि छ, कक्षाकोठामा किताब पढ्ने बच्चा पनि छ ।／មានសិស្សខ្លះលេងនៅសួនច្បាសាលា សិស្សខ្លះទៀតអានសៀវភៅក្នុងថ្នាក់／ມີທັງເດັກນ້ອຍທີ່ອ່ານປຶ້ມຢູ່ໃນຫ້ອງຮຽນແລະເດັກນ້ອຍທີ່ຫຼິ້ນຢູ່ເດີ່ນໂຮງຮຽນ.)

⓯ □ 学期（がっき） (सेमेस्टर／បវេសមកាល／ພາກຮຽນ)

▶ ４月（がつ）から新（しん）学期だから、テキストが変（か）わる。

(अप्रिल देखि नयाँ सेमेस्टर भएकोले जाँच फरक हुन्छ ।／ដោយសារខែមេសាជាបវេសមកាលថ្មី សៀវភៅសិក្សាត្រូវផ្លាស់ប្តូរ／ເປີດພາກຮຽນໃໝ່ໃນເດືອນ4, ສະນັ້ນປຶ້ມແບບຮຽນກໍ່ມີການປ່ຽນແປງ.)

⓰ □ 語学（ごがく） (भाषा विज्ञान／រៀនភាសា／ການຮຽນພາສາ)

▶ 私（わたし）の姉（あね）は語学が趣味（しゅみ）で、今（いま）はタイ語（ご）を勉強（べんきょう）しています。

(मेरो बहिनी भाषामा रूचि भएकाले अहिले थाई भाषा सिक्दैछ ।／ដោយសារតែបងស្រីរបស់ខ្ញុំចូលចិត្តរៀនភាសាឥឡូវនេះកំពុងរៀនភាសាថៃ／ເອື້ອຍຂອງຂ້ອຍສົນໃຈການຮຽນພາສາແລະດຽວນີ້ພວມຮຽນພາສາໄທ.)

UNIT 26

音声DL 39

大学（だいがく）・研究（けんきゅう）

(विश्वविद्यालय, अध्ययन／សកលវិទ្យាល័យ ស្រាវជ្រាវ／ມະຫາວິທະຍາໄລ, ການຄົ້ນຄວ້າ)

❶ □ **分野**（ぶんや） (विषय (क्षेत्र)／ផ្នែក／ສາຂາ, ຂະແໜງ, ພາກວິຊາ)

▶ 自分（じぶん）がどんな分野に興味（きょうみ）があるのか、最近（さいきん）やっとわかってきた。

(आफूलाई कुन विषयमा रूचि छ भन्ने कुरा अहिले बल्ल थाहा पायो ।／ទើបតែដឹងថាខ្លួនឯងចូលចិត្តផ្នែកខាងអីថ្មីៗនេះ／ຮູ້ຫວ່າງໜຶ່ງນີ້ວ່າຕົນເອງມີຄວາມສົນໃຈໃນສາຂາຮຽນອັນໃດ.)

❷ □ **政治学**（せいじがく） (राजनीति विज्ञान／នយោបាយវិទ្យា／ວິຊາການເມືອງ, ວິຊາລັດຖະສາດ)

❸ □ **経済学**（けいざいがく） (अर्थशास्त्र／សេដ្ឋកិច្ចវិទ្យា／ວິຊາເສດຖະສາດ)

❹ □ **教育学**（きょういくがく） (शिक्षा／គរុកោសល្យ／ວິຊາສຶກສາສາດ)

❺ □ **心理学**（しんりがく） (मनोविज्ञान／ចិត្តវិទ្យា／ວິຊາຈິດຕະວິທະຍາ)

❻ □ **物理学**（ぶつりがく） (भौतिकी／រូបវិទ្យា／ວິຊາຟີຊິກສາດ)

❼ □ **自然科学**（しぜんかがく） (प्राकृतिक विज्ञान／វិទ្យាសាស្ត្រធម្មជាតិ／ວິຊາວິທະຍາສາດທຳມະຊາດ)

❽ □ **人文科学**（じんぶんかがく） (मानविकी／វិទ្យាសាស្ត្រមនុស្សជាតិ／ວິຊາສັງຄົມວິທະຍາ)

❾ □ **概論**（がいろん） (परिचय／សេចក្ដីផ្ដើម／ເນື້ອໃນໂດຍສັງເຂບ, ເນື້ອໃນທີ່ສຳຄັນເບື້ອງຕົ້ນຂອງວິຊາຕ່າງໆ)

❿ □ **研究室**（けんきゅうしつ） (प्रयोगशाला／បន្ទប់ពិសោធន៍／ຫ້ອງຄົ້ນຄວ້າ, ຫ້ອງວິໄຈ, ຫ້ອງແລັບ)

▶ 先生（せんせい）の研究室を訪（たず）ねて、よくアドバイスをしてもらいました。

(शिक्षकको प्रयोगशालामा गएं र धेरै सल्लाह पाएं ।／
បន្ទាប់ពីបានទៅជួបសាស្ត្រាចារ្យនៅបន្ទប់ពិសោធន៍មក បានទទួលគំនិតយោបល់ជាច្រើន／
ໄປພົບອາຈານທີ່ຫ້ອງຄົ້ນຄວ້າແລະໄດ້ຮັບຄຳແນະນຳທີ່ດີຈາກເພິ່ນ.)

⓫ □ 観測(する) (अवलोकन गर्नु／សង្កេត／ການສັງເກດການ)
かんそく

▶ この巨大な望遠鏡を使って、毎日、星や太陽の動きを観測しています。
きょだい ぼうえんきょう つか まいにち ほし たいよう うご

(हरेक दिन यो विशाल टेलिस्कोप प्रयोग गरेर ताराहरू र सूर्यको चाल अवलोकन गर्छु।／
ជារៀងរាល់ថ្ងៃខ្ញុំមើលចលនារបស់ព្រះអាទិត្យនិងផ្កាយដោយប្រើកែវឆ្លុះដ៏ធំសំបើម／
ໃຊ້ກ້ອງສ່ອງທາງໄກໜ່ວຍໃຫຍ່ນີ້ເພື່ອສັງເກດເບິ່ງການເຄື່ອນໄຫວຂອງດາວແລະດວງຕາເວັນ.)

⓬ □ 博士 (डाक्टर／បណ្ឌិត／ປະລິນຍາເອກ)
はかせ／はくし

▶ 修士号を取ったら、博士課程に進むつもりです。
しゅうしごう と かてい すす

(मेरो स्नातकोत्तर डिग्री प्राप्त गरे पछि विद्यावारिधी कोर्स गर्ने विचार छ।／
ប្រសិនបើយកបានថ្នាក់អនុបណ្ឌិត ខ្ញុំនឹងបន្តទៅដល់ថ្នាក់បណ្ឌិត／ຖ້າໄດ້ປະລິນຍາໂທແລ້ວຕັ້ງໃຈວ່າຊິຕໍ່ປະລິນຍາເອກ.)

⓭ □ 説 (सिद्धान्त, मत, धारणा／បំណកស្រាយ／ຄວາມຄິດ, ຄວາມເຫັນ, ທິດສະດີ)
せつ

▶ 月の誕生については、いろいろな説がある。
つき たんじょう

(चन्द्रमाको उत्पत्तिबारे विभिन्न सिद्धान्त (धारणा) छ।／មានបំណកស្រាយជាច្រើនអំពីកំណើតព្រះច័ន្ទ／
ມີຫຼາຍທິດສະດີກ່ຽວກັບເດືອນເກີດ.)

⓮ □ 学会 (वैज्ञानिक समाज／ពិធីជួបជុំអ្នកសិក្សា／ການປະຊຸມສຳມະນາທາງວິຊາການ)
がっかい

▶ 次の学会で発表することになった。
つぎ はっぴょう

(यस पछि वैज्ञानिक समाज कार्यक्रममा वक्तव्य दिने भयो।／
ខ្ញុំទទួលបានឱកាសធ្វើបទបង្ហាញនៅពិធីជួបជុំអ្នកសិក្សាលើកក្រោយ／
ຊິໄດ້ຂຶ້ນນຳສະເໜີທີ່ກອງປະຊຸມສຳມະນາທາງວິຊາການໃນເທື່ອຕໍ່ໄປ.)

対象・範囲 (लक्ष्य, दायरा／គោលដៅ វិសាលភាព／ເປົ້າໝາຍ, ຂອບເຂດ)

たいしょう　はんい

❶ □ 限る（かぎ） (सम्म, सीमित／កំណត់／ຈຳກັດ, ສະເພາະ, ດີທີ່ສະສຸດຄື, ຕ້ອງຍົກໃຫ້)

▶ 限られた時間で、どこまで準備ができるだろう？

(सीमित समयमा कतिको तयारी गर्न सकिन्छ होला ।／ដោយពេលវេលាមានកំណត់ តើយើងអាចត្រៀមដល់កំរឹតណាទៅ／ຊິກະກຽມໄດ້ຮອດໃສເດ້, ພາຍໃນເວລາທີ່ຈຳກັດ?)

❷ □ 〜限り（かぎ） (सम्म／....ត្រឹម／ຂີດຈຳກັດ, ຈຸດສິ້ນສຸດ, ເທົ່າທີ່..., ຕາບໃດທີ່)

▶ 商品到着後７日間に限り、返品も可能です。

(सामान प्राप्त भएपश्चात ७ दिन सम्म सामान फिर्ता गर्न सकिन्छ ।／អាចប្តូរទំនិញវិញបានត្រឹម៧ថ្ងៃក្រោយទំនិញទៅដល់／ສາມາດສົ່ງຄືນສິນຄ້າໄດ້ພາຍໃນ7ມື້ພາຍຫຼັງເຄື່ອງຮອດ.)

▶ 私の知っているかぎり、彼はそんな人じゃない。

(मलाई थाहा भए सम्म उ त्यस्तो मान्छे होइन ।／ត្រឹមអ្វីដែលខ្ញុំដឹងគាត់មិនមែនជាមនុស្សបែបហ្នឹងទេ／ເທົ່າທີ່ຂ້ອຍຮູ້ລາວບໍ່ແມ່ນຄົນແນວນັ້ນ.)

❸ □ 限定（げんてい）(する) (न्युनतम गर्नु／កំណត់／ຈຳກັດ)

▶ 限定100個とか言われると、どうしても欲しくなっちゃう。

(न्युनतम १०० वटा सम्म भन्यो भने झन् चाहना बढ्छ ।／ប្រសិនបើប្រាប់ថាចំនួនមានកំណត់ត្រឹម១០០គ្រាប់ អារម្មណ៍នឹងទៅជាចង់បានហើយ／ຈັ່ງໃດກໍ່ຢາກໄດ້ເມື່ອບອກວ່າມີຈຳກັດພຽງແຕ່100ອັນ.)

❹ □ 限度（げんど） (सम्म, सीमित／កំណត់／ຂີດຈຳກັດ)

▶ ホテル代は１泊１万円が限度だな。それ以上は出せないよ。

(होटेल शुल्क हरेक रातको १० हजार येन सम्म दिन सक्छ, त्यो भन्दा बढी दिन सकिदैन ।／ថ្លៃសណ្ឋាគារមានកំណត់ត្រឹមមួយយប់១ម៉ឺនយេន បើលើសហ្នឹងមិនអាចចំណាយបានទេ／ຂີດຈຳກັດຂອງຄ່າໂຮງແຮມແມ່ນຄືນລະ1ໝື່ນເຢັນ, ກາຍທັ້ນລະຈ່າຍບໍ່ໄດ້ເດີ້)

❺ □ 超（こ）す (बढि हुनु (नाघ्नु)／លើស／ຂ້າມ(ພູເຂົາ, ນ້ຳ), ຜ່ານພົ້ນ (ໄລຍະ, ລະດູ), ກາຍ...)

▶ 今日も30度を超す暑い一日となりました。

(आजपनि ३० डिग्री सेल्सियस नाघेर गर्मी दिन रह्यो ।／ថ្ងៃនេះបានក្លាយជាថ្ងៃក្តៅលើស៣០អង្សា／ເປັນອີກມື້ໜຶ່ງທີ່ອາກາດຮ້ອນກາຍ30ອົງສາ.)

❻ □ 無限（むげん） (अनन्त, असिमित／មិនកំណត់／ບໍ່ມີສິ້ນສຸດ, ບໍ່ຈຳກັດ, ບໍ່ມີຂອບເຂດ)

▶ 子供たちには無限の可能性がある。
こども　かのうせい

(बच्चाहरूसँग असिमित सम्भावना छ ।／ចំពោះក្មេងៗគឺអនាគតគ្មានដែនកំណត់／ເດັກນ້ອຍມີຄວາມສາມາດຢ່າງບໍ່ມີຂອບເຂດ.)

❼ □ 未満（みまん） (भन्दा कम, भित्र／មិនដល់／ຍັງບໍ່ຄົບ, ໜ້ອຍກວ່າ, ຕ່ຳກວ່າ, ບໍ່ຮອດ (ເອົາໄວ້ຫຼັງໂຕເລກ))

▶ 18歳未満は中に入ることができません。
さい　なか　はい

(१८ वर्ष मुनिका भित्र पस्न सकिदैन ।／ក្រោមអាយុ១៨ឆ្នាំមិនអាចចូលក្នុងបានទេ／ອາຍຸຕ່ຳກວ່າ18ເຂົ້າບໍ່ໄດ້.)

❽ □ 不問（ふもん） (बिना प्रश्न／មិនសួរ／ບໍ່ມີຂໍ້ສົງໄສ, ບໍ່ສົນໃຈ..., ບໍ່ຕ້ອງມີ..., ບໍ່ຈຳກັດ...)

▷〈アルバイトの募集広告〉経験不問。初めての方でも大歓迎。
ぼしゅうこうこく　けいけん　はじ　かた　だいかんげい

(〈पार्टटाईम कामको लागि विज्ञापन〉 अनुभवको बारेमा बिना प्रश्न पहिलो चोटी काम गर्ने व्यक्तिलाई पनि स्वागत गर्दछु ।／(ផ្សព្វផ្សាយការងារក្រៅម៉ោង) មិនសួរបទពិសោធន៍។ ស្វាគមន៍ខ្លាំងចំពោះអ្នកគ្មានបទពិសោធន៍／(ໂຄສະນາປະກາດຮັບສະໝັກວຽກເສີມ) ບໍ່ຕ້ອງມີປະສົບການ. ຜູ້ທີ່ສະໝັກເທື່ອທຳອິດກໍ່ຍິນດີຕ້ອນຮັບ.)

❾ □ 問わない（と） (फरक नपर्ने／មិនសួរ／ບໍ່ຄຳນຶງເຖິງ, ບໍ່ວ່າຈະ, ບໍ່ຈຳກັດ...)

▷〈アルバイトの募集広告〉男女は問わない。
ぼしゅうこうこく　だんじょ

(〈पार्टटाईम कामको लागि विज्ञापन〉 केटा वा केटी भए पनि फरक नपने／(ផ្សព្វផ្សាយការងារក្រៅម៉ោង)មិនគិតប្រុសស្រី／(ໂຄສະນາປະກາດຮັບສະໝັກວຽກເສີມ) ບໍ່ຈຳກັດເພດ)

❿ □ あらゆる (सबै／គ្រប់／(ວາງໄວ້ໜ້າຄຳນາມ) ທັງໝົດ, ທັງສິ້ນ)

▶ その店には、ゴルフに関するあらゆる商品が揃っている。
みせ　かん　しょうひん　そろ

(त्यो पसलमा गल्फसँग सम्बन्धित सबै उपकरणहरू (सामानहरू) छन् ।／ហាងមួយនោះមានលក់គ្រប់ផលិតផលដែលទាក់ទងនឹងកីឡាកូនហ្គោល／ຮ້ານນັ້ນມີສິນຄ້າທີ່ກ່ຽວກັບກິລາກອັບຄົບໝົດ.)

▷ あらゆる可能性を探る
かのうせい　さぐ

(सबै सम्भावनाहरू अन्वेषण गर्नु ।／ស្វែងរកគ្រប់លទ្ធភាពដែលអាច／ຊອກຫາຄວາມເປັນໄປໄດ້ທັງໝົດ.)

⓫ □ 全般（ぜんぱん） (सबैतिर, व्यापक／ទាំងអស់／ໂດຍທົ່ວໄປ, ໂດຍລວມທັງໝົດ)

▶ このような傾向は、日本社会全般に見られます。
けいこう　にほんしゃかい　み

(यो जस्तो प्रवृत्ति जापानी समाजमा व्यापकरुपमा देखिन्छ ।／ទិសដៅដូចនេះអាចមើលឃើញនូវសង្គមជប៉ុនទាំងអស់／ທ່າອ່ຽງແບບນີ້ເຮັດໃຫ້ສາມາດເບິ່ງເຫັນສັງຄົມຍີ່ປຸ່ນໂດຍລວມທັງໝົດ.)

⑫ □ 例外（れいがい） (अपवाद／ករណីលើកលែង／ຂໍ້ຍົກເວັ້ນ)

▶ この発音（はつおん）のルールに従（したが）えばいいのですが、一部（いちぶ）、例外もあります。

(यो उच्चारणको नियमलाई अनुसरण गर्न सकेमा राम्रो हो तर केही अपवाद पनि छ।／
អនុវត្តន៍តាមវិន័យនៃការបញ្ចេញសំលេងគឺជាការល្អ តែមានករណីលើកលែងមួយផ្នែក／
ປະຕິບັດຕາມລະບຽບການອອກສຽງກໍ່ດີຢູ່ແຕ່ວ່າບາງອັນກໍ່ມີຂໍ້ຍົກເວັ້ນ.)

⑬ □ 唯一（ゆいいつ） (मात्र／តែមួយគត់／ພຽງໜຶ່ງດຽວເທົ່ານັ້ນ)

▶ 入院中（にゅういんちゅう）はひまで、唯一の娯楽（ごらく）がテレビでした。

(अस्पतालमा रहँदा मेरो मनोरञ्जनको साधन भनेको टेलिभिजन मात्र थियो।／
កំឡុងពេលសំរាកក្នុងមន្ទីរពេទ្យ ការកំសាន្តពេលទំនេរតែមួយគត់គឺទូរទស្សន៍／
ຫວ່າງຫຼາຍຕອນນອນໂຮງໝໍ, ການເບິ່ງໂທລະທັດຄືຄວາມບັນເທີງອັນດຽວເທົ່ານັ້ນ.)

⑭ □ そのもの (त्यो आफै／របស់នោះ／ສິ່ງນັ້ນເອງ, ໂຕຂອງມັນເອງ)

▶ 運動（うんどう）そのものは悪（わる）くないけど、やり方（かた）によっては体（からだ）を悪くすることもある。

(व्यायाम आफैमा खराब छैन, तर तपाई कसरी गर्नुहुन्छ त्यसमा निर्भर गर्छ, होइन भने तपाईको शरीरमा खराब असर पनि पर्न सक्छ।／
ការហាត់ប្រាណ រឿងមួយនេះមិនមានអ្វីមិនល្អទេ តែបើអនុវត្តន៍ខុសនឹងធ្វើអោយរាងកាយមិនល្អ／
ການອອກກຳລັງກາຍບໍ່ແມ່ນວ່າບໍ່ດີແຕ່ວ່າມັນເຮັດຮ່າງກາຍໄດ້ຮັບຜົນກະທົບທາງລົບໄດ້ຂຶ້ນຢູ່ກັບວິທີການເຮັດ.)

⑮ □ めいめい (आफै, एक्लै एक्लै／រាងៗខ្លួន／ແຕ່ລະ (ໃຊ້ກັບຄົນເທົ່ານັ້ນ))

▶ 夕食（ゆうしょく）は全員一緒（ぜんいんいっしょ）だけど、昼食（ちゅうしょく）はめいめいでとることになった。

(रातिको खाना सबै जनासँगै खाने तर दिउँसोको खाजा आफैं (छुट्टा छुट्टै) खानुपर्ने भयो।／
អាហារពេលល្ងាចគឺហូបជុំគ្នាតែអាហារថ្ងៃត្រង់រាងៗខ្លួន／ເຂົ້າແລງແມ່ນກິນນຳກັນໝົດທຸກຄົນແຕ່ວ່າເຂົ້າສວາຍແມ່ນກິນພໍໃຜພໍມັນ.)

⑯ □ ～通（とお）り (एक चरण (सम्पुर्ण)／តាមលំដាប់លំដោយ／ໂດຍທົ່ວໄປ, ດາ, ອ່ານຜ່ານໆ)

▶ ゴルフ道具（どうぐ）は一通（ひとどお）り揃（そろ）えましたが、まだ使（つか）ったことがないんです。

(मसँग गल्फको सम्पूर्ण उपकरणहरू एक सेट छ, तर मैले अहिलेसम्म प्रयोग गरेको छैन।／
សំភារៈលេងកូនហ្គោលគឺមានតាមលំដាប់លំដោយហើយ តែមិនដែលប្រើ／
ໂດຍທົ່ວໄປແລ້ວມີອຸປະກອນສຳລັບຕີກອັບຄົບແຕ່ວ່າຍັງບໍ່ເຄີຍໃຊ້.)

UNIT 28

音声DL 41

社会(しゃかい)・国(くに)・ルール

(समाज, देश, नियम／សង្គម / ប្រទេស / ច្បាប់／ສັງຄົມ, ປະເທດ, ກົດລະບຽບ)

❶ □ **国家**(こっか) (देश, राष्ट्रिय／ជាតិ／ປະເທດຊາດ)

▷ 国家公務員(こうむいん)、国家プロジェクト

(सरकारी अधिकारी, राष्ट्रिय योजना／មន្ត្រីរាជការជាតិ, គម្រោងជាតិ／ລັດຖະກອນ, ພະນັກງານລັດ, ໂຄງການລະດັບຊາດ)

❷ □ **治める**(おさ) (देश चलाउनु (शासन गर्नु)／គ្រប់គ្រង／ປົກຄອງ, ຄວບຄຸມ, ປາບປາມ, ລະງັບ, ຈັດການໃຫ້ສະຫງົບຮຽບຮ້ອຍ)

▷ 国(くに)を治める (देश शासन गर्नु ।／គ្រប់គ្រងប្រទេស／ປົກຄອງປະເທດ)

❸ □ **政治**(せいじ) (सरकार／នយោបាយ／ລັດຖະບານ, ການເມືອງ)

❹ □ **政治家**(せいじか) (राजनितिज्ञ／អ្នកនយោបាយ／ນັກການເມືອງ)

❺ □ **総理大臣**(そうりだいじん) (प्रधान मन्त्री／នាយករដ្ឋមន្ត្រី／ນາຍົກລັດຖະມົນຕີ)

❻ □ **政党**(せいとう) (राजनितिक पार्टी／គណបក្សនយោបាយ／ພັກການເມືອງ)

▶ 各(かく)政党から１名(めい)の候補者(こうほしゃ)が出(で)た。

(प्रत्येक राजनीतिक दलबाट एक जना उम्मेदवार थियो ।／មានបេក្ខជនចំនួនមួយនាក់មកពីគណបក្សនយោបាយនីមួយៗ／ມີຜູ້ລົງສະໝັກຮັບຄັດເລືອກຈາກແຕ່ລະພັກການເມືອງຈຳນວນ1ທ່ານ.)

❼ □ **党**(とう) (पार्टी／គណបក្ស／ພັກການເມືອງ)

▷ 党の代表(だいひょう)、民主党(みんしゅ)

(पार्टी प्रतितिधि, डेमोक्रेटिक पार्टी／តំណាងគណបក្ស, គណបក្សប្រជាធិបតេយ្យ／ໂຕແທນພັກ, ພັກປະຊາທິປັດ)

❽ □ **官庁**(かんちょう) (सरकारी कार्यालय／ការិយាល័យរដ្ឋាភិបាល／ທຳນຽບລັດຖະບານ, ຫ້ອງການລັດ)

▷ 中央(ちゅうおう)官庁 (केन्द्र सरकारको कार्यालय／ការិយាល័យរដ្ឋាភិបាលកណ្ដាល／ຫ້ອງການລັດຖະບານສູນກາງ)

❾ □ **県庁**(けんちょう) (अञ्चल सरकारी कार्यालय／ការិយាល័យខេត្ត／ຫ້ອງການປົກຄອງແຂວງ)

⑩ □ 消防署（しょうぼうしょ） (दमकल विभाग／ស្នាក់ការពន្លត់អគ្គិភ័យ／ສະຖານີດັບເພີງ)

▷ 消防車（しゃ）、消防隊（たい）

(दमकल, फायर ब्रिगेड／ឡានពន្លត់អគ្គិភ័យ, ក្រុមពន្លត់អគ្គិភ័យ／ລົດດັບເພີງ, ນັກດັບເພີງ)

⑪ □ 制度（せいど） (प्रणाली／ប្រព័ន្ធ／ລະບົບ)

▷ 年金（ねんきん）制度、制度を見直（みなお）す

(पेन्सन प्रणाली, प्रणाली संशोधन गर्नु／ប្រព័ន្ធប្រាក់ប្រចាំឆ្នាំ , ពិនិត្យប្រព័ន្ធឡើងវិញ／ລະບົບເງິນບຳນານ, ພິຈາລະນາລະບົບອີກຄັ້ງ)

⑫ □ 改革（かいかく）（する） (सुधार गर्नु／ការកែទម្រង់។／ປັບປຸງ, ປະຕິຮູບ)

▶ 教育制度（きょういくせいど）を改革する必要（ひつよう）がある。

(शिक्षा प्रणाली सुधार गर्न आवश्यक छ ।／ប្រព័ន្ធអប់រំត្រូវការកែទម្រង់／ມີຄວາມຈຳເປັນໃນການປະຕິຮູບລະບົບການສຶກສາ.)

⑬ □ 憲法（けんぽう） (संविधान／រដ្ឋធម្មនុញ្ញ／ລັດຖະທຳມະນູນ)

⑭ □ 改正（かいせい）（する） (संशोधन／កែតម្រូវ／ການແກ້ໄຂ)

▷ 法律（ほうりつ）を改正する (कानुन संशोधन गर्नु／កែតម្រូវច្បាប់／ແກ້ໄຂລັດຖະທຳມະນູນ)

⑮ □ 規律（きりつ） (अनुशासन／វិន័យ／ວິໄນ, ກົດລະບຽບ, ຂໍ້ກຳນົດ)

▶ 軍隊（ぐんたい）では、規律が第一（だいいち）だ。

(सेनामा अनुशासन सबभन्दा पहिलो हो ।／នៅក្នុងវិស័យយោធាវិន័យគឺជាចំបង／ໃນກອງທັບ, ວິໄນຕ້ອງມາກ່ອນ)

⑯ □ 違反（いはん）（する） (उल्लंघन／បំពាន／ຜິດກົດ, ຝ່າຝືນ)

▶ 一人（ひとり）で行（い）ったの？　それはルール違反（いはん）だよ。

(के तपाई एक्लै जानुभएको हो ? त्यो नियम उल्लंघन हो ।／តើអ្នកបានទៅតែម្នាក់ឯងមែនទេ? វាជាការបំពានច្បាប់／ເຮັດຜູ້ດຽວບໍ? ນັ້ນແມ່ນການຝ່າຝືນກົດລະບຽບເດີ້.)

⑰ □ 判決（はんけつ） (फैसला／ការវិនិច្ឆ័យ／ຄຳພິພາກສາ)

▶ 裁判（さいばん）で無罪（むざい）の判決が出（で）た。

(अदालतमा निर्दोष भएको फैसला गर्‍यो ।／តុលាការបានវិនិច្ឆ័យថាគ្មានទោស／ຜ່ານການສືບສວນ-ສອບສວນໄດ້ຖືກຕັດສິນວ່າບໍ່ມີຄວາມຜິດ.)

⑱ □ 罰（ばっ）(する) (सजाय गर्नु／ដាក់ទណ្ឌកម្ម／ການລົງໂທດ, ໂທດ)

▶ 飲酒運転（いんしゅうんてん）は法律（ほうりつ）で厳（きび）しく罰せられる。

(मादक पदार्थ सेवन (मापसे) गरी सवारी चलाउनेलाई कानुनद्वारा कठोर सजाय दिइन्छ ।／ការបើកបរពេលស្រវឹងត្រូវបានដាក់ទណ្ឌកម្មផ្តន្ទាទោសយ៉ាងធ្ងន់ធ្ងរដោយច្បាប់／ເມົາແລ້ວຂັບຈະຖືກລົງໂທດຢ່າງເຂັ້ມງວດອີງຕາມກົດໝາຍ.)

⑲ □ 軍（ぐん） (सेना／កងទ័ព／ທະຫານ, ກອງທັບ)

▷ 海軍（かい）、空軍（くう）、陸軍（りく） (जल सेना, हवाई सेना, थल सेना／កងទ័ពជើងទឹក, កងទ័ពអាកាស, ក្រុមកងទ័ព／ທະຫານເຮືອ, ທະຫານອາກາດ, ທະຫານບົກ)

⑳ □ 軍隊（ぐんたい） (सेना／កងទ័ព／ກອງທັບ)

▷ 軍隊に入（はい）る (सेनामा भर्ती हुनु ।／ចូលរួមជាកងទ័ព／ເຂົ້າກອງທັບ.)

㉑ □ 自衛（じえい） (आत्म रक्षा／ការពារខ្លួន／ການປ້ອງກັນຕົນເອງ)

㉒ □ 自衛隊（じえいたい） (जापानको सशस्त्र आत्मरक्षा दल／ក្រុមការពារខ្លួន／ກອງກຳລັງປ້ອງກັນຕົນເອງ)

㉓ □ 治安（ちあん） (सुरक्षा／សន្តិសុខ／ຄວາມສະຫງົບພາຍໃນປະເທດ, ຄວາມປອດໄພຂອງປະຊາຊົນ)

▶ 治安のよくない所（ところ）には、一人（ひとり）で行（い）かないでください。

(सुरक्षा व्यवस्था नराम्रो भएको ठाउँमा एक्लै नजानुहोस् ।／សូមកុំទៅណាតែម្នាក់ឯងទៅកន្លែងដែលគ្មានសន្តិសុខ／ກະລຸນາຢ່າໄປບ່ອນທີ່ບໍ່ມີຄວາມປອດໄພພຽງຜູ້ດຽວ.)

㉔ □ 自治（じち） (स्वतन्त्रता／ស្វ័យភាព／ການປົກຄອງຕົນເອງ)

▷ 地方（ちほう）自治 (स्थानीय स्वायत्तता／ស្វ័យភាពក្នុងតំបន់／ການປົກຄອງທ້ອງຖິ່ນ)

㉕ □ 方針（ほうしん） (नीति／គោលការណ៍／ນະໂຍບາຍ, ວິທີທາງ, ເຂັມຂອງເຂັມທິດ)

▶ 国（くに）の方針に基（もと）づいて、新（あら）たな工事計画（こうじけいかく）が発表（はっぴょう）された。

(राष्ट्रिय नीतिको आधारमा नयाँ निर्माण योजना घोषणा गरियो ।／ផែនការសាងសង់ថ្មីត្រូវបានប្រកាសផ្អែកលើគោលការណ៍ជាតិ／ແຜນການກໍ່ສ້າງສະບັບໃໝ່ໄດ້ຖືກລາຍງານໂດຍອີງຕາມນະໂຍບາຍຂອງປະເທດ)

㉖ □ 権利（けんり） (अधिकार／សិទ្ធ／ສິດທິ)

㉗ □ **義務** (दायित्व／កាតព្វកិច្ច／ໜ້າທີ່)

▶ 権利を主張する前に、ちゃんと義務を果たしてほしい。

(अधिकार दावी गर्नु अघि तपाईंले आफ्नो दायित्व पुरा गरेको चाहन्छु ।／
ខ្ញុំចង់អោយអ្នកបំពេញកាតព្វកិច្ចរបស់អ្នកមុននឹងទាមទារសិទ្ធិរបស់អ្នក／
ກ່ອນທີ່ຈະອ້າງສິດທິຢາກໃຫ້ບັນລຸໜ້າທີ່ຢ່າງຮຽບຮ້ອຍເສຍກ່ອນ.)

㉘ □ **正式(な)** (औपचारिक／ជាផ្លូវការ／ເປັນທາງການ, ພິທີການ)

▷ 正式な発表 (औपचारिक घोषणा／ការប្រកាសជាផ្លូវការ／ການປະກາດເປັນທາງການ)

㉙ □ **公正(な)** (निष्पक्ष／ដោយយុត្តិធម៌／ຍຸຕິທຳ, ທ່ຽງທຳ, ກົງໄປກົງມາ)

▶ 選挙が公正に行われているか、厳しくチェックしなければならない。

(निर्वाचन निष्पक्ष रुपमा सम्पन्न भएको छ भनेर सुनिश्चित गर्न कडासँग जाँच गरिनुपर्छ ।／
ត្រូវមានការត្រួតពិនិត្យយ៉ាងម៉ឺងម៉ាត់ដើម្បីធានាថាការបោះឆ្នោតប្រព្រឹត្តទៅដោយយុត្តិធម៌／
ຕ້ອງກວດກາຢ່າງເຂັ້ມງວດວ່າການເລືອກຕັ້ງໄດ້ຖືກດຳເນີນຢ່າງຍຸຕິທຳຫຼືບໍ່.)

㉚ □ **エチケット** (शिष्टाचार／ក្រមសីលធម៌／ມາລະຍາດ)

▶ 咳をするときは、ハンカチなどで口を押さえるのがエチケットだと思う。

(खोक्ने बेला रुमालले मुख छोप्नु भनेको शिष्टाचार हो जस्तो लाग्दछ ।／
នៅពេលក្អកខ្ញុំគិតថាការទប់មាត់ដោយកន្សែងដៃជាក្រមសីលធម៌／ຄິດວ່າການເອົາຜ້າເຊັດມືອັດປາກຄືມາລະຍາດໃນເວລາໄອ.)

㉛ □ **個人情報** (व्यक्तिगत जानकारी／ព័ត៌មានផ្ទាល់ខ្លួន／ຂໍ້ມູນສ່ວນໂຕ, ຂໍ້ມູນສ່ວນບຸກຄົນ)

▶ 個人情報の取り扱いに注意してください。

(कृपया व्यक्तिगत जानकारीको प्रयोजनमा सावधानी अपनाउनुस् ।／សូមប្រយ័ត្នចំពោះការគ្រប់គ្រងព័ត៌មានផ្ទាល់ខ្លួន／
ກະລຸນານຳໃຊ້ຂໍ້ມູນສ່ວນບຸກຄົນຢ່າງລະມັດລະວັງ.)

㉜ □ **リサイクル(する)** (पुन प्रयोग／ការកែច្នៃ／ການລີໄຊເຄີ້ນ, ການນຳມາໃຊ້ອີກ, ການນຳມາໃຊ້ປະໂຫຍດໄດ້ອີກ) (回再利用(する))

▷ ごみのリサイクル (फोहरको पुनः प्रयोग／ការកែច្នៃសំរាម／ການນຳຂີ້ເຫຍື້ອມາໃຊ້ປະໂຫຍດໄດ້ອີກ.)

㉝ □ **世間** (संसार, दुनिया／ពិភពលោក／ສັງຄົມ, ໂລກມະນຸດ)

▶ 今、この新サービスが世間の注目を集めている。

(अहिले यो नयाँ सेवाले संसारको ध्यानाकर्षण छ ।／ឥឡូវនេះសេវាកម្មថ្មីនេះកំពុងទាក់ទាញការចាប់អារម្មណ៍ពីសំណាក់ពិភពលោក
／ໃນປະຈຸບັນ, ການບໍລິການແບບໃໝ່ນີ້ກາຍເປັນທີ່ນິຍົມໃນສັງຄົມ.)

㉞ □ 民間（みんかん） (निजी／ឯកជន／ພາກເອກະຊົນ)

▶ 公務員（こうむいん）になるのはやめて、民間企業（きぎょう）に就職（しゅうしょく）するつもりです。

(सरकारी कर्मचारी बन्न छोडेर निजी कम्पनीमा काम गर्ने विचार छ।／
ខ្ញុំគំរោងនឹងឈប់ក្លាយជាមន្ត្រីរាជការហើយទទួលធ្វើការងារនៅក្រុមហ៊ុនឯកជន／
ບໍ່ເປັນລັດຖະກອນ, ຕັ້ງໃຈຊິເຂົ້າເຮັດວຽກກັບບໍລິສັດເອກະຊົນ.)

UNIT 29

職業・身分（しょくぎょう・みぶん）

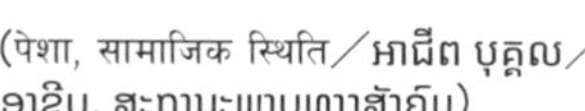

❶ □ ビジネスマン (व्यापारी／អ្នកជំនួញ／ນັກທຸລະກິດ)

❷ □ 農家（のうか） (किसान／កសិករ／ຊາວກະສິກອນ, ຄອບຄົວກະສິກອນ)

▶ 実家（じっか）が農家なので、野菜（やさい）がよく送（おく）られてくるんです。

(मेरो बुबाआमा किसान भएकोले, अक्सर मलाई तरकारी पठाइदिनुहुन्छ ।／អ្នកផ្ទះខ្ញុំជាកសិករ ដូចនេះតែងតែមានបន្លែផ្ញើរមក／ຍ້ອນວ່າຄອບຄົວແມ່ນຊາວກະສິກອນ, ຈຶ່ງໄດ້ກິນຜັກທີ່ສົ່ງມາແຕ່ບ້ານເກີດເລື້ອຍໆ.)

❸ □ 工員（こういん） (कामदार／កម្មករ／ຜູ້ເຮັດວຽກໃນໂຮງງານ)

❹ □ 船員（せんいん） (नाविक／បុគ្គលិកកប៉ាល់／ລູກເຮືອ)

❺ □ 教員（きょういん） (शिक्षक／បុគ្គលិកអប់រំ／ຄູ, ອາຈານ)

▷ 教員免許（めんきょ）、大学（だいがく）の教員

(शिक्षक लाइसेन्स, विश्वविद्यालय शिक्षक／អាជ្ញាប័ណ្ណបុគ្គលិកអប់រំ បុគ្គលិកអប់រំនៃសកលវិទ្យាល័យ／ໃບອະນຸຍາດການສອນ, ອາຈານສອນມະຫາວິທະຍາໄລ)

❻ □ 技師（ぎし） (ईन्जिनियर／ពេទ្យបច្ចេកទេស／ວິສະວະກອນ)

▷ レントゲン技師

(एक्स रे टेक्निशियन／ពេទ្យបច្ចេកទេសម៉ាស៊ីនថតកាំរស្មី／ນັກຖ່າຍພາບລັງສີ, ຜູ້ຄວບຄຸມການຖ່າຍພາບລັງສີ)

❼ □ エンジニア (ईन्जिनियर／វិស្វករ／ວິສະວະກອນ)

❽ □ コック (कुक／ចុងភៅ／ພໍ່ຄົວ)

▷ 同 シェフ (सेफ／ចុងភៅ／ພໍ່ຄົວ)

❾ □ 警官（けいかん） (प्रहरी अधिकृत／ប៉ូលីស／ຕຳຫຼວດ)

⑩ □ 話 お巡(まわ)りさん (प्रहरी／ប៉ូលីសល្បាត／ຕຳຫຼວດ)

▶ 交番(こうばん)で道(みち)を尋(たず)ねたら、お巡りさんがすごく親切(しんせつ)に教(おし)えてくれた。

(जब प्रहरी बिटमा बाटो सोध्दा, प्रहरीले मलाई दयापूर्वक भनिदिनु भयो ।／
នៅពេលខ្ញុំសួរផ្លូវនៅឯប៉ុស្តប៉ូលីស ប៉ូលីសល្បាតប្រាប់ដោយរួសរាយ／
ຕຳຫຼວດຢູ່ປ້ອມໃຈດີຫລາຍອະທິບາຍເສັ້ນທາງທີ່ຖາມໃຫ້ຢ່າງລະອຽດ.)

⑪ □ 刑事(けいじ) (जासुस／ប៉ូលីសស៊ើបអង្កេត／ຕຳຫຼວດຝ່າຍສືບສວນ)

⑫ □ 弁護士(べんごし) (वकिल／មេធាវី／ທະນາຍຄວາມ)

⑬ □ 消防士(しょうぼうし) (फायर बिग्रेड／អ្នកពន្លត់អគ្គីភ័យ／ພະນັກງານດັບເພີງ)

⑭ □ 宇宙飛行士(うちゅうひこうし) (अन्तरिक्ष यात्री／អ្នកអាវកាស／ມະນຸດອະວະກາດ, ນັກບິນອະວະກາດ)

⑮ □ 詩人(しじん) (कवि／អ្នកនិពន្ធ／ນັກປະພັນ, ນັກກະວີ)

⑯ □ ジャーナリスト (पत्रकार／អ្នកកាសែត／ນັກໜັງສືພິມ, ນັກຂ່າວ)

⑰ □ 牧師(ぼくし) (पास्टर／លោកឪ／ນັກບວດ ຫຼື ຄຸບາ ໃນນິກາຍໂປເຕສຕັ້ນ)

⑱ □ 神父(しんぷ) (क्याथोलिकको प्रिष्ट／លោកឪ／ຄຸນພໍ່)

⑲ □ 大家(おおや) (घर मालिक／ម្ចាស់ផ្ទះ／ເຈົ້າຂອງທີ່ດິນ, ເຈົ້າຂອງເຮືອນເຊົ່າ)

▶ 家賃(やちん)は大家さんに毎月(まいつき)、現金(げんきん)で払(はら)っています。

(घर मालिकलाई हरेक महिनाको घरभाडा नगदद्वारा भुक्तानी गर्दछु ।／
ឈ្នួលផ្ទះគឺបង់អោយម្ចាស់ផ្ទះជារាងរាល់ខែ／ຈ່າຍຄ່າເຊົ່າເຮືອນເປັນເງິນສົດໃຫ້ແກ່ເຈົ້າຂອງເຮືອນໃນທຸກໆເດືອນ.)

⑳ □ 家主(やぬし) (घर मालिक／ម្ចាស់ផ្ទះ／ເຈົ້າຂອງເຮືອນເຊົ່າ, ເຈົ້າຂອງບ້ານ)

㉑ □ **専門家**（せんもんか） (विशेषज्ञ／អ្នកជំនាញ／ຜູ້ຊ່ຽວຊານ, ຜູ້ຊຳນານສະເພາະດ້ານ)

▶ 専門家の意見（いけん）を聞（き）いたほうがいい。

(विशेषज्ञहरूको विचार सुन्नुपर्छ ।／គួរតែសួរគំនិតយោបល់អ្នកជំនាញ／ຟັງຄຳເຫັນຂອງຜູ້ຊ່ຽວຊານດີກວ່າ.)

㉒ □ **芸術家**（げいじゅつか） (कलाकार／សិល្បៈករ／ສິນລະປິນ)

㉓ □ **科学者**（かがくしゃ） (वैज्ञानिक／អ្នកវិទ្យាសាស្រ្ត／ນັກວິທະຍາສາດ)

▶ 子供（こども）の頃（ころ）は科学者になるのが夢（ゆめ）でした。

(सानो छँदा वैज्ञानिक बन्ने सपना थियो ।／កាលនៅពីក្មេងមានសុបិន្តចង់ក្លាយជាអ្នកវិទ្យាសាស្រ្ត／
ຕອນຍັງນ້ອຍມີຄວາມຝັນຢາກເປັນນັກວິທະຍາສາດ.)

㉔ □ **学者**（がくしゃ） (विद्वान／អ្នកសិក្សា／ວິຊາການ)

▷ 言語（げんご）学者、有名（ゆうめい）な学者

(भाषाविद्, प्रसिद्ध विद्वान／អ្នកសិក្សាអក្សរសាស្រ្ត អ្នកសិក្សាល្បីល្បាញ／ວິຊາການດ້ານພາສາ, ວິຊາການທີ່ມີຊື່ສຽງ)

㉕ □ **職人**（しょくにん） (कारीगर／អ្នកជំនាញ／ຊ່າງ)

▷ 時計（とけい）職人、ガラス職人

(घडी बनाउने कारीगर, सिसाको काम गर्ने कारीगर (कामदार)／អ្នកជំនាញនាឡិកា អ្នកជំនាញកញ្ចក់／ຊ່າງແປງໂມງ, ຊ່າງແກ້ວ)

㉖ □ **弟子**（でし） (चेला／កូនសិស្ស／ລູກສິດ, ຜູ້ຕິດຕາມ)

㉗ □ **助手**（じょしゅ） (सहायक／អ្នកជំនួយ／ຜູ້ຊ່ວຍ)

▷ 助手を雇（やと）う (एक जना सहायक राख्छ／ជួលអ្នកជំនួយ／ຈ້າງຜູ້ຊ່ວຍ)

㉘ □ **就職活動**（しゅうしょくかつどう） (जागिर खोज्नु／សកម្មភាពស្វែងរកការងារ／
ໄລຍະເວລາທີ່ຊອກວຽກ, ການຊອກວຽກ)

㉙ □ **求人**（きゅうじん） (कर्मचारीको आवश्यकता／រើសបុគ្គលិក／ການຮັບສະໝັກພະນັກງານ)

▶ あの店（みせ）で求人が出（で）ていたよ。

(त्यो स्टोरमा एक जना कामदारको आवश्यकता आएको थियो ।／នៅហាងមួយនោះរើសបុគ្គលិក／
ຮ້ານນັ້ນຮັບສະໝັກພະນັກງານໄດ໋ຫັ້ນ.)

㉚ □ 急募 (तत्काल भर्ती／ជ្រើសរើសជាបន្ទាន់／ການຮັບສະໝັກດ່ວນ)
きゅうぼ

▷〈求人広告〉アルバイト急募！
きゅうじんこうこく

(〈कामदार आवश्यकताको विज्ञापन〉 पार्ट टाईम काम गर्ने कामदारको आवश्यकता !／
(ប្រកាសរើសបុគ្គលិក) រើសបុគ្គលិកក្រៅម៉ោងជាបន្ទាន់／(ໂຄສະນາຮັບສະໝັກພະນັກງານ) ຕ້ອງການພະນັກງານດ່ວນ!)

㉛ □ 採用(する) (भर्ती गर्न／ជ្រើសរើស／ການຈ້າງວຽກ, ການຮັບເຂົ້າໄປເຮັດວຽກ, ການນຳມາໃຊ້, ການນຳມາປະຍຸກໃຊ້)
さいよう

▷ 採用試験、企画を採用する
しけん　きかく

(भर्तीको लागि लिने परीक्षा, योजना अपनाउन／ប្រលងជ្រើសរើស ជ្រើសរើសយកគំរោង／
ການສອບເສັງເພື່ອຄັດເລືອກເຂົ້າເຮັດວຽກ, ນຳໃຊ້ແຜນ)

㉜ □ 正社員 (स्थायी कर्मचारी／បុគ្គលិកពេញសិទ្ធ／ພະນັກງານປະຈຳ)
せいしゃいん

㉝ □ 派遣(する) (पठाउनु／ណែនាំ／ການສົ່ງໄປປະຈຳການຊົ່ວຄາວ)
はけん

▶ 事故原因を調べるため、現地に調査チームが派遣された。
じこげんいん　しら　げんち　ちょうさ

(दुर्घटनाको कारण पत्ता लगाउनको लागि घटनास्थलमा अनुसन्धान टोली पठाईएको थियो ।／
ដើម្បីស្វែងរកមូលហេតុគ្រោះថ្នាក់នេះ យើងបានទទួលការណែនាំក្រុមស៊ើបអង្កេតនៅកន្លែងកើតហេតុ／
ໄດ້ສົ່ງທີມສຳຫຼວດໄປຈຸດເກີດເຫດເພື່ອຊອກຫາສາເຫດຂອງອຸບັດຕິເຫດ.)

㉞ □ 労働者 (कामदार／និយោជិក／ກຳມະກອນ)
ろうどうしゃ

㉟ □ リストラ(する) (कामबाट निकाल्नु／រៀបចំឡើងវិញ／ປັບປຸງໂຄງສ້າງ (ສ່ວນຫຼາຍໃຊ້ໃນຄວາມໝາຍການເຊົາຈ້າງ))

▶ A社は、今後2年間で3000人の従業員をリストラすることを発表した。
しゃ　こんご　ねんかん　にん　じゅうぎょういん　はっぴょう

(ए कम्पनीले अबको दुई वर्षमा ३००० जना कर्मचारी कामबाट निकाल्ने गर्ने घोषणा गर्यो ।／
ក្រុមហ៊ុនAបានប្រកាសថាចាប់ពីពេលនេះទៅរយៈពេល២ឆ្នាំនឹងធ្វើការរៀបចំឡើងវិញនូវនិយោជិក៣០០០នាក់／
ບໍລິສັດAໄດ້ປະກາດເຊົາຈ້າງພະນັກງານຈຳນວນ3000ຄົນພາຍໃນ2ປີຂ້າງໜ້າ.)

㊱ □ 失業(する) (बेरोजगारी हुनु／បាត់បង់អាជីព／ການຫວ່າງງານ)
しつぎょう

㊲ □ 職 (काम／អាជីព／ວຽກ, ອາຊີບ)
しょく

▷ 職探し、職が見つかる、無職
さが　み　む

(कामको खोज, काम भेट्टाउनु, बेरोजगार／ស្វែងរកអាជីព រកឃើញអាជីព គ្មានអាជីព／ຊອກວຽກ, ຊອກວຽກໄດ້, ບໍ່ມີອາຊີບ)

38 □ **役人**（やくにん） (आधिकारी／អ្នកទទួលបន្ទុក／ເຈົ້າໜ້າທີ່ຂອງລັດ)

▶ 役人に任せておくだけではだめだ。

(अधिकारीलाई जिम्मा दिई राख्नु मात्र ठिक होईन ।／គ្រាន់តែពឹងផ្អែកលើអ្នកទទួលបន្ទុកមិនគ្រាប់គ្រាន់ទេ／ມອບຄວາມຮັບຜິດຊອບໃຫ້ແກ່ເຈົ້າໜ້າທີ່ຂອງລັດພຽງແຕ່ຝ່າຍດຽວບໍ່ໄດ້.)

39 □ **職員**（しょくいん） (कर्मचारी／បុគ្គលិក／ພະນັກງານ)

▷ 市役所の職員、大学の職員

(नगरपालिकाको कर्मचारी, विश्वविद्यालयको कर्मचारी／បុគ្គលិកសាលាក្រុង បុគ្គលិកសកលវិទ្យាល័យ／ພະນັກງານປະຈຳຫ້ອງການປົກຄອງເມືອງ, ພະນັກງານປະຈຳມະຫາວິທະຍາໄລ)

40 □ **スタッフ** (स्ताफ／បុគ្គលិក／ຜູ້ຮ່ວມງານ, ຄະນະເຮັດວຽກ, ເຈົ້າໜ້າທີ່)

▶ 今回一緒に仕事をしたスタッフ全員に感謝しています。

(यस पटक सँगै काम गरेका स्टाफहरु सबै जनामा आभारी (कृतज्ञ) व्यक्त गर्दछु ।／លើកនេះសូមអរគុណបុគ្គលិកដែលធ្វើការងារជាមួយគ្នាទាំងអស់／ຂໍສະແດງຄວາມຂອບໃຈຕໍ່ໝົດທຸກຄົນທີ່ຮ່ວມເຮັດວຽກນຳກັນໃນເທື່ອນີ້.)

41 □ **係員**（かかりいん） (सम्बन्धित मान्छे／អ្នកទទួលបន្ទុក／ເຈົ້າໜ້າທີ່)

▶ 係員を呼んできますので、ここでお待ちください。

(सम्बन्धित मान्छेलाई बोलाएर आउँछु, कृपया यहाँ पर्खनुहोस् ।／សូមរងចាំបន្តិច ខ្ញុំនឹងហៅអ្នកទទួលបន្ទុកមក／ກະລຸນາລໍຖ້າຢູ່ນີ້, ຊິເອີ້ນເຈົ້າໜ້າທີ່ມາ.)

42 □ **属する**（ぞくする） (आबद्ध／នៅ／ສັງກັດ)

▶ 彼はどのグループにも属していない。

(ऊ कुनै समूहसँग पनि आबद्ध छैन ।／គាត់មិនមាននៅក្នុងក្រុមមួយណាទេ／ລາວບໍ່ໄດ້ສັງກັດຢູ່ໃນກຸ່ມໃດທັງນັ້ນ.)

43 □ **地位**（ちい） (पद／តំណែង／ຕຳແໜ່ງ)

▷ 社会的地位の高い人

(सामाजिकरुपमा उच्च पदमा रहेका मानिस ।／អ្នកដែលមានតំណែងខ្ពស់នៅក្នុងសង្គម／ຄົນທີ່ມີສະຖານະທາງສັງຄົມສູງ)

44 □ **位**（くらい） (श्रेणी／ថ្នាក់／ລຳດັບທີ)

▷ 一つ位が上がる、位の低い人間

(एक श्रेणी माथि जान्छ । तल्लो श्रेणीको मानिस ।／ឡើងមួយថ្នាក់ មនុស្សថ្នាក់ទាប／ທະຍັບຂຶ້ນມາ1ອັນດັບ, ຄົນທີ່ມີສະຖານະພາບຕ່ຳ)

㊺ □ **出世(する)** (उन्नति／មានមុខមាត់／ຄວາມສຳເລັດໃນຊີວິດ, ການໄດ້ເລື່ອນຕຳແໜ່ງ, ການບວດ, ການກຳເນີດ)

▶ 彼がこんなに出世するとは思わなかった。

(उनले यतिको उन्नति गर्ला जस्तो लागेको थिएन ।／ខ្ញុំមិននឹកស្មានថាគាត់មានមុខមាត់បែបនេះសោះ／ບໍ່ຄິດເລີຍວ່າລາວຈະປະສົບຄວາມສຳເລັດໃນຊີວິດເຖິງຂະໜາດນີ້.)

㊻ □ **昇進(する)** (पदोन्नति／ឡើងតំណែង／ຄວາມກ້າວໜ້າໃນໜ້າທີ່ວຽກງານ, ການເລື່ອນຕຳແໜ່ງ)

㊼ □ **キャプテン** (क्याप्टेन／ប្រធានក្រុម／ຫົວໜ້າ, ກັບຕັນ)

㊽ □ **重役** (कार्यकारी／មុខងារសំខាន់／ກຳມະການບໍລິສັດ, ຄົນທີ່ຮັບບົດບາດໜັກ)

▷ 重役会議 (कार्यकारी बैठक／ប្រជុំមុខងារសំខាន់／ການປະຊຸມຄະນະກຳມະການບໍລິສັດ)

㊾ □ **就任(する)** (उद्घाटन／តែងតាំង／ການລາອອກຈາກວົງການ, ການຖອນໂຕ)

㊿ □ 対 **辞任(する)** (राजीनामा दिनु／លាឈប់／ລາອອກຈາກວຽກ)

▷ 会長を辞任する (अध्यक्ष पदबाट राजीनामा दिनु ।／លាឈប់ពីតំណែងប្រធាន／ລາອອກຈາກການເປັນປະທານກຳມະການ.)

51 □ **引退(する)** (सेवानिवृत हुनु／លាលែង, លាឈប់／ການອອກຈາກວົງການ, ການຖອນໂຕ)

52 □ **営業(する)** (बेचबिखन गर्नु／លក់／ການດຳເນີນທຸລະກິດ, ການບໍລິຫານການຕະຫຼາດ, ທຸລະກິດ, ກິດຈະການ, ການຂາຍ)

▶ 彼は営業に向いている。

(ऊ बेचबिखज गर्न सिपालु छ ।／គាត់សាកសមនឹងផ្នែកលក់／ລາວເໝາະສົມກັບວຽກຂາຍ)

▶〈店〉営業時間 (〈स्टोर〉 कारोबार समय／(ហាង) ម៉ោងប្រកបរបរ／(ຮ້ານຄ້າ) ເວລາໃຫ້ບໍລິການ)

53 □ **販売(する)** (बिक्री गर्नु／លក់／ການຂາຍເຄື່ອງ, ການຈຳໜ່າຍ)

54 □ **経理** (लेखा／គណនេយ្យ／ການເຮັດບັນຊີ)

▶ 領収書が必要かどうか、経理の者に聞いてみます。

(रसिद आवश्यक छ कि छैन व्यवस्थापनको मान्छेलाई सोधेर हेर्छु ।／ខ្ញុំនឹងសាកសួរគណនេយ្យតើត្រូវការវិក័យប័ត្រទិញវិអត់／ຊິຖາມພະນັກງານບັນຊີເບິ່ງວ່າຈຳເປັນມີໃບຮັບເງິນຫຼືບໍ່.)

❺❺ □ 人事（じんじ） (मानवीय संसाधन／គ្រប់គ្រងបុគ្គលិក／ວຽກບຸກຄະລາກອນ)

▷ 人事部（ぶ）、人事に関（かん）するお知（し）らせ

(मानवीय संसाधन विभाग, कर्मचारी सम्बन्धित सूचना ।／ផ្នែកគ្រប់គ្រងបុគ្គលិក ប្រកាសទាក់ទងនិងបុគ្គលិក／ພະແນກບຸກຄະລາກອນ, ແຈ້ງການກ່ຽວກັບບຸກຄະລາກອນ)

❺❻ □ 身分（みぶん） (परिचय／បុគ្គល／ສະຖານະພາບທາງສັງຄົມ, ຍົດສັກ, ຕຳແໜ່ງ,ຖານະ, ຊາດກຳເນີດ)

▷ 身分証明書（しょうめいしょ） (परिचय प्रमाण पत्र／អត្តសញ្ញាណប័ណ្ណ／ບັດປະຈຳໂຕ)

❺❼ □ 武士（ぶし） (सामुराइ／អ្នកចំបាំង／ນັກຮົບ, ສະມູໄລ)

❺❽ □ 農民（のうみん） (किसान／ប្រជាកសិករ／ກະສິກອນ)

UNIT 30 音声DL 43

立場・役割
たちば　やくわり

(स्थिति(पोजिसन), भुमिका／ឋានៈ មុខងារ／ສະຖານະພາບ, ບົດບາດ)

❶ □ 担当(する)（たんとう）(मुख्य भुमिका निर्वाह गर्नु (इन चार्ज)／ទទួលបន្ទុក／ການຮັບຜິດຊອບ)

▶ 今月(こんげつ)からこの地域(ちいき)を担当します。
(यो महिनादेखि यस एरियाको मूख्य भूमिका निर्वाह गर्छु ।／ចាប់ពីខែនេះទៅខ្ញុំទទួលបន្ទុកក្នុងតំបន់នេះ／ຈະຮັບຜິດຊອບຂົງເຂດນີ້ນັບຕັ້ງແຕ່ເດືອນນີ້ໄປ.)

❷ □ 担当者(しゃ) (भुमिका निर्वाह मान्छे／អ្នកទទួលបន្ទុក／ຜູ້ຮັບຜິດຊອບ)

❸ □ 責任（せきにん）(जिम्मेवार／ទំនួលខុសត្រូវ／ໜ້າທີ່, ຄວາມຮັບຜິດຊອບ)

▶ 何(なに)か問題(もんだい)が起(お)きたら、私(わたし)が責任をとります。
(केही समस्या भएमा त्यसको जिम्मेवारी म लिनेछु ।／ប្រសិនបើមានអ្វីកើតឡើង ខ្ញុំជាអ្នកទទួលខុសត្រូវ／ຖ້າມີບັນຫາຫຍັງເກີດຂຶ້ນ, ຂ້ອຍຈະຮັບຜິດຊອບ.)

▶ 今回(こんかい)の事故(じこ)は誰(だれ)の責任になるんですか。
(यसपटकको दुर्घटनाको जिम्मा कसले लिन्छ ?／តើគ្រោះថ្នាក់លើកនេះជាទំនួលខុសត្រូវរបស់នរណា?／ອຸບັດຕິເຫດເທື່ອນີ້ຈະແມ່ນຄວາມຮັບຜິດຊອບຂອງໃຜ?)

▶ もし次(つぎ)の試合(しあい)に負(ま)けると、監督(かんとく)は責任を問(と)われることになるだろう。
(यदि अर्को प्रतियोगितामा हार्‍यो भने, सुपरभाइजरले जिम्मेवारीका लिनपर्ने हुन्छ ।／ប្រសិនបើចាញ់ការប្រកួតលើកក្រោយ ប្រហែលជាអ្នកដឹកនាំក្រុមជាអ្នកទទួលខុសត្រូវ／ຖ້າແພ້ການແຂ່ງຂັນໃນເທື່ອຕໍ່ໄປ, ໜ້າຈະມີການຖາມເຖິງຄວາມຮັບຜິດຊອບຂອງຄູຝຶກ.)

▷ 責任を果(は)たす、責任が重(おも)い、責任感(かん)
(जिम्मेवारी निभाउनु, भारी जिम्मेवारी, जिम्मेवारी भावना／ទទួលខុសត្រូវ ទំនួលខុសត្រូវធ្ងន់ គតិទំនួលខុសត្រូវ／ບັນລຸໜ້າທີ່, ຄວາມຮັບຜິດຊອບໜັກ, ຄວາມຮູ້ສຶກຮັບຜິດຊອບ)

❹ □ 責任者（せきにんしゃ）(जिम्मेवार व्यक्ति／អ្នកទទួលខុសត្រូវ／ຜູ້ຮັບຜິດຊອບ)

▶ 〈商品(しょうひん)やサービスへの不満(ふまん)〉あの一、責任者に代(か)わってもらえませんか。
(उत्पादन र सेवा प्रतिको असन्तुष्टि〉 तपाईंले जिम्मेवार व्यक्ति संग कुरा गराइ दिन सक्नुहुन्न ?／(ភាពមិនពេញចិត្តនៃទំនិញរឺសេវាកម្ម) សំណូមពរមួយ សូមផ្លាស់ប្តូរអ្នកទទួលខុសត្រូវផងបានទេ／(ການຕຳນິສິນຄ້າແລະການບໍລິການ) ອັນນ່າ, ຂໍລົມນຳຜູ້ຮັບຜິດຊອບໄດ້ບໍ່?)

❺ □ 代理（だいり）(प्रतिनिधि (निमित्त)／ជំនួស／ໂຕແທນ, ເປັນໂຕແທນ)

▶ 今日(きょう)は部長(ぶちょう)の代理で私(わたし)が参(まい)りました。
(म आज निर्देशकको प्रतिनिधिको रुपमा आएको हुँ ।／ថ្ងៃនេះខ្ញុំចូលរួមជំនួសអោយប្រធានផ្នែក／ມື້ນີ້ຂ້ອຍມາແທນຫົວໜ້າພະແນກ.)

❻ □ 議長（ぎちょう） (अध्यक्ष／ប្រធានអង្គប្រជុំ／ປະທານກອງປະຊຸມ)

❼ □ 当番（とうばん） (पालो लिने व्यक्ति／វេណ／ພຽນວຽກ, ການໝູນວຽນກັນເຮັດໜ້າທີ່)

❽ □ 役目（やくめ） (भुमिका (कर्तव्य)／តួនាទី／ບົດບາດ, ໜ້າທີ່, ວຽກ)

▶ 皆（みな）さんに必要（ひつよう）な情報（じょうほう）を提供（ていきょう）するのが、私（わたし）たちの役目です。

(तपाईंहरूलाई आवश्यक जानकारी प्रदान गर्नु हाम्रो भूमिका (कर्तव्य) हो ।／
ការផ្តល់ពត៌មានចាំបាច់ដល់អ្នកទាំងអស់គ្នាគឺជាតួនាទីរបស់ពួកខ្ញុំ／ການໃຫ້ຂໍ້ມູນທີ່ຈຳເປັນແກ່ທຸກຄົນຄືໜ້າທີ່ຂອງຂ້ອຍ.)

❾ □ 役員（やくいん） (अधिकारी／មន្ត្រី／ກຳມະການບໍລິຫານ)

▷ PTAの役員、会社（かいしゃ）の役員

★会社(の)役員…会社の経営にかかわる特に重要な立場の人。
／※कम्पनीको अधिकारी, कम्पनीको व्यवस्थापनमा संलग्न एक महत्वपूर्ण स्थितिको व्यक्ति ।／
ក្រុមប្រឹក្សាភិបាលក្រុមហ៊ុន៖ មនុស្សដែលមានមុខតំណែងសំខាន់ចូលរួមក្នុងការគ្រប់គ្រងក្រុមហ៊ុន／
※ກຳມະການບໍລິຫານຂອງບໍລິສັດ...ເປັນຜູ້ທີ່ມີບົດບາດສຳຄັນເປັນພິເສດໃນການພົວພັນວຽກງານບໍລິຫານບໍລິສັດ

UNIT 31 音声DL 44

グループ・組織(そしき)

(समूह, संगठन, प्रणाली, पद्धति／ក្រុម អង្គភាព／ກຸ່ມ, ອົງກອນ)

❶ □ 組織(そしき) (संगठन／អង្គភាព／ອົງກອນ, ການສ້າງອົງກອນ, ໂຄງສ້າງ)

▷ 組織づくり、体(からだ)の組織

(संगठित गर्नु, शारिरीक प्रणाली／ការបង្កើតអង្គភាព បណ្តុំជាលិការាងកាយ／ການສ້າງອົງກອນ, ໂຄງສ້າງຂອງຮ່າງກາຍ)

❷ □ 集団(しゅうだん) (समूह／ក្រុម／ກຸ່ມຄົນ, ຄະນະບຸກຄົນ, ກຸ່ມກ້ອນ)

▷ 集団で行動(こうどう)する (सामुहिक क्रियाकलाप गर्नु ।／ធ្វើចលនាជាក្រុម／ເຮັດເປັນກຸ່ມກ້ອນ.)

❸ □ 群(む)れ／群(む)れ (बथान, बगाल, झुण्ड／ហ្វូង／ຝູງ, ກຸ່ມ, ການຢູ່ຮ່ວມກັນຈຳນວນຫຼາຍ)

▶ ゾウの群れの中(なか)には、小(ちい)さな赤(あか)ちゃんゾウもいます。

(हात्तीको बथानमा सानो बच्चा हात्ती पनि छ ।／នៅក្នុងហ្វូងដំរីក៏មានកូនដំរីតូចៗផងដែរ／ມີທັງລູກຊ້າງໂຕນ້ອຍໆຢູ່ໃນຝູງຊ້າງ.)

❹ □ 自社(じしゃ) (आफ्नो कम्पनी／ក្រុមហ៊ុនខ្លួន／ບໍລິສັດຂອງໂຕເອງ)

▶ 新人(しんじん)の方(かた)は、まず、自社商品(しょうひん)について勉強(べんきょう)してください。

(नयाँ आएका कर्मचारीले पहिला आफ्नो कम्पनीको उत्पादनबारे अध्ययन गर्नुहोस् ।／
បុគ្គលិកថ្មីជាដំបូងសូមសិក្សាពីទំនិញរបស់ក្រុមហ៊ុនខ្លួន／
ສຳລັບພະນັກງານໃໝ່, ກ່ອນອື່ນໝົດກະລຸນາສຶກສາກ່ຽວກັບສິນຄ້າຂອງບໍລິສັດຂອງໂຕເອງ.)

❺ □ 当社(とうしゃ) (हाम्रो कम्पनी／ក្រុមហ៊ុនពួកខ្ញុំ／ບໍລິສັດນີ້, ບໍລິສັດ (ຂອງພວກເຮົາ))

▶ 当社としては、政府(せいふ)のこの計画(けいかく)に賛成(さんせい)です。

(हाम्रो कम्पनीले सरकारको यो योजनालाई समर्थन गर्दछ ।／ក្រុមហ៊ុនពួកខ្ញុំយល់ស្របនឹងគំរោងរបស់រដ្ឋាភិបាល／
ໃນນາມບໍລິສັດແມ່ນເຫັນດີຕໍ່ແຜນການຂອງລັດຖະບານສະບັບນີ້.)

❻ □ わが社(しゃ)／我(わ)が社 (हाम्रो कम्पनी／ក្រុមហ៊ុនពួកខ្ញុំ／ບໍລິສັດຂອງພວກເຮົາ, ບໍລິສັດຂອງຂ້ອຍ)

▶ わが社にとって、今年(ことし)は記念(きねん)すべき年になりました。

(यो वर्ष हाम्रो कम्पनीको लागि अविस्मरणीय वर्ष हो ।／ឆ្នាំនេះជាឆ្នាំដែលត្រូវចាត់ទុកជាឆ្នាំអនុស្សាវរីយ៍ចំពោះក្រុមហ៊ុនពួកខ្ញុំ／
ປີນີ້ເປັນປີທີ່ໜ້າຈົດຈຳສຳລັບບໍລິສັດຂອງພວກເຮົາ.)

❼ □ 他社(たしゃ) (अन्य कम्पनी／ក្រុមហ៊ុនផ្សេង／ບໍລິສັດອື່ນ)

▶ 他社の動(うご)きにも、注意(ちゅうい)しなければなりません。

(हामीले अन्य कम्पनीको चाललाई पनि ध्यान दिनु पर्छ ।／ត្រូវតែប្រយ័ត្ននឹងចលនារបស់ក្រុមហ៊ុនផ្សេងផងដែរ／ຕ້ອງສັງເກດເບິ່ງການເຄື່ອນໄຫວຂອງບໍລິສັດອື່ນນຳ.)

❽ □ 本店(ほんてん) (प्रधान कार्यालय／ទីស្នាក់ការកណ្តាល／ສຳນັກງານໃຫຍ່)

❾ □ 支店(してん) (शाखा कार्यालय／សាខាហាង／ຮ້ານ, ສຳນັກງານສາຂາ, ສາຂາ)

❿ □ 本部(ほんぶ) (मुख्यालय／ទីស្នាក់ការកណ្តាល／ສຳນັກງານໃຫຍ່, ກອງບັນຊາການ)

▶ 本部から指示(しじ)があれば、スタッフがいつでも現地(げんち)に行(い)けるよう準備(じゅんび)をしています。

(मुख्यालयले निर्देशन दिएमा जुनबेला पनि साइट (कार्यस्थल)मा जान सक्नेगरी तयारी अवस्थामा हुन्छ ।／ប្រសិនបើមានការបញ្ជាពីទីស្នាក់ការកណ្តាល／ເຈົ້າໜ້າທີ່ພ້ອມທີ່ຈະໄປສະຖານທີ່ຈິງ, ຖ້າຫາກສຳນັກງານໃຫຍ່ມີຄຳສັ່ງມາ.)

⓫ □ 支社(ししゃ) (शाखा कार्यालय／សាខាក្រុមហ៊ុន／ສຳນັກງານສາຂາ)

▷ 本社(ほんしゃ) (मुख्य कार्यालय／ទីស្នាក់ការកណ្តាលក្រុមហ៊ុន／ສຳນັກງານໃຫຍ່, ບໍລິສັດແມ່)

⓬ □ 体制(たいせい) (प्रणाली／ប្រព័ន្ធ／ລະບົບການເຮັດວຽກ, ໂຄງສ້າງ)

▶ 監督(かんとく)が変(か)わり、チームは新(あたら)しい体制でスタートした。

(प्रबन्धक परिवर्तन भयो र टिम नयाँ प्रणाली बाट शुरु गर्‍यो ।／ក្រុមបានផ្លាស់ប្តូរប្រព័ន្ធថ្មី ដោយអ្នកដឹកនាំក្រុមផ្លាស់ប្តូរ／ພາຍຫຼັງມີການປ່ຽນແປງຜູ້ຈັດການ, ທີມງານກໍ່ໄດ້ເລີ່ມຕົ້ນລະບົບການເຮັດວຽກໃໝ່.)

⓭ □ 集会(しゅうかい) (बैठक, सभा／ពិធីជួបជុំ／ການນັດປະຊຸມ, ການລວມໂຕຈັບກຸ່ມກັນ)

▶ うちのマンションでは、年(ねん)に何回(なんかい)か、集会があります。

(हाम्रो मानस्योनमा बर्षको धेरै पटक बैठकहरू हुन्छ ।／នៅអាគារស្នាក់នៅរបស់ខ្ញុំមានពិធីជួបជុំក្នុងមួយឆ្នាំប្រហែលប៉ុន្មានដងដែរ／ຢູ່ອາພາດເມັ້ນທີ່ຂ້ອຍອາໄສຢູ່ຈະມີການລວມໂຕກັນປີໜຶ່ງ2-3ເທື່ອ)

⓮ □ 組合(くみあい) (संघ／សហជីព／ກຸ່ມ, ສະມາຄົມ)

▷ 労働(ろうどう)組合 (मजदुर संघ／សហជីពនិយោជិក／ສະຫະພາບແຮງງານ)

⑮ □ **国立**（こくりつ） (राष्ट्रीय／រដ្ឋ／...ແຫ່ງຊາດ, ...ຂອງລັດ)

▷ 国立公園（こうえん）、国立の施設（しせつ）

(राष्ट्रीय निकुञ्जहरू, राष्ट्रीय सुविधा／សួនច្បាររដ្ឋ ស្ថាប័ណរដ្ឋ／ອຸທະຍານແຫ່ງຊາດ, ສະຖານທີ່ອຳນວຍຄວາມສະດວກຂອງລັດ)

⑯ □ **私立**（しりつ） (निजी／ឯកជន／ເອກະຊົນ)

▷ 私立大学（だいがく）、私立高校（こうこう）

(निजी विश्वविद्यालय, निजी निम्न माध्यमिक विद्यालय／សកលវិទ្យាល័យឯកជន／ມະຫາວິທະຍາໄລເອກະຊົນ, ໂຮງຮຽນມັດທະຍົມຕອນປາຍເອກະຊົນ)

⑰ □ **公立**（こうりつ） (सार्वजनिक／សាធារណៈ／ສະຖານທີ່ສາທາລະນະ, ການກໍ່ສ້າງໂດຍພາກລັດ)

▶ やはり公立の学校（がっこう）より私立（しりつ）のほうが授業料（じゅぎょうりょう）が高（たか）い。

(साँच्चै, निजी विद्यालयहरूमा सार्वजनिक विद्यालयहरूमा भन्दा ट्युशन शुल्क बढी हुन्छ।／ពិតណាស់ថាថ្លៃសិក្សាសាលាឯកជនថ្លៃជាងសាលារដ្ឋ／ຕາມທີ່ຄິດໄວ້ເລີຍວ່າຄ່າຮຽນຂອງໂຮງຮຽນເອກະຊົນແພງກວ່າໂຮງຮຽນລັດ.)

UNIT 32

行事（ぎょうじ）・イベント

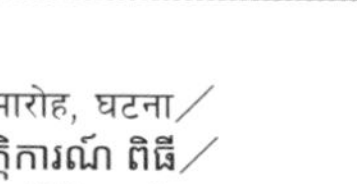

❶ □ 日程（にってい） (तालिका／កាលបរិច្ឆេទ／ແຜນວຽກປະຈຳວັນ, ກຳນົດການໃນແຕລະມື້)

▶ 出張（しゅっちょう）の日程が決（き）まったら、お知（し）らせください。

(व्यापार भ्रमणको तालिका निर्धारित भयो भने कृपया हामीलाई जानकारी दिनुहोस् ।／
សូមផ្តល់តំណឹងពេលដែលកាលបរិច្ឆេទត្រូវបានកំណត់／ຖ້າຮູ້ກຳນົດການໄປວຽກນອກແລ້ວ, ກະລຸນາແຈ້ງໃຫ້ຊາບແດ່.)

▷ 日程の調整（ちょうせい） (तालिका समायोजन ।／រៀបចំកាលបរិច្ឆេទ／ປັບແຜນວຽກປະຈຳວັນ)

❷ □ 催（もよお）す (मनाउनु／ប្រារព្ធ／จัด ០ງານ), ເກີດ (ຄວາມຮູ້ສຶກບາງຢ່າງ))

▷〈案内（あんない）〉今月（こんげつ）の催し物（もの）

(〈सुचना〉 यस महिनाको समारोह／(ប្រកាស) កម្មវិធីប្រចាំខែនេះ／(ໃຫ້ຂໍ້ມູນ) ສະຖານທີ່ທ່ອງທ່ຽວສຳລັບເດືອນນີ້.)

❸ □ 催（もよお）し (समारोह／ព្រឹត្តិការណ៍／ງານສ້າງສັນ, ງານສະແດງ, ງານຊຸມແຊວ)

❹ □ 開催（かいさい）(する) (आयोजना गर्न／បើកព្រឹត្តិការណ៍／ການຈັດງານຂະໜາດໃຫຍ່ຢ່າງເປັນທາງການ, ການເປີດງານສະແດງ)

▶ 次（つぎ）のオリンピックは東京（とうきょう）で開催されるかもしれない。

(अर्को ओलम्पिक टोक्योमा आयोजना गर्न सकिन्छ ।／អូឡាំពិកលើកក្រោយគឺប្រហែលជាប្រារព្ធនៅទីក្រុងតូក្យូ／
ການແຂ່ງຂັນໂອລິມປິກໃນຄັ້ງຕໍ່ໄປອາດຈະຖືກຈັດຂຶ້ນທີ່ໂຕກຽວ.)

▷ 開催日程（にってい） (आयोजित तालिका／កាលបរិច្ឆេទបើកព្រឹត្តការណ៍／ກຳນົດເປີດງານ)

❺ □ 展覧会（てんらんかい） (प्रदर्शनी／ពិព័រណ៌／ນິທັດສະການ)

▶ 今週末（こんしゅうまつ）は子（こ）どもの絵（え）の展覧会を見（み）に行（い）く予定（よてい）です。

(यो हप्ताको अन्तमा बाल चित्रकला प्रदर्शनी हेर्नको लागि जाँदैछु ।／
ចុងសប្តាហ៍នេះមានគំរោងទៅមើលពិព័រណ៌គំនូររបស់កូនក្មេង／
ທ້າຍອາທິດນີ້ມີແຜນໄປເບິ່ງນິທັດສະການງານວາງສະແດງຮູບແຕ້ມໂດຍເດັກນ້ອຍ.)

❻ □ 宴会（えんかい） (भोज／ពិធីជប់លាង／ງານລ້ຽງ, ປາຕີ້)

▶ お酒（さけ）はあまり飲（の）めませんが、宴会の楽（たの）しい雰囲気（ふんいき）は好（す）きです。

(रक्सी त्यत्तिको पिउन सक्दैन तर भोजको रमाइलो माहोल (वातावरण) मन पर्छ ।／
ខ្ញុំមិនសូវចេះផឹកស្រាទេ ប៉ុន្តែខ្ញុំចូលចិត្តបរិយាកាសសប្បាយនៃពិធីជប់លៀង／
ດື່ມເຫຼົ້າບໍ່ໄດ້ປານໃດແຕ່ມັກບັນຍາກາດມ່ວນໆຂອງງານລ້ຽງ.)

❼ □ **コンパ** (पार्टी／ជប់លាង／ງານສ້າງສັນໃນໝູ່ນັກຮຽນນັກສຶກ)

▷ 新入生歓迎(しんにゅうせいかんげい)コンパ

(नयाँ विद्यार्थीहरुको लागि स्वागत पार्टी／ជប់លាងស្វាគមន៍សិស្សចូលថ្មី／ງານສ້າງສັນໃນໝູ່ນັກສຶກສາໃໝ່)

❽ □ **(お)盆(ぼん)** (ओबोन (जापानको चाँड)／បុណ្យភ្ជុំជប៉ុន／ບຸນບູຊາບັນພະບຸລຸດໃນເດືອນສິງຫາ)

▶ お盆と正月(しょうがつ)には、家族(かぞく)を連(つ)れて、実家(じっか)に帰(かえ)るようにしています。

(ओबोन र नयाँ बर्षमा आफ्नो परिवारलाई बुबाआमाको घर लिएर जाने गर्दछु ।／
បុណ្យភ្ជុំនិងបុណ្យចូលឆ្នាំតំរោងនាំគ្រួសារទៅលេងស្រុកកំណើត／
ໃນໄລຍະບຸນບູຊາບັນພະບຸລຸດ ແລະປີໃໝ່ມັກຈະພາຄອບຄົວກັບບ້ານເກີດ.)

❾ □ **お参(まい)り** (दर्शन／ទៅប្រារព្ធពិធី／ການໄປບູຊາຢູ່ວັດ)

▶ 正月(しょうがつ)は毎年(まいとし)、この神社(じんじゃ)にお参りに来(き)ます。

(प्रत्येक बर्षको नयाँ बर्षमा यो मन्दिरमा दर्शनको लागि आउँछु ।／ថ្ងៃចូលឆ្នាំជារៀងរាល់ឆ្នាំតែងតែមកប្រារព្ធពិធីនៅវត្តនេះ／
ໃນຍາມປີໃໝ່ຂອງທຸກໆປີຈະໄປບູຊາຢູ່ວັດ)

❿ □ **(お)墓参(はかまい)り** (चिहानमा दर्शन／ទៅសែនផ្នូរ／ບູຊາຫຼຸມຝັງສົບ, ບູຊາທາດໃສ່ກະດູກ)

▶ お盆(ぼん)は毎年(まいとし)家族(かぞく)そろってお墓参りに行(い)きます。

(प्रत्येक बर्षको ओबानमा परिवारका साथ चिहानमा दर्शनको लागि जान्छु ।／
នៅរដូវបុណ្យភ្ជុំរៀងរាល់ឆ្នាំតែងតែទៅសែនផ្នូរជាមួយគ្រួសារ／
ຄອບຄົວຈະພ້ອມໜ້າພ້ອມຕາກັນໄປບູຊາຫຼຸມຝັງສົບຂອງບັນພະບຸລຸດໃນເດືອນ8ຂອງທຸກໆປີ.)

UNIT 33

音声DL 46

手続き(てつづ)き

(प्रकिया／និតិវិធី／ຂັ້ນຕອນການດຳເນີນການ, ລະບຽບການ, ຂະບວນການ)

❶ □ 手続(てつづ)き(する) (प्रकिया गर्नु／អនុវត្តន៍និតិវិធី／ຂັ້ນຕອນການດຳເນີນການ, ລະບຽບການ, ຂະບວນການ)

▶ 手続きが必要(ひつよう)な方(かた)はこちらにお並(なら)びください。

(प्रकिया गर्न आवश्यक व्यक्तिहरु यहाँ कमवद्धरुपमा बस्नुहोस् ।／អ្នកដែលត្រូវធ្វើនិតិវិធីសូមតំរង់ជួរនៅទីនេះ／ຜູ້ທີ່ຈຳເປັນດຳເນີນການ, ກະລຸນາລຽນແຖວຢູ່ນີ້.)

❷ □ 無断(むだん)(で) (बिना अनुमति／គ្មានការអនុញ្ញាត／ໂດຍພາລະການ, ໂດຍບໍ່ຂໍອະນຸຍາດກ່ອນ)

▶ この写真(しゃしん)、本人(ほんにん)に無断(むだん)で使(つか)ったの？　それはだめだよ。

(यो फोटो सम्बन्धित व्यक्तिको अनुमति बिना प्रयोग गरेको हो ? त्यो राम्रो होईन है ।／តើរូបភាពនេះបានប្រើប្រាស់ដោយគ្មានការអនុញ្ញាតពីម្ចាស់រូប? បែបនេះមិនត្រូវទេ／ໃຊ້ຮູບນີ້ໂດຍບໍ່ຂໍອະນຸຍາດເຈົ້າຂອງກ່ອນບໍ? ເຮັດແນວນັ້ນບໍ່ດີໄດ໋.)

❸ □ 申請(しんせい)(する) (आवेदन दिन／ពាក្យស្នើរសុំ／ການສະໝັກ, ການຍື່ນຂໍ, ການຍື່ນຄຳຮ້ອງ, ການຍື່ນຄວາມຈຳນົງ)

▶ 奨学金(しょうがくきん)の申請をしたい人(ひと)は、25日(にち)までに書類(しょるい)を提出(ていしゅつ)してください。

(छात्रवृतिको लागि आवेदन दिने व्यक्तिले २५ गतेसम्म आफ्नो कागजपत्रहरू पेश गर्नुहोस् ।／សំរាប់អ្នកដែលចង់ដាក់ពាក្យស្នើរសុំអាហារូបករណ៍សូមដាក់ពាក្យមកអោយបានមុនថ្ងៃទី២៥／ກະລຸນາສົ່ງເອກະສານບໍ່ໃຫ້ກາຍວັນທີ25 ສຳລັບຜູ້ທີ່ຢາກສະໝັກທຶນການສຶກສາ.)

❹ □ 届(とど)け (जाहेरी, सुचना／ជូនដំណឹង／ການນຳສົ່ງ)

▶ 休暇(きゅうか)をとるときは、早(はや)めに届けを出(だ)すようにしてください。

(तपाईले छुट्टी लिनेबेला, कृपया चाँडो जाहेरी बुझाउनुहोस् ।／នៅពេលស្នើរសុំថ្ងៃឈប់សំរាក សូមជូនដំណឹងមុនផង／ຖ້າຂໍລາພັກ, ກະລຸນາແຈ້ງໃຫ້ໄວໆແດ່.)

❺ □ 届(とど)け出(で) (सुचना／ពាក្យជូនដំណឹង／ການລາບງານ, ການແຈ້ງເຕືອນ)

❻ □ アポイント／アポ (भेटको समय (एपोइनटमेन्ट)／ការណាត់ជួប／ການນັດໝາຍ)

▶「午後にちょっと打ち合わせしようか」「すみません、アポが一つ入ってるんです。夕方なら大丈夫ですが」

("आज दिउँसो एक्कैछिन बैठक गरौं ?" माफ गर्नुहोस्, मेरो एउटा भेटको समय तय भएको छ, साँझ भए समस्या छैन ।"
／(តើអាចជជែកគ្នាបានទេនៅរសៀលនេះ) (សុំទោស ដោយសារតែមានការណាត់ជួបមួយ ប្រសិនបើពេលល្ងាចមិនអីទេ)／
"ຕອນສວາຍປະຊຸມກັນໜ້ອຍໜຶ່ງເບາະ?" "ຂໍໂທດເດີ້, ມີນັດແລ້ວ. ຖ້າແມ່ນຕອນແລງລະໄດ້")

▶「A社にはアポなしで行くつもり？」「いえ、もう取ってあります」

("एपोइन्टमेन्ट बिना ए कम्पनीमा जादै हुनु हुन्छ ?" " होइन, पहिले नै लिएको छु ।"／
(តើអ្នកគ្រោងទៅក្រុមហ៊ុនអេដោយមិនណាត់ទុកជាមុន?) (ទេ បានណាត់ទុកហើយ)／
"ຕັ້ງໃຈຊິໄປບໍລິສັດAໂດຍບໍ່ນັດໝາຍບໍ?" "ບໍ່ແມ່ນ, ນັດແລ້ວ")

❼ □ 応募(する) (निवेदन दिनु, आवेदन दिनु／ដាក់ពាក្យ／ການສະໝັກ)

▶ 10人の募集に対して、100人以上の応募があった。

(१० जना व्यक्तिको भर्ना खुलेकोमा १०० जना भन्दा बढी आवेदकहरू थिए ।／
សំរាប់ការជ្រើសរើស១០នាក់ មានអ្នកដាក់ពាក្យលើសពី១០០នាក់／
ສະໝັກເຂົ້າມາຫຼາຍກວ່າ100ຄົນທຽບໃສ່ກັບຈຳນວນຮັບສະໝັກ10ຄົນ)

❽ □ 応募者 (निवेदक, आवेदक／អ្នកដាក់ពាក្យ／ຜູ້ສະໝັກ)

❾ □ 締め切る (म्यादमा सकाउनु／បិទ／ປິດຮັບສະໝັກ, ປິດ (ປະຕູ)ໃຫ້ແໜ້ນ)

▶ 定員になりましたので、受付を締め切らせていただきます。

(हाम्रो क्षमता पुगेको हुनाले, दर्ता प्रकियाको (म्याद सकाउनु) बन्द गर्दछु ।／
ដោយសារតែដល់ចំនួនកំណត់មនុស្ស យើងខ្ញុំសូមបិទការទទួល／ຄົນເຕັມແລ້ວຊິໄດ້ປິດຮັບສະໝັກ.)

❿ □ 締め切り (भाका／ការកំណត់បិទ／ມື້ໝົດກຳນົດ)

⓫ □ 申込者 (निवेदक／អ្នកដាក់ពាក្យ／ຜູ້ສະໝັກ)

⓬ □ 処理(する) (व्यवस्थापन गर्नु, तह लगाउनु／រៀបចំ／ການຈັດການ, ການກຳຈັດ, ການປະມວນຜົນ)　類 処分(する)

▶ 工場から出るこのようなごみは、どのように処理されるんですか。

(कारखानाबाट निस्कने यसप्रकारको फोहर कसरी व्यवस्थापन गर्न सकिन्छ ?／
តើសំរាមដែលចេញពីរោងចក្របែបនេះ គួរតែបោះចោលរបៀបម៉េចដែរ?／ຈັດການກັບຂີ້ເຫຍື້ອເຫຼົ່ານີ້ທີ່ມາຈາກໂຮງງານແນວໃດ?)

▷ 情報処理 (सूचना सम्पादन ।／ដំណើរការពត៌មាន／ການປະມວນຜົນຂໍ້ມູນ)

⓭ □ 発行(する) (जारी गर्नु／ធ្វើចេញ／ອອກ (ເອກະສານ))
はっこう

▶ ビザの発行までに約１週間かかります。
やく しゅうかん

(भिसा जारी गर्न करीब एक हप्ता लाग्छ ।／ត្រូវចំណាយពេលប្រហែល១សប្តាហ៍រហូតដល់ចេញទិដ្ឋាការ／
ໃຊ້ເວລາປະມານ1ອາທິດຮອດມື້ອອກວີຊ່າ.)

⓮ □ 取り消す (रद्ध गर्नु／លុបចោល／ຍົກເລີກ (ສັນຍາ), ຖອນ (ຄຳເວົ້າ, ຂໍ້ສະເໜີ))
と け

⓯ □ 取り消し (रद्ध／ការលុបចោល／ການຍົກເລີກ, ການຖອນ (ສັນຍາ, ຂໍ້ຕົກລົງ))
と け

▶ 予約の取り消しは、必ず前日までにご連絡ください。
よ やく かなら ぜんじつ れんらく

(कृपया बुकिङ्ग रद्ध गर्न, एकदिन अघि जानकारी दिनु पर्छ ।／ការលុយចោលកក់ត្រូវតែទាក់ទងអោយបានមុនមួយថ្ងៃ／
ໃນກໍລະນີຍົກເລີກການຈອງ, ກະລຸນາຕິດຕໍ່ມາບໍ່ໃຫ້ກາຍມື້ກ່ອນໜ້າ.)

⓰ □ 可決(する) (स्वीकार्नु, पारित गर्नु／អាចសំរេច／(ສະພາ, ທີ່ປະຊຸມ) ມີມະຕິເຫັນດີ (ໃຫ້ຜ່ານ), ການຜ່ານຮ່າງສະເໜີຕ່າງໆ)
か けつ

▶ この案は、賛成多数で可決された。
あん さんせい た すう

(यो प्रस्ताव बहुमतद्वारा पारित गरियो ।／ការលើកឡើងនេះដោយមានយល់ស្របច្រើនដូច្នេះអាចសំរេចបាន／
ມີມະຕິເຫັນດີໃຫ້ຮ່າງຂໍ້ສະເໜີສະບັບນີ້ຜ່ານດ້ວຍຄະແນນສຽງສ່ວນຫຼາຍ.)

⓱ □ 対否決(する) (अस्विकार गर्नु／មិនសំរេច／(ສະພາ, ທີ່ປະຊຸມ) ມີມະຕິບໍ່ເຫັນດີ)
ひ けつ

⓲ □ 公表(する) (प्रकाशित गर्नु／បង្ហាញជាសាធារណៈ／ການແຈ້ງໃຫ້ຄົນທົ່ວໄປຮັບຊາບ, ການປະກາດຢ່າງເປັນທາງການ)
こうひょう

▶ この調査結果を公表するかどうか、政府内で議論があったようだ。
ちょう さ けっ か せい ふ ない ぎ ろん

(यस सर्भेक्षणको नतीजा प्रकाशित गर्ने कि नगर्ने भनेर सरकार भित्र बहस भइरहेको देखिन्छ ।／
លទ្ធផលស្រាវជ្រាវនេះអាចបង្ហាញជាសាធារណៈបានមិនបានដូចជាមានក្នុងការប្រជុំក្នុងរដ្ឋាភិបាល／
ມີການຖົກຖຽງກັນພາຍໃນລັດຖະບານວ່າຈະເປີດເຜີຍຜົນການສຳຫຼວດນີ້ຕໍ່ສາທາລະນະຫຼືບໍ່.)

⓳ □ 対非公表 (गोप्य／មិនបង្ហាញជាសាធារណៈ／ການບໍ່ເປີດເຜີຍຕໍ່ສາທາລະນະ)
ひ こうひょう

⓴ □ 公開(する) (सार्वजनिक गर्नु／បើកបង្ហាញ／ເປີດເຜີຍຕໍ່ສາທາລະນະ, ການເປີດກວ້າງສຳລັບຄົນທົ່ວໄປ)
こうかい

㉑ □ 対非公開 (नीजी／មិនបើកបង្ហាញ／ການບໍ່ເປີດເຜີຍຕໍ່ສາທາລະນະ)
ひ こうかい

▶ 写真や連絡先などは、公開か非公開か選択できます。
しゃしん れんらくさき せんたく

(तपाई आफ्नो फोटो, सम्पर्क ठेगाना आदि सार्वजनिक गर्ने वा निजी (नगर्ने) बनाउने भन्ने छनौट गर्न सक्नुहुन्छ ।／
រូបថតនិងពត៌មានទំនាក់ទំនងគឺអាចជ្រើសរើសបាន បង្ហាញរឺមិនបង្ហាញ／
ສາມາດເລືອກທີ່ຈະເປີດເຜີຍຫຼືບໍ່ເປີດເຜີຍຮູບແລະທີ່ຢູ່.)

㉒ □ 公式(な)(こうしき) (औपचारिक／ជាផ្លូវការ／ຮູບແບບທີ່ເປັນທາງການ, ສູດເລກ)

㉓ □ 対 非公式(ひこうしき) (अनौपचारिक／ក្រៅផ្លូវការ／ບໍ່ເປັນທາງການ)

▶ 非公式ではありますが、この記録(きろく)は、従来(じゅうらい)の世界記録(せかいきろく)を大幅(おおはば)に超(こ)えるものです。

(अनौपचारिक भएतापनि यो रेकर्डले परम्परात विश्व किर्तिमानहरू पार गर्दछ ।／
ទោះបីជាក្រៅផ្លូវការប៉ុន្តែកំណត់ត្រានេះវាលើសពីកំណត់ត្រាពិភពលោកបច្ចុប្បន្ន／
(ເວລາທີ່) ບັນທຶກໃນເທື່ອນີ້ບໍ່ເປັນທາງການແຕ່ວ່າ, ມັນກໍ່ກາຍສະຖິຕິໂລກເທົ່າທີ່ເຄີຍມີມາຫຼາຍເຕີບ.)

場所・位置・方向
ばしょ　いち　ほうこう

(ठाउँ, दर्जा, दिशा／ទីកន្លែង ចំនុច ទិសដៅ／ສະຖານທີ່, ທີ່ຕັ້ງ, ທິດທາງ)

❶ □ 中心（ちゅうしん） (केन्द्र／ចំនុចកណ្តាល／ສູນກາງ, ໃຈກາງ)

▶ 町（まち）の中心に神社（じんじゃ）がある。

(शहरको केन्द्रमा एउटा मन्दिर छ।／នៅចំនុចកណ្តាលនៃទីក្រុងមានវត្ត／ມີວັດຢູ່ໃຈກາງຂອງເມືອງ.)

❷ □ 中央（ちゅうおう） (बिच／កណ្តាល／ທາງກາງ, ສູນກາງ, ຈຸດສູນກາງ)

▶〈写真（しゃしん）〉皆（みな）さん、もうちょっと中央に寄（よ）ってください。

(〈फोटा〉 सबैजना, कृपया अझै अलिकति बिचभागमा आउनुस्।／(រូបថត) អ្នកទាំងអស់គ្នា សូមខិតចូលកណ្តាលបន្តិចទៀត／(ຖ່າຍຮູບ) ທຸກຄົນ, ກະລຸນາຫຍັບເຂົ້າມາທາງກາງໜ້ອຍໜຶ່ງ.)

❸ □ 縁（ふち） (किनार／គែម／ຂອບ, ປາກ, ແຄມ)

▶ このグラス、縁の部分（ぶぶん）が汚（よご）れている。

(यो ग्लासको किनारको भाग फोहर छ।／កញ្ចក់នេះប្រឡាក់នៅផ្នែកគែម／ປາກຈອກແກ້ວໜ່ວຍນີ້ເປື້ອນ.)

❹ □ 底（そこ） (पिंध／ផ្ទៃ／ກົ້ນພາຊະນະ, ຝາຕີນ, ພື້ນເກີບ)

❺ □ 面（めん） (सतह／ជ្រុង／ທາງ.., ເບື້ອງ...)

❻ □ 面（めん）する (सामना गर्नु／បែមុខទៅ／ປິ່ນໜ້າໄປທາງ...)

▶ 西側（にしがわ）の部屋（へや）は道路（どうろ）に面していて、うるさい。

(पश्चिम तिरको कोठा बाटो तिर फर्केको (मुख फर्केको छ।) ले धेरै आवाज आउछ।／បន្ទប់នៅទិសខាងលិចដោយសារតែបែមុខទៅផ្លូវធ្វើអោយមានសំលេងរំខាន／ຫ້ອງເບື້ອງຕາເວັນຕົກປິ່ນໜ້າໃສ່ຫົນທາງກໍ່ເລີຍຟົດ.)

❼ □ 表（おもて） (अगाडी／មុខ／ທາງໜ້າ)

❽ □ 対 裏（うら） (पछाडी／ក្រោយ／ທາງຫຼັງ)

❾ □ 逆さ (तलको माथि (उल्टो)／បញ្ច្រាស／ລັກສະນະປີ້ນຫົວປີ້ນຫາງ, ຫາງປີ້ນ)

▶ この絵は逆さから見ても人の顔になります。

(यो चित्र उल्टो गरी हेरे पनि मान्छेको अनुहार हुन्छ ।／រូបភាពនេះទោះបីមើលបញ្ច្រាស់ក៏មើលឃើញមុខមនុស្ស／ເບິ່ງຮູບນີ້ທາງປີ້ນກໍ່ຍັງເຫັນເປັນໜ້າຄົນ.)

❿ □ 逆さま (उल्टो／បញ្ច្រាស／ປີ້ນຫົວປີ້ນຫາງ, ສະຫຼັບກັນ, ທາງປີ້ນ)

▶ シャツ、表裏逆さまに着てるんじゃない？

(सर्ट उल्टो लगाउनु त भएको छैन ?／អាវ ពាក់បញ្ច្រាសមុខក្រោយទេដឹង?／ບໍ່ແມ່ນໃສ່ເສື້ອທາງປີ້ນບໍ?)

⓫ □ 斜め (टेढो, बाङ्गा／បញ្ឆិត／ອຽງ, ສະຫຼຽງ, ບໍ່ຊື່, ທ່ຽງ)

▶ コピーがちょっと斜めになっちゃった。

(फोटो कपी अलि कति टेढो भयो ।／ការថតចំលងបានចេញមកបញ្ឆិតបន្តិចហើយ／ກອັບປີ້ສະຫຼຽງໜ້ອຍໜຶ່ງ.)

▶ 右斜め前の人が青木さんです。

(दायाँ तिरबाट अगाडिको मानिस आओकी हो ।／ម្នាក់នៅឈរខាងស្តាំខាងមុខគឺលោកអាអុគិ／ຜູ້ຢູ່ທາງໜ້າເບື້ອງຂວາມີແມ່ນທ່ານຊຊຊກິ.)

⓬ □ 垂直(な) (ठाडो／កែង／ລວງຕັ້ງ, ຕັ້ງສາກ)

⓭ □ 水平(な) (क्षितिज／ស្របផ្ទៃផែនដី／ລວງຂວາງ)

⓮ □ 地面 (जमिन／ផ្ទៃដី／ພື້ນດິນ, ໜ້າດິນ)

▶ 地面に大きな穴が空いている。

(जमिनमा ठूलो प्वाल भएको छ ।／មានប្រហោងធំនៅលើផ្ទៃដី／ມີຂຸມຂະໜາດໃຫຍ່ຢູ່ໜ້າດິນ.)

⓯ □ 場 (ठाउँ (क्षेत्र)／កន្លែង／ບ່ອນ, ສະຖານທີ່)

▶ この教室は、男女の出会いの場にもなっている。

(यो कक्षाकोठा, केटा केटीको भेटघाट गर्ने ठाउँ बनेको छ ।／បន្ទប់រៀននេះទុកសំរាប់ជាកន្លែងជួបគ្នារវាងប្រុសនិងស្រី／ຫ້ອງຮຽນນີ້ກາຍເປັນທັງບ່ອນພົບປະກັນຂອງຍິງແລະຊາຍ.)

▷ その場の雰囲気

(त्यस ठाउँको माहोल (वातावरण)／បរិយាកាសនៅកន្លែងនោះ／ບັນຍາກາດຂອງບ່ອນນັ້ນ)

⑯ □ スペース (खाली ठाउँ／ទីធ្លា／ບ່ອນຫວ່າງ)

▶ 荷物(にもつ)を置(お)くスペースがない。

(सामान राख्ने ठाउँ छैन ।／គ្មានទីធ្លាដាក់ឥវ៉ាន់／ບໍ່ມີບ່ອນຫວ່າງສຳລັບວາງເຄື່ອງ.)

⑰ □ 間隔(かんかく) (अंतर／គំលាត／ຊ່ອງຫວ່າງ, ໄລຍະຫ່າງ)

▶ だいたい50センチ間隔でいすを並(なら)べてください。

(करिब ५० सेन्टिमिटरको अन्तरमा कुर्सी कमबद्ध मिलाएर राख्नुहोस् ।／សូមតំរៀបដោយទុកគំលាតប្រហែល៥០សង់ទីម៉ែត／ກະລຸນາລຽນຕັ່ງໃຫ້ຫ່າງກັນປະມານ50ເຊັນ.)

⑱ □ 中間(ちゅうかん) (बिचमा／ចន្លោះកណ្តាល／ເຄິ່ງກາງ, ລະຫວ່າງກາງ)

▶ 私(わたし)の家(いえ)は、A駅(えき)とB駅のちょうど中間にあります。

(मेरो घर ए स्टेशन र बी स्टेशनको ठीक बीचमा छ ।／ផ្ទះរបស់ខ្ញុំនៅចន្លោះកណ្តាលស្ថានីយ៍រថភ្លើងអេនិងប៊ី／ເຮືອນຂອງຂ້ອຍຕັ້ງຢູ່ລະຫວ່າງກາງສະຖານີA ແລະ ສະຖານີB.)

⑲ □ 手前(てまえ) (अगाडी／ខាងមុខ／ທາງໜ້າ, ຕໍ່ໜ້າ)

▶〈タクシー〉次(つぎ)の信号(しんごう)の手前で降(お)ろしてください。

(〈टचाक्सी〉 त्यो अर्को ट्राफिक लाईट अगाडि भ्कारिदिनुहोस् ।／(តាក់ស៊ី) សូមដាក់ខ្ញុំចុះនៅខាងមុខស្តុបបន្ទាប់／(ລົດແທັກຊີ) ເອົາລົງຕໍ່ໜ້າໄຟສັນຍານໂຕຕໍ່ໄປໃຫ້ແດ່.)

⑳ □ 付近(ふきん) (नजिक／ម្តុំ／ບໍລິເວນໃກ້ໆ..., ແຖວ...)

▶ 公園(こうえん)の入口(いりぐち)付近で事故(じこ)が起(お)きた。

(पार्कको प्रवेशद्वार नजिक दुर्घटना भयो ।／មានគ្រោះថ្នាក់កើតឡើងម្តុំច្រកចូលសួនច្បា／ເກີດອຸບັດຕິເຫດຢູ່ແຖວທາງເຂົ້າສວນສາທລະນະ.)

㉑ □ 最寄(もよ)り (नजिकको／ជិតបំផុត／ໃກ້ທີ່ສຸດ, ໃກ້ຄຽງ)

▷ 最寄りの駅(えき) (नजिकको स्टेशन／ស្ថានីយ៍រថភ្លើងដែលជិតបំផុត／ສະຖານີໃກ້ທີ່ສຸດ)

㉒ □ 方角(ほうがく) (दिशा／ទិស／ທິດ, ທິດທາງ, ການຊີ້ທິດທາງຂອງເຂັມທິດ)

▷ 方角を間違(まちが)える、南西(なんせい)の方角

(दिशा भुल्नु (गल्ती हुनु) दक्षिण पश्चिम दिशा／ច្រឡំទិស ទិសនិរតី／ບໍ່ຖືກທິດທາງ, ທິດຕາເວັນຕົກສຽງໃຕ້)

㉓ □ 東西（とうざい） (पूर्व र पश्चिम／ពាយ័ព／ທິດຕາເວັນອອກແລະທິດຕາເວັນຕົກ, ຕາເວັນອອກຕາເວັນຕົກ)

㉔ □ 南北（なんぼく） (उत्तर दक्षिण／ជើងត្បូង／ທິດເໜືອແລະທິດໃຕ້, ເໜືອໃຕ້)

▷ 日本（にほん）は南北に長（なが）い。

(जापान उत्तरबाट दक्षिणसम्म लामो छ।／ប្រទេសជប៉ុនមានប្រវែងវែងពីជើងទៅត្បូង／ປະເທດຍີປຸ່ນຍາວຢຽດແຕ່ເໜືອເຖິງໃຕ້.)

㉕ □ 方面（ほうめん） (दिशा／សំដៅទៅ／ທິດທາງ, ທາງ...)

▶ とりあえず東京（とうきょう）方面に向（む）かう電車（でんしゃ）に乗（の）ろう。

(अहिलेको (केहि समयको लागि) लागि टोक्यो तिर जाने रेलमा चढौं।／តោះឡើងជិះរថភ្លើងសំដៅទៅទីក្រុងតូក្យូសិនទៅ／ກ່ອນອື່ນ, ຂຶ້ນລົດໄຟທີ່ໄປທາງໂຕກຽວກັນເທາະ.)

㉖ □ 地理（ちり） (भूगोल／ភូមិសាស្ត្រ／ພູມສາດ, ຕຳແໜ່ງທີ່ຕັ້ງ)

▶ 彼（かれ）はこの辺（あた）りの地理に詳（くわ）しいです。

(उहाँ यस क्षेत्रकोको भुगोलसँग परिचित हुनुहुन्छ।／គាត់ច្បាស់ណាស់ចំពោះភូមិសាស្ត្រម្ដុំនេះ／ລາວຮູ້ຕຳແໜ່ງທີ່ຕັ້ງຂອງເຂດນີ້ດີ.)

▷ 地理の授業（じゅぎょう）、地理的（てき）な条件（じょうけん）

(भुगोल पाठ, भौगोलिक अवस्था／ថ្នាក់សិក្សាភូមិសាស្ត្រ លក្ខណភូមិសាស្ត្រ／ຊົ່ວໂມງພູມສາດ, ເງື່ອນໄຂທາງພູມສາດ)

音声DL 48

㉗ □ 目印（めじるし） (चिन्ह／សញ្ញសំគាល់／ສັນຍາລັກທີ່ເຮັດໄວ້ເປັນຈຸດສັງເກດ, ຈຸດສັງເກດ)

▶ 駅（えき）を降（お）りてすぐです。黄色（きいろ）い看板（かんばん）が目印です。

(स्टेशनमा झरेर नजिकै हो। पहेँलो साईन बोर्ड चिन्ह हो।／ចុះពីស្ថានីយ៍រថភ្លើងដល់ភ្លាម។ ផ្លាកយីហោពណ៌លឿងជាសញ្ញាសំគាល់／ອອກຈາກສະຖານີກໍ່ແມ່ນໂລດ. ປ້າຍສີເຫຼືອງຈະເປັນຈຸດສັງເກດ.)

㉘ □ 頂上（ちょうじょう） (टाकुरो, टुप्पो／កំពូល／ຈອມພູ, ຈຸດສູງ)

㉙ □ ふもと (हिमाल पहाडको आधार (पिंध)／ជើងភ្នំ／ຕີນພູ)

㉚ □ 頂点（ちょうてん） (सर्वोच्च स्थान／ចំនុចកំពូល／ຈອມ, ຈຸດສູງສຸດ)

▶ 〈スポーツなど〉いずれ世界（せかい）の頂点に立（た）ちたいと思（おも）います。

(〈खेलकुद आदि〉 कुनै दिन संसारको सर्वोच्च स्थानमा आफूलाई उभ्याउन चाहन्छु।／(កីឡា) ទោះយ៉ាងណាក៏ដោយខ្ញុំចង់ឈរនៅចំនុចកំពូល／(ກິລາແລະອື່ນໆ) ຈະໄວຫຼືຊ້າຄິດວ່າຢາກຢືນຢູ່ຈຸດສູງສຸດໃນລະດັບໂລກ.)

㉛ □ 境界(きょうかい) (सीमा／ព្រំប្រទល់／ເຂດແດນ, ຂອບເຂດ)

▶ この道路(どうろ)が、隣(となり)の県(けん)との境界になっている。

(यो बाटो सँगैको प्रिफेक्चर (अञ्चल) को सीमा भएको छ।／ផ្លូវមួយនេះគឺជាព្រំប្រទល់ជាមួយខេត្តជាប់គ្នា／
ທາງເສັ້ນນີ້ເປັນເຂດແດນກັບແຂວງໃກ້ຄຽງ.)

㉜ □ 区域(くいき) (इलाका, क्षेत्र／តំបន់／ເຂດ, ເຂດແດນ)

▶ 川沿(かわぞ)いの住宅地(じゅうたくち)は、市(し)から危険(きけん)区域に指定(してい)されている。

(नदी किनारका आवासीय क्षेत्रहरूलाई नगरपालिकाद्वारा खतरनाक ईलाका (क्षेत्र) को रुपमा तोकेको छ।／
តំបន់ផ្ទះស្នាក់នៅក្បែមាត់ទន្លេគឺតំបន់គ្រោះថ្នាក់ដែលកំណត់ដោយអជ្ញាធរក្រុង／
ເຂດທີ່ຢູ່ອາໄສຕາມແຄມນໍ້າໄດ້ຖືກກໍານົດໂດຍ (ອໍານາດການປົກຄອງ) ເມືອງວ່າໃຫ້ເປັນເຂດອັນຕະລາຍ.)

㉝ □ 区間(くかん) (खण्ड, (काटेर छुट्ट्याएको भाग)／ផ្នែក／ຊ່ວງ, ໄລຍະ)

▷ 乗車(じょうしゃ)区間

(चढ्ने खण्ड (बोर्डिंग भाग)／ផ្នែកឡើងជិះ／ໄລຍະທີ່ຂີ່ລົດໄຟ)

㉞ □ 区分(くぶん) (वर्गीकरण／ចែកតំបន់／ການແບ່ງເຂດ, ເຂດກໍານົດ)

▶ この地図(ちず)は、避難場所(ひなんばしょ)の区分を示(しめ)したものです。

(यो नक्शाले खाली ठाउँहरूको वर्गीकरण देखाउँछ।／
ផែនទីនេះគឺបង្ហាញការបែងចែកតំបន់នៃទីតាំងជ្រកកោនគេចពីគ្រោះមហន្តរាយ／ແຜນທີ່ນີ້ສະແດງເຖິງເຂດກໍານົດຂອງສະຖານທີ່ລີ້ໄພ.)

㉟ □ 国境(こっきょう) (राष्ट्रीय सीमा／ព្រំដែន／ຊາຍແດນ)

㊱ □ 出入口(でいりぐち) (प्रवेश र बहिर्गमनद्वार (मुल द्वार)／ច្រកចេញចូល／ທາງເຂົ້າອອກ)

▶ 出入口に物(もの)を置(お)かないでください。

(प्रवेश र बहिर्गमन द्वार (मुलद्वार) मा सामान नराख्नु होस्।／សូមកុំទុកឥវ៉ាន់នៅច្រកចេញចូល／
ກະລຸນາຢ່າວາງເຄື່ອງໄວ້ທາງເຂົ້າອອກ.)

㊲ □ 内側(うちがわ) (भित्र／ផ្នែកខាងក្នុង／ທາງໃນ, ພາຍໃນ, ຢູ່ໃນ)

▷ 内側のポケット

(भित्रको खल्ती／ហោប៉ៅនៃផ្នែកខាងក្នុង／ທາງໃນຖົງ)

38 □ **両側**（りょうがわ） (दुवै तिर／ផ្នែកទាំងសងខាង／ທັງສອງເບື້ອງ, ທັງສອງຟາກ)

▶ 道の両側に店が並んでいる。

(बाटोको दुवैतिर पसलहरू छन् ।／មានហាងតំរៀបជួរគ្នាទាំងសងខាងផ្លូវ／ມີຮ້ານຄ້າລຽນກັນຢູ່ທັງສອງຟາກຂອງຫົນທາງ.)

39 □ **隙間／透き間**（すきま／すきま） (अन्तर भाग (खाली भाग)／ចន្លោះ／ຊ່ອງຫວ່າງ, ຫວ່າງ)

▶ 隙間は汚れがたまりやすいから、よく洗ってください。

(अन्तर भाग (खाली भाग)मा फोहर जम्मा हुने भएकोले धेरै पखाल्नु(सफा) होस् ।／
នៅតាមចន្លោះងាយស្រួលមានរបស់កខ្វក់ សូមខស្សាលាងសំអាត／ກະລຸນາລ້າງໃຫ້ດີໆເພາະວ່າຄວາມເປື້ອນມັກສະສົມນຳຫວ່າງ.)

40 □ **基地**（きち） (जग, आधार／គ្រឹះ／ຖານ (ທັບ), ທີ່ຕັ້ງ (ກອງທັບ))

41 □ **焦点**（しょうてん） (फोकस पोइन्ट／ចំណុចផ្ដោត／ຈຸດໂຟກັສ, ຈຸດລວມ, ຈຸດຫຼັກ (ຂອງບັນຫາ, ເລື່ອງ))

▶ この眼鏡は焦点が合ってない気がする。

(यो चस्माको फोकस पोइन्ट मिलेन जस्तो लागेको छ ।／មានអារម្មណ៍ថាវ៉ែនតានេះចំណុចផ្ដោតមិនត្រូវគ្នា／
ຮູ້ສຶກວ່າຈຸດໂຟກັສຂອງແວ່ນຕານີ້ບໍ່ພໍດີ.)

42 □ **先頭**（せんとう） (हेड, अग्रपंक्ति／នាំមុខ／ຕົ້ນແຖວ, ໜ້າສຸດ, ນຳໜ້າ)

▶ 先頭を走っているのが原さんです。

(अग्रपंक्तिमा दौडिरहने हारा जी हो ।／អ្នកដែលរត់នាំមុខគេគឺលោកហារ៉ា／ຜູ້ທີ່ກຳລັງແລ່ນນຳໜ້າແມ່ນທ້າວຮະລະ.)

43 □ **空中**（くうちゅう） (हावा／ក្នុងលំហ／ກາງອາກາດ)

▶ まるで空中に浮いているような感じでした。

(हावामा तैरिरहेको अनुभूति भएको थियो ।／មានអារម្មណ៍ថាដូចអណ្ដែតក្នុងលំហ／ຮູ້ສຶກຄືລອຍຢູ່ກາງອາກາດ)

44 □ **屋外**（おくがい） (बाहिर／វាលលំហ／ກາງແຈ້ງ)　対 屋内（おくない）

▷ 屋外コンサート

(आउटडोर कन्सर्ट／ការប្រគុំតន្ត្រីនៅវាលលំហ／ຄອນເສີດກາງແຈ້ງ)

㊺ □ 全国（ぜんこく） (देश भर／ទូទាំងប្រទេស／ທົ່ວປະເທດ, ລະດັບຊາດ)

▶ バイクで(日本（にほん）)全国の温泉（おんせん）を回（まわ）っています。

(बाईकबाट (जापान) देशभरीको तातो पानीको ठाउँ घुमेको छु ।／ធ្វើដំណើរជុំវិញកន្លែងត្រាំទឹកក្ដៅទូទាំងប្រទេសដោយម៉ូតូ／ແວ່ບໍ່ນ້ຳຮ້ອນໃນທົ່ວປະເທດຍີ່ປຸ່ນດ້ວຍລົດຈັກ.)

㊻ □ 農村（のうそん） (कृषी गाउँ／ភូមិកសិករ／ບ້ານກະສິກຳ)

▷ 漁村（ぎょそん）

(माझी गाउँ／ភូមិនេសាទ／ບ້ານຊາວປະມົງ)

㊼ □ 下町（したまち） (डाउनटाउन／ទីប្រជុំជន／ບ່ອນຊື້ເຄື່ອງທີ່ເກົ່າແກ່, ເຂດທີ່ມີທີ່ພັກອາໄສແລະທຸລະກິດບັນເທີງ (ຂອງໂຕກຽວ))

▶ ここは下町の雰囲気（ふんいき）が残（のこ）っていて、懐（なつ）かしい気分（きぶん）になる。

(यहाँ डाउनटाउनको माहोल (वातावरण) अझै बाँकी रही, पुराना यादहरू आएको महशुस गर्दछु ।／ទីនេះមានបរិយាកាសទីប្រជុំជននៅសល់ មានអារម្មណ៍ថានឹករឭដើម／ບ່ອນນີ້ຍັງຫຼົງເຫຼືອບັນຍາກາດຂອງບ່ອນຊື້ເຄື່ອງທີ່ເກົ່າແກ່ເຮັດໃຫ້ມີຄວາມຮູ້ສຶກຄິດຮອດ.)

㊽ □ あちらこちら (यता उता／ទីនេះទីនោះ／ຢູ່ບ່ອນນັ້ນບ່ອນນີ້)　同あちこち

▶ あちらこちらから反対（はんたい）の声（こえ）が上（あ）がった。

(यता उताबाट विरोधका आवाज उठ्यो ।／មានសំលេងប្រឆាំងលេចឡើងពីទីនេះទីនោះ／ມີສຽງຄັດຄ້ານຢູ່ບ່ອນນັ້ນບ່ອນນີ້.)

㊾ □ 所々（ところどころ） (ठाउँ ठाउँमा／ដោយកន្លែង／ຢູ່ຫັ້ນຢູ່ນີ້, ຢູ່ບ່ອນນັ້ນບ່ອນນີ້)

▶ このかばんは所々に傷（きず）がある。

(यो झोलाको ठाउँ ठाउँमा च्यातिएको छ ।／កាតាបនេះមានស្នាមដោយកន្លែង／ກະເປົາໜ່ວຍນີ້ມີຮອຍຂູດຢູ່ບ່ອນນັ້ນບ່ອນນີ້.)

㊿ □ よそ (बाहिर／ដទៃ／ບ່ອນອື່ນ, ທາງອື່ນ, ທາງນອກ, ຄົນນອກ)

▶ ここにはないけど、よそなら売（う）ってるかもしれない。

(यहाँ त छैन तर बाहिरको पसलमा बेचेको हुन पनि सक्छ ।／នៅទីនេះគ្មានក៏ពិតមែន នៅកន្លែងដទៃប្រហែលជាមានលក់／ຢູ່ນີ້ບໍ່ມີແຕ່ວ່າຢູ່ບ່ອນອື່ນອາດຈະມີຂາຍ.)

▶ よそ見（み）をするな！

(बाहिर नहेर !／កុំមើលអ្នកដទៃ／ຢ່າແນມໄປທາງອື່ນ!)

51 □ 移転(する) (स्थानान्तरण गर्नु／ផ្លាស់ប្តូរទីតាំង／ການຍ້າຍສະຖານທີ່, ຍ້າຍໄປບ່ອນໃໝ່)

▶ あの店は先月移転しました。

(त्यो पसल गएको महिना स्थानान्तरण गरेको थियो ।／ហាងមួយនោះបានផ្លាស់ប្តូរទីតាំងកាលពីខែមុន／ຮ້ານນັ້ນໄດ້ຍ້າຍໄປບ່ອນໃໝ່ໃນເດືອນແລ້ວ.)

UNIT 35

商品・サービス
しょうひん

(सामान, सेवा／ទំនិញ សេវាកម្ម／ສິນຄ້າ, ບໍລິການ)

❶ □ レンタル(する) (भाडामा लिनु／ជួល／ເຊົ່າ, ຢືມ)

▶ キャンプ用品は、現地でレンタルすることにしました。
ようひん げんち

(क्याम्पलाई आवश्यक पर्ने सामानहरू उतै भाडामा लिने भयो ।／សំភារៈបោះជំរុំបានសំរេចថាជួលនៅនឹងកន្លែងផ្ទាល់／ໃຊ້ເຊົ່າເຄື່ອງຕັ້ງແຄ້ມຢູ່ຫັ້ນເລີຍ)

▷ レンタカー (भाडाको कार／ឡានជួល／ລົດເຊົ່າ)

❷ □ 在庫 (स्टक सामान／ស្តុក／ສະຕອັກ, ສິນຄ້າທີ່ມີໃນຮ້ານ)
ざいこ

▶「これの赤はありますか」「赤ですね。今、在庫を確認してきますので、少々お待ちください」
あか いま かくにん しょうしょう ま

("यसको रातो रंगमा छ ?" "रातो हो है अहिले स्टक (भण्डार) मा छकि हेरेर आउँछु, कृपया एकै छिन पर्खनुहोस् ।"／(របស់នេះមានពណ៌ក្រហមទេ?) (ពណ៌ក្រហម! សូមចាំមួយភ្លែតខ្ញុំទៅឆែកស្តុកមើលសិន)／"ມີສີແດງບໍ່?" "ສີແດງເນາະ. ຊິກວດເບິ່ງໃນສະຕອັກດຽວນີ້, ລໍຖ້າບຶດໜຶ່ງ")

❸ □ 品 (सामानहरु／របស់／ສິນຄ້າ, ສິ່ງຂອງ)
しな

▷ お祝いの品、思い出の品、豊富な品揃え
いわ おも で ほうふ ぞろ

(खुशीको चिनो, सम्झनाको चिनो, मूल्यवान सामानहरू／របស់ចំណងដៃ របស់អនុស្សាវរីយ៍ របស់ទុកដាក់បរិបូរ／ເຄື່ອງອວຍພອນ, ສິ່ງຂອງທີ່ມີຄວາມຊົງຈຳ, ສິນຄ້າມີຢ່າງຫຼວງຫຼາຍ)

❹ □ 高級品 (महंगो सामान／របស់មានតំលៃ／ເຄື່ອງລາຄາແພງ, ຂອງແພງ)
こうきゅうひん

▶「どう？ その万年筆」「やっぱり高級品は違うね。すごく書きやすい」
まんねんひつ ちが か

("कस्तो छ ? त्यो फाउन्टेन पेन" "साँच्चै महंगो सामान फरक हुन्छ है, एकदम लेख्न सजिलो छ"／(យ៉ាងម៉េចដែរ? ដក់ម៉ឺនឆ្នាំនោះ) (របស់ល្អពិតជាខុសគ្នាមែន។ពិតជាស្រួលសរសេរណាស់)／"ເປັນແນວໃດ? ປາກກາກ້ານນີ້" "ຂອງແພງຕັ້ງແຕກຕ່າງເນາະ. ຂຽນງ່າຍແລະຄັກຫຼາຍ")

❺ □ 不良品 (विग्रेको सामान (क्षतिपुर्ण)／របស់មិនល្អ／ສິນຄ້າມີຕຳນິ, ສິນຄ້າທີ່ບໍ່ສາມາດໃຊ້ໄດ້)
ふりょうひん

▶ 不良品だったから交換してもらった。
こうかん

(विग्रेको (क्षतिपूर्ण) सामान भएकोले त्यसलाई मैले साटें ।／ដោយសារតែជារបស់មិនល្អខ្ញុំបានសុំគេផ្លាស់ប្តូរ／ປ່ຽນຄືນເພາະວ່າສິນຄ້າມີຕຳນິ.)

❻ □ 貨物（かもつ） (कार्गो／ការដឹកទំនិញផ្ទួល／ສິນຄ້າ)

▷ 貨物列車（れっしゃ） (कार्गो रेल／រថភ្លើងដឹកទំនិញផ្ទួល／ຂະບວນລົດສິນຄ້າ)

❼ □ 輸送（ゆそう）(する) (ढुवानी गर्नु／ដឹកជញ្ជូន／ການຂົນສົ່ງ)

▶ 輸送手段（しゅだん）として、トラックと船（ふね）を使（つか）うことになる。

(ट्रक र जहाजहरू यातायातको साधनको रुपमा प्रयोग गरिनेछ ।／មធ្យោបាយដឹកជញ្ជូនប្រើឡាននិងកប៉ាល់／ຈະໄດ້ນຳໃຊ້ລົດບັນທຸກ ແລະ ເຮືອເປັນວິທີທາງໃນການຂົນສົ່ງ.)

❽ □ 普及（ふきゅう）(する) (व्यापकरुपमा फैलनु／រីករាលដាល／ການເຜີຍແຜ່, ແຜ່ຫຼາຍ)

▶ 携帯電話（けいたいでんわ）の普及によって、公衆（こうしゅう）電話の数（かず）がすごく減（へ）った。

(मोबाईल फोनको व्यापकरुपमा फैलिएकोले सार्वजनिक टेलिफोनको संख्या धेरै घटेको छ ।／ដោយសារទូរសព្ទដៃរីករាលដាលទូរសព្ទសាធារណៈមានចំនួនថយចុះ／ຈຳນວນໂທລະສັບສາທະລະນະຫຼຸດລົງເນື່ອງມາຈາກການແຜ່ຫຼາຍຂອງໂທລະສັບມືຖື.)

❾ □ コマーシャル (व्यवसायिक विज्ञापन／ផ្សាយពាណិជ្ជកម្ម／ການໂຄສະນາທາງວິທະຍຸ ຫຼື ໂທລະທັດ)

▶ あっ、これ、テレビのコマーシャルで見（み）た！

(ए, यो टेलिभिजनमा हेरेको व्यवसायिक विज्ञापन ।／អូ!របស់មួយនេះខ្ញុំបានឃើញនៅក្នុងការផ្សាយពាណិជ្ជកម្មតាមទូរទស្សន៍／ໂອ້, ອັນນີ້, ເຫັນໃນການໂຄສະນາທາງໂທລະທັດ.)

▷ 類 宣伝（せんでん）、広告（こうこく） (विज्ञापन／ប្រាប់តគ្នា ការផ្សព្វផ្សាយ／ ການເວົ້າເກີນຄວາມຈິງ, ການໂຄສະນາ)

❿ □ 再放送（さいほうそう）(する) (पुन प्रसारण गर्नु／ចាក់ផ្សាយឡើងវិញ／ອອກອາກາດອີກ)

▶ その番組（ばんぐみ）、見逃（みのが）しちゃったんだよ。再放送してくれないかなあ。

(त्यो कार्यक्रम हेर्न छुटेछ, पुन: प्रसारण गरिदिदैन होला ?／កម្មវិធីទូរទស្សន៍មួយនោះខ្ញុំមិនបានមើល។តើគេចាក់ផ្សាយឡើងវិញទេ／ບໍ່ທັນເບິ່ງລາຍການນີ້ຊ້ຳ. ຊິບໍ່ອອກອາກາດອີກບໍ່ນໍ?)

⓫ □ 開店（かいてん）(する) (उद्घाटन गर्नु／បើកហាង／ເປີດຮ້ານ)

⓬ □ 閉店(する)（へいてん） (बन्द गर्नु／បិទហាង／ການປິດຮ້ານ)

▷ 閉店時間（じかん） (बन्द गर्ने समय／ម៉ោងបិទហាង／ເວລາປິດ)

▶ 今月（こんげつ）いっぱいでこの店（みせ）を閉店することになりました。

(यो महिनाभरीमा यो पसल बन्द गर्ने भयो ।／ហាងនេះនឹងបិទនៅចុងខែនេះ／ໝົດເດືອນນີ້ຮ້ານກໍ່ຈະປິດລົງ.)

⓭ □ 定休日（ていきゅうび） (नियमित छुट्टी／ថ្ងៃឈប់សំរាកប្រចាំ／ມື້ພັກປະຈຳ)

UNIT 36

音声DL 50

知識・能力（ちしき のうりょく）

(ज्ञान, क्षमता／ចំណេះដឹង សមត្ថភាព／ຄວາມຮູ້, ຄວາມສາມາດ)

❶ □ 能力（のうりょく） (क्षमता／សមត្ថភាព／ຄວາມສາມາດ)

▶ うちの会社（かいしゃ）では、能力がある人（ひと）にはどんどんチャンスが与（あた）えられます。

(हाम्रो कम्पनीमा क्षमतावान व्यक्तिलाई जस्तो पनि अवसर प्रदान गर्दछ ।／នៅក្រុមហ៊ុនយើងខ្ញុំតែងតែផ្ដល់ឱកាសដល់មនុស្សមានសមត្ថភាព／ຢູ່ບໍລິສັດຂອງຂ້ອຍ, ຈະມອບໂອກາດໃຫ້ຄົນທີ່ມີຄວາມສາມາດຢ່າງບໍ່ຢຸດຢັ້ງ.)

▷ 能力を測（はか）る (क्षमता जाँच्न／វាស់សមត្ថភាព／ວັດຄວາມສາມາດ)

❷ □ 発揮（はっき）(する) (जाहेर गर्नु／បង្ហាញ／ການສະແດງ..., ລັກສະນະເດັ່ນ)

▶ 緊張（きんちょう）して実力（じつりょく）を発揮できませんでした。

(विचलित भएर आफ्नो क्षमता जाहेर गर्न सकेको थिएन ।／ដោយភាពភ័យខ្លាចមិនអាចបង្ហាញសមត្ថភាពពិត／ຕື່ນເຕັ້ນກໍ່ເລີຍສະແດງຄວາມສາມາດບໍ່ໄດ້.)

❸ □ 有能（ゆうのう）(な) (सक्षम (प्रभावशाली)／មានសមត្ថភាព／ມີຄວາມສາມາດ)

▶ 有能な部下（ぶか）を持（も）って、私（わたし）は幸（しあわ）せですよ。

(भन्दा मुनि काम गर्ने सक्षम व्यक्ति पाएर धेरै खुशी छु ।／ខ្ញុំសប្បាយណាស់ដែលមានថ្នាក់ក្រោមមានសមត្ថភាព／ຂ້ອຍໂຊກດີທີ່ມີລູກນ້ອງທີ່ມີຄວາມສາມາດ.)

❹ □ 素質（そしつ） (खुबी (गुण, दक्षता)／ដុង／ພອນສະຫວັນ, ພື້ນຖານ (ຄວາມເປັນ...))

▶ 初（はじ）めてなのに上手（じょうず）だね。素質があるよ。

(पहिलो चोटी भएर पनि राम्रो (सिपालु) छ है । खुबी छ ।／លើកដំបូងសោះពូកែមែន។មានដុងមែន／ເກັ່ງຫຼາຍຂະໜາດວ່າເປັນເທື່ອທຳອິດ. ມີພອນສະຫວັນເດີ້.)

❺ □ 知恵（ちえ） (बुद्धि／ប្រាជ្ញា／ປັນຍາ, ແນວຄວາມຮູ້, ຄວາມສະຫຼາດ)

▶ 考（かんが）えてもなかなかいい知恵が浮（う）かばない。

(जति सोचेपनि बुद्धि दिमागमा आउँदैन ।／ទោះជាខ្ញុំគិតក៏ដោយក៏គំនិតប្រាជ្ញាល្អមិនលេចឡើងសោះ／ຄິດເທົ່າໃດກໍ່ຍັງບໍ່ຄ່ອຍໄດ້ແນວຄວາມຮູ້ທີ່ດີເຂົ້າມາໃນຫົວເທື່ອ.)

6 □ 想像力 (कल्पना शक्ति (सोच्ने शक्ति)／កំលាំងស្រមើរស្រមៃ／ພະລັງແຫ່ງການຈິນຕະນາການ)
そうぞうりょく

▶ 相手がどんな気持ちか、ちょっと想像力を働かせればわかることだよ。
あいて きも はたら

(दोस्रो व्यक्तिले कस्तो महशुस गर्नुहुन्छ, कल्पना शक्तिले विचार गर्ने हो भने थाहा गर्न सक्ने कुरा हो ।／
ដៃគូរមានអារម្មណ៍បែបណា ប្រសិនបើប្រើកំលាំងស្រមើរស្រមៃគឺអាចដឹង／
ໃຫ້ພະລັງແຫ່ງການຈິນຕະນາການເຮັດວຽກໜ້ອຍໜຶ່ງຈຶ່ງຈະເຂົ້າໃຈວ່າຝ່າຍກົງກັນຂ້າມຮູ້ສຶກແນວໃດ.)

7 □ 集中力 (एकाग्रता／តាំងអារម្មណ៍／ການມີສະມາທິ, ພະລັງໃນການຈົດຈໍ່)
しゅうちゅうりょく

▶ これは非常に細かい作業なので、集中力が必要です。
ひじょう こま さぎょう ひつよう

(यो धेरै विस्तृतरुपमा गर्ने कार्य भएकोले एकाग्रताको आवश्यकता छ ।／
ដោយសារវាជាការងារល្អិតល្អន់ គឺត្រូវការតាំងអារម្មណ៍／ຈຳເປັນມີສະມາທິເພາະວ່ານີ້ແມ່ນວຽກທີ່ລະອຽດຫຼາຍ.)

8 □ 学力 (शैक्षिक क्षमता／សមត្ថភាពសិក្សា／
がくりょく ຄວາມສາມາດທາງການສຶກສາ, ຄວາມສາມາດໃນການຮ່ຳຮຽນ)

▶ 調査の結果、子供の学力が全体的に下がっていることがわかった。
ちょうさ けっか こども ぜんたいてき さ

(सर्वेक्षणको परिणाम अनुसार बच्चाहरुको शैक्षिक क्षमता समग्ररुपमा घटेको कुरा थाहा पायो ।／
តាមលទ្ធផលស្រាវជ្រាវ បានអោយដឹងថាជាសរុបសមត្ថភាពសិក្សារបស់ក្មេងមានការធ្លាក់ចុះ／
ຜົນການສຳຫຼວດໃຫ້ຮູ້ວ່າຄວາມສາມາດໃນການຮ່ຳຮຽນຂອງເດັກນ້ອຍໂດຍລວມໄດ້ຫຼຸດລົງ.)

9 □ 学歴 (शैक्षिक पृष्ठभूमि／ប្រវត្តិសិក្សា／ປະຫວັດການສຶກສາ)
がくれき

▶ 社会に出たら学歴は関係ないというけど、本当でしょうか。
しゃかい で かんけい ほんとう

(कम्पनीमा जागिर खाने हो भने शैक्षिक पृष्ठभूमि मतलब छैन भन्ने कुरा साच्चै हो ?／
តើពិតទេដែលថាពេលចូលប្រឡូកសង្គមមិនគិតពីប្រវត្តិសិក្សា?／ແມ່ນແທ້ບໍວ່າເມື່ອເຮັດວຽກແລ້ວປະຫວັດການສຶກສາແມ່ນບໍ່ກ່ຽວ?)

10 □ 教養 (शिष्टाचार, सभ्य, संस्कृति कला／បណ្តុះបណ្តាល／ການອົບຮົມສັ່ງສອນ, ການປັບປຸງ)
きょうよう

▶ 大学では、専門的な知識を学ぶだけでなく、教養を身につけることも大切です。
だいがく せんもんてき ちしき まな み たいせつ

(विश्वविद्यालयमा विशेष ज्ञान हासिल गर्ने मात्र नभई शिष्टाचार (संस्कृति कला) सिक्नु पनि महत्वपूर्ण छ ।／
នៅសកលវិទ្យាល័យមិនត្រឹមតែចំណេះដឹងបច្ចេកទេសទេ ការទទួលការបណ្តុះបណ្តាលក៏សំខាន់ដែរ／
ຢູ່ທີ່ມະຫາວິທະຍາໄລບໍ່ພຽງແຕ່ຮຽນເອົາຄວາມຮູ້ດ້ານວິຊາສະເພາະເທົ່ານັ້ນ, ການປັບປຸງຕົນເອງກໍ່ເປັນສິ່ງສຳຄັນ.)

11 □ 資格 (योग्यता／គុណវុឌ្ឍិ／ຄວາມສາມາດ, ຄຸນນະວຸດທິ, ຄຸນສົມບັດທີ່ກົງກັບຄວາມຕ້ອງການ)
しかく

▶ 彼女は看護師になるのが夢で、今、その資格を取るための勉強をしている。
かのじょ かんごし ゆめ いま と べんきょう

(उनको सपना नर्स बन्ने भएकोले अहिले त्यो योग्य हुनको लागि अध्ययनरत छिन् ।／
ដោយសារនាងមានសុបិន្តចង់ក្លាយជាគិលានុបដ្ឋយិកា ឥឡូវកំពុងខិតខំសិក្សាដើម្បីយកគុណវុឌ្ឍិ／
ເນື່ອງຈາກວ່າລາວຝັນຢາກເປັນພະຍາບານ, ດຽວນີ້ຈຶ່ງພວມສຶກສາເພື່ອເສັງເອົາຄຸນນະວຸດທິນັ້ນ.)

2021年4月1日現在
As of Apr 1, 2021

NIHONGO

Research Press
Japanese language textbook Guide to published books

Jリサーチ出版●日本語テキスト 出版案内

日本語

お問い合わせ● If you wish to contact us:

※価格は全て税込表示となっております。

Jリサーチ出版● J Research Press 〒166-0002 東京都杉並区高円寺北2-29-14-705
2-29-14-705 Koenjikita, Suginami-ku, Tokyo 166-0002

代 表● Pilot Number TEL. 03-6808-8801／FAX. 03-5364-5310

編集部● Editorial Department TEL. 03-6808-8806／FAX. 03-3223-3455

本のお買い求めはこちら

●全国の書店 ●オンライン書店

●Jリサーチ出版HP(https://www.jresearch.co.jp)

Visit our website!

If you are going to buy a book, it will be available at all bookstores in Japan, on-line bookstores and J Research Press homepage.

We are looking for overseas business partners.
Would you like to sell J-Research books as a business partner?

日本語能力試験対策
preparation for JLPT

「日本語単語スピードマスター」シリーズ "Quick mastery of vocabulary" Series

英語・中国語・韓国語版

日本語単語スピードマスター ADVANCED2800
倉品さやか 著　A5変型判／1760円

日本語単語スピードマスター INTERMEDIATE 2500
倉品さやか 著　A5変型判／1760円

日本語単語スピードマスター STANDARD 2400
倉品さやか 著　A5変型判／1540円

日本語単語スピードマスター BASIC 1800
倉品さやか 著　A5変型判／1540円

タイ語・ベトナム語・インドネシア語版

日本語単語スピードマスター ADVANCED 2800
倉品さやか 著　A5変型判／1980円

日本語単語スピードマスター INTERMEDIATE 2500
倉品さやか 著　A5変型判／1980円

日本語単語スピードマスター STANDARD 2400
倉品さやか 著　A5変型判／1760円

日本語単語スピードマスター BASIC 1800
倉品さやか 著　A5変型判／1760円

マレーシア語・ミャンマー語・フィリピノ語版

日本語単語スピードマスター STANDARD 2400
倉品さやか 著　A5変型判／1760円

ネパール語・カンボジア語・ラオス語版

日本語単語スピードマスター STANDARD 2400
倉品さやか 著　A5変型判／1760円

フランス語・スペイン語・ポルトガル語版

日本語単語スピードマスター BASIC 1800
倉品さやか 著　A5変型判／1760円

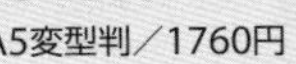
音声DL付

日本語能力試験問題集 N3 読解スピードマスター
Quick Mastery of N3 Reading 英中韓
渡邉亜子／菊池民子 共著 B5判＋別冊（解答・解説）／1320円

日本語能力試験問題集 N3 聴解スピードマスター CD 2枚付
Quick Mastery of N3 Listening 英中韓
棚橋明美／杉山ますよ／野原ゆかり 共著 B5判＋別冊（解答・解説）／1320円

日本語能力試験問題集 N3 カタカナ語スピードマスター 音声DL付
Quick Mastery of N3 Katakana Word 英中韓ベ
清水知子／大場理恵子／渡邉亜子／棚橋明美 共著 B5判＋別冊（解答・解説）／1320円

日本語能力試験問題集 N3漢字スピードマスター
Quick Mastery of N3 Kanji 英ベ
清水知子／大場理恵子 共著 B5判＋別冊（解答・解説）／1320円

タイ語・ベトナム語・インドネシア語版
日本語能力試験問題集 N3 語彙スピードマスター CD付
Quick Mastery of N3 Vocabulary
森本智子／松田佳子／高橋尚子 共著 B5判＋別冊（解答・解説）／1320円

日本語能力試験問題集 N4 語彙スピードマスター CD付
Quick Mastery of N4 Vocabulary 英中韓ベ
森本智子／高橋尚子／松本知恵／黒岩しづ可 共著 B5判＋別冊（解答・解説）／1320円

日本語能力試験問題集 N4 文法スピードマスター
Quick Mastery of N4 Grammar 英中韓ベ
桑原里奈／小野塚若菜 共著 B5判＋別冊（解答・解説）／1320円

日本語能力試験問題集 N4 読解スピードマスター
Quick Mastery of N4 Reading 英中韓ベ
桑原里奈／木林理恵 共著 B5判＋別冊（解答・解説）／1320円

日本語能力試験問題集 N4 聴解スピードマスター CD 2枚付
Quick Mastery of N4 Listning 英中韓ベ
有田聡子／黒江理恵／高橋尚子／黒岩しづ可 共著 B5判＋別冊（解答・解説）／1320円

日本語能力試験問題集 N5 語彙スピードマスター CD付
Quick Mastery of N5 Vocabulary 英中韓ベ
森本智子／高橋尚子／松本知恵／黒岩しづ可 共著 B5判＋別冊（解答・解説）／1320円

日本語能力試験問題集 N5 文法スピードマスター
Quick Mastery of N5 Grammar 英中韓ベ
桑原里奈／小野塚若菜 共著 B5判＋別冊（解答・解説）／1320円

日本語能力試験問題集 N5 読解スピードマスター
Quick Mastery of N5 Reading 英中韓ベ
桑原里奈／木林理恵 共著 B5判＋別冊（解答・解説）／1320円

日本語能力試験問題集 N5 聴解スピードマスター CD 2枚付
Quick Mastery of N5 Listning 英中韓ベ
有田聡子／黒江理恵／高橋尚子／黒岩しづ可 共著 B5判＋別冊（解答・解説）／1320円

分野別
Specialized

「日本語能力試験・日本留学試験読解対策」シリーズ
JLPT/EJU Reading Comprehension Preparation Series

N5

日本語N5 文法・読解まるごとマスター ㊮㊥㋬
N5 Grammar and Reading Comprehension of Japanese Expressions

文法を復習・定着させながら、読解力を伸ばしていく。

Review and retain grammar while enhancing your reading comprehension skills.

水谷信子 著 B5判／1760円

N4

日本語N4 文法・読解まるごとマスター ㊮㊥㋬
N4 Grammar and Reading Comprehension of Japanese Expressions

水谷信子 著 B5判／1760円

N3

日本語N3 文法・読解まるごとマスター ㊮㊥㋬
N3 Grammar and Reading Comprehension of Japanese Expressions

水谷信子 監修・著　黒岩しづ可／青木幸子／高橋尚子 共著 B5判／1760円

N2

日本語N2 文法・読解まるごとマスター ㊮㊥㋬
N2 Grammar and Reading Comprehension of Japanese Expressions

水谷信子 監修・著　森本智子／黒岩しづ可／青木幸子 共著 B5判／1760円

N1

日本語N1 文法・読解まるごとマスター ㊮㊥㋬
N1 Grammar and Reading Comprehension of Japanese Expressions

水谷信子 監修・著　森本智子／黒岩しづ可／青木幸子／高橋尚子／渡邉亜子 共著 B5判／1760円

「くらべてわかる」シリーズ
"Learning through Comparison" Series

初級 beginner

くらべてわかる 初級 日本語表現文型ドリル ㊮㊥㊙
Learning through Comparison Sentence Pattern Drills for elementary Japanese Expression

岡本牧子／氏原庸子 共著 B5判＋別冊（解答・訳）／1540円

中級 intermediate

くらべてわかる中級 日本語表現文型ドリル ㊮㊥㊙
Learning through Comparison Sentence Pattern Drills for Intermediate Japanese Expression

岡本牧子／氏原庸子 共著 B5判＋別冊（解答・訳）／1650円

上級 advanced

上級日本語の基礎となる765の文型を収録！

くらべてわかる 日本語表現文型辞典
Highlights 765 basic sentence patterns of advanced Japanese!

A Guide to Useful Japanese Sentence Patterns—Comparing and Understanding the Difference

岡本牧子／氏原庸子 共著 A5判／2200円

⑫ □ 免許（めんきょ） (अनुमति पत्र／អជ្ញាប័ណ្ណ／ໃບອະນຸຍາດ)

▶ 運転免許はまだ持っていません。

(अहिलेसम्म सवारीचालक अनुमति पत्र लिएको छैन ।／មិនទាន់មានប័ណ្ណបើកបរ／ຍັງບໍ່ທັນມີໃບອະນຸຍາດຂັບຂີ່ເທື່ອ.)

⑬ □ 初心者（しょしんしゃ） (शिकारु／អ្នកទើបតែចាប់ផ្តើម／ມືໃໝ່, ຜູ້ເລີ່ມໃໝ່)

▶ 初心者の方も大勢いますから、気軽に参加してください。

(शिकारुहरू पनि धेरै हुने भएकोले अप्ठ्यारो नमानी सहभागी हुनुहोस् ।／
ដោយសារអ្នកទើបតែចាប់ផ្តើមដំបូងមានគ្នាច្រើន សូមចូលរួមដោយកុំមានការយល់ទាស់អី／
ກະລຸນາມາຮ່ວມໄດ້ຕາມສະບາຍເພາະວ່າຜູ້ເລີ່ມໃໝ່ກໍ່ມີຫຼາຍ.)

⑭ □ 上達（じょうたつ）(する) (सुधार गर्नु／កើនសមត្ថភាព／
ການພັດທະນາຂຶ້ນ (ຂອງຄວາມສາມາດ), ເກັ່ງຂຶ້ນ, ການກ້າວໜ້າຂຶ້ນຂອງຝີມື)

▶ 毎日練習しているんだけど、なかなか上達しない。

(हरेक दिन अभ्यास गरिरहँदा पनि सुधार हुदैन ।／ហ្វឹកហាត់រាល់ថ្ងៃដែរតែដូចជាសមត្ថភាពមិនកើនសោះ／
ຝຶກຊ້ອມທຸກໆມື້ແຕ່ວ່າບໍ່ຄ່ອຍພັດທະນາຂຶ້ນປານໃດ.)

⑮ □ 進歩（しんぽ）(する) (प्रगती गर्नु／ឈានទៅមុខ／ຄວາມກ້າວໜ້າ)

▶ 最近の技術の進歩の速さにはついていけない。

(आजकलको प्राविधिक प्रगतिको गतिसँगै जान सक्ने अवस्था छैन ।／ថ្មីៗនេះតាមមិនទាន់សំទុះជឿនលឿននៃបច្ចេកវិទ្យាសោះ／
ແລ່ນນຳຄວາມກ້າວໜ້າຢ່າງໄວວາຂອງເຕັກໂນໂລຊີທຸກມື້ນີ້ບໍ່ທັນ.)

⑯ □ ベテラン (अनुभवी／អ្នកស្ទាត់ជំនាញ／ຜູ້ທີ່ມີປະສົບການ, ຜູ້ຊ່ຽວຊານ)

▶ ベテランと新人とでは、仕事のスピードが全然違う。

(अनुभवी र नयाँ मानिसमा कार्य गती धेरै फरक हुन्छ ।／អ្នកស្ទាត់ជំនាញនិងអ្នកថ្មីគឺល្បឿនការងារមានភាពខុសគ្នាដាច់／
ຄວາມວ່ອງໄວໃນການເຮັດວຽກລະຫວ່າງຜູ້ທີ່ມີປະສົບການແລະພະນັກງານໃໝ່ແຕກຕ່າງກັນຢ່າງຕາຍໂຕ.)

▷ 経験20年の大ベテラン

(२० वर्षको अनुभवी／អ្នកស្ទាត់ជំនាញមានបទពិសោធន៍២០ឆ្នាំ／ຜູ້ຊ່ຽວຊານໃຫຍ່ທີ່ມີປະສົບການ20ປີ)

評価(ひょうか)・成績(せいせき)

(मुल्यांकन, परिणाम／វាយតំលៃ ចំណាត់ថ្នាក់／ການປະເມີນ, ຜົນງານ)

❶ □ 基準(きじゅん) (मापदण्ड／ស្តង់ដា／ມາດຕະຖານ, ເກນ)

▶ 採用(さいよう)するかどうかの判断(はんだん)基準は何(なん)ですか。

(नियुक्त गर्ने निर्णयको मापदण्ड के हो ?／តើស្តង់ដាក្នុងការជ្រើសរើសរឺមិនជ្រើសរើសជាអ្វីដែរ?／ແມ່ນຫຍັງຄືມາດຕະຖານໃນການຕັດສິນວ່າຊິຮັບເຂົ້າເຮັດວຽກຫຼືບໍ່?)

❷ □ 採点(さいてん)(する) (स्कोरिंग गर्नु／ដាក់ពិន្ទុ／ການໃຫ້ຄະແນນ, ການກວດບົດເສັງ)

❸ □ 満点(まんてん) (पुर्णाङ्ग／ពិន្ទុពេញ／ຄະແນນເຕັມ, ດີເລີດ, ບໍ່ມີບ່ອນຕິ)

❹ □ 最高(さいこう) (उत्कृष्ट (एकदम)／ខ្ពស់បំផុត／ສຸດຍອດ, ດີທີ່ສຸດ, ສູງສຸດ)

▶「優勝(ゆうしょう)した今(いま)の気持(きも)ちは？」「最高の気分(きぶん)です。」

("जित्नु भएकोमा अहिले कस्तो महशुस भएको छ ?" "एकदम खुशी लागेको छ ।"／(តើអារម្មណ៍ឈ្នះពេលនេះយ៉ាងណាដែរ?) (ពិតជាសប្បាយចិត្តបំផុត)／"ຕອນນີ້ຮູ້ສຶກແນວໃດທີ່ໄດ້ຮັບໄຊຊະນະ?" "ຮູ້ສຶກດີທີ່ສຸດເລີຍ")

❺ □ 最低(さいてい) (खत्तम (सब भन्दा खराब)／ទាបបំផុត／ຊົ່ວທີ່ສຸດ, ຂີ້ຮ້າຍສຸດ, ບໍ່ຄັກສຸດ)

▶「映画(えいが)、どうだった？」「今(いま)まで見(み)た中(なか)で最低だったよ」

("चलचित्र कस्तो थियो ?" "अहिले सम्म हेरेको मध्य सब भन्दा खराब थियो ।"／(ខ្សែភាពយន្ត យ៉ាងម៉េចដែរ?) (ក្នុងចំណោមដែលធ្លាប់មើលគឺអន់បំផុត)／"ຮູບເງົາເປັນແນວໃດ?" "ຂີ້ຮ້າຍສຸດເທົ່າທີ່ເຄີຍເບິ່ງມາ")

❻ □ 勝(まさ)る (जित्नु／ឈ្នះ／ເໜືອກວ່າ, ດີກວ່າ)

▶ 体(からだ)の大(おお)きさでは、相手選手(あいてせんしゅ)の方(ほう)が勝っている。

(शारीरिक आकारमा, विपक्षी खेलाडीले जितिरहेको छ ।／បើនិយាយពីទំហំរាងកាយ កីឡាករគូរប្រកួតជាអ្នកឈ្នះ／ນັກກິລາຂອງຝ່າຍກົງກັນຂ້າມເໜືອກວ່າໃນດ້ານຄວາມໃຫຍ່ຂອງຮ່າງກາຍ.)

❼ □ 劣る おと (कमसल (खराब)／កាត់បន្ថយ／ດ້ອຍ, ສູ້ບໍ່ໄດ້, ຕໍ່າ)

▶ 安いから、多少性能が劣るのはしょうがない。
やす　た しょうせいのう

(सस्तो भएकोले अलि कार्य दक्षता कमसल भएतापनि अरु विकल्प छैन ।／
ដោយសារថោក អន់ថយសមត្ថភាពតិចតួចគ្មានជំរើសទេ／ປະສິດທິພາບຕໍ່າແດ່ແຕ່ກໍ່ຊ່ວຍບໍ່ໄດ້ເພາະວ່າລາຄາຖືກ.)

❽ □ 敗れる やぶ (फेल (हार्नु)／ចាញ់／ພ່າຍແພ້, ເສຍ)

▶ 1点差でB大学に敗れた。
てん さ　だいがく

(१ अंकको अन्तरले गर्दा बी विश्वविद्यालयको जाँचमा फेल भयो ।／បានចាញ់សកលវិទ្យាល័យប៊ី១ពិន្ទុ／
ມະຫາວິທະຍາໄລBພ່າຍແພ້ດ້ວຍ1ຄະແນນຫ່າງກັນ.)

❾ □ 弱点 じゃくてん (कमजोरी／ចំណុចខ្សោយ／ຈຸດອ່ອນ, ຂໍ້ເສຍ, ຈຸດບົກພ່ອງ)

▶ 試合前に相手の弱点を調べた。
しあいまえ　あいて　しら

(प्रतियोगिता अघि विपक्षीको कमजोरीहरूको अनुसन्धान गरें ।／បានស្រាវជ្រាវចំណុចខ្សោយរបស់គូរប្រកួតមុនការប្រកួត／
ກວດກາຈຸດອ່ອນຂອງຝ່າຍກົງກັນຂ້າມກ່ອນການແຂ່ງຂັນ.)

❿ □ 勝敗 しょうはい (हार जित／ចាញ់ឈ្នះ／ການແພ້ຊະນະ)

▶ 〈放送〉試合は今も行われていて、勝敗の行方はまだわかりません。
ほうそう　しあい　いま　おこな　ゆくえ

(〈प्रसारण〉 प्रतियोगिता अहिले पनि भइरहेको छ, हार जित कतातिर हुन्छ केही थाहा छैन ।／
(ការផ្សាយ) ការប្រកួតកំពុងតែប្រារពឡើង មិនទាន់ដឹងការចាញ់ឈ្នះទេ／
(ອອກອາກາດ) ດຽວນີ້, ການແຂ່ງພວມດຳເນີນຢູ່ຍັງບໍ່ຮູ້ທິດທາງຂອງການແພ້ຊະນະ.)

⓫ □ 可 か (संम्भव／អាច／ເຮັດໄດ້, ໃຊ້ໄດ້, ອະນຸມັດໃຫ້ຜ່ານ)

▷〈不動産〉ペット可
ふどうさん

(〈घर जग्गा कारोबार रियल स्टेट〉 घर पालुवा जनावर पाल्न संम्भव छ ।／(អចលនទ្រព្យ) អាចចិញ្ចឹមសត្វ／
(ອະສັງຫາລິມມະຊັບ) ລ້ຽງສັດໄດ້)

⓬ □ 不可 ふか (मनाही (निषेध)／មិនអាច／ເປັນໄປບໍ່ໄດ້, ເສັງບໍ່ຜ່ານ, ເຮັດບໍ່ໄດ້)

▷〈注意書き〉撮影不可
ちゅういが　さつえい

(〈सावधानी〉 फोटो या भिडियो खिच्न मनाही छ ।／(ប្រយ័ត្ន) មិនអាចថតរូប／(ຂໍ້ຄວາມລະມັດລະວັງ) ຖ່າຍຮູບບໍ່ໄດ້)

⓭ □ 損(な) そん (नोक्सान／ខាត／ຂາດທຶນ)

▶ 彼は株でだいぶ損をしたようだ。
かれ　かぶ

(उसले स्टकमा धेरै नोक्सानी बेहोर्यो जस्तो छ ।／គាត់ដូចជាខាតច្រើនជាមួយភាគហ៊ុន／ລາວຂາດທຶນຍ້ອນຫຼິ້ນຫຸ້ນ.)

⓮ □ 得（とく）(な) (फाइदा हुने／ចំណេញ／ຜົນດີ, ປະໂຫຍດ, ກຳໄລ)

▶ みんなの得になるようなら、そうしよう。

(सबैजनालाई फाइदा हुने भए, त्यसै गरौं ।／ធ្វើអីចឹងចុះប្រសិនបើចំណេញទាំងអស់គ្នា／ຖ້າມີປະໂຫຍດຕໍ່ທຸກຄົນກໍ່ເຮັດເລີຍເທາະ.)

⓯ □ 損得（そんとく） (घाटा नाफा／ខាតចំណេញ／ຂໍ້ໄດ້ປຽບແລະເສຍປຽບ, ກຳໄລຂາດທຶນ)

▶ 友達（ともだち）と付（つ）き合（あ）うのに、損得なんか考（かんが）えません。

(साथीसंग सम्बन्ध राख्ने कुरामा, घाटा नाफाको कुरा सोच्दैन ।／ការរាប់អានមិត្តមិនគិតខាតចំណេញទេ／ເວລາຄົບຄ້າສະມາຄົມກັບໝູ່ຈະຄິດເຖິງກຳໄລຂາດທຶນບໍ່ໄດ້.)

⓰ □ 釣（つ）り合（あ）う (सन्तुलन, ब्यालेन्स／សមគ្នា／ກົມກືນ, ເຂົ້າກັນ, ເໝາະສົມກັນ)

▶ 美人（びじん）で頭（あたま）もいい彼女（かのじょ）と僕（ぼく）とでは、釣り合わないとよく言（い）われます。

(सुन्दरी अनि स्मार्ट (बुद्धिमानी) भएकी उनी र मेरो जोडी सन्तुलित छैन भनिन्छ ।／
គេតែងតែថា នាងស្អាតហើយឆ្លាត ជាមួយខ្ញុំគឺមិនសមគ្នា／ຖືກເວົ້າໃຫ້ເລີຍໆວ່າຜູ້ງາມແລະສະຫຼາດຄືລາວບໍ່ເໝາະສົມກັບຂ້ອຍ.)

⓱ □ 相当（そうとう）(する) (बराबर हुनु／ប្រហាក់ប្រហែល／ການມີ (ລະດັບ, ລັກສະນະ) ເໝາະສົມ, ການມີ (ຄຸນສົມບັດ) ທຽບໄດ້ກັບ, ທຽບເທົ່າກັບ)

▶ この絵（え）の価値（かち）は、家一軒分（いえいっけんぶん）に相当する。

(यो चित्रको भाउ, सिगों एउटा घरको भाउ बराबर छ ।／តំលៃរូបភាពមួយនេះប្រហាក់ប្រហេលនឹងផ្ទះមួយខ្នង／
ມູນຄ່າຂອງຮູບແຕ້ມແຜ່ນນີ້ທຽບເທົ່າກັບເຮືອນຫຼັງໜຶ່ງ.)

⓲ □ ふさわしい (सुहाउँदो, उपयुक्त／សម／ເໝາະສົມ)

▶ 彼（かれ）はリーダーにふさわしい人物（じんぶつ）だと誰（だれ）もが思（おも）っている。

(सबैले सोच्छन् कि उ एक नेता हुन उपयुक्त व्यक्ति हो ।／នរណាក៏គិតថាគាត់សមជាមេដឹកនាំដែរ／
ແມ່ນໃຜກໍ່ຄິດວ່າລາວແມ່ນບຸກຄົນທີ່ເໝາະສົມໃນການເປັນຜູ້ນຳ.)

⓳ □ 肯定（こうてい）(する) (स्वीकार गर्नु／ទទួលយក／ການເຫັນພ້ອມ, ການຍອມຮັບ ຫຼື ຮັບຮອງ,)

⓴ □ 否定（ひてい）(する) (अस्वीकार गर्न／បដិសេធ／ການປະຕິເສດ)

▶ 彼女（かのじょ）との交際（こうさい）について聞（き）くと、彼（かれ）は否定（ひてい）も肯定もしなかった。

(उनीसँगको सम्बन्धको बारेमा उनलाई सोध्दा उनले अस्वीकार पनि स्वीकार पनि गरेको थिएन ।／
ពេលដែលសួរពីទំនាក់ទំនងជាមួយនាង គាត់មិនបដិសេធក៏មិនទទួលយក／
ເມື່ອຖາມເຖິງເລື່ອງຄົບຫາກັບແຟນ, ລາວທັງບໍ່ຍອມຮັບແລະທັງບໍ່ປະຕິເສດ.)

音声DL 52

㉑ □ 等しい (बराबर／ស្មើ／ເທົ່າກັບ, ຄືກັນ, ເທົ່າທຽມກັນ, ສະເໝີພາບ)

▶ 当時の２万円は、現在の10万円に等しい。

(उहिलेको २० हजार येन अहिलेको १ लाख येन बराबर हुन्छ ।／២ម៉ឺនយេនពេលនោះស្មើនឹង១០ម៉ឺនបច្ចុប្បន្ន／ເງິນ2ໝື່ນເຢັນໃນຕອນນັ້ນເທົ່າກັບ1ໝື່ນເຢັນໃນປະຈຸບັນ.)

㉒ □ 批判(する) (आलोचना गर्नु／រិះគុណ／ການຕຳນິ, ການວິພາກວິຈານ)

▶ 人の批判ばかりしていないで、自分のことをよく見てみたらどうなの？

(अरु मान्छेको आलोचना मात्र नगरी, आफ्नो कुरा राम्रो नियाल्दा कसो होला ।／កុំគិតតែរិះគុណអ្នកដទៃ គួរតែមើលខ្លួនឯងវិញយ៉ាងម៉េចដែរ?／ຢ່າຕຳນິແຕ່ຄົນອື່ນ, ລອງເບິ່ງໂຕເອງດີໆວ່າເປັນແນວໃດ?)

㉓ □ 批評(する) (आलोचना गर्नु／រិះគុណ／ຄຳວິຈານ)

▶ 映画の批評を見たよ。ひどいこと書かれていたね。

(चलचित्रको आलोचना देखें, नराम्रो कुरा लेखेको थियो है ।／បានមើលការរិះគុណខ្សែភាពយន្តហើយ បានសរសេរអាក្រក់ៗណាស់／ໄດ້ເບິ່ງຄຳວິຈານຂອງຮູບເງົາເລື່ອງນີ້ແລ້ວເດີ້. ຖືກຂຽນຢ່າງຮຸນແຮງຫຼາຍ.)

㉔ □ 評論 (आलोचना／វិភាគ／ການວິຈານ)

▷ 評論家 (आलोचक／អ្នកវិភាគ／ນັກວິຈານ)

㉕ □ 勧める (सिफारिस गर्नु／ណែនាំ／ແນະນຳ, ຊີ້ນຳ)

▶ これは友達に勧められた本です。

(यो साथीले सिफारिस गरेको किताब हो ।／នេះជាសៀវភៅដែលមិត្តភក្តិបានណែនាំ／ນີ້ແມ່ນປຶ້ມທີ່ໝູ່ແນະນຳໃຫ້.)

㉖ □ おすすめ (सिफारिस गरेको／ណែនាំ／ແນະນຳພິເສດ, ສິນຄ້າດີທີ່ແນະນຳໃຫ້ຄົນຊື້)

▷ おすすめの映画 (हेर्न सिफारिस गरेको चलचित्र／ខ្សែភាពយន្តដែលបានណែនាំ／ຮູບເງົາແນະນຳພິເສດ)

㉗ □ 推薦(する) (सिफारिस गर्न／ណែនាំ／ການຮັບຮອງ, ການສະເໜີ (ໃຫ້ດຳລົງຕຳແໜ່ງ))

▶ クラスの代表に高橋さんを推薦したいと思います。

(कक्षाको प्रतिनिधिमा ताकाहासी जीलाई सिफारिस गर्न चाहन्छु ।／សំរាប់អ្នកតំណាងថ្នាក់រៀន ខ្ញុំចង់ណែនាំលោកតាកាហាស៊ី／ຄິດວ່າຢາກສະເໜີທ້າວທະກະຮະຊິໃຫ້ເປັນຕົວແທນຂອງຫ້ອງຮຽນ.)

㉘ □ 支持(しじ)(する) (समर्थन गर्नु／គាំទ្រ／ການສະໜັບສະໜູນ)

▶ 新市長(しんしちょう)は、各世代(かくせだい)から広(ひろ)く支持を集(あつ)めた。

(नयाँ मेयरले सबै पुस्ताको व्यापक समर्थन प्राप्त गर्‍यो ।／អភិបាលក្រុងថ្មីបានប្រមូលការគាំទ្រយ៉ាងទូលាយគ្រប់វ័យ／
ເຈົ້າເມືອງຜູ້ໃໝ່ໄດ້ຮັບການສະໜັບສະໜູນຢ່າງກວ້າງຂວາງຈາກຄົນຫຼາຍລຸ້ນ.)

㉙ □ 見事(みごと)(な) (आश्चर्यजनक／គួរអោយសសើរ／ງົດງາມ, ສຸດຍອດ, ປານີດ)

▶ これは見事な作品(さくひん)ですね。素晴(すば)らしい。

(यो आश्चर्यजनक सामान हो है ? धेरै राम्रो ।／នេះពិតជាស្នាដៃគួរអោយសសើរមែន។ ពិតជាល្អណាស់／
ນີ້ແມ່ນຜົນງານທີ່ປານີດເນາະ. ຄັກ.)

㉚ □ 傑作(けっさく) (उत्कृष्ट उत्पादन／ស្នាដៃឯក／ຜົນງານລະດັບເອກ)

▶ これは彼女(かのじょ)の最高(さいこう)傑作だと思(おも)う。

(यो उनको सबभन्दा उत्कृष्ट उत्पादन जस्तो लाग्छ ।／ខ្ញុំគិតថានេះជាស្នាដៃដ៏ល្អបំផុតរបស់នាង／
ຄິດວ່ານີ້ແມ່ນຜົນງານລະດັບເອກຂອງລາວ.)

㉛ □ 立派(りっぱ)(な) (भव्य,शानदार／គួរអោយស្ញប់ស្ញែង／ສະຫງ່າງາມ, ໜ້ານັບຖື, ຍິ່ງໃຫຍ່ອະລັງການ)

▶ 彼(かれ)らの最後(さいご)まで全力(ぜんりょく)で戦(たたか)う姿(すがた)は、立派でした。

(उनीहरूको अन्तिम सम्म सम्पूर्ण शक्तिका लडेको देख्दा शानदार लाग्यो ।／
រូបភាពដែលពួកគេខិតខំអស់ពីសមត្ថភាពរហូតដល់ទីបញ្ចប់គឺពិតជាគួរអោយស្ញប់ស្ញែងមែន／
ໜ້ານັບຖືພາບຂອງລາວທີ່ຕໍ່ສູ້ຢ່າງສຸດຄວາມສາມາດຈົນຮອດວິນາທີສຸດທ້າຍ.)

▶ 新(あたら)しい美術館(びじゅつかん)は、思(おも)った以上(いじょう)に立派な建物(たてもの)でした。

(नयाँ संग्रहालय भवन, सोचेको भन्दा धेरै भव्य थियो ।／សារមន្ទីរថ្មីគឺពិតជាគួរអោយស្ញប់ស្ញែងលើសពីការស្មាន／
ອາຄານໃໝ່ຂອງຫໍພິພິດຕະພັນຍິ່ງໃຫຍ່ອະລັງການກວ່າທີ່ຄິດ.)

▷ 立派な大人(おとな)になる

(प्रतिष्ठित व्यक्ति बन्न／ក្លាយជាមនុស្សធំដែលគួរអោយស្ញប់ស្ញែង／ກາຍເປັນຜູ້ໃຫຍ່ທີ່ໜ້ານັບຖື.)

㉜ □ 豪華(ごうか)(な) (भव्य (चौरासी व्यञ्जन)／សន្ធឹកសន្ធាប់／ຫຼູຫຼາ, ຍິ່ງໃຫຍ່)

▶ 温泉(おんせん)でのんびりした後(あと)は、豪華な料理(りょうり)が待(ま)っている。

(तातो पानीमा आराम गरेपछि, चौरासी व्यञ्जनको खानाले पर्खिरहेको हुन्छ ।／
ក្រោយពីសោយសុខជាមួយទឹកផុសក្តៅហើយម្ហូបសន្ធឹកសន្ធាប់កំពុងរងចាំ／
ມີອາຫານທີ່ຫຼູຫຼາລໍຄອຍຖ້າຫຼັງຈາກທີ່ພັກຜ່ອນແບບສະບາຍໆໃນບໍ່ນ້ຳຮ້ອນ.)

㉝ □ 大(たい)した (ठूलो (महत्वपुर्ण)／គួរអោយសរសើរ／ສຸດຍອດ, ຍິ່ງໃຫຍ່, ສຳຄັນ)

▶ 彼(かれ)、まだ若(わか)いのに大したものだね。

(ऊ, भर्खरको युवा भएर पनि राम्रो (ठूलो) काम गर्‍यो है ।／គាត់នៅក្មេងនៅឡើយតែពិតជាគួរអោយសរសើរមែន／
ລາວຍັງໜຸ່ມແຕ່ວ່າສຸດຍອດເນາະ.)

▶「何か問題でもあったの？」「いや、大したことはないよ」

(“केही समस्या भएको थियो कि ?” “अहँ, खासै ठूलो होइन”／(មានរឿងអី?) (ទេមិនមានអីធំដុំទេ)／
"ມີບັນຫາຫຍັງບໍ?" "ບໍ່ນະ, ບໍ່ເປັນຫຍັງຫຼາຍ")

❸④ □ 妥当(な) (उचित／សមហេតុផល／ເໝາະສົມ)

▶ この値段なら、高すぎず安すぎず、妥当だと思う。

(यो मूल्यमा हो भने, महंगो पनि सस्तो पनि नभएर, उचित जस्तो लाग्छ ।／
បើតំលៃនេះ មិនថ្លៃមិនថោក គិតថាសមហេតុផល／ຖ້າແມ່ນລາຄານີ້ແລ້ວຖືວ່າເໝາະສົມ, ບໍ່ຖືກແລະບໍ່ແພງເກີນໄປ.)

❸⑤ □ 手頃(な) (सस्तो／សមល្មម／ສົມເຫດສົມຜົນ, ເໝາະສົມ)

▶「これは高くて買えないなあ」「こちらはいかがですか。手頃なお値段だと思いますが」

(“यो महंगो भएर किन्न सकिन्न” “यो चाहिँ कस्तो होला ? सस्तो मूल्य हो जस्तो लाग्छ ।”／
(របស់នេះថ្លៃមិនអាចទិញបានទេ) (ចុះមួយនេះ? គិតថាតំលៃសមល្មមតែ)／
"ອັນນີ້ແພງຊື້ບໍ່ໄດ້ດອກ" "ອັນນີ້ເດມັກບໍ່? ຄິດວ່າລາຄາສົມເຫດສົມຜົນຢູ່")

❸⑥ □ まし(な) (नराम्रो नभएको／ល្អហើយ／ດີກວ່າ)

▶ 60点？　まだましだよ。私なんか、30点だよ

(६० अंक ? नराम्रो होइन, मेरो झन ३० अंक मात्र थियो ।／ពិន្ទុ៦០? ប៉ុណ្ណឹងល្អហើយ។ខ្ញុំបានតែ៣០ពិន្ទុទេ／
60ຄະແນນບໍ? ຍັງດີກວ່າເດີ້. ຂ້ອຍໄດ້30ຄະແນນໜຶ່ງໄດ໋.)

❸⑦ □ 大して～ない (धेरै नभएको／មិនប៉ុន្មានទេ／ບໍ່...ປານໃດ)

▶ 大して良くないのに、どうしてこの作品が賞を取ったんだろう。

(खासै धेरै राम्रो नहुंदा पनि, किन यो कामले पुरस्कार जितेको होला ।／
មិនល្អប៉ុន្មានផង ហេតុអ្វីបានទទួលពានរង្វាន់!／ທັງໆທີ່ບໍ່ດີປານໃດແຕ່ເປັນຫຍັງຜົນງານນັ້ນຈຶ່ງໄດ້ຮັບລາງວັນເນາະ.)

❸⑧ □ 粗末(な) (सादा (तुच्छ)／ស្និតស្និត／ລຽບງ່າຍ, ທຳມະດາໆ)

▶ 食べ物を粗末にしてはいけないと、小さい頃から教えられてきた。

(खानेकुरालाई तुच्छ ठान्नु हुन्न भनेर, बच्चादेखि सिकाइएको थियो ।／
ខ្ញុំត្រូវបានបង្រៀនថារបស់បរិភោគត្រូវតែស្និតស្និតតាំងពីតូច／ຖືກອົບຮົມສັ່ງສອນມາຕັ້ງແຕ່ຕອນຍັງນ້ອຍວ່າບໍ່ໃຫ້ກິນຖິ້ມກິນເສຍ.)

❸⑨ □ 意義 (महत्व, अर्थ／តំលៃ／ຄວາມໝາຍ, ຄວາມສຳຄັນ)

▶ 今、大学の存在意義が問われている。

(अहिले, विश्वविद्यालयको अस्तित्वको महत्व माथि प्रश्न उठाइरहेको छ ।／
ឥឡូវកំពុងតែត្រូវបានសួរពីតំលៃនៃវត្តមានមហាវិទ្យាល័យ／ປະຈຸບັນ, ມີການຕັ້ງຄຳຖາມເຖິງຄວາມສຳຄັນຂອງການມີມະຫາວິທະຍາໄລ.)

▶ これを続けることに、あまり意義を感じなくなった。

(यसलाई जारी राख्ने कुरामा त्यतिको अर्थपूर्ण रहेको अनभूति भएन ।／
ដោយការបន្តរឿងមួយនេះបានក្លាយជាមិនសូវមានអារម្មណ៍ថាមានតំលៃ／ເລີ່ມບໍ່ຮູ້ສຶກເຖິງຄວາມໝາຍຂອງການສືບຕໍ່ເຮັດສິ່ງນີ້.)

❹⓪ □ 重要(な) (महत्वपुण／ចាំបាច់／ສຳຄັນ, ຈຳເປັນ)

▷ 重要な問題、重要な会議

(महत्वपूर्ण प्रश्न, महत्वपूर्ण बैठक／បញ្ហាចាំបាច់ ការប្រជុំចាំបាច់／ບັນຫາສຳຄັນ, ກອງປະຊຸມສຳຄັນ)

❹① □ 重大(な) (गम्भीर／ធ្ងន់ធ្ងរ／ສຳຄັນ, ຮຸນແຮງ, ຮ້າຍແຮງ, ໜັກໜ່ວງ)

▷ 重大なミス、重大な事故

(गम्भीर भुल (गल्ती), गम्भीर दुर्घटना／កំហុសធ្ងន់ធ្ងរ គ្រោះថ្នាក់ធ្ងន់ធ្ងរ／ຜິດພາດຢ່າງໜັກໜ່ວງ, ອຸບັດຕິເຫດທີ່ຮຸນແຮງ)

❹② □ 重視(する) (महत्व दिनु／កត់សំគាល់／ການໃຫ້ຄວາມສຳຄັນ)

❹③ □ 第一 (पहिला／ជាចំបង／ທີໜຶ່ງ, ອັນດັບທຳອິດ, ຕ້ອງມາກ່ອນ)

▶ 働きすぎじゃない？　健康第一だよ。

(काम धेरै गर्नु भएन र ? स्वास्थ पहिलो प्राथमिकता हो है ।／ធ្វើការច្រើនពេកទេដឹង? សុខភាពជាចំបង／
ບໍ່ແມ່ນເຮັດວຽກຫຼາຍເກີນໄປບໍ? ສຸຂະພາບຕ້ອງມາກ່ອນເດີ້.)

❹④ □ 次ぐ (पछि, अर्को／បន្ទាប់／ຕໍ່ຈາກ, ຮອງຈາກ, ຖັດຈາກ)

▶ インドは中国に次いで２番目に人口の多い国だ。

(भारत चीनपछि दोस्रो सबभन्दा बढी जनसंख्या भएको देश हो ।／
ប្រទេសឥណ្ឌាមានប្រជាជនច្រើនចំណាត់ថ្នាក់ទី២បន្ទាប់ពីប្រទេសចិន／
ປະເທດອິນເດຍມີພົນລະເມືອງຫຼາຍເປັນອັນດັບ2ຮອງຈາກປະເທດຈີນ.)

❹⑤ □ くだらない (वाहियात／មិនបានការណ៍／ບໍ່ເຂົ້າເລື່ອງ, ບໍ່ມີສາລະ)

▶ くだらない冗談はいいから、早く用件を言ってください。

(वाहियात चुट्किला धेरै भयो, छिटो कामको कुरा गर्नुस् ।／
ការលេងសើចមិនបានការណ៍បានហើយ សូមនិយាយពីលក្ខ័ណ្ឌអោយលឿនមក／
ພໍສຳລັບການເວົ້າຫຼິ້ນເວົ້າຫົວແບບບໍ່ເຂົ້າເລື່ອງ, ເວົ້າເລື່ອງວຽກໄວໆແດ່.)

❹⑥ □ みっともない (लाजमर्दो／មិនសមរម្យ／ໜ້າອັບອາຍ, ບໍ່ເປັນຕາເບິ່ງ, ເປັນຕາຂາຍໜ້າ)

▶ こんなみっともない格好でパーティーには出(ら)れない。

(यस्तो लाजमर्दो स्वरुपले पार्टीमा जान सक्दैन ।／មិនអាចចូលរួមពិធីជប់លាងដោយរូបរាងមិនសមរម្យបែបនេះទេ／
ແຕ່ງກາຍບໍ່ເປັນຕາເບິ່ງແບບນີ້ເຂົ້າໄປໃນງານລ້ຽງບໍ່ໄດ້.)

❹⓻ □ 軽蔑《けいべつ》(する) (गिल्ला गर्नु (खिसी गर्नु, हेला गर्नु)／ថោកទាប／ການດູຖູກ, ການດູໝິ່ນ)

▶ 弱《よわ》い者《もの》いじめをするなんて、軽蔑するよ。

(कमजोर मान्छेलाई हेप्ने (सताउने) लाई हेला गर्दछु ।／ធ្វើបាបជនទន់ខ្សោយគឺថាកទាបណាស់／ລັງແກຄົນທີ່ອ່ອນແອຖືວ່າແມ່ນການດູຖືກ.)

❹⓼ □ 最悪《さいあく》(な) (सवभन्दा खराब／អាក្រក់បំផុត／ໂຫດຮ້າຍທີ່ສຸດ, ຮ້າຍແຮງທີ່ສຸດ)

▶ 最悪の事態《じたい》も考《かんが》えておいたほうがいい。

(सवभन्दा खराब अवस्थाको कुरा पनि सोचिराख्दा राम्रो ।／គិតពីស្ថានភាពអាក្រក់បំផុតទុកមុនល្អជាង／ຄິດເຖິງສະຖານະການທີ່ໂຫດຮ້າຍທີ່ສຸດໄວ້ກໍ່ດີ.)

❹⓽ □ 比《くら》べる (दाँज्नु／ប្រៀបធៀប／ປຽບທຽບ, ທຽບ)

▶ ほかの商品《しょうひん》に比べ、かなり軽《かる》いです。

(अरु सामानसँग दाँज्दा, धेरै हल्का छ ।／វាស្រាលបើប្រៀបធៀបទៅនឹងផលិតផលផ្សេងទៀត／ປຽບທຽບກັບສິນຄ້າອື່ນແລ້ວ, ເບົາຫຼາຍ.)

㊿ □ 見方《みかた》 (दृष्टिकोण／របៀបមើល／ມຸມມອງ, ວິທີການເບິ່ງ)

▶ 見方によっては、これでもいいような気《き》がする。

(आफ्नो दृष्टिकोणमा भर पर्छ, मेरो विचारमा यो पनि राम्रो जस्तो लाग्छ ।／មានអារម្មណ៍ថាមួយនេះក៏ល្អដែរបើតាមការមើលបែបផ្សេង／ຕາມມຸມມອງ(ຂອງຂ້ອຍ) ແລ້ວ, ຮູ້ສຶກວ່າອັນນີ້ກໍ່ດີຄືກັນ.)

51 □ 見解《けんかい》 (राय／មតិ／ຄວາມຄິດເຫັນ, ທັດສະນະ)

▶ この治療法《ちりょうほう》が安全《あんぜん》かどうか、医者《いしゃ》によって見解が異《こと》なる。

(यो उपचारविधि सुरक्षित छ कि छैन भन्ने बारे, डाक्टर अनुसारको राय भिन्न छ ।／វិធីព្យាបាលនេះមានសុវត្ថិភាពរឺអត់ ខុសគ្នាតាមមតិគ្រូពេទ្យនីមួយៗ／ການປິ່ນປົວດ້ວຍວິທີນີ້ປອດໄພ ຫຼື ບໍ່ນັ້ນໝໍແຕ່ລະຄົນຈະມີທັດສະນະທີ່ແຕກຕ່າງກັນ.)

52 □ 客観的《きゃっかんてき》(な) (वस्तुगत दृष्टिकोणले／មើលពីក្រៅ／ບົນພື້ນຖານຄວາມເປັນຈິງ, ບໍ່ໃຊ້ອາລົມຫຼືຄວາມຮູ້ສຶກ)　対 主観的《しゅかんてき》(な)

▶ 客観的な見方《みかた》をすれば、可能性《かのうせい》は低《ひく》いと思《おも》う。

(वस्तुगत दृष्टिकोणले, सम्भावना कम जस्तो लाग्छ ।／បើមើលពីខាងក្រៅ ខ្ញុំគិតថាលទ្ធភាពអាចមានទាប／ຖ້າເບິ່ງບົນພື້ນຖານຄວາມເປັນຈິງແລ້ວຄິດວ່າມີຄວາມເປັນໄປໄດ້ຕໍ່າ.)

53 □ **主観的(しゅかんてき)(な)** (आत्मपरक, व्यक्तिपरक／បែបតាមមតិខ្លួនផ្ទាល់／ຄວາມຮູ້ສຶກສ່ວນໂຕ, ຍຶດເອົາຄວາມຄິດເຫັນສ່ວນໂຕເປັນຫຼັກ, ການເບິ່ງຈາກມຸມມອງຂອງຕົນເອງ) 対 客観的(きゃっかんてき)(な)

▶ 絵(え)や作文(さくぶん)の場合(ばあい)は、多(おお)くの部分(ぶぶん)が主観的な評価(ひょうか)になる。
(चित्रहरू र निबन्धको मामलामा, धेरै भाग व्यक्तिपरक मूल्यांकन हुन्छ ।／
ក្នុងករណីរូបភាពនិងអត្ថបទគឺភាគច្រើនវាយតំលៃបែបតាមមតិខ្លួនផ្ទាល់／
ການປະເມີນໃນຫຼາຍດ້ານຂອງກໍລະນີຮູບແຕ້ມແລະບົດຄວາມມັກຈະຍຶດເອົາຄວາມຄິດເຫັນສ່ວນໂຕເປັນຫຼັກ.)

54 □ **公平(こうへい)(な)** (निष्पक्ष (उचित)／យុត្តិធម៌／ຄວາມຍຸດຕິທຳ, ຄວາມທ່ຽງທຳ, ຄວາມສະເໝີພາບ)

▶ 今(いま)のルールが選手(せんしゅ)にとって公平といえるのだろうか。
(अहिलेको नियम खेलाडीहरूको लागि उचित छ भन्न सकिन्छ ?／តើវិន័យឥឡូវនេះអាចនិយាយថាយុត្តិធម៌សំរាប់កីឡាករទេ?／
ສາມາດເວົ້າໄດ້ວ່າກົດນີ້ມີຄວາມທ່ຽງທຳຕໍ່ນັກກິລາຢູ່ບໍ?)

55 □ **不公平(ふこうへい)(な)** (अन्यायी, अनुचित／អយុត្តិធម៌／ຄວາມບໍ່ຍຸດຕິທຳ)

▶ 仕事(しごと)は同(おな)じなのに時給(じきゅう)が違(ちが)うなんて、不公平だ。
(काम एउटै भएर पनि ज्याला (घन्टाको ज्याला) फरक हुनु भनेको, अनुचित हो ।／ការងារដូចគ្នាតែប្រាក់ម៉ោងខុសគ្នា អយុត្តិធម៌
／ໜ້າວຽກຄືກັນແຕ່ຄ່າແຮງຕໍ່ຊົ່ວໂມງພັດແຕກຕ່າງກັນ, ບໍ່ຍຸດຕິທຳເລີຍ.)

56 □ **特殊(とくしゅ)(な)** (विशेष／ពិសេស／ພິເສດ, ໂດຍສະເພາະ, ລັກສະນະສະເພາະ)

▶ これは特殊なケースではなく、どこでも起(お)こり得(え)ることです。
(यो विशेष घटना नभइकन, जहाँ पनि घट्न सक्ने कुरा हो ।／នេះមិនមែនជាករណីពិសេសទេ នៅទីណាក៏អាចកើតឡើងដែរ／
ນີ້ບໍ່ແມ່ນກໍລະນີພິເສດ, ສາມາດເກີດຂຶ້ນຢູ່ໃສກໍ່ໄດ້.)

57 □ **ユニーク(な)** (अद्वितीय／កំរ／ມີເອກະລັກ, ບໍ່ຄືໃຜ) 対 独特(どくとく)(な)

▶ 彼(かれ)の発想(はっそう)はユニークで、いつも驚(おどろ)かされます。
(उसको विचारहरू अद्वितीय हुन्छ, जहिले पनि अचम्मित पार्दछ ।／ការនឹកឃើញរបស់គាត់គឺកំរហើយតែងតែធ្វើអោយភ្ញាក់ផ្អើល
／ຄວາມຄິດຂອງລາວມີເອກະລັກເຮັດໃຫ້ຕົກໃຈເລື້ອຍໆ.)

58 □ **特色(とくしょく)** (विशेषता／លក្ខណៈពិសេស／ລັກສະນະເດັ່ນ, ຄວາມໂດດເດັ່ນ, ພິເສດ)

▷ 特色のある大学(だいがく)
(विशेषताहरू भएको विश्वविद्यालय／សកលវិទ្យាល័យដែលមានលក្ខណៈពិសេស／ມະຫາວິທະຍາໄລທີ່ມີຄວາມໂດດເດັ່ນ)

59 □ **特長(とくちょう)** (विशेषता／ចំណុចពិសេស／ຈຸດເດັ່ນ, ຈຸດພິເສດ)

▶ この商品(しょうひん)の特長は、今(いま)までの物(もの)に比(くら)べ、軽(かる)くて薄(うす)いという点(てん)です。
(यो सामानको विषेषता, अहिलेसम्मको बस्तुसँग दाँज्दा, हल्का भएर पातलो हुनु हो ।／
ចំណុចពិសេសរបស់ផលិតផលនេះគឺបើប្រៀបធៀបជាមួយរបស់ដែលមានមកដល់ឥឡូវគឺស្រាលហើយស្តើង／
ຈຸດພິເສດຂອງສິນຄ້ານີ້ແມ່ນເບົາແລະບາງເມື່ອທຽບກັບອັນທີ່ມີມາຮອດດຽວນີ້.)

60 □ **オリジナル** (सकल, मुल／ភាពដើម／ຕົ້ນສະບັບ, ທຳອິດ, ແຕ່ເດີມ, ກ່ອນໝູ່)

▶ この料理(りょうり)はこの店(みせ)のオリジナルなんだって。

(यो खाना यस रेस्टुरेन्टको मुल खाना हो ।／ម្ហូបនេះគឺម្ហូបដែលមានភាពដើមពីហាងនេះ／ອາຫານຊະນິດນີ້ແມ່ນຮ້ານນີ້ເຮັດກ່ອນໝູ່.)

61 □ **本物**(ほんもの) (असली／របស់ពិត／ຂອງແທ້)

62 □ 対 **偽物**(にせもの) (नक्कली／របស់ក្លែងក្លាយ／ຂອງປອມ)

63 □ **似る**(に) (मिल्नु／ស្រដៀង／ຄ້າຍຄື)

▶ 親子(おやこ)だから、やっぱりよく似ているね。

(अभिभावक र बच्चा भएकोले, साँच्चै धेरै मात्रामा समान (अनुहार मिल्नु) छ है ?／ជាឪពុកម្ដាយនិងកូនពិតជាស្រដៀងគ្នាមែន／ຄ້າຍຄືກັນຫຼາຍສົມກັບວ່າເປັນແມ່ລູກກັນເນາະ.)

64 □ **独特(な)**(どくとく) (विशिष्टता, विशिष्ट गुण／ប្លែក／ໂດຍສະເພາະ, ບໍ່ຄືໃຜ, ມີຄວາມໂດດເດັ່ນສະເພາະ) 同 ユニーク(な)

▶ 彼(かれ)の声(こえ)は独特だから、聞(き)けばすぐわかる。

(उसको स्वर विशिष्ट गुण भएकोले, सुन्ने बित्तिकै चिन्छ ।／សំលេងគាត់គឺប្លែក អីចឹងហើយទើបស្ដាប់ភ្លាមដឹងភ្លាម／ສຽງຂອງລາວມີຄວາມໂດດເດັ່ນສະເພາະ, ຟັງແລ້ວຮູ້ທັນທີ.)

65 □ **水準**(すいじゅん) (स्तर／ស្តង់ដា／ລະດັບມາດຕະຖານ, ລະດັບນ້ຳ)

▶ 一定(いってい)の水準に達(たっ)しない商品(しょうひん)は処分(しょぶん)しています。

(सबै एकै स्तर नभएको सामान नस्ट गर्दछु ।／បោះចោលផលិតផលណាដែលមិនបំពេញស្តង់ដា／ກຳຈັດສິນຄ້າທີ່ບໍ່ໄດ້ຕາມມາດຕະຖານຕາມກຳນົດໄວ້.)

66 □ **標準**(ひょうじゅん) (सामान्य (मापक)／ស្តង់ដា／ມາດຕະຖານ, ເກນ)

▶ そのうち、こういう携帯電話(けいたいでんわ)が標準になるでしょう。

(कुनै समय, यी मोबाइल फोनहरू सामान्य बन्नेछ ।／ភ្លាមៗនេះទូរសព្ទដៃបែបនេះនឹងក្លាយជាស្តង់ដា／ໃນອີກບໍ່ດົນໂທລະສັບແບບນີ້ກໍ່ຈະກາຍເປັນມາດຕະຖານ.)

▷ **標準体重**(たいじゅう) (मापक तौल／ទំងន់រាងកាយស្តង់ដា／ນ້ຳໜັກມາດຕະຖານ)

67 □ **平凡(な)**(へいぼん) (साधारण／ធម្មតា／ທຳມະດາສາມັນ, ທຳມະດາ)

▷ 平凡なサラリーマン

(साधारण कर्मचारी／អ្នកធ្វើការងារធម្មតា／ພະນັກງານກິນເງິນເດືອນທຳມະດາ)

68 □ 平等(な) (समानता／សេរីភាព／ຄວາມສະເໝີພາບ)

▶ みんな平等なはずなのに、実際は違う。

(सबै बराबर जस्तो भएतापनि वास्तविकता फरक ।／ជាទូទៅគ្រប់គ្នាគួរតែស្មើភាព តែតាមពិតមិនអញ្ចឹងទេ／ທຸກຄົນໜ້າຈະມີຄວາມສະເໝີພາບແຕ່ຄວາມເປັນຈິງແລ້ວບໍ່ແມ່ນ)

69 □ 高等(な) (उच्च／កំរិតខ្ពស់／ຊັ້ນສູງ)

▷ 高等教育、高等学校

(उच्च शिक्षा, उच्च निम्न माध्यामिक विद्यालय／ការអប់រំកំរិតខ្ពស់ វិទ្យាល័យ／ການສຶກສາຊັ້ນສູງ, ໂຮງຮຽນມັດທະຍົມຕອນປາຍ)

70 □ 上等(な) (उच्च गुणस्तर／កំរិតខ្ពស់／ຊັ້ນເລີດ, ຂັ້ນດີ, ລະດັບດີ)

▶ 上等なお肉をいただいたから、みなさんでいただきましょう。

(मैले उच्च गुणस्तरको मासु पाएकोले, सबैजना भएर खाऔं ।／ដោយសារតែទទួលបានសាច់កំរិតខ្ពស់ តោះបរិភោគទាំងអស់គ្នា／ເນື່ອງຈາກວ່າໄດ້ຊີ້ນລະດັບດີມາ, ທຸກຄົນມາກິນນຳກັນເທາະ.)

UNIT 38 音声DL 55

経済(けいざい)・ビジネス

(अर्थतन्त्र, व्यवसाय／សេដ្ឋកិច្ច អាជីវកម្ម／ເສດຖະກິດ, ທຸລະກິດ)

❶ □ ビジネス (व्यवसाय／អាជីវកម្ម／ທຸລະກິດ, ການຄ້າ)

▶私(わたし)はこれをビジネスとしてやっていきたいと考(かんが)えているんです。

(म यो व्यवसायकोरुपमा गरेर जाने विचार छ ।／ខ្ញុំគិតចង់យកវាធ្វើជាអាជីវកម្ម／ຂ້ອຍຄິດວ່າຕໍ່ໄປຊິເຮັດສິ່ງນີ້ເປັນທຸລະກິດ.)

❷ □ 商売(しょうばい)(する) (व्यापार गर्नु／អាជីវកម្ម／ຄ້າຂາຍ)

▶これを商品(しょうひん)にして売(う)るなんて、うまい商売を考(かんが)えたなあ。

(यो सामानको रुपमा बेच्ने भनेको, राम्रो व्यापारको कुरा सोच्यो है ।／យករបស់នេះធ្វើជាផលិតផលដើម្បីលក់ ពិតជាបានគិតពីអាជីវកម្មពូកែមែន／ເຮັດອັນນີ້ເປັນສິນຄ້າເພື່ອຂາຍ, ຖືວ່າມີແນວຄິດຄ້າຂາຍທີ່ເກັ່ງ.)

❸ □ 事業(じぎょう) (कार्य योजना／ការងារ／ກິດຈະການ, ໂຄງການ, ທຸລະກິດ, ແຜນວຽກ)

▶市(し)は、住宅(じゅうたく)に関(かん)する新(あら)たな事業計画(けいかく)を発表(はっぴょう)した。

(नगरपालिकाद्वारा, आवास घरसँग सम्बन्धित नयाँ कार्य योजना घोषणा गर्‍यो ।／អង្គធរក្រុងបានប្រកាសគំរោងការងារដែលទាក់ទងនឹងលំនៅឋាន／ເມືອງໄດ້ປະກາດແຜນໂຄງການໃໝ່ກ່ຽວກັບທີ່ພັກອາໄສ.)

▷教育(きょういく)事業、観光(かんこう)事業

(शैक्षिक कार्य, पर्यटन काय／ការងារអប់រំ ការងារទេសចរណ៍／ທຸລະກິດການສຶກສາ, ທຸລະກິດທ່ອງທ່ຽວ)

▶独立(どくりつ)して、仲間(なかま)と事業を始(はじ)めることにしました。

(मैले स्वतन्त्ररुपमा, मेरा सहपाठीसँग मिलेर व्यवसाय शुरु गर्ने निर्णय गरें ।／ឯករាជ្យដោយខ្លួនឯងហើយបានចាប់ផ្ដើមអាជីវកម្មជាមួយមិត្តភក្ដិ／ຕັດສິນໃຈເປັນອິດສະຫຼະເພື່ອເລີ່ມເຮັດທຸລະກິດຮ່ວມກັບໝູ່.)

❹ □ 大企業(だいきぎょう) (ठूलो कम्पनी／សហគ្រាសធំ／ບໍລິສັດຂະໜາດໃຫຍ່, ທຸລະກິດຂະໜາດໃຫຍ່)

▶大企業に勤(つと)めているからといって、安心(あんしん)できない。

(ठूलो कम्पनीमा काम गरिरहेतापनि, ढुक्क हुन सक्दिन ।／ទោះជាកំពុងធ្វើការនៅសហគ្រាសធំពិតមែនតែមិនអាចស្ងប់ចិត្តទេ／ບໍ່ສາມາດອຸ່ນໃຈໄດ້ເຖິງວ່າຊິໄດ້ເຮັດວຽກຢູ່ບໍລິສັດຂະໜາດໃຫຍ່ກໍ່ຕາມ.)

❺ □ 中小企業(ちゅうしょうきぎょう) (मझौला कम्पनी／សហគ្រាសខ្នាតតូចមធ្យម／ບໍລິສັດຂະໜາດນ້ອຍແລະກາງ, ທຸລະກິດຂະໜາດນ້ອຍແລະກາງ)

▶日本(にほん)の企業の９割(わり)以上(いじょう)は中小企業です。

(जापानको कम्पनीहरूमध्ये ९० प्रतिशत मझौला कम्पनीहरू हुन् ।／៩០ភាគរយនៃក្រុមហ៊ុនប្រទេសជប៉ុនជាសហគ្រាសខ្នាតតូចនិងមធ្យម／ບໍລິສັດຍີ່ປຸ່ນຫຼາຍກວ່າ90%ແມ່ນບໍລິສັດຂະໜາດນ້ອຍແລະກາງ.)

❻ □ 需要（じゅよう） (माग／តំរូវការ／ຄວາມຕ້ອງການ)

▶ 環境問題が深刻になる中、自然エネルギーの需要が高まっている。

(वातावरणीय समस्याहरु अधिक गम्भीर हुदै गर्दा, प्राकृतिक उर्जाको माग पनि बढ्दै गएको छ ।／
ក្នុងពេលបញ្ហាបរិស្ថានកំពុងធ្ងន់ធ្ងរ តំរូវការថាមពលធម្មជាតិមានការកើនឡើង／
ໃນຂະນະທີ່ບັນຫາສິ່ງແວດລ້ອມມີຄວາມຮຸນແຮງ, ຄວາມຕ້ອງການພະລັງງານທຳມະຊາດກໍ່ສູງຂຶ້ນ.)

❼ □ 対 供給（きょうきゅう）(する) (आपूर्ति गर्नु／ផ្គត់ផ្គង់／ການສະໜອງ (ສິນຄ້າ), ການສະໜອງ (ນ້ຳ, ໄຟຟ້າ))

▶ 電気の供給が減ると、経済に大きな影響が出ます。

(बत्तीको आपूर्ति घट्यो भने, अर्थतन्त्रमा ठूलो असर हुन्छ ।／
បើការផ្គត់ផ្គង់ថាមពលអគ្គីសនីថយចុះ នឹងមានភាពប៉ះពាល់ធំទៅសេដ្ឋកិច្ច／
ຖ້າຫາກການສະໜອງໄຟຟ້າຫຼຸດລົງຈະສົ່ງຜົນກະທົບອັນໃຫຍ່ຫຼວງຕໍ່ເສດຖະກິດ.)

❽ □ 取り引き（とりひき）／取引（とりひき）(する) (कारोबार, कारोबार गर्नु／ជួញដូរ／ການຄ້າຂາຍ/ການຕິດຕໍ່ຊື້ຂາຍກັນ, ການຊື້ຂາຍ)

▶ A社では最近、海外との取引が増えている。

(ए कम्पनीमा यी दिनहरूमा, विदेशसँगको कारोबार बढ्दैछ ।／បច្ចុប្បន្នក្រុមហ៊ុនAមានការជួញដូរក្រៅប្រទេសកើនឡើង／ໄລຍະນີ້ບໍລິສັດAມີການຄ້າຂາຍກັບຕ່າງປະເທດຫຼາຍຂຶ້ນ.)

▷ 取引先（とりひきさき）

(आपूर्तिकर्ता／ដៃគូជួញដូរ／ລູກຄ້າ)

❾ □ 利益（りえき） (नाफा／ចំណេញ／ກຳໄລ, ຜົນປະໂຫຍດ, ຜົນຕອບແທນ)

▶ こんなに安い値段で利益があるのかなあ。

(यति सस्तो मूल्यमा नाफा पनि होला र ।／តំលៃថោកបែបនេះបានចំណេញដែរ!／ລາຄາຖືກຂະໜາດນີ້ກໍ່ຊິມີກຳໄລບໍ?)

❿ □ 対 損失（そんしつ） (नोक्सान／ខាត／ຂາດທຶນ, ການສູນເສຍ)

▶ このような問題は、企業に大きな損失を招くことになる。

(यो प्रकारको समस्याले कम्पनीमा ठूलो नोक्सान पुऱ्याउन सक्छ ।／បញ្ហាបែបនេះ ធ្វើអោយសហគ្រាសមានការខាតបង់ធំ／ບັນຫານີ້ຈະກໍ່ໃຫ້ເກີດການສູນເສຍທີ່ໃຫຍ່ຫຼວງຕໍ່ບໍລິສັດ.)

⓫ □ 売れ行き（うれゆき） (बिक्री／ការលក់／ຍອດຂາຍ)

▶「これの売れ行きはどうですか」「今月に入って、だんだん伸びています」

(“यसको बिक्री कस्तो छ ?” “यो महिनामा, बिस्तारै बृद्धि हुदैछ ।”／
(ការលក់ដូរនេះយ៉ាងណាដែរ?) (ចាប់ពីចូលខែនេះមកលូតលាស់ជាបន្តបន្ទាប់)／
"ຍອດຂາຍອັນນີ້ເປັນແນວໃດ?" "ຮອດເດືອນນີ້ແລ້ວ, ຄ່ອຍໆເພີ່ມຂຶ້ນ")

⓬ □ **景気**（けいき） (आर्थिक अवस्था／សេដ្ឋកិច្ច／ສະພາບເສດຖະກິດ, ສະພາບທຸລະກິດ)

▶ 景気が良(よ)かった頃(ころ)は、給料(きゅうりょう)もよく上(あ)がりました。

(आर्थिक अवस्था राम्रो भएको बेला, तलव पनि बढेको थियो ।／នៅពេលសេដ្ឋកិច្ចនៅល្អ បានឡើងប្រាក់ខែ／ຕອນສະພາບເສດຖະກິດດີ, ເງິນເດືອນກໍ່ຂຶ້ນເລີຍໆ.)

⓭ □ 対 **不景気(な)**（ふけいき） (खराव आर्थिक अवस्था／សេដ្ឋកិច្ចធ្លាក់／ເສດຖະກິດບໍ່ດີ, ເສດຖະກິດຝືດເຄືອງ)

▶ 今(いま)は不景気だから、こういう高(たか)いものは売(う)れないよ。

(अहिले खराव आर्थिक अवस्था भएकोले, यस्तो महँगो सामानहरू बेच्न सक्दैन ।／
ពេលនេះសេដ្ឋកិច្ចធ្លាក់ របស់ថ្លៃបែបនេះលក់មិនដាច់ទេ／ຍ້ອນວ່າປະຈຸບັນເສດຖະກິດບໍ່ດີ, ຊິຂາຍເຄື່ອງລາຄາແພງແບບນີ້ບໍ່ໄດ້.)

⓮ □ **株式**（かぶしき） (स्टक／ស្តុក／ຫຸ້ນສ່ວນ, ຫຸ້ນ)

▷ 株式会社(がいしゃ)、株式市場(しじょう)、株式の売買(ばいばい)

(कम्पनी लिमिटेड, शेयर बजार, स्टक खरिद बिक्री／ក្រុមហ៊ុន ផ្សារភាគហ៊ុន ទិញលក់ស្តុក／
ບໍລິສັດຈຳກັດ, ຕະຫຼາດຫຼັກຊັບ, ຊື້ຂາຍຫຸ້ນ)

⓯ □ 同 **株**（かぶ） (शेयर／ភាគហ៊ុន／ຫຸ້ນສ່ວນ, ຫຸ້ນ)

▷ 株の取引(とりひき)、株に詳(くわ)しい

(शेयरको कारोबार, शेयरसँग परिचित／ដោះដូរភាគហ៊ុន យល់ច្បាស់ពីភាគហ៊ុន／ຊື້ຂາຍຫຸ້ນ, ລະອຽດເລື່ອງຫຸ້ນ)

⓰ □ **円高**（えんだか） (येन महङ्गो／យ៉េនឡើងថ្លៃ／ຄ່າເງິນເຢັນສູງ, ຄ່າເງິນເຢັນທີ່ແຂງໂຕຂຶ້ນ, ເງິນເຢັນຂຶ້ນ)

▶ 今(いま)、円高の影響(えいきょう)で、輸出(ゆしゅつ)産業(さんぎょう)は厳(きび)しいようだ。

(अहिले येन महँगो हुनाले, निर्यात उद्योगलाई धेरै गाह्रो अवस्था छ ।／
ឥឡូវដោយឥទ្ធិពលយ៉េនឡើងថ្លៃ ឧស្សាហកម្មនាំចេញដូចជាមានការលំបាក／
ປະຈຸບັນ, ຜົນກະທົບຂອງຄ່າເງິນເຢັນທີ່ແຂງໂຕຂຶ້ນເຮັດອຸດສະຫະກຳການສົ່ງອອກພົບຄວາມເຂັ້ມງວດ.)

⓱ □ 対 **円安**（えんやす） (येन सस्तो／យ៉េនចុះថោក／ຄ່າເງິນເຢັນທີ່ອ່ອນໂຕລົງ, ເງິນເຢັນລົງ)

⓲ □ 通貨（つうか） (मुद्रा／រូបិយប័ណ្ណ／ເງິນຕາຕ່າງປະເທດ)

▶ 国際（こくさい）通貨としてのドルの役割（やくわり）は大（おお）きい。

(अन्तरराष्ट्रिय मुद्राको रुपमा डलरको भूमिका महान छ।／ដុល្លាដើរតួនាទីធំក្នុងរូបិយប័ណ្ណអន្តរជាតិ／ເງິນຕາຕ່າງປະເທດທີ່ເປັນສະກຸນໂດລາສະຫະລັດມີບົດບາດສູງ.)

▷ 通貨の安定（あんてい）供給（きょうきゅう）

(मुद्राको स्थिर आपूर्ति／ការផ្គត់ផ្គង់ដោយស្ថិរភាពនៃរូបិយប័ណ្ណ／ການສະໜອງເງິນຕາຕ່າງປະເທດໄດ້ຢ່າງຄົງທີ່.)

精神・宗教
せいしん　しゅうきょう

(मानष (आत्मा), धम／វិញ្ញាណ សាសនា／ຈິດໃຈ, ສາດສະໜາ)

❶ □ 思想（しそう） (सोच, विचारधारा／គំនិត／ແນວຄວາມຄິດ, ປັດຊະຍາ, ຄວາມເຫັນ)

❷ □ 主義（しゅぎ） (वाद (सिद्धान्त)／គោលការណ៍／ລັດທິ, ກົດລະບຽບ, ຄຳສັ່ງສອນ)

▷ 個人（こじん）主義、資本（しほん）主義

(व्यक्तित्ववाद, पूंजीवाद／បុគ្គលនិយម មូលធននិយម／ລັດທິສະເພາະບຸກຄົນ, ລັດທິທຶນນິຍົມ)

❸ □ 民主主義（みんしゅしゅぎ） (लोकतन्त्र／ប្រជាធិបតេយ្យ／ລະບອບປະຊາທິປະໄຕ)

❹ □ 運（うん） (भाग्य／សំណាង／ໂຊກ, ໂຊກລາບ)

▶ 運がよければ、会場（かいじょう）で先生（せんせい）に会（あ）えるかもしれない。

(यदि तपाई भाग्यशाली हुनुहुन्छ भने, तपाईंले कार्यक्रम स्थलमा शिक्षकलाई भेट्न सक्नुहुन्छ ।／បើសំណាងល្អ ប្រហែលអាចជួបលោកគ្រូនៅកន្លែងប្រជុំ／ຖ້າໂຊກດີກໍ່ອາດຈະໄດ້ພໍ້ອາຈານຢູ່ທີ່ບໍລິເວນງານ.)

❺ □ 幸運（こううん）(な) (भाग्य (भाग्यमानी)／សំណាងល្អ／ໂຊກດີ, ດວງດີ)

▶ 幸運なことに、予約（よやく）が取（と）れました。

(भाग्यवश मैले आरक्षण गर्न सकें ।／សំណាងល្អដែលអាចកក់បាន／ຈອງໄດ້ແລ້ວ, ໂຄແດ່ທີ່ໂຊກດີ.)

❻ □ 不運（ふうん）(な) (दुर्भाग्य (दुर्भागी)／សំណាងមិនល្អ／ບໍ່ມີໂຊກ, ໂຊກບໍ່ດີ, ຊວຍ)

▶ 財布（さいふ）を落（お）としたり、けがをしたり、不運が続（つづ）いている。

(पर्स हराउनु, घाउ हुनु, मेरो दुर्भाग्य जारी छ ।／សំណាងមិនល្អទេ បាត់កាបូបលុយផង មានរបួសផង／ເຮັດກະເປົາເງິນເຮ່ຍແດ່, ໄດ້ຮັບບາດເຈັບແດ່ຊວຍຕິດຕໍ່ກັນ.)

❼ □ 神（かみ） (भगवान, ईश्वर／ព្រះ／ພະພຸດທະເຈົ້າ)

▶ 神様（さま）、助（たす）けてください！

(भगवान (ईश्वर), कृपया मलाई मद्दत गर्नुहोस् !／សូមព្រះជួយ／ພະພຸດທະເຈົ້າເອີ້ຍ, ຊ່ວຍແດ່!)

❽ □ 仏（ほとけ） (बुद्ध／ព្រះពុទ្ធ／ພະ, ພະພຸດທະເຈົ້າ, ວິນຍານ)

★ブッダと先祖の霊、二つの意味がある。／※बुद्ध र पुर्खाहरूको आत्माको, दुई अर्थ हुन्छ ।／
※មានន័យពីរជាព្រះពុទ្ធនិងព្រលឹងបុព្វបុរស／※ມີສອງຄວາມໝາຍຄື: ພະພຸດທະເຈົ້າ, ວິນຍານຂອງບັນພະບຸລຸດ.

▷ 仏様（さま）、仏像（ぶつぞう）
(बुद्ध, बुद्धको मूर्ति／ព្រះពុទ្ធ ពុទ្ធរូប／ພະພຸດທະເຈົ້າ, ວິນຍານ, ພະ)

❾ □ 宗教（しゅうきょう） (धर्म／សាសនា／ສາດສະໜາ)

❿ □ 信仰（しんこう）(する) (धर्म (भगवान, ईश्वर) मान्नु／ជំនឿ／ຄວາມສັດທາໃນສາດສະໜາ, ຄວາມເຊື່ອ)

▶ タイでは、国民（こくみん）の約（やく）9割（わり）が仏教（ぶっきょう）を信仰している。
(थाईल्याण्डमा, जनताको ९० प्रतिशतले बुद्ध धर्मलाई मान्ने गर्दछ ।／
នៅប្រទេសថៃ ប្រជាជនប្រហែល៩០ភាគរយមានជំនឿលើពុទ្ធសាសនា／ຢູ່ປະເທດໄທ, 90%ຂອງປະຊາຊົນສັດທາໃນສາດສະໜາພຸດ.)

⓫ □ 祈（いの）る (प्रार्थना गर्नु／បន់ស្រន់／ອະທິຖານ, ພາວະນາ, ສູດມົນ, ອ້ອນວອນ, ຮຽກຮ້ອງ)

▶ お父様（とうさま）が一日（いちにち）も早（はや）くお元気（げんき）になられますよう、お祈り申（もう）し上（あ）げます。
(बुवा जतिसक्दो चाँडो स्वस्थ हुनसकेको होस् भनी प्रार्थना गर्दछु ।／
សូមបន់ស្រន់អោយលោកឪពុកមានសុខភាពល្អឡើងវិញឆាប់ៗ／ໃນແຕ່ລະມື້ພາວະນາໃຫ້ພໍ່ຢູ່ດີມີແຮງຂຶ້ນໄວໆ.)

▷ 無事（ぶじ）を祈る (सुरक्षाको लागि प्रार्थना गर्नु／បន់ស្រន់សូមកុំអោយមានគ្រោះថ្នាក់／ພາວະນາໃຫ້ປອດໄພ)

⓬ □ 祈（いの）り (प्रार्थना／បួងសួង／ການອະທິຖານ, ການພາວະນາ, ການສູດມົນ, ຄຳອ້ອນວອນ, ການຮຽກຮ້ອງ)

▷ 平和（へいわ）への祈りを込（こ）めた歌（うた）
(शान्तिको लागि प्रार्थना सहितको गीत／ចម្រៀងបង្កប់អត្ថន័យបួងសួងសុំសន្តិភាព／
ບົດເພງທີ່ຮວມເອົາ (ເນື້ອໃນ) ການຮຽກຮ້ອງສັນຕິພາບ.)

⓭ □ 拝（おが）む (प्रार्थना गर्नु (पुजा गर्नु)／បួងសួង／ນົບ)

▶ 〈親（おや）が子（こ）に〉手（て）を合（あ）わせて、こうやって拝むんだよ。
(〈बुबा छोरा〉 हात जोडेर, यसरी प्रार्थना गर्‍यो ।／(ម្តាយប្រាប់កូន) ដាក់ដៃផ្គួបគ្នា ហើយបួងសួងបែបនេះ／
(ແມ່ກັບລູກ) ເອົາມືພະນົມກັນນົບແບບນີ້ເດີ້.)

UNIT 40

音声DL 57

気持(きも)ち・心(こころ)の状態(じょうたい)

(भाव, मनको भाव／អារម្មណ៍ សភាពផ្លូវចិត្ត／ຄວາມຮູ້ສຶກ, ສະພາບຈິດໃຈ)

❶ □ 愛(あい)(する) (माया गर्नु／ស្រលាញ់／ຄວາມຮັກ, ຮັກ)

▶ 彼女(かのじょ)を愛する気持(きも)ちは誰(だれ)にも負(ま)けない。

(उनलाई गर्ने मायाको भावनामा कुनै कमी छैन (कसैसँग हार हुन्न)।／ក្ដីស្រលាញ់ចំពោះនាងគឺមិនចាញ់អ្នកណាទេ／ຄວາມຮູ້ສຶກຮັກແຟນແມ່ນບໍ່ນ້ອຍໜ້າໃຜ.)

❷ □ 恋(こい)(する) (प्रेम गर्नु／ស្នេហា／ຮັກ, ຫຼົງຮັກ)

▶ もしかしたら、恋をしているのかもしれない。

(सायद, प्रेम भएको पनि हुन सक्छ।／ប្រហែលជាមានស្នេហាក៏មិនដឹង／ດີບໍ່ດີອາດຈະຫຼົງຮັກກໍ່ໄດ້.)

▷ 恋人(びと)、初(はつ)恋 (प्रेमी, पहिलो प्रेम／សង្សា ស្នេហ៍ដំបូង／ແຟນ, ຮັກເທື່ອທຳອິດ)

❸ □ 恋(こい)しい (याद／នឹករលឹក／ຄິດຮອດ)

▶ 一人(ひとり)暮(ぐ)らしをしていると母(はは)の料理(りょうり)が恋しくなる。

(एक्लै जीवनयापन गर्दा आमाले बनाउने खानाको याद आउँछ।／ពេលដែលរស់នៅម្នាក់ឯងនឹកឃ្លានម្ហូបរបស់អ្នកម្ដាយ／ໃຊ້ຊີວິດຢູ່ຄົນດຽວແລ້ວເຮັດໃຫ້ຄິດຮອດອາຫານຂອງແມ່.)

❹ □ 恋愛(れんあい)(する) (एक अर्कालाई प्रेम गर्नु／ស្នេហា／ຄວາມຮັກ)

▶ 彼(かれ)を恋愛の対象(たいしょう)として見(み)たことはありません。

(उनलाई प्रेमको दृष्टिकोणले हेरेको छैन।／ខ្ញុំមិនដែលមើលគាត់ក្នុងផ្លូវស្នេហាទេ／ບໍ່ເຄີຍເບິ່ງລາວໃນຖານະຄົນຮັກທີ່ຄາດຫວັງໄວ້.)

❺ □ 意識(いしき)(する) (चेतना हुनु, होस हुनु／សតិ／ຄຳນຶງເຖິງ, ສຳນຶກ, ສະຕິ)

▶ 人々(ひとびと)の間(あいだ)に、電気(でんき)を大切(たいせつ)に使(つか)おうという意識が広(ひろ)まってきた。

(मानिसहरुको माझमा, बिजुली किफायत गरी प्रयोग गरौं भन्ने चेतना फैलिएको छ।／ក្នុងចំណោមមនុស្សម្នា ការប្រើប្រាស់អគ្គិសនីដោយមនសិការមានការរីកទូលាយ／ສະຕິໃນການໃຊ້ໄຟຟ້າຢ່າງລະມັດລະວັງໄດ້ຖືກເຜີຍແຜ່ຕໍ່ທຸກໆຄົນ.)

▶ 男性(だんせい)は大(おお)けがをしていたが、意識ははっきりしていた。

(त्यो (लोग्ने) मानिसलाई ठूलो घाउ भएको थियो तर पनि होस चाहिँ थियो।／បុរសគឺមានរបួសធ្ងន់តែសតិនៅច្បាស់លាស់／ລາວໄດ້ຮັບບາດເຈັບໜັກແຕ່ມີສະຕິດີຢູ່.)

❻ □ **無意識**（むいしき） (मूर्च्छा, बेहोस／មិនមានសតិ／ບໍ່ມີສະຕິ, ບໍ່ຮູ້ສຶກໂຕ, ສະຫຼົບ)

❼ □ **無意識に**（むいしき） (बेहोशीमा／ដោយគ្មានសតិ／ໂດຍບໍ່ຮູ້ສຶກໂຕ)

▶ 電話（でんわ）で話（はな）していても、無意識にお辞儀（じぎ）をしてしまうんです。

(टेलिफोनमा कुरा गर्दै गर्दापनि बेहोसीमा (चाल नपाउने गरी) ढोग गरेको हुन्छ ।／
ទោះជានិយាយតាមទូរសព្ទក៏ដោយក៏ធ្វើការគោរពដោយមិនដឹងខ្លួន／ຂະໜາດລົມໂທລະສັບກໍ່ຍັງກົ້ມຫົວໂດຍບໍ່ຮູ້ສຶກໂຕ.)

❽ □ **思いがけない**（おも） (आशा नगरेको／គិតមិនឃើញ／ບໍ່ນຶກບໍ່ຝັນ, ບໍ່ເຄີຍຄາດຄິດມາກ່ອນ)

▶ 友達（ともだち）から思いがけないプレゼントをもらって、びっくりした。

(साथीबाट आशा नगरेको सौगात पाएर छक्क परे ।／ខ្ញុំបានភ្ញាក់ផ្អើលដែលទទួលអំណោយមិននឹកស្មានដល់ពីមិត្តភក្តិ។／
ຕົກໃຈທີ່ໄດ້ຮັບຂອງຂວັນທີ່ບໍ່ນຶກບໍ່ຝັນຈາກໝູ່.)

❾ □ **感激(する)**（かんげき） (कृतज्ञ व्यक्त गर्नु／អារម្មណ៍ជ្រាលជ្រៅ／ຄວາມຕື່ນເຕັ້ນ, ຄວາມປະທັບໃຈ)

▶〈お礼（れい）の言葉（ことば）〉こんな素晴（すば）らしい会（かい）を開（ひら）いていただいて、感激しました。

(〈कृतज्ञताको शब्द〉 यति धेरै राम्रो सभा गर्नु भएकोमा, कृतज्ञ व्यक्त गर्दछु ।／
(ពាក្យអគុណ) ខ្ញុំពិតជាមានអារម្មណ៍ថ្លែងអំណរគុណយ៉ាងជ្រាលជ្រៅដែលបានបង្កើតពិធីជួបជុំដ៏ប្រសើរនេះ／
(ຄຳຂອບໃຈ) ຮູ້ສຶກປະທັບໃຈທີ່ຈັດງານສຸດແສນວິເສດແບບນີ້ໃຫ້.)

❿ □ **(お)めでたい** (बधाई／គួរអោយអបអរសាទរ／ຍິນດີ, ສຸກໃຈ)

▶ 結婚（けっこん）に出産（しゅっさん）と、おめでたいことが続（つづ）くねえ。

(विवाहमा, बच्चा जन्माउने कुरा, बधाईका कुरा जारी छ ।／
អាពាហ៍ពិពាហ៍ហើយមានកំណើតកូន រឿងដែលគួរអោយអបអរសាទរបន្តបន្ទាប់មែន／
ໄດ້ແຕ່ງງານຕາມດ້ວຍເກີດລູກ, ມີເລື່ອງຍິນດີເກີດຂຶ້ນຕິດຕໍ່ກັນເນາະ.)

⓫ □ **快適(な)**（かいてき） (आरामदायी／ផាសុខភាព／(ຢູ່)ສະບາຍ, ເພິ່ງພໍໃຈ)

▶「ホテルはどうでしたか」「広（ひろ）くてきれいで、快適でしたよ」

("होटेल कस्तो थियो ?" "फराकिलो भएर राम्रो, अनि आरामदायी थियो ।"／
(សណ្ឋាគាយ៉ាងម៉េចដែរ?) (ទូលាយហើយស្អាត ពិតជាមានផាសុខភាពមែន)／
"ໂຮງແຮມເປັນແນວໃດ?" "ຫ້ອງງາມແລະກວ້າງ, ຢູ່ສະບາຍ")

⓬ □ **愉快(な)**（ゆかい） (रमाईलो／សប្បាយរីករាយ／ຄວາມມ່ວນຊື່ນ, ຄວາມສຸກສຳລານ, ມັກມ່ວນ)

▶ あの先生（せんせい）は愉快な先生だったね。いつも冗談（じょうだん）ばかり言（い）って。

(त्यो शिक्षक रमाईलो हुनुहुन्थ्यो है । जहिलेपनि कक्षामा चुट्किला मात्र भनेर ।／
គ្រូម្នាក់នោះគឺគ្រូដែលមានភាពសប្បាយរីករាយ។តែងតែនិយាយលេងសើច／
ອາຈານຜູ້ນັ້ນເປັນຄົນມັກມ່ວນເນາະ. ເວົ້າແຕ່ເລື່ອງຕາຫຼົກເລື້ອຍໆ.)

⑬ □ くつろぐ (आराम गर्नु／សំរាក／เร็ดโตตามสะบาย, พักผ่อนสะบายๆ, ผ่อนคาย)

▶ どうぞ、座(すわ)ってくつろいでください。

(कृपया, बसेर आराम गर्नुहोस् ।／សូមអញ្ជើញ អង្គុយសំរាកចុះ／เຊີນນັ່ງຕາມສະບາຍ.)

⑭ □ 張(は)り切(き)る (साहस गर्नु, हिम्मत गर्नु／ដោយទឹកចិត្ត／
ມີພະລັງແລະຄວາມມຸ່ງໝັ້ນທີ່ຈະເຮັດ, ມີຄວາມກະຕືລືລົ້ນ)

▶ 昨日(きのう)は彼(かれ)とハイキングだったから、張り切ってお弁当(べんとう)を作(つく)ったよ。

(हिजो राति केटा साथीसँग पैदल यात्रा गरेकोले मैले हिम्मत गरेर खाजा बनाएको थिएँ ।／
ម្សិលមិញដោយសារទៅដើរលេងព្រៃជាមួយគាត់ ខ្ញុំបានធ្វើបាយប្រអប់ដោយទឹកចិត្ត／
ມື້ວານໄດ້ໄປຍ່າງປ່າກັບແຟນກໍ່ເລີຍມີຄວາມກະຕືລືລົ້ນເຮັດປິ່ນໂຕ (ໄປກິນນຳ).)

音声DL 58

⑮ □ さっぱり(する) (ताजगी हुनु ।／ជ្រះស្រលះ／ຮູ້ສຶກສົດຊື່ນ, ສົດໃສ, ໃຈກວ້າງ.)

▶ シャワーを浴(あ)びてさっぱりしたのに、外(そと)に出(で)ると、またすぐに汗(あせ)が出(で)てきた。

(नुहाएर ताजगी भएको थियो । तर बाहिर गएपछि, फेरि तुरुन्त पसिना आयो ।／
ងូតទឹកស្រលះខ្លួនហើយស្រាប់តែចេញក្រៅភ្លាមបែកញើសភ្លាម／
ອາບນ້ຳແລ້ວຮູ້ສຶກສົດຊື່ນແຕ່ວ່າພໍແຕ່ອອກໄປນອກເຫື່ອກໍ່ອອກທັນທີ.)

⑯ □ しみじみ (भित्री मनदेखि／ដក់ជាប់／ຈິງຈັງ, ໃຈເຢັນ)

▶ 楽(たの)しそうに食事(しょくじ)をしている家族(かぞく)を見(み)ると、家族っていいなあとしみじみ思(おも)います。

(रमाईलो गरी खाना खाँदै गरेको परिवारलाई हेर्‍यो भने, परिवार हुनु कति राम्रो भनि भित्री मनदेखि याद आउँछ ।／
ពេលមើលគេបរិភោគអាហារជាលក្ខណៈគ្រួសារដោយរីករាយហើយ អារម្មណ៍ដក់ជាប់ថាមានគ្រួសារពិតជាល្អមែន／
ເມື່ອເຫັນຄອບຄົວທີ່ພວມກິນເຂົ້າຢ່າງມີຄວາມສຸກກໍ່ເຮັດໃຫ້ຄິດຢ່າງຈິງຈັງວ່າການມີຄອບຄົວແມ່ນສິ່ງທີ່ດີ.)

⑰ □ ほっと(する) (ढुक्क हुनु／ធូរទ្រូង／ຄວາມຜ່ອນຄາຍ, ຄວາມອຸ່ນໃຈ, ເບົາໃຈ)

▶ 家族(かぞく)が無事(ぶじ)だと聞(き)いて、ほっとしました。

(परिवार सबैलाई आराम भएको कुरा सुनेर, ढुक्क भए ।／បានធូរទ្រូងក្រោយលឺថាគ្រួសារមិនមានបញ្ហា／
ຮູ້ສຶກເບົາໃຈເມື່ອໄດ້ຍິນວ່າຄອບຄົວປອດໄພ.)

⑱ □ 敬意(けいい) (आदर／ការគោរព／ຄວາມນັບຖື, ຄວາມເຄົາລົບ)

▷ 相手(あいて)に敬意を表(あらわ)す

(दोस्रो व्यक्तिलाई आदर प्रकट गर्नु पर्दछ ।／បង្ហាញការគោរពដល់ដៃគូ／ສະແດງຄວາມເຄົາລົບຕໍ່ຝ່າຍກົງກັນຂ້າມ.)

⑲ □ 好奇心（こうきしん） (जिज्ञासा (कौटुहल)／ការចង់ដឹងចង់ឃើញ／ຄວາມຢາກຮູ້ຢາກເຫັນ, ຢາກຮຽນຮູ້)

▶ 好奇心が強いから、知らない所に行くのが大好きなんです。

(जिज्ञासा (कौतूहल) धेरै भएकोले, थाहा नभएको अथवा नयाँ ठाउँमा जान धेरै मन पर्छ ।／
ដោយសារមានការចង់ដឹងចង់ឃើញខ្លាំង ខ្ញុំចូលចិត្តទៅកន្លែងដែលមិនដែលស្គាល់／
ມັກຫຼາຍໄປບ່ອນທີ່ບໍ່ຮູ້ຈັກຍ້ອນມີຄວາມຢາກຮູ້ຢາກເຫັນແຮງ.)

⑳ □ 気が重い（きがおもい） (मन भारी／អារម្មណ៍សំពាធធ្ងន់／ຮູ້ສຶກເສົ້າໝອງ, ທໍ້ດທູ່ໃຈ, ສະຫຼົດໃຈ, ບໍ່ມີກຳລັງໃຈ, ບໍ່ມີກະຈິດກະໃຈຊິເຮັດ, ຮູ້ສຶກໜັກໃຈ)

▶ こんな責任重大な仕事を任されて、どうしよう。気が重いよ。

(यति धेरै जिम्मेवारी भएको ठूलो काम जिम्मा लगायो, के गरौं, मन भारी भएको छ ।／
ធ្វើយ៉ាងណាទៅ បើទទួលបានការងារដែលមានទំនួលខុសត្រូវធ្ងន់បែបនេះ។ មានអារម្មណ៍ថាសំពាធធ្ងន់／
ຊິເຮັດແນວໃດ? ຖືກມອບໝາຍໃຫ້ເຮັດວຽກທີ່ມີຄວາມຮັບຜິດຊອບໜັກແບບນີ້. ຮູ້ສຶກໜັກໃຈເດ້.)

㉑ □ ～気がする（きがする） (मनमा लाग्नु／មានអារម្មណ៍／ຮູ້ສຶກ..., ມີຄວາມຮູ້ສຶກວ່າ...)

▶ 今回は負ける気がしない。必ず勝つよ。

(यो पटक हार्छु जस्तो मनमा लागेको छैन । पक्का जित्छु ।／លើកនេះមិនមានអារម្មណ៍ថាចាញ់ទេ។ត្រូវតែឈ្នះ／
ມີຄວາມຮູ້ສຶກວ່າຊິເສຍເທື່ອນີ້. ຊະນະແນ່ນອນນ່າ.)

㉒ □ 気が進まない（きがすすまない） (जाँगर नचल्नु (इच्छा नहुनु)／អារម្មណ៍មិនទៅមុខ／ບໍ່ເຕັມໃຈ, ຝືນໃຈ, ບໍ່ສະໝັກໃຈ)

▶ 気が進まないんだったら、いいよ。ほかの人に頼むから。

(ईच्छा छैन भने ठिकै छ, अरुलाई अनुरोध गर्छु ।／បើអារម្មណ៍មិនទៅមុខមិនអីទេ។ខ្ញុំពឹងពាក់អ្នកផ្សេង／
ໄດ້ລະຊັ້ນມະ, ຖ້າວ່າບໍ່ເຕັມໃຈ. ຊິຂໍຮ້ອງຄົນອື່ນເອົາ.)

㉓ □ 気が済む（きがすむ） (चित्त बुझ्नु／សុខចិត្ត／ພໍໃຈ, ສົມໃຈ, ໝົດຄວາມຂ້ອງໃຈ)

▶ 彼は何でも自分で決めないと気が済まない性格だ。

(उ जे पनि आफैंले निर्णय नगरे चित्त नबुझाउने खालको बानी छ ।／គាត់មានចរិកមិនសុខចិត្តទេបើមិនបានធ្វើខ្លួនឯង／
ລາວມີນິໄສທີ່ບໍ່ພໍໃຈຖ້າບໍ່ໄດ້ຕັດສິນໃຈທຸກຢ່າງດ້ວຍໂຕເອງ.)

㉔ □ 気が散る（きがちる） (ध्यान भड्किनु／ភ្លឹក／ໃຈລອຍ, ບໍ່ມີສະມາທິ)

▶ 気が散るから、運転中は話しかけないでくれる？

(ध्यान भड्किन सक्ने भएकोले गाडी चलाउदै गरेको बेला कुरा नगर है ?／
ដោយសារតែភាងភ្លឹកៗ ពេលបើកបរអាចជួយនិយាយរកផងបានទេ?／ຍາມຂັບລົດຢ່າລົມນຳໄດ້ບໍ່? ເພາະວ່າບໍ່ມີສະມາທິ.)

㉕ □ 気(き)が向(む)く (मन बद्लिनु (ईच्छा जाग्नु)／ចាប់អារម្មណ៍／ຮູ້ສຶກຢາກຈະ (ເຮັດຫຍັງບາງຢ່າງ), ມີໃຈຢາກຈະ (ເຮັດຫຍັງບາງຢ່າງ), ຮູ້ສຶກເພິ່ງພໍໃຈ)

▶ま、気が向いたら、この番号(ばんごう)に電話(でんわ)ください。

(तपाईंको मन बद्लियो या ईच्छा जाग्यो भने, यो नम्बरमा फोन गर्नुहोस् ।／
ប្រសិនបើចាប់អារម្មណ៍សូមទូរសព្ទមកលេខនេះ／ຖ້າຮູ້ສຶກເພິ່ງພໍໃຈ, ກະລຸນາໂທມາເບີນີ້.)

㉖ □ 気(き)が楽(らく) (मन हलुङ्गो हुनु／ធូរចិត្ត／ຮູ້ສຶກສະດວກ, ຮູ້ສຶກຜ່ອນຄາຍ, ຮູ້ສຶກສະບາຍ, ຮູ້ສຶກໄຄແດ່)

▶「失敗(しっぱい)してもいいから、思(おも)い切(き)ってやって」「そう言(い)ってもらうと、少(すこ)し気が楽になりました」

("असफल भए पनि केही छैन, ढुक्कका साथ गर" "त्यसो भनिदिनु भयो भएकोले, अलि मन हलुंगो भयो ।"／
(បរាជ័យក៏មិនអីដែ សូមធ្វើវាដោយមិនរៀរ) (ពេលដែលបាន／
"ຜິດພາດກໍ່ບໍ່ເປັນຫຍັງ, ເຮັດຢ່າງບໍ່ລັງເລໃຈໂລດ" "ເວົ້າແນວນັ້ນແລ້ວ ຮູ້ສຶກໄຄຂຶ້ນແດ່ໜ້ອຍໜຶ່ງ")

㉗ □ 気(き)に入(い)る (मन पर्नु／ចាប់ចិត្ត／ມັກ, ຖືກໃຈ)

▶これ、気に入ったから、もう一(ひと)つ買(か)おうかな。

(यो मन परेकोले अर्को एउटा किनौं कि ।／ចាប់ចិត្តនឹងរបស់មួយនេះ ទិញមួយទៀតវឹអត់ទេ／ຖືກໃຈອັນນີ້, ຊິຊື້ຕື່ມອັນໜຶ່ງບໍ່ນໍ້?)

㉘ □ お気(き)に入(い)り (मन पर्ने／ជាប់ចិត្ត／ສິ່ງທີ່ມັກ)

▷お気に入りの店(みせ)

(मन पर्ने पसल／ហាងដែលជាប់ចិត្ត／ຮ້ານທີ່ມັກ)

㉙ □ 気(き)にかかる (चिन्ता हुनु／ដក់ក្នុងចិត្ត／ກັງວົນໃຈ, ເປັນກັງວົນ, ເປັນຫ່ວງ)

▶娘(むすめ)の病気(びょうき)のことが気にかかって、仕事(しごと)に集中(しゅうちゅう)できない。

(छोरीको बिरामीको चिन्ताले गर्दा, काममा ध्यान दिन सक्दिन ।／
រឿងជំងឺរបស់កូនស្រីដក់ក្នុងចិត្ត មិនអាចប្រមូលអារម្មណ៍ធ្វើការបានសោះ／
ກັງວົນໃຈນຳອາການບໍ່ສະບາຍເປັນຂອງລູກສາວຈົນບໍ່ສາມາດຈົດຈໍ່ກັບວຽກໄດ້.)

㉚ □ 気(き)にする (चिन्ता गर्नु／ព្រួយបារម្ភណ៍／ກັງວົນໃຈ, ໃສ່ໃຈ, ຖືສາ)

▶もう過(す)ぎたことだから、気にしないで。次(つぎ)、気をつければいいよ。

(बितिसकेको कुरा, चिन्ता नगरी, पछि सावधानी अपनाउँदा हुन्छ ।／
វាហួសហើយមិនបាច់គិតច្រើនពេកទេ។ លើកក្រោយប្រយ័ត្នទៅបានហើយ／
ເປັນເລື່ອງທີ່ຜ່ານມາແລ້ວ, ບໍ່ຕ້ອງໃສ່ໃຈ. ລະມັດລະວັງໃນເທື່ອຕໍ່ໄປກໍ່ໄດ້ແລ້ວ.)

音声DL 59

㉛ □ 気になる (चिन्ता लाग्नु／ខ្វល់／ກັງວົນ, ເປັນຫ່ວງ, ຄາໃຈ)

▶ 面接のことが気になって、昨日はあまり眠れなかった。

(अन्तरवार्ताको कुरा चिन्ता लागेर, हिजो त्यति सुत्न सकेको थिएन ।／យប់មិញដេកមិនលក់ដោយសារខ្វល់ហ្នឹងការសំភាស／
ມື້ວານກັງວົນນຳເລື່ອງສຳພາດຈົນນອນບໍ່ຫຼັບປານໃດ.)

㉜ □ 気のせい (भान हुनु／ដោយសារអារម្មណ៍／ການຄິດໄປເອງ, ມະໂນພາບໄປເອງ, ຈິນຕະນາການໄປເອງ)

▶「誰か来た？」「誰もいないよ。気のせいじゃない？」

(कोही आएको थियो ?कोही पनि आएको छैन । त्यस्तो भान भएको होला ?／
នរណាគេមក? គ្មាននរណាមកទេ។ ដោយសារអារម្មណ៍ទេដឹង?／ແມ່ນໃຜມາ? ບໍ່ມີໃຜໄດ໋. ບໍ່ແມ່ນຄິດໄປເອງບໍ?)

㉝ □ 気の毒(な) (पिडादाय (कष्टप्रद)／គួរអោយសោកស្តាយ／ເປັນຕາອິຕົນ, ໜ້າເວດທະນາ, ຮູ້ສຶກເສຍໃຈ (ທີ່ໄດ້ຮັບຄວາມເດືອດຮ້ອນ))

▶ 気の毒に、台風で作物のほとんどがだめになったらしい。

(पिडादायी, ताइफुन् आँधीले प्राय सबै बाली नष्ट गऱ्यो जस्तो छ ।／
គួរអោយសោកស្តាយ ដោយសារខ្យល់ព្យុះធ្វើអោយខូចដំណាំស្ទើរតែអស់／
ຮູ້ສຶກເສຍໃຈທີ່ຜົນຜະລິດທາງກະສິກຳເສຍຫາຍເກືອບໝົດຍ້ອນພະຍຸ.)

㉞ □ 気をつける (ख्याल गर्नु (ध्यान दिनु)／ប្រុងប្រយ័ត្ន／ລະມັດລະວັງ, ສົນໃຈ, ເອົາໃຈໃສ່)

▶ 最近、ミスが多いですよ。気をつけてください。

(आजकल गल्ती धेरै छ । अलि ख्याल गर्नुहोस् ।／ថ្មីៗនេះមានកុំហុសច្រើន សូមប្រុងប្រយ័ត្នផង／
ໄລຍະນີ້ມີຄວາມຜິດພາດຫຼາຍໄດ໋. ຈົ່ງເອົາໃຈໃສ່ແດ່.)

㉟ □ 気分 (भावना, भाव, मुड／អារម្មណ៍／ອາລົມ, ຄວາມຮູ້ສຶກ)

▶ 部長はその時の気分で言うことが違うから困る。

(विभागीय प्रमुखले त्यो समयको मनस्थिति (भाव) अनुसार बोल्ने कुरा फरक भएर अप्ठ्यारो हुन्छ ।／
ប្រធានផ្នែកនិយាយខុសគ្នាតាមអារម្មណ៍ ពិតជាពិបាកមែន／
ເດືອດຮ້ອນເພາະວ່າມັນບໍ່ຄືກັບສິ່ງທີ່ຫົວໜ້າເວົ້າຕາມຄວາມຮູ້ສຶກໃນຕອນນັ້ນ.)

▶ どうしたんですか。気分が悪そうですね。

(के भयो ? मुड खराब जस्तो छ है ।／មានរឿងអ្វី មើលទៅដូចអារម្មណ៍មិនស្រួល／ເປັນຫຍັງບໍ? ຄືຊິບໍ່ສະບາຍເນາະ.)

㊱ □ 気分がいい (राम्रो महसुस／អារម្មណ៍ល្អ／ຮູ້ສຶກດີ, ຮູ້ສຶກສະບາຍໃຈ, ຮູ້ສຶກມ່ວນຊື່ນ, ຮູ້ສຶກພໍໃຈ)

▶ 前回負けた相手に勝てて、今日は気分がいい。

(गएको पटक मलाई हराउने प्रतिद्वन्दीलाई जितेर, आज राम्रो महसुस गरेको छु ।／
បានឈ្នះដៃគូរដែលធ្លាប់ចាញ់លើកមុន ថ្ងៃនេះមានអារម្មណ៍ល្អ／
ຕອນນີ້ຮູ້ສຶກສະບາຍໃຈເພາະວ່າສາມາດເອົາຊະນະຄູ່ແຂ່ງທີ່ເສຍໃຫ້ໃນເທື່ອແລ້ວ.)

37 □ **気味**（きみ） (जस्तो／អារម្មណ៍／ຄ້າຍຄືວ່າຊິເປັນ..., ແນວໂນ້ມ, ທ່າທາງ, ຮູ້ສຶກຄື...)

▶ 今日の課長、すごく優しくない？ なんだか気味が悪い。

(आज मेनेजर, दयालु देखिँदैन ? अस्वभाविक जस्तो देखिन्छ (डरलाग्दो)।／
ប្រធានក្រុម ដូចជាចិត្តល្អខ្លាំងណាស់មិនចឹង? ដូចជាមានអារម្មណ៍យ៉ាងមិចមិនស្រួល／
ມື້ນີ້ຫົວໜ້າຂະແໜງໃຈດີຂະໜາດເນາະ, ວ່າບໍ່? ຮູ້ສຶກຂົນໜາວແຕກວາດໃດວາດໜຶ່ງ.)

38 □ **不気味(な)**（ぶきみ） (अँध्यारो, रिसालु (डरलाग्दो)／គួរអោយខ្លាចរម្មណ៍／ລາງບໍ່ດີ, ແປກ, ລຶກລັບ)

▷ 不気味な笑顔

(डरलाग्दो हाँसा／ស្នាមសើចគួរអោយខ្លាចរម្មណ៍／ຮອຍຍິ້ມທີ່ແປກ)

39 □ **気配**（けはい） (प्रष्ट नदेखिने तर भान हुने／ដូចជាមានអារម្មណ៍／ການບົ່ງບອກ, ລາດລາວ)

▶「人の気配は感じないけど」「そう？ 誰か見ている気がするんだけど」

(मानिसको उपस्थिति थाहा गर्न नसकिने । हो र ? कसैले हेरिरहेको हुन्छ ।／
ដូចជាគ្មានអារម្មណ៍ថាមានមនុស្ស។ ចឹងមែន!មានអារម្មណ៍ថាដូចជាមាននរណាកំពុងសំលឹងមើល／
ຮູ້ສຶກວ່າບໍ່ມີລາດລາວຂອງຄົນຢູ່ໄດ໋ລະ. ແມ່ນບໍ? ແຕ່ຮູ້ສຶກວ່າມີຄົນແນມເບິ່ງຢູ່.)

40 □ **本気**（ほんき） (गम्भीरतापुर्वक, साच्चै／ពិតប្រាកដ／ຈິງຈັງ, ເອົາແທ້, ບໍ່ເຮັດຫຼິ້ນໆ)

▶ 会社辞めるって、本気で言ってるの？

(काम छोड्छु भनेको, के साच्चै भनेको ?／និយាយពិតមែនថាលាឈប់ពីក្រុមហ៊ុន?／ເວົ້າແທ້ຫວາທີ່ຊິລາອອກຈາກບໍລິສັດ.)

41 □ **やる気**（やるき） (प्रेरणा, जाँगर／មានចិត្ត／ມີໃຈ (ຢາກເຮັດຕໍ່ໄປ) (ມີ) ກຳລັງໃຈ, ແຮງຈູງໃຈ, ແຮງກະຕຸ້ນ, ຕວາມຕັ້ງໃຈ)

▶ 彼は遅刻したり休んだりすることが多くて、やる気が感じられない。

(उ ढिला आउने, बिदा बस्ने धेरै भएकोले, काम गर्ने जाँगर छ जस्तो लागेन ।／
គាត់មកយឺតច្រើនឈប់ច្រើន គ្មានអារម្មណ៍ថាមានចិត្តធ្វើការទេ／ບໍ່ຮູ້ສຶກວ່າລາວມີຄວາມຕັ້ງໃຈຍ້ອນວ່າມັກມາຊ້າແລະລາພັກຫຼາຍ.)

42 □ **強気(な)**（つよき） (आँटिलो, बलियो／មុតមាំ／ບໍ່ຍອມແພ້, ຫົວແຂງ, ດື້)

▶ 彼女は強気な性格だから、非難されても気にしないでしょう。

(उनी आँटिलो भएकोले आलोचना (निन्दा) गरिएतापनि चिन्ता गर्दैन ।／
ដោយសារនាងមានអត្តចរឹកមុតមាំ ទោះជាត្រូវបានភាសខ្លួនក៏នាងមិនខ្វល់／
ລາວບໍ່ໃສ່ໃຈດອກເຖິງວ່າຊິຖືກຕຳນິຍ້ອນຜູ້ກ່ຽວມີນິໄສຫົວແຂງ.)

㊸ □ 弱気（な）（よわき）(मन कमजोर, लुरे／ទន់ខ្សោយ／ຄວາມບໍ່ກ້າ, ຄວາມຢ້ານກົວ)

▶ もう自分（じぶん）には無理（むり）なんじゃないかと弱気になったこともある。

(आफूबाट यो काम असम्भव भनेर मन कमजोर भएको अवस्था पनि थियो ।／
ក្លាយទៅជាទន់ខ្សោយដោយគិតថាខ្លួនឯងទៅមិនរួចទៀតទេ／ເຄີຍມີຄວາມຢ້ານກົວວ່າຕົນເອງເຮັດບໍ່ໄດ້ດອກ.)

㊹ □ 覚悟（する）（かくご）(अठोट गर्नु, संकल्प गर्नु／ត្រៀមចិត្ត／ການທຳໃຈຍອມຮັບ, ການກຽມໃຈ, ການຕັດສິນໃຈ)

▶ 数日（すうじつ）悩（なや）んだけど、覚悟して、手術（しゅじゅつ）を受（う）けることにした。

(केही दिन अन्यौल भयो तर अपरेशन गर्ने कुरा मैले अठोट गरे ।／
ច្របូកច្របល់ប៉ុន្មានថ្ងៃក៏ដោយ សំរេចចិត្តថាទទួលការវះកាត់ដោយត្រៀមចិត្តទុកមុន／
ອຸກໃຈໄດ້ຫຼາຍມື້ແຕ່ກໍ່ຕັດສິນໃຈເຂົ້າຮັບການຜ່າຕັດ.)

㊺ □ 決心（する）（けっしん）(निर्णय गर्नु／សំរេចចិត្ត／ການຕັດສິນໃຈ, ການຕົກລົງໃຈ)

▶ 彼（かれ）はその時（とき）、プロの道（みち）に進（すす）む決心をした。

(उनले त्यसबेला, पेशावरको बाटोमा लाग्ने निर्णय गऱ्यो ।／គាត់នៅពេលនោះ បានសំរេចចិត្តដើរផ្លូវអ្នកជំនាញ／
ໃນຕອນນັ້ນ, ລາວໄດ້ຕັດສິນໃຈເດີນຕາມເສັ້ນທາງສາຍມືອາຊີບ.)

㊻ □ 心当たり（こころあ）(मनमा लागेको／ប្រហាក់ប្រហែលក្នុងចិត្ត／ເທົ່າທີ່ຄິດອອກ, ລາດລາວ)

▶「急（きゅう）にお腹（なか）が痛（いた）くなったんだけど、原因（げんいん）がわからなくて……。」
「えっ？ 何（なに）も心当たりはないの？」

(अकस्मात पेट दुख्यो, के कारणले दुखेको थाहा छैन ॥ हो र ? के खाएँ भनी मनमा लागेको छैन ?／
ភ្លាមៗទៅជាឈឺពោះដោយមិនដឹងមូលហេតុ។ ចឹងមែន! អត់មានប្រហាក់ប្រហែលអីក្នុងចិត្តសោះ?／
ເຈັບທ້ອງຂຶ້ນມາຢ່າງກະທັນຫັນແຕ່ວ່າບໍ່ຮູ້ສາເຫດ. ຫວາ? ບໍ່ມີລາດລາວຫຍັງເລີຍບໍ?)

㊼ □ 心掛ける（こころが）(मन लगाउनु／យកចិត្តទុកដាក់／ຄຳນຶງ, ໄຕ່ຕອງ, ໃສ່ໃຈ, ລະມັດລະວັງ)

▶ お金（かね）を貯（た）めないといけないので、節約（せつやく）を心掛けています。

(पैसा जम्मा नगरी नहुने भएकोले, बचत गर्नमा मन लगाएको छु ।／
ដោយសារតែត្រូវសន្សំលុយ ត្រូវតែយកចិត្តទុកដាក់សន្សំសំចៃ／ໃສ່ໃຈໃນການປະຢັດເພາະວ່າຕ້ອງທ້ອນເງິນ.)

㊽ □ あきれる (वाक्क लाग्नु／ធុញទ្រាន់／ເປັນຕາຕົກໃຈ, ງຶງຈົນເຮັດຫຍັງບໍ່ຖືກ, ຮັບບໍ່ໄດ້)

▶ 彼（かれ）、また遅刻（ちこく）したの!?　もう、あきれて何（なに）も言（い）えない。

(उ फेरी ढिला आएको ! ? अब त केहि भन्दिन, वाक्क लाग्यो ।／
គាត់មកយឺតទៀតហើយ? ខ្ញុំធុញទ្រាន់ហើយគ្មានអ្វីនិយាយទេ／ລາວມາຊ້າບໍ? ງຶງຈົນເວົ້າຫຍັງບໍ່ອອກ.)

49 □ 嫌(いや)になる (मन नलाग्नु, वाक्क हुनु／ធុញទ្រាន់／ຮູ້ສຶກອິດອັດ, ບໍ່ເຕັມໃຈ, ຝືນໃຈ, ບໍ່ມ່ວນ, ຮູ້ສຶກເບື່ອ)

▶ 毎日(まいにち)毎日残業(ざんぎょう)で嫌になるよ。

(हरेक दिनको ओभर टाईमको कामले गर्दा वाक्क हुन्छु ।／ធ្វើការថែមម៉ោងរាល់ថ្ងៃ ក្លាយទៅជាធុញទ្រាន់／ຮູ້ສຶກເບື່ອເດີ້, ທີ່ຕ້ອງເຮັດວຽກລ່ວງເວລາໃນທຸກມື້ທຸກມື້.)

50 □ うっとうしい (नरमाईलो, दिक्क लाग्दो, उराठ लाग्ने／គួរអោយធុញ／ຫົດຫູ່, ອິດອັດ, ໜ້າລຳຄານ, ມືດຄຶ້ມ, ມົວໝອງ)

▶ ここのところ、雨(あめ)か曇(くも)りばかりで、うっとうしい日(ひ)が続(つづ)きますね。

(हिजो आज, पानी पर्ने बादल लाग्ने, नरमाईलो (दिक्क लाग्दो) दिनहरू छ है ।／ឥឡូវ ភ្លៀងផងចុះពពកផង ថ្ងៃគួរអោយធុញចេះតែបន្តរហូត／ຢູ່ບ່ອນນີ້, ມື້ມືດຄຶ້ມມີຢ່າງຕໍ່ເນື່ອງເພາະຍ້ອນມີແຕ່ຝົນຕົກແລະມີເມກ.)

51 □ 恨(うら)む (रिस गर्नु, डाह गर्नु, ईख गर्नु／គុំគួន／ຄຽດແຄ້ນ, ຄຽດຊັງ)

▶ 人(ひと)に恨まれるようなことはしていないから、これはただのいたずらだと思(おも)う。

(मानिसले रिस (ईख) गर्ने खालको काम केही गरेको छैन । यो त मजाक मात्र गरेको हो ।／មើលទៅដូចជាគ្មានការគុំគួនអ្វីទេ ខ្ញុំគិតថាគ្រាន់តែជាការធ្វើបាបធម្មតា／ອັນນີ້ຄິດວ່າແມ່ນການຢອກຫຼິ້ນຊື່ໆບໍ່ໄດ້ເຮັດແນວໃຫ້ຄົນຄຽດຊັງ.)

52 □ 恨(うら)み (रिस डाह, ईख, दुश्मनी／គំនុំ／ຄວາມຄຽດແຄ້ນ, ຄວາມຄຽດຊັງ)

▷ 恨みを買(か)う

(दुश्मनी मोल्ने／ចងគំនុំ／ສ້າງຄວາມຄຽດຊັງ)

53 □ うらやむ (डाह गर्नु, ईर्ष्या गर्नु／ច្រណែន／ອິດສາ)

▶ 彼(かれ)の奥(おく)さんは、他人(たにん)がうやらむような美人(びじん)だそうだよ。

(उनको श्रीमती, अरु मानिसले डाह गर्न (आँखा लगाउने) सक्ने जतिको सुन्दरी थिईन् ।／លឺថាប្រពន្ធគាត់ជាមនុស្សស្រីស្អាតគួរអោយច្រណែន／ໄດ້ຍິນວ່າເມຍຂອງລາວເປັນຄົນງາມເຖິງຂະໜາດຄົນອື່ນອິດສາ.)

54 □ 恐(おそ)れ (खतरा, डर／ការភ័យខ្លាច／ຄວາມວິຕົກກັງວົນ)

▶ 〈天気予報(てんきよほう)〉明日(あす)は大雪(おおゆき)になる恐れがあります。

(〈मौषम पुर्वानुमान〉 भोलि भारी हिउँ पर्न सक्ने खतरा छ ।／(ឧតុនិយម) ស្អែកមានព្រិលធ្លាក់ច្រើនគួរអោយបារម្ភណ៍／(ພະຍາກອນອາກາດ) ອາດຈະມີຫິມະຕົກໜັກໃນມື້ອື່ນ.)

55 □ 恐(おそ)れる (डराउनु／ភ័យខ្លាច／ຢ້ານ)

▶ 失敗(しっぱい)を恐れていては何(なに)もできないよ。

(असफल हुन्छ भनी डराउनेले केही पनि गर्न सक्नुहुन्न ।／បើភ័យខ្លាចបរាជ័យមិនអាចធ្វើអ្វីបានទេ／ຖ້າຢ້ານຜິດພາດກໍ່ຊິເຮັດຫຍັງບໍ່ເປັນເດີ້.)

音声DL 61

56 □ **傷(きず)つく** (चोट लाग्नु／អន់ចិត្ត／ທຳຮ້າຍຄວາມຮູ້ສຶກ, ເຮັດໃຫ້ເຈັບປວດ, ເຮັດໃຫ້ເສຍຄວາມຮູ້ສຶກ)

▶「下手(へた)だ」なんて言(い)われたら、傷つきますよ。

(“ढंग नभएको” भनिएमा, चोट लाग्छ भनेर ।／ប្រសិនបើត្រូវបានគេថា(អន់ណាស់) ប្រាកដជាអន់ចិត្ត／ຖ້າເວົ້າວ່າ "ບໍ່ເກັ່ງ" ມັນຈະເຮັດໃຫ້ເສຍຄວາມຮູ້ສຶກໄດ້.)

57 □ **恐縮(きょうしゅく)(する)** (सम्मान जनक आभरी व्यक्त गर्नु／ក្រែងចិត្ត／ການຮູ້ສຶກຂອບໃຈ, ການຮູ້ສຶກເກງໃຈ (ທີ່ລົບກວນ))

▶遠(とお)いところから来(き)ていただき、恐縮です。

(धेरै टाढा देखि आइदिनुभएकोमा, आभारी छु ।／ខំមកពីចំងាយ ខ្ញុំក្រែងចិត្តណាស់／ຮູ້ສຶກເກງໃຈທີ່ມາຫາແຕ່ໄກ.)

58 □ **失望(しつぼう)(する)** (निराश हुनु／បាក់ទឹកចិត្ត／ໝົດຄວາມຫວັງ, ຜິດຫວັງ)

▶彼(かれ)には失望したよ。もっと活躍(かつやく)してくれると期待(きたい)していたのに。

(उ बाट निराश भए, मलाई आशा थियो कि ऊ अझ सक्रिय हुनेछ ।／គាត់បានបាក់ទឹកចិត្តហើយ។ ខំរំពឹងថាអាចសកម្មបានច្រើនជាងនេះ／ລາວຜິດຫວັງໄດ້ຫັ້ນ. ຍ້ອນໄດ້ຄາດຫວັງການສ້າງຜົນງານຫຼາຍກວ່ານີ້.)

59 □ 類 がっかり(する) (हरेस खानु, निराश हुन／ខកចិត្ត／ຜິດຫວັງ, ທໍ້ແທ້, ເສຍໃຈ)

60 □ **すまない** (माफ गर्नुहोस्／សូមអភ័យទោស／ຮູ້ສຶກເສຍໃຈ, ຂໍໂທດ)

▶すまないけど、これ、明日(あした)までにやってくれる？

(माफ गर्नुहोस् ! यो, भोलि सम्म गरिदिन सक्नुहुन्छ ?／សូមអភ័យទោស អាចជួយធ្វើរបស់នេះហើយស្អែកបានទេ?／ຂໍໂທດເດີ້, ເຮັດອັນນີ້ໃຫ້ແລ້ວພາຍໃນມື້ອື່ນໄດ້ບໍ່?)

61 □ **たまらない** (अचाक्ली (सही नसक्नु)／មិនអាចទ្រាំបាន／ອົດບໍ່ໄດ້, ເກືອບຊິອົດບໍ່ໄດ້)

▶暑(あつ)くてたまらない。エアコン強(つよ)くしていい？

(अचाक्ली गर्मी भयो, एयर कन्डिसन अलि बढाउँदा हुन्छ ?／ក្តៅទ្រាំមិនបានទេ អាចបើកម៉ាស៊ីនត្រជាក់អោយខ្លាំងជាងនេះបានទេ?／ຮ້ອນຈົນອົດບໍ່ໄດ້, ເປີດແອແຮງຂຶ້ນຕື່ມໄດ້ບໍ່?)

62 □ **ためらう** (अकमकाउनु, हिचकिचाउनु／រារែ／ລັງເລໃຈ, ບໍ່ແນ່ໃຈ)

▶一瞬(いっしゅん)、言(い)うのをためらったが、思(おも)い切(き)って言(い)った。

(एक क्षण भन्न हिचकिचाए तर नडराईकन भने ।／មួយរំពេច បានរារែថានិយាយរឺអត់ តែបានសំរេចចិត្តនិយាយ／ລັງເລໃຈທີ່ຈະເວົ້າໄປບຶດໜຶ່ງແຕ່ກໍ່ໄດ້ເວົ້າຢ່າງເດັດຂາດ.)

63 □ **憎(にく)む** (घृणा गर्नु／ខឹង／ຊັງ, ລັງກຽດ, ຊັງນ້ຳໜ້າ, ໝິ່ນ)

▶ 偶然(ぐうぜん)の事故(じこ)ですから、相手(あいて)を憎んだりはしません。

(अकस्मात भएको दुर्घटना भएकोले, विपक्षीलाई घृणा गर्दिन ।／
ដោយសារជាគ្រោះថ្នាក់ដោយអចេតនា មិនខឹងនឹងភាគីម្ខាងទៀតទេ／
ບໍ່ຄວນຊິຊັງອີກຝ່າຍໜຶ່ງເພາະມັນແມ່ນອຸບັດຕິເຫດໂດຍບໍ່ໄດ້ຕັ້ງໃຈ.)

64 □ **憎(にく)らしい** (वाक्कलाग्दो (घीनलाग्दो)／គួរអោយខឹង／ເປັນຕາຊັງ, ເປັນຕາຂີ້ດຽດ, ເປັນຕາໝິ່ນ)

▶ またあいつに負(ま)けた。本当(ほんとう)に憎らしい。

(फेरि त्योसँग हारे । साँच्चै वाक्कलाग्दो ।／នៅតែចាញ់វាទៀត! ពិតជាគួរអោយខឹងមែន／
ເສຍໃຫ້ມັນອີກແລ້ວ. ເປັນຕາໝິ່ນແທ້ໆ.)

65 □ **憎(にく)たらしい** (घृणित／ធ្វើអោយខឹង／ເປັນຕາຊັງ, ເປັນຕາຂີ້ດຽດ, ເປັນຕາໝິ່ນ)

66 □ **ばかばかしい** (मुर्ख／ឆ្កួតៗ／ໂລເລ, ບໍ່ມີສາລະ, ເປັນຕາຫົວ)

▶ そんな話(はなし)、誰(だれ)が信(しん)じると思(おも)ってるんだよ。ばかばかしい。

(त्यस्तो कुरा, कस्ले विश्वास गर्छ भनि सोचको, मुर्ख ।／រឿងបែបហ្នឹងគិតថានរណាជឿទៅ! ឆ្កួតៗ／
ແມ່ນໃຜຊິເຊື່ອເລື່ອງແບບນັ້ນ? ເປັນຕາຫົວ.)

67 □ **ばからしい** (मुर्खता (हास्यास्पद)／ឆ្កួតមែន／ໂລເລ, ບໍ່ມີສາລະ)

▶ こんなことにお金(かね)を使(つか)うのは馬鹿(ばか)らしいと思(おも)うかもしれませんが、私(わたし)にとっては必要(ひつよう)なんです。

(यस्तो काममा पैसा खर्च गर्नु भनेको मुर्खता हो भन्ने लाग्न सक्छ । तर मेरो लागि यो आवश्यकता हो ।／
ប្រហែលជាគិតថាឆ្កួតមែនដែលយកលុយទៅប្រើលើរបស់បែបនេះ តែវាចាំបាច់សំរាប់ខ្ញុំ／
ອາດຈະຄິດວ່າໂລເລທີ່ໃຊ້ເງິນກັບສິ່ງນີ້ແຕ່ສຳມັນຈຳເປັນສຳລັບຂ້ອຍ.)

68 □ **不愉快(ふゆかい)(な)** (असहज (अप्रिय)／គួរអោយស្អប់／ບໍ່ສະບາຍ, ບໍ່ຖືກໃຈ, ບໍ່ມ່ວນຊື່ນ, ໜ້າເບື່ອ)

▶ こんな不愉快な店(みせ)、もう二度(にど)と来(こ)ないよ。

(म फेरि यस्तो असहज स्टोरमा आउदिन ।／ហាងគួរអោយស្អប់បែបនេះមិនអាចមកជាលើកទី២ទេ／
ຊິບໍ່ມາຮ້ານໜ້າເບື່ອແບບນີ້ອີກເປັນເທື່ອທີສອງ)

69 □ **惨(みじ)め(な)** (अप्ठ्यारो／វេទនា／ເປັນຕາສົມເພດ, ເປັນຕາສັງເວດ, ເປັນຕາອີຕົນ)

▶ 公園(こうえん)はカップルばかりで、だんだん惨めな気持(きも)ちになった。

(पार्कमा जोडीहरू मात्र भएकोले, अलि अप्ठ्यारो महशुस भयो ।／នៅសួនច្បាសុទ្ធតែជាគូរ មានអារម្មណ៍វេទនាទៅៗ／
ຮູ້ສຶກສົມເພດ (ໂຕເອງ) ຂຶ້ນມາເທື່ອລະໜ້ອຍຍ້ອນວ່າຢູ່ສວນສາທາລະນະມີແຕ່ຄູ່ຮັກ.)

⑳ □ やばい／ヤバい (डरलाग्दो, खतरनाक, अति／អាសន្នហើយ／ຕາຍຄັກ, ຊວຍແລ້ວ, ອັນຕະລາຍ)

▶ 急(いそ)がないとやばい。飛行機(ひこうき)に乗(の)り遅(おく)れちゃう。

(हतार गरेन भने भ्याउदैन । विमान चढ्न ढिला हुन्छ ।／បើមិនប្រញាប់ទេអាសន្នហើយ។ នឹងឡើងយន្តហោះយឺត／ຕາຍຄັກຖ້າບໍ່ຟ້າວ. ຊິຂຶ້ນຍົນຊ້າ)

UNIT 41 性格・態度（せいかく・たいど）

(बानी, व्यवहार, चाल चलन／អត្តចរិក ឥរិយាបទ／ນິໄສ, ທ່າທາງ)

音声DL 62

❶ □ 態度（たいど） (व्यवहार, चाल चलन／ឥរិយាបទ／ທ່າທາງ, ທັດສະນະຄະຕິ, ທ່າທາງທີ່ສະແດງອອກ)

❷ □ 表情（ひょうじょう） (अनुहारको भाव／ទឹកមុខ／ສີໜ້າ, ສະພາບ)

▷ 明（あか）るい表情、複雑（ふくざつ）な表情

(चहकिलो अनुहारको भाव, जटिल अनुहारको भाव／ទឹកមុខស្រស់ថ្លា ទឹកមុខស្មុគស្មាញ／ສີໜ້າເບີກບານ, ສີໜ້າສະຫຼັບສັບຊ້ອນ)

❸ □ 無表情（むひょうじょう）(な) (भावविहीन／ដែលមិនបង្ហាញទឹកមុខ／ສີໜ້າບໍ່ປ່ຽນ, ບໍ່ສະແດງອອກ)

▶ 彼（かれ）はいつも無表情だから、何（なに）を考（かんが）えているのか、わからない。

(उ जहिलेपनि भावविहीन भएकोले, के सोच्दैछ, थाहा हुन्न ।／ដោយសារតែគាត់តែងតែមិនបង្ហាញទឹកមុខ មិនដឹងថាគាត់គិតអ្វី／ບໍ່ຮູ້ວ່າລາວຄິດຫຍັງຢູ່ເພາະສີໜ້າບໍ່ປ່ຽນແປງຕະຫຼອດເວລາ.)

❹ □ 卑怯（ひきょう）(な) (निच (घृणित काम, नराम्रो तरिका)／កំសាក／ຄວາມຂີ້ກະປິກ, ຂີ້ໂກງ, ຂີ້ຫຼັກ, ຄວາມບໍ່ຍຸດຕິທຳ, ຄວາມບໍ່ຖືກຕ້ອງ)

▶ 卑怯な手（て）を使（つか）ってまで勝（か）ちたくない。

(निच (नराम्रो) तरिका प्रयोग गरेर जित्न चाहन्न ।／មិនចង់ឈ្នះដោយវិធីកំសាក／ບໍ່ຢາກເອົາຊະນະເຖິງຂັ້ນໃຊ້ວິທີຂີ້ຫຼັກ.)

❺ □ ずるい (चलाक, धुर्त／អត្មានិយម／ຂີ້ໂກງ, ຄວາມບໍ່ຍຸດຕິທຳ, ມີເລ່ຫຼ່ຽມ, ສະຫຼາດເກມໂກງ)

▶ 自分（じぶん）だけ楽（らく）をするなんて、ずるい。

(आफूलाई मात्र सजिलो गर्ने भन्ने कुरा, चलाखीपन हो ।／ព្យាបាលតែខ្លួនឯងពិតជាអត្មានិយមមែន／ສະບາຍແຕ່ໂຕເອງຊັ້ນຫວາ, ຂີ້ຫຼັກ.)

❻ □ 欲張（よくば）る (लोभ गर्नु／ចង់／ໂລບມາກ, ຢາກໄດ້, ຕ້ອງການ)

▶ 欲張ってたくさん食（た）べたら、お腹（なか）が痛（いた）くなった。

(लोभ गरेर धेरै खाँदा, पेट दुख्यो ।／បរិភោគច្រើនតាមចង់ ក្លាយជាឈឺពោះ／ກິນຫຼາຍແບບໂລບມາກກໍ່ເລີຍເຈັບທ້ອງ.)

❼ □ 欲張（よくば）り(な) (लोभी, लालची／ដែលចង់／ຄວາບໂລບ)

❽ □ 厚(あつ)かましい (धुर्त／មុខក្រាស់／ໜ້າດ້ານ, ໜ້າບໍ່ອາຍ)

▶ 彼(かれ)は厚かましいから、ただで１個(いっこ)くれって言(い)いそう。

(उ धुर्त भएकोले, सित्तैमा एक वटा देउ भन्ला जस्तो छ ।／
ដោយសារគាត់ជាមនុស្សមុខក្រាស់ ទំនងជានិយាយសុំមួយដោយអត់បង់ប្រាក់／
ລາວຊົງຊິເວົ້າວ່າ"ຂໍກິນລ້າແດ່ໜຶ່ງອັນ" ຍ້ອນໜ້າບໍ່ອາຍ.)

❾ □ 図々(ずうずう)しい (बेइमान／ដែលមិនចេះគិត／ໜ້າດ້ານ, ໜ້າບໍ່ອາຍ)

▶〈カラオケ〉新人(しんじん)なのに一番最初(いちばんさいしょ)に歌(うた)ったの？　図々しいやつだなあ。

(〈काराओके〉 नयाँ मान्छे भएर पनि सब भन्दा पहिला गाएको ? बेइमान मान्छे ।／
(ខារ៉ាអូខេ) អ្នកចូលថ្មីតែបានច្រៀងមុនគេ? ពិតជាមិនចេះគិតមែន／
(ຄາລາໂອເກະ) ທັງໆທີ່ເປັນພະນັກງານໃໝ່ກໍ່ຮ້ອງທຳອິດເລີຍຫວາ? ຈັ່ງແມ່ນມັນໜ້າດ້ານເນາະ.)

❿ □ 生意気(なまいき)(な) (अभिमानी, चोथाले, जान्ने हुने (जे पनि थाहा भए जस्तो बढी बोल्ने, जवाफ फर्काउने)／ឈ្លើយ／ແກ່ແດດ)

▶ 子供(こども)のくせに生意気なことを言(い)うなあ。

(बच्चा भएर पनि बढी जान्ने भएर बोल्छ ।／នៅក្មេងតែនិយាយឈ្លើយ／ເຖິງວ່າແມ່ນເດັກນ້ອຍກໍ່ຢ່າເວົ້າແນວແກ່ແດດ.)

⓫ □ ぞんざい(な) (असभ्य, अशिष्ट／គំរោះគំរើយ／ບໍ່ສຸພາບ, ຮຸນແຮງ, ເສຍມາລະຍາດ)

▶ 客(きゃく)に対(たい)して、そんなぞんざいな口(くち)の利(き)き方(かた)をしたの？　ひどいね。

(ग्राहकसँग त्यस्तो असभ्य तरिकाले बोलेको ? रुखो छ है ।／បាននិយាយគំរោះគំរើយដាក់ភ្ញៀវ? ពិតជាអាក្រក់មែន／
ໃຊ້ວິທີເວົ້າຈາທີ່ບໍ່ສຸພາບແນວນັ້ນໃສ່ແຂກບໍ? ໂຫດຮ້າຍແທ້.)

⓬ □ 威張(いば)る (घमण्ड गर्नु (ठूलो मान्छे पल्टिने)／ឆ្មើងឆ្មៃ／ເຮັດໂຕຍິ່ງ, ທະນົງໂຕ)

▶ あの人(ひと)、課長(かちょう)になってから急(きゅう)に威張りだしたね。

(त्यो मान्छे, प्रबन्धक भए पछि अचानक घमण्ड (ठूलो) मान्छे पल्टिने) गर्न थाल्यो है ?／
ម្នាក់នេះបានឡើងជាប្រធានក្រុម ក្លាយជាឆ្មើងឆ្មៃភ្លាម／ຜູ້ນັ້ນນະ, ນັບແຕ່ໄດ້ເປັນຫົວໜ້າຂະແໜງກໍ່ເຮັດໂຕຍິ່ງຂຶ້ນມາທັນທີ.)

⓭ □ ばかにする／馬鹿(ばか)にする (खिल्ली उदाउनु (अरुलाई मुर्ख बनाउनु)／លេងសើច／ຫົວຂວັນເຢາະເຢີ້ຍ, ເຢາະເຢີ້ຍ, ດູຖູກ)

▶ これ、おいしい。子供(こども)が作(つく)ったからってばかにできないよ。

(यो मिठो छ। बच्चाले बनायो भनेर खिल्ली उदाउन हुन्न ।／មួយនេះឆ្ងាញ់។ទោះក្មេងជាអ្នកធ្វើក៏ដោយមិនអាចលេងសើចបានទេ／ອັນນີ້ແຊບ. ເຫັນວ່າລູກເຮັດລະຊິດູຖູກບໍ່ໄດ້ໄດ໋.)

⓮ □ 尊重(そんちょう)(する) (सम्मान गर्नु／យកចិត្តទុកដាក់／ການນັບຖື, ການໃຫ້ກຽດ, ຄວາມສັກສິດ (ຂອງກົດໝາຍ))

▶ まず、お互(たが)いの考(かんが)えを尊重してください。

(सर्वप्रथम, एकआपसको विचारलाई सम्मान गर्नुहोस् ।／ដំបូងសូមគិតដោយយកចិត្តទុកដាក់ទាំងសងខាង／
ກ່ອນອື່ນໝົດ, ກະລຸນານັບຖືຄວາມຄິດຂອງກັນແລະກັນ.)

⓯ □ プライド (अभिमान／កិត្តិយស／ຄວາມພາກພູມໃຈ (ໃນຕົນເອງ))

▷ プライドを大切(たいせつ)にする

(अभिमानलाई महत्व दिनु ।／យកកិត្តិយសជាសំខាន់／ຮັກສາຄວາມພາກພູມໃຈໄວ້ຢ່າງຮອບຄອບ.)

⓰ □ 謙虚(けんきょ)(な) (नम्रता／ដាក់ខ្លួន／ຖ່ອມໂຕ, ຈຽມໂຕ)

▶ 彼女(かのじょ)はあんなに有名(ゆうめい)になっても謙虚なままだ。

(उनी यती धेरै प्रख्यात भएर पनि नम्र नै छिन् ।／ទោះជានាងបានល្បីក៏ដោយនាងនៅតែដាក់ខ្លួន／ລາວຍັງຖ່ອມໂຕຄືເກົ່າເຖິງວ່າຊິກາຍເປັນຄົນມີຊື່ສຽງຂະໜາດນັ້ນແລ້ວກໍ່ຕາມ.)

⓱ □ 謙遜(けんそん)(する) (नम्र हुनु／បន្ទាប់ខ្លួន／ຖ່ອມໂຕ, ຈຽມໂຕ, ສຸພາບ)

▶ 彼(かれ)は優勝(ゆうしょう)インタビューでも、謙遜して、自分(じぶん)はまだまだ力不足(ちからぶそく)と言(い)った。

(उनले विजेताको अन्तर्वार्तामा पनि, नम्र भएर, आफूमा अझ पनि शारिरीक बलको अभाव छ भन्यो ।／នៅក្នុងកិច្ចសម្ភាសន៍ក៏ដោយគាត់បានបន្ទាបខ្លួនហើយនិយាថាខ្លួននៅមានកំរឹតនៅឡើយ／ຂະໜາດວ່າແມ່ນການສຳພາດຫຼັງໄດ້ຮັບຊະນະລາວກໍ່ຖ່ອມໂຕແລະຕອບວ່າຕົນເອງມີຄວາມສາມາດຍັງບໍ່ພຽງພໍເທື່ອ.)

⓲ □ そそっかしい (हुस्सु, हेलचेक्र्याइँ(अत्तालिने, हतारिने)／ធ្វេសប្រហែស／ປະໝາດ, ບໍ່ລະມັດລະວັງ)

▶ また財布(さいふ)を忘(わす)れたの？　そそっかしいなあ。

(फेरि पर्स बिर्सेको ? हेलचेक्र्याइँ गर्छ ।／ភ្លេចកាបូបលុយទៀតហើយ? ពិតជាធ្វេសប្រហែសមែន／ລືມກະເປົາເງິນອີກແລ້ວບໍ? ປະໝາດແທ້ເດ.)

⓳ □ 不器用(ぶきよう)(な) (अदक्ष／មិនប៉ិនប្រសព្វ／ບໍ່ຄ່ຽມ, ບໍ່ຊຳນານ, ບໍ່ມີຝີມື)

▶ 私(わたし)は不器用だから、自分(じぶん)で組(く)み立(た)てたりできないんです。

(म अदक्ष भएकोले, एसम्बल (आफैंले जोरजार) गर्न सक्दिन ।／ដោយសារខ្ញុំមិនប៉ិនប្រសព្វ មិនអាចតំឡើងវាបានដោយខ្លួនឯងទេ／ຂ້ອຍປະກອບເອົາເອງບໍ່ເປັນເພາະວ່າບໍ່ຊຳນານ.)

⓴ □ 頑固(がんこ)(な) (जिद्दी／រឹងរូស／ດື້, ຫົວແຂງ, ສອນຍາກ)

▶ 頑固な父(ちち)を説得(せっとく)するのに苦労(くろう)しました。

(जिद्दी बुवालाई मनाउन धेरै मिहिनेत गरें ।／ដើម្បីបញ្ចុះបញ្ចូលឪពុកដែលរឹងរូសបានខ្ញុំបានខំប្រឹងណាស់／ລຳບາກເພື່ອເຮັດໃຫ້ພໍ່ທີ່ສອນຍາກເຂົ້າໃຈແລະຍອມຮັບ)

㉑ □ 素直(すなお)(な) (आज्ञाकारी／ស្មោះត្រង់／ກົງໄປກົງມາ, ບໍ່ອ້ອມຄ້ອມ, ບໍ່ປິດບັງ, ຈິງໃຈ, ຊື່, ບໍ່ມີເລ່ຫຼ່ຽມ, ຟັງຄວາມ)

▶ 自分(じぶん)が悪(わる)いと思(おも)ったから、素直に謝(あやま)った。

(आफू नराम्रो जस्तो लागेर, आज्ञाकारीका साथ माफ मागें ।／ដោយសារគិតថាខ្លួនឯងមិនល្អ ខ្ញុំបានសុំទោសដោយស្មោះត្រង់／ຂໍໂທດຢ່າງບໍ່ອ້ອມຄ້ອມເພາະຄິດວ່າໂຕເອງຜິດ.)

㉒ □ **率直(な)** (स्पष्ट／ចំៗ／ກົງໄປກົງມາ, ເປີດເຜີຍ)

▶ 遠慮せず、率直な意見を聞かせてください。

(अप्ठ्यारो नमानीकन, स्पष्टसँग आफ्नो धारणा सुनाउनुहोस् ।／សូមប្រាប់ពិមតិដោយចំៗមកមិនបាច់និយាយវៀងទេ／ກະລຸນາອອກຄຳເຫັນຢ່າງກົງໄປກົງມາ, ບໍ່ຕ້ອງເກງໃຈ.)

㉓ □ **誠実(な)** (ईमानदारी／ស្មោះត្រង់／ຊື່ສັດ, ຈິງໃຈ, ເອົາຈິງເອົາຈັງ)

▶ 話してみて、誠実そうな人だと思った。

(कुरा गरिहेर्दा, ईमानदार व्यक्ति जस्तो लाग्यो ।／ក្រោយពីបាននិយាយគ្នារួចគិតថាគាត់ជាមនុស្សស្មោះត្រង់／ຄິດວ່າຄືຊິເປັນຄົນຈິງໃຈ, ລອງລົມເບິ່ງແມະ.)

㉔ □ **慎重(な)** (सावधानी／គិតល្អិតល្អន់／ຮອບຄອບ, ລະມັດລະວັງ, ລະອຽດຖີ່ຖ້ວນ)

▶ 慎重なのはいいけど、早くしないとチャンスを逃すよ。

(सावधानी हुनु राम्रो हो, तर चाँडो गरेन भने अवसर गुमाउनु हुन्छ ।／គិតល្អិតល្អន់ជារឿងល្អហើយតែបើមិនប្រញាប់ទេឧកាសកន្លងផុតហើយ／ລະອຽດຖີ່ຖ້ວນກໍ່ດີຢູ່ແຕ່ຖ້າບໍ່ຟ້າວຊິເສຍໂອກາດເດີ້.)

㉕ □ **用心(する)** (होसियार हुनु／ប្រយ័ត្ន／ການລະວັງເອົາໃຈໃສ່, ຄວາມຮອບຄອບ, ລະວັງ, ການປ້ອງກັນໄວ້ກ່ອນ)

▶ 用心して、ベランダの窓にも鍵をかけた。

(होशियार भएर, बरन्डाको झ्यालमा पनि चाँबी लगाएं ।／បានចាក់សោរបង្អួចរវ៉ង់ដាដោយប្រុងប្រយ័ត្ន／ໃສ່ຮອດກະແຈປ່ອງຢ້ຽມຂອງລະບຽງເພື່ອປ້ອງກັນໄວ້ກ່ອນ.)

㉖ □ **用心深い** (होसियारी／ប្រុងប្រយ័ត្នខ្ពស់／ຮອບຄອບຫຼາຍ, ລະມັດລະວັງເຕັມທີ່)

㉗ □ **油断(する)** (लापरवाही गर्नु, बेवास्ता गर्नु／មិនប្រុងប្រយ័ត្ន／ການລະເລີຍ, ການປະໝາດ, ການບໍ່ເອົາໃຈໃສ່, ບໍ່ໄດ້ກຽມໂຕໄວ້)

▶ 〈同点〉あと１分で勝てると思って、油断したのかもしれません。

(〈बराबर〉 अर्को १ मिनेटले जित्न सक्छु भनि सोचेर, लापरवाही गरेको पनि हुन सक्छ ।／(ពិន្ទុស្មើ) ប្រហែលមិនបានប្រុងប្រយ័ត្នដោយគិតថាសល់តែ១នាទី／(ຄະແນນເທົ່າກັນ) ຄືຊິແມ່ນປະໝາດເພາະຄິດວ່າອີກ1ນາທີກໍ່ຊິເອົາຊະນະໄດ້ແລ້ວ.)

㉘ □ **おとなしい／大人しい** (आज्ञाकारी, शान्त स्वभाव／សុភាពរាបសា／ຟັງຄວາມ, ຮູ້ຄວາມ, ບໍ່ດື້, ບອກສອນງ່າຍ)

▶ この犬は大人しくて、知らない人にも全然吠えません。

(यो कुकुर शान्त स्वभावको भएर, नचिनेको मान्छेलाई पनि पटक्कै भुक्दैन ।／ឆ្កែនេះស្លូតហើយចំពោះមនុស្សដែលមិនស្គាល់ក៏មិនព្រូស／ໝາໂຕນີ້ຮູ້ຄວາມ, ບໍ່ເຫົ່າຄົນບໍ່ຮູ້ຈັກຈັກໜ້ອຍເລີຍ.)

㉙ □ 消極的(な)(しょうきょくてき) (निष्क्रिय, अनिच्छुक／ស្ទាក់ស្ទើរ／ເປັນການປະຕິເສດ, ບໍ່ຄ່ອງແຄ້ວ, ບໍ່ກະຕືລືລົ້ນ)

▶ 彼(かれ)は大勢(おおぜい)で騒(さわ)ぐのが嫌(きら)いらしく、飲(の)み会(かい)にはいつも消極的です。
(उनलाई धेरै मानिसहरुले गर्ने होहल्ला मन पराउदैन, त्यसैले, जहिलेपनि पार्टीमा जान अनिच्छुक गर्छ।／
លឺថាគាត់មិនចូលចិត្តអូអរមនុស្សច្រើន ចំពោះការជួបជុំតែងតែស្ទាក់ស្ទើរ／
ລາວຄືຊິບໍ່ມັກການໃຊ້ສຽງດັງຢູ່ກັບຫຼາຍຄົນເພາະບໍ່ມີຄວາມກະຕືລືລົ້ນຕະຫຼອດເວລາຕັ້ງງານດື່ມສ້າງສັນ)

㉚ □ 熱心(な)(ねっしん) (उत्सुक, व्यग्र, चनाखो, आतुर／ដោយកំដៅបេះដូង／ຄວາມຕັ້ງໃຈ, ຄວາມໃສ່ໃຈ, ຄວາມມຸ່ງໝັ້ນ, ຄວາມກະຕືລືລົ້ນ)

▶ あんまり熱心に頼(たの)むので、断(ことわ)れなかった。
(एकदम उत्सुकतापुर्वक अनुरोध गरेकोले, अस्वीकार गर्न सकेको थिएन।／
មិនអាចបដិសេធបានព្រោះត្រូវបានពឹងពាក់ដោយកំដៅបេះដូង／ຍ້ອນວ່າຂໍຮ້ອງຢ່າງຕັ້ງໃຈຫຼາຍເກີນໄປ, ຈຶ່ງປະຕິເສດບໍ່ໄດ້.)

㉛ □ 不親切(な)(ふしんせつ) (निर्दयी／មិនចិត្តល្អ／ຄວາມບໍ່ມີນ້ຳໃຈ, ຄວາມບໍ່ເປັນມິດ, ການຫວັງຮ້າຍ)

▶ 不親切な対応(たいおう)に腹(はら)が立(た)った。
(निर्दयतापुर्वक गरेको व्यवहार प्रति रिसाएको थिएँ।／ខឹងព្រោះការទទួលដោយមិនចូលចិត្ត／ໃຈຮ້າຍກັບການຮັບຮອງທີ່ບໍ່ມີນ້ຳໃຈ.)

㉜ □ 社交的(な)(しゃこうてき) (मिलनसार／រួសរាយ／ເປັນກັນເອງ, ມັກຄົບຄ້າສະມາຄົມ, ສະນິດສະໜົມງ່າຍ)

▶ 妻(つま)は社交的で、友達(ともだち)が多(おお)い。
(श्रीमती मिलनसार भएकोले, साथीहरू धेरै छन्।／ប្រពន្ធខ្ញុំមានមិត្តច្រើនដោយនាងរួសរាយ／
ເມຍມີໝູ່ຫຼາຍຍ້ອນ (ລາວ) ເປັນກັນເອງ)

㉝ □ 朗らか(な)(ほがらか) (हँसमुख／ដោយរីករាយ／ຄວາມສົດໃສ, ຄວາມເບີກບານ, ອາລົມດີ)

▶ 店長(てんちょう)の奥(おく)さんは明(あか)るく朗らかな人(ひと)で、会(あ)うとこっちも元気(げんき)になる。
(स्टोर प्रबन्धकको श्रीमती उज्यालो भई हँसमुख प्रकृतिको मान्छे भएकोले, भेट हुँदा आफूपनि स्वस्थ (फुर्ति प्राप्त) हुन्छ।／
ប្រពន្ធប្រធានហាងជាមនុស្សស្រស់ថ្លារីករាយ មានអារម្មណ៍ល្អពេលដែលបានជួប／
ເມຍເຈົ້າຂອງຮ້ານເປັນຄົນສົດໃສແລະເບີກບານ, ຖ້າພົບກັນທາງເຮົາກໍ່ຈະມີພະລັງຂຶ້ນມາເລີຍ.)

㉞ □ 陽気(な)(ようき) (प्रफुल्लित／រីករាយ／ເບີກບານ, ມັກມ່ວນ, ມ່ວນຊື່ນ, ມີຊີວິຊີວາ)

▷ 陽気な音楽(おんがく) (प्रफुल्लित संगीत／តន្ត្រីរីករាយ／ເພງມີຊີວິຊີວາ)

㉟ □ 生き生き(と)(いきいき) (फुर्तिलो／ស្រស់ស្រាយ／ມ່ວນຊື່ນ, ມີຊີວິດຊີວາ)

▶ 自然(しぜん)の中(なか)で、子供(こども)たちは生き生きとした表情(ひょうじょう)を見(み)せた。
(प्रकृतिमा, बच्चाहरूको फुर्तिलो अनुहारको भाव देखायो।／ក្មេងៗបានបង្ហាញទឹកមុខស្រស់ស្រាយក្នុងធម្មជាតិ／
ໃນທຳມະຊາດ, ເດັກນ້ອຍໄດ້ສະແດງອອກທາງສີໜ້າຢ່າງມີຊີວິດຊີວາ.)

㊱ □ 可愛(かわい)らしい (अति सुन्दर／គួរអោយស្រលាញ់／ເປັນຕາຮັກ, ເປັນຕາແພງ)

▶ かわいらしいお嬢(じょう)さんですね。おいくつですか。

(अति सुन्दर महिला हो है। उमेर कति हो ?／ពិតជាកូនក្រមុំដ៏គួរអោយស្រលាញ់មែន។ អាយុប៉ុន្មានហើយ?／ລູກສາວເປັນຕາແພງເນາະ. ອາຍຸຈັກປີ?)

㊲ □ 幼稚(ようち)(な) (बच्चापन, अपरिपक्व／ក្មេងខ្ចី／ຄືເດັກນ້ອຍ)

▶ 考(かんが)え方(かた)が幼稚だよ。

(सोचाई बच्चापनको छ ।／ការគិតនៅក្មេងខ្ចី／ວິທີຄິດຄືເດັກນ້ອຍ)

㊳ □ 頼(たの)もしい (विश्वसनीय, भरपर्दो／គួរអោយទុកចិត្ត／ໜ້າເຊື່ອຖື, ເພິ່ງພາອາໄສໄດ້, ມີອະນາຄົດໄກ)

▶ 彼(かれ)はまだ若(わか)いけど、みんなを引(ひ)っ張(ぱ)ってくれて、実(じつ)に頼もしい。

(ऊ अझै जवान छ, तर ऊ वास्तवमै भरपर्दो छ किनकि उनले सबैलाई तान्दै छ ।／
គាត់នៅក្មេងតែគាត់ដឹកនាំអ្នកទាំងអស់គ្នាពិតជាគួរអោយទុកចិត្តបានមែន／
ລາວເພິ່ງພາອາໄສໄດ້ແທ້ໆ, ຍັງໜຸ່ມແຕ່ຊ່ວຍດຶງທຸກຄົນ.)

㊴ □ のんき(な) (निर्धक्क, आराम साथ／ទម្រន់／ບໍ່ຟ້າວບໍ່ຟັ່ງ, ບໍ່ຟ້າວ, ສະບາຍໆ)

▶ 明日(あした)引(ひ)っ越(こ)しなのに、そんなにのんきにしていていいの？

(भोली घर (कोठा) सर्ने भएर पनि, त्यसरी निर्धक्क भएर बस्नु ठिक हो ?／ស្អែករើផ្ទះហើយ នៅតែទម្រន់អីចឹងមិនអីទេ?／
ມື້ອື່ນຍ້າຍເຮືອນໄດ໋, ເຮັດບໍ່ຟ້າວແບບນັ້ນໄດ້ຫວາ?)

㊵ □ 大(おお)ざっぱ(な) (असभ्य／ប្រហែល／ບໍ່ລະອຽດ, ເຮັດພໍແລ້ວມື)

▷ 大ざっぱな性格(せいかく) (असभ्य बानी व्यहोरा／អកប្បកិរិយាប្រហែល／ນິໄສບໍ່ລະອຽດ)

㊶ □ ルーズ(な) (लापरवाह, बेवास्ता／ធូរលុង／ບໍ່ມີລະບຽບວິໄນ, ຟຸມເຟືອຍ, ມັກງ່າຍ)

▶ 彼(かれ)は時間(じかん)にルーズで、たいてい遅(おく)れて来(く)る。

(उ समयमा लापरवाह भएकोले, प्रायजसो ढिला आउँछ ।／គាត់ឧស្សាយឺតពេលដោយសារតែធូរលុងនឹងពេលវេលា／
ລາວບໍ່ມີລະບຽບວິໄນຕໍ່ກັບເວລາ, ມາຊ້າເປັນປົກກະຕິ)

㊷ □ だらしない (फोहरी, बेढङ्गका／គ្មានសណ្តាប់ធ្នាប់／ບໍ່ເປັນລະບຽບ, ບໍ່ຮຽບຮ້ອຍ)

▶ スーツはしわだらけだし、ひげは伸(の)びてるし。そんなだらしない格好(かっこう)で会社(かいしゃ)に行(い)くの？

(सुटमा आइरन गरेको छैन, दाह्री जुङ्गा काटेको छैन, त्यस्तो फोहरी (बेढङ्गको) भएर कार्यालय जाने ?／
អាវធំសុទ្ធតែស្នាមជ្រួញហើយមិនកោរពុកមាត់ទៀត។ ទៅក្រុមហ៊ុនទាំងគ្មានសណ្តាប់ធ្នាប់អីចឹងរឺ?／
ຊິໄປບໍລິສັດດ້ວຍສະພາບແບບນັ້ນຫວາ? ສູດກໍ່ມີແຕ່ຮອຍຫຍໍ່, ໜວດກໍ່ຍາວ.)

㊸ □ 気(き)が強(つよ)い (आकामक／ចិត្តខ្លាំង／ໃຈແຂງ, ບໍ່ຍອມແພ້ໃຜ)

▶ 彼女(かのじょ)は気が強いからね。人(ひと)に何(なに)を言(い)われても気にしないよ。

(उनी आक्रमकखालको मान्छे भएकोले, अरु मान्छेले जे भनेतापनि मन (चित्त) दुखाउदैन ।／
នាងចិត្តខ្លាំង។ទោះជានរណាថាអីអោយក៏មិនខ្វល់／ເນື່ອງຈາກວ່າລາວເປັນຄົນໃຈແຂງຖືກຄົນເວົ້າຫຍັງໃຫ້ກໍ່ບໍ່ໃສ່ໃຈດອກ.)

㊹ □ 強気(つよき)(な) (कडा स्वभाव／ចិត្តខ្លាំង／ບໍ່ຍອມແພ້)

▶ 相手(あいて)は優勝候補(ゆうしょうこうほ)ですが、彼(かれ)は強気で、完全(かんぜん)に勝(か)つつもりです。

(प्रतिद्वन्दी जित्ने उम्मेदवार हो, तर ऊ कडा स्वभावको भएकोले, पुरै जित्छु भन्ने विचारमा छ ।／
គូរប្រកួតជាកីឡាករជ័យលាភីក្តី គាត់នៅតែមានចិត្តយកឈ្នះខ្លាំង／
ເຖິງວ່າຝ່າຍກົງກັນຂ້າມຈະນອນຢູ່ໃນເປົ້າໝາຍຊະນະເລີດກໍ່ຕາມ, ຂ້ອຍຈະບໍ່ຍອມແພ້ແລະຈະຕັ້ງໃຈຊິເອົາຊະນະຢ່າງເຕັມທີ່)

※ここでの「完全に」は「すっかり、全(まった)く」の意味(いみ)。

㊺ □ 気(き)が弱(よわ)い (मन कमजोर／ចិត្តខ្សោយ／ຈິດໃຈອ່ອນແອ, ຂີ້ຢ້ານ, ຂີ້ອາຍ)

▶ 私(わたし)は気が弱いから、本人(ほんにん)にそんなことは言(い)えません。

(मेरो मन कमजोर भएकोले, उसलाई त्यस्तो कुरा भन्न सक्दिन ।／
ដោយសារខ្ញុំមានចិត្តខ្សោយ ខ្ញុំមិនអាចនិយាយបែបនេះទៅគាត់ផ្ទាល់ទេ／ຂ້ອຍຂີ້ຢ້ານ, ບໍ່ກ້າເວົ້າແນວນັ້ນໃສ່ເຈົ້າໂຕດອກ.)

㊻ □ 気(き)が短(みじか)い (छिटो रिसाउने स्वभाव, रिसाहा／ឆេវឆាវ／ໃຈຮ້ອນ, ຂີ້ໂມໂຫ, ໃຈຮ້າຍງ່າຍ)

▶ 社長(しゃちょう)は気が短いから、余計(よけい)な説明(せつめい)はしないほうがいい。

(प्रवन्धक निर्देशक ज्यूको छिटो रिसाउने स्वभाव भएकोले, बेकारको व्याख्या नगरेको राम्रो ।／
ដោយសារប្រធានក្រុមហ៊ុនឆេវឆាវ គួរតែកុំពន្យល់រឿងមិនទាក់ទង／
ບໍ່ອະທິບາຍເກີນຄວາມຈຳເປັນດີກວ່າເພາະທ່ານປະທານເປັນຄົນໃຈຮ້ອນ.)

㊼ □ 気(き)が早(はや)い (व्यग्र, हतार गर्ने／ចិត្តលឿន／ຟ້າວຟັ່ງ, ຟ້າວ)

▶ 結婚(けっこん)!?　気が早いなあ。まだ付(つ)き合(あ)い始(はじ)めたばかりよ。

(विवाह ! ? हतार गर्छौ है । प्रेम गर्न थालेको धेरै भएको छैन ।／រៀបការ? ពិតជាចិត្តលឿនមែន។ ទើបតែស្រលាញ់គ្នាសោះ／
ແຕ່ງງານ? ຟ້າວແທະ. ຫາກໍ່ເລີ່ມຄົບກັນໜຶ່ງ.)

㊽ □ 気(き)が小(ち)さい (कातर, डरछेरुवा (मन कमजोर भएको)／ចិត្តតូច／ຂີ້ອາຍ, ຂີ້ຢ້ານ, ຂີ້ຕື່ນ, ຂາດຄວາມໝັ້ນໃຈໃນໂຕເອງ)

▶ 気が小さいから、私(わたし)には代表(だいひょう)は無理(むり)です。

(मन कमजोर भएकोले, मैले प्रतिनिधि गर्ने कुरा असम्भव हो ।／ខ្ញុំមិនអាចធ្វើអ្នកតំណាងបានទេដោយសារខ្ញុំមានចិត្តតូច／
ຂ້ອຍເປັນໂຕແທນບໍ່ໄດ້ເພາະຂີ້ອາຍ.)

㊾ □ 気が利く (समभदार／ຄິດບານຄິດດະ／ໃສ່ໃຈ, ເອົາໃຈໃສ່, ສະຫຼາດມີເຫດຜົນທີ່ດີ, ຖີ່ຖ້ວນ, ມີໄຫວພິບດີ, ລະອຽດຮອບຄອບເນາະ)

▶「ここにあった資料は国別にファイルしておきました」「お、気が利くねえ」

(“यहाँ राखेको कागजात देश अनुसार छुट्टै फाईल गरी राख” “ओ समभदार छौ है”／
(ឯកសារដែលនៅទីនេះបានដាក់តាមប្រទេសនីមួយៗ) (អូ!ពិតជាគិតបានដិតដល់មែន)／
"ເອກະສານທີ່ມີຢູ່ນີ້ຖືກຈັດເຂົ້າໄຟລແລະແຍກເປັນໝວດປະເທດໄວ້ແລ້ວ" "ໂອ້, ລະອຽດຮອບຄອບເນາະ")

▷ 気の利いた言葉 (समभदार भाषा／ពាក្យប្រាជ្ញា, ពាក្យគួរសម／ຄຳຄົມ, ສຳນວນ)

UNIT 42 音声DL 66

思(おも)う・考(かんが)える

(सोच्नु, विचार गर्नु／នឹក, គិត／ຮູ້ສຶກ, ຄິດ)

❶ □ 思(おも)いつく (विचार आउनु／នឹកឃើញ／ຄິດອອກ)

▶ 思いついたことは、すぐメモするようにしています。

(विचारमा आएका कुरा तुरुन्तै नोटमा टिप्ने गर्ने गर्छु ।／អ្វីដែលនឹកឃើញគឺកត់ចំណាំភ្លាម／ຍາມຄິດອອກຈະບັນທຶກລົງໃນປຶ້ມທັນທີ.)

❷ □ 発想(はっそう) (नयाँ विचार／គំនិត／ຄວາມຄິດ)

▶ 彼(かれ)の発想はいつもユニークで、感心(かんしん)させられる。

(उनको नयाँ विचार जहिलेपनि आद्वितीय भएर, प्रभावित हुन्छु ।／គំនិតរបស់គាត់គឺមានភាពខុសប្លែកពីគេហើយគួរអោយចាប់អារម្មណ៍／ຄວາມຄິດຂອງລາວມີເອກະລັກເຮັດໃຫ້ໜ້າຊື່ນຊົມ.)

❸ □ 空想(くうそう)(する) (कल्पना गर्नु／ស្រមើស្រមៃ／ການຝັນ, ລະເມີເພີ້ຝັນ)

▶ 竜(りゅう)は空想上(じょう)の生(い)き物(もの)です。

(ड्रागन काल्पनिक जीव हुन् ।／នាគគឺជាវត្ថុមានជីវិតនៅលើការស្រមើស្រមៃ／ມັງກອນເປັນສິ່ງມີຊີວິດທີ່ຢູ່ໃນຄວາມຝັນ.)

❹ □ 考(かんが)え出(だ)す (निष्कर्ष निकाल्नु (उपाय)／គិតចេញ／ນຶກຄິດ, ປະດິດ, ມາພ້ອມກັບແຜນ)

▶ これはみんなで考え出した案(あん)です。

(यो सबै जनाको निष्कर्ष (उपाय) बाट आएको योजना हो ।／នេះគឺយោបល់ដែលអ្នកទាំងអស់គ្នាគិតចេញ／ນີ້ແມ່ນຮ່າງ (ຂໍ້ສະເໜີ) ທີ່ທຸກຄົນໄດ້ພາກັນນຶກຄິດ.)

❺ □ 考(かんが)えつく (निष्कर्ष निक्लनु／គិតឃើញ／ຄິດອອກ, ຄຳນຶງເຖິງ)

▶ それはいいことを考えついたね。それにしよう。

(त्यो राम्रो कुराको निष्कर्ष आयो है । त्यही अनुसार गरौं ।／នេះគឺពិតការគិតឃើញដ៏ល្អមែន។ធ្វើអញ្ចឹងចុះ／ຄິດອອກມາໄດ້ດີນໍ້, ເອົາໂຕນີ້ເລີຍ.)

❻ □ 考(かんが)え直(なお)す (पुर्नविचार गर्नु／គិតឡើងវិញ／ຄິດໃໝ່, ທົບທວນໃໝ່)

▶ 一度(いちど)断(ことわ)られたけど、もう一度考え直してもらうよう、頼(たの)んだ。

(एक पटक अश्विकार गरियो तर फेरि एक चोटि पुनर्विचार गरिदिनको लागि अनुरोध गरें ।／ត្រូវបានបដិសេធម្តងហើយ បានស្នើរសុំអោយគិតឡើងវិញម្តងទៀត／ຖືກປະຕິເສດເທື່ອໜຶ່ງແລ້ວແຕ່ກໍ່ຂໍຮ້ອງໃຫ້ໄດ້ທົບທວນໃໝ່ອີກເທື່ອໜຶ່ງ.)

❼ □ 考慮（こうりょ）(する) (विचार गर्नु (विचारमा जानकारी थप्नु, ठहराउनु)／ពិចារណា／ການພິຈາລະນາ, ການຄຳນຶງເຖິງ)

▶ 患者の年齢を考慮して、入院して治療することに決まった。

(बिरामीको उमेरलाई विचार गरी, अस्पतालमा भर्ना गरेर उपचार गर्ने कुरा निर्णय भयो ।／
ក្រោយពិចារណាអាយុអ្នកជំងឺ បានសម្រេចអោយសំរាកព្យាបាលក្នុងមន្ទីរពេទ្យ／
ຕົກລົງໃຫ້ຄົນເຈັບເຂົ້ານອນໂຮງໝໍເພື່ອຮັບການຮັກສາໂດຍຄຳນຶງເຖິງອາຍຸ(ຂອງຜູ້ກ່ຽວ).)

❽ □ 勘違い（かんちがい）(する) (गलत बुझ्नु／យល់ច្រឡំ／ເຂົ້າໃຈຜິດ)

▶ しまった！　会議、明日だと勘違いしてた。

(हत्तेरिका ! भोलि बैठक भनेर गलत बुझेछु ।／ចប់ហើយ! យល់ច្រឡំថាការប្រជុំនៅថ្ងៃស្អែក／ຕາຍຄັກ! ເຂົ້າໃຈຜິດວ່າປະຊຸມມື້ອື່ນ.)

❾ □ 思い込む（おもいこむ） (मनमा लाग्नु (पत्याउनु)／នឹកស្មួង／ຄິດໄປເອງ, ຄິດເອົາເອງ)

▶ ２時の約束を３時だと思い込んでいて、遅刻してしまった。

(दुई बजे भेटने समय तर तीन बजे भनी मनमा लागको कारण, ढिलो भएँ ।／
មកយឺតដោយសារនឹកស្មួងថាការណាត់ជួបម៉ោង២នៅម៉ោង៣／ນັດ2ໂມງແຕ່ຄິດໄປເອງວ່າແມ່ນ3ໂມງ, ກໍ່ເລີຍຊ້າຊໍ້າ.)

❿ □ 考え込む（かんがえこむ） (गहिरिएर सोच्नु／គិតស្លុង／ຄິດອ່ານ, ໄຕ່ຕອງ, ຄິດໜັກ)

▶ もっと面白いデザインにしてほしいと言ったら、彼は考え込んでしまった。

(अझ रोचक डिजाईन गरिदिएको चाहना गर्छु भन्दा, उनले गहिरिएर सोच्न थाल्यो ।／
ពេលដែលនិយាយថាចង់បានឌីហ្សាញគួរអោយចាប់អារម្មណ៍ជាងនេះ គាត់បានគិតស្លុងទៅតែម្តង／
ເມື່ອເວົ້າວ່າຕ້ອງການອອກແບບທີ່ໜ້າສົນໃຈຂຶ້ນອີກ, ລາວກໍ່ເລີຍຄິດໜັກ.)

⓫ □ 予測（よそく）(する) (भविष्यवाणी गर्नु／ព្យាករណ៍／ການຄາດຄະເນ, ການປະມານ, ການພະຍາກອນ)

▶ 番組では、５人の専門家が今年の景気を予測した。

(कार्यक्रममा ५ जनाको विषेशज्ञहरूले यो बर्षको अर्थ व्यवस्थाको भविष्यवाणी गऱ्यो ।／
នៅកម្មវិធីទូរទស្សន៍អ្នកជំនាញបានព្យាករណ៍សេដ្ឋកិច្ចឆ្នាំនេះ／
ຜູ້ຊ່ຽວຊານທັງ5ທ່ານໄດ້ຄາດຄະເນສະພາບເສດຖະກິດຂອງປີນີ້ຢູ່ໃນລາຍການ.)

⓬ □ 予想（よそう）(する) (पुर्वअनुमान गर्नु／បាន់ស្មាន／ການຄາດຄະເນ, ການປະມານ)

⓭ □ 推測（すいそく）(する) (अन्दाज गर्नु／ទស្សន៍ទាយ／ການຄາດຄະເນ, ການເດົາ)

▶〈パスワード〉誕生日や電話番号は推測されやすいので避けてください。

(〈पासवर्ड〉 जन्म मिति वा टेलिफो नम्बर अन्दाज गर्न सजिलो हुने भएकाले प्रयोग नगर्नुहोस् ।／
(ពាក្យសំងាត់) ដោយលេខទូរសព្ទនិងថ្ងៃខែឆ្នាំកំណើតងាយនឹងទស្សន៍ទាយ សូមជៀសវាង／
(ລະຫັດລັບ) ຫຼີກລ່ຽງການນຳໃຊ້ວັນເກີດແລະເລກໂທລະສັບເພາະວ່າມັນຖືກເດົາງ່າຍ.)

⓮ □ 見当(けんとう) (अनुमान／ទាយត្រូវ／ການຄາດຄະເນ, ການປະມານ, ການປະເມີນ (ລາຄາ))

▶ 休(やす)みの日(ひ)に夫(おっと)が行(い)く所(ところ)は、大体(だいたい)見当がつきます。

(विदाको दिन श्रीमान जाने ठाउँ, लगभग अनुमान गर्न सकिन्छ ।／កន្លែងដែលប្ដីខ្ញុំទៅនៅថ្ងៃសំរាក ភាគច្រើនខ្ញុំទាយត្រូវ／ໂດຍທົ່ວໄປແລ້ວພໍຄາດຄະເນບ່ອນທີ່ຜົວໄປໃນມື້ພັກໄດ້.)

⓯ □ 納得(なっとく)(する) (सहमत हुनु, चित्त बुझ्नु (स्वीकार गर्नु)／យល់ស្រប／ການເຂົ້າໃຈແລະຍອມຮັບ, ການຍອມຮັບ)

▶ 今(いま)の説明(せつめい)では納得できません。

(अहिलेको स्पष्टीकरणले सहमति हुन सक्दिन ।／ការពន្យល់អំបិញមិញខ្ញុំមិនយល់ស្របទេ／ບໍ່ສາມາດເຂົ້າໃຈແລະຍອມຮັບຄຳອະທິບາຍໃນຕອນນີ້.)

⓰ □ 解(と)く (सुल्झाउनु, समाधान गर्नु／ដោះស្រាយ／ແກ້ໄຂ)

▶ やっと問題(もんだい)が解けた。

(बल्ल समस्या सुल्झाउन (समाधान) भयो ।／បានដោះស្រាយបញ្ហារួច／ໃນທີ່ສຸດກໍ່ແກ້ໄຂບັນຫາໄດ້.)

⓱ □ 意思(いし) (कल्पना, आसय／ឆន្ទៈ／ຄວາມຕັ້ງໃຈ, ຄວາມຄິດທີ່ຊິເຮັດ, ເຈດຕະນາ)

▶ 最近(さいきん)、やっと彼(かれ)らと意思が通(つう)じるようになった。

(यी दिनहरूमा बल्ल तिनीहरूसँग आसय मिल्यो ।／ថ្មីៗនេះអាចយល់ឆន្ទៈជាមួយពួកគាត់／ໃນທີ່ສຸດກໍ່ເຂົ້າໃຈເຈດຕະນາຂອງພວກເຂົາເມື່ອບໍ່ດົນມານີ້.)

UNIT 43

方法・形式・スタイル
ほうほう　けいしき

(विधि, ढाँचा, शैली／វិធី ទម្រង់ ស្ទាយ／ວິທີ, ຮູບແບບ, ລັກສະນະ)

❶ □ 図表（ずひょう） (चार्ट (तालिका)／គំនូសតាង／ເສັ້ນສະແດງ, ຮູບພາບ)

▶ この本（ほん）では、図表を用（もち）いてわかりやすく解説（かいせつ）している。

(यो किताबमा, तालिका प्रयोग गरी बुझ्न सजिलो हुने गरी व्याख्या गरेको छ।／សៀវភៅនេះពន្យល់ងាយស្រួលយល់ដោយគំនូសតាង／ປຶ້ມຫົວນີ້ໃຊ້ຮູບພາບອະທິບາຍໄດ້ເຂົ້າໃຈງ່າຍ.)

❷ □ 図形（ずけい） (ढाँचा, आकार／គំនូសរាង／ຮູບຮ່າງ, ຮູບຊົງ, ຮູບແບບ)

▶ この機能（きのう）を使（つか）えば、いろいろな図形をかくことができる。

(यो सुविधा प्रयोग गरेमा, विभिन्न ढाँचाले लेख्न सकिन्छ।／បើប្រើសមត្ថភាពមួយនេះ អាចគូរគំនូសរាងជាច្រើន／ຖ້າໃຊ້ລະບົບນີ້ຈະສາມາດແຕ້ມຮູບຊົງຕ່າງໆໄດ້.)

❸ □ 矢印（やじるし） (चिन्ह／សញ្ញាព្រួញ／ເຄື່ອງໝາຍລູກສອນ)

❹ □ イラスト (चित्र, रुपरेखा／រូបភាព／ພາບປະກອບ)

❺ □ 欄（らん） (ठाउँ, भाग, पाना, परिच्छेद／ក្រឡោន／ບ່ອນຫວ່າງໃນແບບຟອມເພື່ອຕື່ມຂໍ້ມູນໃສ່)

▶ この欄に住所（じゅうしょ）を書（か）いてください。

(कृपया यो भागमा ठेगाना लेख्नुहोस्।／សូមសរសេរអាស័យដ្ឋានក្នុងក្រឡោននេះ／ກະລຸນາຂຽນທີ່ຢູ່ໃສ່ບ່ອນນີ້.)

▷ 空欄（くうらん） (खाली भाग／ក្រឡោនទំនេរ／ຊ່ອງຫວ່າງ)

❻ □ 余白（よはく） (पानाको खाली भाग, किनारा／ជាយសល់／ບ່ອນຫວ່າງທີ່ເຫຼືອເທິງໜ້າເຈ້ຍ ຫຼື ຮູບແຕ້ມ)

▶ 余白はメモを書（か）くのに使（つか）ってください。

(कृपया पानाको खाली भाग (किनारा)मा नोट (मेमो) लेख्न प्रयोग गर्नुहोस्।／សូមប្រើជាយសល់សំរាប់កត់ចំណាំ／ກະລຸນາໃຊ້ບ່ອນຫວ່າງຂອງເຈ້ຍເພື່ອຈົດບັນທຶກ.)

❼ □ **注**（टिप्पणी／ចំណាំ／ການອະທິບາຍເພີ່ມເຕີມ, ໝາຍເຫດ）

▶ 難しい言葉には、注で説明をしています。

(गाह्रो शब्दमा, टिप्पणीद्वारा व्याख्या गरेको छ ।／ចំពោះពាក្យលំបាកមានពន្យល់នៅកន្លែងចំណាំ／ອະທິບາຍຄຳສັບຍາກຢູ່ໃນໝາຍເຫດ.)

❽ □ **履歴書**（व्यक्तिगत विवरण (बायो डाटा)／ប្រវត្តិរូបសង្ខេប／ໃບຊີວະປະຫວັດ, ປະຫວັດສ່ວນໂຕ）

❾ □ **公式**（सुत्र／រូបមន្ត／ສູດ (ທາງຄະນິດສາດ), ຮູບແບບທີ່ເປັນທາງການ）

▷ 数学の公式（गणितको सुत्र／រូបមន្តគណិតវិទ្យា／ສູດທາງຄະນິດສາດ, ສູດເລກ）

❿ □ **前者**（भुतपूर्व, पहिलो, साबिकवाला／អ្នកមុន／ອັນທຳອິດ (ທີ່ເວົ້າເຖິງກ່ອນ), ກໍລະນີທຳອິດ）

▶ 経験はないが資格のある人と、経験はあるが資格のない人だったら、前者の方が有利だ。

(अनुभव छैन तर योग्यता भएको मान्छे, अनुभव छ तर योग्यता नभएको मान्छे भए, पहिलो व्यक्तिनै उपयुक्त हो ।／ចំពោះអ្នកមិនមានបទពិសោធន៍តែមានលិខិតទទួលស្គាល់ និង អ្នកមានបទពិសោធន៍តែគ្មានលិខិតទទួលស្គាល់ អ្នកមុនមានអាទិភាព／ລະຫວ່າງ ຜູ້ບໍ່ມີປະສົບການແຕ່ມີຄຸນນະວຸດ ແລະ ຜູ້ມີປະສົບການແຕ່ບໍ່ມີຄຸນນະວຸດ, ກໍລະນີທຳອິດຈະໄດ້ປຽບກວ່າ.)

⓫ □ **後者**（पछिल्ला／អ្នកមកក្រោយ／ອັນນຳຫຼັງ, ກໍລະນີຫຼັງ）

⓬ □ **省略(する)**（संक्षेप गर्नु, संक्षिप्त गर्नु／សង្ខេប／ການຫຍໍ້, ການຕັດຕອນ, ການລະເວັ້ນ, ການເຮັດໃຫ້ສັ້ນ）

▶ 時間がないので、以下は省略します。

(समय नभएको कारण, तलको संक्षिप्त गर्छु ।／ដោយសារគ្មានពេល ខ្ញុំសង្ខេបខាងក្រោម／ເນື່ອງຈາກວ່າບໍ່ມີເວລາ, ຈາກຈຸດນີ້ໄປຊິເຮັດໃຫ້ສັ້ນ.)

⓭ □ **手段**（उपाय, तरिका／វិធី／ວິທີ）

▶ どんな手段を使っても手に入れたい。

(जस्तो उपाय (तरिका) अपनाएर भएपनि प्राप्त गर्न चाहन्छु ।／ខ្ញុំចង់បានទោះជាប្រើវិធីបែបណាក្តី／ຢາກໄດ້ມາຄອບຄອງບໍ່ວ່າຊິໃຊ້ວິທີໃດກໍ່ຕາມ.)

▷ 会場までの交通手段

(कार्यक्रम स्थलसम्मको यातायात／វិធីធ្វើដំណើរមកដល់កន្លែងប្រជុំ／ວິທີເດີນທາງໄປສະຖານທີ່ຈັດງານ)

⑭ □ **足し算**（た　ざん） (जोड／បូក／ການບວກ (ເລກ))

⑮ □ **引き算**（ひ　ざん） (घटाउ／ដក／ການລົບ (ເລກ))

⑯ □ **掛け算**（か　ざん） (गुणा／គុណ／ການຄູນ (ເລກ))

⑰ □ **割り算**（わ　ざん） (भाग／ចែក／ການຫານ (ເລກ))

⑱ □ **面積**（めんせき） (क्षेत्र, ईलाका／ក្រលាផ្ទៃ／ເນື້ອທີ່)

⑲ □ **容積**（ようせき） (परिणाम, क्षमता, धारणा शक्ति／មាឌ／ປະລິມານບັນຈຸ)

⑳ □ **〜風**（ふう） (शैली, प्रवृति／បែប／ລັກສະນະ..., ແບບ..., ສະພາບ...)

▷ インド風の料理（りょうり）、学生（がくせい）風の若者（わかもの）

(इन्डियन शैली को खाना, विद्यार्थी प्रवृति युवा／ម្ហូបបែបឥណ្ឌា យុវជនបែបជាសិស្ស／
ອາຫານແບບອິນເດຍ, ໄວໜຸ່ມທີ່ມີລັກສະນະຄືກັບນັກຮຽນ)

㉑ □ **洋風**（ようふう） (पश्चिमी शैली／បែបអឺរ៉ុប／(ລົດຊາດ)ແບບຕາເວັນຕົກ)

▷ 洋風建築（けんちく） (पश्चिमी शैलीको संरचना (भवन)／ស្ថាបត្យកម្មបែបអឺរ៉ុប／ສະຖາປັດຕະຍະກຳແບບຕາເວັນຕົກ)

㉒ □ **和風**（わふう） (जापानी शैली／បែបជប៉ុន／(ລົດຊາດ) ແບບຍີປຸ່ນ)

▷ 和風サラダ (जापानी शैली सलाद／សាឡាដបែបជប៉ុន／ສະຫຼັດແບບຍີປຸ່ນ)

㉓ □ **洋室**（ようしつ） (पश्चिमी शैली कोठा／បន្ទប់បែបអឺរ៉ុប／ຫ້ອງແບບຕາເວັນຕົກ)

㉔ □ **和室**（わしつ） (जापानी शैली कोठा／បន្ទប់បែបជប៉ុន／ຫ້ອງແບບຍີປຸ່ນ)

UNIT 44

音声DL 68

動き(うご)の様子(ようす)

(कामको अवस्था／ស្ថានភាពចលនា／ສະພາບການເຄື່ອນໄຫວ)

❶ □ のろい (विस्तारै, ढिलो／យឺត／ຊ້າ, ຊັກຊ້າ, ເຕື້ອຍ)

▶ 前(まえ)を歩(ある)く人(ひと)がのろくて、ちょっといらいらした。

(अगाडि हिड्ने मानिस ढिलो भएकोले, अलि रिसाएको थिएँ ।／អ្នកដើរខាងមុខយឺត អារម្មណ៍នៅមិនសុខសោះ／ຜູ້ຍ່າງຢູ່ທາງໜ້າຊັກຊ້າ, ຮູ້ສຶກລຳຄານ)

❷ □ のろのろ (एकदम विस्तारै／យឺតៗ／ຊ້າໆ, ເຕື້ອຍໆ)

▶ のろのろ歩(ある)いていたら、日(ひ)が暮(く)れるよ。

(विस्तारै हिड्दै गऱ्यो भने, सूर्य अस्ताउँछ ।／ប្រសិនបើដើរយឺតៗអញ្ចឹង ព្រះអាទិត្យនិងអស់ស្លងគត់／ຖ້າຍ່າງເຕື້ອຍໆຢູ່ແນວນັ້ນຊິຄ່ຳກ່ອນໄດ໋.)

❸ □ さっと (छिटो, चाँडो／ឆ្វាច់／ທັນທີທັນໃດ, ຢ່າງໄວວາ, ບຶດດຽວ)

▶ これでさっと拭(ふ)くだけで、簡単(かんたん)に汚(よご)れが取(と)れます。

(यसले छिटो पुछे मात्र पनि, सजिलै फोहर हटाउन सकिन्छ ।／ជូតមួយឆ្វាច់ បាត់ស្នាមប្រឡាក់យ៉ាងស្រួល／ເຊັດດ້ວຍອັນນີ້ບຶດດຽວກໍ່ສາມາດກຳຈັດຄວາມເປື້ອນອອກໄດ້ຢ່າງງ່າຍດາຍ.)

❹ □ すっと (छिटो, चाँडो, भट्ट／ភ្លាម／ທັນທີ, ດ່ວນ)

▶ 呼(よ)ばれたら、その場(ば)にすっと立(た)ってください。

(बोलाउँदा, त्यस ठाउँमा भट्ट उठ्नुहोस् ।／ពេលត្រូវបានគេហៅ សូមក្រោកឈរនៅទីនោះភ្លាម／ຖ້າຖືກເອີ້ນ, ກະລຸນາຢືນຂຶ້ນກັບທັ່ນທັນທີ.)

❺ □ そっと (संयम सँग,सुटुक्क／ស្ងាត់ៗ／ຄ່ອຍໆ, ງຽບໆ, ບໍ່ໃຫ້ຮູ້ສຶກໂຕ)

▶ 子供(こども)が起(お)きないように、そっとドアを閉(し)めた。

(बच्चा नउठने गरी, सुटुक्क ढोका लगाएँ ।／បិទទ្វាស្ងាត់ៗកុំអោយក្មេងភ្ញាក់／ອັດປະຕູຄ່ອຍໆເພື່ອບໍ່ໃຫ້ລູກຕື່ນ.)

❻ □ こっそり (गोप्यरुपमा／ស្ងាត់ៗ／ລັກ (ເຮັດ), ລີ້ (ເຮັດ))

▶ あの二人(ふたり)が結婚(けっこん)するという話(はなし)は、彼女(かのじょ)がこっそり教(おし)えてくれたんです。

(ती दुई जनाले विवाह गर्छु भन्ने कुरा, उनले मलाई गोप्यरुपमा भन्यो ।／នាងបានប្រាប់ខ្ញុំស្ងាត់ៗពីរឿងដែលពីរនាក់នោះរៀបការ／ລາວລັກບອກ (ຂ້ອຍ) ເລື່ອງທີ່ສອງຄົນນັ້ນແຕ່ງງານກັນ.)

❼ □ しんと／しーんと （शान्त वातावरण／ស្ងាត់／ງຽບ, ຄ່ອຍ, ສະຫງົບ）

▶ 社長(しゃちょう)が入(はい)った途端(とたん)、会議室(かいぎしつ)がしーんとなった。

(प्रबन्धक निर्देशक भित्र प्रवेश गर्ने बित्तिकै सम्मेलन कक्षमा शान्त वातावरण छायो ।／
ពេលប្រធានក្រុមហ៊ុនចូលដល់បន្ទប់ប្រជុំទៅជាស្ងាត់ភ្លាម／ພໍແຕ່ທ່ານປະທານເຂົ້າມາ, ຫ້ອງປະຊຸມກໍ່ສະຫງົບລົງ.)

❽ □ せっせと （मेहनतसाथ／ប្រឹងប្រែង／ໜັກ, ດຸໝັ່ນ, ໝັ່ນພຽນ）

▶ 家族(かぞく)のために毎日(まいにち)せっせと働(はたら)いてくれた父(ちち)に感謝(かんしゃ)しています。

(परिवारको लागि हरेक दिन मेहनतसाथ काम गरिदिनु भएको बुबाप्रति आभारी छु ।／
ខ្ញុំពិតជាអគុណលោកឪពុកដែលខិតខំធ្វើការដើម្បីគ្រួសារ／ຂອບໃຈພໍ່ທີ່ເຮັດວຽກໜັກໃນທຸກໆມື້ເພື່ອຄອບຄົວ.)

❾ □ 慌(あわ)ただしい （व्यस्त／រវល់／ຟ້າວຟັ່ງ, ຫຍຸ້ງ, ວຽກຫຼາຍ）

▶ 毎日(まいにち)慌ただしくて、ゆっくり本(ほん)を読(よ)んだりできません。

(हरेक दिन व्यस्त भएर, आरामले किताब पढ्न सक्दिन ।／រវល់រាល់ថ្ងៃ មិនអាចអានសៀវភៅបានស្រួលសោះ／
ແຕ່ລະມື້ມີວຽກຫຼາຍ, ບໍ່ສາມາດອ່ານປຶ້ມໄດ້ຢ່າງສະຫງົບ.)

❿ □ ばったり（と） （अपरझट, अकस्मात, अचानक ／ចៃដន្យ／ໂດຍບັງເອີນ）

▶ スーパーでばったり先生(せんせい)に会(あ)った。

(सुपर मार्केटमा शिक्षकसँग अकस्मात भेट भयो ।／ជួបគ្រូនៅផ្សារដោយចៃដន្យ／ພົ້ອາຈານຢູ່ຕະຫຼາດໂດຍບັງເອີນ.)

⓫ □ たちまち （तत्काल, तुरुन्ता तुरुन्तै／ភ្លាម／ໃນທັນທີ, ຢ່າງໄວວາ, ກະທັນຫັນ, ປຸບປັບ）

▶ この一曲(いっきょく)で、彼女(かのじょ)はたちまちスターになった。

(यो गीतद्वारा, उनी तुरुन्तै चर्चित भयो ।／នាងបានក្លាយជាតារាភ្លាមដោយសារតែមួយបទនេះ／
ເພງດຽວນີ້ເຮັດໃຫ້ລາວໂດ່ງດັງໃນທັນທີ.)

⓬ □ 直(ただ)ちに （तुरुन्तै, अहिले नै／ភ្លាមៗ／ທັນທີ, ດຽວນີ້）

▶ ここは危険(きけん)ですので、直ちに避難(ひなん)してください。

(यहाँ खतरा भएकोले, यहाँ बाट तुरुन्तै हट्नुहोस् ।／ទីនេះគឺគ្រោះថ្នាក់សូមភាសខ្លួនភ្លាមៗ／
ຢູ່ນີ້ອັນຕະລາຍ, ກະລຸນາອົບພະຍົກດຽວນີ້.)

⓭ □ 着々(ちゃくちゃく)（と） （एकनास (खुरुखुरु)／បន្តបន្ទាប់／ຢ່າງໝັ້ນຄົງ, ຢ່າງສະໝໍ່າສະເໝີ ຢ່າງບໍ່ຢຸດຢັ້ງ,）

▶ 工事(こうじ)は着々と進(すす)んでいるようです。

(निमार्ण कार्य एकनास अगाडि बढिरहे जस्तो छ ।／ការសាងសង់ដូចជាទៅមុខបន្តបន្ទាប់／
ການກໍ່ສ້າງມີຄວາມຄືບໜ້າຢ່າງສະໝໍ່າສະເໝີ.)

音声DL 69

⑭ □ 次々（に） つぎつぎ （एक पछि अर्को／បន្តបន្ទាប់／ຢ່າງຕິດຕໍ່ກັນ, ຢ່າງຕໍ່ເນື່ອງ）

▶ A社は、これまでにないユニークな商品を次々に発表した。

（ए कम्पनी अहिले सम्म नभएको अद्वितीय सामान एक पछि अर्को गर्दै प्रस्तुत गर्‍यो ।／
ក្រុមហ៊ុនអេ មកដល់ពេលនេះបានដាក់បង្ហាញផលិតផលប្លែកគេជាបន្តបន្ទាប់／
ມາຮອດດຽວນີ້ບໍລິສັດAໄດ້ເປີດໂຕສິນຄ້າທີ່ມີເອກະລັກສະເພາະໂຕຢ່າງຕໍ່ເນື່ອງ.）

⑮ □ 続々と ぞくぞく （एक पछि अर्को／បន្តបន្ទាប់／ຕໍ່ໆກັນ, ຕາມລຳດັບ, ຢ່າງຕໍ່ເນື່ອງ）

▶ ４月以降、海外のアーチストが続々と来日している。

（अप्रील महिनापछि, विदेशको आर्टिसहरू एक पछि अर्को जापान आईरहेको छ ।／
ចាប់ពីខែមេសាអ្នកសិល្បៈបរទេសបានមកប្រទេសជប៉ុនជាបន្តបន្ទាប់／
ຫຼັງຈາກເດືອນ4 ສິນລະປິນຈາກຕ່າງປະເທດໄດ້ມາຍີ່ປຸ່ນຕາມລຳດັບ.）

⑯ □ 勢い いきお （उत्साही, बल／សន្ទុះ／ກຳລັງແຮງ, ເທື່ອແຮງ, ພະລັງ, ອິດທິພົນ）

▶〈スポーツ〉今、一番勢いがあるのがライオンズです。

（〈खेलकुद〉 अहिले, सब भन्दा उत्साह भएको लायन्स टिम हो ।／(កីឡា) ឥឡូវនេះអ្វីដែលមានសន្ទុះជាងគេគឺក្រុមឡាយអុន／
(ກິລາ) ດຽວນີ້, ໄລອອນມາແຮງທີ່ໜຶ່ງ.）

⑰ □ 勢いよく いきお （धेरै फोर्स, बल／សន្ទុះខ្លាំង／ຢ່າງແຂງແຮງ, ຢ່າງມີກຳລັງ, ຢ່າງແຮງ）

▶ 蛇口をひねると、勢いよく水が出てきた。

（धारा खोल्दा खेरी धेरै जोडले पानी निस्क्यो ।／ពេលមួលរ៉ូប៊ីណេ សន្ទុះទឹកចេញខ្លាំង／ເປີດກອັກແລ້ວນ້ຳຖັ່ງອອກມາຢ່າງແຮງ.）

⑱ □ しきりに （बारम्बार／ញឹកញាប់／ເລື້ອຍໆ, ມັກຈະ, ຫຼາຍເທື່ອ, ເປັນປະຈຳ）

▶ 夏休みはどこに行くのかと、子供がしきりに聞いてくるんです。

（गर्मीयाम बिदामा कहाँ जाने भनी बच्चाले बारम्बार सोध्छन् ।／
វិស្សមកាលរដូវក្តៅកូនៗតែងសួរជាញឹកញាប់ថាតើទៅលេងទីណា／ລູກມັກຖາມວ່າປິດພາກຮຽນລະດູຮ້ອນແລ້ວຊິໄປໃສ.）

⑲ □ 絶えず た （निरन्तर, सधै／មិនឈប់／ຢ່າງຕໍ່ເນື່ອງ, ຢ່າງບໍ່ຂາດສາຍ, ຢ່າງບໍ່ຢຸດຢັ້ງ, ຢ່າງບໍ່ຫວ່າງເວັ້ນ）

▶ いたずらばかりしていたので、先生には絶えず叱られていました。

（बदमासी गरेकोले शिक्षकले निरन्तररुपमा गाली गरिरहन्थ्यो ।／ដោយសារតែលេងសើចច្រើនពេក ត្រូវបានគ្រូស្តីអោយមិនឈប់
／ມີແຕ່ຂີ້ດື້ກໍ່ເລີຍຖືກຄູຮ້າຍຢ່າງບໍ່ຫວ່າງເວັ້ນ.）

⑳ □ ひとりでに （आफै, स्वत／ដោយខ្លួនឯង／ດ້ວຍໂຕມັນເອງ, ...ເອງໂດຍອັດຕະໂນມັດ）

▶ 何もしていないのに、ひとりでにドアが閉まったんです。

（केही नगर्दा पनि आफै (स्वत) धोका बन्द भएछ ।／មិនបានធ្វើអ្វីសោះស្រាប់តែទ្វាបិទដោយខ្លួនឯង／
ປະຕູອັດດ້ວຍໂຕມັນເອງ, ທັ້ງໆທີ່ບໍ່ໄດ້ເຮັດຫຍັງ.）

㉑ □ 自動的(な) (स्वत, स्वचालितरुप／ស្វ័យប្រវត្តិ／ໂດຍອັດຕະໂນມັດ, ດ້ວຍໂຕມັນເອງ)
じどうてき

▶ このライトは、人がいなくなると10秒後に自動的に消えます。
ひと　びょうご　き

(यो बत्ती, जब कोही मानिस हुँदैन, १० सेकेण्डपछि स्वचालित रुपमा निभ्छ ।／
អំពូលនេះក្រោយគ្មានមនុស្ស១០វិនាទីវានឹងរលត់ដោយស្វ័យប្រវត្តិ／
ແສງໄຟຈະດັບເອງໂດຍອັດຕະໂນມັດ, ຖ້າບໍ່ມີຄົນຢູ່ຫຼັງຈາກ10ວິນາທີ.)

㉒ □ 強引(な) (जबरजस्ती／បង្ខំ／ເອົາແຕ່ໃຈ, ແບບບັງຄັບ, ໂດຍໃຊ້ອຳນາດ)
ごういん

▶ そんな強引に誘ったら、嫌がられるよ。
さそ　いや

(त्यस्तो जबरजस्ती निम्तो गरेको मन पराउँदैन ।／បើបបួលដោយបង្ខំបែបនេះ ត្រូវបានគេស្អប់／
ຖ້າຊວນແບບບັງຄັບແນວນັ້ນຊິຖືກລັງກຽດເດີ້.)

㉓ □ 力強い (शक्तिशाली／កំលាំងខ្លាំង／ມີພະລັງ, ມີອຳນາດ, ແຂງແຮງ)
ちからづよ

▶ 〈音楽〉彼女の力強い声が好きなんです。
おんがく　かのじょ　こえ　す

(〈संगीत〉 उनको शक्तिशाली स्वर मन पर्छ ।／(តន្ត្រី) ខ្ញុំចូលចិត្តសំលេងដែលមានកំលាំងខ្លាំងរបស់នាង／
(ເພງ) ມັກສຽງທີ່ມີພະລັງຂອງລາວ.)

UNIT 45

通信(つうしん)

(संचार／ការទាក់ទង／ການສື່ສານ)

❶ □ かけ直(なお)す (पछि कल फर्काउनु／ហៅទូរសព្ទត្រឡប់／ໂທກັບ)

▶ すみません、今(いま)、電車(でんしゃ)に乗(の)るところなので、あとでかけ直します。

(माफ गर्नुहोस्, अहिले रेल चढ्न लागेकोले छु, त्यसैले तपाईंलाई पछि कल (कल फर्काउनेछु) गर्नेछु ।／
សុំទោស ឥឡូវឡើងជិះរថភ្លើងហើយ ខ្ញុំនឹងហៅទូរសព្ទត្រឡប់ទៅវិញ／
ຂໍໂທດ, ຕອນນີ້ຂີ່ລົດໄຟຢູ່, ຈັກໜ້ອຍຊິໂທກັບ.)

❷ □ 回(まわ)す (फोन पास गर्नु／បង្វិល／ໂອນສາຍ)

▶ A社(しゃ)から電話(でんわ)がかかってきたら、私(わたし)に回してください。

(ए कम्पनीबाट फोन आयो भने, मलाई पास गर्नुहोस् ।／បើសិនមានទូរសព្ទពីក្រុមហ៊ុនអេ សូមបង្វិលទូរសព្ទមកខ្ញុំ／
ຖ້າມີໂທລະສັບຈາກບໍລິສັດAເຂົ້າມາ, ກະລຸນາໂອນສາຍມາຫາຂ້ອຍ.)

❸ □ 内線(ないせん) (भित्री एक्स्टेनसन／ខ្សែក្នុង／ເບີໂທພາຍໃນ, ເບີໂທລະສັບເພື່ອຕິດຕໍ່ພາຍໃນ)

▶ 部長(ぶちょう)の内線って何番(なんばん)？

(शाखा अधिकृतको एक्स्टेनसन नम्बर कति हो ?／លេខខ្សែក្នុងរបស់ប្រធានផ្នែកលេខប៉ុន្មានដែរ?／
ເບີໂທພາຍໃນຂອງຫົວໜ້າພະແນກແມ່ນຫຍັງ?)

▶ 〈外(そと)からかけるとき〉内線246をお願(ねが)いします。

(〈बाहिरबाट गर्ने बेला〉 एक्स्टेनसन २४६ मा गर्नुहोस् ।／(ពេលគេមកពីខាងក្រៅ) សូមភ្ជាប់ទៅខ្សែក្នុងលេខ២៤៦／
(ເວລາໂທຈາກທາງນອກ) ກະລຸນາກົດເບີພາຍໃນທີ່ເບີ246.)

❹ □ 外線(がいせん) (बाहिरी एक्स्टेनसन／ខ្សែក្រៅ／ໂທອອກໄປນອກ)

▶ 外線にかけるときは、最初(さいしょ)にゼロを押(お)してください。

(बाहिर फोन गर्ने बेला, शुरुमा ० (जेरो) थिच्नुहोस् ।／ពេលគេទៅខ្សែក្រៅ សូមវាយលេខសូន្យដំបូងគេ／
ກ່ອນອື່ນໝົດກະລຸນາກົດ 0 ເວລາໂທອອກໄປນອກ.)

❺ □ フリーダイヤル (फ्रि डायल／ការហៅដោយឥតគិតថ្លៃ／ເບີໂທຟຣີ, ເບີໂທແບບບໍ່ເສຍຄ່າ)

❻ □ 速達(そくたつ) (रजिष्ट्रेशन／រហ័ស／ຈົດໝາຍດ່ວນ)

❼ □ 〜御中（おんちゅう） (ज्य／ជូនចំពោះ／ຄຳຕໍ່ທ້າຍຊື່ອົງກອນເວລາຂຽນທີ່ຢູ່ເທິງຊອງຈົດໝາຍໂດຍທີ່ບໍ່ລະບຸຊື່ບຸກຄົນ)

▷〈宛て名（あてな）〉ABC株式会社（かぶしきがいしゃ）御中

(〈प्रापक〉 एबिसी प्राईभेट लिमिटेड कम्पनी ज्य／(ផ្ញើរទៅ) ជូនចំពោះក្រុមហ៊ុនអេប៊ីស៊ី／(ຊື່ຜູ້ຮັບ) ບໍລິສັດABCຈຳກັດ)

❽ □ 電報（でんぽう） (टेलिग्राम／ទូរលេខ／ໂທລະເລກ)

▶式（しき）に出（で）られなかったので、電報を打（う）ちました。

(समाहरोमा सहभागी हुन नसकेको कारणले टेलिग्राम लेखें ।／ដោយសារមិនអាចចូលរួមពិធី ខ្ញុំបានផ្ញើរទូរលេខ／ສົ່ງໂທລະເລກຄອບວ່າບໍ່ສາມາດຮ່ວມພິທີໄດ້.)

❾ □ 受（う）け取（と）る (फोन उठाउनु (प्राप्त गर्नु)／ទទួល／ຮັບ)

❿ □ 受（う）け取（と）り (प्राप्त／ទទួល／ໃບຮັບ (ເຄື່ອງ))

▶〈宅配便（たくはいびん）〉こちらに受け取りのサインをお願（ねが）いします。

(〈डेलिभरी〉 यहाँ प्रापक (प्राप्त गर्ने व्यक्ति) को हस्ताक्षर गर्नुहोस् ।／(សេវាដឹកជញ្ជូន)សុំហត្ថលេខាទទួលនៅកន្លែងនេះ／(ການບໍລິການສົ່ງສິນຄ້າເຖິງບ້ານ) ລົບກວນເຊັນໃບຮັບຢູ່ບ່ອນນີ້.)

UNIT 46

音声DL 71

パソコン・ネット

(कम्प्युटर, ईन्टरनेट／កុំព្យូទ័រ អ៊ីនធឺណេត／ຄອມພິວເຕີ້, ອິນເຕີເນັດ)

❶ □ 立(た)ち上(あ)げる (कम्प्युटर अन गर्नु, कम्पनी खोल्नु (बनाउनु, उठाउनु)／បើក／ເປີດ (ຄອມພິວເຕີ້), ເລີ່ມດຳເນີນການ, ສ້າງຕັ້ງ (ໃໝ່), ເປີດ (ຮ້ານ, ທຸລະກິດ))

▶ まずは、電源(でんげん)を入(い)れて、パソコンを立ち上げてみましょう。

(सर्व प्रथम, विजुलीको लाईन जोडेर कम्प्युटर अन गरौ ।／ដំបូងភ្ជាប់ចរន្តហើយសាកបើកកុំព្យូទ័រមើល／ກ່ອນອື່ນໝົດ, ສຸບໄຟແລ້ວເປີດຄອມພິວເຕີ້.)

▷ 新(あら)たに会社(かいしゃ)を立ち上げる

(नयाँ कम्पनी खोल्नु／បើក្រុមហ៊ុនថ្មី／ເປີດບໍລິສັດໃໝ່)

❷ □ 立(た)ち上(あ)がる (कम्प्युटर अन हुनु (बन्नु, उठ्नु)／បើក／ຢືນຂຶ້ນ, ລົງມືເຮັດ)

❸ □ 終了(しゅうりょう)(する) (बन्द गर्नु／បញ្ចប់／ແລ້ວ, ຈົບ, ສຳເລັດ)

▶ 何(なに)か問題(もんだい)があるみたいで、うまく終了できなかった。

(केही समस्या भएर, राम्रोसँग बन्द हुन सकेन ।／មើលទៅដូចជាមានបញ្ហា មិនអាចបញ្ចប់បានរលូនសោះ／ຄືຊິມີບັນຫາອັນໃດອັນໜຶ່ງກໍ່ເລີຍຈົບບໍ່ແບບຄັກປານໃດ.)

❹ □ バージョン (भर्जन／ជំនាន់／ລຸ້ນ)

❺ □ サーバー/サーバ (सर्वर／ម៉ាស៊ីនមេ／ເຄື່ອງເຊີບເວີ້)

❻ □ ケーブル (केबल, तार／ខ្សែភ្លើង／ສາຍເຄເບີ້ນ)

❼ □ 件名(けんめい) (शिर्षक／ប្រធានបទ／ຫົວຂໍ້ເມລ, ຫົວຂໍ້ຈົດໝາຍອີເລັກໂຕຣນິກ)

❽ □ 差出人(さしだしにん) (पठाउने व्यक्ति／ផ្ញើរពី／ຜູ້ສົ່ງ)

❾ □ 掲示板(けいじばん) (सुचना पाटी (ईन्टरनेट)／ក្តារប្រកាសព័ត៌មាន／ກະດານຂ່າວ)

⑩ □ ヒット(する) (खोजी संख्यामा प्रख्यात हुनु／ឃើញ／ກົງກັນ)

▶ 検索(けんさく)したら、50万件(まんけん)ヒットした。

(खोजी गर्दा ५ लाख संख्यामा पुगेर (प्रख्यात) हित भयो ।／ពេលស្វែងរក បានឃើញ៥០ម៉ឺនករណី／ຄົ້ນຫາຂໍ້ມູນແລ້ວ, ເຫັນມີ5ແສນກໍລະນີທີ່ກົງກັນ.)

⑪ □ 画像(がぞう) (फोटा／រូបភាព／ຮູບພາບ)

▶ 商品(しょうひん)の画像も見(み)(ら)れます。

(सामानको फोटो पनि हेर्न सकिन्छ ।／អាចមើលរូបភាពផលិតផល／ສາມາດເບິ່ງຮູບພາບຂອງສິນຄ້າໄດ້.)

⑫ □ コピー＆ペースト(する) (कपी गरि पेस्ट (टाँस्नु)／ថតចម្លងហើយបិទភ្ជាប់／ກອັບປີ້ ແລະ ແປະ)

▷ コピペ(する)

(कपी गरी पेस्ट (टाँस्नु) गर्न／ថតចម្លងហើយបិទភ្ជាប់／ກອັບປີ້ ແລະ ແປະ)

⑬ □ 変換(へんかん)(する) (परिवर्तन गर्नु／ផ្លាស់ប្តូរ／ການປ່ຽນເປັນອີກສິ່ງໜຶ່ງ)

▷ 漢字(かんじ)に変換する

(खान्जीमा परिवर्तन गर्नु／ផ្លាស់ប្តូរទៅអក្សរកាន់ជិ／ປ່ຽນເປັນອັກສອນຄັນຈິ)

⑭ □ 改行(かいぎょう)(する) (नयाँ लाईन गर्नु／ចុះបន្ទាត់／ລົງແຖວໃໝ່)

▶ ここで改行したほうが読(よ)みやすくなると思(おも)う。

(यहाँबाट नयाँ लाईन गरेमा पढ्न सजिलो हुन्छ जस्तो छ ।／ទីនេះប្រសិនបើចុះបន្ទាត់ខ្ញុំគិតងាយស្រួលមើល／ຄິດວ່າລົງແຖວໃໝ່ບ່ອນນີ້ແລ້ວຈະເຮັດໃຫ້ອ່ານງ່າຍຂຶ້ນກວ່າ.)

⑮ □ 削除(さくじょ)(する) (मेट्नु, हटाउनु／លុបចោល／ລຶບອອກ)

▷ データを削除する

(डाटा हटाउनु／លុបចោលទិន្នន័យ／ລຶບຂໍ້ມູນອອກ)

⑯ □ 圧縮(あっしゅく)(する) (डाटाको साईज घटाउनु／បង្ហាប់／ການບີບອັດ (ຂໍ້ມູນ), ການບີບໃຫ້ນ້ອຍລົງ)

▶ データが大(おお)きいので、圧縮して送(おく)ります。 ※「データが重(おも)い」ともいう。

(डाटाको साईज ठूलो भएकोले, साईज घटाएर पठाउँछु । ※"डाटा गह्रुङ्गो" पनि छ भन्छ ।／
ដោយសារទិន្នន័យមានទំហំធំ ខ្ញុំបង្ហាប់ហើយទើបផ្ញើរជូន／
ເນື່ອງຈາກຂໍ້ມູນມີຂະໜາດໃຫຍ່ຈຶ່ງບີບໃຫ້ນ້ອຍລົງແລ້ວສົ່ງ. ※"ຂໍ້ມູນໜັກ" ກໍ່ເວົ້າ.)

⑰ □ 対 解凍(かいとう)(する) (जीप फाइललाई खोल्न／រំលាយ／ການແຍກຂໍ້ມູນທີ່ຖືກບີບອັດອອກ)

⑱ □ フォルダー/フォルダ (फोल्डर／ថតដាក់ឯកសារ／ໂຟນເດີ້, ບ່ອນມ້ຽນເອກະສານ)

UNIT 47

音声DL 72

物の形・状態
もの かたち じょうたい

(बस्तुको आकार, अवस्था／រូបរាងវត្ថុ ស្ថានភាព／ລັກສະນະຂອງວັດຖຸ, ສະຖານະການ)

❶ □ 長方形（ちょうほうけい） (आयात／រាងចតុកោណកែង／ຮູບສີ່ແຈ)

❷ □ 直角（ちょっかく） (समकोण／ជ្រុងកែង／ມຸມສາກ)

❸ □ 直通（ちょくつう） (प्रत्यक्ष, सीधा／ផ្ទាល់／ການເຊື່ອມຕໍ່ກັນໂດຍກົງ, (ໂທລະສັບ) ສາຍກົງ, (ລົດໂດຍສານ, ລົດໄຟ) ທີ່ແລ່ນກົງເຖິງທີ່)

▶〈電話（でんわ）〉こちらが私（わたし）の直通の番号（ばんごう）です。

(〈टेलिफोन〉 यो मेरो सीधा सम्पर्क नम्बर हो ।／(ទូរសព្ទ) នេះជាលេខទូរសព្ទខ្ញុំផ្ទាល់／(ໂທລະສັບ) ນີ້ແມ່ນເບີໂທສາຍກົງຫາຂ້ອຍ.)

❹ □ 束（たば） (बन्डल, मुठा／បាច់／ຊໍ່, ກຳ, ມັດ, ຫໍ່)

▷ 花束（はなたば）、50枚（まい）の束

(फूलको मुठा, ५० पीसको बन्डल／បាច់ផ្កា មួយបាច់៥០សន្លឹក／ຊໍ່ດອກໄມ້, ມັດລະ50ໃບ.)

❺ □ 塊（かたまり） (डल्लो, गुच्छो／ដុំ／ກ້ອນ)

▷ 肉（にく）の塊

(मासुको डल्ला／ដុំសាច់／ຊີ້ນກ້ອນ)

❻ □ 粒（つぶ） (सिता, गेडा, कनिका／គ្រាប់／ເມັດນ້ອຍໆ)

❼ □ 粉（こな） (पीठो, मैदा／ម្សៅ／ແປ້ງ, ຜົງ)

❽ □ 固体（こたい） (ठोस／វត្ថុរឹង／ຂອງແຂງ)

⑨ □ **液体（えきたい）** (तरल／វត្ថុរាវ／ຂອງແຫຼວ)

▷ 青（あお）い液体が入（はい）ったびん

(निलो तरल भएको बोतल／ដបដែលមានវត្ថុរាវពណ៌ខៀវ／ຂວດແກ້ວທີ່ມີຂອງແຫຼວສີຟ້າຢູ່ທາງໃນ.)

⑩ □ **気体（きたい）** (ग्यास／ឧស្ម័ន／ແກັດ)

⑪ □ **蒸気（じょうき）** (बाफ／ចំហាយ／ອາຍນ້ຳ, ອາຍລະເຫີຍ, ໝອກ, ຄວັນ)

⑫ □ **水蒸気（すいじょうき）** (पानीको बाफ／ចំហាយទឹក／ອາຍນ້ຳ)

▶ これは、大気中（たいきちゅう）に水蒸気が多（おお）く含（ふく）まれているためです。

(यो हावामा पानीको बाफ धेरै भएकोले ।／នេះគឺដោយសារមានចំហាយទឹកក្នុងលំហអាកាសច្រើន／ອັນນີ້ແມ່ນຍ້ອນວ່າໃນຊັ້ນບັນຍາກາດປະກອບດ້ວຍອາຍນ້ຳຢ່າງຫຼວງຫຼາຍ.)

⑬ □ **湯気（ゆげ）** (बाफ, वाष्प／ចំហាយទឹកក្តៅ／ອາຍນ້ຳ)

▶ 湯気で鏡（かがみ）が曇（くも）ってる。

(बाफले ऐना ढाकिरहेको छ ।／ដោយសារចំហាយទឹកក្តៅកញ្ចក់ទៅជាស្រអាប់／ກະຈົກມົວຍ້ອນອາຍນ້ຳ.)

⑭ □ **びっしょり** (भिजेको／ជោគ／ປຽກແຊະ)

▶ 暑（あつ）くて汗（あせ）でびっしょりだよ。

(गर्मी भएर पसिनाले भिजेको छ ।／ក្តៅបែកញើសជោគ／ອາກາດຮ້ອນຈົນປຽກແຊະດ້ວຍເຫື່ອ.)

⑮ □ **つるつる** (चिप्लो／រលោង／(ຜິວ) ມື່ນ, ລຽບນຽນ)

▶ 道（みち）が凍（こお）って、つるつる滑（すべ）る。

(बाटो हिउँ जमेर चिप्लिन्छ ।／ដោយសារផ្លូវកក មានភាពរអិល／ທົນທາງມື່ນຍ້ອນເປັນນ້ຳກ້ອນ.)

⑯ □ **つや** (चमक／ភ្លឺរលោង／ເງົາງາມ, ເສາະໃສ)

▶ 私（わたし）より姉（あね）の方（ほう）が肌（はだ）につやがあって健康的（けんこうてき）です。

(म भन्दा बहिनीको छालामा चमक भएर स्वस्थ छ ।／បងស្រីខ្ញុំមានសុខភាពល្អស្បែកស្អាតភ្លឺរលោងជាងខ្ញុំ／ຜິວຂອງເອື້ອຍຂ້ອຍແຂງແຮງແລະເສາະໃສກວ່າຜິວຂອງຂ້ອຍ.)

⑰ □ **湿（しめ）る** (ओसिनु／សំណើម／ປຽກ, ປຽກຊຸ່ມ, ຊຸ່ມ)

▶ このシャツ、まだ湿ってる。もうちょっと乾（かわ）かさないと。

(यो सर्ट अझै ओसिलो छ । अझै केहि समय सुकाउनु पर्छ ।／អាវនេះនៅមានសំណើម។ បើមិនសំងួតបន្តិចទៀតទេមិនស្ងួតទេ／ເສື້ອຜືນນີ້ຍັງຊຸ່ມຢູ່. ຕ້ອງຕາກໃຫ້ແຫ້ງຕື່ມອີກໜ້ອຍໜຶ່ງ.)

⑱ □ さびる (खिया पर्नु ／ ច្រេះ ／ ເຂົ້າໝ້ຽງ)

▶ 古(ふる)い自転車(じてんしゃ)だから、あちこちさびている。

(पुरानो साईकल भएकोले, जताततै खिया परेको छ । ／ ដោយសារកង់នេះចាស់ ឃើញមានច្រេះនៅទីនេះទីនោះ ／ ຍ້ອນວ່າແມ່ນລົດຖີບເກົ່າກໍ່ເລີຍເຂົ້າໝ້ຽງຢູ່ບ່ອນນັ້ນບ່ອນນີ້.)

⑲ □ さび (खिया ／ ច្រេះ ／ ຂີ້ໝ້ຽງ)

⑳ □ 濁(にご)る (हिलो, धमिलो हुनु ／ ល្អក់ ／ ຂຸ່ນ)

▶ 水(みず)が濁っていて、魚(さかな)がいるかどうか、わからない。

(पानी धमिलो भएर, माछा छ छैन थाहा छैन । ／ ដោយសារទឹកល្អក់មើលមិនដឹងថាមានត្រីរឺក៏អត់ទេ ／ ນ້ຳຂຸ່ນ, ບໍ່ຮູ້ວ່າມີປາຫຼືບໍ່.)

㉑ □ 澄(す)む (सङ्लो हुनु, सफा हुनु ／ ស្រលះ ／ ສົດໃສ, ໃສ)

▷ 澄んだ水(みず)、澄んだ空(そら)

(सङ्लो पानी, सफा आकास ／ ទឹកថ្លា, មេឃស្រលះ ／ ນ້ຳໃສ, ທ້ອງຟ້າສົດໃສ)

㉒ □ 透明(とうめい)(な) (पारदर्शक, प्रष्ट ／ ថ្លា ／ ໃສ)

㉓ □ 空(から) (खाली ／ ទទេ ／ ຫວ່າງ, ເປົ່າ)

▷ 空のびん (खाली बोतल ／ ដប់ទទេ ／ ແກ້ວເປົ່າ)

㉔ □ 空(から)っぽ (रित्तो (खाली) ／ ទទេស្អាត ／ ເປົ່າ, ເປົ່າຫວ່າງ, ບໍ່ມີເນື້ອໃນ, ບໍ່ມີສາລະ)

▶ ほしかったけど、財布(さいふ)の中(なか)が空っぽでした。

(चाहेको थियो तर पर्स खाली थियो । ／ ចង់បានតែក្នុងកាបូបលុយទទេស្អាត ／ ຢາກໄດ້ຢູ່ແຕ່ໃນກະເປົາບໍ່ມີເງິນ.)

㉕ □ 広々(ひろびろ) (फराकिलो ／ ធំទូលាយ ／ ກວ້າງຂວາງ, ກວ້າງໃຫຍ່, ມີເນື້ອທີ່ຫຼາຍ)

▶ 広々としたリビングがうらやましかった。

(फराकिलो बैठक कोठा देखेर मलाई डाहा लाग्यो । ／ គួរអោយច្រណែននឹងបន្ទប់ទទួលភ្ញៀវធំទូលាយណាស់ ／ ອິດສາທີ່ມີຫ້ອງຮັບແຂກກວ້າງຂວາງ.)

㉖ □ 清潔(な) (सफा／មានអនាម័យ／ສະອາດ, ບໍລິສຸດ)

▶ トイレが清潔だと、気持ちいい。

(चर्पी सफा हुदाँ मन आनन्द हुन्छ ।／មានអារម្មណ៍ល្អពេលបន្ទប់ទឹកមានអនាម័យ／ຖ້າຫ້ອງນ້ຳສະອາດກໍ່ຈະເຮັດໃຫ້ຮູ້ສຶກດີ.)

㉗ □ 不潔(な) (फोहोर／គ្មានអនាម័យ／ບໍ່ສະອາດ, ເປື້ອນ, ສົກກະປົກ)

▶ ちゃんと洗濯してるの？　不潔にしていると嫌われるよ。

(राम्रोसँग लुगा धुदै हुनुहुन्छ ? मैला नगएको मन पराउदैन ।／
បោកសំអាតបានត្រឹមត្រូវហើយ? ប្រសិនបើគ្មានអនាម័យទេគ្មាននរណាចូលចិត្តទេ／
ຊັກເຄື່ອງດີໆແລ້ວບໍ? ເຮັດສົກກະປົກຊິຖືກລັງກຽດໄດ໋.)

㉘ □ 不安定(な) (असुरक्षित, अस्थिर／មិននឹង／ບໍ່ໝັ້ນຄົງ, ບໍ່ຄົງທີ່, ບໍ່ທ່ຽງ, ບໍ່ປອດໄພ)

▶ この台、ちょっと不安定だけど、大丈夫？

(यो स्टयान्ड अलि अस्थिर छ, केही समस्या हुन्न ?／ឈ្នាន់នេះមិននឹងសោះ មិនអីទេរឺ?／ຖານນີ້ບໍ່ໝັ້ນຄົງປານໃດ, ຊິໄຫວຢູ່ບໍ?)

UNIT 48

問題・トラブル・事故
もんだい　じこ

(समस्या, दुर्घटना／បញ្ហា បញ្ហា គ្រោះថ្នាក់／ບັນຫາ, ຄວາມຫຍຸ້ງຍາກ, ອຸບັດຕິເຫດ)

❶ □ 発生(する) はっせい (देखा पर्नु, घटना घटनु／កើតឡើង／ການເກີດຂຶ້ນ)

▶ 通信システムに何か問題が発生したようです。
つうしん　なに　もんだい

(संचार प्रणाली (माध्यम) मा केही समस्या देखा पर्‍यो जस्तो छ।／ដូចជាមានបញ្ហាកើតឡើងចំពោះប្រព័ន្ធទំនាក់ទំនង／ຄືຊິແມ່ນເກີດບັນຫາບາງຢ່າງຕໍ່ລະບົບສື່ສານ.)

❷ □ 停電(する) ていでん (बिजुली जानु／ដាច់ភ្លើង／ໄຟດັບ, ໄຟມອດ)

❸ □ 火災 かさい (आगलागी／អគ្គីភ័យ／ໄຟໄໝ້, ອັກຄີໄພ)

▶ A工場で火災が発生したようです。
こうじょう　はっせい

(ए उद्योगमा आगलागी भयो जस्तो छ।／នៅរោងចក្រអេដូចជាមានអគ្គីភ័យកើតឡើង／ຄືຊິແມ່ນເກີດເຫດໄຟໄໝ້ທີ່ໂຮງງານA.)

❹ □ 洪水 こうずい (बाढी／ទឹកជំនន់／ນ້ຳຖ້ວມ, ອຸທົກກະໄພ)

❺ □ 震度 しんど (भूकम्प मापन／កំរិតរញ្ជួយដី／ລະດັບແຮງສັ່ນສະເທືອນຂອງແຜ່ນດິນໄຫວ)

❻ □ 災害 さいがい (विपत्ती／គ្រោះមហន្តរាយ／ໄພພິບັດ, ໄພ)

▷ 災害時の連絡先、自然災害
じ　れんらくさき　しぜん

(विपत्तिको बेलाको सम्पर्क ठेगाना, प्राकृतिक विपत्ति／មធ្យោបាយទំនាក់ទំនងពេលមានគ្រោះមហន្តរាយ គ្រោះធម្មជាតិ／ທີ່ຢູ່ຕິດຕໍ່ໃນຍາມໄພພິບັດ, ໄພທຳມະຊາດ)

❼ □ 防災 ぼうさい (आपतकालीन／ទប់ស្កាត់គ្រោះមហន្តរាយ／ການປ້ອງກັນໄພພິບັດ)

▷ 防災訓練
くんれん

(आपतकालिन प्रशिक्षण／ហ្វឹកហាត់ទប់ស្កាត់គ្រោះមហន្តរាយ／ການຝຶກຊ້ອມປ້ອງກັນໄພພິບັດ)

❽ □ **災難**（さいなん） (प्रकोप／គ្រោះលំបាក／ໄພພິບັດ, ມະຫັນຕະໄພ, ການສູນເສຍ, ເຄາະຮ້າຍ)

▶「台風(たいふう)で飛行機が飛べなくなったんです」「それは災難でしたね」

(“ताईफुनको कारणले हवाइजहाज उड्न नसक्ने भयो” “त्यो प्रकोप थियो है ।”／「យន្តហោះមិនអាចហោះបានដោយសារតែខ្យល់ព្យុះ」「វាពិតជាគ្រោះលំបាកមួយ」／"ພະຍຸໄຕ້ຝຸ່ນ" "ນັ້ນຄືເຄາະຮ້າຍນໍ້")

❾ □ **被害**（ひがい） (क्षति／ប៉ះពាល់／ຄວາມເສຍຫາຍ, ໄພ)

▶ この台風(たいふう)で、多(おお)くの農家(のうか)が被害を受(う)けた。

(यो ताईफुन (आँधी) ले, धेरै किसानले क्षति व्यहार्यो ।／ដោយសារខ្យល់ព្យុះកសិផលជាច្រើនរងការប៉ះពាល់／ພະຍຸໄຕ້ຝຸ່ນເທື່ອນີ້ເຮັດໃຫ້ຊາວກະສິກອນຫຼາຍຄົນໄດ້ຮັບຄວາມເສຍຫາຍ.)

❿ □ **損害**（そんがい） (क्षति, नोक्सानी (सम्पति गुमाउनु)／ខាតបង់／ຄວາມເສຍຫາຍ, ການສູນເສຍ)

▷ 損害を与(あた)える、損害を受(う)ける

(क्षति वताउनु, नोक्सानी व्यहोर्न／ធ្វើអោយខូចខាត រងការខូចខាត／ສ້າງຄວາມເສຍຫາຍ, ໄດ້ຮັບຄວາມເສຍຫາຍ)

⓫ □ 同 ダメージ (क्षति, नोक्सानी／ភាពខូចខាត／ຄວາມເສຍຫາຍ)

⓬ □ **障害**（しょうがい） (अशक्तता, अवरोध／ខូច／ຂັດຂ້ອງ, ມີບັນຫາ, ອຸປະສັກ)

▷ 通信(つうしん)障害、身体(しんたい)障害者(しゃ)　※「しょうがい」は別(べつ)な書(か)き方(かた)もある。

(संचारमा अवरोध, शारिरीक अशक्तता ※“अशक्त” फरक तरिकाले पनि लेख्दछ ।／ខូចខាតក្នុងការទាក់ទង ជនពិការ／ອຸປະສັກໃນການສື່ສານ, ຄົນພິການ (ທາງຮ່າງກາຍ) ※ມີວິທີຂຽນ「しょうがい」ໃນແບບອື່ນນຳ.)

⓭ □ **欠陥**（けっかん） (दोष, त्रुटी／ភាពខ្វះខាត／ຂໍ້ບົກພ່ອງ, ຕຳນິ)

▶ システムに新(あら)たな欠陥が見(み)つかった。

(प्रणालीमा एउटा नयाँ त्रुटी भटियो ।／បានរកឃើញភាពខ្វះខាតថ្មីក្នុងប្រព័ន្ធនេះ／ໄດ້ຄົ້ນພົບຂໍ້ບົກພ່ອງອັນໃໝ່ໃນລະບົບ.)

▷ 欠陥住宅(じゅうたく)

(त्रुटीपूर्ण घर／ផ្ទះមិនពេញលក្ខណៈ／ເຮືອນມີຕຳນິ)

⓮ □ **騒音**（そうおん） (हल्ला (ठूलो आवाज)／សំលេងរំខាន／ສຽງລົບກວນ. ສຽງໜວກຫູ, ສຽງດັງອຶກກະທຶກ)

⓯ □ **苦情**（くじょう） (गुनासो／ការមិនពេញចិត្ត／ຄຳຮ້ອງທຸກ, ຄວາມບໍ່ພໍໃຈ (ຈາກຄວາມເດືອດຮ້ອນ))

▶ お客(きゃく)さんからの苦情には丁寧(ていねい)に対応(たいおう)してください。

(ग्राहकबाट आउने गुनासोप्रति नम्रतापूर्वक जवाफ दिनुहोस् ।／សូមឆ្លើយតបការមិនពេញចិត្តរបស់ភ្ញៀវដោយសុជីវធម៌／ກະລຸນາຕອບຄຳຮ້ອງທຸກຈາກລູກຄ້າຢ່າງສຸພາບ.)

⑯ □ もめる (विवाद, झगडा／ឈ្លោះប្រកែក／ບໍ່ລົງລອຍກັນ, ຂັດແຍ່ງ, ບາດໝາງ)

▶ 今(いま)、進路(しんろ)のことで親(おや)ともめているんです。

(अहिले, मेरो क्यारियरको कुरालाई लिएर बुवा आमासँग विवाद भैइरहेको छ ।／
ឥឡូវកំពុងឈ្លោះប្រកែកជាមួយឪពុកម្ដាយរឿងថ្ងៃអនាគត／ດຽວນີ້, ພວມຂັດແຍ່ງກັບພໍ່ແມ່ເລື່ອງເສັ້ນທາງຊີວິດໃນອະນາຄົດ.)

⑰ □ 衝突(しょうとつ)(する) (ठोक्किनु, संघर्ष (टक्कर)／បុក／ການປະທະກັນ, ການຕຳກັນ, ການຂັດກັນ)

▷ 車(くるま)の衝突事故(じこ)、意見(いけん)が衝突する

(गाडी ठोक्किने दुर्घटना, विचार संघष／គ្រោះថ្នាក់បុកឡាន ប៉ះទង្គិចមតិ／ອຸບັດຕິເຫດລົດຕຳກັນ, ຄຳເຫັນຂັດກັນ)

⑱ □ 妨(さまた)げる (विघ्न हाल्नु, रोक्नु, बाधा पुर्‍याउनु／រាំងស្ទះ／ຂັດຂວາງ, ກີດຂວາງ, ກໍ່ກວນ)

▶ このような政治(せいじ)の混乱(こんらん)が発展(はってん)を妨げることになる。

(यस प्रकारको राजनीतिक उथलपुथलले विकासमा बाधा पुर्‍याउँछ ।／
ភាពច្របូកច្របល់របស់រដ្ឋាភិបាលបែបនេះក្លាយជាការរាំងស្ទះនៃការអភិវឌ្ឍន៍／
ຄວາມວຸ້ນວາຍຂອງການເມືອງໃນລັກສະນະນີ້ຈະເປັນການກີດຂວາງຄວາມຈະເລີນກ້າວໜ້າ.)

⑲ □ 妨(さまた)げ (रोकथाम, छेकबार, तगारो／របាំង／ສິ່ງກີດຂວາງ, ອຸປະສັກ, ເຫດຂັດຂ້ອງ)

音声DL 74

⑳ □ 処分(しょぶん)(する) (किनारा लगाउनु, तह लगाउँनु, फाल्नु, मिल्काउनु／បោះចោល／
ການກຳຈັດ, ການທຳລາຍ, ການລົງໂທດ, ເອົາຖິ້ມ)

▶ このパソコンはもう古(ふる)すぎるから処分しましょう。

(यो ल्यापटप धेरै पुरानो भएकोले तह लगाऔं ।／កុំព្យូទ័រនេះចាស់ពេកហើយ បោះវាចោលទៅ／
ຄອມພິວເຕີ້ໜ່ວຍນີ້ເກົ່າຫຼາຍແລ້ວ, ເອົາຖິ້ມເທາະ.)

▶ 彼(かれ)は相手(あいて)の選手(せんしゅ)を蹴(け)ったため、退場(たいじょう)処分を受(う)けた。

(उनले विपक्षी खेलाडीलाई लात्ती हानेकोले बाहिर निस्काशन गरियो ।／
គាត់បានទាត់គូប្រកួត ដូចនេះត្រូវបានបណ្ដេញចេញពីលានប្រកួត／
ລາວໄດ້ຮັບການລົງໂທດໂດຍການຖືກໄລ່ອອກຈາກສະໜາມແຂ່ງຂັນຍ້ອນເຕະນັກກິລາຂອງຝ່າຍກົງກັນຂ້າມ.)

㉑ □ 危機(きき) (खतरा, संकट／ហានិភ័យ／ສຸກເສີນ, ພາວະວິກິດ, ອັນຕະລາຍ)

▶ A社(しゃ)は今(いま)、倒産(とうさん)の危機にある。

(ए कम्पनी टाट पल्टने खतरा छ ।／ក្រុមហ៊ុនអេបច្ចុប្បន្នមានហានិភ័យដួលរលំ／ປະຈຸບັນບໍລິສັດAຕົກຢູ່ໃນພາວະວິກິດລົ້ມລະລາຍ.)

▶ 何(なん)とか危機を乗(の)り越(こ)えることができた。

(केही हदसम्म संकटपूर्ण समय पार गर्न सक्यो ।／យ៉ាងម៉េចយ៉ាងណាបានឆ្លងផុតគ្រោះហានិភ័យហើយ／
ສາມາດຜ່ານພົ້ນພາວະວິກິດມາໄດ້ດ້ວຍເຫດໃດເຫດໜຶ່ງ.)

㉒ □ 高齢化(こうれいか) (बुढेसकाल／កំណើនមនុស្សចាស់／ຜູ້ສູງອາຍຸ)

㉓ □ 少子化（しょうしか） (घट्दो जन्मदर／ភាពថយចុះមនុស្សក្មេង／ການຫຼຸດລົງຂອງອັດຕາການເກີດ, ການຫຼຸດລົງຂອງຈຳນວນເດັກນ້ອຍ)

㉔ □ 地球温暖化（ちきゅうおんだんか） (ग्लोबल वार्मिंग／កំណើនកំដៅផែនដី／ພາວະໂລກຮ້ອນ)

㉕ □ 飢える（うえる） (धेरै भोक लाग्नु／ស្រេកឃ្លាន／ອຶດຢາກ, ຫິວ, ອົດໆຢາກໆ, ອົດຢາກປາກແຫ້ງ)

㉖ □ 未解決（みかいけつ） (समाधान नभएको／មិនទាន់ដោះស្រាយ／ແກ້ບັນຫາບໍ່ຕົກ, ຍັງບໍ່ໄດ້ແກ້ບັນຫາ)

▷ 未解決の問題（もんだい）

(समाधान नभएको समस्या／បញ្ហាមិនទាន់ដោះស្រាយរួច／ບັນຫາທີ່ແກ້ບໍ່ຕົກ)

㉗ □ 対策（たいさく）(する) (उपाय गर्नु／វិធានការ／ການຮັບມື (ກັບບັນຫາ), ແຜນຮັບມື)

▶ 事故（じこ）を防（ふせ）ぐために何（なに）か対策を立（た）てる必要（ひつよう）がある。

(दुर्घटना कम गर्नको लागि केही उपाय गर्न आवश्यकता छ ।／ដើម្បីទប់ស្កាត់គ្រោះថ្នាក់ ត្រូវចាំបាច់បង្កើតវិធានការ／ຈຳເປັນສ້າງແຜນຮັບມືອັນໃດອັນໜຶ່ງເພື່ອປ້ອງກັນອຸບັດຕິເຫດ.)

㉘ □ 警告（けいこく）(する) (चेतावनी दिनु, सावधानी गर्नु／ប្រកាសអាសន្ន／ການເຕືອນ, ການຕັກເຕືອນ, ການເຕືອນໄພ)

▶ この薬（くすり）の危険性（きけんせい）を警告する論文（ろんぶん）も発表（はっぴょう）された。

(यो औषधीको खतराबारे चेतावनी प्रबन्ध प्रकाशित गऱ्यो ।／សារណាប្រកាសអាសន្នអំពីភាពគ្រោះថ្នាក់របស់ថ្នាំនេះត្រូវបានធ្វើបទបង្ហាញ／ວິທະຍານິພົນທີ່ກ່າວເຕືອນເຖິງຄວາມສ່ຽງຂອງຢາຊະນິດນີ້ໄດ້ຖືກສະເໜີ.)

㉙ □ 避難（ひなん）(する) (शरण लिनु, सुरक्षित स्थानमा जानु／ភាសខ្លួន／ການອົບພະຍົບໜີໄພ, ການລີ້ໄພ, ການຫຼົບໄພ)

▷ 避難場所（ばしょ）

(आश्रय स्थान／កន្លែងភាសខ្លួន／ສະຖານທີ່ລີ້ໄພ)

㉚ □ 溺（おぼ）れる (डुब्नु／លង់／ຈົມນ້ຳ)

▶ 小（ちい）さい頃（ころ）、海（うみ）で溺れそうになったことがある。

(बच्चा बेला, समुन्द्रमा डुब्ला जस्तो भएको अनुभव छ ।／នៅពីក្មេងធ្លាប់លង់ទឹកសមុទ្រ／ຕອນຍັງນ້ອຍເຄີຍເກືອບຈົມນ້ຳທະເລ.)

㉛ □ 行方不明（ゆくえふめい） (बेपत्ता／បាត់ដំណឹង／ຫາຍໂຕໄປ, ບໍ່ຮູ້ຖິ່ນທີ່ຢູ່)

㉜ □ 保護（ほご）(する) (आश्रय दिनु, रक्षा गर्नु, सुरक्षा गर्नु, संरक्षण गर्नु／ថែទាំ／ການອະນຸລັກ, ການປົກປ້ອງ, ການຄຸ້ມຄອງ)

▷ 迷子（まいご）を保護する、自然（しぜん）保護

(हराएको बच्चाको रक्षा गर्नु, प्रकृति संरक्षण／ថែទាំក្មេងវង្វេងផ្លូវ ថែទាំធម្មជាតិ／ປົກປ້ອງເດັກນ້ອຍຫຼົງທາງ, ການອະນຸລັກທຳມະຊາດ)

㉝ □ 救助（きゅうじょ）(する) (बचाउनु, मद्दत गर्नु／ជួយសង្គ្រោះ／ກູ້ໄພ, ການໃຫ້ຄວາມຊ່ວຍເຫຼືອ)

▶ 川（かわ）で溺（おぼ）れていた子供（こども）が無事（ぶじ）に救助された。

(खोलामा डुब्दै गरेको बच्चालाई सुरक्षित साथ बचायो ।／បានជួយសង្គ្រោះក្មេងដែលបានលង់ទឹកទន្លេ／ເດັກນ້ອຍທີ່ຈົມນ້ຳໄດ້ຮັບການຊ່ວຍເຫຼືອຢ່າງປອດໄພ.)

㉞ □ 不正（ふせい） (जालसाजी, छल, कपट, अनियमितता／បន្លំ／ຄວາມບໍ່ຖືກຕ້ອງ, ບໍ່ເປັນທຳ)

▶〈試験（しけん）〉不正がないよう、チェックが厳（きび）しくなった。

(〈जाँच〉 चोरी (छल कपट) नहुने गरी, चेकजाँच कडा भयो ।／(ប្រលង)ដើម្បីកុំអោយមានការបន្លំ ក្លាយជាឆែកតឹងតែង／(ການສອບເສັງ) ກວດກາຢ່າງເຂັ້ມງວດເພື່ອບໍ່ໃຫ້ມີຄວາມບໍ່ຖືກຕ້ອງ.)

㉟ □ 詐欺（さぎ） (ठगी／ឆបោក／ການສໍ້ໂກງ, ການຕົ້ມ, ການຫຼອກລວງ)

▷ 詐欺にあう　※「詐欺にひっかかる」もほぼ同じ意味（いみ）

(ठगी घट्नामा पर्नु／ជួបការឆបោក／ຖືກຕົ້ມ)

㊱ □ だます (ठग्नु／ឆបោក／ຕວະ, ຫຼອກລວງ)

㊲ □ 侵入（しんにゅう）(する) (आक्रमण गर्नु, घुस्नु, पस्नु／ចូល／ການບຸກລຸກ, ການຊຶມຜ່ານ)

▷ 建物（たてもの）に侵入する、体内（たいない）に侵入する

(भवनमा घुस्नु, शरीर भित्र पस्न／ចូលក្នុងអាគារ ចូលក្នុងខ្លួនប្រាណ／ບຸກລຸກເຂົ້າໃນອາຄານ, ການຊຶມຜ່ານເຂົ້າໃນຮ່າງກາຍ)

㊳ □ 盗難（とうなん） (चोरी／លួចឆក់／ການຊິງຊັບ, ການລັກ)

▶ 盗難事件（じけん）が続（つづ）いているので、気（き）をつけてください。

(चोरीका घट्नाहरु बढिरहेकोले ख्याल गर्नुहोस् ।／ការលួចឆក់នៅតែបន្ត សូមប្រុងប្រយ័ត្ន／ຄະດີຊິງຊັບມີຕິດຕໍ່ກັນ, ຈົ່ງລະມັດລະວັງ.)

❸⓽ □ 強盗（ごうとう） (डकैती／ប្លន់／ການປຸ້ນຈີ້, ໂຈນ)

▶ 最近（さいきん）、あそこのコンビニに強盗が入（はい）ったそうだよ。

(अस्ति उ त्यो कोम्बिनी स्टोरमा डकैती भएको जस्तो छ।／ថ្មីៗនេះ លឺថាមានការប្លន់នៅហាងនោះ／ເມື່ອບໍ່ດົນມານີ້, ໄດ້ຍິນວ່າໂຈນເຂົ້າຮ້ານຂາຍເຄື່ອງຢູ່ຫັ້ນ.)

㊵ □ 防犯（ぼうはん） (अपराध रोकथाम／ការពារឧក្រិដ្ឋកម្ម／ການປ້ອງກັນອາສະຍາກຳ)

▷ 町（まち）の防犯対策（たいさく）

(शहरको अपराध रोकथाम／វិធានការណ៍ការពារឧក្រិដ្ឋកម្មរបស់ទីក្រុង／ນະໂຍບາຍປ້ອງກັນອາສະຍາກຳຂອງເມືອງ)

UNIT 49

言葉（ことば） (शब्द／ពាក្យ／ຄຳສັບ, ພາສາ)

❶ □ 単語（たんご） (शब्द／ពាក្យ／ຄຳສັບ, ສັບ)

❷ □ 熟語（じゅくご） (खान्जीको मिश्रीत शब्द／ពាក្យក្រៀមភាសា／ຄຳປະສົມ, ສຳນວນ)

❸ □ 用語（ようご） (विशेष प्रयोग हुने शब्द／ពាក្យ／ຄຳສັບສະເພາະທີ່ນຳໃຊ້ໃນແຕ່ລະຂະແໜງ)

▷ 専門用語（せんもん） (टर्मिनोलजी／វាក្យសព្ទជំនាញ , ពាក្យជំនាញ／ສັບສະເພາະ, ສັບເຕັກນິກ)

❹ □ 語彙（ごい） (शब्दावली／វាក្យសព្ទ／ຄຳສັບ)

❺ □ アクセント (आकुसेन्तो／ការសង្កត់សំលេង／ການເນັ້ນສຽງພະຍາງໃດໜຶ່ງໃນຄຳສັບນັ້ນ)

❻ □ 述語（じゅつご） (कियापद／ព្យាករណ៍／ຄຳສະແດງຂອງປະໂຫຍກ)

❼ □ 文脈（ぶんみゃく） (प्रसंग, सन्दभ／បរិបទ／ເນື້ອໃນຂອງປະໂຫຍກ)

▶ 知（し）らない単語（たんご）があっても、文脈から大体（だいたい）わかります。

(आफूलाई थाहा नभएको शब्द भएपनि, प्रसंगबाट लगभग बुभिन्छ ।／ទោះបីជាមិនចេះពាក្យក៏ដោយប៉ុន្តែអាចយល់ពីបរិបទដែរ／ເຂົ້າໃຈໄດ້ຈາກເນື້ອໃນຂອງປະໂຫຍກ, ເຖິງວ່າຈະມີຄຳສັບທີ່ບໍ່ຮູ້ກໍ່ຕາມ)

❽ □ 論理（ろんり） (तर्क／ទ្រឹស្តី／ມີເຫດຜົນ)

❾ □ 論理的（てき）(な) (तर्कसाथ／ໃບບទ្រឹស្តី／ຢ່າງມີເຫດຜົນ)

❿ □ 要旨（ようし） (सार／សង្ខេប／ສະຫຼຸບໃຈຄວາມສຳຄັນ)

▷〈問題文（もんだいぶん）〉この文の要旨を400字以内（じいない）にまとめなさい。

(〈प्रश्न वाक्य〉 यो वाक्यको सारलाई ४०० अक्षर भित्र समावेश गर्नुहोस् ।／
(ប្រយោគសំនួរ) សូមសង្ខេបប្រយោគនេះក្នុងចំនួន400អក្សរ／
(ປະໂຫຍກຂອງຄຳຖາມ) ຈົ່ງສະຫຼຸບໃຈຄວາມສຳຄັນຂອງປະໂຫຍກນີ້ພາຍໃນ 400 ຄຳ.)

⓫ □ 略す（りゃく） (संक्षिप्त गर्नु／អក្សរសង្ខេប／ຫຍໍ້, ເຮັດໃຫ້ສັ້ນລົງ)

▶ メールアドレスを「メアド」と略すこともある。

(ईमेल ठेगाना "मेआडा" भनि छोटो गरिएको छ।／ម៉ែលត្រូវបានសង្ខេបថា (មិអាដុ, 「メアド」)／
ບາງເທື່ອກໍ່ມີການຫຍໍ້ "メールアドレス"ເປັນ "メアド")

⓬ □ 英文（えいぶん） (अंग्रेजी वाक्य／អក្សរឬភាសាអង់គ្លេស／ປະໂຫຍກໃນພາສາອັງກິດ)

▶ 書類（しょるい）はすべて英文で書（か）かれている。

(कागजपत्र सबै अंग्रेजी वाट लेखिएको छ।／ឯកសារគឺសរសេរជាភាសាអង់គ្លេសទាំងអស់／
ເອກະສານຖືກຂຽນເປັນພາສາອັງກິດທັງໝົດ.)

⓭ □ 言語（げんご） (भाषा／ភាសា／ພາສາ)

▷ 言語学（がく） (भाषा विज्ञान／ភាសាវិទ្យា／ພາສາສາດ)

UNIT 50

文学・音楽・芸術
ぶんがく　おんがく　げいじゅつ

(साहित्य, संगीत, कला／សិល្បៈ តន្ត្រី អក្សរសិល្ប៍／ວັນນະຄະດີ, ດົນຕີ, ສິນລະປະ)

❶ □ 作品（さくひん） (उत्पादन／ស្នាដៃ／ຜົນງານ)

▶ どんな作品になるか、楽（たの）しみです。

(कस्तो सामान उत्पादन हुन्छ होला कि, प्रतीक्षारत छु ।／កំពុងទន្ទឹងរង់ចាំថាតើនឹងក្លាយជាស្នាដៃប្រភេទណា／ຖ້າເບິ່ງວ່າຊິອອກມາເປັນຜົນງານແບບໃດ?)

❷ □ 創作（そうさく）(する) (सृष्टि गर्नु, सृजना गर्नु／បង្កើត, ឆ្នៃប្រឌិត／ການສ້າງ, ການຜະລິດ, ການແຕ່ງ (ປື້ມ), ການປະດິດຄິດແຕ່ງ)

▷ 創作活動（かつどう）、創作意欲（いよく）

(रचनात्मक गतिविधि, सिर्जना गर्न प्रेरणा／សកម្មភាពឆ្នៃប្រឌិតឬបង្កើតឡើង, ការលើកទឹកចិត្តក្នុងការឆ្នៃប្រឌិតឬបង្កើតឡើង／ກິດຈະກຳທີ່ນຳໃຊ້ຄວາມຄິດສ້າງສັນ, ຄວາມກະຕືລືລົ້ນໃນການປະດິດຄິດແຕ່ງ)

❸ □ エッセイ (निबन्ध／អត្ថបទ／ທັດແຕ່ງ, ບົດຂຽນ)

❹ □ 伝記（でんき） (जिवनी／ប្រវត្តិ／ຊີວະປະຫວັດ)

❺ □ 笛（ふえ） (बाँसुरी／ហ្លួច／ຂຸ່ຍ, ປີ່)

❻ □ 太鼓（たいこ） (ड्रम／ស្គរ／ກອງ)

❼ □ 芝居（しばい） (नाटक／ការសំដែង／ລະຄອນ, ການສະແດງ)

▶ 娘（むすめ）のお芝居を見（み）に、日曜（にちよう）は小学校（しょうがっこう）に行（い）く予定（よてい）です。

(छोरीको नाटक हेर्नको लागि, आउँदो शनिबार प्राथमिक विद्यालय जाने योजनामा छु ।／ថ្ងៃអាទិត្យខ្ញុំមានគំរោងទៅសាលាទៅមើលការសំដែងរបស់កូនស្រីខ្ញុំ／ມີແຜນໄປໂຮງປະຖົມໃນວັນເສົາເພື່ອຊົມການສະແດງຂອງລູກສາວ.)

❽ □ 悲劇（ひげき） (वियोगान्त नाटक／សោកនាដកម្ម／ໂສກຄະນາດຕະກຳ)

❾ □ 対 喜劇（きげき）

(हास्य नाटक／កំប្លែង／ລະຄອນຕະຫຼົກ, ລະຄອນຊວນຫົວ)

⑩ □ **演劇**（えんげき） (नाटक, थिएटर／ល្ខោន／ການສະແດງ (ລະຄອນ))

▷ 演劇の勉強（べんきょう）をする (नाटक विषयमा अध्ययन गर्छु ।／សិក្សាល្ខោន／ຮຽນການສະແດງ)

⑪ □ **演技（する）**（えんぎ） (अभिनय गर्नु／សំដែងល្ខោន／ທັກສະການສະແດງ, ການທຳທ່າເຮັດ)

⑫ □ **出演（する）**（しゅつえん） (प्रस्तुत हुनु (टि.भी हुने कार्यकम,थिएटर, चलचित्रको भूमिकामा)／ចេញសំដែង／ການຫຼິ້ນລະຄອນ, ການສະແດງຮູບເງົາ)

▷ 映画（えいが）に出演する (चलचित्रमा प्रस्तुत हुनु ।／ចេញសំដែងខ្សែភាពយន្ត／ສະແດງຮູບເງົາ)

⑬ □ **美術**（びじゅつ） (कला／សិល្បៈ／ສິນລະປະ)

⑭ □ **絵画**（かいが） (चित्र／គំនូរ／ຮູບແຕ້ມ)

⑮ □ **彫刻**（ちょうこく） (मुर्तिकला, बुट्टा काट्न／រូបចំលាក់／ການແກະສະຫຼັກ, ການປັ້ນ, ປະຕິມະກຳ)

⑯ □ **芸術**（げいじゅつ） (कला／សិល្បៈ／ ສິນລະປະ)

⑰ □ **芸能**（げいのう） (प्रदर्शन कला, शिल्प, कालिगढ／ការសំដែងសិល្បៈ／(ວົງການ) ບັນເທີງ, ສິນລະປະການສະແດງ)

▷ 古典（こてん）芸能、大衆（たいしゅう）芸能、芸能人（じん）
(शास्त्रीय प्रदर्शन कला, लोकप्रिय कला, प्रसिद्ध व्यक्ति／សិល្បៈសំដែងបុរាណ , សិល្បៈសំដែងប្រជាប្រិយ , អ្នកសំដែងសិល្បៈ／ໂຮງລະຄອນອັນເກົ່າແກ່, ສິນລະປະການສະແດງທີ່ໂດ່ງດັງ, ຄົນວົງການບັນເທີງ)

⑱ □ **鑑賞（する）**（かんしょう） (हेर्नु, सुन्नु／កោតសរសើរ／ການຊື່ນຊົມໃນສິນລະປະ)

▷ 絵画（かいが）鑑賞 (चित्र हेर्नु／ការកោតសរសើរគំនូរ／ຊື່ນຊົມໃນສິນລະປະຂອງຮູບແຕ້ມ)

コツコツ覚えよう、基本の言葉

बिस्तार बिस्तार याद गरौं,आधारभूत शब्दहरू

ចងចាំបន្តិចម្តងៗ, ពាក្យមូលដ្ឋានគ្រឹះ

ຈື່ຈຳເທື່ອລະໜ້ອຍ, ຄຳສັບພື້ນຖານ

77

1 「何」を含む表現
なに　ふく　ひょうげん

(“के” समावेश गरिएको शब्दहरु／ភាប់បញ្ចូល「何」／ສຳນວນທີ່ປະກອບດ້ວຍ「何」)

□ 何気ない
なにげ
(विना कारण (विचार नगरी)／ធម្មតា អត់ដឹងខ្លួន／ບໍ່ເປັນທາງການ, ບໍ່ກ່ຽວຂ້ອງ, ບໍ່ເອົາໃຈໃສ່, ເມີນເສີຍ, ບໍ່ໃສ່ໃຈ)

▶ 何気ない一言で友達を傷つけてしまったことがある。
なにげ　ひとこと　ともだち　きず
(विनाकारण एक शब्द बोलेर साथीको मन दुखाएको छु।／ដោយសារតែការនិយាយពាក្យធម្មតារបស់ខ្ញុំ បានធ្វើអោយមិត្តភក្តិខូចចិត្តបាត់ហើយ／ເຄີຍເຮັດໃຫ້ໝູ່ເສຍຄວາມຮູ້ສຶກດ້ວຍຄຳເວົ້າທີ່ບໍ່ໃສ່ໃຈ.)

□ 何分
なにぶん
(किन भने (नकारात्मक कुरामा प्रयोग गरिन्छ)／យ៉ាងណាក៏ដោយ／ເຖິງຢ່າງໃດກໍ່ຕາມ)

▶ 何分、私たちにとっても初めてのことなので、少しお時間をいただけないでしょうか。
なにぶん　わたし　はじ　すこ　じかん
(किन भने, हामीहरूको लागि यो पहिलो पटक भएकोले, केही समय पाउन सक्छौ होला ?／យ៉ាងណាក៏ដោយ ដោយសារវាជាលើកដំបូងសំរាប់ពួកយើង ដូច្នេះអ្នកអាចទុកពេលអោយយើងខ្លះបានទេ?／ເຖິງຢ່າງໃດກໍ່ຕາມ, ຂໍເວລາໜ້ອຍໜຶ່ງໄດ້ບໍ່ນໍ? ເພາະວ່າມັນແມ່ນສິ່ງທີ່ເລີ່ມເຮັດເທື່ອທຳອິດສຳລັບພວກຂ້ອຍ.)

□ 何だか
なん
(कस्तो／មិនដឹងមូលហេតុ／ບໍ່ຮູ້ວ່າເປັນຍ້ອນຫຍັງ, ຈັ່ງໃດບໍ່ຮູ້)

▶ 何だか怪しい天気になってきた。雨が降るかもしれない。
なん　あや　てんき　あめ　ふ
(कस्तो डरलाग्दो मौसम भएर आयो। पानी पर्न पनि सक्छ।／ស្អីនឹង អាកាសធាតុដែលគួរឱ្យសង្ស័យដោយ ប្រហែលជាអាចធ្លាក់ភ្លៀង／ອາກາດແປກໆຂຶ້ນມາຈັ່ງໃດບໍ່ຮູ້. ຝົນອາດຈະຕົກ.)

□ 何て
なん
(कस्तो, के खालको／ពិតជា~មែន!／ເປັນຫຍັງ...ຄື!, ຈັ່ງໃດຄື...!, ແນວໃດຄື...!, ...ແມ່ນຫຍັງ...!)

▶ 何て美しい声なんだ！／何てひどい格好なんだ！
なん　うつく　こえ　なん　かっこう
(कस्तो राम्रो स्वर ! कस्तो नराम्रो पहिरन हो !／ពិតជាសំលេងពិរោះមែន! / មើលទៅគួរឱ្យភ័យខ្លាចមែន!／ເປັນຫຍັງສຽງຄືມ່ວນແທ້ເດ້! / ຈັ່ງໃດຄືແຕ່ງໂຕຂີ້ຮ້າຍແທ້ເດ້!)

□ 何と
なん
(कस्तो आश्चर्य लाग्दो／ម្ល៉េះ(ភ្ញាក់ផ្អើល)／ຈັ່ງແມ່ນ..., ຕັ້ງວ່າ...)

▶ 1人の募集に、何と1,000人もの応募があった。
ひとり　ぼしゅう　なん　にん　おうぼ
(१ जनाको आवश्यकतामा कस्तो आश्चर्य लाग्ने गरी १००० जनाको आवेदन परेको थियो।／មានបេក្ខជនជាច្រើនរហូតដល់ 1,000 នាក់ម្ល៉េះមកដាក់ពាក្យសម្រាប់ការជ្រើសរើសមួយនាក់／ມີຕັ້ງວ່າ1000ຄົນສະໝັກຕໍ່ຈຳນວນຮັບສະໝັກ1ຄົນ)

□ 何という
なん
(कस्तो／តើមានរឿង~អ្វី／ຄືມາ...!)

▶ 工場が爆発!? 何という恐ろしいことが起きてしまったんだ！
こうじょう　ばくはつ　なん　おそ　お
(कारखानामा विस्फोट !? कस्तो डरलाग्दो घट्ना भएको !／រោងចក្របានផ្ទុះឡើង ? តើមានរឿងអាក្រក់អ្វីកើតឡើង!／ໂຮງງານລະເບີດຫວາ!? ຄືມາແມ່ນແນວເປັນຕາຢ້ານເກີດຂຶ້ນແທ້!)

□ 何とか
なん
(जसोतसो, केही／អាចគ្រប់គ្រង／ຫຍັງບາງຢ່າງ, ແມ່ນຫຍັງບາງຢ່າງ, ແນວໃດກໍ່ຕາມ)

▶ 何とか締切に間に合った。
なん　しめきり　ま　あ
(जसोतसो म्यादभित्रको समयमा भ्याइयो।／ខ្ញុំអាចគ្រប់គ្រងទាន់ពេលវេលាកំណត់ល្មម／ແນວໃດກໍ່ຕາມໄດ້ທັນມື້ໝົດກຳນົດແລ້ວ.)

▶ 何とかなりませんか。遅れると大変なことになるんです。
なん　おく　たいへん
(केही हुन सक्छ ? ढिला भयो भने समस्या हुन्छ।／តើអាចជួយសំរួលបានទេ? ប្រសិនសិនបើយឺតវានឹងក្លាយជាបញ្ហាធំ／ເຮັດຫຍັງບາງຢ່າງໃຫ້ບໍ່ໄດ້ບໍ? ຖ້າຊ້າມັນຊິກາຍເປັນເລື່ອງໃຫຍ່.)

□ 何としても
なん
(जसरी भएपनि, जे गरेर भएपनि／ទោះយ៉ាងណា／ດ້ວຍທຸກວິທີທາງ, ເຮັດທຸກສິ່ງທຸກຢ່າງ)

▶ 監督の最後の試合だから、何としても勝たなければ。
かんとく　さいご　しあい　なん　か
(प्रशिक्षकको अन्तिम प्रतियोगिता भएकोले जसरी पनि जित्नु पर्छ।／វាជាការប្រកួតចុងក្រោយរបស់អ្នកដឹកនាំទោះយ៉ាងណាត្រូវតែឈ្នះ／ຕ້ອງຊະນະດ້ວຍທຸກວິທີທາງເພາະວ່າມັນແມ່ນການແຂ່ງຂັນເທື່ອສຸດທ້າຍຂອງຄູຝຶກ.)

□ **何(なん)となく**

▶「どうしてこれにしたの？」「特(とく)に理由(りゆう)はない。何(なん)となく」

(केही／គិតថាចឹង ស្មានចឹង／
ໂດຍບໍ່ຮູ້ສາເຫດ, ດ້ວຍເຫດຜົນອັນໃດອັນໜຶ່ງ)

(“किन यो गरेको ?” “केहि विशेष कारण छैन” ／
「ហេតុអ្វីបានជាអ្នកធ្វើបែបនេះ?」「មិនមានហេតុផលជាក់លាក់ទេ គ្រាន់តែគិតថាចឹង」／
"ເປັນຫຍັງຈຶ່ງເອົາໂຕນີ້" "ບໍ່ມີເຫດຜົນສະເພາະ, ດ້ວຍເຫດຜົນອັນໃດອັນໜຶ່ງ")

□ **何(なん)とも〜ない**

▶行(い)けるかどうか、まだ何(なん)とも言(い)えない。

(के हुन्छ – भन्न सकिन्न (थाहा छैन)／
មិនមានអ្វីជាសំអាងថា~ សោះ／
ບໍ່...ຫຍັງໄດ້ເລີຍ)

(सकिन्छ कि सकिदैन, अभै केही थाहा छैन ।／ខ្ញុំមិនអាចនិយាយថាតើខ្ញុំអាចទៅបានទេឬក៏អត់ទេ／
ຍັງບໍ່ສາມາດເວົ້າຫຍັງໄດ້ເລີຍວ່າຊິໄປໄດ້ຫຼືບໍ່.)

2 前に付く語

まえ つ ご

(अगाडि प्रयोग हुने भाषा／ពាក្យភ្ជាប់ពីខាងមុខ／ຄຳບຸບພະບົດ, ຄຳທີ່ໃຊ້ວາງໄວ້ຂ້າງໜ້າ)

☐ 明くる～ ▷ 明くる日、明くる朝、明くる年
あ　　あ　ひ　あ　あさ　あ　とし
(अर्को दिन, आउने बिहान, आउने वर्ष／ថ្ងៃបន្ទាប់, ព្រឹកបន្ទាប់, ឆ្នាំបន្ទាប់ឬឆ្នាំក្រោយ／ມື້ຕໍ່ມາ, ຕອນເຊົ້າຂອງມື້ຕໍ່ມາ, ປີຕໍ່ມາ)

☐ 各～ ▷ 各大学、各社、各家庭、各人
かく　　かくだいがく　かくしゃ　かくかてい　かくじん
(प्रत्येक विश्वविद्यालय, प्रत्येक कम्पनी, प्रत्येक परिवार, प्रत्येक व्यक्ति／
សកលវិទ្យាល័យនីមួយៗ, ក្រុមហ៊ុននីមួយៗ, គ្រួសារនីមួយៗ, មនុស្សម្នាក់ៗ／ແຕ່ລະມະຫາວິທະຍາໄລ, ທຸກໆບໍລິສັດ, ທຸກໆຄອບຄົວ, ແຕ່ລະຄົນ)

☐ 旧～ ▷ 旧姓、旧社名、旧暦
きゅう　　きゅうせい　きゅうしゃめい　きゅうれき
(पुरानो थर, पुरानो कम्पनी, पुरानो पात्र／ឈ្មោះចាស់, ឈ្មោះក្រុមហ៊ុនចាស់, ប្រតិទិនតាមច័ន្ទគតិ／
ນາມສະກຸນເດີມ, ຊື່ເກົ່າຂອງບໍລິສັດ, ປະຕິທິນແບບເກົ່າ)

☐ 現～ ▷ 現市長、現政府
げん　　げんしちょう　げんせいふ
(वर्तमान मेयर, वर्तमान सरकार／អភិបាលក្រុងបច្ចុប្បន្ន, រដ្ឋាភិបាលបច្ចុប្បន្ន／ເຈົ້າເມືອງຜູ້ປະຈຸບັນ, ລັກຖະບານຊຸດປະຈຸບັນ)

☐ 故～ ▷ 故ケネディ大統領
こ　　こ　だいとうりょう
(स्वर्गीय राष्ट्रपति केनेडिया／អតីតប្រធានាធិបតី Kennedy／ອະດີດປະທານາທິບໍດີເຄນາດີ)

☐ 高～ ▷ 高価(な)、高度(な)、高品質
こう　　こうか　こうど　こうひんしつ
(महंगो, उच्चतम (उचाई), उच्च गुणस्तर／តំលៃថ្លៃ, កំរិតខ្ពស់, គុណភាពខ្ពស់／ລາຄາສູງ, ລະດັບສູງ (ຄວາມສູງ), ຄຸນນະພາບສູງ)

☐ 今～ ▷ 今シーズン / 今期、今大会、今回
こん　　こん　こんき　こんたいかい　こんかい
(यो ऋतु, यो अवधि, यस प्रतियोगिता, यस पटक／រដូវនេះ / ពេលនេះ, ការប្រកួតលើកនេះ, លើកនេះ／
ລະດູການນີ້/ພາກຮຽນນີ້, ກອງປະຊຸມໃຫຍ່ໃນເທື່ອນີ້, ເທື່ອນີ້)

☐ 昨～ ▷ 昨夜、昨日、昨シーズン
さく　　さくや　さくじつ　さく
(हिजो राति, हिजो, गएको ऋतु／យប់មិញ, ម្សិលមិញ, កាលពីរដូវកាលមុន／ມື້ຄືນນີ້, ມື້ວານນີ້, ລະດູການກ່ອນ)

☐ 助～ ▷ 助言、助手、助監督
じょ　　じょげん　じょしゅ　じょかんとく
(सल्लाह, सहयोग, सहायक निर्देशक／យោបល់ឬដំបូន្មាន, ជំនួយការ, ជំនួយការនាយក／ການໃຫ້ຄຳແນະນຳ, ການໃຫ້ຄຳປຶກສາ, ຜູ້ຊ່ວຍຜູ້ກຳກັບ)

☐ 諸～ ▷ アジア諸国、諸事情
しょ　　しょこく　しょじじょう
(एशियाका विभिन्न देशहरू／បណ្តាប្រទេសអាស៊ី, កាលៈទេសៈផ្សេងៗ／ປະເທດຕ່າງໆໃນອາຊີ, ເຫດການຕ່າງໆ)

☐ 初～ ▷ 初期、初級、初旬
しょ　　しょき　しょきゅう　しょじゅん
(प्रारम्भिक अवधि, शुरुवाती, महिनाको प्रारम्भिक／រយះកាលដំបូង, កំរិតដំបូងឬកំរិតមូលដ្ឋានគ្រឹះ, ដើមខែ／
ໄລຍະະທຳອິດ, ລະດັບຕົ້ນ, ຕົ້ນເດືອນ (10ມື້ທຳອິດຂອງເດືອນ))

☐ 超～ ▷ 超満員
ちょう　　ちょうまんいん
(एकदम भीडभाड／ចង្អៀតណែនណាន់តាន់តាប់／ຄົນແໜ້ນໜາຈົນລົ້ນ)

□ 低～ (てい)

▷ 低価格、低予算、低レベル(な)
ていかかく　ていよさん　てい
(कम मूल्य, कम बजेट, कम स्तर／តំលៃទាប, គំរោងថវិកាទាបឬខ្សោយ, កម្រិតទាប／ລາຄາຕ່ຳ, ງົບປະມານຕ່ຳ, ລະດັບຕ່ຳ)

□ 同～ (どう)

▷ 同校、同社、同年代
どうこう　どうしゃ　どうねんだい
(एउटै स्कूल, एउटै कम्पनी, एउटै उमेर／សាលាដូចគ្នា, ក្រុមហ៊ុនដូចគ្នា, អាយុដូចគ្នា／ໂຮງຮຽນດຽວກັນ, ບໍລິສັດດຽວກັນ, ຄົນລຸ້ນດຽວກັນ)

□ 反～ (はん)

▷ 反体制
はんたいせい
(वर्तमान सरकारको विरोधी (मतभेद)／ប្រពន្ធ័ប្រឆាំង／ຕໍ່ຕ້ານອົງກອນ)

□ 半～ (はん)

▷ 半日、半月、半ズボン
はんにち　はんつき　はん
(आधा दिन, आधा महिना, हाफ पाइन्ट／ពាក់កណ្ដាលថ្ងៃ, កន្លះថ្ងៃ, ខោជើងខ្លី／ເຄິ່ງມື້, ເຄິ່ງເດືອນ, ໂສ້ງຂາສັ້ນ)

□ 非～ (ひ)

▷ 非科学的(な)、非日常的(な)
ひかがくてき　ひにちじょうてき
(अवैज्ञानिक, असाधरण／មិនមែនវិទ្យាសាស្ត្រ, មិនធម្មតា／ບໍ່ຖືກຕາມຫຼັກວິທະຍາສາດ, ບໍ່ຄາດຝັນ (ຜິດປົກກະຕິ))

□ 一～ (ひと)

▷ 一仕事、一工夫、一休み、一眠り
ひとしごと　ひとくふう　ひとやす　ひとねむ
(एउटा काम, एउटा युक्ति, एकछिन, एकछिनको निन्द्रा／ការងារមួយ, ភាពប៉ិនប្រសប់មួយ, ការឈប់សម្រាកមួយ, គេងលក់មួយពេល／
ວຽກສຳຄັນ, ການປະດິດ, ການພັກຜ່ອນບຶດໜຶ່ງ, ການງີບຫຼັບ)

□ 一人～ (ひとり)

▷ 一人住まいのお年寄り
ひとりず　としよ
(जेष्ठ नागरिकको एक्लो जीवनयापन／មនុស្សចាស់រស់នៅម្នាក់ឯង／ຜູ້ສູງອາຍຸທີ່ໃຊ້ຊີວິດຄົນດຽວ)

□ 不～ (ふ)

▷ 不足(する)、不満(な)、不利(な)、不幸(な)
ふそく　ふまん　ふり　ふこう
(अपुग, असन्तुष्टी／កង្វះ, ការមិនពេញចិត្ត, គុណវិបត្តិ, សំណាងអាក្រក់／
ບໍ່ພຽງພໍ (ຂາດ), ບໍ່ພໍໃຈ, ບໍ່ເອື້ອອຳນວຍ (ເສຍປຽບ), ບໍ່ມີຄວາມສຸກ (ຄວາມທຸກ))

□ 無～ (ぶ)

▷ 無礼(な)
ぶれい
(असभ्य／ឈ្លើយ／ບໍ່ມີມາລະຍາດ)

□ 副～ (ふく)

▷ 副社長
ふくしゃちょう
(उपसभापति／អនុប្រធានក្រុមហ៊ុន／ຮອງປະທານບໍລິສັດ)

□ 古～ (ふる)

▷ 古新聞、古タイヤ、古着
ふるしんぶん　ふる　ふるぎ
(पुरानो पत्रिका, पुरानो टायर, पुरानो लुगा／កាសែតចាស់, សំបកកង់ចាស់, សម្លៀកបំពាក់ចាស់／ໜັງສືພິມເກົ່າ, ຢາງລົດເກົ່າ, ເຄື່ອງນຸ່ງເກົ່າ)

□ 毎～ (まい)

▷ 毎晩、毎分、毎号、毎試合
まいばん　まいふん　まいごう　まいしあい
(हरेक रात, प्रति मिनेट, हरेक नम्बर, हरेक खेल／រៀងរាល់យប់, រាល់នាទី, រាល់លេខ, រាល់ការប្រកួត／
ທຸກຄືນ, ທຸກນາທີ, ທຸກເບີ (ທຸກສະບັບທີ່ພິມອອກ), ທຸກການແຂ່ງຂັນ)

□ 未～ (み)

▷ 未定、未婚、未納、未解決
みてい　みこん　みのう　みかいけつ
(अनिर्णीत, अविवाहित, भुक्तान हुन बाँकी, समाधान हुन बाँकी／មិនទាន់សំរេចចិត្ត, មិនទាន់រៀបការ, មិនទាន់បង់, មិនទាន់ដោះស្រាយ／
ຍັງບໍ່ກຳນົດແນ່ນອນ, ຍັງບໍ່ໄດ້ແຕ່ງງານ, ຍັງບໍ່ທັນຈ່າຍ (ຄ້າງຊຳລະ), ຍັງບໍ່ໄດ້ແກ້ບັນຫາ)

□ 無～ (む)

▷ 無理(な)、無罪、無職、無料、無免許、無関心(な)
むり　むざい　むしょく　むりょう　むめんきょ　むかんしん
(असम्भव, अपराध नगरेको, बेरोजगार, निशुल्क, लाइसेन्स नभएको (विना अनुमती), भावहीनता／
មិនអាចទៅរួច, គ្មានកំហុស, គ្មានការងារធ្វើ, ឥតគិតថ្លៃ, គ្មានអាជ្ញាប័ណ្ណ, ការព្រងើយកណ្ដើយឬមិនចាប់អារម្មណ៍／
ບໍ່ມີເຫດຜົນ, ບໍ່ມີຄວາມຜິດ, ບໍ່ມີອາຊີບ, ບໍ່ເສຍຄ່າ (ຟຣີ), ບໍ່ມີໃບອະນຸຍາດ, ບໍ່ມີຄວາມສົນໃຈ (ບໍ່ສົນໃຈ))

☐ 名～ めい

▷ 名曲、名画、名作、名場面、名人
めいきょく めいが めいさく めいばめん めいじん
(प्रख्यात गीत, प्रख्यात चित्र, प्रख्यात काम, प्रख्यात व्यक्ति, प्रसिद्ध दृश्य／
ស្នាដៃចំរៀងល្បី, ស្នាដៃគំនូរល្បី, ស្នាដៃនិពន្ធល្បី, ឈុតឆាកល្បីៗ, អ្នកល្បីឈ្មោះ／
ເພງດັງ, ຮູບເງົາດີເດັ່ນ, ຜົນງານເອກ, ສາກທີ່ມີຊື່ສຽງ (ສາກປະທັບໃຈ), ສຸດຍອດຝີມື)

☐ 元～ もと

▷ 元警官、元同 僚
もとけいかん もとどうりょう
(पूर्व प्रहरी अफिसर, सँगै पढेको साथी／អតីតប៉ូលីស, អតីតសហសេវិក／ອະດີດຕຳຫຼວດ, ອະດີດເພື່ອນຮ່ວມງານ)

☐ 翌～ よく

▷ 翌日、翌朝、翌年
よくじつ よくあさ よくねん
(अर्को दिन, भोलि बिहान, आउँदो वर्ष／ថ្ងៃបន្ទាប់, ព្រឹកស្អែក, ឆ្នាំក្រោយ／ມື້ຕໍ່ມາ, ຕອນເຊົ້າຂອງມື້ຕໍ່ມາ, ປີຕໍ່ມາ)

☐ 来～ らい

▷ 来シーズン / 来期、来社、来 場
らい らいき らいしゃ らいじょう
(आउने ऋतु, आउने पालो, अफिसमा आउने, आगमन／រដូវបន្ទាប់ / អាណត្តិបន្ទាប់, មកក្រុមហ៊ុន, មកទីកន្លែង／
ລະດູການໜ້າ/ງວດໜ້າ, ມາບໍລິສັດ, ມາຮ່ວມງານ)

☐ 我が～ わ

▷ 我が家、我が子、我が社
わ や わ こ わ しゃ
(मेरो घर, मेरो बच्चा, मेरो कम्पनी／ផ្ទះយើងខ្ញុំ, កូនយើងខ្ញុំ, ក្រុមហ៊ុនយើងខ្ញុំ／
ຄອບຄົວຂອງພວກເຮົາ, ລູກຂອງພວກເຮົາ, ບໍລິສັດຂອງພວກເຮົາ)

③ 後ろに付く語（うしろにつくご）

(पछाडि राख्ने शब्द／ពាក្យដែលតភ្ជាប់ពីក្រោយ／ຄຳທີ່ໃຊ້ວາງໄວ້ທາງຫຼັງ)

☐ **〜以外**（いがい）

▷ お酒以外の飲み物（さけいがいのもの）

(रक्सी बाहेको पिय पदार्थ／ទឹកភេសជ្ជៈក្រៅពីស្រា／ເຄື່ອງດື່ມ (ທີ່ມີ) ນອກຈາກເຫຼົ້າ)

☐ **〜以内**（いない）

▷ 400字以内（じいない）

(४०० अक्षर भित्र／នៅក្នុងចំនួន៤០០តួអក្សរ／ພາຍໃນ400ຄຳ)

☐ **〜以上**（いじょう）

▷ 20歳以上（さいいじょう）

(२० बर्ष माथि／ចាប់ពី២០ឆ្នាំឡើងទៅ／ອາຍຸ20ປີຂຶ້ນໄປ)

☐ **〜化**（か）

▷ 高齢化、合理化、近代化（こうれいか、ごうりか、きんだいか）

(बुढेशकाल, तर्कसंगत, आधुनिकरण／ភាពចាស់ជរា, សនិទាន, ភាពទំនើបកម្ម／
ຜູ້ສູງອາຍຸ (ພົນລະເມືອງຜູ້ສູງອາຍຸກວມເອົາ7-14%ຂອງພົນລະເມືອງທັງໝົດ), ການເຮັດໃຫ້ສົມເຫດສົມຜົນ,
ການເຮັດໃຫ້ຖືກຕ້ອງຕາມຍຸກສະໄໝ)

☐ **〜外**（がい）

▷ 屋外、社外（おくがい、しゃがい）

(आउटडोर, कम्पनी बाहिर／ខាងក្រៅបន្ទប់, ខាងក្រៅក្រុមហ៊ុន／ທາງນອກຂອງສະຖານທີ່ (ກາງແຈ້ງ), ນອກບໍລິສັດ)

▷ 予想外の展開、時間外の受付（よそうがいのてんかい、じかんがいのうけつけ）

(नसोचको विकास, समय सके पछिको कार्य／ការអភិវឌ្ឍន៍ដែលមិនបានរំពឹងទុក, ការទទួលភ្ញៀវក្រៅម៉ោង／
ຄວາມຄືບໜ້າທີ່ຄາດບໍ່ເຖິງ, ການຕິດຕໍ່ສອບຖາມນອກເວລາ)

☐ **〜カ所（ヶ所／個所）**（しょ、かしょ、かしょ）

▷ 10カ所で調査（かしょ ちょうさ）

(१० ठाउँको सर्भेक्षण／ស្ទង់មតិនៅ១០ទីតាំង／ສຳຫຼວດ10ບ່ອນ)

☐ **〜感**（かん）

▷ 達成感、緊張感、季節感（たっせいかん、きんちょうかん、きせつかん）

(सफलताको महशुस, अप्ठ्यारो (डर) महशुस, मौसमी अनुभूति／អារម្មណ៍សំរេច, អារម្មណ៍ភ័យបុកពោះ, អារម្មណ៍តាមរដូវ／
ຄວາມຮູ້ສຶກເພິ່ງພໍໃຈທີ່ບັນລຸເປົ້າໝາຍ, ຄວາມຮູ້ສຶກຕຶງຄຽດ, ຄວາມຮູ້ສຶກຕໍ່ລະດູການ)

☐ **〜巻**（かん）

▷ 上巻・下巻、第1巻（じょうかん・げかん、だいかん）

(पहिलो भाग, दोस्रो भाग, भाग १／ភាគមុន / ភាគក្រោយ, កម្រិត ១／ມ້ວນທຳອິດ, ມ້ວນສຸດທ້າຍ, ມ້ວນທີໜຶ່ງ)

☐ **〜気味**（ぎみ）

▷ 風邪気味、太り気味（かぜぎみ、ふとぎみ）

(रुघा लागेको जस्तो महशुस, धेरै मोटाएको महशुस／មានអារម្មណ៍ដូចជាចង់ផ្តាសាយបន្តិច, មានអារម្មណ៍ធាត់បន្តិច／
ຮູ້ສຶກວ່າບໍ່ສະບາຍ, ຮູ້ສຶກວ່າຕຸ້ຍຂຶ້ນ)

☐ **〜げ**

▷ 不安げな顔、楽しげな様子（ふあん かお、たの ようす）

(चिन्तित भएको जस्तो अनुहार, रमाईलो जस्तो अवस्था／មុខដូចភ័យព្រួយ, ស្ថានភាពដូចរីករាយ／
ໜ້າຕາເບິ່ງຄືບໍ່ໝັ້ນໃຈ, ທ່າທາງເບິ່ງຄືມ່ວນ)

☐ **〜軒**（けん）

▷ 2軒のパン屋（けん や）

(दुई वटा बेकरीको घरहरू／ហាងនំប៉័ងពីរខ្នង／ຮ້ານຂາຍເຂົ້າໜົມປັງ2ຮ້ານ (ຫຼັງ))

□ ～号
ごう

▷ 502号室、〈雑誌〉12月号、特急23号
ごうしつ　ざっし　がつごう　とっきゅう　ごう

(५०२ नम्बरको कोठा, 〈पत्रिका〉 १२ महिना अंक, सीमित एक्सप्रेस २३ नम्बर／បន្ទប់លេខ៥០២, (ទស្សនាវដ្ដី)លេខខែ១២, រថភ្លើងរហ័សលេខ២៣／ຫ້ອງໝາຍເລກ502, (ວາລະສານ) ສະບັບເດືອນ12, ລົດໄຟດ່ວນພິເສດໝາຍເລກ23)

□ ～史
し

▷ 歴史、日本史、世界史、現代史、古代史
れきし　にほんし　せかいし　げんだいし　こだいし

(इतिहास, जापानको इतिहास, विश्व इतिहास, आधुनिक इतिहास, प्राचिन इतिहास／ប្រវត្តិសាស្ត្រ, ប្រវត្តិសាស្ត្រជប៉ុន, ប្រវត្តិសាស្ត្រពិភពលោក, ប្រវត្តិសាស្ត្រសម័យទំនើប, ប្រវត្តិសាស្ត្រសម័យបុរាណ／ປະຫວັດສາດ, ປະຫວັດສາດຍີ່ປຸ່ນ, ປະຫວັດສາດໂລກ, ປະຫວັດສາດຮ່ວມສະໄໝ, ປະຫວັດສາດໂບຮານ)

□ ～室
しつ

▷ 試着室、寝室、浴室
しちゃくしつ　しんしつ　よくしつ

(ड्रेसिंग कोठा, शयनकक्ष, बाथरुम／បន្ទប់សាកខោអាវ បន្ទប់គេង បន្ទប់ងូតទឹក／ຫ້ອງລອງເຄື່ອງ, ຫ້ອງນອນ, ຫ້ອງອາບນ້ຳ)

□ ～者
しゃ

▷ 発表者、関係者、読者、筆者、記者
はっぴょうしゃ　かんけいしゃ　どくしゃ　ひっしゃ　きしゃ

(प्रस्तुतकर्ता, सम्बन्धित व्यक्ति, पाठक, लेखक, रिपोर्टर／អ្នកធ្វើបទបង្ហាញ, អ្នកពាក់ព័ន្ធ, អ្នកអាន, អ្នកនិពន្ធ, អ្នកយកព័ត៌មាន／ຜູ້ສະເໜີ, ຜູ້ກ່ຽວຂ້ອງ, ຄົນອ່ານ, ນັກຂຽນ, ນັກຂ່າວ,)

□ ～場
じょう

▷ 練習場、飛行場、球場、式場
れんしゅうじょう　ひこうじょう　きゅうじょう　しきじょう

(अभ्यास क्षेत्र, विमानस्थल, बेसबल स्टेडियम, समरोह हल／ទីលានហ្វឹកហាត់, អាកាសយានដ្ឋាន, ពហុកីឡាដ្ឋាន, សាលពិធី／ສະໜາມຝຶກຊ້ອມ, ສະໜາມບິນ, ສະໜາມເບສບອນ, ສະຖານທີ່ປະກອບພິທີ)

□ ～場
ば

▷ 仕事場、酒場　(कार्यस्थल, भट्टी／កន្លែងធ្វើការ, បារ／ບ່ອນເຮັດວຽກ, ບ່ອນກິນເຫຼົ້າ (ຮ້ານເຫຼົ້າ, ບາ))
しごとば　さかば

□ ～済み
ず

▷ 使用済み、確認済み
しようず　かくにんず

(प्रयोग भइसक्यो, प्रमाणित (पुष्टी) भइसक्यो／ប្រើប្រាស់រួចហើយ, បញ្ជាក់រួចរាល់／ໃຊ້ແລ້ວ, ກວດສອບແລ້ວ)

□ ～性
せい

▷ 安全性、社会性、具体性
あんぜんせい　しゃかいせい　ぐたいせい

(सुरक्षा क्षमता, सामाजिक आचरण, समग्रता／សុវត្ថិភាព, សង្គម, ភាពច្បាស់លាស់／ຄວາມປອດໄພ, ຄວາມສາມັກຄີກັນ, ຄວາມເປັນຮູບປະທຳ)

□ ～製
せい

▷ スイス製、木製、ビニール製
せい　もくせい　せい

(स्विजरल्याण्डमा बनेको, काठले बनेको, प्लाष्टिकले बनेको／ផលិតផលស្វីស, ផលិតផលឈើ, ផលិតផលប្លាស្ទិច／ຍີ່ຫໍ້ຂອງສະວິດ, ເຮັດຈາກໄມ້, ເຮັດຈາກຜ້າຢາງ)

□ ～隻
せき

▷ ２隻の船
せき　ふね

(दुई वटा जहाज／នាវាពីរគ្រឿង／ເຮືອ2ລຳ)

□ ～戦
せん

▷ 対戦、決勝戦
たいせん　けっしょうせん

(विरुद्धको खेल, फाईनल खेल／ការប្រកួត, ការប្រកួតផ្ដាច់ព្រ័ត្រ／ການແຂ່ງຂັນ, ການແຂ່ງຂັນຮອບຊິງຊະນະເລີດ)

□ ～沿い
ぞ

▷ 川沿い、道路沿い
かわぞ　どうろぞ

(खोला किनार, बाटोको किनार／តាមដងទន្លេ, តាមដងផ្លូវ／ລຽບໄປຕາມນ້ຳ, ລຽບໄປຕາມເສັ້ນທາງ)

□ ～度
ど

▷ 速度、角度、湿度、理解度
そくど　かくど　しつど　りかいど

(गति, कोण, आद्रता, बुझ्ने शक्ति／កំរិតល្បឿន, កំរិតមុំ, កំរិតភាពសើម, កំរិតយល់ដឹង／ຄວາມໄວ, ມຸມ, ຄວາມຊຸ່ມ, ລະດັບຄວາມເຂົ້າໃຈ)

□ ～病
びょう

▷ 急病、重病、仮病、看病
きゅうびょう　じゅうびょう　けびょう　かんびょう

(अकस्मात बिरामी, गम्भीर रोग, बिरामीको नाटक, नर्सिंग (बिरामको ख्याल राख्ने)／ជំងឺភ្លាមៗ, ជំងឺធ្ងន់ធ្ងរ, ជំងឺកុហក, ការថែទាំជំងឺ／ເຈັບເປັນກະທັນຫັນ, ເຈັບໜັກ, ເຈັບການເມືອງ, ການເບິ່ງແຍງຄົນເຈັບ)

□	～部 ぶ	▷ 発行１万部 はっこう まんぶ (१००० प्रति जारी गरियो ।／បោះពុម្ព១ម៉ឺនច្បាប់／ພິມ 1 ໝື່ນຫົວ)
□	～風 ふう	▷ 和風、洋風、インド風、現代風 わふう ようふう ふう げんだいふう (जापानी शैली, पश्चिमी शैली, भारतीय शैली, आधुनिक शैली／រចនាបថបែបជប៉ុន, បែបបស្ចិមប្រទេស, រចនាបថបែបឥណ្ឌា, រចនាបថបែបទំនើប／ແບບຍີ່ປຸ່ນ, ແບບຕາເວັນຕົກ, ແບບອິນເດຍ, ແບບສະໄໝປະຈຸບັນ)
□	～別 べつ	▷ 男女別の結果、年齢別 だんじょべつ けっか ねんれいべつ (केटा र केटी अनुसारको परिणाम, उमेर अनुसार／លទ្ធផលតាមភេទ, តាមអាយុ／ຜົນແຍກຕາມເພດຍິງແລະຊາຍ, ແຍກຕາມອາຍຸ)
□	～放題 ほうだい	▷ 食べ放題、乗り放題 た ほうだい の ほうだい (खान सक्ने जति, चढ्न सके जति／បរិភោគដោយសេរី, ជិះដោយសេរី／ບຸບເຟ້ (ກິນໄດ້ບໍ່ຈຳກັດ), ຂີ່ໄດ້ບໍ່ຈຳກັດ)
□	～み	▷ 楽しみ、弱み、厚み たの よわ あつ (रमाइलोपन, कमजोरपन, बाक्लोपन／ភាពសប្បាយរីករាយ, ភាពទន់ខ្សោយ, កម្រាស់／ຄວາມມ່ວນຊື່ນ, ຄວາມອ່ອນແອ (ຈຸດອ່ອນ), ຄວາມໜາ)
□	～未満 みまん	▷ 18歳未満 さいみまん (१८ वर्ष मुनि／អាយុក្រោម18ឆ្នាំ／ຕ່ຳກວ່າ18ປີ)
□	～向き む	▷ 南向きの部屋、初心者向きのコース みなみむ へや しょしんしゃむ (दक्षिणतर्फ फर्केको कोठा, शुरुवाती व्यक्तिको कोर्स／បន្ទប់បែមុខខាងត្បូង, វគ្គសំរាប់អ្នកចាប់ផ្ដើមដំបូង／ຫ້ອງທິດທາງໃຕ້, ຫຼັກສູດທີ່ເໝາະສຳລັບມືໃໝ່)
□	～向け む	▷ 子供向けの番組、女性向けのメニュー こどもむ ばんぐみ じょせいむ (साना बालबालिकाको कार्यक्रम, महिलाको लागि सुहाउँदो मेनु／កម្មវិធីសំរាប់កុមារ, ម៉ឺនុយសំរាប់នារី／ລາຍການສຳລັບເດັກນ້ອຍ, ເມນູສຳລັບຜູ້ຍິງ)
□	～め	▷ 早めの準備、遅めの朝食 はや じゅんび おそ ちょうしょく (चाँडो तयारी, ढिलो ब्रेकफास्ट／ការរៀបលឿនជាងរាល់ដង, អាហារពេលព្រឹកយឺតជាងរាល់ដង／ການກະກຽມທີ່ຂ້ອນຂ້າງໄວ, ເຂົ້າເຊົ້າທີ່ຂ້ອນຂ້າງຊ້າ)
□	～率 りつ	▷ 合格率、増加率 ごうかくりつ ぞうかりつ (उत्तिर्ण दर, वृद्धि दर／អត្រាប្រលងជាប់, អត្រាកើនឡើង／ອັດຕາສ່ວນຂອງການສອບເສັງຜ່ານ, ອັດຕາທີ່ເພີ່ມຂຶ້ນ)
□	～力 りょく	▷ 精神力、想像力 せいしんりょく そうぞうりょく (मानसिक शक्ति, कल्पना शक्ति／អំណាចឬកំលាំងផ្លូវចិត្ត, កំលាំងគិតស្រមើលស្រម៉ៃ／ພະລັງຈິດ, ພະລັງຄວາມນຶກຄິດ (ຈິນຕະນາການ))
□	～論 ろん	▷ 一般論、文化論 いっぱんろん ぶんかろん (सामान्य सिद्धान्त, सांस्कृतिक सिद्धान्त／ទ្រឹស្តីទូទៅ, ទ្រឹស្តីវប្បធម៌／ຄວາມຄິດເຫັນໂດຍທົ່ວໄປ, ທິດສະດີຂອງວັດທະນະທຳ)
□	～費 ひ	▷ 旅費、食費、交通費、宿泊費 りょひ しょくひ こうつうひ しゅくはくひ (भ्रमण खर्च, खाना खर्च, यातायात खर्च, आवास खर्च／ប្រាក់ចំណាយលើការធ្វើដំណើរ, ប្រាក់ចំណាយលើអាហារ, ប្រាក់ចំណាយលើការធ្វើដំណើរ, ប្រាក់ចំណាយលើការស្នាក់នៅ／ຄ່າໃຊ້ຈ່າຍໃນການທ່ອງທ່ຽວ, ຄ່າອາຫານ, ຄ່າເດີນທາງ, ຄ່າທີ່ພັກ)

(बिभिन्न अर्थ लाग्ने किया／
កិរិយាស័ព្ទដែលមានអត្ថន័យផ្សេងៗ／
ຄຳກິລິຍາທີ່ມີຫຼາຍຄວາມໝາຍ)

☐ 入れる

▷ 予定を入れる、連絡を入れる、日曜日を入れて３日間

(भेटको समय मिलाउनु, सम्पर्क गर्नु, आइतबार राखेर ३ दिन／បញ្ចូលការណាត់ជួប, ធ្វើការទាក់ទងទៅ, ដាក់ថ្ងៃអាទិត្យចូលគឺ៣ថ្ងៃ／
ກຳນົດເວລາ, ຕິດຕໍ່ສື່ສານ, ລວມວັນອາທິດເຂົ້າເປັນ3ມື້)

☐ 受ける

▷ 電話を受ける、指示を受ける、試験を受ける、奨学金を受ける

(टेलिफोन उठाउनु, निर्देशन पाउनु, परीक्षा दिनु, छात्रवृति पाउनु／ទទួលទូរស័ព្ទ, ទទួលការណែនាំ, ទទួលប្រឡង, ទទួលអាហារូបករណ៍／
ຮັບໂທລະສັບ, ຮັບຄຳແນະນຳ, ເຂົ້າຮັບການສອບເສັງ, ຮັບທຶນການສຶກສາ)

☐ 送る

▷ 現地にスタッフを送る、楽しい生活を送る

(कार्यस्थलमा कर्मचारी पठाउनु । नयाँ जीवनयापन गर्नु／បញ្ជូនបុគ្គលិកទៅទីតាំងនោះ, រស់នៅដោយរីករាយ／
ສົ່ງເຈົ້າໜ້າທີ່ໄປສະຖານທີ່ຈິງ, ມ່ວນຊື່ນກັບການໃຊ້ຊີວິດແບບໃໝ່.)

☐ 落ちる

▷ 売上が落ちる、味が落ちる、色が落ちる、汚れが落ちる

(बिक्री घट्नु, स्वाद खस्किनु, रंग खुइलिनु, फोहर हट्नु／លក់ការធ្លាក់ចុះ, រសជាតិធ្លាក់ចុះ, ពណ៌ធ្លាក់ចុះ, ស្នាមប្រឡាក់ជ្រុះ／
ຍອດຂາຍຕົກ, ລົດຊາດຕົກ, ອອກສີ, ຄາບເປື້ອນອອກ)

☐ かかる

▷ 水が(人に)かかる、霧がかかる、病気にかかる、エンジンがかかる、優勝がかかる

(मान्छेलाई पानी पर्नु, कुहिरो लाग्नु, बिरामी हुनु, ईन्जीन चल्नु, जित हासिल गर्नु／
ការជ្រាបទឹក (លើមនុស្ស), ក្រអឺតក្រទម, ឈឺ, ម៉ាស៊ីនឆេះឬមានដំណើការ, សំរេចការឈ្នះ／
ນ້ຳຖືກ(ຄົນ), ປົກຄຸມໄປດ້ວຍໝອກ, ທົນທຸກທໍລະມານຈາກໂລກໄພໄຂ້ເຈັບ, ຈັກຕິດ, ມີຜົນກະທົບຕໍ່ໄຊຊະນະ)

☐ 切る

▷ 電話を切る、１万円を切る値段

(फोन काट्नु, (राख्नु), १०,००० येन भन्दा कम मूल्य हुनु／ដាក់ទូរស័ព្ទចុះ, តម្លៃក្រោម១ម៉ឺនយ៉េន／
ວາງໂທລະສັບ, ລາຄາຫຼຸດລົງຕ່ຳກວ່າ1ໝື່ນເຢັນ)

☐ 出す

▷ 力を出す、芽を出す、答えを出す、新しい商品を出す、本を出す、指示を出す

(बल निकाल्नु, अंकुर आउनु, उत्तर दिनु, नयाँ उत्पादित वस्तु प्रस्तुत गर्नु, किताब प्रकाशित गर्नु, निर्देशन दिनु／
បញ្ចេញកំលាំង, ចេញពន្លក, ផ្តល់ចម្លើយ, ដាក់ចេញផលិតផលថ្មី, ចេញសៀវភៅ (អត្ថន័យនៃការបោះពុម្ពផ្សាយ), ផ្តល់ការណែនាំ／
ອອກແຮງ, ອອກໜໍ່, ໃຫ້ຄຳຕອບ (ຊອກຫາຄຳຕອບອອກມາ), ອອກສິນຄ້າໃໝ່, ພິມປຶ້ມ (ໃຊ້ໃນຄວາມໝາຍການພິມປຶ້ມອອກເພື່ອຈຳໜ່າຍ),
ອອກຄຳແນະນຳ)

☐ つく

▷ 身につく、差がつく、気がつく

(ज्ञान (सीप) पाउनु, फरक पर्नु, थाहा हुन／ទទួលបាន, ធ្វើឱ្យមានភាពខុសគ្នា, សម្គាល់ឃើញ／ໄດ້ຮັບ, ຄວາມແຕກຕ່າງເພີ່ມຂຶ້ນ, ຮູ້ສຶກໂຕ)

☐ 入る

▷ サークルに入る、新しい月に入る、ボーナスが入る

(सर्कलमा सहभागी हुनु, नयाँ महिनामा जानु, बोनस आउन／ចូលក្នុងក្រុម, ចូលខែថ្មី, ប្រាក់រង្វាន់ចូល／
ເຂົ້າເປັນສະມາຊິກສະໂມສອນ, ກ້າວເຂົ້າເດືອນໃໝ່, ເງິນໂບນັດເຂົ້າ)

音声DL 78

5 動詞(どうし)＋動詞(どうし)

(क्रिया ＋ क्रिया／កិរិយាស័ព្ទ + កិរិយាស័ព្ទ／
ບໍ່ໄດ້ໝາຍຄວາມວ່າທຸກຢ່າງຈະສອດຄ່ອງກັບກົດລະບຽບນີ້.)

□ **当(あ)てはまる**
(मिल्नु／អនុវត្ត／
ເຂົ້າຂ່າຍ, ເໝາະສົມ, ສອດຄ່ອງ)

▶ この規則(きそく)にすべてが当(あ)てはまるわけではない。
(यो नियममा सबै मिल्नु पर्छ भन्ने छैन ।／វិន័យនេះមិនមែនត្រូវអនុវត្តទាំងអស់នោះទេ／
ບໍ່ໄດ້ໝາຍຄວາມວ່າທຸກຢ່າງຈະສອດຄ່ອງກັບກົດລະບຽບນີ້.)

□ **当(あ)てはめる**
(मिलाउनु, लागु गर्नु／គិតនិយាយត្រូវ／
ໃຊ້ກັບ, ຖືກກັບ, ປັບໃຫ້ແທດເໝາະ)

▶ 同(おな)じことが起(お)きたらと自分(じぶん)に当(あ)てはめて考(かんが)えると恐(おそ)ろしい。
(एउटै कुरा भयो भन्दै, आफूमा लागू गरी सोच्नु डरलाग्दो छ ।／
វាគួរឱ្យខ្លាចក្នុងការគិតអំពីវាប្រសិនបើរឿងដដែលនេះកើតឡើងចំពោះខ្លួនឯង／
ຄິດແລ້ວກໍ່ເປັນຕາຢ້ານຖ້າເຫດການອັນດຽວກັນເກີດຖືກກັບໂຕເອງ.)

□ **言(い)い合(あ)う**
(भनाभन गर्नु (झगडा)／និយាយគ្នា／
ລົມກັນ, ຖຽງກັນ)

▷ 父(ちち)と言(い)い合(あ)いになる、冗談(じょうだん)を言(い)い合(あ)う
(बुबासँग भनाभन (झगडा) हुनु (एकआपसमा रिसाइरहेको अवस्था), ख्यालठ्ठा(मजाक) गर्नु／
ជជែកជាមួយឪពុកខ្ញុំ (ស្ថានភាពដែលពួកគេខឹងនឹងគ្នា), និយាយលេងសើច／
ຖຽງກັນກັບພໍ່ (ສະພາບທີ່ໃຈຮ້າຍໃຫ້ກັນ), ລົມກັນເລື່ອງຕາຫຼົກ.)

□ **言(い)い出(だ)す**
(आफूले भन्न शुरु गर्नु／និយាយចេញ／
ເລີ່ມເວົ້າ, ເວົ້າອອກມາ)

▶ 自分(じぶん)でやると言(い)い出(だ)したんだから、最後(さいご)までやって。
(आफैंले गर्छु भन्न शुरु गरेकोले, अन्तिमसम्म गर ।／
អ្នកបាននិយាយចេញមកថាធ្វើវាដោយខ្លួនឯងដូច្នេះធ្វើវារហូតដល់ទីបញ្ចប់／
ເມື່ອໄດ້ເວົ້າອອກມາວ່າຕົນເອງຊິເຮັດ, ກໍ່ເຮັດໃຫ້ເຖິງທີ່ສຸດ.)

□ **言(い)い間違(まちが)える**
(भनेको नमिल्नु, त्रुटि／
និយាយច្រលំឬនិយាយខុស／ເວົ້າຜິດ)

▷ 言(い)い間違(まちが)い
(त्रुटि／និយាយខុសឬនិយាយច្រលំ／ເວົ້າຜິດ)

□ **受(う)け持(も)つ**
(जिम्मा लिनु／ទទួលបន្ទុក／
ຮັບຜິດຊອບເບິ່ງແຍງ, ຮັບຕຳແໜ່ງ,
ຮັບການມອບໝາຍ)

▷ クラスを受(う)け持(も)つ
(कक्षाको जिम्मा लिनु／ទទួលបន្ទុកថ្នាក់／ຮັບຜິດຊອບເບິ່ງແຍງຫ້ອງຮຽນ.)

□ **打(う)ち上(あ)げる**
(उठाउनु／បាញ់ឡើងលើ／
ຍິງ...ຂຶ້ນສູ່ທ້ອງຟ້າ, ຈູດ...ຂຶ້ນສູ່ທ້ອງຟ້າ)

▷ 花火(はなび)を打(う)ち上(あ)げる
(आतिसबाजी (हानाबी) प्रक्षेपण／បាញ់កាំជ្រួចឡើងលើ／ຈູດດອກໄມ້ໄຟຂຶ້ນສູ່ທ້ອງຟ້າ.)

□ **打(う)ち消(け)す**
(हटाउनु (मेटाउनु)／លុបបំបាត់／
ປະຕິເສດ, ກົບເກື່ອນ)

▶ 悪(わる)い噂(うわさ)を打(う)ち消(け)すのに必死(ひっし)だ。
(खराब अफवाहहरूको हटाउन लागिपर्यो ।／ប្រឹងអស់ពីកំលាំងកាយចិត្តដើម្បីលុបបំបាត់ពាក្យចចាមអារ៉ាមមិនល្អ／
ພະຍາຍາມສຸດຄວາມສາມາດເພື່ອປະຕິເສດຂ່າວລືທີ່ບໍ່ດີ.)

□ **売(う)り出(だ)す**
(बिक्री शुरु गर्नु／ចេញលក់／
ອອກຂາຍ, ວາງຂາຍ, ວາງຈຳໜ່າຍ)

▷ 新商品(しんしょうひん)を売(う)り出(だ)す
(नयाँ उत्पादित वस्तु बिक्री शुरु गर्नु ।／ចេញលក់ផលិតផលថ្មី／ວາງຈຳໜ່າຍສິນຄ້າໃໝ່.)

□ **追(お)い～**
(खेद्नु, पछ्याउनु／តាម／
ໄລ່ຕາມຫຼັງມາຕິດໆ)

▷ 追(お)いかける、追(お)いつく、追(お)い越(こ)す
(लखेट्नु, भेटाउनु, उछिन्नु／ដេញតាម, ចាប់បានឬតាមទាន់, វ៉ាដាច់／ແລ່ນນຳ, ນຳທັນ, ແຊງຂຶ້ນໜ້າ)

□ 追い出す
お　だ
(बाहिर निकाल्नु／បណ្ដេញចេញ／ໄລ່ອອກໄປ, ຂັບອອກ)

▶ うるさいから、隣の人をアパートから追い出したい。
となり ひと　お　だ
(धेरै हल्ला भएकोले सँगैको मान्छेलाई अपार्टमेन्टमा बाहिर निकाल्न चाहन्छु।／ខ្ញុំចង់ធ្វើឱ្យអ្នកជិតខាងរបស់ខ្ញុំចេញពីអាផាតមិន ព្រោះរំខាន／ຍ້ອນຟົດກໍ່ເລີຍຢາກໄລ່ຄົນຢູ່ຫ້ອງອາພາດເມັ້ນທາງຂ້າງອອກໄປ.)

□ 思い切る
おも　き
(निर्णय गर्नु／សំរេចចិត្ត／ຕັດສິນໃຈຢ່າງໜັກແໜ້ນ)

▶ 思い切って留学することにした。
おも　き　りゅうがく
(दोमन नगरी वैदेशिक शिक्षा हासिल गर्ने जाने कुरा निर्णय गरें।／ខ្ញុំបានសំរេចចិត្តឈប់រៀននៅបរទេស／ຕັດສິນໃຈຢ່າງໜັກແໜ້ນໃນການໄປຮຽນຢູ່ຕ່າງປະເທດ)

□ ～換える/替える
か　か
(परिवर्तन गर्नु／ដូរឬផ្ទេរ／ປ່ຽນ)

▷ 買い換える、乗り換える
か　か　の　か
(नयाँ किनेर परिवर्तन गर्नु, गाडी परिवर्तन गर्नु／ទិញដូរថ្មី, ជិះផ្ទេរ／ຊື້ມາປ່ຽນ, ປ່ຽນສາຍ (ລົດ)/ຕໍ່ລົດ)

□ 切り替える
き　か
(अरु कुरामा परिवर्तन गर्नु／ផ្លាស់ប្ដូរ／ປ່ຽນ, ປ່ຽນໃໝ່)

▶ 今日から新学期です。気持ちを切り替えて勉強しましょう。
きょう　しんがっき　きも　き　か　べんきょう
(आजदेखि नयाँ शैक्षिक शत्र हो। आफ्नो मन परिवर्तन गरेर अध्ययन गरौ।／វាជាឆមាសថ្មីចាប់ពីថ្ងៃនេះ, សូមផ្លាស់ប្ដូរអារម្មណ៍ហើយតោះរៀន／ຕັ້ງແຕ່ມື້ນີ້ໄປແມ່ນພາກຮຽນໃໝ່, ປ່ຽນຄວາມຮູ້ສຶກໃໝ່ແລະສຶກສາຮໍ່າຮຽນກັນເທາະ.)

□ ～込む
こ
(घुस्नु, उफ्रनु／ចូល／ເຂົ້າໄປໃນ)

▷ 列に割り込む、池に飛び込む
れつ　わ　こ　いけ　と　こ
(लाईन मिचेर घुस्नु (छिर्नु), पोखरीमा हाम फाल्नु／បែកជាជួរ, លោតចូលស្រះ／ຕັດແຖວ/ແຊງຄິວ, ໂດດເຂົ້າໄປໃນສະ)

□ 差し引く
さ　ひ
(घटाउनु／ដកចេញ／ຫັກ (ເງິນ) ອອກ)

▶ 手数料と送料を差し引くと、この金額になります。
てすうりょう　そうりょう　さ　ひ　きんがく
(कमिशन र ढुवानी भाडा घटायो भने, यो रकम हुन्छ।／នេះជាចំនួនទឹកប្រាក់បន្ទាប់ពីកាត់ថ្លៃសេវានិងថ្លៃដឹក។／ຕົກເປັນມູນຄ່າເທົ່ານີ້ຫຼັງຈາກທີ່ຫັກຄ່າທຳນຽມແລະຄ່າຂົນສົ່ງອອກ.)

□ 突き当たる
つ　あ
(ठोक्किनु, पुग्नु／ចុងផ្លូវ／ຮອດທາງຕັນ, ມີ (ກຳແພງ) ຂວາງຢູ່ຕໍ່ໜ້າ, ຕຳທາງໜ້າ)

▶ 真っすぐ行って、突き当たったら右に曲がってください。
ま　い　つ　あ　みぎ　ま
(सिधा गएर, अगाडिको भित्तामा पुगेर दाँया मोड्नुहोस्।／ទៅត្រង់ហើយនៅត្រង់ចុងផ្លូវនោះសូមបត់ស្ដាំ／ກະລຸນາໄປຊື່ໆຮອດທາງຕັນແລ້ວລ້ຽວຂວາ.)

□ 作り出す
つく　だ
(बनाउनु／បង្កើត／ຜະລິດ, ປະດິດ)

▷ 新しい商品を作り出す
あたら　しょうひん　つく　だ
(नयाँ बस्तु बनाउनु／បង្កើតផលិតផលថ្មី／ຜະລິດສິນຄ້າໃໝ່.)

□ 積み上げる
つ　あ
(बटुल्नु／ផ្ដុំ／ຊ້ອນຂຶ້ນ, ສະສົມ)

▷ 実績を積み上げる
じっせき　つ　あ
(अनुभव बटल्नु／បង្កើនសមិទ្ធិផល／ສະສົມຜົນງານທີ່ຜ່ານມາ.)

□ 照らし合わせる
て　あ
(दाँज्नु／ប្រៀបធៀប／ກວດທຽບ)

▷ 自分の答えと正解を照らし合わせる
じぶん　こた　せいかい　て　あ
(आफ्नो उत्तर र ठिक उत्तर दाँज्नु／ប្រៀបធៀបចម្លើយរបស់ខ្លួនជាមួយចម្លើយត្រឹមត្រូវ／ກວດຄຳຕອບຂອງໂຕເອງທຽບກັບຄຳຕອບທີ່ຖືກຕ້ອງ.)

□ 飛び出す
と　だ
(उफ्रनु, हामफाल्नु, बाहिर जानु, दौडिनु／លោតចេញ／ອອກມາ (ທັນທີ), ປະກົດຂຶ້ນ(ທັນທີ))

▷ 箱から飛び出す、道路に飛び出す
はこ　と　だ　どうろ　と　だ
(वाकसबाट निस्कनु, सडकमा दौडिनु (निस्कनु)／លោតចេញពីប្រអប់, លោតចេញនៅលើផ្លូវ／ອອກມາຈາກກ່ອງ, ອອກມາທັນທາງທັນທີ)

□ 取り入れる
と　い
(स्विकार्नु, अपनाउनु, भित्र्याउनु／បញ្ចូល／ຮັບ, ຮັບເຂົ້າມາ, ນຳເຂົ້າມາໃຊ້, ຮັບມາໃຊ້)

▷ 意見を取り入れる
いけん　と　い
(विचार (राय) स्विकार्नु／បញ្ចូលគំនិត／ຮັບຄຳເຫັນເຂົ້າມາ)

□ **取(と)り組(く)む**
(लागी पर्नु, आबद्ध हुनु／ចាប់ផ្តើមធ្វើ／ແກ້ໄຂ, ຈັບຄູ່ແຂ່ງຂັນ)

▷ 問題(もんだい)に取(と)り組(く)む
(समस्यामा समाधान गर्न लागिपर्नु／ចាប់ផ្តើមដោះស្រាយបញ្ហា／ແກ້ໄຂບັນຫາ)

取(と)り組(く)み
(प्रयास, प्रयत्न／ការចាប់ផ្តើមធ្វើ／ການແຂ່ງຂັນ, ການຈັດການ (ກັບບັນຫາ))

□ **取(と)り除(のぞ)く**
(हटाउनु／យកចេញ, ដកចេញ／ເອົາອອກ, ກຳຈັດ)

▷ 不安(ふあん)を取(と)り除(のぞ)く
(दुविधा हटाउनु／ដកការបារម្ភចេញ／ກຳຈັດຄວາມກັງວົນ)

□ **引(ひ)き～**
(तान्नु, निकाल्नु, झिक्नु／ដក／ດຶງ)

▷ 答(こた)えを引(ひ)き出(だ)す、お金(かね)を引(ひ)き出(だ)す
(उत्तर निकाल्नु, पैसा झिक्नु／ទាញចម្លើយចេញ, ដកប្រាក់／ດຶງຄຳຕອບ, ຖອນເງິນ)

▷ 税率(ぜいりつ)を引(ひ)き上(あ)げる／引(ひ)き下(さ)げる
(करको दर बढाउनु, घटाउनु／ដំឡើងឬបន្ថយអត្រាពន្ធ／ຂຶ້ນ/ຫຼຸດອັດຕາພາສີ)

▶ 山田(やまだ)さんが代表(だいひょう)を引(ひ)き受(う)けてくれた。
(यामाडा जीले प्रतिनिधिको लागि स्वीकार गर्नुभयो ।／លោកយ៉ាម៉ាដាបានទទួលដំណែងជាអ្នកតំណាង／ທ່ານ ຢະມະດະຮັບເປັນໂຕແທນໃຫ້.)

▶ 彼(かれ)が辞(や)めると言(い)うので、引(ひ)きとめた。
(उनले छोड्ने भनेकोले रोकें ।／គាត់និយាយថាគាត់នឹងឈប់ដូច្នេះខ្ញុំបញ្ឈប់ការឈប់／ລາວເວົ້າວ່າຊິລາອອກ ກໍ່ເລີຍຢັບຢັ້ງໄວ້)

□ **引(ひ)っかかる**
(अड्किनु／ទាក់／ເກາະ, ຂ້ອງ)

▶ 出(で)ていた釘(くぎ)にスカートが引(ひ)っかかった。
(बाहिर निस्किरहेको किल्लामा स्कर्ट अड्कियो ।／សំពត់ត្រូវបានទាក់នឹងម្ជូលដែលកំពុងលៀនចេញមក／ກະໂປ່ງເກາະຕະປູທີ່ເດ່ອອກມາ.)

□ **引(ひ)っかける**
(अड्काउनु／ទាក់／ຂ້ອງ)

▶ 荷物(にもつ)に足(あし)を引(ひ)っかけて転(ころ)びそうになった。
(सामानमा खुट्टा अड्किएर लडला जस्तो भयो ।／ខ្ញុំស្ទើរដួលដោយសារជើងខ្ញុំទាក់នឹងអីវ៉ាន់／ຂ້ອງເຄື່ອງຈົນເກືອບຊິລົ້ມ.)

□ **ひっくり返(かえ)す**
(पल्टाउनु／បង្វែរ／ປີ້ນ, ປີ້ນເບື້ອງ, ຂວ້ຳລົງ)

▷ お皿(さら)をひっくり返(かえ)す
(प्लेट (थाल) पल्टाउनु／បង្វែរចាន／ຂວ້ຳຈານລົງ.)

□ **ひっくり返(かえ)る**
(पल्टिनु／ផ្ងារក្រោយ／ຂວ້ຳ)

▷ すべって、ひっくり返(かえ)る
(सबै पल्टिनु (उल्टिनु)／រអិលហើយផ្ងារក្រោយ／ມື່ນຂວ້ຳ.)

□ **振(ふ)り返(かえ)る**
(पछाडि फर्केर हेर्नु (विगतको कुरा हेर्नु)／ក្រលប់មើល／ຫັນກັບໄປເບິ່ງ, ເບິ່ງຍ້ອນຫຼັງໄປໃນອະດີດ)

▷ 過去(かこ)を振(ふ)り返(かえ)る
(विगतलाई फर्केर हेर्नु／ក្រឡេកមើលអតីតកាល／ເບິ່ງຍ້ອນຫຼັງໄປໃນອະດີດ.)

□ **振(ふ)り向(む)く**
(पछाडि फर्केर केहि हेर्नु, पछाडि फर्कनु／បែរទៅខាង／ຫັນຫຼັງ, ປິ່ນຫຼັງ)

▷ 後(うし)ろを振(ふ)り向(む)く
(पछाडि फर्कनु (हेर्नु)／បែរមើលក្រោយ／ປິ່ນຫຼັງ)

音声DL 79

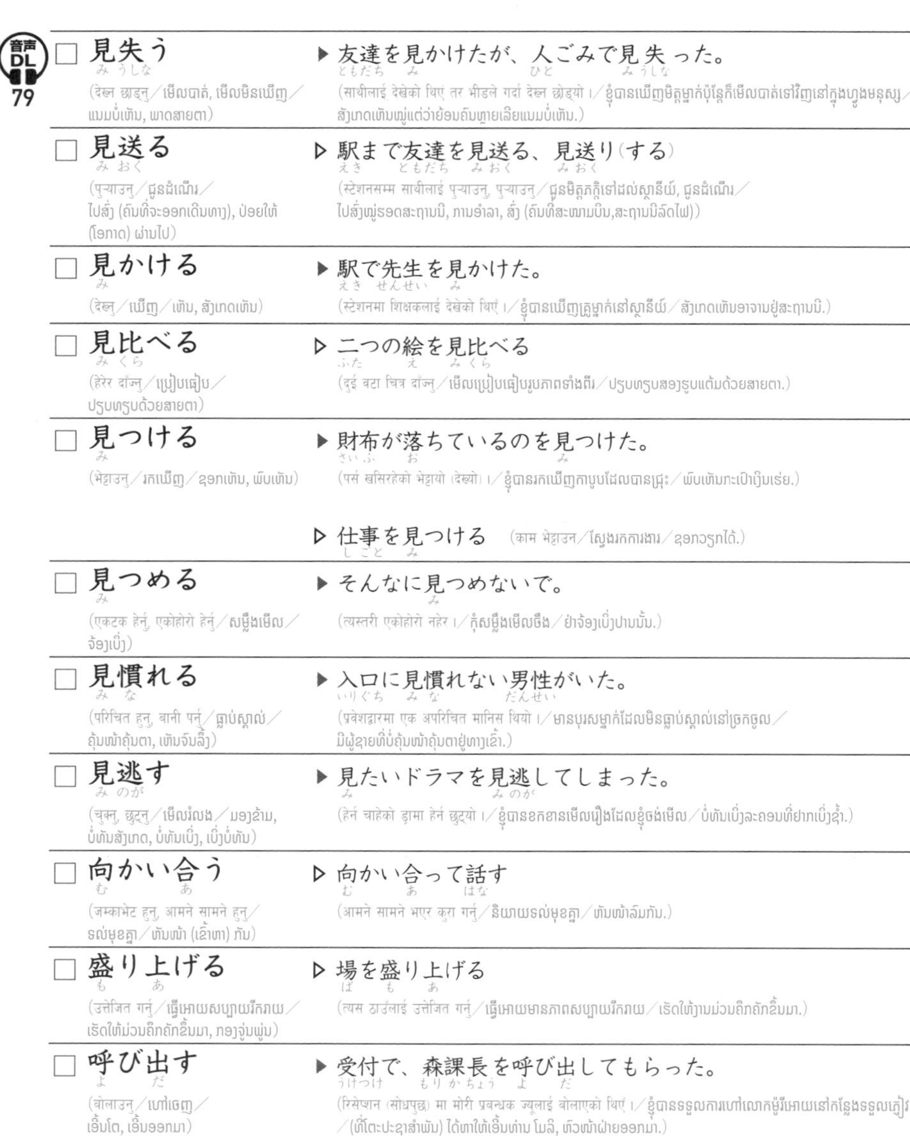

□ **見失う**
みうしな
(देख्न छाड्नु／មើលបាត់, មើលមិនឃើញ／ແນມບໍ່ເຫັນ, ພາດສາຍຕາ)

▶ 友達を見かけたが、人ごみで見失った。
ともだち　み　ひと　みうしな
(साथीलाई देखेको थिएं तर भीडले गर्दा देख्न छोड्यो ।／ខ្ញុំបានឃើញមិត្តម្នាក់ប៉ុន្តែក៏មើលបាត់ទៅវិញនៅក្នុងហ្វូងមនុស្ស／ສັງເກດເຫັນໝູ່ແຕ່ວ່າຍ້ອນຄົນຫຼາຍເລີຍແນມບໍ່ເຫັນ.)

□ **見送る**
み おく
(पुऱ्याउनु／ជូនដំណើរ／ໄປສົ່ງ (ຄົນທີ່ຈະອອກເດີນທາງ), ປ່ອຍໃຫ້ (ໂອກາດ) ຜ່ານໄປ)

▷ 駅まで友達を見送る、見送り(する)
えき　ともだち　みおく　みおく
(स्टेशनसम्म साथीलाई पुऱ्याउनु, पुऱ्याउनु／ជូនមិត្តភក្តិទៅដល់ស្ថានីយ៍, ជូនដំណើរ／ໄປສົ່ງໝູ່ຮອດສະຖານີ, ການອຳລາ, ສົ່ງ (ຄົນທີ່ສະໜາມບິນ,ສະຖານີລົດໄຟ))

□ **見かける**
み
(देख्नु／ឃើញ／ເຫັນ, ສັງເກດເຫັນ)

▶ 駅で先生を見かけた。
えき　せんせい　み
(स्टेशनमा शिक्षकलाई देखेको थिएं ।／ខ្ញុំបានឃើញគ្រូម្នាក់នៅស្ថានីយ៍／ສັງເກດເຫັນອາຈານຢູ່ສະຖານີ.)

□ **見比べる**
み くら
(हेरेर दाँज्नु／ប្រៀបធៀប／ປຽບທຽບດ້ວຍສາຍຕາ)

▷ 二つの絵を見比べる
ふた　え　みくら
(दुई वटा चित्र दाँज्नु／មើលប្រៀបធៀបរូបភាពទាំងពីរ／ປຽບທຽບສອງຮູບແຕ້ມດ້ວຍສາຍຕາ.)

□ **見つける**
み
(भेट्टाउनु／រកឃើញ／ຊອກເຫັນ, ພົບເຫັນ)

▶ 財布が落ちているのを見つけた。
さいふ　お　み
(पर्स खसिरहेको भेट्टायो (देख्यो) ।／ខ្ញុំបានរកឃើញកាបូបដែលបានជ្រុះ／ພົບເຫັນກະເປົາເງິນເຣ່ຍ.)

▷ 仕事を見つける
しごと　み
(काम भेट्टाउन／ស្វែងរកការងារ／ຊອກວຽກໄດ້.)

□ **見つめる**
み
(एकटक हेर्नु, एकोहोरो हेर्नु／សម្លឹងមើល／ຈ້ອງເບິ່ງ)

▶ そんなに見つめないで。
み
(त्यस्तरी एकोहोरो नहेर ।／កុំសម្លឹងមើលចឹង／ຢ່າຈ້ອງເບິ່ງປານນັ້ນ.)

□ **見慣れる**
み な
(परिचित हुनु, बानी पर्नु／ធ្លាប់ស្គាល់／ຄຸ້ນໜ້າຄຸ້ນຕາ, ເຫັນຈົນລື້ງ)

▶ 入口に見慣れない男性がいた。
いりぐち　み な　だんせい
(प्रवेशद्वारमा एक अपरिचित मानिस थियो ।／មានបុរសម្នាក់ដែលមិនធ្លាប់ស្គាល់នៅច្រកចូល／ມີຜູ້ຊາຍທີ່ບໍ່ຄຸ້ນໜ້າຄຸ້ນຕາຢູ່ທາງເຂົ້າ.)

□ **見逃す**
み のが
(चुक्नु, छुट्नु／មើលរំលង／ມອງຂ້າມ, ບໍ່ທັນສັງເກດ, ບໍ່ທັນເບິ່ງ, ເບິ່ງບໍ່ທັນ)

▶ 見たいドラマを見逃してしまった。
み　みのが
(हेर्न चाहेको ड्रामा हेर्न छुट्यो ।／ខ្ញុំបានខកខានមើលរឿងដែលខ្ញុំចង់មើល／ບໍ່ທັນເບິ່ງລະຄອນທີ່ຢາກເບິ່ງຊ້ຳ.)

□ **向かい合う**
む　あ
(जम्काभेट हुनु, आमने सामने हुनु／ទល់មុខគ្នា／ຫັນໜ້າ (ເຂົ້າຫາ) ກັນ)

▷ 向かい合って話す
む　あ　はな
(आमने सामने भएर कुरा गर्नु／និយាយទល់មុខគ្នា／ຫັນໜ້າລົມກັນ.)

□ **盛り上げる**
も　あ
(उत्तेजित गर्नु／ធ្វើអោយសប្បាយរីករាយ／ເຮັດໃຫ້ມ່ວນຄຶກຄັກຂຶ້ນມາ, ກອງຈູ່ມພູ່ມ)

▷ 場を盛り上げる
ば　も　あ
(त्यस ठाउँलाई उत्तेजित गर्नु／ធ្វើអោយមានភាពសប្បាយរីករាយ／ເຮັດໃຫ້ງານມ່ວນຄຶກຄັກຂຶ້ນມາ.)

□ **呼び出す**
よ　だ
(बोलाउनु／ហៅចេញ／ເອີ້ນໂຕ, ເອີ້ນອອກມາ)

▶ 受付で、森課長を呼び出してもらった。
うけつけ　もりかちょう　よ　だ
(रिसेप्शन (सोधपुछ) मा मोरी प्रबन्धक ज्यूलाई बोलाएको थिएं ।／ខ្ញុំបានទទួលការហៅលោកម៉ូរីអោយនៅកន្លែងទទួលភ្ញៀវ／(ທີ່ໂຕະປະຊາສຳພັນ) ໄດ້ຫາໃຫ້ເອີ້ນທ່ານ ໂມລິ, ຫົວໜ້າຝ່າຍອອກມາ.)

6 言葉のいろいろな形

(शब्दको विभिन्न स्वरूप (प्रकार)／ទំរង់ផ្សេងៗនៃអក្សរ／ຄຳສັບໃນຮູບແບບຕ່າງໆ)

N←V

- □ 憧れ(の職業) ← 憧れる
- □ いじめ(の問題) ← いじめる
- □ 急ぎ(の仕事) ← 急ぐ
- □ (卒業)祝い ← 祝う
- □ (荷物の)受け取り ← 受け取る
- □ (がんの)疑い ← 疑う
- □ (10分の)遅れ ← 遅れる
- □ 教え(を守る) ← 教える
- □ 覚え(がない) ← 覚える
- □ 思い込み(が強い) ← 思い込む
- □ 思いつき(の企画) ← 思いつく
- □ 輝き(を増す) ← 輝く
- □ 関わり(を持つ) ← 関わる
- □ 稼ぎ(がいい) ← 稼ぐ
- □ (ゆっくりとした)語り ← 語る
- □ 区切り(がつく) ← 区切る
- □ 組み立て(工場) ← 組み立てる
- □ (同じことの)繰り返し ← 繰り返す
- □ (年の)暮れ ← 暮れる
- □ こだわり(を捨てる) ← こだわる
- □ (家族の)支え ← 支える
- □ 誘い(を受ける) ← 誘う
- □ (勉強の)妨げ ← 妨げる
- □ 騒ぎ(を起こす) ← 騒ぐ
- □ (料金の)支払い ← 支払う
- □ (お)勧め(の本) ← 勧める
- □ すれ違い(で会えなかった) ← すれ違う
- □ 助け(を求める) ← 助ける
- □ 頼み(を断る) ← 頼む
- □ 問い(に答える) ← 問う
- □ 取り扱い(に注意) ← 取り扱う
- □ (予約の)取り消し ← 取り消す
- □ 取り外し(が可能) ← 取り外す
- □ 悩み(を相談する) ← 悩む
- □ 慣れ(が必要) ← 慣れる
- □ 望み(を聞く) ← 望む
- □ 励まし(を受ける) ← 励ます
- □ 働き(がいい) ← 働く

- □ (国への)働きかけ ← 働きかける
- □ 見送り(は要らない) ← 見送る
- □ 儲け(が少ない) ← 儲ける
- □ 求め(に応じる) ← 求める
- □ 戻り(の時間) ← 戻る
- □ 呼びかけ(に応える) ← 呼びかける

V←A／Na

- □ (腰を)痛める ← 痛い
- □ (影響が)薄まる ← 薄い
- □ (味を)薄める ← 薄い
- □ (気持ちが)固まる ← 固い
- □ (基礎を)固める ← 固い
- □ (過去を)悔やむ ← 悔しい
- □ (人々を)苦しめる ← 苦しい
- □ (自然を)好む ← 好ましい
- □ (会場が)静まる ← 静か(な)
- □ (自然に)親しむ ← 親しい
- □ (庭で)涼む ← 涼しい
- □ (関心が)高まる ← 高い
- □ (技術を)高める ← 高い
- □ (値段を)確かめる ← 確か(な)
- □ (会話を)楽しむ ← 楽しい
- □ (風が)強まる ← 強い
- □ (関係を)強める ← 強い
- □ (帰国が)早まる ← 早い
- □ (開始を)早める ← 早い
- □ (影響が)広まる ← 広い
- □ (噂を)広める ← 広い
- □ (理解が)深まる ← 深い
- □ (知識を)深める ← 深い
- □ (風が)弱まる ← 弱い
- □ (効果を)弱める ← 弱い

音声DL 80

⑦ 短い句

（छोटो वाक्यांश／ឃ្លាខ្លី／ສຳນວນສັ້ນໆ）

□ おかげ(さま)で

（तपाईंको कृपाले／សូមអរគុណ／
ຂອບໃຈທີ່ເປັນຫວ່ງເປັນໄຍ,
ຂອບໃຈທີ່ໃຫ້ການຊ່ວຍເຫຼືອ, ໂຊກດີທີ່...）

▶「皆さん、お元気ですか」「ええ。おかげさまで元気に暮らしています」

（"सबै जना, सन्चै हुनुहन्छ ?" "हजुर, तपाईंको कृपाले, हामी सबै राम्रोसंग बसिरहेको छ ।"／
「អ្នកទាំងអស់គ្នាតើសុខសប្បាយជាទេ?」「បាទបាទ ខ្ញុំសូមអរគុណអ្នកទាំងអស់គ្នាខ្ញុំរស់នៅបានល្អហើយ」／
"ທຸກຄົນ, ສະບາຍດີບໍ່?" "ໂດຍ, ໃຊ້ຊີວິດຢ່າງມີຄວາມສຸກດີ. ຂອບໃຈທີ່ເປັນຫວ່ງເປັນໄຍ."）

□ お待ちどうさま

（पर्खनु परेकोमा माफ／អរគុណដែលរង់ចាំ／
ຂໍໂທດເດີ້ທີ່ເຮັດໃຫ້ລໍຖ້າ）

▶〈料理を出すとき〉はい、お待ちどうさま。

（〈खाना दिने बेला〉हजुर, धेरै पर्खनु परेकोमा माफ पाउँ ।／<ពេលបម្រើម្ហូប> បាទសូមរង់ចាំ／
(ຕອນນຳເອົາອາຫານອອກມາ) ຂໍໂທດເດີ້ທີ່ເຮັດໃຫ້ລໍຖ້າ）

□ 構いません

（केही फरक पर्दैन, केही छैन ठिकै छ／
មិនមានបញ្ហាអ្វីទេ／ບໍ່ເປັນຫຍັງ）

▶「カウンターの席でもよろしいですか」「ええ、構いません」

（"काउन्टरको कुर्सी भए पनि ठिक छ ?" "हजुर केही फरक पर्दैन ।"／
「តើអ្នកអង្គុយនៅបញ្ជរបានទេ?」「បាទវាមិនមានបញ្ហាទេ」／"ບ່ອນນັ່ງທີ່ໂຕະເຄົາເຕີ້ກໍໄດ້ບໍເຈົ້າ?" "ໂດຍ, ບໍ່ເປັນຫຍັງ"）

□ 興味深い

（चाखलाग्दो／គួរឱ្យចាប់អារម្មណ៍／
ໜ້າສົນໃຈຫຼາຍ）

▶今日はいろいろ興味深い話を聞くことができた。

（आज विभिन्न चाखलाग्दो कुरा सुन्न पायो ।／ខ្ញុំអាចស្តាប់រឿងរ៉ាវគួរឱ្យចាប់អារម្មណ៍ជាច្រើននៅថ្ងៃនេះ／
ມື້ນີ້ສາມາດຮັບຟັງຫຼາຍເລື່ອງລາວທີ່ໜ້າສົນໃຈຫຼາຍ.）

□ ご苦労さま

（कामको लागि धन्यवाद／សូមអរគុណចំពោះការខិតខំរបស់អ្នក／
ຂອບໃຈທີ່ພະຍາຍາມ, ຂອບໃຈສຳລັບການເຮັດວຽກຢ່າງໜັກ）

▶「部長、全部運び終わりました」「ご苦労さま」

（"प्रवन्धक ज्यू, सबै बोकी भ्याइयो" "धन्यवाद"／「លោកប្រធានគ្រប់គ្រង, ខ្ញុំបានបញ្ចប់ការដឹកជញ្ជូនអ្វីគ្រប់យ៉ាង」
「សូមអរគុណចំពោះការខិតខំរបស់អ្នក」／"ຫົວໜ້າ, ຂົນແລ້ວທັງໝົດລະເດີ້" "ຂອບໃຈທີ່ພະຍາຍາມ"）

□ すまない

（माफ गर्नुहोस्／ខ្ញុំសូមអភ័យទោស／
ຮູ້ສຶກຂໍໂທດສຳລັບ..., ຂໍໂທດ..）

▶すまないけど、これ、20部コピーしてくれる？

（माफ गर्नुहोस्, यो २० प्रती कपी गरिदिन सक्नु हुन्न ?／សូមអភ័យទោសផង តើអ្នកអាចចំលង២០ច្បាប់នេះអោយបានទេ?／
ຂໍໂທດເດີ້. ແຕ່ຂໍລົບກວນອັດເອກະສານສະບັບເຫຼົ່ານີ້ຈຳນວນ20ຊຸດໃຫ້ໄດ້ບໍ່?）

▶待たせてすまなかったね。

（पर्खाएकोमा माफ गर्नुहोस् ।／ខ្ញុំសូមអភ័យទោសផងដែលធ្វើអោយរង់ចាំ／ຂໍໂທດເດີ້ທີ່ເຮັດໃຫ້ຖ້າ.）

□ そう〜ない

（त्यस्तो 〜 हुदैन／សំណាងល្អ /
សំណាងមិនល្អ／ບໍ່...ຂະໜາດນັ້ນ）

▶「これを飲めばやせる？」「そううまくはいかないだろう。」

（यो पिइयो भने दुब्लाउँछ ? हजुर, त्यतिको राम्रो होला जस्तो छैन ।／
តើខ្ញុំអាចស្រកទម្ងន់បានទេប្រសិនបើខ្ញុំផឹកវា? វាមិនដំណើរការល្អដូចចឹងទេ／ດື່ມອັນນີ້ແລ້ວຈ່ອຍລົງບໍ? ບໍ່ງ່າຍຂະໜາດນັ້ນ.）

□ ついている/ついていない

（भाग्य हुनु, भाग्य नहुनु／ទូលាយគ្មានមនុស្ស /
មិនទូលាយ／ໂຊກດີ/ໂຊກບໍ່ດີ）

▶あっ、電車、行っちゃった。……今日はついてないなあ。

（अहो, रेल गइहाल्यो । आज भाग्य रहेनछ ।／អូរថភ្លើងទៅបាត់ ...... ថ្ងៃនេះសំណាងមិនល្អសោះ／
ໂອ້ຍ, ລົດໄຟໄປປະຊໍ້າ. ...ມື້ນີ້ໂຊກບໍ່ດີເລີຍ.）

□ できたら

（सकिन्छ भने／ប្រសិនបើអាចធ្វើបាន／
ຖ້າເປັນໄປໄດ້）

▶できたら、これも持って行ってほしいんだけど……。

（सकिन्छ भने, यो पनि लगिदिएको चाहना गर्दछु ।／ប្រសិនបើអាចធ្វើបានខ្ញុំចង់អោយអ្នកយករបស់នេះទៅជាមួយផង ...／
ຖ້າເປັນໄປໄດ້, ຢາກໃຫ້ຖືອັນນີ້ໄປນຳຊິໄດ້ບໍ່...）

□ どういたしまして

（स्वागतम／ទេ មិនអីទេ／ບໍ່ເປັນຫຍັງ）

▶「ありがとうございました」「いえ、どういたしまして」

（"धन्यवाद" "स्वागतम"／「ខ្ញុំសូមអរគុណច្រើន」「ទេមិនអីទេ」／"ຂອບໃຈ" "ບໍ່ເປັນຫຍັງ"）

音声DL 81

□ どうも
(सायद／ប្រហែល／ตามความเป็นจิง, ບໍ່ແມ່ນຫຼິ້ນ, ຢ່າງຊັດເຈນ, ຢ່າງແນ່ນອນ)

▶ 彼(かれ)が辞(や)めるという話(はなし)はどうも本当(ほんとう)らしい。
(उनले छोड्छु भनेको कुरा सायद साँच्चै हो जस्तो छ।／រឿងរ៉ាវរបស់គាត់ដែលបានឈប់ដូចប្រហែលជាពិតហើយ／ເລື່ອງທີ່ລາວຊິລາອອກຄືຊິແມ່ນຄວາມຈິງຢ່າງແນ່ນອນ.)

□ とんでもない
(होइन केही छैन／ទេវាមិនមែនចឹងទេ／ບໍ່ເລີຍ, ບໍ່ປານນັ້ນ, ບໍ່ມີທາງ, ເວົ້າຫຍັງແນວນັ້ນ)

▶「上手(じょうず)ですね」「とんでもない。まだまだです」
("सिपालु छ है" "अहँ खासै छैन" अझ धेरै मेहनत गर्नु छ।／「អ្នកពូកែណាស់」「ទេវាមិនមែនចឹងទេ ខ្ញុំនៅខ្សោយនៅឡើយទេ」／"ເກັ່ງນໍ້" "ບໍ່ປານນັ້ນ, ຍັງບໍ່ເກັ່ງເທື່ອ")

□ なぜか
(किन हो／ហេតុអ្វី／ຍ້ອນຫຍັງບາງຢ່າງ, ຍ້ອນຫຍັງກໍ່ບໍ່ຮູ້)

▶ 全然(ぜんぜん)かっこよくないのに、彼(かれ)はなぜか女性(じょせい)にもてる。
(उनको रुप नराम्रो नहुँदा पनि, किन हो उनले केटीहरू पटयाउन सक्छ।／ហេតុអ្វីបានជាគាត់មានប្រជាប្រិយភាពជាមួយស្ត្រី ទោះបីជាគាត់មិនសង្ហាសូម្បីតែបន្តិចសោះនោះ／ລາວບໍ່ເຈົ້າຊູ້ຈັກໜ້ອຍແຕ່ຍ້ອນຫຍັງຈຶ່ງມີຮອດແຟນກໍ່ບໍ່ຮູ້.)

□ 納得(なっとく)がいく/いかない
(विश्वस्त हुनु, नहुन／បញ្ចុះបញ្ចូលបាន / មិនអាចបញ្ចុះបញ្ចូលបាន／ເຂົ້າໃຈແລະຍອມຮັບ/ຮັບບໍ່ໄດ້)

▶ 全員(ぜんいん)が納得(なっとく)がいくまで話(はな)し合(あ)った。
(सबैजना विश्वस्त नभए सम्म छलफल गऱ्यो।／យើងបាននិយាយរហូតទាល់តែអ្នករាល់គ្នាពេញចិត្ត／ລົມກັນຈົນກວ່າທຸກຄົນຈະເຂົ້າໃຈແລະຍອມຮັບ.)

□ なるほど
(त्यस्तो पो, मान्नु, सहमत हुन／អញ្ចឹងសោះ／ແມ່ນແນວນັ້ນບໍ, ເຂົ້າໃຈແລ້ວ, ສົມພໍ)

▶「こうすれば簡単(かんたん)にできますよ」「なるほど」
("यसरी गरेमा सजिलै गर्न सकिन्छ" "ऐ त्यस्तो पो"／「បើធ្វើបែបនេះអ្នកអាចធ្វើវាបានយ៉ាងងាយស្រួល」「អូអញ្ចឹងសោះ」／"ຖ້າເຮັດແນວນີ້ແລ້ວຊິເປັນງ່າຍໆ" "ເຂົ້າໃຈແລ້ວ")

▶「子供(こども)の頃(ころ)、アメリカにいたんです」「なるほど、それで英語(えいご)がうまいんですね」
("बाल्यकालमा, अमेरिकामा बसेको थिएँ" "ऐ त्यस्तो हो, त्यसैले अंग्रजी राम्रो भएको है"／「ខ្ញុំបាននៅអាមេរិកពេលខ្ញុំនៅក្មេង」「ខ្ញុំឃើញដូច្នេះហើយបានជាពូកែភាសាអង់គ្លេស」／"ຕອນຍັງນ້ອຍຢູ່ອາເມລິກາ" "ສົມພໍ, ຍ້ອນແນວນັ້ນຈຶ່ງເວົ້າພາສາອັງກິດເກັ່ງເນາະ")

□ 何(なん)とかする
(जे गरेर भए पनि गर्नुपछ／ធ្វើអ្វីមួយ／ເຮັດສຸດຄວາມສາມາດ, ເຮັດຫຍັງບາງຢ່າງ)

▶ このままじゃ、だめだ。何(なん)とかしないと。
(यत्तिकै हो भने त, हुदैन। जे गरेर भए पनि गर्नु पर्छ।／បើនៅតែប៉ុណ្ណឹង វាមិនល្អទេ ខ្ញុំត្រូវធ្វើអ្វីមួយអំពីរឿងនេះ／ປະໄວ້ໃນສະພາບນີ້ບໍ່ໄດ້. ຕ້ອງເຮັດຫຍັງບາງຢ່າງ)

□ 別々(べつべつ)
(छुट्टा-छुट्टै／ដោយឡែកពីគ្នា／ແຍກກັນ, ຕ່າງຄົນຕ່າງເຮັດ)

▶「お支払(しはら)いは？」「別々(べつべつ)でお願(ねが)いします。」
("भुक्तानी के गर्नु हुन्छ ?" कृपया छुट्टा-छुट्टै (गरी दिनुहोस्) गर्न अनुरोध गर्दछु।／「ការទូទាត់?」「សូមបង់ដោយឡែកពីគ្នា」／"ຈ່າຍແນວໃດ?" "ແຍກກັນໃຫ້ແດ່")

□ 恵(めぐ)まれる
(प्रशस्तता, भरपुर हुनु／ល្អ／ມີຄວາມສຸກ, ໄດ້ຮັບ/ ໄດ້ມີສິ່ງດີໆທີ່ຖືວ່າເປັຄວາມໂຊກດີຫຼືວາດສະໜາ)

▶ 健康(けんこう)に恵(めぐ)まれていることに感謝(かんしゃ)しています。
(राम्रो स्वास्थ्यको लागि कृतज्ञता व्यक्त गर्दछु।／ខ្ញុំមានអំណរគុណដែលខ្ញុំមានសុខភាពល្អ／ຂອບໃຈຄວາມໂຊກດີທີ່ມີສຸຂະພາບແຂງແຮງ.)

□ やむを得(え)ない
(गर्नु बाहेक अरु विकल्प छैन／ជៀសមិនផុត／ຊ່ວຍບໍ່ໄດ້, ຫຼີກລ່ຽງບໍ່ໄດ້)

▶ この状況(じょうきょう)では、中止(ちゅうし)はやむを得(え)ない。
(यो अवस्थामा रद्ध गर्नु बाहेक अरु विकल्प छैन।／ក្នុងស្ថានភាពនេះការលុបចោលគឺជៀសមិនផុតទេ／ໃນສະຖານະການແບບນີ້, ການລົ້ມເລີກແມ່ນຫຼີກລ່ຽງບໍ່ໄດ້)

□ ろくな～ない
(राम्रो...... छैन／មិនល្អឬឆ្ងាញ់／ບໍ່...ເທົ່າທີ່ຄວນ)

▶ 最近忙(さいきんいそが)しくて、ろくな食事(しょくじ)をしていない。
(आजकल धेरै व्यस्तताको कारणले राम्रो खाना खाएको छैन।／ថ្មីៗនេះខ្ញុំរវល់ណាស់ហើយមិនបានញ៉ាំអាហារឆ្ងាញ់ទេ／ໄລຍະນີ້ຫຍຸ້ງຫຼາຍ, ບໍ່ໄດ້ກິນຫານດີໆເທົ່າທີ່ຄວນ)

□ 悪(わる)いけど
(माफ गर्नुहोस्／ខ្ញុំសូមអភ័យទោស／ຂໍໂທດແຕ່...)

▶ 悪(わる)いけど、ちょっと手伝(てつだ)ってくれない？
(माफ गर्नुहोस्, एक्कैछिन सहयोग गरिदिन सक्नु हुन्न ?／ខ្ញុំសូមអភ័យទោសផង តើអ្នកអាចជួយខ្ញុំបានតិចតួចទេ?／ຂໍໂທດເດີ້ແຕ່ຂໍຄວາມຊ່ວຍເຫຼືອໜ້ອຍໜຶ່ງໄດ້ບໍ່?)

8 「体」に関する慣用句

(“शरीर” सम्बधी वाक्यपद्धती／ភាសាអំពី「រាងកាយ」／ສຳນວນກ່ຽວກັບ "ຮ່າງກາຍ")

☐ **頭が痛い**
(＝困る、難しい)

▶ 今月も出費ばかり増えて、頭が痛いよ。
(यो महिना पनि खर्च धेरै भएर, टाउको दुखिरहेको छ।／ខ្ញុំឈឺក្បាលព្រោះខ្ញុំការចំណាយប្រាក់កើនឡើងក្នុងខែនេះ／ເດືອນນີ້ມີແຕ່ລາຍຈ່າຍເພີ່ມຂຶ້ນ, ອຸກໃຈເດະ.)

☐ **頭が堅い**
(＝ほかの考え方や見方を持とうとしない)

▶ うちの社長は、頭が堅くて、全然意見を聞いてくれないんだよ。
(हाम्रो प्रबन्ध निर्देशक जिद्धी भएकोले अरुको विचार पटक्कै सुन्नुहुन्न।／ប្រធានក្រុមហ៊ុនរបស់ខ្ញុំមានៈណាស់ដែលគាត់មិនស្តាប់ខ្ញុំទាល់តែសោះ／ປະທານບໍລິສັດຂອງພວກເຮົາເປັນຄົນຫົວແຂງຈຶ່ງບໍ່ຮັບຟັງຄຳເຫັນຫຍັງໝົດ.)

☐ **頭が下がる**
(＝人の努力などに感心し、尊敬の気持ちを持つ)

▶ 大変な仕事なのに、いつも笑顔でいる看護師の皆さんには、頭が下がる。
(गाह्रो काम भएर पनि, जहिले पनि हँसिलो रहनु हुने सबै नर्सहरूप्रति आभारी हुन्छु।／ទោះបីជាវាជាការងារលំបាកក៏ដោយខ្ញុំសូមអរគុណដល់គិលានុបដ្ឋាយិកាទាំងអស់គ្នាដែលតែងតែញញឹម／ນັບຖືພະຍາບານທີ່ຍາມໃດກໍ່ສະແດງສີໜ້າຍິ້ມແຍ້ມຂະໜາດວ່າວຽກໜັກ.)

☐ **頭を下げる**
(＝謝る、お願いする)

▶「彼に頼んでみたら？」「あんなやつに頭を下げたくないよ」
(“उनलाई सोध्नु हुन्न ?” “त्यस्तो केटाको अगाडि झुक्न चाहन्न”／「ហេតុអ្វីបានជាអ្នកមិនពឹងគាត់?」「ខ្ញុំមិនចង់ឱនក្បាលពឹងទៅបុរសនោះទេ」／"ລອງຂໍຮ້ອງລາວເບິ່ງ" "ບໍ່ຢາກກົ້ມຫົວໃຫ້ຄົນແນວນັ້ນ")

☐ **頭に来る**
(＝怒る)

▶ あんな失礼なことを言われたら、誰だって頭に来るよ。
(त्यस्तो असभ्य कुरा भन्दा जो भएपनि रिसाउँछ।／ប្រសិនបើត្រូវបានគេនិយាយរឿងអសីលធម៌បែបនេះអ្នកណាក៏ដោយក៏ខឹងដែរ／ເປັນໃຜກໍ່ໃຈຮ້າຍ, ຖ້າຖືກເວົ້າໃຫ້ຢ່າງເສຍມາລະຍາດແບບນັ້ນ.)

☐ **耳が早い**
(＝うわさなどの情報を得るのが早い)

▶ 彼女は耳が早いから、もう知っているだろう。
(उनले जे पनि चाँडो थाहा पाउने भएर, पहिले नै थाहा पाइसक्यो होला।／នាងទទួលពត៌មានរហ័សដូច្នេះនាងដឹងរួចហើយ／ລາວຄືຊິຮູ້ແລ້ວຕີເພາະວ່າເປັນຄົນຫູໄວເດະ.)

☐ **耳が痛い**
(＝聞くのがつらい)

▶〈健康に関する講演〉僕みたいに不健康な生活をしている者には、耳の痛い話だったよ。
(〈स्वास्थ्य सम्बन्धी सेमीनार〉म जस्तो अस्वस्थकर जीवनयापन गरिरहेको मान्छेलाई, कान पाक्ने कुरा (सुन्न मन नपर्ने कुरा) मात्र थियो।／(ការបង្រៀនអំពីសុខភាព) វាជារឿងពិបាកស្តាប់មួយសម្រាប់មនុស្សដូចអ្នកដែលរស់នៅមានសុខភាពមិនល្អ／(ການບັນລະຍາຍກ່ຽວກັບສຸຂະພາບ) ມັນເປັນເລື່ອງທີ່ເຈັບປວດສຳລັບຄົນຄືຂ້ອຍທີ່ໃຊ້ຊີວິດທີ່ບໍ່ດີຕໍ່ສຸຂະພາບ.)

☐ **耳が遠い**
(＝耳が聞こえにくくなる)

▶ 父ももう年ですから、最近、少し耳が遠くなってきました。
(बुबा उमेर ढल्किसकेकोले, आजकल अलि कान नसुन्ने (बहिरो) भएको छ।／ឪពុកខ្ញុំចាស់ហើយដូច្នេះថ្មីៗនេះគាត់មិនសូវស្តាប់លឺបន្តិចហើយ／ໄລຍະນີ້, ພໍ່ເລີ່ມຫູບໍ່ໄດ້ຍິນໜ້ອຍໜຶ່ງຍ້ອນເພິ່ນເຖົ້າແລ້ວ.)

☐ **耳(みみ)にする**
(＝聞(き)く)

▶「変(へん)な噂(うわさ)を耳(みみ)にしたんだけど……」「えっ、何(なに)？」
(“अनौठो हल्ला सुनेको थिया” “ऐ के ?”／「ខ្ញុំបានលឺពាក្យចចាមអារាមចម្លែក ...」「អ្វី?」／
"ໄດ້ຍິນຂ່າວລືແປກໆນະ" "ຣະ, ແມ່ນຫຍັງລະ?")

☐ **耳(みみ)を疑(うたが)う**
(＝本当(ほんとう)かと疑(うたが)う)

▶ 自分(じぶん)が選(えら)ばれるとは思(おも)っていなかったから、名前(なまえ)を呼(よ)ばれた時(とき)は、一瞬(いっしゅん)耳(みみ)を疑(うたが)った。
(मलाई चुनिन्छ भनेर विचार गरेको थिएन, त्यसैले नाम बोलाउँदा खेरी, एक छिन त आफ्नो कानमाथि शंका लाग्यो ।／
ខ្ញុំមិនរំពឹងថានឹងត្រូវបានជ្រើសរើសនោះទេដូច្នេះនៅពេលដែលខ្ញុំត្រូវបានហៅឈ្មោះខ្ញុំ ខ្ញុំងឿងឆ្ងល់មួយភ្លែត／
ບໍ່ຢາກເຊື່ອຫູໂຕເອງໄປບຶດໜຶ່ງຕອນທີ່ຖືກເອີ້ນຊື່ເພາະບໍ່ຄິດວ່າໂຕເອງຊິຖືກເລືອກ.)

☐ **耳(みみ)を貸(か)す**
(＝話(はなし)を聞(き)く)

▶ 若(わか)い頃(ころ)は、親(おや)の言(い)うことには全然(ぜんぜん)耳(みみ)を貸(か)そうとしませんでした。
(जब म जवान थिएँ, मैले आफ्नो आमाबुबाको कुरा पटक्कै सुनेको थिएन ।／
នៅពេលខ្ញុំនៅក្មេងខ្ញុំមិនស្តាប់ឪពុកម្តាយខ្ញុំទាល់តែសោះ／ຕອນອາຍຸຍັງນ້ອຍ, ບໍ່ເຄີຍຍອມຟັງຄວາມພໍ່ແມ່ເລີຍ.)

音声DL
83

☐ **目(め)がない**
(＝食(た)べ物(もの)や趣味(しゅみ)などについて）大好(だいす)きだ)

▶ 私(わたし)、甘(あま)いものに目(め)がないもので……。もう一(ひと)つ、いいですか。
(मलाई गुलियो धेरै मन पर्ने भएकोले अर्को एक वटा लिन सक्छु ?／ខ្ញុំចូលចិត្តបង្អែមខ្លាំងណាស់ ... តើខ្ញុំសុំមួយទៀតមិនអីទេឬ?
／ເອົາອີກອັນໜຶ່ງໄດ້ບໍ່? ເພາະຂ້ອຍມັກຂອງຫວານແຮງ.)

☐ **目(め)が離(はな)せない**
(＝気(き)になって、ずっと見(み)ていなければならない)

▶ 小(ちい)さい子供(こども)は危(あぶ)なくて目(め)が離(はな)せない。
(सानो बच्चा एक्लै छोड्न डर हुने भएकोले हेरिरहनु पर्छ ।／កុមារតូចៗមានគ្រោះថ្នាក់ហើយមិនអាចភ្លេចភ្នែកបានទេ／
ເດັກນ້ອຍໆແຮງອັນຕະລາຍ, ລະສາຍຕາບໍ່ໄດ້ເລີຍ.)

☐ **目(め)が回(まわ)る**
(＝とても忙(いそが)しい)

▶ 忙(いそが)しくて目(め)が回(まわ)りそう。
(धेरै व्यस्त छु ।／ខ្ញុំរវល់ខ្លាំងណាស់ហើយខ្ញុំដូចចង់វិល／ຄາວຽກຫຼາຍຈົນຫົວໝຸນ.)

☐ **目(め)を疑(うたが)う**
(＝見(み)ているものが本当(ほんとう)のものかと疑(うたが)う)

▶ あまりに安(やす)くて、値段(ねだん)を見(み)て目(め)を疑(うたが)ったよ。たった1,000円(えん)だよ。
(धेरै सस्तो भएर, मूल्य हेरेर विश्वास नै लागेको थिएन । मात्र १००० येन हो ।／
ខ្ញុំឆ្ងល់ពេលមើលតំលៃវាថោកណាស់ វាមានតម្លៃត្រឹមតែ១០០០យ៉េនប៉ុណ្ណោះ／
ຖືກແຮງ, ແນມເບິ່ງລາຄາແລ້ວບໍ່ຢາກເຊື່ອສາຍຕາໂຕເອງ. 1000ເຢັນເທົ່ານັ້ນ.)

☐ **目(め)を通(とお)す**
(＝ざっと読(よ)む)

▶ 課長(かちょう)、書類(しょるい)ができましたので、目(め)を通(とお)していただけますか。
(मेनेजर ज्यू, कागजपत्र तयार भएकोले, सरसर्ती हेर्न सक्नु हुन्छ कि ?／
ប្រធានក្រុម ឥឡូវឯកសារបានរួចរាល់ហើយតើប្រធានអាចជួយមើលអោយបានទេ?／
ຫົວໜ້າ, ເອກະສານໄດ້ແລ້ວ, ລົບກວນອ່ານຜ່ານໆໃຫ້ແດ່ໄດ້ບໍ່?)

☐ **目(め)を引(ひ)く**
(＝目立(めだ)つ、注意(ちゅうい)を引(ひ)く)

▶ うん、このデザインなら、かなり目(め)を引(ひ)くと思(おも)う。
(हजुर, यो डिजाइन भए, एकदम ध्यान तान्न सकिन्छ जस्तो लाग्छ ।／
មែន ខ្ញុំគិតថាការរចនានេះពិតជាទាក់ទាញភ្នែក／ເອີ້, ຖ້າເປັນການອອກແບບແນວນີ້, ຄິດວ່າຈະດຶງດູດຄວາມສົນໃຈໄດ້ຫຼາຍ.)

☐ **目(め)をつむる**
(＝欠点(けってん)などを責(せ)めないことにする)

▶ 時間(じかん)がないから、細(こま)かいところは目(め)をつむるしかない。
(समय नभएकोले, स-साना कुरामा आँखा चिम्लिनु बाहेक अरु उपाय छैन ।／
ខ្ញុំមិនមានពេលវេលាទេដូច្នេះខ្ញុំគ្មានជំរើសក្រៅពីបិទភ្នែកលើព័ត៌មានលម្អិតទេ／
ຍ້ອນບໍ່ມີເວລາ, ຈຳເປັນທຳທ່າບໍ່ຮູ້ບໍ່ເຫັນຈຸດເລັກໆນ້ອຍໆ.)

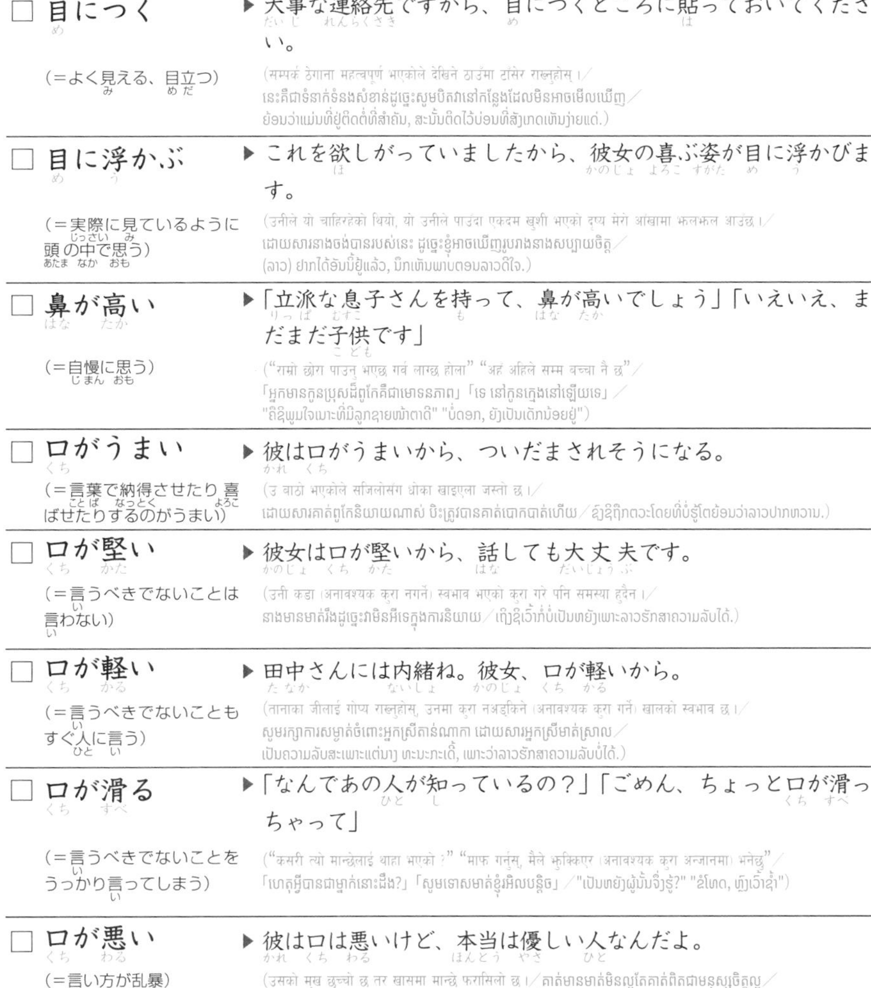

□ **目につく** (＝よく見える、目立つ)	▶ 大事な連絡先ですから、目につくところに貼っておいてください。 (सम्पर्क ठेगाना महत्वपूर्ण भएकोले देखिने ठाउँमा टाँसेर राख्नुहोस्।／ នេះគឺជាទំនាក់ទំនងសំខាន់ដូច្នេះសូមបិតវានៅកន្លែងដែលមិនអាចមើលឃើញ／ ຍ້ອນວ່າແມ່ນທີ່ຢູ່ຕິດຕໍ່ທີ່ສຳຄັນ, ສະນັ້ນຕິດໄວ້ບ່ອນທີ່ສັງເກດເຫັນງ່າຍແດ່.)
□ **目に浮かぶ** (＝実際に見ているように頭の中で思う)	▶ これを欲しがっていましたから、彼女の喜ぶ姿が目に浮かびます。 (उनीले यो चाहिरहेको थियो, यो उनीले पाउँदा एकदम खुशी भएको दृष्य मेरो आँखामा झलझल आउँछ।／ ដោយសារនាងចង់បានរបស់នេះ ដូច្នេះខ្ញុំអាចឃើញរូបរាងនាងសប្បាយចិត្ត／ (ລາວ) ຢາກໄດ້ອັນນີ້ຢູ່ແລ້ວ, ນຶກເຫັນພາບຕອນລາວດີໃຈ.)
□ **鼻が高い** (＝自慢に思う)	▶「立派な息子さんを持って、鼻が高いでしょう」「いえいえ、まだまだ子供です」 (“राम्रो छोरा पाउनु भएछ गर्व लाग्छ होला” “अहँ अहिले सम्म बच्चा नै छ”／ 「អ្នកមានកូនប្រុសដ៏ពូកែគឺជាមោទនភាព」「ទេ នៅកូនក្មេងនៅឡើយទេ」／ "ຄືຊິພູມໃຈເນາະທີ່ມີລູກຊາຍໜ້າຕາດີ" "ບໍ່ດອກ, ຍັງເປັນເດັກນ້ອຍຢູ່")
□ **口がうまい** (＝言葉で納得させたり喜ばせたりするのがうまい)	▶ 彼は口がうまいから、ついだまされそうになる。 (उ बाठो भएकोले सजिलोसँग धोका खाइएला जस्तो छ।／ ដោយសារគាត់ពូកែនិយាយណាស់ បិះត្រូវបានគាត់បោកបាត់ហើយ／ຂ້ອຍຊິຖືກຕົວະໂດຍທີ່ບໍ່ຮູ້ໂຕຍ້ອນວ່າລາວປາກຫວານ.)
□ **口が堅い** (＝言うべきでないことは言わない)	▶ 彼女は口が堅いから、話しても大丈夫です。 (उनी कडा (अनावश्यक कुरा नगर्ने) स्वभाव भएको कुरा गरे पनि समस्या हुदैन।／ នាងមានមាត់រឹងដូច្នេះវាមិនអីទេក្នុងការនិយាយ／ເຖິງຊິເວົ້າກໍ່ບໍ່ເປັນຫຍັງເພາະລາວຮັກສາຄວາມລັບໄດ້.)
□ **口が軽い** (＝言うべきでないこともすぐ人に言う)	▶ 田中さんには内緒ね。彼女、口が軽いから。 (तानाका जीलाई गोप्य राख्नुहोस्, उनमा कुरा नअड्किने (अनावश्यक कुरा गर्ने) खालको स्वभाव छ।／ សូមរក្សាការសម្ងាត់ចំពោះអ្នកស្រីតាន់ណាកា ដោយសារអ្នកស្រីមាត់ស្រាល／ ເປັນຄວາມລັບສະເພາະແຕ່ນາງ ທະນະກະເດີ້, ເພາະວ່າລາວຮັກສາຄວາມລັບບໍ່ໄດ້.)
□ **口が滑る** (＝言うべきでないことをうっかり言ってしまう)	▶「なんであの人が知っているの？」「ごめん、ちょっと口が滑っちゃって」 (“कसरी त्यो मान्छेलाई थाहा भएको ?” “माफ गर्नुस्, मैले झुक्किएर (अनावश्यक कुरा अन्जानमा) भनेछु”／ 「ហេតុអ្វីបានជាម្នាក់នោះដឹង?」「សូមទោសមាត់ខ្ញុំរអិលបន្តិច」／"ເປັນຫຍັງຜູ້ນັ້ນຈຶ່ງຮູ້?" "ຂໍໂທດ, ຫຼົງເວົ້າຊໍ້າ")
□ **口が悪い** (＝言い方が乱暴)	▶ 彼は口は悪いけど、本当は優しい人なんだよ。 (उसको मुख छुच्चो छ तर खासमा मान्छे फरासिलो छ।／គាត់មានមាត់មិនល្អតែគាត់ពិតជាមនុស្សចិត្តល្អ／ ລາວເປັນຄົນມັກເວົ້າຖາກຖາງແຕ່ຄວາມຈິງແລ້ວເປັນຄົນໃຈດີເດີ້.)
□ **口を出す** (＝直接関係ないのに意見を言ってくる)	▶ 子供のけんかに親が口を出すものじゃないよ。 (बच्चाहरूको झगडामा बुवाआमा बीचमा बोल्नु राम्रो होइन।／ឪពុកម្តាយមិនត្រូវលូកដៃលើការឈ្លោះប្រកែករបស់ក្មេងៗនោះទេ ／ພໍ່ແມ່ຊິຂັດຈັງຫວະຕອນລູກຜິດກັນບໍ່ໄດ້.)

□ **口に合う**

（＝食べ物などが好みに合う）

▶ これ、お土産です。お口に合うといいですが。

(यो सौगात हो। मीठो मानिदिनु भए राम्रो हुने छ।／នេះគឺជាវត្ថុអនុស្សាវរីយ៍ ខ្ញុំសង្ឃឹមថាវាត្រូវមាត់របស់អ្នក／ອັນນີ້ແມ່ນຂອງຕ້ອນ. ຫວັງວ່າຊິຖືກປາກ.)

□ **口にする**

（＝言う、食べる・飲む）

▶ そんな汚い言葉、二度と口にしないで。

(त्यस्तो फोहर शब्द, फेरि कहिले नबोल।／កុំនិយាយពាក្យកខ្វក់បែបនេះម្តងទៀត／ຢ່າເວົ້າເປື້ອນໆແບບນັ້ນອີກເປັນເທື່ອທີສອງເດີ້.)

▶ あまりにまずくて、口にした瞬間、吐きそうになった。

(एकदम नमिठो भएर, मुखमा राख्ने बित्तिकै बान्ता होला जस्तो भयो।／ខ្ញុំស្ទើរក្អួតនៅពេលញ៉ាំវាដោយសារវាមិនឆ្ងាញ់សោះ／ບໍ່ແຊບແຮງຈົນເກືອບຮາກອອກຕອນເອົາເຂົ້າປາກ.)

音声DL 84

□ **顔が広い**

（＝付き合いが広い）

▶ 部長なら顔が広いから、誰か紹介してくれるよ。

(प्रबन्धक ज्यूको चिनजान धेरै भएकोले कोही एक जना परिचय गराइदिनु हुन्छ।／ប្រធានផ្នែកមានមុខមាត់ធំទូលាយដូច្នេះសូមណែនាំនរណាម្នាក់ឱ្យស្គាល់ផង／ຫົວໜ້າຫາກຊິແນະນຳຜູ້ໃດຜູ້ໜຶ່ງໃຫ້ດອກເພາະວ່າລາວຮູ້ຈັກຄົນຫຼາຍ.)

□ **顔を出す**

（＝集まりなどに出る）

▶ 鈴木さん、たまには飲み会に顔を出してよ。

(सुजुकी जी, कुनै बेला हाम्रो रक्सी पार्टीमा सहभागी हुनुहोस्।／លោកស៊ូហ្សីគិ តែងតែបង្ហាញខ្លួនមកចូលរួមពិធីជប់លៀងផឹកម្តងម្កាលដែរ／ທ່ານຊູຊຸກິຈະປະກົດໂຕໃຫ້ເຫັນໃນງານດື່ມສັງສັນດົນໆເທື່ອໜຶ່ງ.)

□ **腕が上がる**

（＝技術が高くなる）

▶ 彼女はこの半年でずい分と腕が上がったみたいだ。

(उनले पछिल्लो ६ महिनामा आफ्नो सीपमा धेरै सुधार गरेको देखिन्छ।／នាងហាក់ដូចជាបានធ្វើឱ្យប្រសើរឡើងនូវស្នាដៃរបស់នាងយ៉ាងច្រើនក្នុងរយៈពេលប្រាំមួយខែចុងក្រោយនេះ／ເບິ່ງຄືວ່າພາຍໃນເຄິ່ງປີນີ້, ຝີມືຂອງລາວພັດທະນາຂຶ້ນຫຼາຍ.)

□ **腕がいい**

（＝技術が高い）

▶ 腕のいいお医者さんに手術してもらうから、きっと大丈夫です。

(राम्रो डाक्टरले शल्यक्रिया गर्ने भएकोले पक्कै राम्रो हुनेछ।／ខ្ញុំប្រាកដថាមិនអីទេពីព្រោះខ្ញុំទទួលបានការវះកាត់ពីគ្រូពេទ្យដែលមានស្នាដៃល្អ／ເນື່ອງຈາກວ່າຈະໄດ້ເຂົ້າຮັບການຜ່າຕັດໂດຍທ່ານໝໍທີ່ມີຝີມືດີ, ສະນັ້ນບໍ່ເປັນຫຍັງແນ່ນອນ.)

□ **腕を磨く**

（＝技術を高める）

▶ 腕を磨くには、一流の店で修業するのが一番いい。

(आफूमा कार्य दक्षता (सीप) बढाउनको लागि प्रख्यात स्टोरमा काम गर्नु सबभन्दा राम्रो हो।／វិធីល្អបំផុតដើម្បីបង្កើនជំនាញរបស់អ្នកគឺការបណ្តុះបណ្តាលនៅហាងលំដាប់ទីមួយ／ການຮຽນຮູ້ແລະຝຶກຝົນຢູ່ທີ່ຮ້ານລະດັບສູງຈະເປັນການພັດທະນາຝີມືທີ່ດີທີ່ສຸດ.)

□ **手が空く**

（＝一つの用事が終わり、ひまな時間ができる）

▶ 手が空いたら、こっち、手伝ってくれる？

(फुर्सद भए, यता सहयोग गर्न सकिन्छ कि ?／ប្រសិនបើអ្នកទំនេរពីការងារតើអ្នកអាចជួយខ្ញុំនៅទីនេះបានទេ?／ຖ້າສະດວກແລ້ວຫາຊ່ວຍທາງພີ້ແດ່ໄດ້ບໍ່?)

□ **手がかかる**

（＝扱うのが大変）

▶ 僕はいたずらばかりして、手がかかる子だったみたいです。

(म धेरै बदमासी (अटेरी) गर्ने खालको बच्चा भएकोले बुबाआमालाई गाह्रो थियो।／យើងបង្ករឿងរហូតហាក់ ដូចជាក្មេងពិបាកគ្រប់គ្រង／ຂ້ອຍມີແຕ່ຂີ້ດື້ ແລະ ເປັນເດັກນ້ອຍທີ່ອາດຈະຕ້ອງເບິ່ງແຍງເອົາໃຈໃສ່ຫຼາຍ.)

☐ **手が足りない**

(＝仕事をする人が足りない)

▶ 手が足りなくなったらいつでも言ってください。手伝いますので。

(काम गर्ने श्रमिकको अभाव भए जुनबेला पनि मलाई भन्नुहोस् । सहयोग गर्छु ।／
សូមប្រាប់ខ្ញុំរាល់ពេលដែលអ្នកខ្វះអ្នកជួយ ខ្ញុំនឹងជួយអ្នក／ຖ້າຂາດຄົນຊ່ວຍແລ້ວບອກເດີ້, ຊິໄດ້ມາຊ່ວຍ.)

☐ **手が離せない**

(＝用事があって、ほかのことができない)

▶「ちょっと手伝ってくれない？」「ごめん、今ちょっと手が離せないんだ」

(“एक्कैछिन सहयोग पाउन सकिन्छ ?” “माफ गर्नुहोस्, अहिले अलिकति काम छोड्न (व्यस्त) मिलेको छैन”／
「តើអាចជួយខ្ញុំបានទេ?」「សូមអភ័យទោសផងពេលនេះខ្ញុំជាប់រវល់បន្តិច」／
"ຊ່ວຍໜ້ອຍໜຶ່ງໄດ້ບໍ່?" "ຂໍໂທດເດີ້, ຕອນນີ້ປະມືບໍ່ໄດ້")

☐ **手に入れる**

(＝得る)

▶ 前から探していた本をやっと手に入れた。

(पहिलेदेखि खोजिरहेको किताब बल्ल पाएँ ।／ទីបំផុតខ្ញុំបានទទួលបានសៀវភៅដែលខ្ញុំកំពុងរក／
ໃນທີ່ສຸດກໍ່ໄດ້ປື້ມທີ່ຊອກມາແຕ່ດົນໄວ້ໃນຄອບຄອງ.)

☐ **手に入る**

(＝得られる)

▶ 彼らのコンサートチケットはすごい人気で、なかなか手に入らないんです。

(उनीहरू धेरै लोकप्रिय भएकोले कन्सर्टको टिकट सजिलोसँग पाइदैन ।／
សំបុត្រប្រគំតន្ត្រីរបស់ពួកគាត់គឺមានប្រជាប្រិយភាពខ្លាំងណាស់ដែលពួកគេពិបាកទទួលបាន／
ປີ້ຄອນເສີດຂອງພວກເຂົາເປັນທີ່ນິຍົມຫຼາຍ, ບໍ່ໄດ້ມາງ່າຍໆ.)

☐ **手を貸す**

(＝手伝う)

▶ ちょっと手を貸してくれない？　一人じゃ重くて。

(एक्कैछिन सहयोग गर्न सकिन्छ ? एक्लैलाई भारी भएकोले ।／តើអ្នកអាចជួយខ្ញុំបន្តិចបានទេ? វាធ្ងន់ណាស់តែម្នាក់ឯង／
ຊ່ວຍໜ້ອຍໜຶ່ງແດ່ໄດ້ບໍ່? (ເຮັດ) ຜູ້ດຽວຢາກວ່າໜັກ.)

☐ **手を借りる**

(＝手伝ってもらう)

▶ 一人じゃ大変だよ。誰かの手を借りたほうがいい。

(एक जनालाई गाह्रो हुन्छ । कसैको सहयोग लिदा राम्रो हुन्छ ।／
តែម្នាក់ឯងវាពិបាកណាស់ មានអ្នកជំនួយពីនរណាម្នាក់ប្រសើរជាង／
ເຮັດຜູ້ດຽວລຳບາກເດີ້. ຂໍຄວາມຊ່ວຍເຫຼືອຈາກຜູ້ໃດຜູ້ໜຶ່ງດີກວ່າ.)

☐ **手をつける**

(＝仕事などを始める)

▶ 書類の整理を頼まれたけど、まだ手をつけていません。

(कागजपत्र मिलाउनको लागी भनिएको थियो तर अहिले सम्म शुरु गरेको छैन ।／
ខ្ញុំត្រូវបានគេស្នើសុំឱ្យរៀបចំឯកសារប៉ុន្តែខ្ញុំមិនទាន់បានប៉ះពាល់ទេ／
ຖືກຂໍຮ້ອງໃຫ້ຈັດເອກະສານໃຫ້ເປັນລະບຽບແຕ່ວ່າຍັງບໍ່ທັນໄດ້ເລີ່ມເຮັດ.)

☐ **手を抜く**

(＝必要なことをしないで、いいかげんにする)

▶ どんなに小さな仕事でも、手を抜いたらだめです。

(जस्तोसुकै सानो काम भएपनि, गरेको कामलाई कमसलरुपमा गर्न हुदैन ।／
មិនថាការងាររបស់អ្នកតូចយ៉ាងណាក៏ដោយអ្នកមិនអាចដកដៃបានទេ／
ຢ່າປ່ອຍປະລະເລີຍເຖິງຊິແມ່ນວຽກນ້ອຍເທົ່າໃດກໍ່ຕາມ.)

☐ **腰をかける**

(＝座る)

▶ こちらに腰をかけてお待ちください。

(कृपया यहाँ बसेर एक छिन प्रतिक्षा गर्नुहोस् ।／សូមអង្គុយហើយរង់ចាំ／ເຊີນນັ່ງບ່ອນນີ້.)

☐ **足を運ぶ**

(＝わざわざ行く)

▶ こんな遠いところまで足を運んでいただいて、ありがとうございます。

(यति धेरै टाढा सम्म कष्टका साथ आईदिनु भएकोमा धन्यवाद ।／សូមអរគុណយ៉ាងខ្លាំងចំពោះការអញ្ជើញមកតាំងពីចំងាយ／
ຂອບໃຈທີ່ຕັ້ງອົກຕັ້ງໃຈເດີນທາງມາແຕ່ໄກ)

85

9 敬語 (शिष्ट भाषा／ពាក្យគួរសម／ສຳນວນທີ່ສະແດງເຖິງການໃຫ້ກຽດ)

□ 承る

▶ ご注文はこちらで承ります。

(अर्डर पाउन सक्छु ।／ការបញ្ជាទិញគឺទទួលនៅទីនេះ／ຮັບສັ່ງສິນຄ້າໄດ້ທາງນີ້ເດີ້ເຈົ້າ.)

□ なさる

▶ 先生はゴルフをなさるんですか。

(सर तपाईं गल्फ खेल्नहुन्छ ?／តើលោកគ្រូលេងកូនហ្គោលទេ?／ອາຈານຕີກອັບບໍ່ນໍ?)

▶ ご家族の方にご連絡なさったほうがよろしいのでは？

(हजुरको परिवारलाई सम्पर्क गर्नु भए राम्रो हुने थियो कि ?／អ្នកគួរតែទាក់ទងទៅខាងក្រុមគ្រួសារមិនល្អឬ?／ຕິດຕໍ່ຫາຄົນໃນຄອບຄົວໜ້າຈະດີກວ່າບໍ່ນໍ?)

□ お召しになる

▶ 〈試着室で〉ほかの色もお召しになってみますか。

(〈ड्रेसिङ कोठामा〉 अर्को रंगको पनि लगाई हेर्नुहुन्छ ?／<នៅក្នុងបន្ទប់លសំលៀកបំពាក់> តើអ្នកត្រូវការសាកលពណ៌ផ្សេងទៀតទេ?／(ຫ້ອງລອງເຄື່ອງ) ລອງປ່ຽນຊຸດສີອື່ນເບິ່ງອີກບໍ່ນໍ?)

□ お買い上げ

▶ 本日、1,000円以上お買い上げのお客様には、抽選券をご用意しております。

(आज, १००० येन भन्दा माथिको किनमेल गर्ने ग्राहकलाई चिट्ठाको व्यवस्था गरिएको छ ।／មានត្រៀមសំបុត្រឆ្នោតសម្រាប់អតិថិជនដែលទិញ ១០០០ យ៉េនឬច្រើនជាងនេះនៅថ្ងៃនេះ／ມື້ນີ້, ສຳລັບລູກຄ້າທີ່ຊື້ສິນຄ້າກາຍ 1000ເຢັນ, ພວກເຮົາມີໃບຊິງໂຊກກຽມໄວ້ໃຫ້.)

□ お休みになる

▶ 先生はいつも何時頃にお休みになるんですか。

(सर तपाईं जहिलेपनि कति बजे तिर आराम गर्नु (सुत्नु) हुन्छ ?／តើលោកគ្រូតែងតែឈប់សំរាកនៅម៉ោងប៉ុន្មាន?／ປົກກະຕິອາຈານນອນຈັກໂມງນໍ?)

□ かしこまりました

▶ ご予約の変更ですね。かしこまりました。

(बुकिङ परिवर्तन भयो है ? बुझें ।／គឺការផ្លាស់ប្តូរនៃការកក់ទុក ខ្ញុំយល់ហើយ／ປ່ຽນແປງການຈອງເນາະ. ຮັບຊາບແລ້ວເດີ້ເຈົ້າ.)

□ 承知いたしました

▶ 10時頃のご到着ということですね。承知いたしました。

(१० बजेतिर आगमन हुने हो है । थाहा पायो ।／មានន័យថាអ្នកនឹងមកដល់ប្រហែលម៉ោង ១០ចឹង ខ្ញុំយល់ហើយ／ຮອດປະມານ10ໂມງເນາະ. ຮັບຊາບແລ້ວເດີ້ເຈົ້າ)

10 動詞(どうし) (कियापद／កិរិយាស័ព្ទ／ຄຳກິລິຍາ)

□ **遭(あ)う**
(पर्नु, हुनु／ជួប ឬ រង／ປະສົບ ຫຼື ພົບ (ອຸບັດຕິເຫດ))

▷ 事故(じこ)に遭(あ)う、被害(ひがい)に遭(あ)う
(दुर्घटनामा पर्नु, क्षतिग्रस्त पर्नु／ជួបគ្រោះថ្នាក់ចរាចរណ៍, ទទួលបានការខូចខាត／ປະສົບອຸບັດຕິເຫດ, ປະສົບໄພ)

□ **味(あじ)わう**
(स्वाद लिनु／រីករាយជាមួយ／ຊີມ, ທົດລອງຊີມ, ລີ້ມລອງລົດຊາດ, ເພີດເພີນ)

▶ どうぞ、ゆっくり味(あじ)わってください。
(कृपया विस्तारै स्वाद लिनुहोस् ।／សូមរីករាយរសជាតិតាមសំរួល ។／ເຊີນ, ທົດລອງຊີມຕາມສະບາຍເດີ້.)

▷ 喜(よろこ)びを味(あじ)わう、苦(くる)しみを味(あじ)わう
(आनन्दको स्वाद लिनु, दुःख को स्वाद चाख्नु／ភ្លក់រសជាតិសេចក្តីរីករាយ, ភ្លក់រស់ជាតិទុក្ខវេទនា／ລີ້ມລອງລົດຊາດຂອງຄວາມມ່ວນຊື່ນ, ລີ້ມລອງລົດຊາດຂອງຄວາມທຸກທໍລະມານ)

□ **味(あじ)わい**
(स्वाद／រសជាតិ／ລົດຊາດ, ຄວາມມີລົດສະນິຍົມ, ສະເໜ່)

□ **あふれる(溢(あふ)れる)**
(अति प्रवाह हुनु, बहाव धेरै हुनु／ហៀរ／ຖ້ວມ, ລົ້ນ, ນອງ)

▶ ここ数日(すうじつ)の大雨(おおあめ)で、川(かわ)が今(いま)にもあふれそうだ。
(पछिल्लो केही दिनको भारी वर्षाले, नदीमा पानीको बहाव धेरै होला जस्तो छ ।／ភ្លៀងធ្លាក់ខ្លាំងប៉ុន្មានថ្ងៃចុងក្រោយនេះ ពេលនេះទន្លេក៏ជិតហៀរដែរ／ດຽວນີ້, ນ້ຳໃນແມ່ນ້ຳເບິ່ງຄືຊິລົ້ນຍ້ອນຝົນຕົກໜັກຫຼາຍມື້.)

□ **誤(あやま)る**
(गल्ती गर्नु／ខុស／ເຮັດຜິດ)

▷ 使(つか)い方(かた)を誤(あやま)る
(दुरुपयोग गर्नु／របៀបប្រើប្រាស់ខុស／ເຮັດຜິດວິທີນຳໃຊ້.)

□ **誤(あやま)り**
(त्रुटी, गल्ती／កំហុស／ການເຮັດຜິດ, ຄວາມຜິດ, ຂໍ້ຜິດພາດ)

▷ 誤(あやま)りを見(み)つける、誤(あやま)りに気(き)づく
(गल्ती (त्रुटी) भेटिनु, गल्ती (त्रुटी) थाहा हुनु／រកឃើញកំហុស, កត់សម្គាល់កំហុស／ເຫັນຄວາມຜິດ, ສັງເກດເຫັນຂໍ້ຜິດພາດ)

□ **改(あらた)める**
(परिवर्तन गर्नु, बदल्नु／ផ្លាស់ប្ដូរ／ປ່ຽນ, ປັບປຸງ, ແກ້ໄຂ, ກວດສອບ)

▷ 態度(たいど)を改(あらた)める、日(ひ)にちを改(あらた)める
(मनोवृत्ति (रवैया) बदल्नु, मिति परिवर्तन गर्नु／ផ្លាស់ប្ដូរអាកប្បកិរិយា, ផ្លាស់ប្ដូរកាលបរិច្ឆេទ／ປັບປຸງກິລິຍາທ່າທາງ, ປ່ຽນວັນທີ)

▶ 改(あらた)めてご挨拶(あいさつ)に伺(うかが)うつもりです。
(फेरि अभिवादनको लागि जाने बिचारमा छु ।／ខ្ញុំនឹងសួរសុខទុក្ខម្តងទៀត／ຕັ້ງໃຈຊິເຂົ້າໄປຢ້ຽມຢາມຖາມຂ່າວອີກເທື່ອໜຶ່ງ.)

□ **現(あらわ)す**
(देखिनु, प्रकट हुनु／បង្ហាញ／ປະກົດໂຕ)

▶ 1時間(じかん)待(ま)って、やっと彼(かれ)が姿(すがた)を現(あらわ)した。
(१ घण्टा पर्खेपछि बल्ल उहाँ देखा पर्नुभयो ।／បន្ទាប់ពីរង់ចាំមួយម៉ោងទីបំផុតគាត់បានបង្ហាញខ្លួន／ຫຼັງຈາກຖ້າ1ໄດ້ຊົ່ວໂມງ, ໃນທີ່ສຸດລາວກໍ່ປະກົດໂຕ.)

□ **荒(あ)れる**
(उग्रता हुनु, खस्रो हुनु／កំហឹង ឬ គ្រើម／ບໍ່ສະຫງົບ, ຮຸນແຮງ, ປັ່ນປ່ວນ, ບໍ່ລຽບນຽນ, ທຍາບກະດ້າງ, ຊຸດໂຊມ)

▷ 海(うみ)が荒(あ)れる、肌(はだ)が荒(あ)れる
(समुन्द्रको छालको उग्रता, खस्रो छाला हुनु／សមុទ្រមានខ្យល់ខ្លាំង, ស្បែកគ្រើម／ທະເລປັ່ນປ່ວນ, ຜິວພັນບໍ່ລຽບນຽນ)

□ **生(い)かす**
(उपयोग गर्नु, बचाउनु, तिखार्नु／ប្រើ／ໃຊ້ໃຫ້ເປັນປະໂຫຍດ)

▶ 今(いま)までの経験(けいけん)が生(い)かせる仕事(しごと)をしたい。
(अहिले सम्मको अनुभवलाई तिखार्ने काम गर्न चाहन्छु ।／ខ្ញុំចង់ធ្វើការងារដែលខ្ញុំអាចប្រើបទពិសោធន៍មកដល់ពេលនេះរបស់ខ្ញុំ／ຢາກເຮັດວຽກທີ່ສາມາດໃຊ້ປະສົບການທີ່ມີມາຮອດຕອນນີ້ໃຫ້ເປັນປະໂຫຍດ.)

□ いける

▶ この企画（きかく）はいけると思（おも）う。

(अघि बढ्नु, लागू गर्नु／ល្អ ឬ អាចទៅរួច／ໄປໄດ້ດີ, ສາມາດດຳເນີນໄປໄດ້)

(यो योजना लागू गर्न सकिएला जस्तो छ ।／ខ្ញុំគិតថាគំរោងនេះល្អ／ຄິດວ່າແຜນການນີ້ສາມາດດຳເນີນໄປໄດ້.)

□ 抱（いだ）く

▷ 希望（きぼう）を抱（いだ）く、夢（ゆめ）を抱（いだ）く、疑問（ぎもん）を抱（いだ）く

(मनमा राख्नु／មាន ឬ ក្ដោប／ມີ..., ອຸ້ມ, ກອດ)

(आशा गर्नु, सपना देख्नु, शंका लाग्नु／មានក្ដីសង្ឃឹម, មានក្ដីសុបិន្ត, មានការសង្ស័យ／ມີຄວາມຫວັງ, ມີຄວາມຝັນ, ມີຄວາມສົງໄສ)

□ 至（いた）る

▶ 結婚（けっこん）に至（いた）るまでに、いくつかの困難（こんなん）もありました。

(पुग्नु／ឈានទៅដល់／ມາຮອດຈຸດ, ເຖິງທີ່ສຸດ)

(विवाह गर्नु अघि केही समस्याहरू थिएं ।／មានការលំបាកមួយចំនួនដើម្បីឈានទៅដល់ការរៀបការ／ມີຄວາມຫຍຸ້ງຍາກຫຼາຍປະການກວ່າຈະມາຮອດຈຸດຂອງການແຕ່ງງານ.)

□ 映（うつ）す

(परावर्तन गर्नु, प्रतिविम्बीत गर्नु／ឆ្លុះបញ្ចាំង／ສາຍ (ໃຫ້ປະກົດ))

□ 訴（うった）える

▶ 事故（じこ）の被害者（ひがいしゃ）が、A社（しゃ）を訴（うった）えた。

(कार्वाहीको लागि उजुरी गर्नु, मुद्धा दायर गर्नु, गुनासो गर्नु／ប្ដឹង／ຟ້ອງ, ຟ້ອງຮ້ອງ, ຈົ່ມ, ຮຽກຮ້ອງຄວາມສົນໃຈ)

(दुर्घटना पिडितले ए कम्पनीलाई मुद्धा दायर गऱ्यो ।／ជនរងគ្រោះដែលបានទទួលគ្រោះថ្នាក់បានប្ដឹងក្រុមហ៊ុនអេ／ຜູ້ເຄາະຮ້າຍຈາກອຸບັດຕິເຫດໄດ້ຟ້ອງຮ້ອງຕໍ່ບໍລິສັດA.)

▶ 今年（ことし）の風邪（かぜ）は、のどの痛（いた）みを訴（うった）える患者（かんじゃ）が多（おお）い。

(यो बर्ष चिसोले घाँटी दुख्ने गुनासो गर्ने बिरामीहरू धेरै छन् ।／ជំងឺផ្ដាសាយនៅឆ្នាំនេះ មានអ្នកជំងឺជាច្រើនត្អូញត្អែរពីការឈឺបំពង់ក／ສຳລັບໄຂ້ຫວັດປີນີ້, ມີຄົນເຈັບຫຼາຍທ່ານຈົ່ມວ່າມີອາການເຈັບຄໍ.)

□ 写（うつ）る

▶ この写真（しゃしん）はきれいに写（うつ）っている。

(प्रतिविम्बीत हुनु, खिचिनु／ថត／ຖ່າຍ (ຮູບ, ວິດີໂອ), ຖ່າຍອອກມາ)

(यो तस्वीर राम्रोसँग खिचिएको छ ।／រូបថតនេះថតបានស្អាតណាស់／ຮູບນີ້ຖ່າຍອອກມາງາມ.)

□ 映（うつ）る

▶ テレビがきれいに映（うつ）らない。

(परावर्तीत हुनु／មើលឆ្លុះ ឬ បញ្ចាំង／ສະທ້ອນໃຫ້ເຫັນ, ຖ່າຍອອກມາ, ສາຍອອກມາ)

(टेलिभिजन राम्रोसँग परावर्तित हुदैन ।／ទូរទស្សន៍មើលទៅមិនច្បាស់ល្អទេ／ໂທລະທັດສາຍອອກມາບໍ່ງາມ.)

□ 奪（うば）う

▶ 犯人（はんにん）グループは、指輪（ゆびわ）や高級（こうきゅう）時計（どけい）を奪（うば）って逃（に）げた。

(लुट्नु／ប្លន់／ຍາດເອົາໄປ, ຍາດຊິງ)

(अपराधिक समूहले औंठी र बहुमूल्य घडी लुटेर भागे ।／ក្រុមឧក្រិដ្ឋជនបានប្លន់យកចិញ្ចៀននិងនាឡិការប្រណីតហើយរត់គេចខ្លួនបាត់ទៅ／ກຸ່ມຄົນຮ້າຍໄດ້ຍາດເອົາແຫວນແລະໂມງລາຄາແພງໜີໄປ.)

□ 埋（う）まる

▶ どこかに宝物（たからもの）が埋（う）まっているかもしれない。

(गाडिनु／កប់／ຝັງ, ຈົມ)

(खरखजाना／ धन कतै गाडिएको हुन सक्छ ।／កំណប់អាចត្រូវបានកប់នៅកន្លែងណាមួយ／ອາດຈະມີຊັບສົມບັດຝັງຢູ່ບ່ອນໃດບ່ອນໜຶ່ງ.)

□ 埋（う）める

(गाड्नु／កប់／ຝັງ, ຖົມ, ຕື່ມໃຫ້ເຕັມ, ທົດແທນ)

音声DL 87

□ 応（おう）じる

▶ お客様（きゃくさま）の要望（ようぼう）に応（おう）じて、営業（えいぎょう）時間（じかん）を延（の）ばしました。

(प्रतिक्रिया दिनु／សំរបតាម ឬ ឆ្លើយតប／ຕອບຮັບ, ຕອບສະໜອງ)

(ग्राहकको अनुरोध अनुसार (प्रतीकीया दिएर) व्यापारको समय विस्तार गरेका छौं ।／ខ្ញុំបានពន្យាម៉ោងធ្វើការសំរបតាមការស្នើសុំរបស់អតិថិជន／ໄດ້ຂະຫຍາຍເວລາໃຫ້ບໍລິການອອກໄປເພື່ອຕອບສະໜອງຕາມຄວາມຕ້ອງການຂອງລູກຄ້າ.)

□ 覆（おお）う

▶ グラウンドは、すっかり雪（ゆき）に覆（おお）われていた。

(ढाक्नु, छोप्नु, कभर गर्नु／គ្របដណ្ដប់／ປົກຄຸມ, ປົກປິດ, ຫຸ້ມ)

(जमीन पुरै हिउँले ढाकिएको थियो ।／ទីធ្លាត្រូវបានគ្របដណ្ដប់ដោយព្រិល／ເດີ່ນທັງໝົດຖືກປົກຄຸມດ້ວຍຫິມະ.)

- □ **贈る**
おく
(पठाउनु, दिनु／ជូន／ໃຫ້ເປັນຂອງຂວັນ)
  - ▷ 花を贈る、贈り物
  はな おく おく もの
  (फूल दिनु, उपहार／ជូនផ្កា, អំណោយ／ໃຫ້ດອກໄມ້ເປັນຂອງຂວັນ, ຂອງຂວັນ)

- □ **抑える**
おさ
(दबाउनु, घटाउनु／កាត់បន្ថយ／ຄຸມ, ຄວບຄຸມ, ລະງັບ, ປາບ, ຈຳກັດ)
  - ▷ 出費を抑える、感情を抑える
  しゅっぴ おさ かんじょう おさ
  (खर्च घटाउनु, भावनालाई दबाउनु／កាត់បន្ថយការចំណាយ, បន្ទន់អារម្មណ៍／ຄວບຄຸມຄ່າໃຊ້ຈ່າຍ, ຄວບຄຸມອາລົມ)
  - ▶ 相手を１点に抑えて、確実に試合に勝った。
  あいて てん おさ かくじつ しあい か
  (मैले आफ्नो प्रतिद्वन्दीलाई एक पोइन्टमा दबाएर खेल जीते ।／ខ្ញុំបានរក្សាគូប្រជែងអោយនៅមួយពិន្ទុហើយបានយកឈ្នះការប្រកួតប្រាកដ／ເອົາຊະນະການແຂ່ງຂັນໄດ້ຢ່າງແນ່ນອນໂດຍການຄວບຄຸມຝ່າຍກົງກັນຂ້າມດ້ວຍ1 ຄະແນນ.)

- □ **収まる**
おさ
(ठिक्क हुनु, फीट हुनु／ដាក់បញ្ចូលក្នុង／ຖືກມ້ຽນ ຫຼື ຮວບຮວມຢູ່ໃນ... (ໄດ້ທັງໝົດ), ບັນຈຸລົງໄປ, ໃສ່ລົງ, ເຂົ້າໃນ... (ໄດ້ທັງໝົດ))
  - ▶ 荷物はスーツケース１個に収まった。
  にもつ こ おさ
  (सामान एउटा सुटकेसमा फीट (अटाउनु) भयो ।／ឥវ៉ាន់បានដាក់បញ្ចូលចូលក្នុងវ៉ាលីមួយ／ເຄື່ອງຖືກມ້ຽນຢູ່ໃນຫີບໜ່ວຍດຽວ.)

- □ **収める**
おさ
(ठीक्क गर्नु, फीट गर्नु／ដាក់ចូល／ມ້ຽນ, ບັນຈຸ)
  - ▶ 引き出しに全部収めるのは無理です。
  ひ だ ぜんぶ おさ むり
  (घर्रामा सबै फीट (अटाउनु) गर्न असंभव छ ।／វាមិនអាចទៅរួចទេក្នុងការដាក់អ្វីគ្រប់យ៉ាងចូលក្នុងថតទូ／ເປັນໄປບໍ່ໄດ້ທີ່ຈະມ້ຽນທຸກຢ່າງໃນລິ້ນຊັກ.)

- □ **衰える**
おとろ
(कमजोर हुनु／ទន់ខ្សោយ ឬ ចុះខ្សោយ／ອ່ອນກຳລັງ, ບໍ່ມີແຮງ, ເສື່ອມສະພາບ, ຊຸດໂຊມ)

- □ **衰え**
おとろ
(कमजारी／ចុះខ្សោយ／ການອ່ອນແຮງລົງ, ຄວາມຈ່ອຍແຫ້ງ, ຄວາມຊຸດໂຊມ)
  - ▶ もう年ですから、最近、体力の衰えを感じます。
  とし さいきん たいりょく おとろ かん
  (उमेर भैसकेकोले आजकाल कमजोर महशुस गरीरहेको छु ।／ដោយសារតែអាយុច្រើនហើយ ដូច្នេះខ្ញុំមានអារម្មណ៍ថាកំលាំងទន់ខ្សោយនាពេលថ្មីៗនេះ／ໄລຍະນີ້, ຮູ້ສຶກເຖິງຄວາມຊຸດໂຊມຂອງແຮງກາຍຍ້ອນອາຍຸຫຼາຍແລ້ວ.)

- □ **及ぼす**
およ
(प्रभाव गर्नु, असर गर्नु／ប៉ះពាល់／ສົ່ງຜົນກະທົບ)
  - ▶ 冷夏が、野菜の収穫に大きな影響を及ぼした。
  れいか やさい しゅうかく おお えいきょう およ
  (चिसो ग्रृष्म ऋतुले तरकारी बालीको उत्पादनमा ठुलो प्रभाव परिरहेको थियो ।／រដូវក្តៅបែបត្រជាក់ប៉ះពាល់យ៉ាងខ្លាំងទៅលើការប្រមូលផលបន្លែ／ລະດູຮ້ອນທີ່ອາກາດຂ້ອນຂ້າງເຢັນໄດ້ສົ່ງຜົນກະທົບຢ່າງໃຫຍ່ຫຼວງຕໍ່ການເກັບກ່ຽວຜັກ.)

- □ **帰す**
かえ
(फर्काउनु／អោយត្រលប់ទៅ／ປ່ອຍໃຫ້ເມືອບ້ານ, ໃຫ້ເມືອ)
  - ▶ 彼女は熱があるみたいだから、早めに帰したほうがいい。
  かのじょ ねつ はや かえ
  (उसलाई ज्वरो आएको जस्तो देखिन्छ त्यसैले चाँडै घर फर्काउनु नै बेस होला ।／នាងហាក់ដូចជាគ្រុនក្តៅដូច្នេះគួរតែអោយត្រលប់ទៅផ្ទះមុន／ໃຫ້ລາວເມືອໄວໆດີກວ່າເພາະວ່າເບິ່ງຄືຊິມີໄຂ້.)

- □ **返る**
かえ
(फिर्ता आउनु／អោយមកវិញ ឬ សងត្រលប់／ສົ່ງຄືນ (ບ່ອນເກົ່າ ຫຼື ໃນສະພາບເດີມ), ກັບຄືນ, ທວນຄືນ)
  - ▶ 友達に貸した本が返ってこない。
  ともだち か ほん かえ
  (साथीलाई सापटी दिएको किताब फिर्ता आएन ।／សៀវភៅដែលខ្ញុំឱ្យទៅមិត្តខ្ញុំខ្ចី មិនទាន់បានប្រគល់ឱ្យមកវិញទេ／ປຶ້ມທີ່ເອົາໃຫ້ໝູ່ຢືມບໍ່ກັບຄືນມາເລີຍ.)

- □ **抱える**
かか
(पक्डनु, समाउनु／អោបក្រសោប／(ໃຊ້ແຂນ) ໜີບ, ອຸ້ມ, ທອບ (ເຄື່ອງ), ກຸມ, ກອດ, ແບກ,ແບກຮັບພາລະ)
  - ▶「ボブさんを見なかった？」「大きな箱を抱えてエレベーターの前にいたよ」
  み おお はこ かか まえ
  (“होबु जीलाई देख्नुभएन?” “ठूलो बक्स समाएर इलेभेटरको अगाडि हुनुहुन्थ्यो”／តើអ្នកបានឃើញលោកប៊ុបទេ? 「គាត់នៅពីមុខជណ្តើរយន្តដោយមានអោបក្រសោបប្រអប់ធំមួយ」／"ເຫັນບັອບບໍ່?" "ເຫັນລາວທອບກ່ອງໃຫຍ່ໆຢູ່ໜ້າລິບເດະ")
  - ▷ 悩みを抱える (दुबिधा (दोमन) लिनु／មានបញ្ហា／ແບກຄວາມທຸກໃຈ)
  なや かか

☐ **関わる**
かか
(संलग्न हुनु／ពាក់ព័ន្ធដល់／ກ່ຽວພັນເຖິງ, ກ່ຽວຂ້ອງ)

▶ 命に関わるような病気ではないので、安心しました。
いのち かか びょうき あんしん
(ज्यानै जाने बिरामी नभएकोले म ढुक्क भए।／ខ្ញុំបានធូរចិត្តហើយ ពីព្រោះវាមិនមែនជាជំងឺដែលពាក់ព័ន្ធដល់អាយុជីវិត／ສະບາຍໃຈທີ່ອາການເຈັບປ່ວຍບໍ່ກ່ຽວພັນເຖິງຂັ້ນຊີວິດ.)

☐ **欠ける**
か
(कमी हुनु／បាត់ ឬ ខ្វះ／ຂາດ (ບໍ່ຄົບ,ບໍ່ພໍ))

▷ 部品が欠ける、常識に欠ける
ぶひん か じょうしき か
(पार्ट कमी हुनु, सामान्य ज्ञानको कमी वा अभाव हुनु／ខ្វះគ្រឿងបន្លាស់, ខ្វះចំណេះដឹងទូទៅ／ອາໄຫຼ່ບໍ່ຄົບ, ຂາດສາມັນສຳນຶກ)

☐ **固まる**
かた
(कठोर, कडा हुनु／កករឹង／ແຂງ, ແຂງໂຕ)

▶ 冷蔵庫で冷やして固まったら、プリンの出来上がりです。
れいぞうこ ひ かた できあ
(डी फ्रिजमा चिसो र कडा बनाएपछि खिर तयार हुन्छ।／ពេលក្លាសេនៅក្នុងទូទឹកកកហើយ វានឹងកករឹងនោះព្រីនធ្វើរួចរាល់／ເມື່ອເຂົ້າໜົມພຸດດິ້ງທີ່ແຊ່ໄວ້ໃນຕູ້ເຢັນແຂງໂຕແລ້ວກໍ່ຖືວ່າສຳເລັດ.)

☐ **傾く**
かたむ
(ढल्कनु, झुक्नु／ផ្អៀង ឬ ទ្រេត／ງ່ຽງ, ອຽງ, ຕົກຕ່ຳ)

▶ 壁の時計がちょっと右に傾いている。
かべ とけい みぎ かたむ
(भित्ताको घडी थोरै दाँयातिर ढल्किएको छ।／នាឡិកានៅលើជញ្ជាំងផ្អៀងទៅខាងស្តាំបន្តិច／ໂມງທີ່ແຂວນຢູ່ຝາງ່ຽງມາທາງເບື້ອງຂວາໜ້ອຍໜຶ່ງ.)

▷ 気持ちが傾く、経営が傾く
きも かたむ けいえい かたむ
(मन अर्कैतिर ढल्कनु, व्यवस्थापन कमजोर हुनु／ចង់ប្រែចិត្ត, ការគ្រប់គ្រងគ្មានលំនឹង／ຄວາມຮູ້ສຶກອຽງໄປຫາ...(ຄວາມຮູ້ສຶກປ່ຽນແປງໄປຈາກເດີມ), ການບໍລິຫານຕົກຕ່ຳ (ປະສົບບັນຫາຂາດທຶນ))

☐ **片寄る**
かたよ
(झुक्नु／ខិតទៅម្ខាង／ບໍ່ທຸ່ນທ່ຽງ, ອຽງໄປຟາກໃດຟາກໜຶ່ງ, ລຳອຽງ)

▶ 中の荷物が片寄らないようにうまく詰めて。
なか にもつ かたよ つ
(भित्रको सामान नढल्कनेगरी राम्ररी प्याक गर।／សូមខ្ចប់ឱ្យបានល្អដើម្បីកុំឱ្យអីវ៉ាន់នៅខាងក្នុងខិតទៅម្ខាង／ຍັດດີໆເພື່ອບໍ່ໃຫ້ເຄື່ອງຢູ່ທາງໃນອຽງໄປຟາກໃດຟາກໜຶ່ງ.)

☐ **偏る**
かたよ
(झुक्नु, समान नदिनु／លំអៀង／ບໍ່ທຸ່ນທ່ຽງ, ບໍ່ສົມດຸນ, ອຽງໄປຟາກໃດຟາກໜຶ່ງ, ລຳອຽງ)

▶ 肉ばかり食べていたら、栄養が偏るよ。
にく た えいよう かたよ
(मासुमात्र खायो भने पोषण समान हुँदैन।／ប្រសិនបើអ្នកញ៉ាំតែសាច់ អាហាររូបត្ថម្ភរបស់អ្នកនឹងមានភាពលំអៀង／ຖ້າກິນແຕ່ຊີ້ນ, ຄຸນຄ່າທາງອາຫານກໍ່ຈະບໍ່ສົມດຸນໄດ໋.)

☐ **兼ねる**
か
(साथमा गर्नु, सँगै गर्नु／បញ្ចូល ឬ រួមជាមួយ／ຄວບຄູ່)

▶ 新人の歓迎会も兼ねて、花見をします。
しんじん かんげいかい か はなみ
(साकुराफूल हेर्ने समयमा नयाँ मानिसको स्वागत कार्यक्रम पनि सँगै गर्छौं।／យើងនឹងមានពិធីជប់លៀងមើលផ្កា រួមជាមួយពិធីជប់លៀងស្វាគមន៍សម្រាប់អ្នកចំណូលថ្មី／ຈັດງານຕ້ອນຮັບພະນັກງານໃໝ່ຄວບຄູ່ກັບການເບິ່ງດອກສະກຸລະ.)

☐ **被せる**
かぶ
(ढाक्नु／छोप्नु／គ្រប់ ឬ បិតបាំង／ຄຸມ, ປົກຫຸ້ມ, ໃສ່ (ໝວກ))

▶ 商品が汚れないように上から何か被せてください。
しょうひん よご うえ なに かぶ
(उत्पादित वस्तु फोहोर नहुनेगरी माथिबाट केही चिजले छोप्नुहोस्।／សូមបិទបាំងអ្វីមួយពីខាងលើដើម្បីកុំឲ្យប្រឡាក់ផលិតផល／ກະລຸນາເອົາຫຍັງຄຸມສິນຄ້າຈາກດ້ານເທິງລົງມາເພື່ອບໍ່ໃຫ້ເປື້ອນ.)

☐ **代わる**
か
(बदल्नु／ជំនួស／ແທນ)

▶ 明日のバイト、代わってくれない？　急用ができちゃって。
あした か きゅうよう
(भोलिको पार्ट टाइम काम बदली दिन्छौ？ किनभने, तत्काल गर्नु पर्ने काम आईपरेकोले।／តើអ្នកអាចជំនួសខ្ញុំសម្រាប់ការងារក្រៅម៉ោងថ្ងៃស្អែកបានទេ? ខ្ញុំមានការងារបន្ទាន់／ມື້ອື່ນ, ເຮັດວຽກແທນໃຫ້ໄດ້ບໍ່? ເພາະວ່າມີວຽກດ່ວນຊໍ້າມະ.)

☐ **関する**
かん
(सम्बन्धीत हुनु, सम्बन्ध राख्नु／ទាក់ទងនឹង／ກ່ຽວກັບ)

▶ 講座に関する詳しい情報は、ホームページでも見(ら)れます。
こうざ かん くわ じょうほう み
(पाठ्यक्रम सम्बन्धी विस्तृत जानकारी हाम्रो वेबसाइटमा पनि हेर्न सकिन्छ।／ព័ត៌មានលំអិតទាក់ទងនឹងវគ្គសិក្សា ក៏អាចរកមើលបាននៅលើគេហទំព័រផងដែរ／ສາມາດເບິ່ງຂໍ້ມູນລະອຽດກ່ຽວກັບຫຼັກສູດໄດ້ທີ່ເວັບໄຊ.)

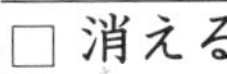
88

□ **消(き)える**
(गायब हुनु, निभ्नु, मेटिनु／បាត់／ລຶບໄປ, ຫາຍໄປ, ມອດ)

▷ 字(じ)が消(き)える、音(おと)が消(き)える
(अक्षर मेटिनु, गायब हुनु, आवाज गायब हुनु／បាត់អក្សរ, បាត់សំឡេង／ໂຕໜັງສືລຶບໄປ, ສຽງຫາຍໄປ)

▶ 電気(でんき)が消(き)えているから、誰(だれ)もいないと思(おも)う。
(बत्ती निभिरहेकोले त्यहाँ कोही पनि छैन जस्तो लाग्छ ।／ខ្ញុំគិតថាគ្មាននរណាម្នាក់នៅទីនោះទេ ពីព្រោះភ្លើងបានរលត់ហើយ／ນຶກວ່າບໍ່ມີໃຜເພາະວ່າໄຟມອດຢູ່.)

□ **切(き)らす**
(नहुनु, सकिनु／ប្រើអស់រលីង／ໃຊ້ໝົດ, ຂາຍ (ສິນຄ້າ) ໝົດ,(ສິນຄ້າ) ຂາດ)

▶「砂糖(さとう)は？」「ごめん、今(いま)、切(き)らしているんだ」
("चिनी चाहिँ?" "माफ गर्नुस्, अहिले सकिराखेको छ ।"／「តើស្ករនៅណា?」「សូមទោស, ឥឡូវនេះកំពុងអស់ស្ករ」／"ນ້ຳຕານບໍ?" "ຂໍໂທດເດີ້, ຕອນນີ້ຂາຍໝົດແລ້ວ")

□ **区切(くぎ)る**
(विभाजन गर्नु, अलग गर्नु／កាត់ជាចំណែក／ຂັ້ນ, ຢຸດເປັນວັກເປັນຕອນ, ເວັ້ນວັກ)

▶ 文(ぶん)が長(なが)い場合(ばあい)は、適当(てきとう)に区切(くぎ)って読(よ)んでください。
(वाक्य लामो छ भने ठिकसँग अलग गरेर पढ्नुहोस् ।／ប្រសិនបើប្រយោគវែងសូមកាត់បំបែកវាឱ្យសមស្របហើយអានទៅ／ກໍລະນີປະໂຫຍກຍາວ, ກະລຸນາອ່ານຢຸດເປັນວັກເປັນຕອນຢ່າງເໝາະສົມ.)

□ **崩(くず)れる**
(नराम्रो हुनु, ढल्नु／ដួលរលំ／ພັງລົງ, ຍຸບລົງ, ຊຸດໂຕລົງ)

▷ 壁(かべ)が崩(くず)れる、天気(てんき)が崩(くず)れる
(पर्खाल ढल्नु, मौसम नराम्रो हुनु ।／ជញ្ជាំងដួលរលំ, អាកាសធាតុអួរអាប់／ກຳແພງຍຸບລົງ, ອາກາດບໍ່ດີ)

□ **砕(くだ)く**
(पिस्नु, मिच्नु, च्यात्नु, छोटो छोटो गर्नु, विस्तार गर्नु／ដំ ឬ កំទេច／ເຮັດໃຫ້ມຸ່ນ (ເປັນຜົງ), ທຸບໃຫ້ແຕກ, ເຮັດໃຫ້ງ່າຍຂຶ້ນ)

▷ ハンマーで細(こま)かく砕(くだ)く
(हतौडाले मसिनो गरी पिस्नु ।／ដំជាបំណែកតូចៗជាមួយញញួរ／ໃຊ້ຄ້ອນຕີທຸບໃຫ້ມຸ່ນ.)

▶ もうちょっと砕(くだ)いて説明(せつめい)してくれませんか。
(के तपाईं यसलाई अली बढी विस्तारमा व्याख्या गरिदिनुहुन्छ ?／តើអ្នកអាចពន្យល់វាដោយងាយយល់បានទេ?／ອະທິບາຍໃຫ້ເຂົ້າໃຈງ່າຍຂຶ້ນອີກໜ້ອຍໜຶ່ງໄດ້ບໍ່?)

□ **砕(くだ)ける**
(टुक्राटुक्रा पार्नु, अनौपचारिक हुनु／បែកបាក់／ແຕກເປັນກ້ອນນ້ອຍໆ, ແຕກຊະ, ງ່າຍໆ, ລົມໄດ້ສະບາຍ)

▶ 仲良(なかよ)くなって、だんだん砕(くだ)けた話(はな)し方(かた)になってきた。
(घनिष्ट साथी भएर, विस्तार विस्तारै कुरागर्ने तरिका अनौपचारिक हुँदै आयो ।／ខ្ញុំបានក្លាយស្និទ្ធស្នាលនឹងគ្នា ហើយរបៀបនិយាយគ្នាក៏កាន់តែខិតជិតគ្នាបណ្តើរៗហើយ／ໄປນຳກັນໄດ້ດີກໍ່ເລີຍເລີ່ມລົມກັນໄດ້ສະບາຍຂຶ້ນເທື່ອລະໜ້ອຍ.)

□ **配(くば)る**
(वितरण गर्नु／ចែកចាយ／ແຈກຢາຍ, ຢາຍ)

▷ テストを配(くば)る
(प्रश्नपत्र वितरण गर्नु ।／ចែកចាយការធ្វើតេស្ត／ຢາຍບົດສອບເສັງ)

□ **汲(く)む/酌(く)む**
(लिनु, संकोचन गर्नु, पेस गर्नु, पानी भर्नु／ដង／ຕັກນ້ຳ, ເທຍັ້ນ (ເຫຼົ້າ, ຊາ), ຄຳນຶງເຖິງຈິດໃຈຄົນອື່ນ)

▶ ちょっと水(みず)を汲(く)んで来(き)てくれない？
(के तिमी अलिकति पानी भरेर ल्याइदिन्छौ ?／តើអ្នកអាចដងយកទឹកមកខ្ញុំបានទេ?／ຕັກນ້ຳມາໃຫ້ແດ່ໄດ້ບໍ່?)

▶ 向(む)こうも、こちらの気持(きも)ちを汲(く)んでくれたようだ。
(दोस्रो पक्षले पनि भावना बुझेको जस्तो लाग्छ ।／វាហាក់ដូចជាភាគីម្ខាងទៀតក៏ព្យាយាមយល់អារម្មណ៍ពួកយើងដែរ／ທາງພຸ້ນກໍ່ຄືຊິຄຳນຶງເຖິງຈິດໃຈຂອງທາງເຮົາ.)

☐ **加(くわ)える**
(थप्नु／បន្ថែម／ຕື່ມ, ເພີ່ມ, ບວກ)

▷ 砂糖(さとう)を加(くわ)える、新(あたら)しいメンバーを加(くわ)える
(चिनी थप्नु, नयाँ सदस्य थप्नु ।／បន្ថែមស្ករ, បន្ថែមសមាជិកថ្មី／ຕື່ມນ້ຳຕານ, ເພີ່ມສະມາຊິກໃໝ່)

☐ **凍(こご)える**
(जम्नु, फ्रीज हुनु／កក／ໜາວຈົນຊິແຂງ, (ຮ່າງກາຍ) ແຂງເພາະຄວາມໜາວ)

▶ 昨日(きのう)の夜(よる)は、寒(さむ)くて凍(こご)えそうだったよ。
(हिजो राति जाडोले जम्ला जस्तो भएको थियो ।／កាលពីយប់មិញវាត្រជាក់ហើយស្ទើរតែកក／ມື້ຄືນນີ້, ໜາວຈົນຊິແຂງ.)

☐ **こする(擦(こす)る)**
(रगड्नु, मिच्नु／ត្រដុស ឬ ដុស／ສີ, ຖູ)

▶ 眠(ねむ)い目(め)をこすって、最後(さいご)まで映画(えいが)を見(み)た。
(निन्द्रा लागेको आँखा मिच्दै अन्तिमसम्म चलचित्र हेरे ।／ខ្ញុំត្រដុសភ្នែកងងុយគេង ហើយមើលកុនរហូតដល់ចប់／ສີຕາທີ່ເຫງົານອນຈົນເບິ່ງໜັງຈົບ.)

☐ **こだわる**
(विशेष ध्यान दिनु／ជ្រើសរើសពិសេស／ເຂັ້ມງວດ, ຍຶດຕິດ, ຍຶດຖື, ຕິດພັນ, ພິຖີພິຖັນ)

▶ 当店(とうてん)では、一(ひと)つ一(ひと)つの材料(ざいりょう)にこだわって料理(りょうり)を作(つく)っています。
(हाम्रो पसलमा प्रत्येक सामानलाई विशेषरुपले ध्यानमा राखेर खाना बनाउँछौं ।／នៅហាងយើងជ្រើសរើសពិសេសអំពីគ្រឿងផ្សំនីមួយៗនៅពេលចម្អិន／ຮ້ານນີ້ຈະປຸງແຕ່ງອາຫານໂດຍພິຖີພິຖັນກັບວັດຖຸດິບແຕ່ລະຢ່າງ.)

☐ **こぼす**
(पोख्नु, घोप्टाउनु／កំពប／ເຮັດຂວ້ຳ, ຈົ່ມ)

▶ カーペットにワインをこぼしてしまった。
(कार्पेटमा वाइन पोख्याएं ।／ខ្ញុំធ្វើកំពុបស្រាលើកំរាលព្រំ／ເຮັດວາຍຂວ້ຳໃສ່ພົມຊ້ຳ.)

▷ 愚痴(ぐち)をこぼす　(गुनासो पोख्नु／ពាក្យបណ្ដឹងលេចធ្លាយ／ຈົ່ມບໍ່ເປັນເລື່ອງເປັນລາວ.)

☐ **こぼれる**
(पोखीनु, घोप्टीनु／ធ្វើអោយកំពុប／ເຟືອດ, ຂວ້ຳ)

▶ テーブルを揺(ゆ)らさないで。コーヒーがこぼれちゃう。
(टेबुल नहल्लाउ, कफी पोखिन्छ ।／សូមកុំអង្រួនតុ កាហ្វេនឹងកំពុប／ຢ່າສັ່ນໂຕະກາເຟຊິຂວ້ຳ.)

☐ **こもる**
(भित्र बसिरहनु／នៅតែក្នុង／ປິດໂຕເອງຢູ່ໃນຫັ້ນ)

▶ 大雨(おおあめ)だったので、その日(ひ)はホテルにこもるしかなかった。
(भारी वर्षाको कारणले त्यो दिन होटेल भित्र बस्नु बाहेक अरू विकल्प थिएन ।／វាជាភ្លៀងធ្លាក់ខ្លាំងដូច្នេះខ្ញុំគ្មានជំរើសក្រៅពីស្នាក់នៅសណ្ឋាគារពេញមួយថ្ងៃនោះ／ມື້ນັ້ນຝົນຕົກໜັກຈຶ່ງໄດ້ປິດໂຕເອງຢູ່ແຕ່ໃນໂຮງແຮມເທົ່ານັ້ນ.)

☐ **耐(た)える**
(थेगिनु, सहनु／ទ្រាំ／ທົນ, ອົດ, ອົດກັ້ນ)

▶ 痛(いた)みに耐(た)えられなくて、薬(くすり)を飲(の)みました。
(दुखाइ सहन नसकेर ओषधी पिएं ।／ខ្ញុំមិនអាចទ្រាំឈឺបានហើយបានលេបថ្នាំ／ທົນຄວາມເຈັບບໍ່ໄດ້ຈຶ່ງໄດ້ກິນຢາ.)

☐ **壊(こわ)す**
(भत्काउनु　तोड्नु／កំទេចឬបំផ្លាញ／ມ້າງ, ທຳລາຍ, ເຮັດໃຫ້ເສຍຫາຍ)

▶ 古(ふる)い倉庫(そうこ)は壊(こわ)すことになった。
(पुरानो गोदाम नष्ट (बिगार्नु) गर्नुपर्ने (भत्काउनु पर्ने) भयो ।／ឃ្លាំងចាស់ត្រូវបំផ្លាញចោល／ໄດ້ມ້າງສາງມ້ຽນເຄື່ອງທີ່ເກົ່າແລ້ວ.)

▷ お腹(なか)を壊(こわ)す、体(からだ)を壊(こわ)す
(पेट बिग्रनु, पेट खराब हुनु, शरीर बिगार्नु, शरीरमा चोपटक लाग्नु／ខូចក្រពះ, ខូចសុខភាព／ຖອກທ້ອງ, ທຳລາຍຮ່າງກາຍ)

音声DL 89

☐ **さかのぼる(遡(さかのぼ)る)**
(फिर्ता, वापस लानु, पछाडि जानु／ត្រលប់ទៅអតីតកាល／ຍ້ອນຫຼັງໄປ, ຍ້ອນ (ເວລາ) ກັບໄປ, ທວນ (ກະແສນ້ຳ), ມີຜົນຍ້ອນຫຼັງ)

▶ 50年前(ねんまえ)までさかのぼって説明(せつめい)をします。
(५० वर्ष अघि वापस गएर व्याख्या गर्छु ।／ខ្ញុំនឹងពន្យល់ត្រលប់ទៅអតីតកាលកាលពី៥០ឆ្នាំមុនវិញ／ຊິອະທິບາຍຍ້ອນຫຼັງໄປ50ປີ.)

☐ **逆らう**
さか
(विरूद्ध गर्नु／ប្រឆាំង／ຕ້ານ, ໂຕ້ຕອບ, ຂັດຂວາງ. ຂັດຄ້ານ, ບໍ່ເຫັນດ້ວຍ, ຝືນ)

▷ 川の流れに逆らう、上司に逆らう
かわ　なが　さか　じょうし　さか
(नदीको प्रवाहको विरूद्ध गर्नु, वरिष्ठलाई विरूद्ध गर्नु／ប្រឆាំងនឹងលំហូរទឹកទន្លេ, ប្រឆាំងនឹងចៅហ្វាយ／ຕ້ານກະແສນ້ຳໄຫຼ, ຂັດຄ້ານຫົວໜ້າ)

☐ **裂く**
さ
(च्यात्नु, फाड्नु／ហែក／ຈີກ, ຟັນ, ແຍກ, ປາດ, ຜ່າ, ຕັດຂາດ, ເຮັດໃຫ້ຫ່າງເຫີນໄປ, ເຮັດໃຫ້ບາດໝາງ)

▷ 紙を裂く、仲を裂く
かみ　さ　なか　さ
(कागज च्याल्नु, सम्बन्ध तोड्नु／ហែកក្រដាស, បំបែកបំបាក់ទំនាក់ទំនង／ຈີກເຈ້ຍ, ຕັດຂາດຄວາມສຳພັນ)

☐ **探る**
さぐ
(अन्वेषण गर्नु, खोज्नु／ស្វែងរក／ຄົ້ນຄວ້າຫາ, ຊອກຫາ, ສຳຫຼວດ, ສືບສວນ)

▷ 原因を探る、可能性を探る
げんいん　さぐ　かのうせい　さぐ
(कारण खोज्नु, सम्भावना खोज्नु／ស្វែងរកមូលហេតុ, ស្វែងរកលទ្ធភាព／ຊອກຫາສາເຫດ, ຄົ້ນຄວ້າຫາຄວາມເປັນໄປໄດ້)

☐ **避ける**
さ
(बेवास्ता गर्नु, जोगिनु／រត់គេច ឬ ចៀសវាង／ຫຼີກລ່ຽງ, ຫຼີກໜີ, ຫຼົບ (ແດດ, ຝົນ, ຄົນ))

▷ トラブルを避ける、混雑を避ける
さ　こんざつ　さ
(समस्याबाट जोगिनु, भीडभाडबाट जोगिनु／រត់គេចបញ្ហា, ជៀសវាងការកកស្ទះ／ຫຼີກລ່ຽງຄວາມຫຍຸ້ງຍາກ, ຫຼີກໜີຄວາມແອອັດ)

☐ **支える**
ささ
(समर्थन गर्नु, अड्याउनु／ទ្រឬគាំទ្រ／ສະໜັບສະໜູນ, ຄ້ຳ)

▶ この大きな柱一本で天井を支えています。
おお　はしらいっぽん　てんじょう　ささ
(यो एउटा ठूलो स्तम्भ (पिलर) ले छतलाई अड्याएको छ।／ពិដានត្រូវបានទ្រដោយសសរធំមួយនេះ／ເສົາໃຫຍ່ທ່ອນດຽວນີ້ຄ້ຳຫຼັງຄາ.)

☐ **刺さる**
さ
(उन्नु, छेड्नु／ជាប់／ລຽບ, ແທງ)

▶ その服、針が刺さったままだから、気をつけて。
ふく　はり　さ　き
(त्यो कपडा सियो छेडिरहेको अवस्थामा भएकोले सावधान रहनुहोस्।／សូមប្រយ័ត្នព្រោះសម្លៀកបំពាក់មានម្ជុលនៅតែជាប់／ລະວັງແດ່, ເຄື່ອງໂຕນັ້ນມີເຂັມປັກຢູ່.)

☐ **指す**
さ
(देखाउनु, दर्शाउनु, जनाउनु, इशारा गर्नु／ចង្អុល／ຊີ້)

▶ 時計が12時を指している。
とけい　じ　さ
(घडीले १२ बजेको इशारा गरिरहेको छ।／នាឡិកាកំពុងចង្អុលនៅម៉ោង១២／ໂມງຊີ້ໄປທີ່ຈຸດ12ໂມງກົງ.)

▶ 先生に突然指されて、慌ててしまった。
せんせい　とつぜん さ　あわ
(शिक्षकले एक्कासी इशारा गर्नुभएर आत्तिएँ।／ភ្លាមៗនោះគ្រូបានចង្អុលដោយចៃដន្យ ខ្ញុំក៏ប្រញាប់／ຖືກອາຈານຊີ້ມືໃສ່ຢ່າງກະທັນຫັນເຮັດໃຫ້ຕື່ນຕົກໃຈໝົດ.)

☐ **刺す**
さ
(छेड्नु, धस्नु, घोच्नु, किराले टोक्नु／ចាក់ ឬ ខាំ／ຕອດ, ແທງ)

▶ 虫に刺されたかもしれない。
むし　さ
(किराले टोकेको हुनसक्छ।／វាអាចត្រូវបានសត្វល្អិតខាំ／ອາດຈະຖືກແມງໄມ້ຕອດ.)

☐ **去る**
さ
(त्याग्नु, छोड्नु, जानु／ចាកចេញ／ຈາກໄປ, ໄປທາງອື່ນ ...ທີ່ຜ່ານມາ)

▶ 名前を聞いたけど、その人は何も言わずに去って行った。
なまえ　き　ひと　なに　い　さ　い
(नाम सोधेको थिएँ तर त्यो व्यक्ति केही नभनिकन गयो।／ខ្ញុំបានសួរឈ្មោះប៉ុន្តែមនុស្សនោះបានចាកចេញទៅដោយមិនប្រាប់អ្វីទាំងអស់／ໄດ້ຖາມຊື່ແຕ່ວ່າ ຜູ້ນັ້ນບໍ່ໄດ້ເວົ້າຫຍັງ ແລ້ວກໍ່ໄປທາງອື່ນ.)

▷ この世を去る、去る5月10日
よ　さ　さ　がつ　か
(यो दुनियाँ छोड्नु, गएको मे महिना १० तारिखमा／បាត់បង់ជីវិត, ថ្ងៃទី១០ខែឧសភាកន្លងផុត／ຈາກໂລກນີ້ໄປ, ວັນທີ10 ເດືອນ5ທີ່ຜ່ານມາ)

☐ **騒ぐ**
さわ
(हल्ला गर्नु／បង្កសម្លេងរំខាន／ສົ່ງສຽງດັງ)

▶ 外で人が騒いでるね。何かあったのかな？
そと　ひと　さわ　なに
(बाहिर मान्छेहरू हल्ला गरिरहेका छन् है, केही भएको होकी ?／មានមនុស្សកំពុងស្រែកនៅខាងក្រៅ តើមានអ្វីកើតឡើង?／ຄົນສົ່ງສຽງດັງຢູ່ທາງນອກເນາະ. ມີຫຍັງບໍ່ນໍ້?)

- ☐ **沈める**（しず）
  (डुबाउनु／លិច／ເຮັດໃຫ້ຈົມ)
  ▶ その刀は、この海に沈められたそうです。（かたな　うみ　しず）
  (त्यो तरवार समुन्द्रमा डुबाइराखेको जस्तो छ भनिन्छ।／ដាវត្រូវបានគេនិយាយថាបានលិចនៅក្នុងសមុទ្រនេះ／ໄດ້ຍິນວ່າດາບເຫຼັ້ມນັ້ນໄດ້ຈົມຢູ່ທະເລນີ້.)

- ☐ **従う**（したが）
  (पछ्याउनु, पालन गर्नु／អនុវត្តតាម／ປະຕິບັດຕາມ, ເຮັດຕາມ, ຟັງຄວາມ)
  ▷ ルールに従う（したが）
  (नियमहरू पालना गर्नु／អនុវត្តតាមច្បាប់／ປະຕິບັດຕາມລະບຽບ)

- ☐ **しぼむ**
  (ओइलाउनु, चाउरी पर्नु, सानो हुनु／រួញ ធូរ／ແຫ່ວ, ແວບ)
  ▷ 花がしぼむ、風船がしぼむ（はな　ふうせん）
  (फूल ओइलाउनु, बेलुन सानो हुनु／ផ្កាស្រពោន, ប៉េងប៉ោងធូរ／ດອກໄມ້ແຫ່ວ, ປຸມເປົ້າແວບ)

- ☐ **絞る**（しぼ）
  (निचोर्नु, लगाउनु／ពូតឬច្របាច់／ບິດ, ຄັ້ນ)
  ▷ タオルを絞る、知恵を絞る（しぼ　ちえ　しぼ）
  (रुमाल निचोर्नु, दिमाग लगाउनु।／ពូតកន្សែង, បង្កើតគំនិតអស់ពីសមត្ថភាព／ບິດຜ້າເຊັດໂຕ, ພະຍາມຄິດເພື່ອໃຫ້ມີແນວຄວາມຄິດທີ່ດີອອກມາ)

- ☐ **示す**（しめ）
  (बताउनु, देखाउनु, दिनु／បង្ហាញ／ບົ່ງບອກ, ຊີ້ໃຫ້ເຫັນ, ຍົກໃຫ້ເຫັນ, ສະແດງ)
  ▷ 例を示す、興味を示す（れい　しめ　きょうみ　しめ）
  (उदाहरण दिनु, चासो देखाउनु／បង្ហាញឧទាហរណ៍, បង្ហាញចំណាប់អារម្មណ៍／ຍົກຕົວຢ່າງ, ສະແດງຄວາມສົນໃຈ)

- ☐ **占める**（し）
  (ओगट्नु／កាន់កាប់／ຍຶດຄອງ, ກວມເອົາ, ກິນເນື້ອທີ່)
  ▶ アンケートの結果、賛成が約８割を占めた。（けっか　さんせい　やく　わり　し）
  (प्रश्नावलीको परिणाम लगभग ८०% उत्तरदाताहरू सहमत (ओगट्नु) हुनुभयो।／ជាលទ្ធផលនៃកម្រងសំណួរ អ្នកឆ្លើយសំណួរចាយល់ព្រមមានប្រហែល៨០%／ອີງຕາມຜົນຂອງແບບສອບຖາມ, ອັດຕາສ່ວນຂອງການເຫັນດີໄດ້ກວມເອົາປະມານ 80%.)

- ☐ **しめる（締める）**（し）
  (कस्नु／រឹតឬចង／ຮັດ, ມັດ)
  ▷ ベルトをしめる、ネクタイをしめる
  (बेल्ट कस्नु (लगाउनु), टाई लगाउनु／រឹតបន្តឹងខ្សែក្រវ៉ាត់, ចងខ្សែក្រវ៉ាត់ក／ຮັດສາຍແອວ, ມັດກາລະວັດ)

- ☐ **しゃがむ**
  (टुक्रुक्क बस्नु／អង្គុយច្រហោង／ນັ່ງຢ່ອງຢໍ້)

- ☐ **生じる／生ずる**（しょう　しょう）
  (उत्पन्न हुनु, पैदा हुनु／កើតឡើង／ເກີດຂຶ້ນ)
  ▷ 問題が生じる、変化が生じる（もんだい　しょう　へんか　しょう）
  (समस्या उत्पन्न हुनु, परिवर्तन हुनु।／បញ្ហាកើតឡើង, ការផ្លាស់ប្តូរកើតឡើង／ບັນຫາເກີດຂຶ້ນ, ການປ່ຽນແປງເກີດຂຶ້ນ)

- ☐ **吸う**（す）
  (धुँवा निल्नु, सुँघ्नु, श्वास फेर्नु／ស្រូបឬដក／ສູບ (ຢາ), ຫາຍໃຈເຂົ້າ, ດູດເຂົ້າ)
  ▷ 空気を吸う、息を吸う（くうき　す　いき　す）
  (हावा लिनु, श्वास लिनु／ស្រូបខ្យល់, ដកដង្ហើម／ສູບອາກາດ, ຫາຍໃຈເຂົ້າ)

音声DL 90

- ☐ **透き通る**（す　とお）
  (पारदर्शी हुनु／ថ្លា／ໃສ, (ສຽງ) ໃສ)
  ▶ 水が透き通っていて、川底まで見える。（みず　す　とお　かわぞこ　み）
  (पानी सफा (पारदर्शी) भएर नदीको पिँध सम्म देखिन्छ।／ទឹកថ្លាឆ្វង់អាចមើលឃើញបាតទន្លេ／ນ້ຳໃສຈົນແນມເຫັນພື້ນນ້ຳ.)

- ☐ **棄てる**（す）
  (फ्याँक्नु／បោះបង់ចោល／ຖິ້ມ)

- ☐ **済ませる**（す）
  (समाप्त हुनु, सकाउनु, पुऱ्याउनु／បង្ហើយ／ເຮັດໃຫ້ແລ້ວ, ເຮັດໃຫ້ສຳເລັດຮຽບຮ້ອຍ)
  ▶ 時間がなくて、晩ごはんはパン１個で済ませた。（じかん　ばん　こ　す）
  (समय नभएकोले बेलुकाको खाना एउटा रोटीमात्रले पुऱ्याएँ।／ខ្ញុំមិនមានពេលច្រើនទេ ដូច្នេះខ្ញុំបង្ហើយនំប៉័ងមួយដុំសម្រាប់អាហារពេលល្ងាចប៉ុណ្ណោះ／ບໍ່ມີເວລາກໍ່ເລີຍກິນເຂົ້າແລງກັບເຂົ້າໜົມປັງແຜ່ນດຽວໃຫ້ແລ້ວ.)

- [ ] 澄(す)む
(स्पष्ट हुनु, सफा हुनु, स्वच्छ हुनु／បរិសុទ្ធ／ສົດໃສ, ປອດໂປ່ງ)

▶ ここは空気(くうき)が澄(す)んでいて、気持(きも)ちいいね。
(यहाँको हावा स्वच्छ भएर आनन्द छ है।／នៅទីនេះខ្យល់បរិសុទ្ធហើយមានអារម្មណ៍ល្អណាស់／ຢູ່ນີ້ອາກາດປອດໂປ່ງຮູ້ສຶກດີເນາະ.)

- [ ] 刷(す)る
(प्रिन्ट गर्नु／បោះពុម្ព／ພິມ)

▶ 表紙(ひょうし)だけカラーで刷(す)ることにした。
(कभर मात्र रंगीन प्रीन्ट गर्ने निर्णय गरें।／ខ្ញុំបានសំរេចចិត្តបោះពុម្ពពណ៌តែគម្របប៉ុណ្ណោះ／ຕົກລົງພິມສີໃສ່ແຕ່ໜ້າປົກ.)

- [ ] すれ違(ちが)う
(पास हुनु／ឆ្លងកាត់／ສວນທາງ)

▶ 今(いま)すれ違(ちが)った人(ひと)、見(み)た？ モデルみたいにきれいだった。
(अहिले यहाँबाट पास भएको (गएको) मान्छे देख्नुभयो ? मोडेल जस्तो सुन्दरी थियो।／តើអ្នកបានឃើញមនុស្សដែលឆ្លងកាត់ទេ? គឺស្រស់ស្អាតដូចម៉ូឌែល／ເຫັນຄົນທີ່ສວນທາງກັນດຽວນີ້ບໍ່? ງາມຄືນາງແບບເລີຍ.)

- [ ] ずれる
(ठाँउ छोड्नु, फरक पर्नु, सर्नु／ឃ្លាតឬខុស／ບໍ່ເຂົ້າກັນ, (ຈັງຫວະ) ບໍ່ກົງກັນ, ບໍ່ຖືກຕຳແໜ່ງ, ຄາດເຄື່ອນ, ບໍ່ຽງເບນ, ຫຼຸດອອກ, ເລື່ອນ)

▷ １センチずれる、常識(じょうしき)とずれる
(एक सेन्टीमिटर फरक पर्नु, सामान्य ज्ञानमा फरक पर्नु／ឃ្លាត១សង់ទីម៉ែត, ខុសសុភវិនិច្ឆ័យ／1ເຊັນບໍ່ເຂົ້າກັນ, ຫຼຸດອອກຈາກສາມັນສຳນຶກ)

▶ 狭(せま)いから、もうちょっとそっちにずれてくれない？
(साँघुरो भएकोले तपाईं अलिकति उतातिर सर्न सक्नुहुन्छ ?／វាតូចចង្អៀតដូច្នេះតើអ្នកអាចខិតវាបន្តិចបានទេ?／ເນື່ອງຈາກວ່າແຄບ, ເລື່ອນໄປທາງນັ້ນຕື່ມອີກໜ້ອຍໜຶ່ງໄດ້ບໍ່?)

- [ ] 背負(せお)う
(पछाडि बोक्नु, पिठ्युमा बोक्नु,बोक्नु／អៀវ／ແບກ, ແບກຮັບ, ເຈ່ຍ, ຮັບພາລະ)

▶ 彼(かれ)はけが人(ひと)を背負(せお)って２キロも歩(ある)いた。
(उहाँले चोट लागेको मान्छेलाई पिठ्युमा बोकेर २ किलोमिटर हिड्नुभयो।／គាត់បានអៀវអ្នករងរបួសនៅលើខ្នងរបស់គាត់ហើយដើរពីរគីឡូម៉ែត្រ／ລາວແບກຄົນໄດ້ຮັບບາດເຈັບຍ່າງເຖິງ2ກິໂລແມັດ.)

▷ みんなの期待(きたい)を背負(せお)う
(सबैको अपेक्षा (चाहना) हरूलाई बोक्नु／មានទំនួលខុសត្រូវលើការរំពឹងទុករបស់អ្នកគ្រប់គ្នា／ແບກຮັບຄວາມຄາດຫວັງຂອງທຸກຄົນ.)

- [ ] 接(せっ)する
(छुनु, टाँसिनु, सम्पर्क गर्नु／ជាប់／ຕິດ, ສຳຜັດ, ເຊື່ອມຕໍ່, ຄົບຫາ, ຄົບຄ້າສະມາຄົມ)

▶ ソファーは壁(かべ)に接(せっ)するように置(お)いてください。
(सोफालाई भित्तामा टाँसिने गरी राख्नुहोस्।／ដាក់សាឡុងឱ្យវាប៉ះនឹងជញ្ជាំង／ກະລຸນາວາງໂຊຟາໄວ້ໃຫ້ຕິດກັບຝາ.)

▶ 外国(がいこく)の人(ひと)と接(せっ)すると、ものの見方(みかた)が広(ひろ)くなる気(き)がします。
(जब विदेशीहरूको सम्पर्कमा आउँछु तब मेरो हेर्ने दृष्टिकोण व्यापकरुपमा फराकिलो भएको जस्तो लाग्छ।／នៅពេលដែលខ្ញុំទាក់ទងជាមួយជនបរទេស ខ្ញុំមានអារម្មណ៍ថាទស្សនវិស័យរបស់ខ្ញុំកាន់តែទូលំទូលាយ／ຮູ້ສຶກວ່າວິທີຄິດຈະຂະຫຍາຍກວ້າງອອກເມື່ອຄົບຄ້າສະມາຄົມກັບຄົນຕ່າງປະເທດ.)

- [ ] 迫(せま)る
(नजिकिनु／ឈានមក／ໃກ້ເຂົ້າ, ເຂົ້າໃກ້, ຫຍັບເຂົ້າໃກ້)

▶ 締(し)め切(き)りが迫(せま)ってきて焦(あせ)る。
(म्याद सकिने समय सीमा नजिक आइरहेकोले हतारिदै छु।／ថ្ងៃផុតកំណត់ជិតដល់ហើយខ្ញុំកំពុងភ័យ／ກຳນົດເວລາຫຍັບເຂົ້າໃກ້ເຮັດໃຫ້ກະວົນກະວາຍໃຈ.)

- [ ] 添(そ)う
(साथ दिनु／បំពេញតាម／ເພິ່ງພໍໃຈ, ເຮັດໃຫ້ໄດ້ຕາມ (ຄວາມຄາດຫວັງ), ສອດຄ່ອງກັບ)

▶ ご期待(きたい)に添(そ)えず、申(もう)し訳(わけ)ありません。
(यहाँको अपेक्षा (चाहना) लाई साथ दिन नसकेकोमा क्षमा चाहन्छु।／ខ្ញុំសូមអភ័យទោសដែលខ្ញុំមិនបានបំពេញតាមការរំពឹងទុករបស់អ្នក／ຂໍໂທດເດີ້ທີ່ເຮັດບໍ່ໄດ້ຕາມຄວາມຄາດຫວັງ.)

□ **備える**
そな
(तयारी गर्नु／ត្រៀមទុកមុន／
ກຽມໄວ້, ຕິດຕັ້ງ)

▶ 万が一に備えて、一週間分の水と食料を用意している。
まん いち そな いっしゅうかんぶん みず しょくりょう ようい
(केही पर्‍यो भने, भनेर एक हप्ताको लागि पानी र खानाको तयारी गरेको छु।／
ករណីមានអ្វីមួយកើតឡើងដើម្បីត្រៀមទុកមុន ខ្ញុំបានត្រៀមទឹកនិងអាហារមួយសប្ដាហ៍／
ກຽມນ້ຳດື່ມແລະອາຫານສຳລັບ1ອາທິດເພື່ອໄວ້.)

音声DL 91

□ **絶える**
た
(विरलै, दुर्लभ हुनु, सम्पर्क विहिन हुनु／
ដាច់／ສິ້ນສຸດ, ໝົດໄປ, ຢຸດ, ເຊົາ)

▶ 一年以上、彼とは連絡が絶えています。
いちねんいじょう かれ れんらく た
(एक वर्षभन्दा बढी उहाँसँग सम्पर्क बाहिर छु।／ខ្ញុំដាច់ទំនាក់ទំនងជាមួយគាត់ជាងមួយឆ្នាំហើយ／
ເຊົາຕິດຕໍ່ພົວພັນກັບລາວເປັນເວລາຫຼາຍກວ່າ1ປີ.)

□ **倒れる**
たお
(ढल्नु, तल झर्नु／ដួលរលំ／ລົ້ມ, ລົ້ມລະລາຍ,
ຫຼົ້ມສະຫຼາຍ)

▶ 風で看板が倒れた。
かぜ かんばん たお
(हावाको कारणले साइनबोर्ड तल झर्‍यो।／ផ្លាកសញ្ញាបានដួលរលំដោយសារខ្យល់／ລົມພັດປ້າຍລົ້ມ)

□ **高まる**
たか
(बढ्नु, माथि उठ्नु／កើនឡើង／ສູງ, ຮຸນແຮງ
ຂຶ້ນ, ເພີ່ມຫຼາຍຂຶ້ນ)

▷ 期待が高まる、緊張が高まる
きたい たか きんちょう たか
(अपेक्षा (चाहना) बढ्नु, तनाव बढ्नु／ការរំពឹងទុកកើនឡើង, ភាពតានតឹងកើនឡើង／
ມີຄວາມຄາດຫວັງສູງ, ມີຄວາມຕື່ນເຕັ້ນສູງ)

□ **蓄える**
たくわ
(जम्मा गर्नु／សន្សំ／ຈົ່ງໄວ້, ສະສົມ (ໄວ້ໃຊ້),
ທ້ອນໄວ້, ຈົ່ງ (ໝວດ))

▷ 力を蓄える、お金を蓄える
ちから たくわ かね たくわ
(बल जम्मा गर्नु, पैसा जम्मा गर्नु／សន្សំថាមពល, សន្សំលុយ／ຈົ່ງແຮງໄວ້, ທ້ອນເງິນໄວ້)

□ **確かめる**
たし
(निश्चित गर्नु, पक्का गर्नु／ពិនិត្យ／
ເຮັດໃຫ້ແນ່ໃຈ, ກວດ)

▶ 計算が合っているか、ほかの人にも確かめてもらった。
けいさん あ ひと たし
(हिसाब किताब ठीक छ कि अरू मान्छेहरूसँग पनि निश्चित गरी पाएँ।／
ខ្ញុំបានស្នើសុំឱ្យមនុស្សផ្សេងទៀតពិនិត្យមើលថាតើការគណនាត្រឹមត្រូវឬទេ／ໃຫ້ຜູ້ອື່ນກວດໃຫ້ນຳວ່າຄິດໄລ່ຖືກຫຼືບໍ່.)

□ **闘う**
たたか
(लड्नु, हाल्नु／ប្រយុទ្ធប្រឆាំង／ຕໍ່ສູ້, ສູ້ຮົບ)

▷ 病気と闘う
びょうき たたか
(रोगसँग लड्नु／ប្រយុទ្ធប្រឆាំងនឹងជំងឺ／ຕໍ່ສູ້ກັບພະຍາດ)

□ **発つ**
た
(प्रस्थान गर्नु, छाड्नु／ចាកចេញ／
ອອກເດີນທາງ)

▶ 今日、日本を発ちます。
きょう にほん た
(आज, जापानबाट प्रस्थान गर्छु।／ខ្ញុំនឹងចាកចេញពីប្រទេសជប៉ុនថ្ងៃនេះ／ມື້ນີ້ຈະອອກເດີນທາງໄປຍີ່ປຸ່ນ)

□ **溜める**
た
(जम्मा गर्नु / संचय गर्नु／ប្រមូលផ្ដុំ／
ສະສົມ)

▶ ストレスを溜めないようにしてください。
た
(कृपया तनावमा नबस्नुहोस।／សូមកុំប្រមូលផ្ដុំស្ត្រេស／ກະລຸນາຢ່າສະສົມຄວາມຕຶງຄຽດ.)

□ **近づく**
ちか
(नजिकिनु / नजिक जानु／
ចូលកាន់តែជិត／ເຂົ້າໃກ້, ຢູ່ໃກ້, ໃກ້ເຂົ້າມາ)

▶ 危ないから、火に近づかないで。
あぶ ひ ちか
(खतरनाक भएकोले आगोको नजिक नजानुहोस्।／ព្រោះវាគ្រោះថ្នាក់ដូច្នេះសូមកុំមកជិតភ្លើង／
ອັນຕະລາຍເດີ້, ຢ່າເຂົ້າໃກ້ໄຟ.)

▶ 大会が近づくにつれて、だんだん緊張してきた。
たいかい ちか きんちょう
(प्रतियोगीता नजिकिदै आउँदा म झनझन आत्तिदै आएको छु।／
នៅពេលការប្រកួតកាន់តែខិតជិតមកដល់ខ្ញុំកាន់តែភ័យខ្លាំងឡើងៗ／
ການແຂ່ງຂັນແຮງໃກ້ເຂົ້າມາແຮງເຮັດໃຫ້ມີຄວາມຕື່ນເຕັ້ນຂຶ້ນເທື່ອລະໜ້ອຍ.)

□ **ちぎる**
(टुक्रा गर्नु, काट्नु／បេះហែក／
ຈີກ (ເປັນຕ່ອນນ້ອຍໆ))

▶ レタスは手でちぎって結構ですよ。
て けっこう
(तपाईं लेटसलाई हातले टुक्रा गर्न सक्नुहुन्छ।／អ្នកអាចបេះហែកសាឡាត់ដោយដៃ／ໃຊ້ມືຈີກຜັກສະລັດກໍ່ໄດ້ແລ້ວ.)

□ **散らす**
(छर्नु, फैलाउनु／ពង្រាយ／
โรย, ຢາຍ, ກະຈາຍຂ່າວ)

▶ 一カ所に固めず、適当に散らして置いてください。
(एकै ठाउँमा थुप्रो नपारेर ठिकसँग छरी राख्नुहोस्।／កុំប្រមូលផ្តុំនៅមួយកន្លែងសូមដាក់ពង្រាយតាមធម្មតាទៅ／
ບໍ່ໃຫ້ຈຸ້ມຢູ່ບ່ອນດຽວ, ກະລຸນາຢາຍໄວ້ຢ່າງເໝາະສົມ.)

□ **捕まる**
(समातिनु／ចាប់បាន／ຈັບກຸມ, ຈັບ)

▷ 泥棒が捕まる
(चोर समातिनु／ចោរត្រូវបានចាប់／ຈັບຂີ້ລັກ)

□ **つかまる**
(समाउनु, लिनु, जित्नु／តោង／ຈັບ)

▷ 手すりにつかまる
(रेलिङमा समाउनु／តោងកាន់បង្កាន់ដៃ／ຈັບຮາວ)

音声DL 92

□ **つかむ**
(समात्नु／ចាប់／
ຈັບ, ຈັບໄວ້, ກຳມືໄວ້, ຄວ້າ, ເຂົ້າໃຈ)

▶ うちの猫は、しっぽをつかむと怒ります。
(मेरो घरको बिरालोको पुच्छर समात्यो भने रिसाउँछ।／ឆ្មារបស់ខ្ញុំខឹងនៅពេលចាប់កន្ទុយរបស់វា／
ຖ້າຈັບຫາງແມວຂອງຂ້ອຍມັນຈະໃຈຮ້າຍ.)

▷ チャンスをつかむ、読者の心をつかむ
(मौका लिनु, पाठकको मन जित्नु／ចាប់យកឱកាស, ចាប់យកបេះដូងអ្នកអាន／ຄວ້າໂອກາດ, ເຂົ້າໃຈຄົນອ່ານ)

□ **突く**
(हान्नु, प्रहार गर्नु घोच्नु／រុក／
ແທງ,ຈິ້ມ (ຄ່ອຍໆ))

▷ 棒で突く、指で突く
(छडीले हान्नु, औंलाले घोच्नु／រុកដោយដំបង, រុកដោយម្រាមដៃ／ແທງດ້ວຍໄມ້, ໃຊ້ນິ້ວມືຈິ້ມ)

□ **浸ける**
(भिजाउनु／ត្រាំ／ແຊ່)

▶ 洗剤の入ったお湯に浸けておくと、汚れが取れやすくなります。
(सर्फ भएको तातो पानीमा भिजाएर राख्यो भने फोहोर सजिलै जान्छ।／
ប្រសិនបើត្រាំទុកក្នុងទឹកក្តៅដែលមានផ្ទុកសាប៊ូវាធ្វើឱ្យកាន់តែងាយស្រួលក្នុងការយកប្រលាក់ចេញ／
ຖ້າແຊ່ໃສ່ນ້ຳແຟັບອຸ່ນໆຈະສາມາດກຳຈັດຄວາມເປື້ອນອອກໄດ້ງ່າຍຂຶ້ນ.)

□ **漬ける**
(भिजाउनु／ជ្រក់／ດອງ)

▷ 漬け物
(जापनी तरिकाले बनाएको अचार／ជ្រក់／ຜັກດອງ)

□ **伝わる**
(सञ्चार गरिनु, भन्नु, बुझिनु／បង្ហាញប្រាប់／
ຖ່າຍທອດ, ຖ່າຍທອດຕໍ່ໆກັນມາ)

▶ 自分の言いたいことがうまく伝わらない。
(आफूले भन्न चाहेको कुरा राम्रोसँग बुझाउन सकिन।／ខ្ញុំមិនអាចបង្ហាញប្រាប់នូវអ្វីដែលខ្ញុំចង់និយាយនោះទេ／
ບໍ່ສາມາດຖ່າຍທອດສິ່ງທີ່ຕົນເອງຢາກເວົ້າໄດ້.)

□ **続く**
(निरन्तर हुनु／បន្ត／ດຳເນີນຕໍ່, ຕິດໆກັນ)

▶ 会議はまだ続いている。
(बैठक अझै निरन्तर छ।／ការប្រជុំនៅតែបន្ត／ກອງປະຊຸມຍັງພວມດຳເນີນຕໍ່.)

□ **突っ込む**
(घचेड्नु धकेल्नु जोरसँग छिर्नु／រត់ចូល／
ພຸ່ງເຂົ້າໄປ, ໂດດລົງໄປໃນ)

▶ カーブを曲がりきれず、車が店に突っ込んだ。
(गाडी मोडिन नसकेर पसल भित्र जोरसँग छिर्यो।／ខ្ញុំមិនអាចបត់ផ្លូវកោងបានទើបរថយន្តរត់ចូលហាង／
ເຂົ້າໂຄ້ງບໍ່ທວິດລົດກໍ່ເລີຍພຸ່ງເຂົ້າໄປໃນຮ້ານ.)

□ **努める**
(प्रयास गर्नु／ខិតខំ／ມຸ່ງໜ້າ, ພະຍາຍາມ,
ອົດທົນ)

▶ さらにサービスの向上に努めます。
(अझै सर्भिसलाई सुधार गर्न प्रयास गर्छौं।／យើងនឹងខិតខំធ្វើឱ្យប្រសើរឡើងនូវសេវាកម្មរបស់យើងបន្ថែមទៀត／
ຍິ່ງໄປກວ່ານັ້ນ, ຈະມຸ່ງໜ້າພັດທະນາການບໍລິການ)

□ **つながる（繋(つな)がる）**

（जोडिनु, सम्पर्क हुनु, प्रतिफल आउनु, एक आपसमा बाँधिनु ／ភ្ជាប់ ／នាំឱ្យមាន ／ເຊື່ອມຕໍ່ກັນ, ຜູກພັນກັນ, ກ່ຽວຂ້ອງກັນ, ຕໍ່ເນື່ອງກັນ, ນຳພາໄປສູ່）

▶ 毎日(まいにち)の努力(どりょく)がいい結果(けっか)につながった。

（दैनिक प्रयासहरूले राम्रो प्रतिफल आयो ।／ការខិតខំប្រឹងប្រែងប្រចាំថ្ងៃបាននាំឱ្យមានលទ្ធផលល្អ／ຄວາມພະຍາຍາມໃນແຕ່ລະມື້ໄດ້ນຳພາໄປສູ່ຜົນໄດ້ຮັບທີ່ດີ.）

▶ 何度(なんど)かけても電話(でんわ)がつながらない。

（जतीपटक गरेपनि फोन सम्पर्क भएन ।／ខ្ញុំមិនអាចភ្ជាប់ទៅទូរស័ព្ទបានទេទោះបីខ្ញុំហៅទូរស័ព្ទប៉ុន្មានដងក៏ដោយ／ໂທລະສັບຫາຈັກເທື່ອກໍ່ເຊື່ອມຕໍ່ບໍ່ໄດ້ (ໂທຫາຈັກເທື່ອກໍ່ບໍ່ຕິດ)）

□ **つなぐ（繋(つな)ぐ）**

（जोड्नु, बाँध्नु ／ភ្ជាប់ឬតោង／ມັດ, ຈັບ (ໃຫ້ແໜ້ນ), ເຊື່ອມຕໍ່）

▷ 手(て)をつなぐ、パソコンにケーブルをつなぐ

（हात बाँध्नु कम्प्यूटरमा केबल जोड्नु ।／តោងដៃ, ភ្ជាប់ខ្សែទៅកុំព្យូទ័ររបស់អ្នក／ຈັບມື, ເຊື່ອມຕໍ່ສາຍເຄເບີ້ນໃສ່ຄອມພິວເຕີ້.）

□ **つなげる（繋(つな)げる）**

（जोड्नु, सम्पर्क गर्नु, प्रतिफल निकाल्नु, एक आपसमा बाँध्नु, नतिजा निकाल्नु／ភ្ជាប់／ເຊື່ອມຕໍ່, ເຊື່ອມສຳພັນ, ຕໍ່）

□ **つぶす（潰(つぶ)す）**

（किच्नु, खेर फाल्नु, भताभुङ्ग पार्नु, चकनाचुर पार्नु／បំផ្លាញ／ບີບ, ເຮັດໃຫ້ແຕກ, ທຳລາຍ, ຂ້າ (ເວລາ)）

▷ チャンスをつぶす、時間(じかん)をつぶす

（मौका खेर फाल्नु, समय बर्बाद गर्नु ।／បំផ្លាញឱកាស, បំផ្លាញពេលវេលា／ທຳລາຍໂອກາດ, ຂ້າເວລາ）

▶ 段(だん)ボール箱(ばこ)はつぶして捨(す)ててください。

（कागजको बाकस कुच्याएर फ्याँक्नुहोस् ।／ប្រអប់ក្រដាសកាតុងសូមកំទេចវាហើយបោះចោល／ກະລຸນາບີບແທັດແລ້ວຈຶ່ງຖິ້ມ.）

□ **つぶれる（潰(つぶ)れる）**

（भत्किनु, ढल्नु, चकनाचुर हुनु, कुच्चिनु, डुब्नु／ដួលរលំ／ແຕກຊະຊາຍ, ເພ, ແຕກຊະຊາຍ, ເພ, ຍຸບ, ເສຍຫາຍ, ລົ້ມລະລາຍ）

▷ 箱(はこ)がつぶれる、会社(かいしゃ)がつぶれる

（बाकस कुच्चिनु, कम्पनी डुब्नु ।／ប្រអប់ដួលរលំ, ក្រុមហ៊ុនដួលរលំ／ກັບຍຸບ, ບໍລິສັດລົ້ມລະລາຍ）

□ **つまずく**

（ठोकिनु, ठेस लाग्नु／ជំពប់／ຂ້ອງ, ເຕະສະດຸດ）

▶ 石(いし)につまずいて、転(ころ)んじゃった。

（ढुङ्गामा ठोक्किएर लडेँ ।／ខ្ញុំបានជំពប់ជើងនឹងដុំថ្មហើយដួល／ເຕະສະດຸດກ້ອນຫີນລົ້ມຊໍ້າ.）

□ **詰(つ)める**

（भर्नु प्याक गर्नु, पोको पार्नु／កកកុញ ឬ ឡើងច្រើន／ບັນຈຸ, ຍັດໃສ່ (ຈົນເຕັມ), ບຽດ）

▶ そんなに詰(つ)めたら、かばんが閉(し)まらないよ。

（त्यस्तो गरी भऱ्यो भने झोला बन्द हुदैन ।／ប្រសិនបើខ្ចប់វាបៀបនឹងច្រើននោះកាបូបនឹងបិទមិនជិតទេ／ຍັດໃສ່ຂະໜາດນັ້ນກໍ່ອັດກະເປົາບໍ່ໄດ້ຊັ້ນຕວະ.）

□ **積(つ)もる**

（जम्नु संचय हुनु／កកកុញ／ກອງທັບຖົມ）

□ **吊(つ)るす**

（टुङ्ग्याउनु, झुन्ड्याउनु／ព្យួរ／ຫ້ອຍ, ແຂວນ）

▶ 干(ほ)す場所(ばしょ)がないので、部屋(へや)に洗濯物(せんたくもの)を吊(つ)るした。

（सुकाउने ठाउँ नभएकोले कोठामा धोएको लुगाहरू टङ्ग्याए ।／មិនមានកន្លែងហាលទេដូច្នេះខ្ញុំបានព្យួរខោអាវបោកគក់ហើយនៅក្នុងបន្ទប់／ໄດ້ຕາກເຄື່ອງຢູ່ໃນຫ້ອງຍ້ອນບໍ່ມີບ່ອນຕາກ.）

音声DL 93

□ **適(てき)する**

（उपयुक्त हुनु／សាកសម ឬ សមរម្យ／ເໝາະສົມ, ແທດເໝາະ）

▶ 山田(やまだ)さんがリーダーに最(もっと)も適(てき)した人(ひと)だと思(おも)う。

（यामादा जी लिडरको लागि उपयुक्त भएको मान्छे जस्तो लाग्छ ।／ខ្ញុំគិតថាលោកយ៉ាម៉ាដាគឺជាមនុស្សដែលសាកសមបំផុតជាអ្នកដឹកនាំ／ຄິດວ່າທ່ານ ຢະມະດະແມ່ນບຸກຄົນທີ່ແທດເໝາະທີ່ສຸດໃນການເປັນຜູ້ນຳພາ.）

□ **照(て)らす**

（उज्यालो पार्नु／បំភ្លឺ／ສ່ອງແສງ, ໃຫ້ຄວາມສະຫວ່າງ）

▶ ライトがステージを照(て)らすと、幕(まく)が上(あ)がった。

（प्रकाशले मञ्च उज्यालो पार्ने बित्तिकै पर्दा माथि गयो ।／នៅពេលដែលពន្លឺបំភ្លឺឆាក វាំងននបានលើកឡើង／ຜ້າກັ້ງຈະເປີດຂຶ້ນເມື່ອໄຟສ່ອງແສງໃສ່ເວທີ.）

☐ **尖る**
とが
(तिखो हुनु, धारिलो, धारिलो हुनु／មុត／ແຫຼມ, ແຫຼມຄົມ)

▶ 先の部分が尖っているので、気をつけてください。
さき　ぶぶん　とが　き
(धार तिखो भएकोले ख्याल गर्नुहोस् ।／សូមប្រុងប្រយ័ត្នព្រោះផ្នែកខាងមុខគឺមុត／ກະລຸນາລະມັດລະວັງຍ້ອນວ່າປາຍແຫຼມຄົມ.)

☐ **溶く**
と
(पग्लिनु, मिल्नु／រលាយ／ລະລາຍ)

▷ 小麦粉を水に溶く
こむぎこ　みず　と
(पीठोलाई पानीमा मीलाउनु ।／រំលាយម្សៅក្នុងទឹក／ລະລາຍແປ້ງໃນນໍ້າ)

☐ **解く**
と
(समाधान गर्नु, सुल्झाउनु／ដោះស្រាយ／ແກ້ໄຂ)

▷ 問題を解く、謎を解く
もんだい　と　なぞ　と
(समस्या समाधान गर्नु, रहस्य सुल्झाउनु／ដោះស្រាយបញ្ហា, ដោះស្រាយអាថ៌កំបាំង／ແກ້ໄຂບັນຫາ, ແກ້ໄຂປິດສະໜາ)

☐ **整う**
ととの
(तयार हुनु, व्यवस्थित हुनु／រៀបចំត្រៀម／ຈັດເປັນລະບຽບ, ພ້ອມ)

▷ 準備が整う
じゅんび　ととの
(तयारी गर्नु／រៀបចំត្រៀមរួចរាល់ហើយ／ການກຽມໂຕພ້ອມ)

☐ **整える**
ととの
(मिलाउनु, व्यवस्थित गर्नु／រៀបចំ／ຈັດ, ປັບ, ຈັດໃຫ້ເປັນລະບຽບ)

▷ 形を整える、髪を整える
かたち　ととの　かみ　ととの
(आकार मिलाउनु, कपाल मिलाउनु／រាងរាងសក់／ປັບຮູບຮ່າງ, ຈັດຊົງຜົມ)

☐ **飛ばす**
と
(उडाउनु, नरोकिकन जानु／ហើរ／ພັດ, ປິວ, ຂ້າມ, ລະເວັ້ນໄປ, ຊັດດ້ວຍຄວາມໄວ)

▶ 風で帽子が飛ばされた。
かぜ　ぼうし　と
(हावाले टोपी उडाइदियो ।／ខ្យល់បក់ហើរមួករបស់ខ្ញុំ／ໝວກປິວໄປຕາມລົມ.)

▶ これは急行だから、その駅は飛ばすと思う。
きゅうこう　えき　と　おも
(यो एक्सप्रेस रेल भएकोले त्यो स्टेसन छाड्छ (नरोक्नु) जस्तो लाग्छ ।／នេះគឺជារថភ្លើងល្បឿនដូច្នេះខ្ញុំគិតថានឹងរំលងស្ថានីយ៍នោះ／ເພາະນີ້ແມ່ນລົດໄຟດ່ວນ ຄິດວ່າມັນຈະຂ້າມສະຖານີນັ້ນໄປ.)

☐ **留める**
と
(रोक्नु, अड्काउनु／បញ្ឈប់／ໜີບ (ໃຫ້ຢູ່), ຢຸດ, ເຮັດໃຫ້ຢູ່ກັບທີ່)

▶ 前髪が長くなったのでピンで留めた。
まえがみ　なが　と
(अगाडिको कपाल लामो भएकोले पिनले अड्काएँ ।／សក់មុខរបស់ខ្ញុំវែងជាងមុនដូច្នេះខ្ញុំបានខ្ទាស់វានឹងដង្កៀបសក់／ຜົມໜ້າມ້າຍາວຂຶ້ນກໍ່ເລີຍໜີບກິບໄວ້.)

☐ **伴う**
ともな
(साथ दिनु, सँगै पर्नु／អមដំណើរ／ໄປນຳກັນ, ມາກັບ ເກີດຂຶ້ນໃນເວລາດຽວກັນ)

▶ 〈天気予報〉強風を伴う雨に注意してください。
てんきよほう　きょうふう　ともな　あめ　ちゅうい
(〈मौसम पूर्वानुमान〉 तेज हावा सँगै पर्ने पानीमा सावधान हुनुहोस् ।／<ការព្យាករណ៍អាកាសធាតុ> សូមប្រយ័ត្ននឹងភ្លៀងដែលអមដោយខ្យល់បក់ខ្លាំង／(ພະຍາກອນອາກາດ)ຈົ່ງລະມັດລະວັງຝົນຕົກທີ່ມາກັບລົມແຮງ.)

☐ **長引く**
なが　び
(लम्बिनु／អូសបន្លាយ／ຍືດອອກໄປ, ແກ່ຍາວ, ກິນເວລາ)

▶ 不況が長引くと、企業の倒産が心配される。
ふきょう　なが　び　きぎょう　とうさん　しんぱい
(यदि आर्थिक मन्दी लम्बियो भने कम्पनीहरू टाट पल्टनेमा चिन्तित छन् ।／ប្រសិនបើវិបត្តិសេដ្ឋកិច្ចអូសបន្លាយរយៈពេលយូរការក្ស័យធនរបស់ក្រុមហ៊ុនគឺព្រួយបារម្ភ／ກັງວົນການລົ້ມລະລາຍຂອງບໍລິສັດ, ຖ້າພາວະເສດຖະກິດຕົກຕໍ່າຍັງແກ່ຍາວ.)

☐ **亡くす**
な
(हराउनु, गुमाउनु／បាត់បង់／ສູນເສຍ, ເຮັດໃຫ້ເສຍຊີວິດ, ເຮັດໃຫ້ຈາກໄປ)

▶ この事故で仲間を一人亡くしたんです。
じこ　なかま　ひとり　な
(यो दुर्घटनाले मिल्ने साथी एउटा गुमाए ।／ខ្ញុំបានបាត់បង់មិត្តភក្តិរបស់ខ្ញុំម្នាក់នៅក្នុងគ្រោះថ្នាក់នេះ／ໄດ້ສູນເສຍໝູ່ຄົນໜຶ່ງຈາກອຸບັດຕິເຫດໃນຄັ້ງນີ້.)

☐ **殴る**
なぐ
(पिट्नु हाल्नु, हिकाउनु／វាយ／ຊົກ, ຕີ)

▶ 人を殴ったことなんか、一度もありません。
ひと　なぐ　いちど
(मैले कसैलाई कहिल्यै पनि पिटेको छैन ।／ខ្ញុំមិនដែលវាយមនុស្សណាម្នាក់ទេ／ບໍ່ເຄີຍຕີຄົນຈັກເທື່ອ.)

□ 為す（な）

▶ 私たちが為すべきことは何なのか、よく考えなければならない。

(पूरा गर्नु, सम्पादन गर्नु, सिध्याउनु／ធ្វើ／เร็ด, เร็ดให้เกิด)

(हामीले के पुरा गर्नुपर्छ भनेर धेरै सोच्नुपर्छ ।／យើងត្រូវគិតអោយច្បាស់អំពីអ្វីដែលយើងចាំបាច់ត្រូវធ្វើ／พวกเราต้องคิดทบทวนให้ดีว่าสิ่งที่ควนเร็ดแม่นหยัง.)

□ なでる（撫でる）

▶ その時は父が頭をなでてほめてくれた。

(सुम्सुम्याउनु／អង្អែល／ลูบ)

(त्यो समयमा मेरो बुबाले मलाई सुम्सुम्याउनु भयो र स्यावासी दिनुभयो ।／នៅពេលនោះឪពុកខ្ញុំបានអង្អែលក្បាលហើយសរសើរខ្ញុំ／ในตอนนั้น พໍ່ได้ลูบหัวและย้องยໍข้อย.)

□ 怠ける（なま）

▶ ちょっとでも練習を怠けたら、コーチにものすごく怒られます。

(अल्छी गर्नु／ធ្វេសប្រហែសឬខ្ជិល／ขี้ถ้าน, เร็ดโตโลเล, ละเลีย)

(अभ्यासमा थोरैपनि अल्छी गऱ्यो भने प्रशिक्षकले थर्काउनुहुन्छ ।／ប្រសិនបើអ្នកធ្វេសប្រហែសក្នុងការអនុវត្តសូម្បីតែបន្តិចគ្រូបង្វឹករបស់អ្នកនឹងខឹងយ៉ាងខ្លាំង／ละเลียการฝึกຊ້ອມພຽງໜ້ອຍດຽວກໍ່ຕາມຈະຖືກຄູຝຶກຮ້າຍຫຼາຍ.)

□ 鳴る（な）

▷ 雷が鳴る、電話が鳴る

(बज्नु／រោទ៍／(ฟ้า) ร้อງ, (กะดิ่ง) ดັງ)

(चट्याङ्ग पर्नु (बिजुलि चम्किनु) फोन बज्नु／រន្ទះបាញ់, ទូរស័ព្ទរោទ៍／ຟ້າຮ້ອງ, ໂທລະສັບດັງ)

□ 成る（な）

(हुनु, बन्नु／ក្លាយជា／ກາຍເປັນ)

□ 慣れる（な）

▶ 最近、やっと仕事に慣れてきました。

(बानी हुनु, बानी पर्नु／ធ្លាប់／ລຶ້ງ, ຄຸ້ນເຄີຍ)

(आजकाल, बल्ल काममा बानी पर्दैआयो ।／ថ្មីៗនេះខ្ញុំបានស៊ាំនឹងធ្វើការ／ໃນທີ່ສຸດກໍ່ຄຸ້ນເຄີຍກັບວຽກເມື່ອບໍ່ດົນມານີ້.)

□ 匂う（にお）

(गंध आउनु, गन्हाउनु／ហិតក្លិន／ສົ່ງກິ່ນ, ໄດ້ກິ່ນ, ດົມກິ່ນ)

□ 匂い（にお）

(गंध／ក្លិន／ກິ່ນ)

音声DL 94

□ 逃がす（に）

▶ あと少しだったのに、警察は犯人を逃がしてしまったようです。

(छोड्नु, भाग्न दिनु, धपाउनु／ប្រលែង／ພາດ (ໂອກາດ), ສູນເສຍ, ປ່ອຍໃຫ້ຫຼຸດມື)

(थोरै मात्र दुरी थियो र पनि प्रहरीले अपराधीलाई भाग्न दियो जस्तो लाग्यो ।／ទោះបីជាវានៅសល់ពេលដ៏ខ្លីក៏ដោយ ប៉ូលីសហាក់ដូចជាបានប្រលែងឧក្រិដ្ឋជន／ເບິ່ງຄືວ່າຕຳຫຼວດຊິປ່ອຍໃຫ້ຄົນຮ້າຍຫຼຸດມືໄປໄດ້ເຖິງແມ່ນວ່າຈະຢູ່ຫ່າງກັນພຽງແຕ່ໜ້ອຍດຽວ.)

□ にらむ

▶ ちょっとふざけたことを言ったら、先生ににらまれた。

(नियाल्नु／សំឡក់មើល ឬ សម្លឹងមើល／ຈ້ອງເບິ່ງ, ແນມເບິ່ງໜ້າ, ເຮັດໜ້າບູດໃສ່)

(मुर्ख कुरा गरेपछि शिक्षकले मलाई नियाल्नु भयो ।／នៅពេលខ្ញុំនិយាយអ្វីដែលឆ្កួតៗ ខ្ញុំត្រូវបានគ្រូសំឡក់មើលមក／ເມື່ອເວົ້າຫຼິ້ນໜ້ອຍໜຶ່ງກໍ່ຈະຖືກອາຈານແນມເບິ່ງໜ້າ.)

□ 縫う（ぬ）

(सिउनु, सिलाई गर्नु／ដេរ／ຫຍິບ)

□ 抜く（ぬ）

▶ 虫歯がひどくなったので、抜くことになった。

(निकाल्नु／ទាញចេញ ឬ ដក／ດຶງ, ຫຼົກ, ເອົາອອກ)

(दाँत खराब भएकोले निकाल्ने कुरा निर्णय भयो ।／ព្រោះធ្មេញពុករបស់ខ្ញុំកាន់តែអាក្រក់ឡើងៗ ខ្ញុំបានសំរេចចិត្តដកវាចេញ／ແຂ້ວເປັນແມງຫຼາຍກໍ່ເລີຍຈຳເປັນໄດ້ຫຼົກ.)

□ 抜ける（ぬ）

(निस्कनु／ដកចេញ／ຫຼຸດ, ຫຼົ່ນ, ຫາຍໄປ,ຂາດ, ລອດຜ່ານ)

☐ **ねじる**

(मोड्नु, बटार्नु, घुमाउनु／ពត់／ບິດ, ງໍ)

▶ この腰をねじる体操は、ウエストを細くするのに効果的です。
こし　たいそう　ほそ　こうかてき

(यो हिप घुमाउने व्यायाम कम्मर कम गर्नका लागि प्रभावकारी छ।／ការធ្វើលំហាត់ប្រាណបែបពត់ចង្កេះនេះមានប្រសិទ្ធភាពសម្រាប់បង្រួមចង្កេះ／ການອອກກຳລັງກາຍແບບບິດສະໂພກນີ້ມີປະສິດທິພາບໃນການເຮັດໃຫ້ແອວກິ່ວ.)

☐ **狙う**
ねら

(लक्ष्य लिनु／មានបំណង／ເລັງເປົ້າ, ຕັ້ງເປົ້າ,ແນໃສ່, ຫາໂອກາດ)

▶ 次は優勝を狙います。
つぎ　ゆうしょう　ねら

(अर्को पल्ट जित्ने लक्ष्य राख्छु।／លើកក្រោយខ្ញុំមានគោលបំណងយកជោគជ័យ／ໃນເທື່ອຕໍ່ໄປ ຕັ້ງເປົ້າທີ່ຈະຊະນະ.)

☐ **除く**
のぞ

(हटाउनु／លើកលែង／ເອົາອອກ, ຍົກເວັ້ນ)

☐ **這う**
は

(घिस्रनु, बामे सर्नु／លូន／ຄານ)

▶ 腰が痛くて立てなかったので、這ってトイレに行った。
こし　いた　た　は　い

(कम्मर दुखेर उभिन नसकेर घिस्रँदै चर्पी गए।／ខ្ញុំឈឺខ្នងហើយមិនអាចទ្រាំបានដូច្នេះខ្ញុំក៏លូនទៅបន្ទប់ទឹក／ເຈັບແອວແລະຍືນບໍ່ໄດ້ກໍ່ເລີຍໄດ້ຄານໄປຫ້ອງນ້ຳ.)

☐ **はがす（剥がす）**
は

(छिल्नु, तास्नु, छोड्याउनु, निकाल्नु／បកចេញ／ແກະອອກ, ລອກອອກ, ຈີກອອກ)

▷ シールをはがす

(स्टिकर निकाल्नु।／បកក្រដាសតែមចេញ／ແກະກາອອກ, ແກະສະຕິກເກີ້ອອກ)

☐ **吐く**
は

(उल्टी वा बान्ता गर्नु／ដកដង្ហើមចេញ／ປ່ອຍລົມ (ອອກທາງປາກ ຫຼື ດັງ), ຫາຍໃຈອອກ, ສັ່ງຂີ້ມູກ, ບ້ວນ (ນ້ຳລາຍ), ຮາກ)

▶ 大きく息を吸って、はい、吐いてください。
おお　いき　す　は

(लामो श्वास लिनुहोस्, अँ, श्वास छोड्नुहोस्।／សូមដកដង្ហើមចូលវែងៗ បាទ, ហើយសូមដកដង្ហើមចេញ／ກະລຸນາຫາຍໃຈເຂົ້າເລິກໆ...ໂດຍ, ຫາຍໃຈອອກ.)

▶ お酒を飲みすぎて、吐いてしまった。
さけ　の　は

(रक्सी धेरै पिएर बान्ता गरें।／ខ្ញុំផឹកស្រាច្រើនពេកហើយក្អួតចេញ／ດື່ມເຫຼົ້າຫຼາຍເກີນໄປຈົນຮາກຊ້ຳ.)

☐ **はさまる（挟まる）**
はさ

(समातिनु, बीचमा राखिनु／កៀប／ຂັ້ນ, ຢູ່ທາງກາງ, ຖືກໜີບ, ຄາ)

▶ 本にこんなメモが挟まっていました。
ほん　はさ

(किताबको बीचमा यस्तो चिनो (नोट) राखिएको थियो।／មានកំណត់ចំណាំកៀបនៅក្នុងសៀវភៅ／ມີເຈ້ຍບັນທຶກແບບນີ້ຂັ້ນໃນປຶ້ມ.)

▶ ドアにスカートが挟まった。
はさ

(ढोकामा स्कर्ट च्यापियो।／សំពត់បានកៀបជាប់មាត់ទ្វារ／ກະໂປ່ງຄາຢູ່ປະຕູ.)

☐ **はさむ（挟む）**
はさ

(च्याप्नु／កៀប／ໜີບ, ແຍ່, ສອດ)

▶ ドアに指を挟んじゃった。
ゆび　はさ

(ढोकामा औंला च्याप्यो।／ខ្ញុំកៀបម្រាមដៃនៅមាត់ទ្វារ／ແຍ່ມືເຂົ້າປະຕູ.)

☐ **外れる**
はず

(निस्कनु, नमिल्नु／ខុសពី／ຫຼຸດອອກ, ຄາດເຄື່ອນ, ບໍ່ຖືກ, ຜິດໄປ)

▷ コンタクトが外れる、予想が外れる
はず　よそう　はず

(आँखामा लगाउने लेन्स निस्कनु, अनुमान नमिल्नु／កែវបានចេញពីភ្នែក, ខុសពីការគិតទុក／ຄອນແທັກເລນຫຼຸດອອກ, ຜິດຈາກການຄາດຄະເນໄປ)

☐ **放す**
はな

(छोड्नु／ដោះលែង／ປ່ອຍ, ເຮັດໃຫ້ຫ່າງ)

▶ けがが治った鹿を山に放した。
なお　しか　やま　はな

(घाउचोट निको भएको मृगलाई पहाडमा छाडियो।／គាត់បានដោះលែងសត្វក្តាន់ដែលបានព្យាបាលរបួសជាទៅលើភ្នំ／ປ່ອຍໂຕກວາງທີ່ເຊົາຈາກອາການບາດເຈັບໄວ້ຢູ່ພູ.)

☐ **跳ねる**
は

(उफ्रनु／លោត／ໂດດ, ຟົ້ງ, ເຕັ້ນ)

▷ 魚が跳ねる、ウサギが跳ねる
さかな　は　は

(माछा उफ्रनु, खरायो उफ्रनु／ត្រីលោត, ទន្សាយលោត／ປາເຕັ້ນ, ກະຕ່າຍໂດດ)

□ **省く**
はぶ
(छोड्नु, भुल्नु／លុបចោល／
ຕັດອອກ, ຫຍໍ້, ລະເວັ້ນ, ກຳຈັດ)

▶ 電話番号があれば、住所は省いて結構です。
でんわばんごう　じゅうしょ　はぶ　けっこう
(यदी फोन नम्बर छ भने ठेगाना छोड्दा (नलेख्दा) पनि हुन्छ ।／
ប្រសិនបើអ្នកមានលេខទូរស័ព្ទអ្នកអាចលុបអាសយដ្ឋានបាន／ຖ້າມີເບີໂທລະສັບແລ້ວຕັດທີ່ຢູ່ອອກກໍ່ໄດ້.)

▶ 挨拶は省いて、乾杯をしたいと思います。
あいさつ　はぶ　かんぱい　おも
(अभिवादन छोडेर चियर्स गर्न चाहन्छु ।／ខ្ញុំចង់កាត់ចោលវន្ទាកិច្ចនិងចង់លើកកែវសិន／
ຄິດວ່າຢາກລະເວັ້ນການມີຄຳເຫັນແລ້ວຍົກຈອກ.)

□ **はめる**
(राख्नु, लगाउनु／បិត／ສຸບ, ໃສ່)

▷ 型にはめる、手袋をはめる
かた　てぶくろ
(साँचो (मोल्ड)मा राख्नु, पन्जा लगाउनु／អោយត្រូវគំរូ, ពាក់ស្រោមដៃ／ສຸບເຂົ້າໃນແບບ, ໃສ່ຖົງມື)

□ **張る**
は
(टाँस्नु, चिप्काउनु, गाड्नु, लगाउनु／
លាតសន្ធឹង／ກາງ, ແຜ່, ແຜ່ຂະຫຍາຍ)

▷ 根を張る、テントを張る
ね　は　は
(जरा गाड्नु पाल लगाउनु／ចាក់ឫស, បោះតង់／ແຜ່ຮາກ, ກາງເຕັ້ນ)

音声DL 95

□ **控える**
ひか
(रोक्नु, कम गर्नु／ឈប់／
ງົດ, ຄວບຄຸມ, ອົດ, ລະງັບ)

▶ しばらくは、お酒を控えてください。
さけ　ひか
(केही समयका लागि रक्सी पिउन (कम गर्नु) रोक्नुहोस् ।／សូមមេត្តាឈប់ផឹកទឹកមួយរយៈ／
ກະລຸນາງົດດື່ມເຫຼົ້າຈັກໄລຍະໜຶ່ງ.)

□ **ひねる**
(मोड्नु, बन्द गर्नु／រមួល／ພິກ)

▶ 走った時に足をひねったみたいで、痛い。
はし　とき　あし　いた
(दगुरी रहेको बेलामा खुट्टा मोडिएको जस्तो लागेले दुखिरहेको छ ।／វាឈឺចាប់ដោយដូចជាខ្ញុំរមួលជើងពេលខ្ញុំរត់／
ເຈັບນະ, ຄືຊິແມ່ນຂາພິກຕອນແລ່ນ.)

□ **響く**
ひび
(प्रतिध्वनी, गुन्जनु／លាន់រង្គើរ／
ດັງ, ກ້ອງ, ສະທ້ອນ)

▶ この部屋、トラックとかが通る度に響くんです。
へや　とお　たび　ひび
(यो कोठा ट्रकहरू गुड्ने बेलामा गुन्जिन्छ ।／រាល់ពេលដែលឡានដឹកទំនិញឆ្លងកាត់ បន្ទប់នេះវាលាន់រង្គើរ／
ຫ້ອງນີ້ມີສຽງສະທ້ອນທຸກຄັ້ງທີ່ລົດບັນທຸກແລ່ນຜ່ານ.)

□ **深める**
ふか
(गहिरो गर्नु वा पार्नु／បង្កើនឬពង្រឹង／
ເຮັດໃຫ້...ເລິກເຊິ່ງຂຶ້ນ, ສຶກສາໃຫ້ເລິກເຊິ່ງ)

▷ 交流を深める、知識を深める
こうりゅう　ふか　ちしき　ふか
(गहिरो आदानप्रदान गर्नु, ज्ञानमा गहिरिनु／ពង្រឹងទំនាក់ទំនងកាន់តែល្អ, បង្កើនចំណេះដឹង／
ເຮັດໃຫ້ຄວາມສຳພັນເລິກເຊິ່ງຂຶ້ນ, ສຶກສາຄວາມຮູ້ໃຫ້ເລິກເຊິ່ງ)

□ **含む**
ふく
(समावेस गर्नु／រួមបញ្ចូល／
ລວມ, ປົນຢູ່, ປະສົມຢູ່)

▶ この値段には消費税も含まれている。
ねだん　しょうひぜい　ふく
(यो मूल्यमा उपभोग कर पनि समावेश गरिएको छ ।／តម្លៃនេះមានរួមបញ្ចូលពន្ធប្រើប្រាស់ផងដែរ／
ລາຄານີ້ລວມພາສີຊົມໃຊ້ແລ້ວ.)

□ **膨らます**
ふく
(फुलाउनु／អោយប៉ោង ឬ រីកើប／
ໄຂ່, ນູນ, ບວມ, ຂະຫຍາຍ)

▷ 期待で胸を膨らます
きたい　むね　ふく
(आशाहरूले छाती (मन) फुलेको छ ।／ខ្ញុំពិតជារីកើបដោយការរំពឹងទុក／ເຕັມໄປດ້ວຍຄວາມຄາດຫວັງ)

□ **膨らむ**
ふく
(फुल्नु, बढ्नु／ប៉ោង／ໄຂ່, ນູນ, ບວມ,
ຂະຫຍາຍ, ຍິ່ງໃຫຍ່ຂຶ້ນ)

▷ 期待が膨らむ
きたい　ふく
(आशा बढ्नु／លោភលន់／ຄວາມຄາດຫວັງຍິ່ງໃຫຍ່ຂຶ້ນ.)

□ **ふさがる(塞(ふさ)がる)**

(बन्द हुनु, खाली नहुनु, छोपिनु／ភាំង (បិទ)／ປິດ, ຜ່ານບໍ່ໄດ້, ເຕັມ, (ມີ) ບໍ່ຫວ່າງ)

▶ 棚(たな)が全部(ぜんぶ)塞(ふさ)がっていて、入(い)れる所(ところ)がない。

(सबै दराजहरू बन्दछन् त्यसैले कतै राख्ने ठाउँ छैन ।／ធ្នើទាំងអស់ត្រូវបានបិទហើយមិនមានកន្លែងដាក់ចូលបានទេ／ຖ້ານວາງເຄື່ອງເຕັມໝົດແລ້ວບໍ່ມີບ່ອນໃສ່.)

▶ 今(いま)、手(て)が塞(ふさ)がっているから、後(あと)でやる。

(अहिले हात खाली छैन, त्यसैले पछि गर्छु ।／ឥឡូវនេះខ្ញុំកំពុងជាប់ដៃដូច្នេះខ្ញុំនឹងធ្វើវានៅពេលក្រោយ／ຕອນນີ້ມືບໍ່ຫວ່າງ ຊິເຮັດນຳຫຼັງ.)

□ **ふさぐ(塞(ふさ)ぐ)**

(बन्द गर्नु वा छेक्नु／ភាំង(បិទ)／ປິດກັ້ນ, ຕັນ)

▶ 大(おお)きな車(くるま)が道(みち)をふさいでいて、通(とお)れない。

(ठूलो गाडीले बाटो बन्द गरेर पार गर्न सकिएन ।／ឡានធំមួយកំពុងបិទផ្លូវហើយខ្ញុំមិនអាចឆ្លងកាត់បានទេ／ລົດຄັນໃຫຍ່ຕັນທົ່ນທາງຢູ່ຜ່ານບໍ່ໄດ້.)

□ **ふざける**

(चंचल हुनु वा चकचक गर्नु, ठट्टा गर्नु, जिस्कनु／លេងសើច／ເວົ້າຫຼິ້ນ, ທົ່ວເອາະໆແອະໆ)

▶ ふざけていないで、早(はや)く仕事(しごと)に戻(もど)りなさい。

(नजिस्किकन (चकचक नगरी) छिट्टो काममा फर्क ।／កុំលេងសើចសូមត្រឡប់ទៅធ្វើការអោយលឿន／ຢ່າເວົ້າຫຼິ້ນ ກັບໄປເຮັດວຽກໄວໆ.)

▶ ふざけないでよ。どうして私(わたし)があなたの仕事(しごと)をしなきゃいけないの？

(नजिस्क । मैले किन तपाईंको काम गर्नुपर्ने ?／កុំមកលេងសើច ហេតុអ្វីបានជាខ្ញុំត្រូវធ្វើការងាររបស់អ្នក?／ຢ່າເວົ້າຫຼິ້ນແມະ. ເປັນຫຍັງຂ້ອຍຕ້ອງເຮັດວຽກຂອງເຈົ້າ?)

□ **ぶら下(さ)がる**

▶ そこにぶら下(さ)がっているひもを引(ひ)くと、カーテンが開(ひら)きます。

(झुन्डीन वा लट्किनु／ព្យួរ／ຫ້ອຍ, ຢ່ອນ)

(त्यहाँ झुण्डिरहेको धागो तान्यो भने पर्दा खुल्छ ।／ទាញខ្សែដែលព្យួរនៅទីនោះហើយវាំងននខ្លឹងបើក／ດຶງເຊືອກທີ່ຢ່ອນຢູ່ຫັ້ນແລ້ວຜ້າກັ້ງຊິເປີດອອກ.)

□ **ぶら下(さ)げる**

▷ キーホルダーをかばんにぶら下(さ)げる

(झुण्डाउनु, लट्काउनु／ព្យួរ／ແຂວນ, ຫ້ອຍ)

(साँचो झुण्डाउने चीज (कि होल्डर) लाई झोलामा झुण्ड्याउँछु ।／ព្យួរបន្តោងសោរនៅលើកាបូប／ຫ້ອຍພວງກຸນແຈໃສ່ກະເປົາ)

□ **震(ふる)える**

▷ 緊張(きんちょう)で足(あし)が震(ふる)える。

(काँप्नु, हल्लिनु／ញ័រ／ສັ່ນ, ສັ່ນໄຫວ, ໜາວສັ່ນ)

(तनावले खुट्टा काँप्छ ।／ជើងរបស់ខ្ញុំញាប់ញ័រដោយការភ័យបារម្ភ／ຂາສັ່ນຍ້ອນຕື່ນເຕັ້ນ.)

□ **振舞(ふるま)う**

▶ 大事(だいじ)な席(せき)だから、今日(きょう)だけはまじめに振舞(ふるま)ってよ。

(व्यवहार गर्नु, चालचलन गर्नु／មានឥរិយាបថ／ປະຕິບັດໂຕ, ປະພຶດ, ລ້ຽງເຂົ້າ, ລ້ຽງຕ້ອນຮັບ, ເຮັດໃຫ້ຜ່ອນຄາຍ)

(महत्वपूर्ण स्थान भएकोले आजमात्र भएपनि गम्भिरतापूर्वक व्यवहार गर ।／វាជាកៅអីដ៏សំខាន់ដូច្នេះត្រូវមានឥរិយាបថអោយល្អថ្ងៃនេះ／ມັນເປັນບ່ອນນັ່ງທີ່ສຳຄັນ, ສະນັ້ນ ສະເພາະມື້ນີ້ ຈົ່ງປະຕິບັດໂຕຢ່າງຈິງຈັງ.)

▶ 見物客(けんぶつきゃく)にもお酒(さけ)が振舞(ふるま)われた。

(दर्शकहरूलाई पनि रक्सी प्रदान गरियो ।／ស្រាក៏ត្រូវបានបម្រើដល់អ្នកទស្សនាផងដែរ／ເຫຼົ້າສາເກກໍ່ໄດ້ຖືກເສີບເພື່ອຕ້ອນຮັບແຂກ.)

□ **触(ふ)れる** 同 **触(さわ)る**

(छुनु／ប៉ះពាល់／ແຕະຕ້ອງ, ຈັບ)

▶ 危険(きけん)なので、これらの機械(きかい)には触(ふ)れないでください。

(खतरनाक भएकोले यी मेसिनहरूमा नछुनुहोला ।／កុំប៉ះម៉ាស៊ីនទាំងនេះព្រោះវាមានគ្រោះថ្នាក់／ກະລຸນາຢ່າຈັບເຄື່ອງຈັກເຫຼົ່ານີ້ເພາະມັນອັນຕະລາຍ.)

▶ その話題(わだい)には触(ふ)れないほうがいい。

(तपाईंले त्यो शिर्षकलाई नछोएको बेस होला ।／អ្នកមិនគួរប៉ះពាល់លើប្រធានបទនោះទេ／ບໍ່ຄວນແຕະຕ້ອງຫົວຂໍ້ນັ້ນ.)

- ☐ **放(ほう)っておく**
  (एक्लै छोड्नु, वास्ता नगर्नु／ទុកវាឱ្យនៅតែម្នាក់ឯង／ປ່ອຍຖິ້ມໄວ້, ບໍ່ສົນໃຈ, ປະລະ)
  ▶ (かまわなくて)いいから、放(ほう)っておいて。
  ((वास्ता नगरेर) ठीक भएकोले, एक्लै छोड्नुहोस् ।／(វាមិនសំខាន់ទេ) មិនអីទេ ទុកវាចោលឬកុំមករវល់ជាមួយ／ບໍ່ເປັນຫຍັງ ປ່ອຍຖິ້ມໄວ້ໂລດ.)

★会話(かいわ)では「ほっとく」になることが多(おお)い。

- ☐ **放(ほう)る**
  (छोड्नु, फ्याक्नु, त्यत्तिकै तेतीकै छोड्नु／បោះ／ໂຍນ, ແກວ່ງ)
  ▷ 遠(とお)くに放(ほう)り投(な)げる
  (टाढा फ्याँक्नु／ក្រវែងបោះទៅឆ្ងាយ／ໂຍນໄປໄກໆ)

- ☐ **微笑(ほほえ)む**
  (मुस्कुराउनु／ញញឹម／ຍິ້ມ)
  ▶ お父(とう)さん、記念写真(きねんしゃしん)なんだから、もうちょっと微笑(ほほえ)んで。
  (बुबा, सम्झनाको फोटो भएकोले अलिकति मुस्कुराउनुहोस् ।／ប៉ា វាជារូបថតអនុស្សាវរីយ៍ដូច្នេះសូមញញឹមបន្តិច／ພໍ່ຍິ້ມຕື່ມອີກແດ່ ມັນແມ່ນຮູບທີ່ລະລຶກ.)

- ☐ **微笑(ほほえ)み**
  (मुस्कान／ស្នាមញញឹម／ຮອຍຍິ້ມ)

- ☐ **掘(ほ)る**
  (खन्नु／ជីក／ຂຸດ)
  ▷ 穴(あな)を掘(ほ)る
  (खाडल खन्नु／ជីករណ្ដៅ／ຂຸດຂຸມ)

- ☐ **混(ま)ざる**
  (मिसिनु मीस्सीनु／ចម្រុះ／ປົນ, ປົນເຂົ້າກັນ)
  ▷ 色(いろ)が混(ま)ざる
  (रङ्ग मिसिनु／ពណ៌ចម្រុះ／ສີປົນເຂົ້າກັນ)

- ☐ **混(ま)ぜる**
  (मीसाउनु／លាយ／ປົນ, ປະສົມ)
  ▷ コーヒーと牛乳(ぎゅうにゅう)を混(ま)ぜる
  (कफी र दुध मिसाउनु／លាយកាហ្វេនិងទឹកដោះគោ／ປະສົມກາເຟແລະນ້ຳນົມ)

- ☐ **交(ま)じる** 同 **混(ま)じる**
  (मिसिनु, घुलमिल हुनु／ជាមួយ／ຮ່ວມ, ເຂົ້າຂາ, ມີສ່ວນຮ່ວມ, ປົນເປກັນ, ປະສົມຢູ່ນຳກັນ)
  ▶ 主人(しゅじん)は子供(こども)たちに交(ま)じってサッカーをしています。
  (मेरो श्रीमान बच्चाहरूसँग घुलमिल भएर फुटबल खेल्दै हुनुहुन्छ ।／ប្ដីរបស់ខ្ញុំកំពុងលេងបាល់ទាត់ជាមួយកូនៗរបស់គាត់／ຜົວຂ້ອຍມີສ່ວນຮ່ວມໃນການເຕະບານກັບລູກໆ.)

- ☐ **回(まわ)る**
  (घुम्नु／បង្វិល／ໝຸນໂຕ, ເລາະອ້ອມໆ)
  ▶ 〈ダンス〉 男性(だんせい)に合(あ)わせて回(まわ)ってください。
  (〈नाँच〉 केटाहरूसँग सँगै मिलेर घुम्नुहोस् ।／(រាំ)សូមបង្វិលខ្លួនទៅតាមបុរស／(ເຕັ້ນ) ກະລຸນາໝຸນໂຕໃຫ້ເຂົ້າກັບຝ່າຍຊາຍ.)
  ▷ 市内(しない)を回(まわ)る (शहरभित्र घुम्नु／ធ្វើដំណើរជុំវិញទីក្រុង／ເລາະອ້ອມໆໃນເມືອງ)

- ☐ **満(み)ちる**
  (भरिनु वा पूर्ण हुनु／បំពេញ／ເຕັມໄປດ້ວຍ)
  ▶ 新(あたら)しくできた学校(がっこう)は、子供(こども)たちの明(あか)るい希望(きぼう)に満(み)ちていた。
  (नयाँ बनेको स्कूल बच्चाहरूको उज्जवल आशाले भरिएको थियो ।／សាលារៀនថ្មីបានបំពេញបំណងដ៏ភ្លឺស្វាងរបស់កុមារ／ໂຮງຮຽນໃໝ່ເຕັມໄປດ້ວຍຄວາມໃຝ່ຝັນອັນສົດໃສຂອງເດັກນ້ອຍ.)

- ☐ **見(み)つかる**
  (भेटिनु／រកឃើញ／ຄົ້ນພົບ, ຊອກເຫັນ)
  ▶ 鍵(かぎ)、見(み)つかった？
  (चाँबी भेटियो ?／តើអ្នកបានរកឃើញកូនសោទេ?／ກະແຈຊອກເຫັນແລ້ວບໍ?)

音声DL 97

□ 実る（みの）
(फल्नु／ចេញផ្លែ／(ຕົ້ນໄມ້) ເປັນໝາກ, ຂຶ້ນ, ງອກງາມ, ອອກດອກອອກໝາກ, ຈະເລີນ, ເຕີບໂຕ)

▶ 半年後（はんとしご）には、この木（き）においしいリンゴが実る（みの）はずです。
(आधा वर्षमा यो रुखको स्याउ फल्छ जस्तो छ／ប្រាំមួយខែក្រោយមកដើមឈើនេះគួរតែចេញផ្លែប៉ោមឆ្ងាញ់／ອີກ6ເດືອນ ຕົ້ນໄມ້ກົກນີ້ກໍ່ຄືຊິເປັນໝາກແອັບເປິ້ນແຊບໆ.)

▷ 恋（こい）が実る（みの）、努力（どりょく）が実る（みの）
(प्रेमद्वारा एक हुनु, प्रयासद्वारा फल लाग्नु／មានសេចក្ដីស្រឡាញ់, ទទួលជោគជ័យ／ຄວາມຮັກເຕີບໂຕ, ຄວາມພະຍາຍາມຈະຖືກຕອບແທນ)

□ 実り（みの）
(फल／ផ្លែឈើ／ຜົນລະປູກ, ພືດ)

□ 巡る（めぐ）
(वरिपरि जानु／ជុំវិញ ឬ លើ／ໝູນວຽນ, ອ້ອມຮອບ, ກ່ຽວກັບ)

▶ 船（ふね）でいろいろな国（くに）を巡る（めぐ）のも楽（たの）しそう。
(पानीजहाजबाट विभिन्न देशहरू घुम्न रमाइलो लाग्छ ।／ការធ្វើដំណើរជុំវិញប្រទេសផ្សេងៗដោយជិះទូកពិតមានភាពសប្បាយរីករាយ／ຄືຊິມ່ວນຖ້າໄດ້ອ້ອມຮອບປະເທດຕ່າງໆທາງເຮືອ.)

▶ この土地（とち）を巡（めぐ）って、両国（りょうこく）の間（あいだ）で争（あらそ）いが続（つづ）いた。
(यो भूमिलाई लिएर दुई देश बीचको झगडा जारी छ ।／ជម្លោះនៅតែបន្តរវាងប្រទេសទាំងពីរលើទឹកដីនេះ／ຄວາມຂັດແຍ່ງລະຫວ່າງສອງປະເທດກ່ຽວກັບດິນແດນນີ້ໄດ້ສືບຕໍ່)

□ 設ける（もう）
(तयारी गर्नु, स्थापित गर्नु, बनाउनु／បង្កើត／ກໍານົດວາງ, ຈັດກຽມ, ຈັດຕັ້ງ, ກໍ່ຕັ້ງ, ຈັດສັນ)

▷ 機関（きかん）を設（もう）ける、窓口（まどぐち）を設（もう）ける
(संस्था स्थापित गर्नु, सम्पर्क गर्ने ठाउँ स्थापित गर्नु／បង្កើតស្ថាប័ន, បង្កើតច្រកទ្វា／ກໍ່ຕັ້ງສະຖາບັນ, ຈັດສັນຊ່ອງທາງຕິດຕໍ່ສອບຖາມ)

▶ みんなで集（あつ）まる機会（きかい）を設（もう）けました。
(सबैजना भेला हुने मौका बन्यो ।／យើងបានបង្កើតឱកាសសម្រាប់អ្នករាល់គ្នាដើម្បីជួបគ្នា។／ຈັດສັນໂອກາດໃຫ້ທຸກຄົນໄດ້ລວມໂຕກັນ.)

□ 潜る（もぐ）
(डुब्की लगाउनु, डुबुल्की मार्नु, लुक्नु／មុជទឹក／ດໍານໍ້າ, ມຸດນໍ້າ)

□ もたれる
(अडेस लाग्नु／ផ្អែក／ເອື່ອຍ, ພິງ)

▷ 壁（かべ）にもたれる
(भित्तामा अडेस लाग्नु／ផ្អែកនៅលើជញ្ជាំង／ເອື່ອຍຝາ)

□ 用いる（もち）
(उपयोग गर्नु, प्रयोग गर्नु／ប្រើ／ໃຊ້)

▶ グラフを用（もち）いて説明（せつめい）しましょう。
(ग्राफ प्रयोग गरेर व्याख्या गरौं ।／ចូរពន្យល់ដោយប្រើក្រាប／ໃຊ້ເສັ້ນສະແດງເພື່ອອະທິບາຍກັນເທາະ.)

□ もてなす
(सत्कार गर्नु／បដិសណ្ឋារកិច្ច／ລ້ຽງຮັບຮອງ, ຕ້ອນຮັບ)

▶ 大切（たいせつ）なお客（きゃく）さんだから、しっかりもてなさないと。
(महत्वपूर्ण पाहुना भएकोले राम्ररी सत्कार गर्नुपर्छ ।／ដោយសារជាអតិថិជនសំខាន់ ដូច្នេះត្រូវតែធ្វើបដិសណ្ឋារកិច្ចអោយបានល្អ／ເພິ່ນເປັນແຂກຄົນສໍາຄັນ, ສະນັ້ນ ຕ້ອງຕ້ອນຮັບເປັນຢ່າງດີ.)

□ もてなし
(स्वागत सत्कार／បដិសណ្ឋារកិច្ច／ການຕ້ອນຮັບ, ຄວາມມີນໍ້າໃຈ)

▷ 温（あたた）かいもてなしを受（う）ける
(न्यानो सत्कार पाउनु／ទទួលបដិសណ្ឋារកិច្ចដ៏កក់ក្ដៅ／ຮັບການຕ້ອນຮັບຢ່າງອົບອຸ່ນ.)

□ もてる
(मन पराउनु, स्वागत गरिनु／មានមន្តស្នេហ៍／ເນື້ອຫອມ, ມີຄົນມັກຫຼາຍ)

▶「女性（じょせい）にもてるんじゃないですか」「そんなことないですよ」
(“धेरै केटीहरूले मन पराउँछ होला ?” “त्यस्तो कुरा होइन ।”／「តើនាងមានមុនស្នេហ៍មិនចឹង?」「នោះមិនមែនជាការពិតទេ」／"ບໍ່ແມ່ນມີຜູ້ສາວມັກຫຼາຍບໍ?" "ບໍ່ດອກນ່າ")

☐ **基(もと)づく**
(आधारित हुनु／អាស្រ័យលើ／ອີງຕາມ, ຍຶດຖືເປັນຫຼັກ, ອາໄສ...ເປັນເກນ)

▶ これは事実(じじつ)に基(もと)づいて作(つく)られた映画(えいが)です。
(यो वास्तविकतामा आधारित भएर बनाएको चलचित्र हो ।／នេះជាខ្សែភាពយន្តដែលត្រូវបានគេបង្កើតឡើងដោយពឹងផ្អែកពីរឿងពិត／ນີ້ແມ່ນຮູບເງົາທີ່ຖືກສ້າງຂຶ້ນໂດຍອີງຕາມຄວາມຈິງ.)

☐ **求(もと)める**
(चाहनु, माग गर्नु／ត្រូវការ／ຮ້ອງຂໍ, ຂອກຫາ, ຂອກຊື້)

▶ お客様(きゃくさま)が求(もと)めるサービスを追求(ついきゅう)していきます。
(पाहुनाले माग गरिएको सेवालाई अनुशरण गर्दै जानेछु ।／យើងនឹងបន្តសេវាកម្មដែលអតិថិជនត្រូវការ／ຈະສືບຕໍ່ສະແຫວງຫາການບໍລິການທີ່ລູກຄ້າຮ້ອງຂໍ.)

☐ **物語(ものがた)る**
(कथा बताउनु／និយាយរឿង／ເລົ່າເລື່ອງ, ບົ່ງບອກເຖິງ, ເວົ້າ, ແຈ້ງ)

▶ 職人(しょくにん)の手(て)が仕事(しごと)の大変(たいへん)さを物語(ものがた)っていた。
(शिल्पकारहरूको हातले कामको कठिनाइको कथा बताईरहेको थियो ।／ដៃរបស់សិប្បករបាននិយាយរឿងពីការលំបាករបស់ការងារ／ມືຂອງຊ່າງບົ່ງບອກເຖິງຄວາມລຳບາກຂອງວຽກ.)

☐ **もむ**
(रगड्नु, मसाज गर्नु／ច្របាច់／ບີບ, ນວດ)

▶ 硬(かた)くなった筋肉(きんにく)を少(すこ)しもんだほうがいい。
(चाम्रो भएको मांसपेसीलाई अलिकति मसाज गर्दा ठीक होला ।／អ្នកគួរតែច្របាច់សាច់ដុំដែលរឹងបានបន្តិចទៅ／ຄວນຈະນວດກ້າມຊີ້ນທີ່ແຂງໜ້ອຍໜຶ່ງ.)

☐ **漏(も)らす**
(चुहाउनु／ធ្វើអោយលេចធ្លាយ／ເຮັດໃຫ້ຮົ່ວໄຫຼ, ເປີດເຜີຍ)

▶ 誰(だれ)かが情報(じょうほう)を漏(も)らした疑(うたが)いがある。
(कसैले जानकारी चुहाएको शंका छ ।／មានការសង្ស័យថាមាននរណាម្នាក់បានធ្វើអោយបំបែកព័ត៌មាន／ມີຄວາມສົງໄສວ່າແມ່ນໃຜເຮັດໃຫ້ຂໍ້ມູນຮົ່ວໄຫຼ)

☐ **盛(も)る**
(भाग लगाउनु, पस्कनु／ដាក់ ឬ ពន្លើស／ຕັກ (ອາຫານ), ໃສ່ (ພາຊະນະ), ເສີບ (ອາການ), ກອງຂຶ້ນ)

▶ ご飯(はん)はこの丼(どんぶり)に盛(も)ってください。
(कृपया यो कचौरामा भात पस्कनुहोस् ।／សូមដាក់បាយនៅក្នុងចាននេះ／ຕັກເຂົ້າໃສ່ຖ້ວຍນີ້.)

▷ 大盛(おおも)りを注文(ちゅうもん)する、山盛(やまも)りのミカン
(धेरै खाना मगाउनु, सुन्तलाको थुप्रो／ធ្វើការម៉ង់បាយចានធំ, គំនរក្រូច／ສັ່ງຈານໃຫຍ່, ກອງໝາກກ້ຽງ)

☐ **漏(も)れる**
(चुहिनु／លេចធ្លាយ／ຮົ່ວ)

▶ ふたがちゃんと閉(し)まっていなくて、ペットボトルの水(みず)が漏(も)れていた。
(बिर्को राम्रोसँग नलगाएर प्लास्टिक बोतलको पानी चुहियो ।／គំរបមិនបានបិទឱ្យបានត្រឹមត្រូវទេហើយទឹកនៅក្នុងដបប្លាស្ទិកបានលេចធ្លាយចេញ／ຝາອັດບໍ່ແຈບເຮັດໃຫ້ນ້ຳໃນກະຕຸກຮົ່ວ.)

☐ **役立(やくだ)つ**
(उपयोगी हुनु／មានប្រយោជន៍／ເປັນປະໂຫຍດ)

▷ 生活(せいかつ)に役立(やくだ)つ情報(じょうほう)
(दैनिक जीवनमा उपयोगी हुने जानकारी／ព័ត៌មានមានប្រយោជន៍សម្រាប់ជីវិតប្រចាំថ្ងៃ／ຂໍ້ມູນທີ່ເປັນປະໂຫຍດຕໍ່ການໃຊ້ຊີວິດ)

音声DL 98

☐ **役立(やくだ)てる**
(उपयोग गर्नु／មានប្រយោជន៍／ນຳໃຊ້ໃຫ້ເກີດປະໂຫຍດ)

▶ ここでの経験(けいけん)をぜひ仕事(しごと)に役立(やくだ)ててください。
(यहाँको अनुभव अवस्था पनि काममा उपयोग गर्नुहोस् ।／សូមប្រើប្រាស់បទពិសោធន៍របស់អ្នកនៅទីនេះអោយមានប្រយោជន៍សម្រាប់ការងាររបស់អ្នក／ກະລຸນານຳໃຊ້ປະສົບການຢູ່ບ່ອນນີ້ໃຫ້ເກີດປະໂຫຍດແກ່ການເຮັດວຽກ.)

☐ **やっつける**
(हराउनु, सकाउनु／វាយ／ຊັດ, ຊົກ, ຈັດການຈົນຢູ່ໝັດ, ຖະຫຼົ່ມ (ຄູ່ຕໍ່ສູ້), ສະສາງ)

▶ 今度(こんど)こそ、必(かなら)ずやっつけます。
(यसपटक पक्कै हराउँछु ।／លើកក្រោយខ្ញុំច្បាស់ជាវាយវា／ເທື່ອຕໍ່ໄປແທ້ໆ ຊິສະສາງ)

☐ **破(やぶ)く**
(च्यात्नु／ហែក／ຈີກ)

▶ 大事(だいじ)な書類(しょるい)を破(やぶ)いて捨(す)ててしまった。
(महत्वपूर्ण कागजात च्यातेर फालें ।／ខ្ញុំបានហែកឯកសារសំខាន់មួយហើយបោះចោល／ຈີກເອກະສານສຳຄັນຖິ້ມຊ້ຳ.)

□ **譲る**（ゆずる）
(हार मान्नु, कसैलाई दिनु／ផ្តល់ជូន ឬ ផ្តល់ឱ្យ／ໂອນໃຫ້, ຍົກໃຫ້, ຍອມໃຫ້, ເສຍສະຫຼະໃຫ້)

▶ お年寄りが立っていたら、必ず席を譲ります。（とし よ／た／かなら／せき／ゆず）
(वृद्धावृद्धी मान्छे उठिरहेको अवस्था, स्थान (सीट) छोडिदिन्छु ।／ប្រសិនបើមនុស្សចាស់កំពុងឈរខ្ញុំច្បាស់ជាផ្តល់ជូនកៅអីអោយគាត់／ຖ້າຜູ້ສູງອາຍຸຢືນຢູ່ ຂ້ອຍຈະເສຍສະຫຼະບ່ອນນັ່ງໃຫ້ເປັນປະຈຳ.)

▶ このパソコンは友達が譲ってくれたものです。（ともだち／ゆず）
(यो साथीले दिएको कम्प्युटर हो ।／កុំព្យូទ័រនេះមិត្តភក្តិខ្ញុំបានផ្តល់ឱ្យខ្ញុំ／ໝູ່ໂອນຄອມພິວເຕີ້ໜ່ວຍນີ້ໃຫ້.)

□ **緩める**（ゆるめる）
(फुकाउनु／បន្ធូរ ឬ ធូរ／ຜ່ອນຜັນ, ເຮັດໃຫ້ຫຼົມ, ຍານ)

▷ ベルトを緩める（ゆる）
(पेटी फुकाउनु／បន្ធូរខ្សែក្រវ៉ាត់／ຍານສາຍແອວ)

□ **緩む**（ゆるむ）
(खुकुलो हुनु／បន្ធូរ／ຫຼົມ, ບໍ່ແໜ້ນໜາ, ຜ່ອນຄາຍ)

▷ 気持ちが緩む（き も／ゆる）
(लापर्वाह हुनु／អារម្មណ៍ធូរស្រាល／ຮູ້ສຶກຜ່ອນຄາຍ)

□ **揺れる**（ゆれる）
(हल्लिनु, मुटु काँप्नु／រញ្ជួយ／ສັ່ນ, ສັ່ນໄຫວ, ແກວ່ງ)

▶ 昨日の地震は揺れたね。（きのう／じしん／ゆ）
(हिजो भुकम्पले हल्लिएको थियो है ।／ការរញ្ជួយដីកាលពីម្សិលមិញពិតជារញ្ជួយមែនហើយ／ແຜ່ນດິນໄຫວມື້ວານນີ້ສັ່ນຢູ່ໄດ໋ເນາະ.)

▷ カーテンが揺れる、船が揺れる、心が揺れる（ゆ／ふね／ゆ／こころ／ゆ）
(पर्दा हल्लिनु, पानीजहाज हल्लिनु, मुटु काँप्नु／វាំងននញ័រ, កប៉ាល់ណ័រ ,រំភើបចិត្ត／ຜ້າກັ້ງແກວ່ງ, ເຮືອແກວ່ງ, ໃຈສັ່ນ)

□ **よす(止す)**（よ）
(रोक्नु／បញ្ឈប់／ເຊົາ, ຍົກເລີກ)

▶ けんかはよしなさい。 同 止める（や）
(झगडा रोक ।／សូមឈប់ឈ្លោះគ្នា／ເຊົາຜິດກັນແມະ.)

□ **(〜に)よる**
(कारणले／ដោយសារ／ເນື່ອງຈາກ)

▶ 資金不足により、その計画は中止になった。（しきんぶそく／けいかく／ちゅうし）
(कोषको अभावको कारणले योजना रद्ध गरियो ।／ផែនការនេះត្រូវបានលុបចោលដោយសារខ្វះថវិកា／ແຜນການຖືກຍົກເລີກເນື່ອງຈາກຂາດເງິນທຶນ.)

□ **弱る**（よわる）
(कमजोर हुनु, अप्ठ्यारो हुनु, संकटमा पर्नु, गाह्रो हुनु／ខ្សោយ／ຈ່ອຍແຫ້ງ, ອ່ອນແຮງ, ອ່ອນລ້າ.)

▶ 弱ったなあ。うちのアパートでは猫は飼えないんだよ。（よわ／ねこ／か）
(गाह्रो भइयो, हाम्रो अपार्टमेन्टमा बिरालो पाल्न सकिदैन ।／ខ្សោយមែនហើយ ខ្ញុំមិនអាចចិញ្ចឹមឆ្មានៅក្នុងផ្ទះល្វែងរបស់ខ្ញុំបានទេ／ຕາຍແລ້ວ, ລ້ຽງແມວໄວ້ໃນອາພາດເມັ້ນບໍ່ໄດ້.)

□ **沸かす**（わかす）
(उमाल्नु वा तताउनु／ដាំ／ຕົ້ມ(ນ້ຳ)ໃຫ້ເດືອດ)

▷ お湯を沸かす、(お)風呂を沸かす（ゆ／わ／ふろ／わ）
(पानी उमाल्नु, नुहाउने ठाउँ (बाथरुम) तताउनु／ដាំទឹកឱ្យពុះ, ដាក់ទឹកក្តៅចូលអាងងូតទឹក／ຕົ້ມນ້ຳຮ້ອນ, ຕົ້ມນ້ຳອຸ່ນ (ເພື່ອແຊ່ອ່າງ))

□ **湧く**（わく）
(निस्किनु, उत्पन्न हुनु／ផុសឡើង／(ນ້ຳ)ເດືອດ, ພຸດຂຶ້ນ, ພົ້ນຂຶ້ນ, ໂປໂລຂຶ້ນ, ເກີດຂຶ້ນ)

▷ 湧き水、勇気が湧く（わ みず／ゆうき／わ）
(जमिनबाट निस्कने पानी, साहस आउनु／ទឹកផុស, ភាពក្លាហានផុសឡើង／ນ້ຳພຸດຂຶ້ນຈາກບໍ່, ເຕັມໄປດ້ວຍຄວາມກ້າຫານ)

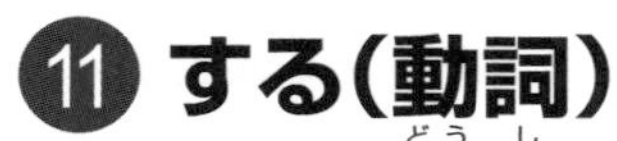

11 する(動詞)

(गर्नु क्रियापद／កិរិយាសព្ទ／ຄຳກິລິຍາ "ເຮັດ")

□ 合図(する)

(संकेत गर्नु／ផ្តល់សញ្ញា／ໃຫ້ສັນຍານ, ສົ່ງສັນຍານ)

▶ 手を上げて合図をしたら、始めてください。

(हात उठाएर संकेत गरेपछि शुरु गर्नुहोस् ।／បន្ទាប់ពីលើកដៃឡើងផ្តល់សញ្ញាហើយ សូមចាប់ផ្តើម／ຍົກມືໃຫ້ສັນຍານແລ້ວເລີ່ມໄດ້ເລີຍ.)

□ 応用(する)

(प्रयोग गर्नु／អនុវត្ត／ໃຊ້, ນຳມາໃຊ້, ປະຍຸກໃຊ້)

▶ この理論は幅広い分野に応用されると思う。

(यो तर्क विभिन्न क्षेत्रमा प्रयोग गरिन्छ जस्तो लाग्छ ।／ខ្ញុំគិតថាទ្រឹស្តីនេះនឹងត្រូវអនុវត្តចំពោះវិស័យទូលំទូលាយ／ຄິດວ່າທິດສະດີນີ້ສາມາດນຳມາໃຊ້ໄດ້ກັບຫຼາກຫຼາຍຂະແໜງການ.)

□ 開店(する)

(स्टोर खोल्नु／បើកហាង／ເປີດຮ້ານ)

▶ 新しいパン屋が昨日開店した。　対 閉店する

(नयाँ बेकरी पसल हिजो खुल्यो ।／ហាងដុតនំថ្មីមួយបានបើកហាងកាលពីម្សិលមិញ／ຮ້ານເຂົ້າໜົມປັງໃໝ່ເປີດມື້ວານນີ້.)

▶ この店は毎朝9時に開店します。

(यो पसल हरेक बिहान ९ बजे खुल्छ ।／ហាងនេះបើកលក់នៅម៉ោងប្រាំបួនជារៀងរាល់ព្រឹក／ຮ້ານນີ້ເປີດທຸກໆເຊົ້າຕອນ 9ໂມງ.)

□ 開放(する)

(अनुमति दिनु, खोल्नु／បើក／ເປີດປະໄວ້, ເປີດ (ສູ່ສາທະລະນະ))

▶ 体育館を市民に開放してバザーが行われた。

(व्यायामशाला बजारको लागि नगरवासीलाई अनुमती दियो ।／ផ្សារត្រូវបានធ្វើឡើងដោយបើកកន្លែងហាត់ប្រាណដល់ប្រជាពលរដ្ឋ／ເປີດເດີ່ນກິລາໃນຮົ່ມເພື່ອຈັດງານຕະຫຼາດນັດແລະໃຫ້ປະຊາຊົນທົ່ວໄປໄດ້ເຂົ້າຮ່ວມ.)

▶ 強風のため、ドアを開放している。

(ठूलो हुरीबतासको कारण ढोका खुल्ला भैरहेको छ ।／ទ្វារបើកចំហដោយសារខ្យល់ខ្លាំង／ປະຕູເປີດຍ້ອນລົມແຮງ.)

□ 拡充(する)

(विस्तार गर्नु, बृद्धि गर्नु, बढाउनु／ពង្រីក／ຂະຫຍາຍ, ເພີ່ມ)

▶ 今後、さらにサービスの拡充に力を入れていきます。

(भविष्यमा अझै सेवाहरूको विस्तार गर्नमा मेहनत गर्दै जानु पर्दछ ।／នាពេលអនាគតខ្ញុំនឹងខិតខំពង្រីកសេវាកម្មបន្ថែមទៀត／ໃນອະນາຄົດ, ພວກເຮົາຈະເນັ້ນໜັກໃນການຂະຫຍາຍການບໍລິການໃຫ້ຫຼາຍຂຶ້ນອີກ.)

□ 確定(する)

(पक्का गर्नु, घोषणा गर्नु, निर्णय गर्नु／បានបញ្ជាក់／ກຳນົດແນ່ນອນ, ຕັດສິນ, ຢືນຢັນ)

▷ 日にちが確定する、無罪が確定する

(दिन पक्का गर्नु, निर्दोष घोषणा गर्नु／កាលបរិច្ឆេទបានបញ្ជាក់, គ្មានកំហុសបានបញ្ជាក់／ກຳນົດວັນທີແນ່ນອນ, ຖືກຕັດສິນໃຫ້ພົ້ນຜິດ)

□ 活用(する)

(उपयोग गर्नु, प्रयोग गर्नु／ប្រើប្រាស់／ນຳໃຊ້, ໃຊ້ໃຫ້ເກີດປະໂຫຍດ, ແຈກ (ຄຳກິລິຍາ))

▷ 自然のエネルギーを活用する、動詞の活用

(प्राकृतिक उर्जा उपयोग गर्नु, कियाको उपयोग／ប្រើប្រាស់ថាមពលធម្មជាតិ , ការប្រើប្រាស់កិរិយាស័ព្ទ／ນຳໃຊ້ພະລັງງານທຳມະຊາດ, ການແຈກຄຳກິລິຍາ)

□ 換気(する)

(भेन्टिलेट गर्नु (हावा पास गर्नु)／ផ្លាស់ប្តូរខ្យល់／ຖ່າຍເທອາກາດ, ລະບາຍອາກາດ)

▶ 空気が悪いね。ちょっと換気しよう。

(हावा फोहर छ है । भेन्टिलेट गरौं(हावा पास गरौं) ।／ខ្យល់អាកាសគឺកង្វក់មិនថាចឹង តោះបញ្ចេញបញ្ចូលខ្យល់បន្តិចទៅ／ອາກາດບໍ່ດີເນາະ. ລະບາຍອາກາດໜ້ອຍໜຶ່ງເທາະ.)

▷ 換気扇　(भेन्टिलेटर／កង្ហាលបឺតខ្យល់ចេញចូល／ເຄື່ອງດູດອາກາດ)

□ 観察(する)
かんさつ
(अवलोकन गर्नु／សង្កេតមើល／
ສັງເກດ, ສັງເກດເບິ່ງ)

▶ ヒマワリの成長の様子を観察した。
せいちょう ようす かんさつ
(सूर्यमुखी फूलको बृद्धि अवस्थाको अवलोकन गऱ्यो ।／ខ្ញុំបានសង្កេតមើលការរីកធំធាត់នៃផ្កាឈូករ័ត្ន／
ໄດ້ສັງເກດເບິ່ງການຈະເລີນເຕີບໂຕຂອງຕົ້ນດອກຕາເວັນ.)

□ 監視(する)
かんし
(निगरानी गर्नु／ឃ្លាំ មើល／
ຖ້າເບິ່ງ, ສັງເກດ, ຈັບຕາເບິ່ງ)

▷ 監視カメラ
かんし
(निगरानी क्यामेरा／ម៉ាស៊ីនកាមេរ៉ាថតឃ្លាំមើល／ກ້ອງວົງຈອນປິດ)

□ 関連(する)
かんれん
(सम्बन्ध हुनु／ទាក់ទង／
ກ່ຽວຂ້ອງ, ກ່ຽວເນື່ອງ)

▶ 事故に関連する情報を集めています。
じこ かんれん じょうほう あつ
(दुर्घटनासँग सम्बन्धित जानकारीहरू संकलन गर्दैछु ।／ខ្ញុំកំពុងប្រមូលព័ត៌មានដែលទាក់ទងនឹងគ្រោះថ្នាក់នេះ／
ພວມຮວບຮວມຂໍ້ມູນທີ່ກ່ຽວຂ້ອງກັບອຸບັດຕິເຫດ.)

□ 機能(する)
きのう
(कार्यक्षमता हुनु, प्रविधि राम्रो हुनु／មុខងារ／
ການເຮັດວຽກ, ໜ້າທີ່ຂອງ...)

▶ デザインより機能を優先します。
きのう ゆうせん
(डिजाइन भन्दा कार्यक्षमतालाई प्राथमिकता दिनुहोस् ।／មុខងារមានអាទិភាពជាងលើការរចនាម៉ូដ／
ໃຫ້ຄວາມສຳຄັນຕໍ່ການເຮັດວຽກຫຼາຍກວ່າການອອກແບບ.)

□ 吸収(する)
きゅうしゅう
(सोस्नु／ស្រូបយក／ດູດຊຶມ, ດູດຊັບ)

▶ このシャツは、汗をよく吸収します。
あせ きゅうしゅう
(यो सर्टले पसिना धेरै सोस्छ ।／អាវយឺតនេះស្រូបយកញើសបានល្អ／ເສື້ອຜືນນີ້ດູດຊັບເຫື່ອໄດ້ດີ.)

□ 苦労(する)
くろう
(दुःख गर्नु／លំបាក／
ມີລຳບາກ, ມີຄວາມຫຍຸ້ງຍາກ)

▶ 親にはずっと苦労をかけてきました。
おや くろう
(बुवाआमालाई सधैं दुःख दिदै आएँ ।／ខ្ញុំបានធ្វើអោយឪពុកម្តាយលំបាករហូតមក／
ສ້າງຄວາມລຳບາກໃຫ້ພໍ່ແມ່ມາຕະຫຼອດ.)

音声DL 100

□ 掲示(する)
けいじ
(सूचना टाँस्नु／បង្ហាញ／ປະກາດ, ແຈ້ງໃຫ້ຮູ້)

▶ 試験の日程表が掲示されていた。
しけん にっていひょう けいじ
(परीक्षा तालिका चार्ट टाँसिएको थियो ।／កាលវិភាគសម្រាប់ការប្រឡងត្រូវបានបង្ហាញ／
ຕາຕະລາງສອບເສັງຖືກປະກາດແລ້ວ.)

□ 継続(する)
けいぞく
(जारी राख्नु (गर्नु)／បន្ត／
ເຮັດຕໍ່ໄປ, ສືບຕໍ່, ດຳເນີນຕໍ່)

▶ 新聞の購読を継続することにした。 同 続ける
しんぶん こうどく けいぞく つづ
(अखबारको सदस्यता जारी राख्ने निर्णय गरें ।／ខ្ញុំបានសម្រេចចិត្តបន្តការទិញកាសែត／
ຕັດສິນໃຈສືບຕໍ່ສະໝັກໜັງສືພິມ.)

□ 携帯(する)
けいたい
(बोक्नु／កាន់／ຖື, ຖືໄປນຳ, ພົກພາ)

▶ パスポートを携帯するように言われた。
けいたい い
(राहदानी बोक्नको लागि भनियो ।／ខ្ញុំត្រូវបានគេប្រាប់ឲ្យកាន់លិខិតឆ្លងដែន／ຖືກບອກໃຫ້ຖືພາດສະປອດໄປນຳ.)

□ 攻撃(する)
こうげき
(आक्रमण गर्नु／វាយប្រហារ／
ບຸກ, ບຸກໂຈມຕີ, ໂຈມຕີ)

▶ 今、攻撃しているのが、うちのチームです。
いま こうげき
(अहिले हाम्रो टिमले आक्रमण गरिरहेको छ ।／ឥឡូវអ្នកដែលកំពុងវាយប្រហារគឺជាក្រុមរបស់យើង／
ທີມຂອງພວກເຮົາພວມບຸກໂຈມຕີຢູ່ຕອນນີ້.)

□ 攻撃的(な)
こうげきてき
(आक्रमक／ដែលវាយប្រហារ／ຮຸກຮານ)

□ 貢献(する)
こうけん
(योगदान गर्नु／រួមចំណែក／
ອຸທິດຕົນເພື່ອສ່ວນລວມ, ສະໜັບສະໜູນ,
ຊ່ວຍ)

▶ 会社にどのような貢献ができると思いますか。
かいしゃ こうけん おも
(तपाईंको विचारमा कम्पनीमा कस्तो खालको योगदान गर्न सकिन्छ ?／
តើអ្នកគិតថាអ្នកអាចធ្វើការរួមចំណែកបែបណាចំពោះក្រុមហ៊ុន ?／
ຄິດວ່າຈະສາມາດໃຫ້ການສະໜັບສະໜູນແນວໃດແກ່ບໍລິສັດ?)

□ 更新(する)
こうしん
(नविकरण गर्नु／ធ្វើជាថ្មី／
ຕໍ່ອາຍຸ, ປົວແປງ, ເຮັດໃໝ່, ປັບປຸງໃໝ່)

▷ 契約を更新する、ブログを更新する
けいやく こうしん こうしん
(सम्झौता नविकरण गर्नु, ब्लग नविकरण गर्नु／បន្តកិច្ចសន្យាជាថ្មី, ធ្វើប្លុកជាថ្មី／ຕໍ່ອາຍຸສັນຍາ, ປັບປຸງເວັບໄຊໃໝ່)

□ **構成(する)**
こうせい
(रचना गर्नु, निमार्ण गर्नु／ធ្វើទំរង់／ອົງປະກອບ, ໂຄງສ້າງ, ປະກອບເຂົ້າ)

▶ 論文の構成がやっと固まった。
ろんぶん　こうせい　かた
(थेसीस (प्रबन्ध)को रचना बल्ल सक्यो ।／ទីបំផុតទំរង់និក្ខេបបទធ្វើបានជារូបរាងហើយ／ໃນທີ່ສຸດອົງປະກອບຂອງບົດວິທະຍານິພົນກໍ່ເປັນຮູບເປັນຮ່າງ.)

□ **合流(する)**
ごうりゅう
(संगम हुनु, भेला हुनु／ប្រសប់គ្នា／ໄຫຼມາພົບກັນ, ມາລວມກັນ, ລວມໂຕກັນ)

▶ 二つの川はここで合流します。
ふた　かわ　ごうりゅう
(यहाँ दुईवटा खोलाको संगम हुन्छ ।／ទន្លេទាំងពីរបានប្រសប់គ្នានៅទីនេះ／ແມ່ນ້ຳສອງສາຍໄຫຼມາພົບກັນຢູ່ຈຸດນີ້.)

▶ ほかの人たちとは、新宿で合流することになっています。
ひと　しんじゅく　ごうりゅう
(अरु मानिसहरु सिन्ज्युकुमा भेला हुने कुरा भएको छ ।／ខ្ញុំនឹងជុំជាមួយអ្នកដទៃទៀតនៅស៊ីនជូគូ／(ພວກເຮົາ) ຈະໄດ້ລວມໂຕກັນກັບຄົນອື່ນໆຢູ່ຊິງຈຸກຸ.)

□ **克服(する)**
こくふく
(दबाउनु／ជាសះស្បើយ ឬ យកឈ្នះ／ເອົາຊະນະ (ຄວາມລຳບາກ), ພິຊິດ)

▶ 彼はけがを克服して、また試合に出られるようになった。
かれ　こくふく　しあい　で
(उनले आफ्नो घाउलाई दबाएर फेरि प्रतियोगितामा खेल्न सक्ने भयो ।／គាត់បានជាសះស្បើយពីរបួសហើយបានចេញទៅប្រកួតម្តងទៀត／ລາວເອົາຊະນະອາການບາດເຈັບແລະສາມາດລົງແຂ່ງຂັນໄດ້ອີກຄັ້ງ.)

□ **混乱(する)**
こんらん
(हताहत हुनु／ចលាចល ឬ ច្របូកច្របល់／ສັບສົນ, ປັ່ນປ່ວນ, ວຸ່ນວາຍ, ໂກລາຫົນ)

▶ 停電が起こり、町は一時、混乱した。
ていでん　お　まち　いちじ　こんらん
(लोडसेडिङ्ग भएर, नगरबासीमा एकछिन हताहस छायो ।／មានការដាច់ភ្លើងហើយទីក្រុងនេះមានភាពចលាចលអស់រយៈពេលមួយរយៈ／ເກີດໄຟຟ້າດັບເຮັດໃຫ້ບ້ານເມືອງສັບສົນຊົ່ວຄາວ.)

□ **催促(する)**
さいそく
(छिटो गर्न लगाउनु／ជំរុញ ឬ តឿន／ທວງ, ເລັ່ງໃຫ້ເຮັດ)

▶ 本を早く返すよう、友達から催促された。
ほん　はや　かえ　ともだち　さいそく
(साथीले किताब छिटो फर्काउन लगायो ।／មិត្តរបស់ខ្ញុំបានជំរុញខ្ញុំឲ្យប្រគល់សងសៀវភៅនោះឲ្យបានឆាប់／ໝູ່ເລັ່ງຂ້ອຍໃຫ້ສົ່ງປຶ້ມຄືນໄວໆ.)

音声DL 101

□ **支給(する)**
しきゅう
(उपलब्ध गर्नु, दिनु／ផ្តល់／ໃຫ້, ເອື້ອອຳນວຍ)

▶ 営業の人には会社から携帯電話が支給されます。
えいぎょう　ひと　かいしゃ　けいたいでんわ　しきゅう
(बिक्रेता (सेल्स गर्ने मान्छे) लाई कम्पनीले मोबाईल फोन उपलब्ध गरायो ।／ក្រុមហ៊ុននេះនឹងផ្តល់ទូរស័ព្ទដៃដល់អ្នកកាន់ផ្នែកលក់／ພະນັກງານຝ່າຍຂາຍຈະໄດ້ຮັບໂທລະສັບມືຖືຈາກບໍລິສັດ.)

□ **持参(する)**
じさん
(साथमा लग्नु, ल्याउनु／នាំយក／ຖືມາ, ຖືໄປ)

▶ 飲み物は各自で持参してください。
の　もの　かくじ　じさん
(कृपया पेय पदार्थ आफैले ल्याउनुहोस् ।／សូមនាំយកភេសជ្ជៈផ្ទាល់ខ្លួនរបស់អ្នកមក／ກະລຸນາຖືເຄື່ອງດື່ມມາເອງ.)

□ **実行(する)**
じっこう
(कार्यान्वयन गर्नु／អនុវត្ត／ລົງມືປະຕິບັດ, ປະຕິບັດ, ດຳເນີນການ)

▷ 計画を実行する
けいかく　じっこう
(योजना कार्यान्वयन गर्नु／អនុវត្តផែនការ／ລົງມືປະຕິບັດແຜນການ.)

□ **実施(する)**
じっし
(कार्यान्वयन गर्नु／ធ្វើឡើង／ບັງຄັບໃຊ້, ໃຊ້, ຈັດຕັ້ງປະຕິບັດ)

▶ 調査は来月、実施される予定です。
ちょうさ　らいげつ　じっし　よてい
(सर्भेक्षण अर्को महिना देखि कार्यान्वयन गरिनेछ ।／ការស្ទង់មតិនេះគ្រោងនឹងធ្វើឡើងនៅខែក្រោយ／ການສຳຫຼວດມີກຳນົດຈັດຕັ້ງປະຕິບັດໃນເດືອນໜ້າ.)

□ **実践(する)**
じっせん
(अभ्यास गर्नु／អនុវត្ត／ປະຕິບັດໂຕຈິງ, ເຮັດ)

▶ 簡単な体操なので、皆さんもぜひ実践してみてください。
かんたん　たいそう　みな　じっせん
(साधारण व्यायाम भएकोले अवश्य सबै जनाले अभ्यास गरी हेर्नुहोस् ।／វាជាការហាត់ប្រាណធម្មតាដូច្នេះសូមសាកអនុវត្តហាត់／ເປັນການອອກກຳລັງກາຍທີ່ງ່າຍໆ, ສະນັ້ນທຸກຄົນລອງເຮັດເບິ່ງ.)

□ **実践的(な)**
じっせんてき
(व्यावहारिक／ដែលអនុវត្ត／ເປັນວຽກເປັນງານ, ກ່ຽວກັບພາກປະຕິບັດ)

□ **指定(する)**
してい
(बुकिंग गर्नु, तोक्नु／បម្រុង ឬ កំណត់ទុក／ເລືອກ, ກຳນົດ)

▷ 指定席 (बुकिङ बुकिंग सीट／កៅអីបម្រុង／ບ່ອນນັ່ງຈອງ)
していせき

▶ 配達場所を指定しておいた。
はいたつばしょ　してい
(डेलिभरी स्थान तोकिराखेको ।／ខ្ញុំបានកំណត់ពីទីតាំងចែកចាយ／ກຳນົດບ່ອນສົ່ງໄວ້.)

□ 支配(する)
しはい
(नियन्त्रण गर्नु, राज गर्नु, चलाउनु／គ្រប់គ្រង／ປົກຄອງ, ຄວບຄຸມ, ຈັດການ, ຄຸ້ມຄອງ, ບັນຊາການ)

▶ この土地の支配をめぐって、二国間で争いが続いた。
とち しはい にこくかん あらそ つづ
(यस भूमिका नियन्त्रणको विषयलाई लिएर दुई देशबीच द्वन्द्व जारी रह्यो ।／មានទំនាស់រវាងប្រទេសទាំងពីរ លើការគ្រប់គ្រងដីទីនេះ／ຄວາມຂັດແຍ່ງລະຫວ່າງສອງປະເທດກ່ຽວກັບການປົກຄອງດິນແດນນີ້ຍັງຄົງສືບຕໍ່.)

□ 充実(する)
じゅうじつ
(सार्थक हुनु／ពេញលេញ／ສົມບູນ, ຄົບວົງຈອນ, ພ້ອມ, ເຕັມທີ່)

▶ この２年間、充実した毎日を過ごせました。
ねんかん じゅうじつ まいにち す
(यो २ वर्ष हरेक दिन सार्थकताका साथ बिताएं ।／រយៈពេល២ឆ្នាំនេះ រាល់ថ្ងៃបានចំណាយពេលវេលាពេញលេញ／ຂ້ອຍໄດ້ໃຊ້ຊີວິດໃນແຕ່ລະມື້ຢ່າງເຕັມທີ່ໃນໄລຍະ2ປີຜ່ານມາ.)

□ 集中(する)
しゅうちゅう
(ध्यान केन्द्रित गर्नु／ផ្តោតលើ／ຕັ້ງສະມາທິ, ສຳລວມຄວາມຄິດ, ຕັ້ງອົກຕັ້ງໃຈ, ມີຫຼາຍຢ່າງລວມກັນ, ໂຮມເຂົ້າ)

▶ 大臣の発言に、批判が集中した。
だいじん はつげん ひはん しゅうちゅう
(मन्त्रीको टिप्पणीमा आलोचनामा केन्द्रित थियो ।／ការរិះគន់ត្រូវបានផ្តោតទៅលើសុន្ទរកថារបស់រដ្ឋមន្ត្រី／ຄຳເຫັນຂອງລັດຖະມົນຕີເຮັດໃຫ້ມີການວິພາກວິຈານຢ່າງຫຼວງຫຼາຍ.)

□ 循環(する)
じゅんかん
(घुमिरहनु, सञ्चार हुनु／ចរាចរ／ໝູນ, ໝູນວຽນ, ໄຫຼວຽນ)

▶ このパイプを通って水が循環している。
とお みず じゅんかん
(यो पाइपबाट भएर पानी घुमिरहेको छ ।／ទឹកកំពុងចរាចរឆ្លងកាត់បំពង់នេះ／ນ້ຳໄຫຼວຽນຜ່ານທໍ່ນີ້.)

▶ このままでは悪循環が続くだけだ。
あくじゅんかん つづ
(यत्तिकै हो भने नराम्रो कुराको शृङ्खला घुमिरहन्छ ।／នៅក្នុងស្ថានភាពចឹងដំណើរការណ៍ដ៏អាក្រក់គឺនៅតែបន្តតែប៉ុណ្ណោះ／ຖ້າຍັງເປັນແບບນີ້, ວົງຈອນທີ່ຜິດໆກໍ່ມີແຕ່ຈະສືບຕໍ່ເທົ່ານັ້ນ.)

□ 使用(する)
しよう
(प्रयोग गर्नु／ប្រើ／ໃຊ້)

▶ 現在、２階の女子トイレは使用できません。
げんざい かい じょし しよう
(अहिले दोस्रो तल्लाको महिलाको शौचालय प्रयोग गर्न सकिदैन ।／បច្ចុប្បន្នបន្ទប់ទឹកស្ត្រីនៅជាន់ទី ២មិនទាន់មានប្រើនៅឡើយទេ／ດຽວນີ້, ຫ້ອງນ້ຳຍິງຢູ່ຊັ້ນ2ບໍ່ສາມາດໃຊ້ໄດ້.)

□ 証明(する)
しょうめい
(प्रमाणित गर्नु／បង្ហាញ／ພິສູດ, ຢືນຢັນ)

▶ 調べた結果、本物であることが証明された。
しら けっか ほんもの しょうめい
(अनुसन्धानको परिणाम, सकल भएको प्रमाणित गरियो ।／លទ្ធផលនៃការស៊ើបអង្កេតវាបានបង្ហាញថាជារបស់ពិតប្រាកដ／ຈາກຜົນຂອງການກວດສອບ, ໄດ້ຮັບການຢືນຢັນວ່າແມ່ນຂອງແທ້.)

□ 上昇(する)
じょうしょう
(बढ्नु, माथि जानु／កើនឡើង／ຂຶ້ນ, ເພີ່ມຂຶ້ນ, ແຂງຄ່າ)

▷ 気温が上昇する
きおん じょうしょう
(तापक्रम बढ्नु ।／សីតុណ្ហភាពកើនឡើង／ອຸນຫະພູມເພີ່ມຂຶ້ນ.)

□ 消耗(する)
しょうもう
(उपभोग गर्नु, खपत गर्नु／អស់ ឬ ហត់នឿយ／ເຜົາຜານ (ພະລັງງານ), ໃຊ້ແຮງ (ຈົນເມື່ອຍ))

▷ 電池を消耗する、体力を消耗する
でんち しょうもう たいりょく しょうもう
(ब्याट्री खपत गर्नु, शरीरिक शक्ति खेर फाल्नु／អស់ថ្ម, អស់កំលាំង／ໃຊ້ພະລັງງານຈາກຖ່ານ, ໃຊ້ແຮງກາຍ)

▶ インクや紙などの消耗品だけで、月に１０万円かかる。
かみ しょうもうひん つき まんえん
(उपभोग्य वस्तुहरूमा मसी र कागजमा मात्र महिनाको १ लाख येनको लागत लाग्छ ।／គ្រាន់តែរបស់ប្រើប្រាស់ដូចជាទឹកថ្នាំនិងក្រដាសអស់តម្លៃ100,000យ៉េនក្នុងមួយខែ／ນ້ຳມຶກ, ເຈ້ຍ ແລະ ເຄື່ອງອຸປະໂພກບໍລິໂພກອື່ນໆເທົ່ານັ້ນກໍ່ມີຄ່າໃຊ້ຈ່າຍ1ແສນເຢັນຕໍ່ເດືອນ.)

□ 制限(する)
せいげん
(सिमित गर्नु, नियन्त्रन गर्नु／រឹតបន្តឹង／ຈຳກັດ)

▷ 食事を制限する、使用を制限する
しょくじ せいげん しよう せいげん
(खानामा सिमित गर्नु, प्रयोगमा सिमित गर्नु／រឹតបន្តឹងរបបអាហារ, រឹតបន្តឹងការប្រើប្រាស់／ຈຳກັດການກິນອາຫານ, ຈຳກັດການໃຊ້)

□ 清書(する)
せいしょ
(सफा प्रतिलिपि बनाउनु／សរសេរឲ្យស្អាត／ຈົດອອກ, ກ່າຍໃຫ້ສະອາດ)

▶ 下書きをした後、ボールペンで清書した。
したが あと せいしょ
(मस्यौदा तयार गरेपछि पेनद्वारा सफा प्रतिलिपि तयार गरें ।／បន្ទាប់ពីខ្ញុំបានសរសេរជាលាយលក្ខណ៍អក្សរហើយខ្ញុំបានសរសេរឲ្យស្អាតដោយប៊ិច／ຫຼັງຈາກຂຽນຮ່າງໄວ້ແລ້ວກໍ່ໃຊ້ບິກກ່າຍໃໝ່ໃຫ້ສະອາດ.)

□ 成立(する)
せいりつ
(सम्पन्न गर्नु／បង្កើត／(ເຈລະຈາ) ປະສົບຜົນສຳເລັດ, (ແຜນທີ່ວາງໄວ້) ເປັນຈິງ)

▶ 無事、契約が成立した。
ぶじ　けいやく　せいりつ
(सम्झौता सफलतापूर्वक सम्पन्न गरियो ।／កិច្ចសន្យានេះ បានបង្កើតឡើងដោយសុវត្ថិភាព／ປະສົບຜົນສຳເລັດໃນການເຈລະຈາສັນຍາໄປດ້ວຍດີ.)

□ 接触(する)
せっしょく
(ठोक्किनु, छुनु／ប៉ះ／ສຳຜັດ, ແຕະ, ຖືກ, ຊູນ, ດາດ)

▶ 壁に接触して、車に傷がついた。
かべ　せっしょく　くるま　きず
(भित्तामा छोएर कार कोरियो ।／ឡានមានស្លាកស្នាមដោយប៉ះនឹងជញ្ជាំង／ເຮັດລົດຂູດຍ້ອນດາດກັບກຳແພງ.)

□ 設定(する)
せってい
(स्थापना गर्नु, सेटिङ गर्नु／កំណត់／ຕິດຕັ້ງ, ສ້າງ, ກຳນົດ)

▶ 100年前の日本という設定でドラマが作られた。
ねんまえ　にほん　せってい　つく
(१०० वर्ष अगाडि जापान भन्ने सेटिङले नाटक बनाईएको थियो ।／រឿងនេះត្រូវបានបង្កើតឡើងដោយការកំណត់ថាប្រទេសជប៉ុនកាលពី100ឆ្នាំមុន／ລະຄອນຖືກສ້າງຂຶ້ນໂດຍການຕິດຕັ້ງສາກໃນຍີ່ປຸ່ນເມື່ອ100ປີກ່ອນ.)

□ 選択(する)
せんたく
(छनौट गर्नु／ជ្រើសរើស／ເລືອກ)

▶ 選択を誤ると、後で大変なことになる。
せんたく　あやま　あと　たいへん
(छनौट गल्ती भयो भने पछि गाह्रो हुन्छ ।／បើអ្នកខុសក្នុងជម្រើសរបស់អ្នកវានឹងពិបាកនៅពេលក្រោយ／ຖ້າເລືອກຜິດຈະເຮັດໃຫ້ຫຍຸ້ງຍາກນຳຫຼັງ.)

□ 操作(する)
そうさ
(सञ्चालन गर्नु, चलाउनु／របៀបប្រតិបត្តិ／ຄວບຄຸມ (ການເຮັດວຽກຂອງເຄື່ອງຈັກ))

▶ 機械の操作を覚えるのに苦労しました。
きかい　そうさ　おぼ　くろう
(मेसिन कसरी चलाउने भनेर जान्न गाह्रो भयो ।／ខ្ញុំមានការលំបាកក្នុងការចងចាំពីរបៀបប្រតិបត្តិម៉ាស៊ីន／ມີຄວາມລຳບາກໃນການຮຽນຮູ້ວິທີຄວບຄຸມການເຮັດວຽກຂອງເຄື່ອງຈັກ)

□ 早退(する)
そうたい
(चाँडो फर्कनु／ចាកចេញមុន／ກັບກ່ອນເວລາ, ເມືອໄວ)

▶ 具合が悪くなって、会社を早退させてもらった。
ぐあい　わる　かいしゃ　そうたい
(सन्चो नभएर अफिसबाट घर चाँडो फर्कें ।／ខ្ញុំមិនស្រួលខ្លួនហើយខ្ញុំបានទទួលអោយចេញពីក្រុមហ៊ុនមុន／ບໍ່ສະບາຍກໍ່ເລີຍຄອບກັບກ່ອນເວລາ.)

□ 存在(する)
そんざい
(हुनु, रहनु, छ／មាន／ມີ (ໂຕຕົນ) ຢູ່, ມີຊີວິດຢູ່, ດຳລົງຊີວິດຢູ່)

▶ 地球には、人間が知らない生物がまだまだ存在する。
ちきゅう　にんげん　し　せいぶつ　そんざい
(पृथ्वीमा मानिसले नचिनेका जीवहरू अझै धेरै अस्तित्वमा छ ।／នៅលើផែនដីនៅតែមានសរីរាង្គដែលមនុស្សមិនដឹង／ຍັງມີສິ່ງມີຊີວິດຢ່າງຫຼວງຫຼາຍທີ່ຄົນເຮົາບໍ່ຮູ້ຈັກຢູ່ໃນໂລກນີ້.)

□ 対応(する)
たいおう
(जिम्मेवारी लिनु, मिल्नु／ឆ្លើយតប／ສະໜັບສະໜູນ, ຮອງຮັບ, ຈັດການກັບ)

▶ 何か問題が起きたら、すぐに対応してください。
なに　もんだい　お　たいおう
(केही समस्या भएमा तुरुन्तै जिम्मेवारका साथ काम कार्य गर्नुहोस् ।／ប្រសិនបើមានអ្វីកើតឡើងសូមឆ្លើយតបភ្លាមៗ／ຖ້າມີບັນຫາຫຍັງເກີດຂຶ້ນ, ກະລຸນາຈັດການທັນທີ.)

▷ 国際化に対応した教育プログラム
こくさいか　たいおう　きょういく
(अन्तर्राष्ट्रियसँग मिल्ने शैक्षिक कार्यक्रम／កម្មវិធីអប់រំសំរាប់អន្តរជាតិ／ໂຄງການການສຶກສາທີ່ຮອງຮັບສາກົນ)

□ 達成(する)
たっせい
(हासिल गर्नु, प्राप्त गर्नु／សម្រេចបាន／ບັນລຸ, ປະສົບຄວາມສຳເລັດ)

▷ 目標を達成する
もくひょう　たっせい
(लक्ष्य हासिल गर्नु／សម្រេចបានគោលដៅ／ບັນລຸເປົ້າໝາຍ)

□ 探検(する)
たんけん
(अन्वेषण गर्नु／រុករក／ພະຈົນໄພ, ສຳຫຼວດ (ດິນແດນ))

▷ 探検隊
たんけんたい
(अन्वेषक समूह／ក្រុមរុករក／ໜ່ວຍງານສຳຫຼວດ)

□ 断定(する)
だんてい
(निर्णय गर्नु, फैसला गर्नु／វិនិច្ឆ័យ／ລົງຄວາມເຫັນ, ຕັດສິນຊີ້ຂາດ)

▶ ビデオが証拠となり、警察は彼を犯人だと断定した。
しょうこ　けいさつ　かれ　はんにん　だんてい
(भिडियो एक प्रमाणको रुपमा, प्रहरीले उनलाई अपराधी भएको निर्णय गऱ्यो ।／វីដេអូនេះបានក្លាយជាភស្តុតាងហើយប៉ូលីសបានវិនិច្ឆ័យថាគាត់គឺជាឧក្រិដ្ឋជន／ວິດີໂອໄດ້ກາຍມາເປັນຫຼັກຖານແລະຕຳຫຼວດໄດ້ຕັດສິນຊີ້ຂາດວ່າລາວແມ່ນຜູ້ກະທຳຜິດ.)

□ **中止（する）** ちゅうし
(रोक्नु／លុបចោល ឬ ឈប់／ຢຸດສະງັກ, ລົ້ມເລີກ, ລະງັບໄປ, ຍົກເລີກ)

▶ 雨のため、試合は中止になった。（あめ／しあい／ちゅうし）
(वर्षाको कारण खेल प्रतियोगिता रोकियो ।／ការប្រកួតត្រូវបានលុបចោលដោយសារតែភ្លៀងធ្លាក់／ການແຂ່ງຂັນຖືກຍົກເລີກຍ້ອນຝົນຕົກ.)

□ **中断（する）** ちゅうだん
(स्थगित गर्नु／ផ្អាកឬ ឈប់／ຂັດຈັງຫວະ, ຂາດຊ່ວງ, ເລື່ອນເວລາ,ຢຸດ)

▶ 雨が強くなり、試合は一時、中断された。（あめ／つよ／しあい／いちじ／ちゅうだん）
(भारी वर्षाको कारणले खेल प्रतियोगिता केही समयको लागि स्थगित गरियो ।／ភ្លៀងធ្លាក់កាន់តែខ្លាំងឡើងហើយការប្រកួតត្រូវបានផ្អាកមួយពេល／ຝົນຕົກແຮງຂຶ້ນເຮັດໃຫ້ການແຂ່ງຂັນຢຸດຊົ່ວຄາວ.)

□ **調査（する）** ちょうさ
(छानबीन गर्नु／ស៊ើបអង្កេតឬ ស្រាវជ្រាវ／ສຳຫຼວດ, ສືບສວນ, ກວດສອບ, ກວດກາ)

▷ 事故の原因を調査する、世論調査（じこ／げんいん／ちょうさ／よろんちょうさ）
(दुर्घटनाको कारण पत्ता लगाउन छानबिन गर्नु, जनमत सर्वेक्षण／ស៊ើបអង្កេតអង្គហេតុករណីគ្រោះថ្នាក់ចរាចរណ៍, ការស្ទង់មតិសាធារណៈ／ກວດສອບສາເຫດຂອງອຸບັດຕິເຫດ, ຜົນສຳຫຼວດປະຊາມະຕິ)

□ **調整（する）** ちょうせい
(मिलाउनु, व्यवस्थापन गर्नु, समाधान गर्नु／កែសម្រួល／ປັບ, ປັບໃຫ້ເໝາະສົມ, ປັບປຸງ, ປະສານ)

▷ スケジュールを調整する、意見を調整する（ちょうせい／いけん／ちょうせい）
(कार्यतालिका मिलाउनु, धारणा समन्वय गर्नु／កែសម្រួលកាលវិភាគ, កែសម្រួលមតិយោបល់／ປັບຕາຕະລາງເວລາ, ປະສານຄວາມຄິດເຫັນ)

音声DL 103

□ **追加（する）** ついか
(थप गर्नु／បន្ថែម／ຕື່ມ, ເພີ່ມ)

▶ 追加の注文はありませんか。（ついか／ちゅうもん）
(थप अर्डर छ ?／តើមានការបន្ថែមការកុម្ម៉ង់ដែរឬទេ ?／ສັ່ງຫຍັງເພີ່ມອີກບໍ່?)

□ **通用（する）** つうよう
(चल्नु, स्वीकार्य हुनु (काम गर्नु)／អាចទទួលយកបាន／ໃຊ້ໄດ້ທົ່ວໄປ,ເປັນທີ່ຍອມຮັບໂດຍທົ່ວໄປ,ໃຊ້ໄດ້)

▶ そんな甘い考えは、社会に通用しません。（あま／かんが／しゃかい／つうよう）
(त्यस्तो बच्चापनको (कमसल) विचार समाजमा स्वीकार्य (लागु) हुँदैन ।／គំនិតស្រាលបែបនេះ មិនអាចទទួលយកបាននៅក្នុងសង្គមទេ／ ຄວາມຄິດຕື້ນໆແບບນັ້ນໃຊ້ໃນສັງຄົມບໍ່ໄດ້.)

□ **手当（する）** てあて
(उपचार गर्नु, भत्ता दिनु／ឧបត្ថម្ភប្រាក់／ຮັກສາ, ໃຫ້, ຈ່າຍໃຫ້)

▷ 傷を手当する、住宅手当（きず／てあて／じゅうたくてあて）
(घाउको उपचार गर्नु, आवास भत्ता／ថែរក្សារបួស, ប្រាក់ឧបត្ថម្ភលំនៅដ្ឋាន／ຮັກສາບາດແຜ, ເງິນຊ່ວຍເຫຼືອດ້ານຄ່າບ້ານ)

□ **提案（する）** ていあん
(सल्लाह दिनु, प्रस्ताव गर्नु／ស្នើ／ສະເໜີ, ຍື່ນຂໍ້ສະເໜີ)

▷ 新しい企画を提案する（あたら／きかく／ていあん）
(नयाँ परियोजना प्रस्ताव गर्नु／ស្នើគម្រោងថ្មី／ສະເໜີແຜນການໃໝ່)

□ **低下（する）** ていか
(घट्नु／ធ្លាក់ចុះ／ຕົກ, ຫຼຸດລົງ)

▷ 人気が低下する、地位が低下する（にんき／ていか／ちい／ていか）
(लोकप्रियतामा कमी हुनु, पोजिसन (दर्जा) घट्नु ।／ប្រជាប្រិយភាពធ្លាក់ចុះ, មុខងារធ្លាក់ចុះ／ຄວາມໂດ່ງດັງຫຼຸດລົງ, ຕຳແໜ່ງຫຼຸດລົງ)

□ **提供（する）** ていきょう
(उपलब्ध गर्नु, प्रदान गर्नु／ផ្តល់／ສະໜັບສະໜູນ, ອຸປະຖຳ, ໃຫ້)

▷ 情報を提供する、場所を提供する（じょうほう／ていきょう／ばしょ／ていきょう）
(जानकारी प्रदान गर्नु, ठाउँ उपलब्ध गर्नु／ផ្តល់ព័ត៌មាន, ផ្តល់ទីតាំង／ໃຫ້ຂໍ້ມູນ, ສະໜັບສະໜູນສະຖານທີ່)

□ **抵抗（する）** ていこう
(विरोध गर्नु／ប្រឆាំង／ຕໍ່ຕ້ານ, ບໍ່ຍອມຮັບ)

▶ 一部の反対議員が抵抗したが、法案は成立した。（いちぶ／はんたいぎいん／ていこう／ほうあん／せいりつ）
(केही विपक्षी सांसदहरूको विरोधको बावजुद विधेयक पारित गरियो ।／សមាជិកសភាបក្សប្រឆាំងមួយចំនួនបានប្រឆាំង ប៉ុន្តែសេចក្តីព្រាងច្បាប់នេះបានអនុម័ត ／ສະມາຊິກຝ່າຍຄ້ານຈຳນວນໜຶ່ງຕໍ່ຕ້ານ, ແຕ່ຮ່າງກົດມາຍກໍ່ໄດ້ຮັບການອະນຸມັດ.)

□ **適用（する）** てきよう
(लागू गर्नु／ អនុវត្ត／ໃຊ້, ຄຸ້ມຄອງ (ໂດຍກົດໝາຍ), ນຳໃຊ້ (ກົດໝາຍ))

▶ このルールがすべてに適用されるわけではない。（てきよう）
(यो नियम सबै लागू गर्ने होइन ।／ច្បាប់នេះមិនមានន័យថាអាចអនុវត្តចំពោះអ្វីៗទាំងអស់ទេ／ກົດລະບຽບນີ້ນຳໃຊ້ບໍ່ໄດ້ກັບທຸກຢ່າງ.)

□ **展示(する)**
てんじ
(प्रस्तुत गर्नु, प्रदर्शन गर्नु／តាំងពិព័រណ៌／ວາງສະແດງ)

▷ 作品を展示する、展示会
さくひん てんじ てんじかい
(वस्तुको प्रदर्शन गर्नु, प्रदर्शनी／ការតាំងពិព័រណ៌ស្នាដៃ, ពិធីតាំងពិព័រណ៌／ນຳຜົນງານມາວາງສະແດງ, ງານວາງສະແດງຜົນງານ, ເທດສະການສະແດງສິນຄ້າ)

□ **統一(する)**
とういつ
(एक्कै नासको गर्नु／បង្រួបបង្រួម／ລວມໃຫ້ເປັນອັນດຽວ, ເປັນເອກະພາບ)

▷ ルールを統一する、国を統一する
とういつ くに とういつ
(नियम समान गर्नु, देश एकीकृत गर्नु／បង្រួបបង្រួមច្បាប់, បង្រួបបង្រួមប្រទេស／ລວມກົດລະບຽບໃຫ້ເປັນອັນດຽວ, ລວມປະເທດ)

□ **登場(する)**
とうじょう
(देखा पर्नु, आउनु／ចេញសំដែង／ປະກົດໂຕ)

▶ この映画では、かわいい動物がたくさん登場します。
えいが どうぶつ とうじょう
(यो फिल्ममा धेरै राम्रो जनावरहरू देखा पर्छन्।／នៅក្នុងភាពយន្តនេះ អ្នកនឹងឃើញសត្វគួរអោយស្រលាញ់ជាច្រើនចេញសំដែង／ມີສັດທີ່ໜ້າຮັກຢ່າງຫຼວງຫຼາຍປະກົດໂຕໃນໜັງເລື່ອງນີ້.)

▷ 登場人物 (उपस्थित मानिस, चरित्र／តួសំដែង／ໂຕລະຄອນ (ທີ່ປະກົດໂຕໃນການສະແດງ ຫຼື ນິຍາຍ))
とうじょうじんぶつ

□ **当選(する)**
とうせん
(निर्वाचित हुनु, निर्वाचनमा जित्नु／ជ្រើសតាំង／ໄດ້ຮັບເລືອກ)

対 落選(する)
らくせん

□ **等分(する)**
とうぶん
(बराबर बाँड्नु／បែកចែកស្មើគ្នា／ແບ່ງໃຫ້ເທົ່າກັນ)

▶ ケーキを6等分した。
とうぶん
(केक ६ भागमा बराबर बाँड्यो।／ខ្ញុំបានបែងចែកនំប្រាំមួយស្មើគ្នា／ແບ່ງເຄັກໃຫ້ເປັນ6ຕ່ອນເທົ່າກັນ)

□ **得(する)**
とく
(फाइदा हुनु／ទទួលបាន ឬ ចំណេញ／ໄດ້ກຳໄລ, ໄດ້ (ດີ, ລາຄາຖືກ) ກວ່າ)

▶ こっちの店のほうが200円得だ。
みせ えんとく
(यताको पसलमा २०० येन फाइदा छ।／ហាងនេះទទួលបានប្រាក់ចំណេញ២០០យ៉េន／ຢູ່ຮ້ານນີ້ໄດ້ລາຄາຖືກກວ່າ 200ເຢັນ.)

□ 対 **損(する)**
そん
(नोक्सान हुनु／ខ្ទុយ៖ចាញ់／ຂາດທຶນ, ເສຍປຽບ, ເສຍຫາຍ)

▶ これを知らないと損するよ。
し そん
(यो थाहा भएन भने नोक्सानी हुन्छ।／ប្រសិនបើអ្នកមិនដឹងរឿងនេះអ្នកនឹងចាញ់／ຖ້າບໍ່ຮູ້ສິ່ງນີ້ແລ້ວຊິເສຍປຽບເດີ້.)

□ **特定(する)**
とくてい
(पत्ता लगाउनु, किटान गर्नु／កំណត់លក្ខណៈពិសេស／ເຈາະຈົງ, ລະບຸ, ກຳນົດ)

▶ 火事の原因はまだ特定できていない。
かじ げんいん とくてい
(आगलागीको कारण अझै पनि पत्ता लगाउन सकेको छैन।／មូលហេតុនៃអគ្គិភ័យនេះ មិនទាន់ត្រូវបានកំណត់លក្ខណៈពិសេសនៅឡើយទេ／ຍັງບໍ່ສາມາດລະບຸສາເຫດຂອງໄຟໄໝ້.)

□ **独立(する)**
どくりつ
(स्वावलम्बी हुनु, आत्मनिर्भर हुनु／ឯករាជ្យ／ເປັນອິດສະຫຼະ, ເປັນເອກະລາດ)

▶ 独立して、自分の店を持ちたい。
どくりつ じぶん みせ も
(आत्मनिर्भर भएर, आफ्नै पसल खोल्न चाहन्छु।／ខ្ញុំចង់ឯករាជ្យហើយមានហាងផ្ទាល់ខ្លួនរបស់ខ្ញុំ／ຢາກເປັນອິດສະຫຼະແລະມີຮ້ານເປັນຂອງໂຕເອງ.)

□ **入場(する)**
にゅうじょう
(प्रवेश गर्नु, पस्नु／ចូលកន្លែង／ເຂົ້າໄປ (ໃນສະຖານທີ່ໃດໜຶ່ງ))

▶ これから選手たちが入場します。 対 退場(する)
せんしゅ にゅうじょう たいじょう
(खेलाडीहरू अब प्रवेश गर्ने छ।／កីឡាករនឹងចូលកន្លែងចាប់ពីពេលនេះទៅ／ຈາກນີ້ໄປນັກກິລາຈະເຂົ້າໄປໃນສະໜາມ.)

□ **熱中(する)**
ねっちゅう
(उत्साहित हुनु／វក់ធ្វើ ឬ ងប់ងល់／ກະຕືລືລົ້ນ, ຕັ້ງອົກຕັ້ງໃຈ (ໃນສິ່ງໃດໜຶ່ງ))

▷ ゲームに熱中する
ねっちゅう
(खेलमा उत्साहित हुनु／វក់លេងហ្គេម／ກະຕືລືລົ້ນໃນການຫຼິ້ນເກມ)

□ **廃棄(する)**
はいき
(फाल्नु, मिल्काउनु／បោះចោល／ຍົກເລີກ, ລົບລ້າງ, ຖິ້ມ, ກຳຈັດ)

▷ ごみを廃棄する
はいき
(फोहर फाल्नु／បោះចោលសំរាម／ຖິ້ມຂີ້ເຫຍື້ອ)

□ 配布(する)（はいふ）
(बाँड्नु, वितरण गर्नु／ចែកចាយ／ຢາຍ, ແຈກຢາຍ)
▷ 資料を配布する、チラシを配布する（しりょう はいふ　はいふ）　同 配る（くば）
(कागजपत्र बाँड्नु, पर्चा बाँड्नु／ចែកចាយសម្ភារៈ, ចែកចាយខិតបណ្ណផ្សព្វផ្សាយ／ຢາຍເອກະສານ, ແຈກຢາຍແຜ່ນພັບ)

□ 発見(する)（はっけん）
(पत्ता लगाउनु／រកឃើញ／ຄົ້ນພົບ)

□ 発達(する)（はったつ）
(विकास गर्नु／អភិវឌ្ឍឬរីកចំរើន／ພັດທະນາ, ຈະເລີນກ້າວໜ້າ, ເພີ່ມກຳລັງຂຶ້ນ)
▷ 産業の発達、発達した高気圧（さんぎょう はったつ　はったつ　こうきあつ）
(औद्योगिक विकास, उच्च वायुमण्डलको विकास／ការអភិវឌ្ឍវិស័យឧស្សាហកម្ម, ការរីកចំរើនសម្ពាធខ្ពស់／ການພັດທະນາອຸດສະຫະກຳ, ຄວາມກົດດັນສູງຂອງອາກາດເພີ່ມກຳລັງຂຶ້ນ)

□ 発展(する)（はってん）
(विकास गर्नु／អភិវឌ្ឍ／ພັດທະນາ, ຈະເລີນເຕີບໂຕ, ຂະຫຍາຍໂຕ)
▷ 経済の発展、会社の発展（けいざい はってん　かいしゃ はってん）
(आर्थिक विकास, कम्पनीको विकास／ការអភិវឌ្ឍសេដ្ឋកិច្ច, ការអភិវឌ្ឍក្រុមហ៊ុន／ການພັດທະນາເສດຖະກິດ, ການພັດທະນາສັງຄົມ)

音声DL 104

□ 反映(する)（はんえい）
(प्रतिविम्बित हुनु, चाहाना हुनु／ឆ្លុះបញ្ចាំង ឬ រួមបញ្ចូល／ສະທ້ອນ, ມີອິດທິພົນຕໍ່, ປັບໃຫ້ກົງກັບ)
▶ 消費者の意見を反映させて、形を少し変えた。（しょうひしゃ　いけん　はんえい　かたち　すこ　か）
(उपभोक्ताको चाहनालाई ध्यानमा राखेर आकारमा अलिकति परिवर्तन गरें।／យើងបានផ្លាស់ប្តូររូបរាងបន្តិច ដោយឆ្លុះបញ្ចាំងពីមតិយោបល់របស់អតិថិជន／ປັບຮູບຮ່າງໜ້ອຍໜຶ່ງເພື່ອໃຫ້ກົງກັບຄຳເຫັນຂອງຜູ້ບໍລິໂພກ.)

□ 判断(する)（はんだん）
(निर्णय गर्नु／វិនិច្ឆ័យ／ພິຈາລະນາ, ຕັດສິນ, ລົງຄວາມເຫັນ)
▷ 正しい判断、判断を誤る（ただ　はんだん　はんだん　あやま）
(सही निर्णय, निर्णय गलत हुनु／ការវិនិច្ឆ័យត្រឹមត្រូវ, វិនិច្ឆ័យខុស／ການພິຈາລະນາທີ່ຖືກຕ້ອງ, ຕັດສິນຜິດພາດ)

□ 比較(する)（ひかく）
(तुलना गर्नु／ប្រៀបធៀប／ສົມທຽບ, ປຽບທຽບ, ທຽບ)　同 比べる（くら）

□ 複写(する)（ふくしゃ）
(प्रतिलिपी गर्नु／ចម្លង／ລອກແບບ, ອັດເອກະສານ)　※硬い言い方（かた　い　かた）　同 コピー(する)

□ 負担(する)（ふたん）
(व्यहोर्नु／ទទួលបន្ទុក／ຮັບ (ພາລະໜ້າທີ່), ຮັບຜິດຊອບ (ຄ່າໃຊ້ຈ່າຍ))
▶ 送料は買う側が負担することになる。（そうりょう　か　がわ　ふたん）
(ढुवानी भाँडा खरिदकर्ताले व्यहोर्नु पर्ने हुन्छ।／តម្លៃដឹកជញ្ជូននឹងត្រូវបានទទួលបន្ទុកខាងអ្នកទិញ／ຜູ້ຊື້ຈະໄດ້ຮັບຜິດຊອບຄ່າຂົນສົ່ງ.)
▷ 税金の負担、負担を軽くする（ぜいきん　ふたん　ふたん　かる）
(करको बोझ, बोझ हल्का गर्नु／បន្ទុកពន្ធ, កាត់បន្ថយបន្ទុក／ພາລະພາສີ, ແບ່ງເບົາພາລະ)

□ 変化(する)（へんか）
(परिवर्तन हुनु／ផ្លាស់ប្តូរ／ປ່ຽນແປງ)
▷ ボールが変化する、気温が変化する（へんか　きおん　へんか）
(बल (को बाटो) परिवर्तन हुनु, तापक्रम परिवर्तन हुनु／បាល់ផ្លាស់ប្តូរ, សីតុណ្ហភាពប្រែប្រួល／ໝາກບານປ່ຽນແປງທິດທາງ, ອຸນຫະພູມປ່ຽນແປງ)

□ 変換(する)（へんかん）
(रुपान्तर गर्नु／ប្តូរ／ປ່ຽນ (ຈາກອັນໜຶ່ງເປັນອັນໜຶ່ງ) ສັບປ່ຽນ)
▷ かなを漢字に変換する（かんじ　へんかん）
(हिरागानालाई खान्जीमा रुपान्तर गर्नु／ប្តូរពីអក្សរកាន់ជិទៅអក្សរកាណា／ປ່ຽນໂຕອັກສອນຄະນະເປັນຄັນຈິ.)

□ 返却(する)（へんきゃく）
(फिर्ता गर्नु, फर्काउनु／សង／ສົ່ງຄືນ (ເຄື່ອງທີ່ຢືມ))
▷ 〈図書館などで〉返却期限（としょかん　へんきゃく きげん）
(〈पुस्तकालयमा〉 फिर्ता गर्ने म्याद／(បណ្ណាល័យ) កាលបរិច្ឆេទសង／(ທີ່ຫ້ອງສະມຸດຫຼືສະຖານທີ່ອື່ນໆ) ກຳນົດສົ່ງຄືນ)

□ 変更(する)（へんこう）
(परिवर्तन गर्नु／ផ្លាស់ប្តូរ／ປ່ຽນ, ປ່ຽນແປງ)
▷ 予定を変更する（よてい　へんこう）
(योजना परिवर्तन गर्नु／ផ្លាស់ប្តូរកាលវិភាគ／ປ່ຽນແປງກຳນົດການ)

□ 防止(する)
ぼうし
(रोक्नु, रोकथाम गर्नु／ការពារឬទប់ស្កាត់／ປ້ອງກັນ (ບໍ່ໃຫ້ເກີດຂຶ້ນ))

▷ 事故を防止する、感染を防止する
じこ ぼうし　かんせん ぼうし
(दुर्घटना रोकथाम गर्नु, संक्रमण रोकथाम गर्नु／ទប់ស្កាត់គ្រោះថ្នាក់, ពារការឆ្លងមេរោគ／ປ້ອງກັນອຸບັດຕິເຫດ, ປ້ອງກັນການລະບາດ)

□ 包装(する)
ほうそう
(प्याक गर्नु／ខ្ចប់／ຫໍ່, ບັນຈຸໃນກ່ອງ)

▶ 割れやすいので、丁寧に包装してください。
わ　ていねい ほうそう
(फुट्न सजिलो भएकोले, राम्रोसँग प्याक गर्नुहोस् ।／សូមខ្ចប់ដោយប្រុងប្រយត្នព្រោះវាងាយបែក／ມັນແຕກງ່າຍ, ສະນັ້ນ ກະລຸນາຫໍ່ຢ່າງລະມັດລະວັງ.)

□ マッサージ(する)
(मसाज गर्नु／សូមខ្ចប់ដោយប្រុងប្រយ័ត្នព្រោះវាងាយបែក／ນວດ, ບີບ, ຄັ້ນ)

□ 無視(する)
むし
(बेवास्ता गर्नु, अवहेलना गर्नु, नगन्नु／មិនអើពើឬធ្វើមិនដឹងមិនលឺ／ມອງຂ້າມ, ບໍ່ເຫັນຄວາມສຳຄັນ, ບໍ່ສົນໃຈ, ລະເມີດ (ໄຟສັນຍານ))

▶ 今朝、彼女に挨拶したけど、無視された。
けさ　かのじょ　あいさつ　むし
(आज बिहान, उनीलाई अभिवादन गरेको तर अवहेलना गरियो ।／ខ្ញុំបានស្វាគមន៍នាងនៅព្រឹកនេះ ប៉ុន្តែនាងមិនអើពើទេ／ທັກທາຍລາວມື້ເຊົ້ານີ້ແຕ່ກໍ່ຖືກມອງຂ້າມ.)

▷ 信号無視 (ट्राफिक बत्तिको बेवास्ता／មិនមើលភ្លើងស្តុប／ລະເມີດໄຟສັນຍານ)
しんごうむし

□ 矛盾(する)
むじゅん
(बाझिनु／ភាពផ្ទុយគ្នា／ຂັດແຍ່ງກັນ, ບໍ່ເຂົ້າກັນ, (ເນື້ອໃນ) ບໍ່ກົງກັນ)

▶ 犯人が話すことは矛盾だらけだった。
はんにん　はな　むじゅん
(अपराधीले बोलेको कुरा धेरै बाझिने कुराले भरिएको थियो ।／អ្វីដែលឧក្រិដ្ឋជនបាននិយាយគឺ ពោរពេញទៅដោយភាពផ្ទុយគ្នា／ສິ່ງທີ່ຄົນຮ້າຍເວົ້າເຕັມໄປດ້ວຍເນື້ອໃນທີ່ບໍ່ກົງກັນ.)

□ 優先(する)
ゆうせん
(प्राथमिकता दिनु／អាទិភាព／จัดลำดับความสำคัญ, ໃຫ້ຄວາມສຳຄັນຫຼາຍກວ່າ, ໃຫ້ສິດທິດກ່ອນ, ຕ້ອງມາກ່ອນ)

▷ 安全を優先する、家族を優先する
あんぜん ゆうせん　かぞく ゆうせん
(सुरक्षालाई प्राथमिकता दिनु, परिवारलाई प्राथमिकता दिनु／អាទិភាពលើសុវត្ថិភាព, អាទិភាពលើគ្រួសារ／ໃຫ້ຄວາມສຳຄັນໃນດ້ານຄວາມປອດໄພ, ຄອບຄົວຕ້ອງມາກ່ອນ)

□ ゆっくり(する)
(आराम गर्नु／សំរាក／ພັກຜ່ອນຕາມສະບາຍ, ບໍ່ຟ້າວ, ເຮັດຊ້າໆຕາມໃຈໂຕເອງ)

▶ お茶でも飲んで、ゆっくりしていったら？
ちゃ　の
(चिया पियर, आराम गर्दा हुन्न ?／ហេតុអ្វីអ្នកមិនផឹកតែ ហើយសម្រាក?／ດື່ມນ້ຳຊາແລະພັກຜ່ອນຕາມສະບາຍກ່ອນແມະ.)

□ 要求(する)
ようきゅう
(माग्नु, अनुरोध गर्नु／ទាមទារ／ຮຽກຮ້ອງ, ຂໍຮ້ອງ, ຕ້ອງການ)

▶ 彼らはＡ社に対して謝罪を要求した。
かれ　しゃ たい　しゃざい ようきゅう
(उनीहरुले ए कम्पनीलाई माफी माग्यो ।／ពួកគេបានទាមទារការសុំទោសពីក្រុមហ៊ុនA／ພວກເຂົາໄດ້ຮຽກຮ້ອງຄຳຂໍໂທດຈາກບໍລິສັດA.)

□ 予期(する)
よき
(आशा गर्नु, अनुमान गर्नु／រំពឹងទុក／ຄາດການ, ຄິດໄວ້, ຄາດຄິດ)

▶ あと少しで終わるというところで、予期せぬ問題が起きた。
すこ　お　よき　もんだい　お
(केही समयमा सकिन लाग्दा, अप्रत्याशित समस्या उत्पन्न भयो ।／បញ្ហាដែលមិនបានរំពឹងទុកមួយបានកើតឡើងនៅសល់ពេលសល់បន្តិចទៀតត្រូវចប់ហើយ／ບັນຫາທີ່ບໍ່ຄາດຄິດໄດ້ເກີດຂຶ້ນຕອນໃກ້ຊິແລ້ວ.)

□ 予想(する)
よそう
(अनुमान गर्नु／រំពឹងទុក／ຄາດຄະເນ, ຄາດເດົາ, ປະມານເຫດການ)

▷ 勝敗を予想する、予想どおりの結果
しょうはい よそう　よそう　けっか
(हारजीतको पूर्वानुमान गर्नु, अनुमान अनुसारको परिणाम／រំពឹងថាឈ្នះឬចាញ់, លទ្ធផលដែលបានរំពឹងទុក／ຄາດຄະເນການແພ້ຫຼືຊະນະ, ຜົນໄດ້ຮັບຕາມທີ່ຄາດຄະເນ)

□ 予防(する)
よぼう
(रोकथाम गर्नु／ការពារ／ປ້ອງກັນ, ປ້ອງກັນລ່ວງໜ້າ)

▷ 風邪を予防する、予防注射
かぜ　よぼう　よぼうちゅうしゃ
(रुघाखाट जोगिन, रोकथामको ईन्जेक्सनहरू／ការពារជំងឺគ្រុនផ្តាសាយ, ការចាក់ថ្នាំការពារ／ປ້ອງກັນໄຂ້ຫວັດ, ການສັກວັກຊີນ)

□ 了解(する)
りょうかい
(बुझ्नु, स्वीकार्नु／យល់／ຮັບຊາບ, ເຂົ້າໃຈ)

▶「では、受付の前で会いましょう」「了解しました」
うけつけ　まえ　あ　りょうかい
("त्यसो भए, रिसेप्सनको अगाडि भेटा" "बुझ्या"／(មែនហើយ សូមជួបគ្នានៅមុខកន្លែងទទួលភ្ញៀវ) (ខ្ញុំយល់ហើយ)／"ຄັນຊັ້ນ, ພໍ້ກັນຢູ່ຕໍ່ໜ້າໂຕະປະຊາສຳພັນເນາະ?" "ຮັບຊາບ")

音声DL 105

12 名詞(めいし) (नामपद／នាម／ຄຳນາມ)

☐ **悪魔(あくま)**
(दानव, शैतान／បីសាច／ປີສາດ, ຜີ)

☐ **当たり前(あたりまえ)**
(स्वभाविक／ជាធម្មជាតិ／ເປັນເລື່ອງທຳມະດາ, ທົ່ວໄປ, ເປັນສິ່ງທີ່ຄວນຈະຮູ້ຢູ່ແລ້ວ)

▶ 冬(ふゆ)なんだから、寒(さむ)い日(ひ)が多(おお)いのは当(あ)たり前(まえ)です。
(जाडो मौसम भएकोले जाडो दिनहरू धेरै हुनु स्वाभाविक हो ।／វាជារដូវរងាដូច្នេះវាជាធម្មជាតិដែលមានថ្ងៃត្រជាក់ច្រើន／ມັນແມ່ນລະດູໜາວ, ຈຶ່ງເປັນເລື່ອງທຳມະດາທີ່ມື້ອາກາດໜາວເຢັນມີຫຼາຍມື້.)

☐ **あと**
(खत／បន្ទាប់ពី／ແປ້ວ, ຮອຍ)

▶ これは手術(しゅじゅつ)のあとです。
(यो अपरेशनको खत हो ।／នេះគឺបន្ទាប់ពីការវះកាត់／ນີ້ແມ່ນແປ້ວຜ່າຕັດ.)

☐ **一種(いっしゅ)**
(एक प्रकार／ប្រភេទមួយ／ຊະນິດໜຶ່ງ, ປະເພດໜຶ່ງ)

▶ こういうのも一種(いっしゅ)の犯罪(はんざい)だと思(おも)う。
(यो पनि एक प्रकारको अपराध हो ।／ខ្ញុំគិតថានេះក៏ជាប្រភេទបទឧក្រិដ្ឋមួយដែរ／ຄິດວ່າອັນນີ້ກໍ່ແມ່ນຄວາມຜິດທາງອາຍາປະເພດໜຶ່ງ.)

▷ 感情(かんじょう) 表現(ひょうげん)の一種(いっしゅ)
(एक प्रकारको भावनात्मक अभिव्यक्ति／ប្រភេទនៃការបង្ហាញអារម្មណ៍／ປະເພດຂອງການສະແດງອອກທາງອາລົມ)

☐ **衛生(えいせい)**
(सरसफाई／អនាម័យ／ອະນາໄມ)

▷ 衛生管理(えいせいかんり)、衛生的(えいせいてき)(な)
(सरसफाई व्यवस्थापन, सरसफाई／ការគ្រប់គ្រងអនាម័យ, អនាម័យ／ການຈັດການດ້ານສຸຂະອະນາໄມ, ຖືກຫຼັກອະນາໄມ, ຖືກສຸຂະລັກສະນະ)

☐ **各々(おのおの)**
(एक एक／ម្នាក់ៗ／ແຕ່ລະ (ໃຊ້ກັບຄົນແລະສິ່ງຂອງເທົ່ານັ້ນ))

▶ 各々(おのおの)一(ひと)つずつ取(と)ってください。
(प्रत्येक एक एक वटा लिनुहोस् ।／សូមយកម្នាក់មួយៗសម្រាប់គ្នា／ແຕ່ລະຄົນ ກະລຸນາຈັບເອົາຜູ້ລະອັນ.)

▷ 各々(おのおの)の役割(やくわり) (प्रत्येकको भूमिका／តួនាទីនីមួយៗ／ໜ້າທີ່ຂອງແຕ່ລະຄົນ)

☐ **覚え(おぼえ)**
(सम्झना／ចងចាំ／ຄວາມຈຳ, ຄວາມຊົງຈຳ)

▶ 子供(こども)は覚(おぼ)えがいいなあ。
(बच्चाहरूले धेरै सम्झन सक्छ ।(स्मरणशक्ति)／កុមារពូកែចងចាំ (សមត្ថភាពឬកំលាំងចងចាំ)／ເດັກນ້ອຍມີຄວາມຈຳດີ, ເດັກນ້ອຍຈື່ດີ)

▶ そんなことを約束(やくそく)した覚(おぼ)えはない。
(त्यस्तो कुरा वाचा गरेको याद छैन ।(स्मरण)／ខ្ញុំមិនចាំថាខ្ញុំបានសន្យាបែបនោះទេ (ការចងចាំ)／ບໍ່ມີຄວາມຊົງຈຳວ່າ ໄດ້ສັນຍາແບບນັ້ນ.)

☐ **恩恵(おんけい)**
(फाइदा／ទទួលបានអត្ថប្រយោជន៍／ຄວາມກະລຸນາ, ບຸນຄຸນ, ປະໂຫຍດ)

▶ この辺(あた)りは、昔(むかし)から豊(ゆた)かな水(みず)の恩恵(おんけい)を受(う)けてきた。
(यस क्षेत्रले धेरै पहिलेदेखि पानीबाट प्रशस्त फाइदा लिदै आएको थियो ।／តំបន់នេះគឺទទួលបានអត្ថប្រយោជន៍ពីទឹកច្រើនក្រៃលែងតាំងពីមុនមក／ເຂດນີ້ໄດ້ຮັບປະໂຫຍດຈາກນ້ຳທີ່ອຸດົມສົມບູນມາແຕ່ດົນນານ.)

☐ **革命(かくめい)**
(क्रान्ति／បដិវត្ត／ການປະຕິວັດ)

☐ **陰(かげ)**
(छाया, पछाडि／ក្រោយខ្នង／ຮົ່ມ, ລັບຫຼັງ, ເບື້ອງຫຼັງ, ບ່ອນບໍ່ມີຄົນເຫັນ)

▶ 陰(かげ)で人(ひと)の悪口(わるぐち)を言(い)うのはよくない。
(मानिसको पछाडि कुरा काट्नु राम्रो होइन ।／វាមិនល្អទេក្នុងការនិយាយអាក្រក់ពីអ្នកដទៃនៅពីក្រោយខ្នងទេ／ການນິນທາຄົນອື່ນລັບຫຼັງແມ່ນບໍ່ດີ.)

▶ いつも陰(かげ)で妻(つま)が支(ささ)えてくれました。
(मेरी श्रीमतीले जहिले पनि पछाडिबाट सहायता गर्‍यो ।／ភរិយាខ្ញុំតែងតែគាំទ្រខ្ញុំនៅពីក្រោយឆាក／ເມຍສະໜັບສະໜູນຂ້ອຍຢູ່ເບື້ອງຫຼັງສະເໝີ.)

□ **活気** かっき
(चहल पहल, उत्साही／រស់រវើក／ຄວາມມີຊີວິດຊີວາ, ຄວາມມ່ວນຊື່ນ, ຄວາມຄຶກຄັກ, ພະລັງງານ)

▶ 駅前にデパートができて、町に活気が出てきた。
えきまえ　まち　かっき　で
(स्टेसन अगाडि डिपार्टमेन्ट स्टोर बनेर, शहरमा चहलपहल बढ्यो ।／ហាងលក់ទំនិញមួយត្រូវបានបើកនៅមុខស្ថានីយ៍ហើយទីប្រជុំជនមានភាពរស់រវើកចេញមក／ຫ້າງຊັບປະສິນຄ້າເປີດຕໍ່ໜ້າສະຖານີ ແລະ ບ້ານເມືອງກໍ່ມີຄວາມຄຶກຄັກຂຶ້ນ.)

□ **活力** かつりょく
(प्राणशक्ति, जीवन शक्ति／ភាពរឹងមាំ／ກຳລັງວັງຊາ, ພະລັງ, ຄວາມຄຶກຄັກ)

▶ 子供たちの笑顔が、町の活力になっている。
こども　えがお　まち　かつりょく
(बच्चाहरूको मुस्कान शहरको शक्ति (प्राणशक्ति) भएको छ ।／ស្នាមញញឹមរបស់កុមារគឺជាភាពរឹងមាំនៃទីក្រុង／ຮອຍຍິ້ມຂອງເດັກນ້ອຍຄືພະລັງຂອງບ້ານເມືອງ.)

□ **過程** かてい
(प्रकिया／ដំណើរការ／ຂະບວນການ, ຂັ້ນຕອນ, ຄວາມເປັນມາ, ເບື້ອງຫຼັງ)

▶ 結果だけでなく、それまでの過程も重要です。
けっか　かてい　じゅうよう
(परिणाम मात्र नभई त्यो बेला सम्मको प्रकिया महत्वपूर्ण हो ।／មិនត្រឹមតែលទ្ធផលប៉ុណ្ណោះទេ ប៉ុន្តែដំណើរការរហូតដល់ចំនុចនោះគឺសំខាន់ណាស់／ບໍ່ພຽງແຕ່ຜົນໄດ້ຮັບເທົ່ານັ້ນ, ຂະບວນການກໍ່ສຳຄັນເຊັ່ນກັນ.)

音声DL 106

□ **勘** かん
(अनुमान／វិចារណញ្ញាណ／ລາງສັງຫອນ, ຄວາມເຂົ້າໃຈ, ການຮູ້ໂດຍສັນຊາດຕະຍານ)

▶「私がここにいるのがよくわかったね」「うん、何となく勘で」
わたし　なん　かん
("म यहाँ रहनुको कारण थाहा भयो है" "हजुर, केही अनुमान गरेको"／「អ្នកដឹងច្បាស់ណាស់ថាខ្ញុំនៅទីនេះ」「មែនហើយគឺវិចារណញ្ញាណប្រាប់មកចឹង」／"ເຈົ້າຮູ້ວ່າເປັນຫຍັງຂ້ອຍຈຶ່ງຢູ່ນີ້" "ແມ່ນ, ອາດຈະຮູ້ໂດຍສັນຊາດຕະຍານ ")

□ **感覚** かんかく
(भावना, चेतना／អារម្មណ៍／ຄວາມຮູ້ສຶກ (ດ້ວຍປະສາດສຳຜັດ))

▶ 寒くて、指の感覚がなくなってきた。
さむ　ゆび　かんかく
(जाडो भएर, हातको औंलाहरूले केही महशुस (चेतना) गर्न नसक्ने भयो ।／រងាខ្លាំងហើយខ្ញុំមិនអាចមានអារម្មណ៍ថាម្រាមដៃរបស់ខ្ញុំទេ／ໜາວ, ຈົນບໍ່ມີຄວາມຮູ້ສຶກຢູ່ນິ້ວມື.)

▶ これは主婦の感覚から生まれた商品です。
しゅふ　かんかく　う　しょうひん
(यो गृहणीको भावनाबाट बनेको उत्पादन हो ।／នេះគឺជាផលិតផលដែលកើតចេញពីអារម្មណ៍របស់ស្ត្រីមេផ្ទះ／ຜະລິດຕະພັນນີ້ເກີດມາຈາກຄວາມຮູ້ສຶກຂອງແມ່ບ້ານ.)

□ **間接** かんせつ
(अप्रत्यक्ष／ប្រយោល／ຄວາມອ້ອມຄ້ອມ)

▷ 間接税 かんせつぜい (अप्रत्यक्ष कर／ពន្ធប្រយោល／ພາສີທາງອ້ອມ)　対 直接 ちょくせつ (प्रत्यक्ष／ដោយផ្ទាល់／ໂດຍກົງ)

□ **間接的(な)** かんせつてき
(अप्रत्यक्षरुपमा／ដោយប្រយោល／ບໍ່ກົງ, ອ້ອມຄ້ອມ)

□ **機関** きかん
(संघ संस्था／អង្គការ／ເຄື່ອງຈັກ, ອົງກອນ, ສະຖາບັນ, ອົງການຈັດຕັ້ງ, ໜ່ວຍງານ)

▶ 大きなイベントなので、さまざまな機関の協力が必要です。
おお　きかん　きょうりょく　ひつよう
(ठूलो कार्यक्रम भएकोले विभिन्न संघ संस्थाहरुको सहयोग आवश्यक छ ।／វាជាព្រឹត្តិការណ៍ធំដូច្នេះយើងត្រូវការការសហការពីអង្គការផ្សេងៗ／ເນື່ອງຈາກວ່າແມ່ນງານໃຫຍ່, ຈຶ່ງຈຳເປັນມີການຮ່ວມມືຈາກຫຼາຍອົງກອນ.)

□ **疑問** ぎもん
(शंका／ឆ្ងល់ឬសង្ស័យ／ຂໍ້ສົງໄສ, ບັນຫາ, ຄຳຖາມ)

▷ 疑問に感じる、疑問を抱く
ぎもん　かん　ぎもん　いだ
(शंकास्पद लाग्छ, शंका लाग्नु ।／មានអារម្មណ៍គួរឱ្យសង្ស័យ, មានការសង្ស័យ／ມີຄວາມສົງໄສ, ມີຂໍ້ສົງໄສ)

□ **具体性** ぐたいせい
(साकार／ភាពត្រឹមត្រូវ／ເປັນຮູບປະທຳ, ຄວາມເປັນໄປໄດ້)

▶ 彼の話は具体性に欠ける。
かれ　はなし　ぐたいせい　か
(उनको कुरामा साकार छैन ।／រឿងរបស់គាត់ខ្វះភាពត្រឹមត្រូវ／ເລື່ອງຂອງລາວຂາດຄວາມເປັນຮູບປະທຳ.)

□ **組/組み** くみ／くみ
(समूह／ក្រុម／ກຸ່ມ, ທີມ)

▶ 四人一組でグループを作ってください。
よにんひとくみ　つく
(४ जनाको एउटा समूह बनाउनुहोस् ।／សូមបង្កើតក្រុមមួយដែលមានមនុស្សបួននាក់／ກະລຸນາຕັ້ງກຸ່ມ4ຄົນ.)

□ **契機**（けいき）
(अवसर／ឱកាស／ໂອກາດ ຫຼື ຈັງຫວະ (ທີ່ເຮັດໃຫ້ຄິດເລີ່ມ ຫຼື ຕັດສິນໃຈ))

▶ この事故を契機に、安全基準が見直されることになった。
(यो दुर्घटनाको अवसरले (कारणले), सुरक्षाको मापनलाई समीक्षा गर्ने भयो।／ជាមួយនឹងគ្រោះថ្នាក់នេះ វាជាឱកាសកែលំអស្តង់ដារសុវត្ថិភាព／ຖືເອົາອຸບັດຕິເຫດໃນເທື່ອນີ້ເປັນໂອກາດເພື່ອທົບທວນຄືນມາດຕະຖານຄວາມປອດໄພ.)

□ **傾向**（けいこう）
(असर, झुकाउ／ទំនោរ／ກະແສ, ແນວໂນ້ມ, ທ່າອ່ຽງ)

▶ 徐々に回復の傾向が見られる。
(विस्तारै राम्रो हुँदै आइरहेको (झुकाउ) देखिन्छ।／អាចមើលឃើញថាមានទំនោរការងើបឡើងវិញបន្តិចម្តងៗ／ເຫັນແນວໂນ້ມໃນການຟື້ນໂຕເທື່ອລະໜ້ອຍ.)

□ **結論**（けつろん）
(निष्कर्ष／សេចក្តីសន្និដ្ឋាន／ຂໍ້ສະຫຼຸບ,ຂໍ້ຍຸດຕິ)

▶ 結論はまだ出ていない。
(निस्कर्ष अझै आएको छैन।／មិនទាន់មានការសន្និដ្ឋានណាមួយនៅឡើយទេ／ຍັງບໍ່ມີຂໍ້ສະຫຼຸບ)

□ **現実**（げんじつ）
(वास्तविकता／ភាពពិត／ຄວາມເປັນຈິງ, ຂໍ້ແທ້ຈິງ)

▶ 理想と現実は違う。
(कल्पना र वास्तविकता फरक／គំនិតនិងការពិតគឺខុសគ្នា／ອຸດົມຄະຕິແລະຄວາມເປັນຈິງແຕກຕ່າງກັນ.)

□ **現実的(な)**（げんじつてき）
(वास्तविक रुपमा／ជាក់ស្តែង／ຕາມຄວາມເປັນຈິງ)

□ **現状**（げんじょう）
(वर्तमान अवस्था／ស្ថានភាពបច្ចុប្បន្ន／ສະຖານະການປະຈຸບັນ, ສະພາບປະຈຸບັນ)

▶「実現できそうですか」「現状では何とも言えません」
("के यो सम्भव छ?" "वर्तमान अवस्था केही भन्न सक्दिन"／「តើអាចធ្វើអោយកើតឡើងបានទេ?」「ខ្ញុំមិនអាចនិយាយអ្វីបានទេនៅពេលនេះ」／"ພໍຊິເຮັດໃຫ້ເກີດຂຶ້ນແທ້ໄດ້ບໍ່?" "ຕາມສະພາບປະຈຸບັນ, ຍັງເວົ້າຫຍັງບໍ່ທັນໄດ້ເທື່ອ")

□ **光景**（こうけい）
(दृश्य／ទិដ្ឋភាព／ສາກ, ພາບ, ປະກົດການ, ພາບທີ່ປະກົດໃນສາຍຕາ)

▶ 小さい頃に家族と見たお祭りの光景は、今でもよく覚えています。
(बाल्यकालमा बुवाआमासँग हेरेको जात्राको दृष्य अझै पनि याद छ।／ខ្ញុំនៅតែចាំពីទិដ្ឋភាពពិធីបុណ្យដែលខ្ញុំបានឃើញជាមួយក្រុមគ្រួសាររបស់ខ្ញុំនៅពេលខ្ញុំនៅតូច／ຕອນນີ້ກໍ່ຍັງຈື່ພາບບຸນທີ່ໄດ້ເຫັນກັບຄອບຄົວຕອນຍັງນ້ອຍ.)

□ **光線**（こうせん）
(किरण／កាំរស្មី／ແສງ, ແສງສະຫວ່າງ, ລັດສະໝີ, ລັງສີ)

□ **構造**（こうぞう）
(निर्माण／សំណង់／ໂຄງສ້າງ)

▶ このビルは構造がしっかりしている。
(यो भवनको निमार्ण कार्य राम्रोसँग भएको छ।／អគារនេះគឺសំណង់រឹងមាំល្អ／ອາຄານນີ້ມີໂຄງສ້າງທີ່ແຂງແຮງ.)

□ **合同**（ごうどう）
(संयुक्त／រួម／ການຮ່ວມກັນ, ການປະສົມປະສານ, ການຕັ້ງກຸ່ມ)

▷ 合同で調査する、合同チーム
(संयुक्तरुपमा अनुसन्धान गर्नु, संयुक्त टीम／ស្រាវជ្រាវរួមគ្នា, ក្រុមការងាររួមគ្នា／ສືບສວນຮ່ວມກັນ, ທີມປະສົມປະສານ)

□ **候補**（こうほ）
(उम्मेदवार／បេក្ខជន／ທາງເລືອກ, ຜູ້ເຂົ້າແຂ່ງຂັນ, ຜູ້ສະໝັກ)

▷ 会場の候補、候補者
(कार्यक्रम स्थलको लागि उम्मेदवार, उम्मेदवार／ទីកន្លែងប្រកួត, បេក្ខជន／ຜູ້ທີ່ໄດ້ຮັບຄັດເລືອກ, ຜູ້ລົງສະໝັກຄັດເລືອກ)

□ **項目**（こうもく）
(धारा, दफा, विवरण／ធាតុ／ຫົວຂໍ້, ມາດຕາ, ປະເພດ, ລາຍການ)

▷ 検査項目、取り上げる項目
(अनुसन्धान विवरण, अनुसन्धानको लागि उठाउने विवरण／ចំនុចដែលស្រាវជ្រាវ, ធាតុដែលលើកឡើង／ລາຍການກວດສອບ, ຫົວຂໍ້ທີ່ຖືກຍົກຂຶ້ນ)

□ **こつ／コツ**
(युक्ति, रहस्य／របៀប／ເຄັດລັບ, ຄວາມສາມາດພິເສດ, ຄວາມຮູ້)

▷ 金儲けのこつ、こつをつかむ
(पैसा कमाउने युक्ति, युक्ति लगाउनु／របៀបរកលុយ, ចាប់យកចំនុច／ເຄັດລັບໃນການຫາເງິນ, ຮຽນຮູ້ເອົາຄວາມສາມາດພິເສດ)

□ 再開発
さいかいはつ
(पुनर्विकास／ការអភិវឌ្ឍឡើងវិញ／ການພັດທະນາຂຶ້ນໃໝ່)

▷ 駅前の再開発計画
えきまえ　さいかいはつけいかく
(स्टेशन अगाडिको पुनर्विकास योजना／ផែនការអភិវឌ្ឍឡើងវិញនៅមុខស្ថានីយ៍／ແຜນພັດທະນາຂຶ້ນໃໝ່ຕໍ່ໜ້າສະຖານີ)

音声DL 107
□ 境
さかい
(सीमा／តាំងពី／ຂອບເຂດ)

▶ 就職を境に会わなくなった友達が大勢います。
しゅうしょく　さかい　あ　ともだち　おおぜい
(काम पाएपछि (सीमा) नभेटिएका साथीहरू धेरै छन्।／ខ្ញុំមានមិត្តភក្តិជាច្រើនដែលមិនបានជួបតាំងពីខ្ញុំមានការងារធ្វើ／ມີໝູ່ຫຼາຍຄົນທີ່ບໍ່ໄດ້ພົບກັນຕັ້ງແຕ່ເລີ່ມເຮັດວຽກ.)

□ 索引
さくいん
(विषय सूची／ចំណងជើង／ດັດສະນີ)

□ 差し支え(ない)
さ　つか
(झमेला (नहुने),समस्या (नहुने)／បញ្ហា(គ្មាន)／ອຸປະສັກ,ສິ່ງກີດຂວາງ,ຂໍ້ຂັດຂ້ອງ(ບໍ່ຂັດຂ້ອງ))

▶ 差し支えなければ、詳しいお話を伺えますか。
さ　つか　くわ　はなし　うかが
(समस्या नहुने भए, विस्तृतरुपमा कुरा सोध्न सकिन्छ？／ប្រសិនបើវាមិនមែនជាបញ្ហាទេតើអ្នកអាចប្រាប់ខ្ញុំបន្ថែមទៀតអំពីវាទេ?／ຖ້າບໍ່ຂັດຂ້ອງ,ລົບກວນບອກເພີ່ມເຕີມກ່ຽວກັບເລື່ອງນີ້ໄດ້ບໍ່?)

□ 雑音
ざつおん
(सुन्न नचाहने आवाज／សំលេងរំខាន／ສຽງແຊກ, ສຽງລົບກວນ)

□ 事実
じじつ
(साँचो, वास्तविक／ការពិត／ຂໍ້ແທ້ຈິງ, ຄວາມຈິງ)

□ 事情
じじょう
(परिस्थिति／កាលៈទេសៈ／ເລື່ອງລາວ, ເຫດການ, ສະພາບ, ເງື່ອນໄຂ)

▶ 事情が変わって、私も式に出席できるようになりました。
じじょう　か　わたし　しき　しゅっせき
(परिस्थिति परिवर्तन भएकोले, म पनि समारोहमा उपस्थित (सहभागी) हुन सक्ने भयो।／កាលៈទេសៈបានផ្លាស់ប្តូរហើយឥឡូវនេះខ្ញុំអាចចូលរួមក្នុងពិធីនេះបាន／ສະພາບມີການປ່ຽນແປງແລະຂ້ອຍກໍ່ສາມາດເຂົ້າຮ່ວມພິທີໄດ້ແລ້ວ.)

□ 姿勢
しせい
(शारीरिक स्थिति, मनोवृत, हावभाव／ឥរិយាបថ／ບຸກຄະລິກ, ທ່າທາງ, ການວາງໂຕ)

▶ 姿勢を良くすると、だいぶ印象が変わります。
しせい　よ　いんしょう　か
(हावभाव राम्रो गऱ्यो भने, प्रभावकारितामा धेरै परिवर्तन हुन्छ।／ប្រសិនបើអ្នកធ្វើឱ្យប្រសើរឡើងនូវឥរិយាបថរបស់អ្នកចំណាប់អារម្មណ៍របស់អ្នកនឹងផ្លាស់ប្តូរគួរឱ្យកត់សម្គាល់／ຖ້າປັບປຸງທ່າທາງ,ຄວາມປະທັບໃຈໃນໂຕເຈົ້າຈະປ່ຽນໄປຫຼາຍເດີ.)

▷ 仕事に対する姿勢
しごと　たい　しせい
(कामप्रतिको मनोवृति／អាកប្បកិរិយាលើការងារ／ບຸກຄະລິກຕໍ່ການເຮັດວຽກ)

□ 事態
じたい
(परिस्थिति, अवस्था／ស្ថានភាព／ສະຖານະການ, ສະພາບ, ພາວະ)

▷ 最悪の事態を避ける、緊急事態
さいあく　じたい　さ　きんきゅうじたい
(खराब अवस्था (परिस्थिति) बाट बच्नु, आपतकालिन अवस्था／ជៀសវាងស្ថានភាពអាក្រក់បំផុត, ស្ថានភាពអាសន្ន／ຫຼີກລ່ຽງສະພາບທີ່ໂຫດຮ້າຍທີ່ສຸດ, ພາວະສຸກເສີນ)

□ 質
しつ
(गुणस्तर／គុណភាព／ຄຸນນະພາບ)

▶ 練習時間は減らしましたが、その分、質を良くしました。
れんしゅうじかん　へ　ぶん　しつ　よ
(अभ्यासको समय कम गरें तर त्यसको सत्ता गुणस्तर राम्रो गरें।／ខ្ញុំបានកាត់បន្ថយពេលវេលាអនុវត្តប៉ុន្តែខ្ញុំបានធ្វើឱ្យប្រសើរឡើងនូវគុណភាពស្របតាមនឹង／ຫຼຸດຜ່ອນຊົ່ວໂມງຝຶກຊ້ອມແຕ່ກໍ່ປັບປຸງຄຸນນະພາບໃຫ້ດີຂຶ້ນ.)

□ 実際
じっさい
(वास्तविक／តាមពិត／ຄວາມຈິງ, ສະພາບທີ່ແທ້ຈິງ, ແທ້ຈິງ)

▷ 実際の金額、実際の状況
じっさい　きんがく　じっさい　じょうきょう
(वास्तविक रकम, वास्तविक स्थिति／ចំនួនទឹកប្រាក់ជាក់ស្តែង, ស្ថានភាពជាក់ស្តែង／ຈຳນວນເງິນທີ່ແທ້ຈິງ, ສະພາບທີ່ແທ້ຈິງ)

□ 実際的(な)
じっさいてき
(वास्तविक रुपमा／ពិតប្រាកដ／ໃນຄວາມເປັນຈິງ)

□ 実物
じつぶつ
(वास्तविक वस्तु／របស់ពិត／ຂອງແທ້)

▶ 実物は思ったより大きかった。
じつぶつ　おも　おお
(वास्तविक वस्तु सोचे भन्दा ठूलो थियो।／របស់ពិតគឺធំជាងអ្វីដែលខ្ញុំរំពឹងទុក／ຂອງແທ້ໃຫຍ່ກວ່າທີ່ຄິດ)

▷ 実物大の銅像
じつぶつだい　どうぞう
(पूर्ण आकारको मूर्ति／រូបសំណាកខ្នាតធំ／ຮູບຫຼໍ່ດ້ວຍທອງຂະໜາດເຕັມໂຕ)

□ 実用
じつよう
(व्यवहारिक／ពិតប្រាកដ／ການໃຊ້ປະໂຫຍດແທ້, ການນຳໃຊ້ໂຕຈິງ)

▷ 実用化、実用の段階
じつようか　じつよう　だんかい
(व्यवहारिक प्रयोग गर्न सक्ने बनाउनु, व्यवहारिक चरण／ការប្រើប្រាស់ជាក់ស្តែង, ដំណាក់កាលប្រើពិតប្រាកដ／ການເຮັດໃຫ້ມີປະໂຫຍດແທ້, ຂັ້ນຕອນການນຳໃຊ້ໂຕຈິງ)

□ 実用的(な)
じつようてき
(व्यवहारिक रुपमा／ជាក់ស្តែង／ໃຊ້ໄດ້ແທ້, ໃນທາງປະຕິບັດ, ໃນການນຳໃຊ້ຕົວຈິງ)

□ 実例
じつれい
(दृष्टान्त／ឧទាហរណ៍ជាក់ស្តែង／ຕົວຢ່າງແທ້, ຕົວຢ່າງໃຫ້ເຫັນແທ້)

□ しまい
(समाप्त, अन्त／ចប់／ຈົບ, ຕອນຈົບ, ຕອນທ້າຍ)

▶ 今日の話はこれでおしまいです。
きょう　はなし
(आजको कुरा यतिमै (यतिमा) अन्त हुन्छ।／សម្រាប់រឿងថ្ងៃនេះគឺចប់ហើយ／ຈົບເທົ່ານີ້ສຳລັບເລື່ອງທີ່ລົມມື້ນີ້.)

□ 習慣
しゅうかん
(बानी／ទំលាប់／ປະເພນີ,ທຳນຽມ,ຄວາມລຶ້ງເຄີຍ, ການປະພຶດ)

▷ 生活習慣
せいかつしゅうかん
(जीवनशैली, बानी／ទំលាប់រស់នៅ／ວິຖີການດຳເນີນຊີວິດ)

□ 重点
じゅうてん
(प्राथमिकता／ស្នូល／ຈຸດສຳຄັນ, ຈຸດຢໍ້າ, ຈຸດເນັ້ນໜັກ)

▶ 苦手な数学に重点を置いて勉強した。
にがて　すうがく　じゅうてん　お　べんきょう
(कमजोर विषय गणितलाई प्राथमिकतामा राखेर अध्ययन गरें।／ខ្ញុំបានសិក្សាលើចំនុចស្នូលនៃគណិតវិទ្យាដែលខ្ញុំមិនចូលចិត្ត／ເນັ້ນໜັກການຮຽນວິຊາເລກເຊິ່ງເປັນວິຊາທີ່ບໍ່ຖະນັດ)

□ 条件
じょうけん
(अवस्था, सर्त／លក្ខខណ្ឌ／ເງື່ອນໄຂ)

▷ 取引の条件、結婚相手の条件
とりひき　じょうけん　けっこんあいて　じょうけん
(लेनदेनको सर्त, विवाहको पार्टनरसँगको सर्त／លក្ខខណ្ឌពាណិជ្ជកម្ម, លក្ខខណ្ឌដៃគូអាពាហ៍ពិពាហ៍／ເງື່ອນໄຂການເຮັດທຸລະກຳ, ເງື່ອນໄຂຄູ່ສົມລົດ)

□ 常識
じょうしき
(समझ, साधारण／ទូទៅ／ສາມັນສຳນຶກ)

対 非常識(な)
ひじょうしき
(असमझ, असाधारण／មិនទូទៅ／ແປກປະຫຼາດ, ຜິດປົກກະຕິ, ບໍ່ມີສາມັນສຳນຶກ)

□ 常識的(な)
じょうしきてき
(सामान्यतय, मनासीव／ដែលជាទូទៅ／ສາມັນ, ປົກກະຕິ, ສົມເຫດສົມຜົນ)

▶ 常識的な金額だと思う。
じょうしきてき　きんがく　おも
(मनासिब रकम जस्तो लाग्छ।／ខ្ញុំគិតថាវាជាចំនួនទឹកប្រាក់ទូទៅ／ຄິດວ່າເປັນຈຳນວນເງິນທີ່ສົມເຫດສົມຜົນ.)

□ しわ
(चाउरी, मुजा／ស្នាមជ្រួញ／ຮອຍຫຍໍ່)

▶ ズボンがしわだらけだ。
(पाइन्टमा मुजा (चाउरी, कच्याककुच्युक) धेरै छ।／ខោគឺពោរពេញទៅដោយស្នាមជ្រួញ／ໂສ້ງມີແຕ່ຮອຍຫຍໍ່)

□ 芯
しん
(पेन्सिलको लिड, गुदी／ស្នូល／ໃສ້ (ສໍ, ທຽນ), ແກນ (ຜັກ, ໝາກໄມ້))

▷ シャーペンの芯、パイナップルの芯
しん　しん
(सार्प पेन्सिलको लिड, भैकटहरको गुदि／ស្នូលស្ពៃក្តោប, ស្នូលម្នាស់／ໃສ້ບິກ, ແກນໝາກນັດ)

□ 心理
しんり
(मानसिक अवस्था／ចិត្តវិទ្យា／ຈິດໃຈ)

▶ 私は女だから、男性の心理はよくわからない。
わたし　おんな　だんせい　しんり
(म एक महिला भएकोले पुरुषहरूको मानसिक अवस्था बुझ्दिन।／ដោយសារខ្ញុំជាស្ត្រីដូច្នេះខ្ញុំពិតជាមិនយល់ពីចិត្តសាស្ត្ររបស់បុរសទេ／ຂ້ອຍເປັນຜູ້ຍິງຈຶ່ງບໍ່ສາມາດເຂົ້າໃຈຈິດໃຈຂອງຜູ້ຊາຍ.)

□ 心理的(な)
しんりてき
(मनोवैज्ञानिक／ផ្លូវចិត្ត／ທາງດ້ານຈິດໃຈ, ທາງຈິດຕະວິທະຍາ)

▷ 心理的なストレス
しんりてき
(मनोवैज्ञानिक तनाव／ភាពតានតឹងផ្លូវចិត្ត／ຄວາມຕຶງຄຽດທາງຈິດໃຈ)

音声DL 108

□ 水分
すいぶん
(पानी／ទឹក／ຄວາມຊຸ່ມຊື່ນ, ນໍ້າ, ສ່ວນປະກອບທີ່ເປັນນໍ້າ ຫຼື ຂອງແຫຼວ)

▶ 夏は多めに水分をとったほうがいい。
なつ　おお　すいぶん
(गर्मीमा पानी धेरै पिउदा राम्रो हुन्छ।／អ្នកគួរតែផឹកទឹកឱ្យបានច្រើននៅរដូវក្តៅ／ຄວນດື່ມນໍ້າປະລິມານຫຼາຍໃນລະດູຮ້ອນ.)

☐ 鈴
すず
(घण्टी／កណ្ដឹង／ກະດິງ)

☐ 正義
せいぎ
(न्याय／យុត្តិធម៌／ຄວາມຖືກຕ້ອງ, ຄວາມຍຸດຕິທຳ, ຄວາມໝາຍທີ່ຖືກຕ້ອງ)

☐ 性質
せいしつ
(प्रकृती,आनीबानी, स्वभाव／លក្ខណៈសម្បត្តិ／ຄຸນລັກສະນະ, ຄຸນສົມບັດ, ນິໄສ)

▷ 溶けにくい性質
と　せいしつ
(हट्न नसक्ने आनीबानी／លក្ខណៈសម្បត្តិពិបាករំលាយ／ຄຸນລັກສະນະທີ່ລະລາຍຍາກ)

☐ 性能
せいのう
(कार्य दक्षता, योग्यता, काम／សម្ថភាព／ສະມັດຖະພາບ, ປະສິດທິພາບ)

▶ これまでの製品と比べ、かなり性能がよくなった。
せいひん　くら　せいのう
(अहिले सम्मको उत्पादित वस्तुसँग दाँज्दा, कार्य दक्षता धेरै राम्रो भयो।／
បើប្រៀបធៀបទៅនឹងផលិតផលមុនៗ សមត្ថភាពមានការរីកចម្រើនគួរឱ្យកត់សម្គាល់／
ເມື່ອທຽບກັບຜະລິດຕະພັນລຸ້ນກ່ອນໆ, ປະສິດທິພາບດີຂຶ້ນຫຼາຍເຕີບ.)

☐ 善
ぜん
(राम्रो／ល្អ／ດີ, ງາມ, ດີງາມ, ດີເລີດ)

☐ 対 悪
あく
(खराब／ផ្ទុយ: អាក្រក់／ຄວາມຊົ່ວ, ຄວາມໂຫດຮ້າຍ)

☐ 相互
そうご
(एक अर्का, एकआपस／ដៃគូ／ເຊິ່ງກັນແລະກັນ, ຕໍ່ກັນ)

▷ 相互の信頼関係、相互に協力し合う
そうご　しんらいかんけい　そうご　きょうりょく　あ
(एक आपसको विस्वासको सम्बन्ध, एक अर्कालाई सहयोग गर्नु／
ការជឿទុកចិត្តគ្នារបស់ដៃគូ, កិច្ចសហប្រតិបត្តិការទៅវិញទៅមក／ຄວາມໄວ້ວາງໃຈເຊິ່ງກັນແລະກັນ, ການຮ່ວມມືເຊິ່ງກັນແລະ)

☐ 同 互い
たが
(एकआपस／ដូចៈទៅវិញទៅមក／ເຊິ່ງກັນແລະກັນ, ຕໍ່ກັນ)

☐ 体系
たいけい
(प्रणाली, व्यवस्था／ប្រពន្ធ័／ລະບົບ, ການຈັດຕັ້ງ)

▷ 法律体系、体系的に学ぶ
ほうりつたいけい　たいけいてき　まな
(कानून प्रणाली, व्यवस्थित रुपमा सिक्नु／ប្រព័ន្ធច្បាប់រៀនជាប្រព័ន្ធ／ລະບົບກົດໝາຍ, ຮຽນຢ່າງເປັນລະບົບ)

☐ 段階
だんかい
(चरण／ដំណាក់កាល／ຂັ້ນຕອນ, ລຳດັບ)

▶ まだ準備の段階です。
じゅんび　だんかい
(अझै तयारी चरणमा हो।／វាស្ថិតនៅក្នុងដំណាក់កាលត្រៀមនៅឡើយ／ຍັງຢູ່ໃນຂັ້ນຕອນການກະກຽມ)

☐ 短所
たんしょ
(कमजोरी／ចំនុចខ្សោយ／ຈຸດອ່ອນ, ຂໍ້ເສຍ, ຂໍ້ດ້ອຍ)

☐ 対 長所
ちょうしょ
(फाइदा／ផ្ទុយ៖ចំនុចខ្លាំង／ຈຸດເດັ່ນ, ຂໍ້ດີ, ຂໍ້ໄດ້ປຽບ)

☐ 定期
ていき
(नियमित／ទៀងទាត់／ໄລຍະເວລາທີ່ກຳນົດໄວ້)

▷ 定期点検、定期券
ていきてんけん　ていきけん
(नियमित जाँच (निरीक्षण), नियमित यात्रु पास／ការត្រួតពិនិត្យជាទៀងទាត់, បណ្ណធ្វើដំណើរប្រចាំថ្ងៃ／
ການກວດສອບເປັນໄລຍະ, ປີ້ໂດຍສານທີ່ໃຊ້ໄດ້ໃນໄລຍະເວລາທີ່ກຳນົດ)

☐ 定期的(な)
ていきてき
(नियमित रुपमा／ដោយទៀងទាត់／ສະໝ່ຳສະເໝີ)

☐ でこぼこ

▶ 道がでこぼこしていて、運転しにくい。
みち　うんてん
(बाटोको खाल्डा खुल्डी／រដិបរដុប／ເປັນຂຸມເປັນໂນນ)
(बाटोमा खाल्डा खुल्डी भएर गाडी चलाउन गाह्रो छ।／ផ្លូវរដិបរដុបនិងពិបាកបើកបរ／
ຂັບລົດຍາກຍ້ອນຫົນທາງເປັນຂຸມເປັນໂນນ.)

☐ 伝記
でんき
(जीवनी／ជីវប្រវត្តិ／ເລື່ອງລາວໃນຊີວິດ, ຊີວະປະຫວັດ)

▶ 子供の頃、ヘレン・ケラーの伝記を読んで、すごく感動しました。
こども　ころ　でんき　よ　かんどう
(बाल्यकालमा हेलन केराको जीवनी पढ्र, एकदम प्रभावित भए।／
នៅពេលខ្ញុំនៅក្មេង ខ្ញុំមានការចាប់អារម្មណ៍យ៉ាងខ្លាំងដោយអានជីវប្រវត្តិរបស់ហេឡែនកឺរ／
ຕອນຍັງນ້ອຍ, ຂ້ອຍໄດ້ອ່ານຊີວະປະຫວັດຂອງເຮເລນ ເຄເລີ ແລະຮູ້ສຶກປະທັບໃຈຫຼາຍ.)

☐ 典型（てんけい）
(विशिष्ट उदाहरण／គំរូ／ແບບແຜນ, ແບບມາດຕະຖານ, ແບບຢ່າງ)

▷ 無駄遣い（むだづか）の典型（てんけい）
(फजुल खर्चको विशिष्ट उदाहरण／គំរូខ្ជះខ្ជាយ／ແບບຢ່າງຂອງການໃຊ້ບໍ່ຄຸ້ມຄ່າ)

☐ 典型的（てんけいてき）(な)
(विशिष्ट उदाहरणको रुपमा／ធម្មតា／ທົ່ວໄປ, ມີແບບແຜນ, ເປັນມາດຕະຖານ)

▷ 典型的（てんけいてき）なケース
(विशिष्ट उदाहरणको घटना／ករណីធម្មតា／ກໍລະນີທົ່ວໄປ)

☐ 電流（でんりゅう）
(बिजुली／ចរន្តភ្លើង／ກະແສໄຟຟ້າ)

☐ 動作（どうさ）
(चाल, गति／ចលនា／ການເຄື່ອນໄຫວ)

▷ ゆっくりとした動作（どうさ）
(ढिलो गति／ចលនាយឺត／ການເຄື່ອນໄຫວແບບຊ້າໆ.)

☐ 同様（どうよう）
(जस्तै／ដូចគ្នា／ຄືກັນ ແບບດຽວກັນ, ເຊັ່ນດຽວກັນ)

▶ 前回（ぜんかい）と同様（どうよう）、３日間（かかん）の日程（にってい）で行（おこな）います。
(पहिला जस्तै, ३ दिनको तालिकामा गर्छु।／វានឹងត្រូវធ្វើឡើងរយៈពេល៣ថ្ងៃដូចគ្នានឹងពេលវេលាពីមុនដែរ／ຈະດຳເນີນເປັນເວລາ3ວັນຄືກັນກັບເທື່ອແລ້ວ.)

☐ 毒（どく）
(विष／ពុល／ພິດ, ຢາພິດ)

▶ 食（た）べ過（す）ぎは体（からだ）に毒（どく）だよ。
(धेरै खानाले शरीरलाई विषाक्त गर्छ।／ការញ៉ាំច្រើនពេកគឺពុលដល់រាងកាយរបស់អ្នក／ກິນຫຼາຍເກີນໄປຈະເປັນພິດຕໍ່ຮ່າງກາຍເດີ້.)

☐ 特徴（とくちょう）
(विशेषता／ចំនុចពិសេស／ຈຸດພິເສດ, ລັກສະນະເດັ່ນ, ລັກສະນະສະເພາະ)

☐ 図書（としょ）
(पुस्तक／សៀវភៅ／ປຶ້ມ)

▷ 参考図書（さんこうとしょ）
(सहयोगी पुस्तक／សៀវភៅយោង／ໜັງສືອ້າງອີງ)

☐ 半ば（なか）
(मध्य, बीच／ពាក់កណ្ដាល／ກາງ)

▷ 50代半（だいなか）ばの女性（じょせい）、来週（らいしゅう）の半（なか）ば
(५० वर्ष बीचको महिला, आउने हप्ताको बीचमा／ស្ត្រីនៅពាក់កណ្ដាលអាយុ៥០ឆ្នាំ, ពាក់កណ្ដាលសប្ដាហ៍ក្រោយ／ຜູ້ຍິງໃນໄວ50 ກາງໆ, ກາງອາທິດໜ້າ)

☐ 謎（なぞ）
(रहस्य／អាថ៌កំបាំង／ປິດສະໜາ, ລຶກລັບ)

▷ 謎（なぞ）を解（と）く、謎（なぞ）の人物（じんぶつ）
(रहस्य खोल्नु, रहस्यमय व्यक्ति／លាតត្រដាងអាថ៌កំបាំង, មនុស្សអាថ៌កំបាំង／ໄຂປິດສະໜາ, ຄົນລຶກລັບ)

☐ 日常（にちじょう）
(हरेक दिन／ជារៀងរាល់ថ្ងៃ／ປະຈຳວັນ, ສະໝໍ່າສະເໝີ, ເປັນປະຈຳ)

▷ 日常生活（にちじょうせいかつ）、日常会話（にちじょうかいわ）
(दैनिक जीवनी, दैनीकी वार्तालाप／ជីវិភាពប្រចាំថ្ងៃ, ការសន្ទនាប្រចាំថ្ងៃ／ຊີວິດປະຈຳວັນ, ບົດສົນທະນາທົ່ວໄປ)

☐ 日常的（にちじょうてき）(な)
(दैनिक रुपमा／ជារៀងរាល់ថ្ងៃ／ຢ່າງເປັນປະຈຳ, ຢ່າງສະໝໍ່າສະເໝີ)

☐ 人間性（にんげんせい）
(मानव प्रकृति, स्वभाव／មនុស្សជាតិ／ຄວາມເປັນມະນຸດ)

▶ 平気（へいき）でうそをつくなんて、彼（かれ）の人間性（にんげんせい）を疑（うたが）うよ。
(निस्फिकी साथ झुट बोल्ने, उनको स्वभाव (मानव प्रकृति)मा शंका लाग्छ।／ខ្ញុំសង្ស័យមនុស្សជាតិរបស់គាត់ព្រោះគាត់កុហកដោយសេរី／ສົງໄສໃນຄວາມເປັນມະນຸດຂອງລາວທີ່ກ້າຕວະຢ່າງໜ້າຕາເສີຍ.)

☐ 濃度（のうど）
(घनत्व, एकाग्रता, गाढापन／ការផ្តោត／ຄວາມເຂັ້ມຂຸ້ນ)

☐ 灰色（はいいろ）
(खैरो／ប្រផេះ／ສີເທົາ)

☐ 背景（はいけい）
(पृष्ठभूमि／ទេសភាព／ເບື້ອງຫຼັງ, ພື້ນຫຼັງ, ປະຫວັດ ສະພາບແວດລ້ອມຂອງເຫດການ)

▷ 背景の描き方、事件の背景
(चित्रको पृष्ठभूमि कोर्ने तरिका, घटनाको पृष्ठभूमि／របៀបគូរទេសភាព, ប្រវត្តិនៃឧប្បត្តិហេតុ／ວິທີແຕ້ມພື້ນຫຼັງ, ປະຫວັດຄະດີ)

☐ 悲劇（ひげき）
(त्रासदी, दु:खद, योगान्त／សោកនាដកម្ម／ໂສກຄະນາດຕະກຳ, ເລື່ອງໂສກເສົ້າ, ໄພພິບັດ)

▶ このような悲劇はもう二度と起きてほしくない。
(यस्तो त्रासदी अब कहिल्यै नदोहोरियोस् ।／ខ្ញុំមិនចង់អោយមានសោកនាដកម្មបែបនេះកើតឡើងទៀតទេ／ບໍ່ຢາກໃຫ້ເກີດໂສກຄະນາດຕະກຳແບບນີ້ອີກເປັນຄັ້ງທີສອງ.)

☐ 皮肉（ひにく）
(व्यङ्ग्य／ហួសចិត្ត／ປະຊົດ, ແດກດັນ, ສຽດສີ, ເວົ້າໃສ່)

▶ 公務員は残業が少なくてうらやましいと、皮肉を言われた。
(सरकारी कर्मचारीहरू ओभरटाईमको अभावले ईर्ष्यालु भनेर व्यङ्ग कुरा गरिएको थियो ।／អ្វីដែលគួរឱ្យហួសចិត្តនោះគឺមន្ត្រីរាជការច្រណែននឹងម៉ោងធ្វើការបន្ថែមតិច／(ລາວ)ເວົ້າປະຊົດວ່າ, ອິດສາພະນັກງານລັດທີ່ມີວຽກລ່ວງເວລາໜ້ອຍ.)

☐ 品（ひん）
(शिष्टता／ទំនិញ／ຄຸນນະພາບ, ລະດັບ)

▷ 品がいい／悪い、品がある／ない
(राम्रो शिष्टाचार, नराम्रो शिष्टाचार, शिष्टता भएको, शिष्टाचार नभएको／ទំនិញល្អ/អាក្រក់, មាន/មិនមានទំនិញ／ສິນຄ້າມີຄຸນນະພາບ/ສິນຄ້າບໍ່ມີຄຸນນະພາບ, ດີງາມ/ຕໍ່າຕ້ອຍ)

☐ 上品（じょうひん）(な)
(उच्च शिष्टताचार／ទំនិញល្អ／ຄວາມເປັນຜູ້ດີ, ຄວາມສະຫງ່າງາມ, ຄວາມມີລົດສະນິຍົມ)

☐ 対 下品（げひん）(な)
(शिष्टताचार नभएको／ទំនិញមិនល្អ／ຊັ້ນຕໍ່າ, ບໍ່ມີລົດສະນິຍົມ)

☐ 付属（ふぞく）
(संलग्न／ភ្ជាប់／ສັງກັດ, ຄັດຕິດ, ລວມຢູ່ໃນ)

▷ 付属のケース(入れ物)、大学付属の病院 (※この場合、「附属」とも書く)
(संलग्न भएको केस (कन्टेनर), विश्वविद्यालयसँग संलग्न अस्पताल ※यस्तो बेला "संलग्न" भनि अर्को खान्जीले पनि लेखिन्छ ।／ក្នុងករណី (វត្ថុដាក់អីវ៉ាន់)ភ្ជាប់មកនឹង មន្ទីរពេទ្យភ្ជាប់នឹងសាកលវិទ្យាល័យ (※ ក្នុងករណីនេះក៏សរសេរជា" ភ្ជាប់")／ກັບທີ່ຄັດຕິດມາ, ໂຮງໝໍ(ສັງກັດ)ມະຫາວິທະຍາໄລ (※ອາດຈະຂຽນ「附属」ກໍ່ໄດ້))

☐ 物質（ぶっしつ）
(सामग्री／សារធាតុ／ສິ່ງຂອງ, ວັດຖຸ, ສານ)

▷ 有害な物質、物質的な豊かさ
(खतरनाक पदार्थ (सामग्री), भौतिक प्रशस्तता／សារធាតុគ្រោះថ្នាក់, ភាពសម្បូរបែបនៃសារធាតុ／ສານພິດ, ຄວາມອຸດົມສົມບູນທາງດ້ານວັດຖຸ)

☐ ふり
(बनावटी चाल, जस्तो नाटक／ធ្វើពុត／ທຳທ່າ)

▶ 寝ているふりをして、席を譲らない人がいる。
(सुतिरहे जस्तो नाटक गरी सीट नछोड्ने मान्छेहरू पनि छन् ।／មានមនុស្សខ្លះធ្វើពុតជាដេកលក់ហើយមិនបោះបង់ចោលកៅអីរបស់ពួកគេទេ／ມີຄົນທຳທ່ານອນແລະບໍ່ເສຍສະຫຼະບ່ອນນັ່ງ.)

☐ 分布（ぶんぷ）
(वितरण／ការចែកចាយ／ການແຜ່ຂະຫຍາຍ, ການກະຈາຍ, ການເຜີຍແຜ່, ການຈັດສັນ)

▷ 植物の分布
(बोटबिरुवाको वितरण／ការបែងចែករុក្ខជាតិ／ການກະຈາຍຂອງພືດ)

☐ 冒険（ぼうけん）
(साहस／ដំណើរផ្សងព្រេង／ການພະຈົນໄພ)

☐ 法則（ほうそく）
(नियम／វិធានការ／ກົດ, ລະບຽບ)

▶ データを分析した結果、ある法則が見えてきた。
(डाटाको विश्लेषणको परिणाम स्वरुप, केही नियम देखिन थाल्यो ।／ជាលទ្ធផលនៃការវិភាគទិន្នន័យ គឺអាចមើលឃើញវិធានការបានខ្លះហើយ／ຜົນການວິເຄາະຂໍ້ມູນເຮັດໃຫ້ເຫັນກົດລະບຽບບາງອັນຂຶ້ນມາ.)

☐ 本来（ほんらい）
(मूल रुपमा／ដើមឡើយ／ຄວາມຈິງແລ້ວ, ແຕ່ທຳອິດ, ແຕ່ເລີ່ມຕົ້ນ)

▶ 本来なら社長が挨拶に行くべきところ、私が代わりに行きました。
(मूल रुपमा प्रबन्ध निर्देशक अभिवादनको लागि आउनु पर्नेमा, म उहाँको सट्टामा आएं ।／ដើមឡើយប្រធានក្រុមហ៊ុនគឺត្រូវមកសួរសុខទុក្ខប៉ុន្តែខ្ញុំបានមកជំនួសវិញ／ຄວາມຈິງແລ້ວ, ທ່ານປະທານຈະມາຢ້ຽມຢາມຖາມຂ່າວ (...ແຕ່ເພິ່ນຕິດພາລະກິດ) ຂ້າພະເຈົ້າກໍ່ເລີຍມາແທນ.)

▷ 本来の目的（ほんらい もくてき） (मूल उद्देश्य／គោលបំណងដើម／จุดປະສົງແຕ່ເລີ່ມຕົ້ນ)

□ **幕**（まく）
(पर्दा／វាំងនន／ຜ້າສາກ,ຜ້າກັ້ງ(ສຳລັບເວທີ))

▷ 幕が上がる、幕を閉じる（まく あ、まく と）
(पर्दा माथि जानु, पर्दा लगाउनु／បើកវាំងនន, បិទវាំងនន／ເລີ່ມການສະແດງ, ເລີ່ມງານ, ຈົບເລື່ອງ, ແລ້ວຮຽບຮ້ອຍ)

□ **摩擦**（まさつ）
(घर्षण／គាំង／ການສຽດສີ, ການຂັດສີ, ການຂັດແຍ້ງ)

▷ 経済摩擦（けいざい まさつ）
(आर्थिक घर्षण／សេដ្ឋកិច្ចគាំង／ການຂັດແຍ້ງດ້ານເສດຖະກິດ)

□ **身**（み）
(शरीर, मान्छे, परिस्थिती／រាងកាយ／ໂຕ, ຮ່າງກາຍ, ໂຕເອງ)

▶ 被害にあった人の身になって考えてみろよ。（ひがい、ひと、み、かんが）
(आफू पीडित भएको परिस्थितिमा बसेर विचार गर ।／សូមក្លាយជាសមីខ្លួនជនរងគ្រោះហើយគិតសាកមើល／ລອງຄິດວ່າໂຕເອງເປັນຜູ້ປະສົບໄພເບິ່ງແມະ.)

□ **見かけ**（み）
(देखिने／រូបរាងសំបកក្រៅ／ລັກສະນະທີ່ເຫັນພາຍນອກ, ພາຍນອກ)

▶ 人は見かけじゃ、わからない。（ひと、み）
(मान्छे देख्दैमा चिन्दैन ।／មនុស្សមើលមិនដឹងពីរូបរាងសំបកក្រៅទេ／ບໍ່ສາມາດເຂົ້າໃຈຄົນຈາກລັກສະນະທີ່ເຫັນພາຍນອກ)

□ 同 **見た目、外見**（みため、がいけん） (हेराइ, देखाइ／សំបកក្រៅ, រូបរាងខាងក្រៅ／ຮູບລັກສະນະ, ລັກສະນະທີ່ເຫັນຈາກພາຍນອກ)

□ **都**（みやこ）
(राजधानी／រដ្ឋធានី／ເມືອງຫຼວງ)

▶ その後、京都は長い間、都として栄えた。（ご、きょうと、なが、あいだ、みやこ、さか）
(त्यसपछि, क्योटो धेरै समयको लागि राजधानीको रुपमा फस्टायो ।／បន្ទាប់ពីនោះក្យូតូបានរីកចម្រើនជារដ្ឋធានីអស់រយៈពេលជាយូរមកហើយ／ຫຼັງຈາກນັ້ນ, ກຽວໂຕກໍ່ເປັນເມືອງຫຼວງທີ່ຈະເລີນຮຸ່ງເຮືອງເປັນເວລາຍາວນານ.)

□ **民族**（みんぞく） (जाति, लोक／ប្រជាជន／ຊົນເຜົ່າ)

□ **迷信**（めいしん） (अन्धविश्वास／អបិយជំនឿ／ຄວາມເຊື່ອທີ່ຜິດ, ຄວາມເຊື່ອງົມງາຍ)

音声DL 109

□ **元**（もと）
(आधारमा／មូលដ្ឋាន / ផ្អែកលើ／ຕົ້ນຕໍ, ສາເຫດ, ອະດີດ...)

▶ この映画は、実際の話を元に作られた。（えいが、じっさい、はなし、もと、つく）
(यस चलचित्र सत्य घटनाको आधारमा बनाईयो ।／ភាពយន្តនេះត្រូវបានផលិតឡើងដោយផ្អែកលើរឿងពិត／ຮູບເງົາເລື່ອງນີ້ສ້າງຈາກເລື່ອງຈິງ.)

□ **物音**（ものおと）
(आवाज／សំលេងរំខាន／ສຽງຫຍັງບາງຢ່າງ)

▶ 夜、少し物音がするだけで、目が覚めてしまう。（よる、すこ、ものおと、め、さ）
(राती अलिकति मात्र आवाज आयो भने पनि बिउँझिन्छ ।／នៅពេលយប់ខ្ញុំភ្ញាក់ដោយត្រឹមតែលឺសំលេងរំខានបន្តិច។／ຕອນກາງຄືນ, ຮູ້ເມື່ອຍ້ອນໄດ້ຍິນສຽງຫຍັງບາງຢ່າງໜ້ອຍໜຶ່ງ.)

□ **物事**（ものごと）
(कुरा／រឿងរ៉ាវ／ສິ່ງຕ່າງໆ)

▶ 物事には順序というものがある。（ものごと、じゅんじょ）
(कुरा गर्नेमा क्रम भन्ने कुरा छ ।／រឿងរ៉ាវមានលំដាប់លំដោយរបស់វា／ມີລຳດັບທີ່ແນ່ນອນໃນສິ່ງຂອງຕ່າງໆ.)

□ **役**（やく）
(भूमिका／តួនាទី／ບົດບາດ, ໜ້າທີ່, ຕຳແໜ່ງ, ວຽກ)

▷ 役を演じる、チームのまとめ役（やく、えん、やく）
(एक भूमिका खेल्नु, टीम आयोजकको भूमिका／អ្នកដើរតួ, អ្នករៀបចំក្រុម／ປະຕິບັດໜ້າທີ່, ບົດບາດໃນການປຸ້ມລຸມທີມ)

□ **やりがい**
(सन्तुष्टी／ចង់ធ្វើ／ຄຸ້ມຄ່າ, ສົມປາດຖະໜາ)

▶ 今の仕事にやりがいを感じる。（いま、しごと、かん）
(अहिलेको काममा सन्तुष्टी अनुभूति गर्दछु ।／ការងារបច្ចុប្បន្នគឺខ្ញុំមានអារម្មណ៍ចូលចិត្តឬចង់ធ្វើ／ຮູ້ສຶກຄຸ້ມກັບການເຮັດວຽກປະຈຸບັນ.)

☐ **要因** よういん
(प्रमुख कारण／កត្តា／ສາເຫດຫຼັກ, ປັດໃຈ)

▷ 経済成長の要因 (けいざいせいちょう よういん)
(आर्थिक विकासको प्रमुख कारण／កត្តានៃការអភិវឌ្ឍន៍សេដ្ឋកិច្ច／ປັດໃຈໃນການເຕີບໂຕທາງເສດຖະກິດ.)

☐ **要素** ようそ
(तत्व／ធាតុ／ອົງປະກອບ, ປັດໃຈ, ສາເຫດ)

▶ 事業を成功させるには、いくつかの要素がある。(じぎょう せいこう ようそ)
(व्यवसायलाई सफल बनाउनको लागि धेरै कारक तत्वहरू छन् ।／
មានកត្តាឬធាតុជាច្រើនដែលធ្វើឱ្យអាជីវកម្មទទួលបានជោគជ័យ／ມີຫຼາຍປັດໃຈທີ່ເຮັດໃຫ້ທຸລະກິດປະສົບຜົນສຳເລັດ)

▷ 不安な要素 (ふあん ようそ) (चिन्ताजनक कारक तत्व／កត្តាបារម្ភ／ປັດໃຈສ່ຽງ)

☐ **要点** ようてん
(सारांश／ចំនុចនេះ／
ປະເດັນຫຼັກໆ, ປະເດັນສຳຄັນ)

▷ 要点をまとめる (ようてん)
(सारांशको संक्षिप्त गर्नु／សង្ខេបចំណុច／ສະຫຼຸບປະເດັນສຳຄັນ)

☐ **用途** ようと
(उपयोगी, प्रयोग／គោលបំណងប្រើ／
ການນຳໃຊ້, ຈຸດປະສົງ, ຄຸນປະໂຫຍດ)

▶ このテープはいろいろな用途に使える。(ようと つか) 回使い道 (つかみち)
(यो टेप विभिन्न उद्देश्यहरूको लागि प्रयोग गर्न सकिन्छ ।／ស្កុតនេះអាចបានប្រើសម្រាប់គោលបំណងផ្សេងៗ／
ສະກັອດນີ້ສາມາດນຳໃຊ້ໃນຫຼາກຫຼາຍຈຸດປະສົງ.)

☐ **要領** ようりょう
(सारांश, युक्ति／ចំនុច／
ປະເດັນຫຼັກ, ວິທີຈັດການເລື່ອງ)

▶ 彼に仕事の説明をしたけど、要領がわかっていないようだ。(かれ しごと せつめい ようりょう)
(उनलाई कामको बारेमा बताईदिएको थिएं, तर सारांश बुझेको छैन जस्तो छ ।／
ខ្ញុំបានពន្យល់ពីការងាររបស់ខ្ញុំដល់គាត់ ប៉ុន្តែគាត់ហាក់ដូចជាមិនដឹងពីចំណុចនោះទេ／
ໄດ້ອະທິບາຍວຽກໃຫ້ລາວແລ້ວ, ແຕ່ ເບິ່ງຄືຊິບໍ່ເຂົ້າໃຈປະເດັນຫຼັກ.)

☐ **要領がいい** ようりょう
(राम्रो युक्ति／ចំនុចល្អ／
ເກັ່ງໃນການຈັດການ...)

▶ あの人は要領がいいから、どこでもやっていけるよ。(ひと ようりょう)
(त्यो मान्छेसँग राम्रो युक्ति भएकोले, जहाँ बाँच्न सकिन्छ ।／មនុស្សនោះពូកែណាស់ ដូច្នេះគាត់អាចធ្វើបានគ្រប់ទីកន្លែង／
ຜູ້ນັ້ນເກັ່ງໃນການຈັດການ. ຢູ່ໃສລາວກໍ່ເຮັດໄດ້.)

☐ **予備** よび
(रिजर्भ, अतिरिक्त／បំរុងឬស្រគួរ／
ການສຳຮອງ, ການກະກຽມເພື່ອໄວ້)

▷ 予備の電池 (よび でんち)
(अतिरिक्त ब्याट्री／ថ្មបំរុងឬថ្មស្រគួរ／ຖ່ານ (ແບັດ, ແບັດເຕີລີ້) ສຳຮອງ)

☐ **世論** よ/せろん
(जनमत／មតិសាធារណៈ／ປະຊາມະຕິ,
ຄວາມເຫັນສ່ວນຫຼາຍຂອງປະຊາຊົນ)

▷ 世論調査 (よ/せろんちょうさ)
(जनमत संग्रह／ការស្ទង់មតិមតិ ※せろん／ຜົນສຳຫຼວດປະຊາມະຕິ)

☐ **落書き** らくが
(जथाभावी कोरेको कुरा／ការសរសេរមិនល្អ／ການຂຽນ ຫຼື ແຕ້ມຮູບ (ໃນບ່ອນຫ້າມຂຽນ ຫຼືແຕ້ມ))

☐ **理想** りそう
(आदर्श, कल्पना／ក្តីស្រម៉ៃ／
ອຸດົມຄະຕິ, ຝັນ)

▷ 理想を追う、理想に近い (りそう お りそう ちか)
(आदर्शको पछि लाग्नु, आदर्शको नजिक／ស្វែងរកក្តីស្រម៉ៃ, ជិតស្រដៀងការគិត／
ເດີນຕາມອຸດົມຄະຕິ, ໃກ້ຄຽງກັບອຸດົມຄະຕິ)

☐ **理想的(な)** りそうてき
(काल्पनीक रुपमा／ដោយក្តីស្រម៉ៃ／ໃນອຸດົມຄະຕິ)

☐ **訳** わけ
(कारण／មូលហេតុ／
ເຫດຜົນ, ຄວາມໝາຍ)

▶ なんでそんなに怒るの？　訳がわからないよ。(おこ わけ)
(किन त्यस्तो रिसाएको ? कारण थाहा छैन ।／ហេតុអ្វីបានជាអ្នកខឹងដល់ម្លឹង? ខ្ញុំមិនយល់មូលហេតុទេ／
ເປັນຫຍັງຄືໃຈຮ້າຍຂະໜາດນັ້ນ? ບໍ່ເຂົ້າໃຈເຫດຜົນເລີຍ.)

▶ どういう訳か、私が代表をすることになりました。(わけ わたし だいひょう)
(के कारणले हो, मैले प्रतिनिधि गर्ने भयो ।／សម្រាប់ហេតុផលខ្លះខ្ញុំបានក្លាយជាអ្នកតំណាង／
ຂ້ອຍໄດ້ຖືກເລືອກໃຫ້ເປັນໂຕແທນ ດ້ວຍເຫດຜົນໃດໜຶ່ງ.)

音声DL 110

⑬ 形容詞（けいようし）（विशेषण／គុណនាម／ຄຳຄຸນນາມ）

□ **明らか(な)**（あき）
(स्पष्ट, खुलासा／ច្បាស់លាស់／ກະຈ່າງແຈ້ງ, ຊັດເຈນ)

▶ このビデオが、明らかな証拠だ。（あき／しょうこ）
(यो भिडियो, स्पष्ट प्रमाण हो।／វីដេអូនេះគឺជាភ័ស្តុតាងច្បាស់លាស់／ວິດີໂອນີ້ເປັນຫຼັກຖານທີ່ຊັດເຈນ.)

□ **荒い**（あら）
(उग्र, रुखो, असभ्य, जथाभावी／ខ្លាំង មិនល្អ ខ្ជះខ្ជាយ រដិបរដុប／ແຮງ, ຮຸນແຮງ, ໂຫດ, ໜັກ, ຟຸມເຟືອຍ)

▷ 波が荒い、息が荒い、人使いが荒い、金遣いが荒い（なみ あら／いき あら／ひとづか あら／かねづか あら）
(डरलाग्दो उग्र छाल, श्वास फेर्न गाह्रो, काम गर्न मान्छेलाई पेल्ने, जथाभावी पैसा खर्च गर्ने／រលករខ្លាំង, ខ្យល់ដង្ហើមថប់ៗ, ប្រមនុស្សមិនបានល្អ, ចាយលុយខ្ជះខ្ជាយ／ຄື້ນແຮງ, ຫາຍໃຈແຮງ, ໃຊ້ຄົນເຮັດວຽກຢ່າງໜັກ, ໃຊ້ເງິນຟຸມເຟືອຍ)

□ **粗い**（あら）
(असभ्य, अशिष्ट／រដុប មានខ្ចោះ／ບໍ່ລະມັດລະວັງ, ບໍ່ຊຳນານ)

▶ 若いからまだまだ粗いところはあるけど、彼はきっといい選手になりますよ。（わか／あら／かれ／せんしゅ）
(युवा भएकोले अझै अशिष्टता छ, तर उ अवश्य राम्रो खेलाडी बन्छ।／គាត់នៅក្មេងដូច្នេះនៅតែមានខ្ចោះខ្លះៗ ប៉ុន្តែគាត់ប្រាកដជាក្លាយជាកីឡាករល្អ／ລາວຍັງໜຸ່ມ ສະນັ້ນຍັງມີຄວາມບໍ່ລະມັດລະວັງ, ແຕ່ວ່າລາວຈະກາຍເປັນນັກກິລາທີ່ດີແນ່ນອນ.)

□ 対 **細かい**（こま）
(विस्तृत, (स साना कुरा)／ល្អិតល្អន់／ລະອຽດ, ຖີ່ຖ້ວນ, ປີກຍ່ອຍ, ນ້ອຍ)

□ **新た(な)**（あら）
(नयाँ／ថ្មី／ໃໝ່, ເຮັດອີກເທື່ອ)

▶ 〈新年の挨拶〉新たな気持ちで頑張りましょう。（しんねん あいさつ／あら／きも／がんば）
(〈नयाँ वर्षको अभिवादन〉 नयाँ मनले मेहनत गरौं।／<ការជូនពរឆ្នាំថ្មី> ចូរធ្វើឱ្យអស់ពីសមត្ថភាពដោយអារម្មណ៍ថ្មី／(ທັກທາຍໃນປີໃໝ່) ຕັ້ງໃຈເຮັດໃຫ້ດີທີ່ສຸດດ້ວຍຄວາມຮູ້ສຶກໃໝ່ນຳກັນເນາະ.)

□ **哀れ(な)**（あわ）
(अभागी, दयालु／កំសត់／ໜ້າສົງສານ, ເປັນຕາອີຕົນ)

▶ これは、親を亡くした哀れな子ゾウの物語です。（おや／な／あわ／こ／ものがたり）
(यो कथा बुबाआमा गुमाएको अभागी बच्चा हात्तीको हो।／នេះជារឿងកូនដំរីដ៏កំសត់ដែលបាត់បង់ឪពុកម្តាយ／ນີ້ແມ່ນນິທານຂອງລູກຊ້າງທີ່ໜ້າສົງສານເຊິ່ງໄດ້ສູນເສຍພໍ່ແມ່ໄປ.)

□ 同 **かわいそう(な)**
(दयालु, माया लाग्दो／គួរអោយអាណិតអាសូរ／ໜ້າສົງສານ, ເປັນຕາອີຕົນ)

□ 同 **気の毒(な)**（き／どく）
(दया लाग्दो／គួរអោយសង្វេក／ໜ້າສົງສານ, ໜ້າເຫັນໃຈ, ໜ້າເວດທະນາ)

□ **安易(な)**（あんい）
(सजिलो तरिका, सजिलै／ងាយស្រួល／ງ່າຍ, ງາຍໆ, ງ່າຍດາຍ)

▶ そんな安易な決め方でいいの？　後で後悔するよ。（あんい／き かた／あと／こうかい）
(त्यस्तो सजिलो तरिकाले निर्णय गर्नु ठिक हो? पछि पछुतो हुन्छ।／តើវាល្អឬទេក្នុងការធ្វើការសម្រេចចិត្តងាយស្រួលបែបនេះ? អ្នកនឹងសោកស្តាយវានៅពេលក្រោយ／ແນ່ໃຈວ່າຊິຕັດສິນໃຈງ່າຍໆແບບນັ້ນ? ເຈົ້າຈະເສຍໃຈພາຍຫຼັງໄດ໋.)

□ **安全(な)**（あんぜん）
(सुरक्षित／សុវត្ថិភាព／ປອດໄພ)

▶ 安全のため、必ずシートベルトをつけてください。（あんぜん／かなら）
対 危険(な)（きけん）
(सुरक्षाको लागि अवश्य सीट बेल्ट लगाउनुहोस्।／ដើម្បីសុវត្ថិភាព សូមដាក់ខ្សែក្រវ៉ាត់កៅអីឱ្យជាក់លាក់／ເພື່ອຄວາມປອດໄພກະລຸນາຮັດສາຍຮັດນິລະໄພ.)

□ **意外(な)**（いがい）
(नसोचेको, अचम्म लाग्दो／គួរឱ្យភ្ញាក់ផ្អើល／ບໍ່ຄາດຄິດມາກ່ອນ, ແປກໃຈ)

▶ パーティー嫌いな彼が来たのは、意外だった。（ぎら／かれ／き／いがい）
(उ पार्टीमा आएकोले अचम्म लाग्यो किनकी उनलाई पार्टी मन पर्दैन थियो।／វាគួរឱ្យភ្ញាក់ផ្អើលណាស់គាត់ដែលស្អប់ពិធីជប់លៀងលើកនេះ／ບໍ່ຄາດຄິດມາກ່ອນວ່າຄົນທີ່ບໍ່ມັກງານລ້ຽງຄືລາວຈະມາໄດ້.)

□ **異常(な)** いじょう

(असामान्य／មិនធម្មតា／ຜິດປົກກະຕິ, ສັບສົນ, ປັ່ນປ່ວນ)

▷ 異常な食欲、異常気象
いじょう しょくよく　いじょうきしょう
(असामान्य भोक, असामान्य मौसम／ចំណង់អាហារមិនធម្មតា, អាកាសធាតុមិនធម្មតា／ຄວາມຢາກອາຫານຢ່າງຜິດປົກກະຕິ, ສະພາບອາກາດທີ່ຜິດປົກກະຕິ)

□ **一般的(な)** いっぱんてき

(साधारण, सामान्य／ជាធម្មតា／ໂດຍທົ່ວໄປ, ເປັນທີ່ນິຍົມ,)

▶ お正月は家族が集まるのが一般的です。
しょうがつ　かぞく　あつ　いっぱんてき
(नयाँ वर्षमा सबै परिवार भेला हुनु सामान्य हो ।／ជារឿងធម្មតាទេដែលក្រុមគ្រួសារជួបជុំគ្នាក្នុងឱកាសចូលឆ្នាំថ្មី／ໂດຍທົ່ວໄປ, ຄອບຄົວຈະລວມໂຕກັນໃນມື້ປີໃໝ່.)

□ **穏やか(な)** おだ

(शान्त, सफा／ស្ងប់ស្ងាត់／ສະຫງົບ,ບໍ່ມີລົມ,ອ່ອນໂຍນ,ໃຈເຢັນ,ຢ່າງສັນຕິ)

▷ 穏やかな天気、穏やかな性格
おだ　てんき　おだ　せいかく
(सफा मौसम, शान्त स्वभाव／អាកាសធាតុស្រគត់ស្រគុំ, បុគ្គលិកលក្ខណៈស្ងប់ស្ងៀម／ອາກາດບໍ່ມີລົມ, ບຸກຄະລິກອ່ອນໂຍນ)

□ **主(な)** おも

(प्रमुख, मुख्य／សំខាន់ ចំបង／ຫຼັກ, ສຳຄັນ)

▷ 主な産業、主な目的
おも　さんぎょう　おも　もくてき
(प्रमुख उद्योग, प्रमुख उद्देश्य／ឧស្សាហកម្មសំខាន់, គោលបំណងចំបង／ອຸດສະຫະກຳຫຼັກ, ຈຸດປະສົງຫຼັກ)

□ **活発(な)** かっぱつ

(फुर्तिलो, जीवन्त／សកម្ម រស់រវើក／ວ່ອງໄວ, ມີຊີວິດຊີວາ, ມີພະລັງ, ຄ່ອງແຄ້ວ, ກະຕືລືລົ້ນ)

▷ 活発な女の子、活発な議論
かっぱつ　おんな　こ　かっぱつ　ぎろん
(फुर्तिलो केटी, जीवन्त छलफल／ក្មេងស្រីសកម្ម, ការពិភាក្សារស់រវើក／ເດັກຍິງທີ່ມີຊີວິດຊີວາ, ການສົນທະນາມີຄວາມກະຕືລືລົ້ນ)

□ **きつい**

(गाह्रो／ពិបាក／ເຂັ້ມງວດ, ໜັກ, ເຄັ່ງຄັດ, ສາຫັດ, ແຮງ, ແໜ້ນ)

▶ かなりきつい仕事だったけど、お金はよかった。
しごと　かね
(निकै गाह्रो काम थियो तर, पैसा चाहिँ राम्रो थियो ।／វាជាការងារដ៏លំបាកមួយប៉ុន្តែប្រាក់ចំណូលគឺល្អ／ເປັນວຽກທີ່ຂ້ອນຂ້າງໜັກແຕ່ເງິນກໍ່ດີ.)

▶ このふた、きつくて全然開かない。
ぜんぜん あ
(यो बिर्को, कडा भएर पटक्कै खुल्दैन ।／គំរបនេះតឹងខ្លាំងណាស់ដែលវាមិនអាចបើកបានទាល់តែសោះ／ຝານີ້ອັດແໜ້ນໄຂບໍ່ໄດ້ເລີຍ)

▷ きつい一言、きつい匂い
ひとこと　にお
(कडा शब्द, कडा गन्ध／ការនិយាយខ្លាំងៗ, ក្លិនខ្លាំង／ຄຳເວົ້າທີ່ແຮງ, ກິ່ນແຮງ)

□ **機能的(な)** きのうてき

(उपयोगी, चलाउन सजिलो／មុខងារ／ໃຊ້ໄດ້, ມີປະສິດທິພາບ, ອະເນກປະສົງ)

▷ 機能的なバッグ
(उपयोगी झोला／កាបូបមុខងារ／ກະເປົາອະເນກປະສົງ)

□ **急激(な)** きゅうげき

(एक्कासी／ភ្លាមៗ／ຢ່າງໄວວາ ແລະ ຮຸນແຮງ)

▶ 急激なダイエットは、体に良くありません。
きゅうげき　からだ　よ
(एक्कासी गरेको डाइट शरीरको लागि राम्रो छैन ।／ការតមរបបអាហារភ្លាមៗគឺមិនល្អសម្រាប់រាងកាយអ្នកទេ／ການຫຼຸດນ້ຳໜັກຢ່າງໄວວາແມ່ນບໍ່ດີຕໍ່ຮ່າງກາຍ)

□ **急速(な)** きゅうそく

(तीव्र／រហ័ស／ໄວວາ, ກະທັນຫັນ)

▷ 急速な経済発展
きゅうそく　けいざいはってん
(तीव्र आर्थिक विकास／ការអភិវឌ្ឍសេដ្ឋកិច្ចយ៉ាងឆាប់រហ័ស／ການພັດທະນາເສດຖະກິດຢ່າງໄວວາ.)

□ **強力(な)** きょうりょく

(बलियो, कडा／អ្នកមានអំណាច／ມີພະລັງ, ແຂງແຮງ, ມີສະມັດຖະພາບສູງ, ເຂັ້ມແຂງ, ໝັ້ນຄົງ, ແຮງສູງ)

▷ 強力なサポート、強力な磁石
きょうりょく　きょうりょく　じしゃく
(बलियो सहायता, कडा चुम्बक／ការគាំទ្រខ្លាំង, មេដែកខ្លាំង／ການສະໜັບສະໜູນທີ່ແຂງແຮງ, ແມ່ເຫຼັກແຮງສູງ)

□ **巨大(な)** きょだい

(ठूलो／ធំ／ໃຫຍ່ຫຼາຍ, ມະໂຫລານ)

▶ 駅前のビルに巨大な広告が現れた。
えきまえ　きょだい　こうこく　あらわ
(स्टेशन अगाडिको भवनमा ठूलो विज्ञापन देखा पर्‍यो ।／ការផ្សាយពាណិជ្ជកម្មដ៏ធំមួយបានលេចមុខនៅក្នុងអាគារនៅមុខស្ថានីយ៍／ມີໂຄສະນາຂະໜາດໃຫຍ່ຫຼາຍປະກົດຂຶ້ນຢູ່ເທິງອາຄານຕໍ່ໜ້າສະຖານີ.)

□ **気楽(な)**
きらく
(आरामदायी, सजिलो／ងាយស្រួល／ສະບາຍໃຈ, ບໍ່ກັງວົນ, ງ່າຍໆ, ບໍ່ເຄັ່ງຕຶງ)

▷ 気楽な立場、気楽な仕事
きらく たちば きらく しごと
(सजिलो स्थिति, सजिलो काम／តួនាទីងាយស្រួល, ការងារងាយស្រួល／ຈຸດຢືນທີ່ສະບາຍໃຈ, ວຽກທີ່ງ່າຍໆ)

□ **具体的(な)**
ぐたいてき
(साकार／ជាក់លាក់ ច្បាស់លាស់／ຢ່າງເປັນຮູບປະທຳ, ຢ່າງຊັດເຈນ, ສະເພາະ)

▷ 具体的な例
ぐたいてき れい
(साकार उदाहरण／ឧទាហរណ៍ជាក់លាក់／ຕົວຢ່າງສະເພາະ)

□ **暗い**
くら
(अँध्यारो／ងងឹត／ມືດ, ບໍ່ເບີກບານ, ໂສກເສົ້າ)

▷ 暗い部屋、暗い表情　対 明るい
くら へや くら ひょうじょう あか
(अँध्यारो कोठा, अँध्यारो अनुहार／បន្ទប់ងងឹត, សភាពងងឹត／ຫ້ອງມືດ, ສີໜ້າໂສກເສົ້າ)

音声DL 111

□ **煙い**
けむ
(धुवाँ, धुवाँलो／ផ្សែង／ມີຄວັນກຸ້ມ)

▶ 何か燃やしているのかなあ。煙い。
なに も けむ
(केही बालिरहेको छ कि, कस्तो धुवाँलो ।／តើកំពុងដុតអ្វីមួយនឹង? ផ្សែង／ສົງໄສວ່າພວມຈູດຫຍັງຢູ່. ມີຄວັນກຸ້ມ)

□ **険しい**
けわ
(ठाडो, भिरालो／រឹងមាំ／ສູງຊັນ, ຊັນ, ເຄັ່ງຂຶມ, ເປັນຕາຢ້ານ)

▷ 険しい山
けわ やま
(भिरालो पहाड／ភ្នំរឹងមាំ／ພູທີ່ສູງຊັນ)

▶ 売上報告を聞いて、社長の顔が少し険しくなった。
うりあげほうこく き しゃちょう かお すこ けわ
(बिक्री विवरण सुनेर, प्रबन्ध निर्देशको अनुहार ठाडो भयो ।／នៅពេលដែលលោកប្រធានក្រុមហ៊ុនលឺលទ្ធផលការលក់ មុខមាត់របស់គាត់ប្រែជាមុខមាំបន្តិច／ຫຼັງຈາກທີ່ໄດ້ຍິນການລາຍງານຍອດຂາຍ, ສີໜ້າຂອງທ່ານປະທານກໍ່ເຄັ່ງຂຶມຂຶ້ນ.)

□ **細かい**
こま
(विस्तृत, (स साना कुरा)／លំអិត／ລະອຽດ, ຖີ່ຖ້ວນ, ປີກຍ່ອຍ, ນ້ອຍ)

▶ 彼女は細かいところまでよく気がつくから、助かる。
かのじょ こま き たす
(उनले स-साना कुरा सम्म ध्यान पुऱ्याउने भएकोले, सहायता मिल्छ ।／គឺពិតជាជួយបានច្រើនព្រោះនាងកត់សម្គាល់យ៉ាងលំអិត／ລາວຊ່ວຍໄດ້ຫຼາຍເພາະວ່າລາວເອົາໃຈໃສ່ເບິ່ງລາຍລະອຽດໄດ້ດີ.)

▷ 細かい計算、細かいお金
こま けいさん こま かね
(विस्तृत (मिहीन) हिसाब, खुद्रा पैसा／ការគណនាយ៉ាងលំអិត, ប្រាក់ឬលុយរាយ／ການຄິດໄລ່ຢ່າງລະອຽດ, ເງິນນ້ອຍ)

□ **困難(な)**
こんなん
(सकष्ट, गाह्रो／ពិបាក／ຍາກລຳບາກ, ຫຍຸ້ງຍາກ, ທຸກຍາກ)

▷ 困難な状況、困難を乗り越える
こんなん じょうきょう こんなん の こ
(गाह्रो अवस्था, संकष्टलाई पार गर्नु／ស្ថានភាពលំបាក, ជំនះការលំបាក／ສະຖານະການທີ່ຍາກລຳບາກ, ເອົາຊະນະຄວາມຍາກລຳບາກ)

□ **コンパクト(な)**
(उपयोगी, बोक्न सजिलो／ពង្រួមទៅជាតូច／ກະທັດຮັດ)

▶ このバッグは、たたむと、こんなにコンパクトになります。
(यो झोला पट्याइयो भने यस्तो बोक्न सजिलो हुन्छ ।／កាបូបនេះនៅពេលបត់បង្រួមទៅជាតូចណាស់／ກະເປົາໜ່ວຍນີ້ຈະມີຂະໜາດກະທັດຮັດຫຼາຍເວລາພັບ.)

□ **幸い(な)**
さいわ
(भाग्यवस, खुशी／សំណាង／ໂຊກດີ)

▶ 倒れた時、すぐ近くにお医者さんがいて幸いでした。
たお とき ちか いしゃ さいわ
(ढलेको बेला, त्यतै नजिकै डाक्टर भएर भाग्यमानी भएछु ।／នៅពេលខ្ញុំដួល ខ្ញុំមានសំណាងណាស់ដែលមានគ្រូពេទ្យនៅក្បែរនោះ／ໂຊກດີທີ່ມີໝໍຢູ່ໃກ້ໆຕອນລົ້ມລົງ.)

□ **騒がしい**
さわ
(हल्ला／រំខាន／ສຽງດັງ, ວຸ້ນວາຍ, ບໍ່ສະຫງົບ)

同 うるさい、騒々しい
そうぞう
(ठूलो आवाज, हल्ला／សំលេងរំខាន／ໜວກຫູ, ໜ້າລຳຄານ, ວຸ້ນວາຍ)

☐ **さわやか(爽やか)(な)** さわ

▷ さわやかな風、さわやかな青年 (かぜ / せいねん)

(ताजा, सजिव／ស្រស់ស្រាយ／ສົດຊື່ນ, ຊື່ນໃຈ, ອິ່ມເອີບໃຈ, ຄ່ອງແຄ້ວ)

(ताजा हावा, सजिव युवा／ខ្យល់ត្រជាក់, យុវវ័យស្រស់ស្រាយ／ສາຍລົມທີ່ສົດຊື່ນ, ຊາວໜຸ່ມທີ່ມີຄວາມອິ່ມເອີບໃຈ)

☐ **しつこい**

▶ あの人、一回断っているのに、またしつこく誘ってきた。 (ひと / いっかいことわ / さそ)

(एकोहोरो, जिद्दी／ទទូច／ວົນ, ຄາດຄັ້ນ, ດື້)

(त्यो मान्छे, एक पटक अस्विकार गर्दा पनि, फेरि एकोहोरो बोलाइरहेको (निम्तो) थियो ।／
គាត់នោះទោះបីជាបដិសេធម្តងក៏ដោយ ក៏គាត់នៅតែទទូចអញ្ជើញខ្ញុំម្តងទៀត／
ຜູ້ນັ້ນຄາດຄັ້ນຊວນອີກເຖິງແມ່ນວ່າຈະຖືກປະຕິເສດເທື່ອໜຶ່ງແລ້ວກໍ່ຕາມ.)

☐ **重大(な)** じゅうだい

▷ 重大なミス、重大な事故 (じゅうだい / じゅうだい じこ)

(गम्भीर／ធ្ងន់ធ្ងរ／ສຳຄັນ, ຮ້າຍແຮງ, ຮຸນແຮງ)

(गम्भीर भुल, गम्भीर प्रकारको दुर्घटना／កំហុសធ្ងន់ធ្ងរ, គ្រោះថ្នាក់ធ្ងន់ធ្ងរ／
ຄວາມຜິດພາດທີ່ຮ້າຍແຮງ, ອຸບັດຕິເຫດທີ່ຮຸນແຮງ)

☐ **重要(な)** じゅうよう

▷ 重要な問題、重要な会議 (じゅうよう もんだい / じゅうよう かいぎ)

(महत्वपूर्ण／សំខាន់／ສຳຄັນ, ຈຳເປັນ)

(महत्वपूर्ण प्रश्न, महत्वपूर्ण बैठक／បញ្ហាសំខាន់ៗ, ការប្រជុំសំខាន់ៗ／ບັນຫາສຳຄັນ, ກອງປະຊຸມສຳຄັນ)

☐ **主要(な)** しゅよう

▷ 主要な産業、主要なメンバー (しゅよう さんぎょう / しゅよう)

(प्रमुख, मुख्य／ចំបង／ສຳຄັນ, ຫຼັກ, ສ່ວນໃຫຍ່)

(प्रमुख उद्योग, मुख्य सदस्य／ឧស្សាហកម្មចំបងៗ, សមាជិកសំខាន់／ອຸດສະຫະກຳຫຼັກ, ສະມາຊິກສຳຄັນ)

☐ **純粋(な)** じゅんすい

▶ 子供たちの純粋な気持ちを大切にしてあげてください。 (こども / じゅんすい / きも / たいせつ)

(शुद्ध／បរិសុទ្ធ／ບໍລິສຸດ, ບໍ່ມີຫຍັງປົນເປື້ອ, ຂອງແທ້)

(बच्चाहरुको शुद्ध हृदयलाई महत्वपूर्णका साथ ध्यान दिनु दिनुहोस् ।／
សូមស្រឡាញ់យកចិត្តទុកដាក់អារម្មណ៍ដ៏បរិសុទ្ធរបស់កុមារ／ກະລຸນາຖະໜອມຄວາມຮູ້ສຶກທີ່ບໍລິສຸດຂອງເດັກນ້ອຍ.)

☐ **順調(な)** じゅんちょう

▶「新しいお仕事はどうですか」「おかげさまで順調です」 (あたら / しごと / じゅんちょう)

(राम्रो, ठिक／ដំណើរការល្អ／ຮຽບຮ້ອຍ, ເປັນໄປດ້ວຍດີ, ບໍ່ມີຫຍັງຂັດຂ້ອງ)

("नयाँ काम कस्तो छ ?" "भाग्यवश, अहिले सम्म ठिक छ"／
「តើការងារថ្មីរបស់អ្នកយ៉ាងម៉េចដែរ?」「អរគុណអ្នកអ្វីៗដំណើរការល្អ」／
"ວຽກໃໝ່ເປັນແນວໃດ?" "ຂອບໃຈ, ທຸກຢ່າງ ເປັນໄປດ້ວຍດີ")

☐ **深刻(な)** しんこく

▶ こんなに深刻な状況になっているとは思わなかった。 (しんこく じょうきょう / おも)

(गम्भीर／ធ្ងន់ធ្ងរ／ຮຸນແຮງ, ເຄັ່ງຕຶງ)

(यस्तो गम्भीर अवस्था हुन्छ भनी सोचेको थिएन ।／ខ្ញុំមិនគិតថាវាជាស្ថានភាពធ្ងន់ធ្ងរបែបនេះទេ／
ບໍ່ຄິດວ່າສະພາບການຈະເຄັ່ງຕຶງເຖິງຂະໜາດນີ້.)

☐ **鋭い** するど

▷ 鋭いナイフ、鋭い意見、鋭い目 (するど / するど いけん / するど め)

(धारिलो, तिखो／មុត／ແຫຼມ, ຄົມ, ມີໄຫວພິບ, ສະຫຼາດ)

(धारिलो चक्कु, तिखो विचार, धारिलो आँखा／កាំបិតមុត, គំនិតមុតស្រួច, ភ្នែកមុត／
ມີດຄົມ, ຄວາມຄິດເຫັນທີ່ສະຫຼາດ, ຕາແຫຼມ)

☐ **正常(な)** せいじょう

▶ 体温も血圧も正常で、特に問題はありません。 (たいおん / けつあつ / せいじょう / とく / もんだい)

(सामान्य／ធម្មតា／ປົກກະຕິ)

(तापक्रम पनि रक्तचाप पनि सामान्य रहेकोले खासै समस्या छैन ।／
សីតុណ្ហភាពរាងកាយនិងសម្ពាធឈាមគឺធម្មតាហើយមិនមានបញ្ហាអ្វីកើតឡើងជាពិសេសនោះទេ／
ອຸນຫະພູມຮ່າງກາຍ ແລະຄວາມດັນເລືອດກໍ່ປົກກະຕິ, ບໍ່ມີບັນຫາ.)

☐ **精密(な)** せいみつ

▶ 医者から精密検査をするように言われた。 (いしゃ / せいみつけんさ / い)

(विस्तृतरुप／យ៉ាងដិតដល់／ຖີ່ຖ້ວນ, ລະອຽດ)

(डाक्टरले मलाई विस्तृतरुपमा परिक्षण गर्नलाई भन्यो ।／វេជ្ជបណ្ឌិតបានប្រាប់ខ្ញុំឱ្យធ្វើការពិនិត្យយ៉ាងដិតដល់／
ທ່ານໝໍບອກໃຫ້ກວດຢ່າງລະອຽດ)

☐ **狭い** せま

▷ 狭い部屋、狭い道 (せま へや / せま みち)

(सानो, साँघुरो／តូចចង្អៀត／ແຄບ)

(सानो कोठा, साँघुरो बाटो／បន្ទប់តូចចង្អៀត, ផ្លូវតូចចង្អៀត／ຫ້ອງແຄບ, ທາງແຄບ)

音声DL 112

□ 騒々しい
そうぞう
(हल्ला／សម្លេងរំខាន／ໜວກຫູ, ວຸ້ນວາຍ, ມີສຽງດັງ)

▶ 外が騒々しいね。何かあったのかな。
そと　そうぞう　なに
(बाहिर हल्ला छ है, केही भयो कि ।／វាមានសម្លេងរំខាននៅខាងក្រៅ តើមានអ្វីកើតឡើង／ທາງນອກມີສຽງດັງເນາະ. ມີຫຍັງເກີດຂຶ້ນບໍ່ນໍ້.)

□ 多様(な)
た よう
(विभिन्न／ចម្រុះ／ຫຼາກຫຼາຍ, ຫຼາຍຢ່າງ)

▷ 多様なニーズ
た よう
(विभिन्न आवश्यक／តម្រូវការចម្រុះ／ຄວາມຕ້ອງການທີ່ຫຼາກຫຼາຍ)

□ 同 多種多様(な)
た しゅ た よう
(थुप्रै प्रकारका (विभिन्न विविध)／ភាពចម្រុះនៃ／ຫຼາກຫຼາຍ, ຫຼວງຫຼາຍ)

□ 単純(な)
たんじゅん
(सरल, साधारण／សាមញ្ញ／ງ່າຍ, ບໍ່ຊັບຊ້ອນ, ບໍ່ຫຍຸ້ງຍາກ)

▷ 単純な計算ミス
たんじゅん けいさん
(साधारण हिसाब गल्ती／កំហុសគណនាសាមញ្ញ／ການຄິດໄລ່ຜິດພາດທີ່ເກີດຂຶ້ນງ່າຍ)

▶ 彼らの言っていることをそのまま信じたの？ 単純だなあ。
かれ　い　しん　たんじゅん
(उनीहरूले भनेको कुरा त्यतिकै विश्वास गरेको ?／តើអ្នកជឿរឿងដែលពួកគេកំពុងនិយាយតែម្តងឬ? វាងាយស្រួលពេកហើយ／ເຈົ້າເຊື່ອໃນສິ່ງທີ່ພວກເຂົາເວົ້າບໍ? ງ່າຍແທ້ເດ.)

□ 対 複雑(な)
ふくざつ
(जटिल／ស្មុគស្មាញ／ສະຫຼັບຊັບຊ້ອນ, ຍາກ, ສັບສົນ)

□ 中途半端(な)
ちゅう と はん ぱ
(अपूर्ण／ពាក់កណ្ដាលផ្លូវ ស្ទាក់ស្ទើរ／ເຄິ່ງໆກາງໆ, ກະເທີນ)

▶ 中途半端な気持ちで続けても、うまくいかないよ。やるなら本気でやらないと。
ちゅう と はん ぱ　き も　つづ　ほん き
(अपूर्णताको मनले शुरु गरेपनि, राम्रो हुदैन । गर्ने भए एकचित्तका साथ गर्नु पर्दछ ।／ប្រសិនបើអ្នកបន្តជាមួយនឹងអារម្មណ៍ស្ទាក់ស្ទើរវានឹងមិនដំណើរការទេ ប្រសិនបើអ្នកធ្វើអ្នកត្រូវតែធ្វើវាឱ្យអស់ពីចិត្ត／ຖ້າຈະສືບຕໍ່ດ້ວຍຄວາມຮູ້ສຶກແບບເຄິ່ງໆກາງໆກໍ່ໄປບໍ່ໄດ້ດີດອກ. ຖ້າຊິເຮັດກໍ່ຕ້ອງເຮັດຢ່າງຈິງຈັງ.)

□ 適切(な)
てきせつ
(उपयुक्त, उचित／សមស្រប／ເໝາະສົມ, ເໝາະ)

▷ 適切な処理、適切な料金　※やや硬い表現
てきせつ　しょ り　てきせつ　りょうきん　かた　ひょうげん
(उचित प्रकिया, उचित मूल्य／របៀបចំសមរម្យ, ថ្លៃសមរម្យ／ການປະມວນຜົນທີ່ເໝາະສົມ, ລາຄາທີ່ເໝາະສົມ)

□ 対 不適切な
ふ てきせつ
(अनुपयुक्त, अनुचित／មិនសមស្រប／ບໍ່ສົມຄວນ, ບໍ່ເໝາະສົມ, ບໍ່ຖືກຕ້ອງ)

▷ 不適切な発言
ふ てきせつ　はつげん
(अनुचित टिप्पणीहरू／សំដីមិនសមរម្យ／ສະແດງຄຳເຫັນທີ່ບໍ່ເໝາະສົມ)

□ 適度(な)
てき ど
(मध्यम, ठिकमात्रा／ត្រឹមត្រូវ／ປະລິມານ ຫຼື ລະດັບທີ່ເໝາະສົມ)

▶ 健康のために、適度な食事と運動を心がけてほしい。
けんこう　てき ど　しょく じ　うんどう　こころ
(स्वास्थ रहनका लागि, ठिकमात्राको खाना र शारीरिक व्यायाममा मन लगाएको चाहन्छु ।／ដើម្បីសុខភាពរបស់អ្នក សូមព្យាយាមញ៉ាំនិងហាត់ប្រាណឱ្យបានត្រឹមត្រូវ／ຢາກໃຫ້ພະຍາຍາມກິນແລະອອກກຳລັງກາຍໃນປະລິມານທີ່ເໝາະສົມເພື່ອສຸຂະພາບ)

□ でたらめ(な)
(छेउ न टुप्पो, अर्थ न बर्थ, रङ्ग न ढङ्ग, विस्वास लायक नभएका／មិនសមហេតុផល／ເດົາສຸ່ມສີ່ສຸ່ມຫ້າ, ບໍ່ເປັນລະບຽບ, ຂາດຄວາມຮັບຜິດຊອບ, ໄຮ້ສາລະ)

▶ よくこんなでたらめな記事を書くなあ。うそばっかりじゃないか。
き じ　か
(कसरी यस्तो छेउनटुप्पोको लेख लेख्न सकेको होला, झुठमात्रै छ होइन ?／ពួកែសរសេរអត្ថបទដោយមិនសមហេតុផលបែបនេះ។ វាមានតែការកុហក／ກ້າຂຽນຂ່າວແບບເດົາສຸ່ມສີ່ສຸ່ມຫ້າອອກມາເສີຍເນາະ. ມີແຕ່ເລື່ອງຂີ້ຕວະ.)

□ 透明(な)
とうめい
(पारदर्शी／ថ្លា／ໂປ່ງໃສ)

☐ なだらか(な)

▷ なだらかな坂（さか）

(अलि कति (उकालो, ओरालो)／មិនចោទ ទន់ភ្លន់／ມົນ, ລຽບ)

(अलि कति उकालो (ओरालो)／ជម្រាលមិនចោទ(ទន់ភ្លន់)／ທາງຄ້ອຍທີ່ປູລຽບ)

☐ 日常的（にちじょうてき）(な)

▶ 初級（しょきゅう）コースでは、主（おも）に、日常的（にちじょうてき）な場面（ばめん）で使（つか）われる表現（ひょうげん）を学（まな）びます。

(हरेक दिन／ជារៀងរាល់ថ្ងៃ／ຕາມປົກກະຕິ,ຕາມທຳມະດາ,ສາມັນ,ປະຈຳວັນ)

(शुरुवाती कोर्समा प्रमुखरुपमा हरेक दिन स्थलहरुमा प्रयोग हुने वाक्यांश पढ्ने छ।／នៅក្នុងវគ្គសិក្សារបស់អ្នកចាប់ផ្តើមដំបូងគឺរៀនប្រយោគដែលត្រូវបានប្រើក្នុងស្ថានភាពប្រចាំថ្ងៃជាចំបង／ໃນຫຼັກສູດເລີ່ມຕົ້ນ, ຈະໄດ້ຮຽນຮູ້ສຳນວນທີ່ໃຊ້ໃນສະຖານະການປະຈຳວັນເປັນຫຼັກ.)

☐ 対 非日常的（ひにちじょうてき）(な)

(असाधरण／មួងម្កាល／ພິເສດ, ຜິດປົກກະຕິ, ບໍ່ຄາດຄິດ)

☐ ぬるい

▷ ぬるいお茶（ちゃ）

(मनतातो／អ៊ុនៗ／ອຸ່ນໆ, ບໍ່ເຕັມໃຈ)

(मनतातो चिया／តែក្តៅអ៊ុនៗ／ຊາອຸ່ນໆ)

☐ 望（のぞ）ましい

▶ 全員（ぜんいん）で話（はな）すのが望（のぞ）ましいけど、それが無理（むり）なら、いる人（ひと）だけでも話（はな）しましょう。

(मनपर्दो, इच्छा／គួរឱ្យចង់បាន／ເປັນທີ່ພໍໃຈ, ເປັນທີ່ຄາດຫວັງ, ໜ້າຍິນດີ)

(सबैजना भएर कुरा गर्ने इच्छा छ तर त्यो सम्भव नभएमा, यहाँ भएका मान्छेहरुमात्र भए पनि कुरा गरौं।／ការនិយាយជាមួយអ្នកគ្រប់គ្នាគឺខ្ញុំចង់បានណាស់ប៉ុន្តែប្រសិនបើមិនអាចធ្វើបានសូមនិយាយជាមួយតែអ្នកដែលនៅបានហើយ／ຈະເປັນທີ່ພໍໃຈຖ້າໄດ້ລົມກັບໝົດທຸກຄົນ, ແຕ່ຖ້າເປັນໄປບໍ່ໄດ້ກໍ່ລົມແຕ່ກັບຄົນທີ່ຢູ່.)

☐ 微妙（びみょう）(な)

▶ この二（ふた）つは一瞬（いっしゅん）、同（おな）じように見（み）えるけど、よく見（み）ると微妙（びみょう）な色（いろ）の違（ちが）いがある。

(हल्का, थोरै (हो कि होइन जस्तो)／ស្រពេចស្រពិល／ລະອຽດ, ບອບບາງ, ເລັກນ້ອຍ)

(यो दुई वटा एउटै जस्तो देखिएता पनि धेरै राम्रोसँग हेर्‍यो भने थोरै फरक छ।／ទាំងពីរមើលទៅដូចគ្នាតែមួយភ្លែត តែបើក្រឡេកមើលអោយច្បាស់លាស់គឺពណ៌មានភាពខុសគ្នាស្រពេចស្រពិល／ສອງອັນນີ້ເບິ່ງຄືໆກັນບຶດໜຶ່ງ, ແຕ່ເບິ່ງໃກ້ໆແລ້ວ ແຕກຕ່າງກັນຢູ່ສີພຽງເລັກນ້ອຍ.)

☐ 不規則（ふきそく）(な)

▶ 不規則（ふきそく）な生活（せいかつ）をしていると、体調（たいちょう）を崩（くず）しやすくなる。

(अव्यवस्थित, अनियम／មិនមានវិន័យ／ຜິດກົດ, ບໍ່ມີລະບຽບ)

(अनियमित जीवन बितायो भने शरीररूपमा सजिलै कमजोर हुन सक्छ।／ប្រសិនបើអ្នករស់នៅក្នុងជីវិតមិនមានវិន័យអ្នកនឹងងាយឈឺ／ຖ້າໃຊ້ຊີວິດບໍ່ມີລະບຽບຈະເຮັດໃຫ້ເຈັບເປັນງ່າຍ.)

☐ 対 規則的（きそくてき）(な)

(नियमित,व्यवस्थित／វិន័យ／ເປັນໄປຕາມກົດ, ເປັນລະບົບ, ມີລະບຽບ)

☐ 対 規則正（きそくただ）しい

(नियमित, विधिवत／វិន័យត្រឹមត្រូវ／ປົກກະຕິ, ສະໝໍ່າສະເໝີ, ເປັນລະບຽບ)

☐ 物騒（ぶっそう）(な)

▶ また殺人事件（さつじんじけん）？　最近（さいきん）、何（なん）だか物騒（ぶっそう）だね。

(डरलाग्दो, असुरक्षित／រញ៉េរញ៉ៃ គ្រោះថ្នាក់／ວຸ້ນວາຍ, ອັນຕະລາຍ)

(फेरि हत्याको घटना ?आजकल, खोई के हो डरलाग्दो छ है।／ករណីឃាតកម្មមួយទៀត? ថ្មីៗនេះវារញ៉េរញ៉ៃបន្តិចហើយ／ຄະດີຄາດຕະກຳອີກລະ? ບໍ່ຮູ້ວ່າເປັນຫຍັງຈຶ່ງມີເລື່ອງວຸ້ນວາຍ.)

☐ 不要（ふよう）(な)

▷ 不要（ふよう）な説明（せつめい）　対 必要（ひつよう）(な)

(अनावश्यक／មិនចាំបាច់／ບໍ່ຈຳເປັນ)

(अनावश्यक व्याख्या／ការពន្យល់មិនចាំបាច់／ການອະທິບາຍທີ່ບໍ່ຈຳເປັນ)

☐ 不利（ふり）(な)

▶ 中心選手（ちゅうしんせんしゅ）を欠（か）いて不利（ふり）な状況（じょうきょう）だったが、何（なん）とか勝（か）てた。

(नराम्रो, कठिनाइ, गाह्रो, असुविधा／វិបត្តិ／ເສຍປຽບ)

(मुख्य खेलाडीको अभावले गर्दा नराम्रो अवस्था थियो तर जसोतसो जित्न सकें।／វាជាគុណវិបត្តិមួយដោយសារតែខ្វះអ្នកលេងស្នូល ប៉ុន្តែខ្ញុំបានគ្រប់គ្រងឈ្នះបាន／ຢູ່ໃນສະພາບທີ່ເສຍປຽບຍ້ອນຂາດຜູ້ຫຼິ້ນຫຼັກ, ແຕ່ກໍ່ສາມາດເອົາຊະນະໄດ້.)

- ☐ **紛(まぎ)らわしい**
  (भ्रामक, अन्योल／ច្រឡំ／ຄຸມເຄືອ, ເຮັດໃຫ້ສັບສົນ, ໃກ້ຄຽງກັນຫຼາຍ)
  ▷ 紛(まぎ)らわしい名前(なまえ)
  (भ्रामक नाम／ឈ្មោះស្រួលច្រឡំ／ຊື່ສັບສົນ)

- ☐ **貧(まず)しい**
  (गरीब, कमजोर／ក្រីក្រ／ທຸກຍາກ, ບໍ່ພຽງພໍ, ຂັດສົນ, ຕໍ່າ, ບໍ່ດີ)
  ▷ 貧(まず)しい家庭(かてい)、貧(まず)しい心(こころ)
  (गरीब परिवार, कमजोर मुटु (हृदय)／គ្រួសារក្រីក្រ, បេះដូងក្រីក្រ／ຄອບຄົວທຸກຍາກ, ຈິດໃຈຕໍ່າ)

- ☐ **眩(まぶ)しい**
  (आँखा खाने चम्किलो, चहकिलो／ចាំងថ្ងៃ／ແຈ້ງ, ສະຫວ່າງ, ເຫຼື້ອມຕາ)
  ▶ 眩(まぶ)しくて、よく見(み)えない。
  (चम्किलो भएर राम्रोसँग देख्दिन ।／ចាំងថ្ងៃណាស់ខ្ញុំមើលមិនឃើញសោះ／ເຫຼື້ອມຕາແນມບໍ່ເຫັນຄັກ.)

- ☐ **稀(まれ)(な)**
  (विरलै／កម្រ／ຫາຍາກ, ບໍ່ມີຫຼາຍ, ບໍ່ມີເລື້ອຍ)
  ▶ この店(みせ)はいつも空(す)いているんですが、稀(まれ)に混(こ)んでいる時(とき)があります。
  (यो पसल जहिले पनि खाली हुन्छ तर विरलै कुनै बेला भीड भएको छ ।／ហាងនេះតែងតែមានកន្លែងទំនេរ ប៉ុន្តែក្នុងឱកាសដ៏កម្រវាមានមនុស្សកុះករ／ຮ້ານນີ້ຫວ່າງເປັນປະຈຳ, ຍາມຄົນຫຼາຍບໍ່ມີເລື້ອຍ.)

音声DL 113

- ☐ **醜(みにく)い**
  (कुरुप／មិនស្អាត ពិបាកមើល／ຂີ້ດຽດ, ຂີ້ລ້າຍ, ບໍ່ເປັນຕາເບິ່ງ)
  ▶ どんなに年(とし)をとっても、人(ひと)に醜(みにく)い姿(すがた)は見(み)せたくない。
  (जति बुढो भए पनि, आफ्नो कुरुपताको स्वरुप अरुलाई देखाउन चाहन्न ।／មិនថាខ្ញុំចាស់ប៉ុណ្ណាទេ ខ្ញុំមិនចង់បង្ហាញរូបរាងមិនស្អាតទៅនរណាម្នាក់ទេ／ຊິອາຍຸຫຼາຍຂຶ້ນເທົ່າໃດກໍ່ບໍ່ຕ້ອງການໃຫ້ຄົນເຫັນໂຕເອງຂີ້ລ້າຍ.)

- ☐ **妙(みょう)(な)**
  (अनौठो／ចំឡែក／ແປກປະຫຼາດ,ຜິດປົກກະຕິ)
  ▶ 今(いま)、妙(みょう)なかっこうをした人(ひと)が通(とお)り過(す)ぎて行(い)った。
  (अहिले अनौठो पहिरन लगाएको मान्छे यहाँ भएर गयो ।／ឥឡូវនេះមនុស្សពាក់ចម្លែកម្នាក់បានដើរឆ្លងផុតទៅហើយ／ດຽວນີ້, ມີຄົນແຕ່ງກາຍແປກປະຫຼາດຍ່າງຜ່ານໄປແລ້ວ.)

- ☐ 同 **不思議(ふしぎ)(な)**
  (अनौठो／អាថ៌កំបាំងឬនឹកមិនដល់／ແປກ, ແປກປະຫຼາດ)

- ☐ **無関係(むかんけい)(な)**
  (सम्वन्ध नभएको／មិនពាក់ព័ន្ធ／ບໍ່ມີຄວາມສຳພັນ, ບໍ່ກ່ຽວຂ້ອງ)
  ▶ 海外(かいがい)で起(お)きているこれらの問題(もんだい)は、日本(にほん)にも無関係(むかんけい)ではない。
  (विदेशमा घटिरहेको यी समस्याहरू जापानलाई पनि सम्वन्ध नभएको होइन／បញ្ហាដែលកើតឡើងនៅប្រទេសក្រៅទាំងនេះគឺមិនមែនមិនទាក់ទងនឹងប្រទេសជប៉ុនទេ／ບັນຫາເຫຼົ່ານີ້ເກີດຂຶ້ນໃນຕ່າງປະເທດບໍ່ກ່ຽວຂ້ອງກັບປະເທດຍີ່ປຸ່ນ.)

- ☐ **明確(めいかく)(な)**
  (स्पष्ट, खुलासा／ច្បាស់លាស់／ຖືກຕ້ອງ, ຊັດເຈນ, ແນ່ນອນ, ເດັດຂາດ)
  ▶ 断(ことわ)るのなら、理由(りゆう)を明確(めいかく)にしてほしい。
  (अस्वीकार गर्ने भए, कारण स्पष्ट गरेको चाहन्छु ।／ប្រសិនបើអ្នកបដិសេធសូមបញ្ជាក់ពីមូលហេតុអោយច្បាស់លាស់／ຢາກໃຫ້ຊີ້ແຈງເຫດຜົນຖ້າຈະປະຕິເສດ.)

- ☐ **厄介(やっかい)(な)**
  (कष्टकर, झञ्झट, घाँडो／បញ្ហា／ຫຍຸ້ງຍາກ, ລຳບາກ)
  ▶ 厄介(やっかい)な仕事(しごと)を引(ひ)き受(う)けてしまった。
  (झञ्झटीलो काम लिएछु ।／ខ្ញុំបានទទួលបំពេញភារកិច្ចដ៏មានបញ្ហាមួយ／ຮັບວຽກທີ່ຫຍຸ້ງຍາກມາເຮັດຊ້ຳ.)

- ☐ **ややこしい**
  (जटिल／ភាពស្មុគស្មាញ／ຫຍຸ້ງຍາກ, ຊັບຊ້ອນ, ສັບສົນ)
  ▶ ここからちょっと話(はなし)がややこしくなるので、図(ず)で説明(せつめい)します。
  (यहाँ देखि कुरा अलि जटिल हुँदै जाने भएकोले नक्साद्वारा व्याख्या गर्दछु ।／ពីទីនេះតទៅរឿងរ៉ាវកាន់តែស្មុគស្មាញ ដូច្នេះខ្ញុំនឹងពន្យល់ជាមួយរូប／ຈາກນີ້ໄປເນື້ອໃນຈະສັບສົນຂຶ້ນ, ສະນັ້ນຈະອະທິບາຍດ້ວຍເສັ້ນສະແດງ.)

☐ **軟(やわ)らかい**
(नरम／ទន់ភ្លន់／នុំ្ម, ອ່ອນ, ອ່ອນໂຍນ)

▷ 軟(やわ)らかいベッド、軟(やわ)らかい言(い)い方(かた)　対 硬(かた)い
(नरम बेड, नम्र बोल्ने तरीका／គ្រែទន់, វិធីនិយាយទន់ភ្លន់／ຕຽງນຸ້ມ, ຄຳເວົ້າທີ່ອ່ອນໂຍນ)

☐ **憂(ゆう)うつ(な)**
(उदास (डिप्रेसन)／ធ្លាក់ទឹកចិត្ត／ໂສກເສົ້າ, ບໍ່ເບີກບານ, ທໍ້ດທູ່)

▶ 雨(あめ)の日(ひ)が続(つづ)くと、ちょっと気分(きぶん)が憂(ゆう)うつになります。
(लगातार पानी पर्यो भने, अलि उदास हुन्छ।／ប្រសិនបើថ្ងៃដែលមានភ្លៀងនៅតែបន្ត ខ្ញុំមានអារម្មណ៍ធ្លាក់ទឹកចិត្តបន្តិច／ຮູ້ສຶກທໍ້ດທູ່ໜ້ອຍໜຶ່ງເມື່ອຝົນຕົກຕິດຕໍ່ກັນຫຼາຍມື້.)

☐ **有利(ゆうり)(な)**
(फाइदाजनक／គុណសម្បត្តិ／ໄດ້ປຽບ, ມີກຳໄລ)

▶ 外国語(がいこくご)ができると就職(しゅうしょく)に有利(ゆうり)です。
(विदेशी भाषा आयो भने कामको खोजीमा फाइदाजनक हुन्छ।／ចេះនិយាយភាសាបរទេសគឺមានគុណសម្បត្តិសម្រាប់ការងារ／ຖ້າເວົ້າພາສາຕ່າງປະເທດເປັນຈະໄດ້ປຽບໃນການຮັບເຂົ້າເຮັດວຽກ.)

☐ 対 **不利(ふり)(な)**
(प्रतिकूल, असुविधा／គុណវិបត្តិ／ເສຍປຽບ, ຂາດທຶນ)

☐ **豊(ゆた)か(な)**
(धनी, प्रसस्तता／សំបូរបែប／ອຸດົມສົມບູນ, ຮັ່ງມີ, ຫຼາຍ, ຫຼວງຫຼາຍ, ໃຈກວ້າງ)

▷ 豊(ゆた)かな自然(しぜん)、表情(ひょうじょう)が豊(ゆた)かな人(ひと)
(प्रकृतिको धनी, अनुहारमा धेरै भाव व्यक्त गर्ने मान्छे।／ធម្មជាតិសម្បូរបែប, មនុស្សមានទឹកមុខច្រើន／ທຳມະຊາດທີ່ອຸດົມສົມບູນ, ຄົນທີ່ສະແດງອອກທາງສີໜ້າໄດ້ຫຼາຍແບບ)

☐ **容易(ようい)(な)**
(सजिलो／ងាយស្រួល／ງ່າຍ, ງ່າຍດາຍ)

▶ みんなを納得(なっとく)させるのは、容易(ようい)なことではない。
(सबैजनालाई चित्त बुझाउनु सजिलो कुरा होइन।／វាមិនងាយស្រួលទេក្នុងការបញ្ចុះបញ្ចូលមនុស្សគ្រប់គ្នា／ກວ່າຈະເຮັດໃຫ້ຄົນເຂົ້າໃຈແລະຍອມຮັບໄດ້ບໍ່ແມ່ນເລື່ອງງ່າຍ.)

☐ **余計(よけい)(な)**
(अतिरिक्त, नचाहिने／មិនចាំបាច់ ផ្តេសផ្តាស／ເກີນຄວາມຈຳເປັນ, ເກີນປົກກະຕິ, ເກີນຄວນ, ຫຼາຍເກີນໄປ)

▶ 大丈夫(だいじょうぶ)だから、余計(よけい)な心配(しんぱい)はしないで。
(ठिक भएकोले (समस्या नभएकोले) गर्दा नचाहिने कुरामा चिन्ता नगर्नु।／មិនអីទេដូច្នេះសូមកុំបារម្ភផ្តេសផ្តាស់／ບໍ່ເປັນຫຍັງ, ບໍ່ຕ້ອງເປັນຫ່ວງຫຼາຍເກີນໄປ.)

☐ **冷静(れいせい)(な)**
(शान्त／ស្ងប់ស្ងាត់／ສະຫງົບ, ສຸຂຸມ, ໃຈເຢັນ, ມີສະຕິ)

▷ 冷静(れいせい)な判断(はんだん)
(शान्त निर्णय／ការវិនិច្ឆ័យស្ងប់ស្ងាត់／ການຕັດສິນຢ່າງໃຈເຢັນ)

☐ **若々(わかわか)しい**
(युवा, जवान जस्तो／នៅក្មេង／ເບິ່ງຄືຍັງໜຸ່ມ, ເບິ່ງຄືອ່ອນກວ່າໄວ)

▶ さすが女優(じょゆう)。80歳(さい)なのにすごく若々(わかわか)しい。
(साँच्चै हिरोईन भएकोले, ८० बर्ष भएतापनि एकदम जवान जस्तो देखिनुहुन्छ।／ពិតជាគួរអោយកើតសរសើរណាស់តារាសម្តែងស្រី ទោះបីជាគាត់មានអាយុ៨០ឆ្នាំហើយក៏ដោយគាត់នៅក្មេងណាស់／ສົມກັບທີ່ເປັນນັກສະແດງ. ເຖິງແມ່ນວ່າອາຍຸ80ປີກໍ່ຕາມ, ແຕ່ລາວເບິ່ງຄືອ່ອນກວ່າໄວ)

14 副詞（ふくし）

（क्रियाविशेषण／គុណកិរិយា／ຄຳຄຸນນາມວິເສດ）

□ あいにく

▶「15日、飲み会があるんだけど、来ない？」「その日はあいにく予定があるんです」

（दुर्भाग्यवश／ជាអកុសលឬគួរអោយសោកស្ដាយ／ໂຊກຮ້າຍ, ໂຊກບໍ່ດີທີ່..., ໂຊກຮ້າຍທີ່...）

（“१५ तारिखमा पिउने कार्यक्रम छ, सहभागी नहुने ?” “दुर्भाग्यवश त्यो दिन मेरो योजना छ”／「ថ្ងៃទី១៥មានការជួបជុំគ្នាផឹកតើមកឬទេ?」「ជាអកុសលខ្ញុំមានផែនការសម្រាប់ថ្ងៃនោះហើយ」／"ວັນທີ 15 ມີງານດື່ມສັງສັນ, ບໍ່ມາບໍ?" "ໂຊກບໍ່ດີທີ່ມື້ນັ້ນມີແຜນແລ້ວ"）

□ あえて

▶英語で書くほうが楽ですが、あえて日本語で書きました。

（हिम्मत गरेर, साहस गरेर／បែជា／ສ່ຽງເຮັດ, ຝືນເຮັດ, ກ້າ）

（अंग्रेजीबाट लेख्न सजिलो छ तर साहस गरेर जापानी भाषामा लेखें ।／វាងាយស្រួលក្នុងការសរសេរជាភាសាអង់គ្លេស ប៉ុន្តែខ្ញុំបែជាសរសេរជាភាសាជប៉ុនហើយ／ຂຽນເປັນພາສາອັງກິດຈະງ່າຍກວ່າ, ແຕ່ກໍ່ກ້າຂຽນເປັນພາສາຍີ່ປຸ່ນ.）

□ あくまで(も)

▶これはあくまで推測ですが、A社はさらに安くすると思いますよ。

（जे भए पनि／នេះគ្រាន់តែជា／ພຽງແຕ່, ຈົນເຖິງທີ່ສຸດ）

（जे भए पनि यो अनुमान हो, ए कम्पनीले अझै सस्तो गर्छ जस्तो लाग्छ ।／នេះគ្រាន់តែជាការស្មាន តែខ្ញុំគិតថាក្រុមហ៊ុនAនឹងរឹតតែថោកជាង／ນີ້ເປັນພຽງແຕ່ການຄາດເດົາ, ແຕ່ຄິດວ່າລາຄາຂອງບໍລິສັດ A ຈະຖືກກວ່າອີກ.）

□ あっさり

▶今度は勝つつもりだったけど、あっさり負けてしまった。

（सजिलै, सादा／ដោយងាយ／ຢ່າງງ່າຍດາຍ, ງ່າຍໆ, ສະບາຍໆ, ຢ່າງໄວວາ）

（यस पटक जित्ने विचारमा थियो तर सजिलै हार्यो ।／ខ្ញុំមានបំណងចង់ឈ្នះលើកនេះ តែខ្ញុំចាញ់ដោយងាយ／ເທື່ອນີ້ຕັ້ງໃຈວ່າຊິເອົາຊະນະ, ແຕ່ກໍ່ແພ້ຢ່າງງ່າຍດາຍ.）

□ 改めて（あらた）

▶さっき簡単に挨拶したけど、改めて自己紹介した。

（फेरि／ម្ដងទៀត／ອີກເທື່ອໜຶ່ງ）

（अघि हल्का अभिवादन गरेको थिएँ तर फेरि आफ्नो परिचय दिएँ ।／ខ្ញុំបានជំរាបសួរខ្លីៗមុននេះ ប៉ុន្តែខ្ញុំសូមធ្វើការណែនាំខ្លួនខ្ញុំម្ដងទៀត／ຫວ່າງກີ້ນີ້ໄດ້ກ່າວທັກທາຍສັ້ນໆແລ້ວ, ແຕ່ກໍ່ຂໍແນະນຳໂຕອີກເທື່ອໜຶ່ງ.）

□ 案外（あんがい）

▶心配してたけど、案外うまくいったんじゃない？

（अप्रत्याशित रुपमा／មិនបានរំពឹងទុក／ເກີນຄາດ, ຢ່າງບໍ່ນຶກບໍ່ຝັນ）

（चिन्ता गरेको थिएँ तर अप्रत्याशित रुपमा राम्रो भयो होइन ?／ខ្ញុំបានព្រួយបារម្ភ ប៉ុន្តែវាបានជោគជ័យដោយមិនបានរំពឹងទុកមិនថាចឹង?／ກັງວົນໃຈຢູ່, ແຕ່ກໍ່ໄປດ້ວຍດີຢ່າງບໍ່ນຶກບໍ່ຝັນ.）

□ いきなり

▶いきなりマイクを渡されて困った。

（अचानक, अकस्मात／ភ្លាមៗ／ຢູ່ຊື່ກໍ່..., ທັນທີທັນໃດ, ທັນໃດນັ້ນ）

（अकस्मात मलाई माइक थमाएकोले फसाद भयो ।／ខ្ញុំមានបញ្ហាភ្លាមៗដោយត្រូវបានគេឱ្យមីក្រូហ្វូន／ຊວຍແລ້ວ, ຢູ່ຊື່ໆກໍ່ຖືກຍື່ນໄມມາໃຫ້.）

□ いちいち

▶いちいち私に聞かないで、自分で考えてください。

（घरि घरि／ម្ដងមួយៗ／ເທື່ອລະຢ່າງ, ເທື່ອລະອັນ）

（घरिघरि मलाई नसोधी, आफैले विचार गर्नुहोस् ।／សូមគិតដោយខ្លួនឯងកុំសួរខ្ញុំម្ដងមួយៗ／ຢ່າຖາມຂ້ອຍເທື່ອລະອັນ, ຄິດເອົາເອງແດ່.）

□ 一応（いちおう）

▶合格する可能性はかなり低いけど、一応、試験を受けてみることにした。

（अहिलेको लागि／សម្រាប់ពេលនេះ／ເພື່ອໄວ້, ແນວໃດກໍ່ຕາມ, ກ່ອນອື່ນ）

（पास हुने सम्भावना एकदम कम छ तर पनि अहिलेको लागि परीक्षा दिएर हेर्ने निर्णय गरें ।／លទ្ធភាពប្រលងជាប់គឺទាបខ្លាំងណាស់ ប៉ុន្តែសំរាប់ពេលនេះ ខ្ញុំបានសំរេចចិត្តប្រលងសាកមើល／ໂອກາດເສັງຜ່ານແມ່ນຕ່ຳຫຼາຍ, ແຕ່ກໍ່ຕັດສິນໃຈລອງເສັງເພື່ອໄວ້.）

□ **一段と**
いちだん
(धेरै, अझै／ច្រើនទៀត／ຍິ່ງ...ຂຶ້ນໄປອີກ)

▶ 彼女、結婚して一段ときれいになったね。
かのじょ　けっこん　いちだん
(उनी बिहे गरेर अझै राम्री हुनु भयो है।／នាងរៀបការហើយកាន់តែស្រស់ស្អាតថែមទៀត／
ລາວແຕ່ງງານແລ້ວຍິ່ງງາມຂຶ້ນໄປອີກ.)

□ **一度～したら**
いちど
(एक पटक – भने／ម្តង／
ຖ້າ...ເທື່ອໜຶ່ງແລ້ວ)

▶ あの特徴のある顔は、一度見たら忘れませんよ。
とくちょう　かお　いちど　み　わす
(त्यो विशेषता भएको अनुहार, एक पटक हेर्‍यो भने कहिल्यै बिर्सिंदैन।／
មុខមាត់ដែលមានលក្ខណៈពិសេសបែបនោះបានឃើញម្តងហើយគឺមិនអាចបំភ្លេចបានទេ／
ຖ້າເຫັນໜ້າຕາທີ່ມີລັກສະນະສະເພາະແບບນັ້ນເທື່ອໜຶ່ງແລ້ວຈະບໍ່ມີວັນລືມ.)

□ **一気に**
いっき
(एकै पटकमा／តែម្តងអោយអស់／
ບາດດຽວ, ຮວດດຽວ)

▶ 一気に飲むと酔っぱらうよ。
いっき　の　よ
(एक्कै पटकमा पिइयो भने लाग्छ।／ប្រសិនបើអ្នកផឹកតែម្តងអោយអស់អ្នកនឹងស្រវឹង／
ຖ້າດື່ມໝົດຈອກບາດດຽວຊິເມົາເດີ້.)

□ **一旦**
いったん
(एक पटक／ម្តងសិន／
ໄລຍະໜຶ່ງ, ບຶດໜຶ່ງ, ພຽງຊົ່ວຄາວ)

▶ 一旦帰りますが、何かあったら携帯に連絡ください。
いったんかえ　なに　けいたい　れんらく
(अहिलेको (एक पटक) लागि फर्कन्छु, केही भयो भने मोबाईलमा सम्पर्क गर्नुहोस्।／
ខ្ញុំនឹងត្រឡប់មកវិញម្តងសិនប៉ុន្តែប្រសិនបើមានអ្វីកើតឡើងសូមទាក់ទងទូរស័ព្ទមកខ្ញុំ／
ຂໍເມືອບຶດໜຶ່ງ, ຖ້າມີຫຍັງໃຫ້ໂທເຂົ້າໂທລະສັບມືຖືເດີ້.)

□ **一般に**
いっぱん
(सामान्यतया, साधारणतया／ជាទូទៅ／
ໂດຍທົ່ວໄປ, ໂດຍປົກກະຕິ)

▶ この薬は一般に、風邪のときに飲まれます。
くすり　いっぱん　かぜ　の
(यो औषधी सामान्यतया, रुघा लागेको बेला खान्छ।／ថ្នាំនេះជាទូទៅត្រូវបានគេយកផឹកនៅពេលមានជំងឺផ្តាសាយ／
ໂດຍທົ່ວໄປ, ກິນຢານີ້ຕອນເປັນຫວັດ.)

□ **一般的に**
いっぱんてき
(सामान्यतया／ជាធម្មតា／ໂດຍທົ່ວໄປ, ໂດຍປົກກະຕິ, ສ່ວນຫຼາຍ, ຢ່າງແພ່ຫຼາຍ, ຢ່າງກວ້າງຂວາງ, ຢ່າງເປັນທີ່ນິຍົມ)

音声DL 115

□ **いわば**
(भन्ने नै हो भने／អាចនិយាយថា／
ເວົ້າໄປແລ້ວກໍ່ຄື, ອາດຈະເອີ້ນໄດ້ວ່າ)

▶ 今の彼の状況は、いわばかごの中の小鳥のようなものです。
いま　かれ　じょうきょう　なか　ことり
(अहिलेको केटा साथीको अवस्था, भन्ने नै हो भने पिंजडा भित्रको सानो चराको जस्तो हो।／
ស្ថានភាពរបស់គាត់ឥឡូវនេះគឺអាចនិយាយថាដូចជាបក្សីតូចមួយនៅក្នុងកន្ត្រកចឹង／
ສະພາບຂອງລາວໃນຕອນນີ້, ເວົ້າໄປແລ້ວກໍ່ຄືນົກນ້ອຍໃນກະຕ່າ.)

□ **いわゆる**
(भन्ने नै हो भने, भनाउँदो／ដែលគេហៅថា／
ທີ່ເອີ້ນກັນວ່າ, ເຊິ່ງຮູ້ຈັກກັນໃນນາມວ່າ)

▶ 彼女はいわゆる美人ではないが、個性的なかわいい顔をしている。
かのじょ　びじん　こせいてき　かお
(उनी सुन्दरी भन्न सकिने मान्छे होइन तर विशिष्ट गुण भएर राम्री हुनु हुन्छ।／
នាងមិនមែនជាអ្វីដែលគេហៅថា" នារីស្រស់ស្អាត" នោះទេប៉ុន្តែនាងមានទឹកមុខប្លែកពីគេ／
ລາວບໍ່ແມ່ນຄົນທີ່ເອີ້ນກັນວ່າ "ງາມ", ແຕ່ວ່າລາວມີໜ້າຕາທີ່ໜ້າຮັກຢ່າງເປັນເອກກະລັກ.)

□ **大いに**
おお
(धेरै／ច្រើន／ຫຼາຍໆ, ຢ່າງບໍ່ໜ້ອຍ)

▶ 今夜は大いに歌って飲もう。
こんや　おお　うた　の
(आज राति धेरै गाएर पिऔं।／តោះច្រៀងនិងផឹកអោយច្រើននៅយប់នេះ／ຄ່ຳຄືນນີ້, ມາຮ້ອງເພງແລະດື່ມຫຼາຍໆເນາະ.)

□ **おそらく(恐らく)**
おそ
(सायद／ប្រហែលជា／
ຄືຊິ...ແນ່ນອນ, ອາດຈະ)

▶ このままでは、おそらく今日中に終わらないでしょう。
きょうじゅう　お
(यत्तिकै हो भने, सायद आज दिनभरीमा सकिदैन होला।／បើនៅតែប៉ុន្នឹងវាប្រហែលជាមិនចប់ថ្ងៃនេះទេ／
ຖ້າຍັງເປັນແບບນີ້ຢູ່, ຄືຊິບໍ່ແລ້ວພາຍໃນມື້ນີ້ແນ່ນແນ່ນອນ.)

□ **思い切って**
おも　き
(साहसका साथ／សំរេចចិត្ត／ຢ່າງບໍ່ລັງເລໃຈ)

▶ 高かったけど、思い切って買いました。
たか　おも　き　か
(महँगो थियो तर साहस साथ (गरेर) किनें।／វាថ្លៃណាស់ប៉ុន្តែខ្ញុំបានសំរេចចិត្តទិញវាហើយ／
ແພງຢູ່, ແຕ່ກໍ່ຊື້ຢ່າງບໍ່ລັງເລໃຈ.)

☐ **思(おも)い切(き)り**
(साहसपूर्वक／ការតាំងចិត្ត／
ເຕັມທີ່ເທົ່າທີ່ເຮັດໄດ້, (ການຕັດໃຈ)
ຢ່າງບໍ່ເສຍດາຍ ຫຼື ອາວອນ)

▶ これが最後(さいご)の試合(しあい)だから、思(おも)い切(き)りやろう。
(यो अन्तिम प्रतियोगिता भएकोले निडर (साहसपूर्वक) भएर खेलौं।／
នេះជាការប្រកួតចុងក្រោយដូច្នេះសូមធ្វើដោយការតាំងចិត្ត／
ນີ້ແມ່ນການແຂ່ງຂັນນັດສຸດທ້າຍແລ້ວ, ເຮັດໃຫ້ເຕັມທີ່ເທົ່າທີ່ເຮັດໄດ້)

☐ **思(おも)いっきり**
(सम्पूर्ण बलले／អោយអស់ពីសមត្ថភាព／
ເຮັດເຕັມທີ່, ເຮັດສຸດກຳລັງທີ່ມີ,
ເຮັດເຕັມທີ່ເທົ່າທີ່ເຮັດໄດ້)

▶ だめだ、このふた。思(おも)いっきり引(ひ)っ張(ぱ)ったけど、取(と)れない。
(भएन, यो बिर्को। सम्पूर्ण बल लगाएर ताने तर खोल्न सकेन।／
ទេគំរបនេះ ខ្ញុំបានទាញអស់ពីសមត្ថភាពហើយប៉ុន្តែមិនអាចដកវាចេញបានទេ／
ບໍ່ໄດ້ລະ, ຝານີ້. ດຶງສຸດກຳລັງທີ່ມີແລ້ວ, ແຕ່ກໍ່ບໍ່ອອກ.)

☐ **思(おも)わず**
(अन्जानमा, झुक्किएर, अकस्मात／
ដោយមិនគិត ឬ ដោយមិនដឹងខ្លួន／
ໂດຍບໍ່ໄດ້ຕັ້ງໃຈ)

▶ あまりにすばらしいスピーチだったので、思(おも)わず拍手(はくしゅ)をした。
(एकदम राम्रो वक्तव्य भएकोले अन्जानमा ताली बजाएको थिएँ।／
សុន្ទរកថាពិតជាអស្ចារ្យណាស់ដែលខ្ញុំបានទះដៃដោយមិនដឹងខ្លួន／
ເປັນຄຳປາໄສທີ່ສຸດຍອດຫຼາຍກໍ່ເລີຍຕົບມືໃຫ້ໂດຍບໍ່ໄດ້ຕັ້ງໃຈ.)

☐ **およそ**
(लगभग／ប្រហែល／ປະມານ, ຄ້າວໆ)

▷ およそ7キロのハイキングコース　同 約(やく)
(लगभग ७ कि.मी को हाईकिङ कोस／វគ្គដើរឡើងភ្នំប្រហែល ៧ គីឡូម៉ែត្រ／ເສັ້ນທາງຍ່າງປ່າທີ່ມີຍາວປະມານ 7ກມ.)

☐ **かえって**
(विपरीतमा, त्यस्को उल्टो／ផ្ទុយទៅវិញ／
ໃນທາງກົງກັນຂ້າມ)

▶ 子供(こども)に毎日勉強(まいにちべんきょう)しろと言(い)うのはよくないです。かえって勉強(べんきょう)嫌(ぎら)いになりますよ。
(बच्चाहरूलाई हरेक दिन पढ भन्नु राम्रो होइन। त्यस्को विपरीतमा पढ्न मन नगर्ने हुन सक्छ।／
វាមិនល្អទេដែលប្រាប់កូនរបស់អ្នកឱ្យសិក្សាជារៀងរាល់ថ្ងៃ។ ផ្ទុយទៅវិញនឹងក្លាយជាស្អប់ការសិក្សា／
ບໍ່ແມ່ນເລື່ອງດີທີ່ຈະໃຫ້ລູກຮຽນໜັງສືທຸກມື້. ໃນທາງກົງກັນຂ້າມ, ລູກຊິຊັງການຮຽນໜັງສືເດີ້.)

☐ **勝手(かって)に**
(आफूखुशीले／តាមអំពើចិត្ត／
ໂດຍບໍ່ໄດ້ຮັບອະນຸຍາດ, ໂດຍພາລະການ)

▶ それ、私(わたし)のだから勝手(かって)に見(み)ないで。
(त्यो, मेरो भएकोले आफूखुशीले नहेर।／វាជាជារបស់ខ្ញុំដូច្នេះសូមកុំមើលវាតាមអំពើចិត្ត／
ອັນນັ້ນແມ່ນຂອງຂ້ອຍ, ຢ່າເບິ່ງໂດຍບໍ່ໄດ້ຮັບອະນຸຍາດ.)

☐ **必(かなら)ずしも**
(पक्कै (साँच्चै) हुनु पर्छ भन्ने आवश्यक छैन, आवश्यक नहुनु／ត្រូវតែ／ບໍ່ຈຳເປັນວ່າ,
ບໍ່ແນ່ສະເໝີວ່າ)

▶ 正解(せいかい)は、必(かなら)ずしも一(ひと)つとは限(かぎ)りません。
(सही उत्तर पक्कै पनि एउटा मात्र हुन्छ भन्ने छैन।／ចម្លើយត្រឹមត្រូវគឺមិនកំណត់ថាត្រូវមានតែមួយទេ／
ຄຳຕອບທີ່ຖືກຕ້ອງບໍ່ຈຳເປັນວ່າແມ່ນອັນດຽວສະເໝີໄປ.)

☐ **代(か)わりに**
(सट्टामा／ជំនួសអោយ／ແທນ)

▶ 部長(ぶちょう)が行(い)けなくなったので、代(か)わりに私(わたし)が出席(しゅっせき)した。
(मेनेजर आउन नसकेको कारण, उहाँको सट्टामा म उपस्थित भएँ।／
ដោយសារតែនាយកមិនអាចទៅបានដូច្នេះខ្ញុំបានចូលរួមជំនួស／ຫົວໜ້າໄປບໍ່ໄດ້, ຂ້ອຍເລີຍໄປແທນ.)

☐ **ぎっしり**
(तन्न (धेरै)／ច្រើនឬពេញ／
ອັດແໜ້ນ, ເຕັມໝົດ)

▶ 来週(らいしゅう)は予定(よてい)がぎっしり入(はい)っています。
(आउँदो हप्तामा धेरै (टन्न) योजनाहरू छ।／ខ្ញុំមានផែនការជាច្រើនពេញសម្រាប់សប្តាហ៍ក្រោយ／
ມີແຜນເຕັມໝົດອາທິດໜ້າ.)

☐ **くれぐれも**
(सम्पूर्ण तरिका (सकेसम्म)／ច្រើនលើក／
ຊ້ຳໆ, ຕະຫຼອດ, (ຂໍຮ້ອງ) ຈາກໃຈຈິງ, ຢ່າງຈິງໃຈ)

▶ くれぐれも相手(あいて)に失礼(しつれい)のないようにしてください。
(सकेसम्म दोस्रो व्यक्ति (ग्राहक) संग रुखो व्यवहार नगर्नुहोस्।／
សូមមេត្តាកុំឈ្លើយចំពោះភាគីម្ខាងទៀតជាច្រើនលើក／ຂໍຮ້ອງຈາກໃຈຈິງ, ກະລຸນາຢ່າເສຍມາລະຍາດກັບອີກຝ່າຍໜຶ່ງ.)

音声DL 116

☐ **さすがに**
(साँच्चै नै／ដូចដែលបានរំពឹងទុក／
ສົມກັບທີ່ເປັນ, ໂດຍທຳມະຊາດ,
ຕາມຄວາມເປັນຈິງ, ຕາມທີ່ຄິດ)

▶ さすがにこの大(おお)きさではかばんに入(はい)らない。
(साँच्चै यति ठूलो साइजको झोलामा छिर्दैन।／ដូចដែលបានរំពឹងទុកទំហំនេះមិនអាចដាក់ចូលកាបូបបានទេ／
ຕາມທີ່ຄິດ, ຂະໜາດໃຫຍ່ແບບນີ້ເຂົ້າກະເປົາບໍ່ໄດ້)

□ **自然に**
(यत्तिकै, आफै／ធម្មជាតិ／
ໂດຍທຳມະຊາດ, ຢ່າງຄ່ອງແຄ້ວ)

▶ 練習もしていないのに自然にできるようになった。
(अभ्यास नगरेतापनि यत्तिकै जान्ने भइयो।／ទោះបីជាខ្ញុំមិនបានអនុវត្តក៏ដោយខ្ញុំអាចធ្វើវាបានដោយធម្មជាតិ／
ບໍ່ໄດ້ຝຶກຊ້ອມ, ແຕ່ກໍ່ເປັນເອງໂດຍທຳມະຊາດ.)

□ **事前(に)**
(अगाडि नै, पहिला नै,अग्रिम／មុន／
ລ່ວງໜ້າ)

▶ 事前に簡単な説明があったので、やりやすかった。
(पहिला नै हल्का व्याख्या गरेकोले, काम गर्न सजिलो भयो।／វាងាយស្រួលធ្វើដោយសារមានការពន្យល់សង្ខេបជាមុន／
ມີການອະທິບາຍສັ້ນໆໄວ້ລ່ວງໜ້າ, ດັ່ງນັ້ນຈຶ່ງເຮັດໄດ້ງ່າຍ.)

□ **実に**
(वास्तवमा／ពិតប្រាកដ／ແທ້ໆ, ແທ້ຈິງ)

▶ うわさには聞いていたけど、これは実においしいワインですね。
(हल्ला (अफवाह) को रुपमा सुनेको त थिएँ तर यो वास्तवमै मिठो वाईन रहेछ है।／
ខ្ញុំបានលឺពាក្យចចាមអារាមថានេះគឺជាស្រាល្អពិតមែន／ໄດ້ຍິນຂ່າວລືວ່ານີ້ແມ່ນວາຍທີ່ແຊບແທ້ໆ.)

□ **徐々に**
(बिस्तारै／បន្តិចម្តងៗឬបណ្តើរៗ／
ຄ່ອຍໆ, ເທື່ອລະໜ້ອຍ, ຢ່າງຊ້າໆ)

▶ 景気は徐々に回復しつつある。　同 だんだん、次第に
(आर्थिक अवस्था बिस्तारै सुधार हुँदैछ।／សេដ្ឋកិច្ចកំពុងងើបឡើងវិញជាបណ្តើរ ៗឬបន្តិចម្តងៗ／
ເສດຖະກິດຄ່ອຍໆຟື້ນໂຕ.)

□ **ずっと/ずうっと**
(लगातार／ជាប់រហូត/គ្រប់ពេលវេលា／
ໂດຍຕະຫຼອດ, ບໍ່ມີຢຸດ, ເປັນເວລາດົນ)

▶ 朝からずっと立ちっぱなしで、疲れてきた。
(बिहानदेखि लगातार उभिरहेकोले, थाक्यो।／ខ្ញុំក្រោកឈរតាំងពីព្រឹកហើយខ្ញុំអស់កំលាំង／
ຢືນເປັນເວລາດົນຕັ້ງແຕ່ເຊົ້າ, ເມື່ອຍແລ້ວ)

□ **少なくとも**
(कम्तिमा, कमसेकम／យ៉ាងហោចណាស់／
ຢ່າງໜ້ອຍ, ຢ່າງຕໍ່າ)

▶ ほかの人はどうかわからないけど、少なくとも私は賛成です。
(अरु मान्छे कस्तो छ त्यो थाहा भएन तर कमसेकम म चाहिँ समर्थन गर्छु।／
ខ្ញុំមិនដឹងអំពីអ្នកដទៃទេប៉ុន្តែយ៉ាងហោចណាស់ខ្ញុំយល់ព្រម／
ບໍ່ຮູ້ວ່າຄົນອື່ນເປັນແນວໃດ, ແຕ່ຢ່າງໜ້ອຍຂ້ອຍກໍ່ເຫັນດີ.)

▶ ２泊３日だったら、少なくとも３万円はかかる。
(दुई रात तीन दिन भए, कम्तिमा तीस हजार येन लाग्छ।)／
វាត្រូវចំណាយយ៉ាងតិច ៣០,០០០ យ៉េនរយៈពេល ២ យប់ ៣ ថ្ងៃ។／
ຈະມີຄ່າໃຊ້ຈ່າຍຢ່າງຕໍ່າ3ໝື່ນເຢັນສຳລັບ2ຄືນ3ມື້.)

□ **せっかく**
(धेरै प्रयास गर्दा, मेहनत गरेर／
ដោយការខិតខំ／
ຕັ້ງໃຈ, ເຮັດດ້ວຍຄວາມພະຍາຍາມ,)

▶ せっかく料理をたくさん作ったのに、二人来れなくなって、だいぶ残った。
(एकदम मेहनतका साथ खाना बनाउँदा पनि २ जना नआएकोले खाना धेरै बाँकी भयो।／
ខ្ញុំខំចំអិនម្ហូបជាច្រើនប៉ុន្តែពីរនាក់មិនអាចមកបានទេហើយម្ហូបនៅសល់ច្រើន／
ຕັ້ງໃຈເຮັດອາຫານຫຼາຍເຍື່ອງ, ແຕ່ເຫຼືອຫຼາຍຍ້ອນສອງຄົນມາບໍ່ໄດ້.)

□ **せめて**
(कमसेकम／យ៉ាងហោចណាស់／
ຢ່າງໜ້ອຍ)

▶ せめて「ありがとう」くらい言ってほしかった。
(कमसेकम“धन्यवाद” मात्र भनेको भएनी हुन्थ्यो।／ខ្ញុំចង់ឲ្យ អ្នកនិយាយថា "អរគុណ" យ៉ាងហោចណាស់／
ຢ່າງໜ້ອຍກໍ່ຢາກໃຫ້ເວົ້າຄຳວ່າ "ຂອບໃຈ".)

□ **たまたま**
(आक्कल झुक्कल, बिरलै, कुनै बेला／
ម្តងម្កាល／ບັງເອີນ, ດົນໆເທື່ອ)

▶ いつも帰りが遅いわけじゃありません。その日はたまたま残業があったんです。
(जहिले पनि फर्कन ढिला हुने होइन, त्यो दिन बिरलै हुने ओभर टाईम गरेको हुनाले हो।／
ការវិលត្រឡប់ទៅផ្ទះវិញគឺជាញឹកញាប់មិនមែនយឺតចឹងទេ ថ្ងៃនេះគឺមានការងារថែមម៉ោងម្តងម្កាល／
ບໍ່ໄດ້ກັບຊ້າເປັນປະຈຳ, ບັງເອີນມີວຽກລ່ວງເວລາໃນມື້ນັ້ນ.)

□ 単(たん)なる

▶ はっきり見(み)たわけじゃありません。単(たん)なる想像(そうぞう)です。

(मात्र／គ្រាន់តែ／
ພຽງແຕ່, ເປັນພຽງ, ເທົ່ານັ້ນ, ຊື່ໆ)

(स्पष्ट देखेको होइन, यो केवल कल्पना मात्र हो ।／
ខ្ញុំមិនបានឃើញវាច្បាស់ទេ។ វាគ្រាន់តែជាការស្រមើលស្រមៃប៉ុណ្ណោះ／ບໍ່ໄດ້ເບິ່ງຢ່າງຊັດເຈນ, ເປັນພຽງຈິນຕະນາການ.)

□ 単(たん)に

▶ 行(い)きたくないんじゃありません。単(たん)に忙(いそが)しいだけなんです。

(केवल／ជាធម្មតា／ປົກກະຕິ, ທຳມະດາ,
ບໍ່ມີຫຍັງເປັນພິເສດ, ພຽງແຕ່...)

(जान नचाहेको होइन, केवल व्यस्त भएकोले मात्र हो ।／
ខ្ញុំមិនមែនមិនចង់ទៅទេ ខ្ញុំគ្រាន់តែរវល់ជាធម្មតា／ບໍ່ແມ່ນວ່າບໍ່ຢາກໄປ, ຍ້ອນວ່າຄາວຽກເທົ່ານັ້ນບໍ່ມີຫຍັງເປັນພິເສດ.)

音声DL 117

□ ちっとも

▶ 練習(れんしゅう)しても、ちっともうまくならない。

(अलिकति पनि／យ៉ាងហោចណាស់, តិចតួច
／ບໍ່...ເລີຍຈັກໜ້ອຍ)

(अभ्यास गरेपनि, अलिकति पनि राम्रो हुन्न ।／ទោះបីខ្ញុំហាត់ វាមិនមានអ្វីល្អប្រសើរបន្តិចសោះ／
ເຖິງວ່າຊິຝຶກຊ້ອມກໍ່ບໍ່ເກັ່ງຂຶ້ນເລີຍຈັກໜ້ອຍ)

□ ちゃんと

▶ ちゃんと説明(せつめい)したのに、どうして間違(まちが)えるの？

(ठिकसंग, राम्रोसंग／យ៉ាងត្រឹមត្រូវ／
ຮຽບຮ້ອຍ, ສະອາດ, ບໍ່ບົກພ່ອງ, ຢ່າງສົມບູນ,
ຢ່າງເໝາະສົມ, ຢ່າງແນ່ນອນ)

(राम्रोसंग व्याख्या गरेको भएतापनि, कसरी गल्ती भएको ?／ខ្ញុំបានពន្យល់យ៉ាងត្រឹមត្រូវប៉ុន្តែហេតុអ្វីបានជាធ្វើខុស?／
ອະທິບາຍຮຽບຮ້ອຍແລ້ວ, ແຕ່ເປັນຫຍັງຄືເຮັດຜິດ?)

□ ちらっと

▶ ちらっと見(み)えたんだけど、それ、お子(こ)さんの写真(しゃしん)？

(एक झलक／ក្រឡេកមួយភ្លែត／
ຜ່ານໆ, ແວັບດຽວ)

(एक झलक देखेको, के त्यो बच्चाको फोटो हो ?／ខ្ញុំក្រឡេកមើលមួយភ្លែត តើវាជារូបភាពរបស់កូនអ្នកឬ?／
ເຫັນຜ່ານໆ, ອັນນັ້ນແມ່ນຮູບລູກບໍ?)

□ 同 ちらりと

(अलि कति देख्ने, एक झलक／ការក្រលេកមួយភ្លែត／ບຶດດຽວ, ຊົ່ວຂະນະ)

□ つい

▶ ダイエット中(ちゅう)なのに、甘(あま)いものを見(み)るとつい手(て)が出(で)てしまう。

(बेफिक्रीमा, बिचार नगरी／ងាយ／
ໂດຍບໍ່ຮູ້ໂຕ, ຫຼົງ (ເຮັດບາງຢ່າງ))

(डाइटिङ गरिरहेको भएपनि, गुलियो देख्यो कि बेफिकी खाइहाल्छु ।／
ខ្ញុំកំពុងតមអាហារ ប៉ុន្តែពេលខ្ញុំឃើញអ្វីដែលផ្អែមខ្ញុំងាយនឹងប៉ះពាល់វា／
ພວມຢູ່ໃນໄລຍະຫຼຸດນ້ຳໜັກ, ແຕ່ຖ້າເຫັນແມ່ນຫຍັງຫວານໆກໍ່ຈະຫຼົງເອົາມືເດ່ໃສ່ໂລດ.)

□ ついでに

▶ 出張(しゅっちょう)のついでに実家(じっか)に寄(よ)った。

(हुँदै, भएर／
ខណៈពេលធ្វើអ្វីមួយឆ្លៀតធ្វើអ្វីមួយផ្សេងទៀត
／ຖືໂອກາດນັ້ນ (ເຮັດສິ່ງອື່ນນຳ))

(काम विशेषको भ्रमणमा गएको बेला बुबाआमाको घर भएर आएँ ।／
ខ្ញុំបានឆ្លៀតទៅផ្ទះស្រុកកំណើតរបស់ខ្ញុំខណៈពេលដែលខ្ញុំកំពុងធ្វើទស្សនកិច្ចការងារ／
ຖືໂອກາດໄປແວ່ເຮືອນພໍ່ແມ່ຕອນເດີນທາງໄປວຽກ.)

□ ついに

▶ ついに橋(はし)が完成(かんせい)した。 同 とうとう

(अन्ततः／ទីបំផុត／ໃນທີ່ສຸດ)

(अन्ततः पुल निमार्ण कार्य सम्पन्न भयो ।／ទីបំផុតស្ពាននេះត្រូវបានបញ្ចប់ ដូចគ្នា／ໃນທີ່ສຸດຂົວກໍ່ສ້າງສຳເລັດ.)

□ 常(つね)に

▶ このことは常(つね)に私(わたし)の頭(あたま)の中(なか)にあります。※少(すこ)し改(あらた)まった表現(ひょうげん)

同 いつも

(सधैं／ជានិច្ច ឬ ស្រាប់／
ເລື້ອຍໆ, ເປັນປະຈຳ, ຢູ່ສະເໝີ)

(यो कुरा सधैं मेरो दिमागमा रहन्छ ।／រឿងនឹងគឺតែងតែនៅក្នុងក្បាលរបស់ខ្ញុំស្រាប់ហើយ／
ສິ່ງນີ້ມີໃນຄວາມຄິດຂອງຂ້ອຍຢູ່ສະເໝີ.)

□ 点々(てんてん)と

▶ 雪(ゆき)の上(うえ)に鳥(とり)の足跡(あしあと)が点々(てんてん)と残(のこ)っていた。

(यता उता／រាយប៉ាយ ឬច្រើនចំណុច／
ເປັນຈຸດໆ, ເປັນຫຍ່ອມໆ)

(हिंउमा चराको पैतालाको दाम यता उता छरिएका थिए ।／ស្នាមជើងបក្សីត្រូវបានបន្សល់រាយប៉ាយនៅលើព្រិល／
ຮອຍຕີນນົກຫຼົງເຫຼືອເປັນຈຸດໆຢູ່ເທິງຫິມະ.)

□ どうか

▶ どうかお許(ゆる)しください。

(कृपया सकिन्छ भने, जसरी पनि／សូម／
ຂໍນຳ, (ຂໍ)...ແດ່ທ້ອນ)

(कृपया माफ गरिदिनुहोस् ।／សូមមេត្តាអភ័យទោសដល់ខ្ញុំផង／ຍົກໂທດໃຫ້ແດ່ທ້ອນ.)

▶ どうか試験(しけん)に受(う)かりますように。

(जसरी पनि जाँचमा पास हुने आशा गर्दछु ।／ខ្ញុំសូមបន់ស្រន់មេត្តាអោយប្រលងជាប់ផង／ຂໍໃຫ້ເສັງຜ່ານແດ່ທ້ອນ.)

□ **どうせ**

(जे भए पनि／ទោះយ៉ាងណា／
ຈັ່ງໃດກໍ່...(ສະແດງຄວາມຮູ້ສຶກທໍ້ຖອຍ))

▶ どうせ間(ま)に合(あ)わないから、ゆっくり行(い)きましょう。

(जे भए पनि समयमा नभ्याउने भएकोले, बिस्तारै जाउ ।／
ទោះយ៉ាងណាមិនអាចទាន់ពេលវេលាដែរ ដូច្នេះសូមទៅតាមសំរួល／ຈັ່ງໃດກໍ່ບໍ່ທັນລະ, ຄ່ອຍໆໄປກັນເທາະ.)

□ **どうにか**

(केहि／ទៅរួច ឬអាចកើតមានឡើង／
ຜ່ານໄປໄດ້, ໃນທີ່ສຸດ, ດ້ວຍວິທີໃດວິທີໜຶ່ງ)

▶ 心配(しんぱい)しないで。どうにかなるよ。

(चिन्ता गर्नु पर्दैन केही त हुन्छ ।／កុំព្រួយបារម្ភ វានឹងទៅរួច／ບໍ່ຕ້ອງເປັນຫ່ວງ. ມັນຫາກຊິຜ່ານໄປໄດ້.)

□ **とっくに**

(धेरै पहिले／ជាយូរមកហើយ／
ດົນເຕີບແລ້ວ, ກ່ອນໜ້ານີ້ເຕີບໜຶ່ງ)

▶「早(はや)くお風呂(ふろ)に入(はい)ったら？」「もうとっくに入(はい)ったよ」

(“छिटो नुहाउन जाँदा हुन्न?” “अघि नै नुहाइसक”／「ហេតុអ្វីបានជាអ្នកមិនងូតទឹកឱ្យបានលឿន?」
「ខ្ញុំបានងូតទឹករួចយូរមកហើយ」／"ເຂົ້າແຊ່ອ່າງນໍ້າອຸ່ນໄວໆທະແມະ" "ເຂົ້າໄດ້ດົນເຕີບແລ້ວເດ")

□ **どっと**

(एकैचोटीमा धेरै／មួយរំពេច／
ທັງໝົດບາດດຽວ, ທັງໝົດພ້ອມກັນ)

▶ 新宿駅(しんじゅくえき)で、乗客(じょうきゃく)がどっと降(お)りた。

(सिन्जुकु स्टेशनमा एकै पटक धेरै जना झरे ।／អ្នកដំណើរបានចុះនៅស្ថានីយ៍ស៊ីនជូគូមួយរំពេច／
ຜູ້ໂດຍສານລົງສະຖານີຊິງຈຸກຸທັງໝົດພ້ອມກັນ)

音声DL 118

□ **とにかく**

(जे भए पनि／ជាពិសេស／
ແນວໃດກໍ່, ຈັ່ງໃດກໍ່ຕາມ)

▶ 人(ひと)から聞(き)いただけじゃわからないから、とにかく本人(ほんにん)と会(あ)って話(はな)そう。

(मान्छेबाट सुनेर मात्र, थाहा हुदैन, जे भए पनि सम्बन्धित मान्छेसँग भेटेर कुरा गरौ ।／
បើត្រឹមតែលឺពីគេគឺមិនដឹងច្បាស់ទេដូច្នេះសូមជួបនិងនិយាយជាមួយគាត់ជាពិសេស／
ບໍ່ສາມາດເຂົ້າໃຈໂດຍການຟັງຈາກຄົນອື່ນເທົ່ານັ້ນ. ແນວໃດກໍ່ຕາມຄວນພົບແລະລົມກັບຜູ້ກ່ຽວກັນເທາະ.)

□ **ともかく**

(जे भए पनि／ឆាប់／
ຈັ່ງໃດກໍ່ຕາມ, ເຖິງຢ່າງໃດກໍ່ຕາມ)

▶ 大変(たいへん)な状況(じょうきょう)なので、ともかくすぐ来(き)てください。

(गाह्रो अवस्था भएकोले जे भएपनि छिट्टै दिनुहोस् ।／វាជាស្ថានភាពពិបាកដូច្នេះសូមឆាប់មក／
ເຖິງຢ່າງໃດກໍ່ຕາມກະລຸນາມາທັນທີ, ເພາະວ່າສະຖານະການຫຍຸ້ງຍາກ.)

▶ 見(み)た目(め)はともかく、味(あじ)はおいしいんです。

(जे भएपनि हेर्दा नमिठो देखेपनि स्वाद मिठो छ ।／សភាពមិនថាវាមើលទៅយ៉ាងណាទេ តែរស់ជាតិគឺឆ្ងាញ់／
ໜ້າຕາຊິຈັ່ງໃດກໍ່ຕາມ, ແຕ່ລົດຊາດແຊບ.)

□ **とりあえず**

(अहिलेको लागि／សម្រាប់ពេលនេះ／
ກ່ອນອື່ນ, ອັນດັບທໍາອິດ, ທັນທີ, ຮີບດ່ວນ)

▶「ご注文(ちゅうもん)は？」「とりあえずビールをお願(ねが)いします」

(“अडर पाउन सकिन्छ ?” “अहिलेको लागि बियर दिनुहोस्”／
「សូមអញ្ជើញកម្ម៉ង់អ្វី？」「សំរាប់ពេលនេះសូមអោយស្រាបៀរខ្ញុំមកសិនមកចឹង」／
"ສັ່ງຫຍັງບໍ່?" "ກ່ອນອື່ນເອົາເບຍມາ")

□ **なるべく**

(सकेसम्म／តាមតែអាចធ្វើបាន／
ເທົ່າທີ່ຈະເຮັດໄດ້)

▶ なるべく早(はや)めに来(き)てください。

(सकेसम्म चाँडो आउनुहोस् ।／សូមមកឱ្យបានឆាប់តាមដែលអាចធ្វើទៅបាន／ກະລຸນາມາໃຫ້ໄວເທົ່າທີ່ຈະເຮັດໄດ້.)

□ **はたして**

(अपेक्षित, आखिरमा／ដូចការរំពឹងទុក／
ຕາມທີ່ຄິດ, ແທ້ໆ, ແນ່ນອນພໍ່)

▶ はたして自分(じぶん)の選択(せんたく)は正(ただ)しかったのだろうか。

(आखिरमा मैले छानेको सही थियो होला ।／តើជម្រើសរបស់ខ្ញុំត្រឹមត្រូវដូចការរំពឹងទុកឬទេ?／
ບໍ່ແນ່ໃຈວ່າທາງເລືອກຂອງໂຕເອງຖືກຕ້ອງຕາມທີ່ຄິດບໍ່.)

☐ **ひとまず**
(केही समयको लागि, अहिलेको लागि／ជាបឋម／ຕອນນີ້, ຊ່ວງນີ້, ຊົ່ວຂະນະ, ຊົ່ວຄາວ)

▶ 最初の試合に勝てて、ひとまずほっとした。
(पहिलो प्रतियोगीतामा जितेर, केही समयको लागि राहत पाएँ।／ជាបឋមខ្ញុំធូរចិត្តក្នុងការឈ្នះការប្រកួតដំបូង／ຕອນນີ້ຮູ້ສຶກໂລ່ງໃຈທີ່ສາມາດຊະນະນັດທຳອິດ.)

☐ **ひょっとしたら**
(हुन सक्छ／ប្រហែល／ອາດຈະເປັນໄປໄດ້ວ່າ, ບາງເທື່ອ)

▶ ひょっとしたら、会場で彼女に会えるかもしれない。
同 ひょっとして、ひょっとすると
(हुन सक्छ, सेमिनारमा केटी साथीलाई भेट्न पनि सक्छ।／ប្រហែលជាខ្ញុំអាចជួបនាងនៅឯកន្លែងប្រកួត／ບາງເທື່ອອາດຈະພົ້ລາວທີ່ສະຖານທີ່ຈັດງານ.)

☐ **再び**
(फेरि／ម្ដងទៀត／ອີກເທື່ອ, ອີກຄັ້ງ)

▶ 10年経って、再びここで働くことになるとは思わなかった。
(१० वर्ष पछि, फेरि पनि यो ठाउँमा काम गर्छु भनेर सोचेको थिएन।／ខ្ញុំមិនរំពឹងថានឹងធ្វើការនៅទីនេះម្ដងទៀតទេបន្ទាប់ពី ១០ ឆ្នាំ／ຜ່ານໄປ10ປີແລ້ວ, ບໍ່ຄິດເລີຍວ່າຊິໄດ້ເຮັດວຽກຢູ່ນີ້ອີກຄັ້ງ.)

☐ **ふと**
(अचानक／ភ្លាមៗ／ຢ່າງກະທັນຫັນ, ໂດຍບັງເອີນ, ໂດຍບໍ່ຄາດຄິດ, ໂດຍບໍ່ໄດ້ຕັ້ງໃຈ)

▶ ふと窓の外を見ると、雪が降っていた。
(झट्ट (अचानक) बाहिर हेरेको त, हिउँ परेको थियो।／ពេលដែលខ្ញុំសំលឹងមើលទៅខាងក្រៅបង្អួចភ្លាម ព្រិលកំពុងតែធ្លាក់／ແນມອອກໄປນອກປະຕູປ່ອງຢ້ຽມໂດຍບັງເອີນ ແລະ ເຫັນຫິມະກຳລັງຕົກ.)

☐ **別々で**
(अलग-अलग, छुट्टा-छुट्टै／ដោយឡែកពីគ្នា ឬ ផ្សេងៗគ្នា／ແຍກຕ່າງຫາກ, ແຍກກັນ)

▶ 会計は別々でお願いします。
(बिल छुट्टा-छुट्टै गरिदिनुहोस्।／សូមបង់ប្រាក់ដោយឡែកពីគ្នា／ຂໍຈ່າຍແຍກກັນ)

☐ **ぼんやり(と)**
(आफ्नै धुनमा／ស្លុង ឬយ៉ាងខ្លាំង(នឹង)／ຊຶມ, ໃຈລອຍ, ບໍ່ມີຈຸດໝາຍ, ຢ່າງຄຸມເຄືອ)

▶ ぼんやりと考え事をしながら歩いていたら、人にぶつかってしまった。
(आफ्नै धुनमा सोच्दै हिँडिरहँदा मान्छेसँग ठोक्कियो।／នៅពេលដែលខ្ញុំកំពុងដើរបណ្ដើរហើយស្លុងគិតបណ្ដើរ ខ្ញុំបានដើរបុកមនុស្សម្នាក់បាត់ទៅហើយ／ທັງຍ່າງທັງຄິດຢ່າງຄຸມເຄືອກໍ່ເລີຍຕຳຄົນຊໍ້າ.)

☐ **まさか**
(नसोचेको कुरा／មិនអាចទៅរួច ឬមិនអាចកើតឡើងបាន／ບໍ່ມີທາງ, ເປັນໄດ້ແນວໃດ)

▶ けんかばかりしていたあの二人がまさか結婚するなんて、想像もしなかった。
(झगडा मात्र गरिरहेका त्यो दुई जनाको बिहे हुन्छ भनेर सोचेको थिएन।／ខ្ញុំមិនដែលស្មានតែនឹកស្រម៉ៃថា អ្នកទាំងពីរដែលតែងតែឈ្លោះគ្នានឹងរៀបការជាមួយគ្នា វាមិនអាចទៅរួចទេ／ບໍ່ເຄີຍຄິດເລີຍວ່າສອງຄົນທີ່ມັກຜິດກັນຈະແຕ່ງງານກັນ, ເປັນໄດ້ແນວໃດ.)

☐ **真っ先に**
(सब भन्दा पहिला／ដំបូង ឬមុនគេ／ໜ້າສຸດ, ກ່ອນໝູ່ໝົດ, ອັນດັບທຳອິດ)

▶ 合格を知った時は、真っ先に親に知らせた。
(पास भएको थाहा पाएको बेला, सब भन्दा पहिला बुबा आमालाई थाहा दिए।／នៅពេលខ្ញុំដឹងថាខ្ញុំបានប្រលងជាប់ ខ្ញុំបានជូនដំណឹងដល់ឪពុកម្ដាយខ្ញុំជាមុន／ຕອນຮູ້ວ່າເສັງຜ່ານ, ໄດ້ແຈ້ງໃຫ້ພໍ່ແມ່ຮູ້ກ່ອນໝູ່ໝົດ.)

☐ **間もなく**
(चाँडै／ឆាប់ៗនេះ ឬបន្តិចទៀតនេះ／ໃນບໍ່ຊ້າ, ໄວໆນີ້, ອີກບໍ່ດົນ, ອີກຈັກໜ້ອຍ)

▶ 〈放送〉間もなく３番線に列車が参ります。
(〈प्रसारण〉 चाँडैनै ३ नम्बरको लाइनमा ट्रेन (रेल) आउदैछ।／បន្តិចទៀតនេះ រថភ្លើងនឹងមកដល់ខ្សែទី ៣／ອີກບໍ່ດົນ, ລົດໄຟຈະມາຮອດຊານຊາລາໝາຍເລກ3 .)

☐ **万(が)一**
(यदि, केहि भएमा／ឱកាសណាមួយ ឬក្នុងករណីណាមួយ／ຖ້າຫາກວ່າ, ສົມມຸດວ່າ)

▶ 万が一、私が行けなくなっても、代わりの者を行かせます。
(यदि म आउन नसके पनि, मेरो सट्टामा अरूलाई पठाउँछु।／ក្នុងករណីណាមួយដែលខ្ញុំមិនអាចទៅបាន ខ្ញុំនឹងឱ្យអ្នកជំនួសទៅ／ສົມມຸດວ່າຂ້ອຍໄປບໍ່ໄດ້, ກໍ່ຈະໃຫ້ຜູ້ອື່ນໄປແທນ.)

音声DL 119

□ むしろ

▶ 暖(あたた)かい季節(きせつ)が好(す)きな人(ひと)が多(おお)いけど、私(わたし)はむしろ冬(ふゆ)が好(す)きなんです。

(बरु, त्यसको सट्टा／ផ្ទុយទៅវិញ／...ຫຼາຍກວ່າ, ...ຈະດີກວ່າ)

(त्यानो मौसम मन पराउने मान्छे धेरै हुन्छ तर मलाई चाहिँ जाडो मौसम मन पर्छ।／មនុស្សជាច្រើនចូលចិត្តរដូវក្ដៅ ប៉ុន្តែខ្ញុំផ្ទុយទៅវិញចូលចិត្តរដូវរងារ／ຫຼາຍຄົນອາດຈະມັກລະດູອຸ່ນໆ, ແຕ່ຂ້ອຍມັກລະດູໜາວຫຼາຍກວ່າ.)

□ めっきり

▶ 最近(さいきん)、めっきり寒(さむ)くなりましたね。

(अत्यन्तै, धेरै／គួរឱ្យកត់សម្គាល់／ຢ່າງຊັດເຈນ, ຢ່າງໜ້າສັງເກດ, ເປັນພິເສດ)

(हिजोआज, अत्यन्तै जाडो बढ्न थाल्यो है।／ថ្មីៗនេះវាត្រជាក់គួរឱ្យកត់សម្គាល់／ໄລຍະນີ້ໜາວຂຶ້ນຫຼາຍເປັນພິເສດ)

□ もしかすると

▶ もしかすると、それは本当(ほんとう)かもしれない。同 もしかしたら

(सायद／ប្រហែលជា／ບໍ່ແນ່ເດີ້ (ອາດຈະ...ກໍ່ໄດ້), ດີບໍ່ດີ (ອາດຈະ..ກໍ່ໄດ້), ຫຼືວ່າ (ອາດຈະ..ກໍ່ໄດ້) ໃຜຊິໄປຮູ້)

(सायद, त्यो साँच्चै पनि हुन सक्छ।／ប្រហែលជារឿងនោះជាការពិត／ບໍ່ແນ່ເດີ້, ນັ້ນອາດຈະແມ່ນເລື່ອງແທ້ກໍ່ໄດ້.)

□ もしも

▶ もしもあの時(とき)、先生(せんせい)に会(あ)わなかったら、普通(ふつう)に就職(しゅうしょく)していたと思(おも)います。

(यदि／បើ ឬប្រសិនបើ／ຖ້າ..., ສົມມຸດວ່າ...)

(यदि त्यो बेला, शिक्षकसँग नभेटेको भए, सामान्य रुपमा काम गरिरहेको हुन्थ्यो।／ប្រសិនបើខ្ញុំមិនបានជួបគ្រូនៅពេលនោះទេ ខ្ញុំបានធ្វើការធម្មតាទៅហើយ／ຖ້າຕອນນັ້ນບໍ່ໄດ້ພໍ້ອາຈານ, ຂ້ອຍກໍ່ຄົງຈະໄດ້ເຮັດວຽກປົກກະຕິ.)

□ わざと

▶ もちろん、相手(あいて)が子供(こども)の場合(ばあい)は、わざと負(ま)けてあげます。

(जानी जानी, केही उद्देश्यको लागि／ធ្វើពុតជា／ຢ່າງຕັ້ງໃຈ, ຢ່າງຈົງໃຈ)

(अवश्यै, दोस्रो व्यक्तिले बच्चाको लागि जानी-जानी हारिदिन्छ।／ជាការពិតណាស់ ករណីមនុស្សម្នាក់ទៀតជាកុមារ ខ្ញុំនឹងធ្វើជាចាញ់／ແນ່ນອນ, ຖ້າອີກຝ່າຍໜຶ່ງເປັນເດັກນ້ອຍ, ຊິຍອມເສຍໃຫ້ຢ່າງຈົງໃຈ.)

□ わざわざ

▶ わざわざ遠(とお)くからお越(こ)しいただいて、ありがとうございます。

(दुःख गरेको, नगरेपनि हुनेमा, खासरुपमा／ខិតខំ ឬតាំងចិត្ត／ຕັ້ງອົກຕັ້ງໃຈ)

(त्यति टाढा देखि दुःख गरी आइदिनुभएकोमा धन्यवाद।／ខ្ញុំសូមអរគុណយ៉ាងខ្លាំងចំពោះការខិតខំអញ្ជើញមកតាំងពីចម្ងាយ／ຂອບໃຈທີ່ຕັ້ງອົກຕັ້ງໃຈມາຫາແຕ່ໄກ.)

□ 割(わり)と／割(わり)に

▷ 割(わり)と面白(おもしろ)い、割(わり)と近(ちか)い

(सोचे भन्दा／ណាស់ / ប្រៀបធៀប／ຂ້ອນຂ້າງ, ນັບວ່າ, ຈັດວ່າ)

(सोचे भन्दा रमाईलो, सोचे भन्दा नजिक／វាគួរឱ្យចាប់អារម្មណ៍ណាស់, វាជិតខ្លាំងណាស់／ຂ້ອນຂ້າງໜ້າສົນໃຈ, ຂ້ອນຂ້າງໃກ້)

15 接続詞 (निपात／នាមឈ្នាប់／ຄຳເຊື່ອມ)

□ あるいは (अथवा, वा／ឬ／ຫຼືວ່າ, ຫຼືບໍ່ກໍ່, ຫຼື)

▶ 卒業後は、大学院に行くか、あるいは、留学するかのどちらかです。
(स्नातक गरे पछि मास्टर्स अथवा वैदेशिक शिक्षा हासिलमा कुनै एक हुन्छ।／
បន្ទាប់ពីបញ្ចប់ការសិក្សាអ្នកអាចបន្តទៅថ្នាក់ឧត្តមសិក្សា ឬ ទៅសិក្សានៅបរទេស／
ຫຼັງຈາກຮຽນຈົບ, ອາດຈະຮຽນອັນໃດອັນໜຶ່ງລະຫວ່າງຕໍ່ປະລິນຍາໂທ ຫຼືບໍ່ກໍ່ໄປຮຽນຢູ່ຕ່າງປະເທດ.)

□ および (र／និង／ແລະ)

▶ 社員およびその家族は、これらのスポーツ施設を割引で利用できます。
(कर्मचारी र उनका परिवारले यो स्पोर्ट भवनमा छुटमा प्रयोग गर्न सकिन्छ।／
និយោជិកនិងក្រុមគ្រួសាររបស់ពួកគេអាចទទួលបានសម្ភារៈកីឡាទាំងនេះដោយមានការបញ្ចុះតំលៃ／
ພະນັກງານແລະຄອບຄົວຂອງພວກເຂົາສາມາດໃຊ້ສູນອອກກຳລັງກາຍເຫຼົ່ານີ້ໂດຍມີສ່ວນຫຼຸດລາຄາ.)

□ けれども (तर पनि／ប៉ុន្តែ／ແຕ່)

▶ 安全だと言われました。けれども事故は起きたんです。
(सुरक्षित छ भनियो तर पनि दुर्घटना भयो।／គេប្រាប់ខ្ញុំថាវាមានសុវត្ថិភាព ប៉ុន្តែគ្រោះថ្នាក់មួយបានកើតឡើង／
ຖືກບອກວ່າປອດໄພແຕ່ອຸບັດຕິເຫດພັດເກີດຂຶ້ນ.)

□ けれど (तर पनि／តែ／ແຕ່, ແຕ່ວ່າ)

▶ 旅行に行くのは賛成だよ。けれど、休みが取れるの？
(भ्रमण जाने कुरामा सहमत छु। तर बिदा पाउन सकिन्छ？／
ខ្ញុំយល់ស្របនឹងទៅទេសចរណ៍ ប៉ុន្តែតើអាចឈប់សម្រាកមួយថ្ងៃបានទេ?／
ເຫັນດີໃນການໄປທ່ຽວແຕ່ວ່າຂໍລາພັກໄດ້ບໍ່ລະ?)

□ すなわち (त्यो／គួយ៉ាង／ນັ້ນກໍ່ຄື..., ເຊັ່ນວ່າ)

▶ 世間の常識が、すなわち、正しいこととはいえないと思う。
(अर्थात, समाजले मानेको त्यो सामाजिक ज्ञान सबै सहि भन्न मिल्दैन जस्तो लाग्छ।／
ចំណេះដឹងទូទៅនៃពិភពលោក គួយ៉ាងខ្ញុំគិតថាមិនអាចនិយាយបានថាភាពត្រឹមត្រូវគឺជាអ្វីទេ／
ສາມັນສຳນຶກຂອງສັງຄົມ, ນັ້ນກໍ່ຄື: ຄິດວ່າບໍ່ສາມາດເວົ້າໃນສິ່ງທີ່ຖືກຕ້ອງ.)

□ すると (त्यसले गर्दा／បន្ទាប់មក／ຫຼັງຈາກນັ້ນທັນທີ, ທັນທີທັນໃດທີ່)

▶ 店の入口を明るくしたんです。すると、お客さんが増え始めたんです。
(स्टोरको मुलद्वार उज्यालो गर्‍यो। त्यसले गर्दा ग्राहक बढ्न थालेको छ।／
ខ្ញុំបំភ្លឺច្រកចូលហាង បន្ទាប់មកចំនួនអតិថិជនចាប់ផ្តើមកើនឡើង／
ເຮັດໃຫ້ທາງເຂົ້າຮ້ານແຈ້ງຂຶ້ນ. ຫຼັງຈາກນັ້ນທັນທີລູກຄ້າກໍ່ເພີ່ມຂຶ້ນ.)

□ そのうえ (त्यसमाथी／ម្យ៉ាងទៀត／ຍິ່ງໄປກວ່ານັ້ນ, ນອກເໜືອໄປຈາກນັ້ນ, ຮ້າຍໄປກວ່ານັ້ນ)

▶ 出かける時に忘れ物をしたんです。その上、バスも遅れて。
(बाहिर निस्कने बेला सामान बिर्सेको थिएँ। त्यसमाथी, बसमा पनि ढिला भएँ।／
ខ្ញុំភ្លេចអ្វីមួយពេលខ្ញុំចេញទៅក្រៅ ម្យ៉ាងទៀតឡានក្រុងក៏យឺតដែរ／
ລືມເຄື່ອງຕອນອອກມາ. ຮ້າຍໄປກວ່ານັ້ນລົດເມກໍ່ມາຊ້າ.)

□ そのため (त्यसकारण／ដូច្នេះ／ດັ່ງນັ້ນ, ດ້ວຍເຫດນັ້ນ, ເພາະສະນັ້ນ, ຍ້ອນແນວນັ້ນ)

▶ ６～７月は天気の悪い日が続いた。そのため、野菜の値段が上がっている。
(जुन देखि जुलाई सम्म खराब मौसमका दिनहरु जारी रह्यो। त्यस कारण, तरकारीको मूल्य वृद्धि भयो।／
អាកាសធាតុអាក្រក់បានបន្តពីខែមិថុនាដល់ខែកក្កដា ដូច្នេះតម្លៃបន្លែកំពុងតែឡើងថ្លៃ／
ອາກາດບໍ່ດີຕິດຕໍ່ກັນຫຼາຍມື້ໃນລະຫວ່າງເດືອນ6ຫາເດືອນ7. ຍ້ອນແນວນັ້ນລາຄາຜັກຈຶ່ງຂຶ້ນ.)

□ それでも

▶「このまま試合に出続けると、もうサッカーができなくなるかもしれませんよ」「それでもいいんです」

(त्यसो भएपनि／ចឹងក៏／ເຖິງວ່າເປັນແນວນັ້ນກໍ່ຕາມ)

(“यहि अवस्थामा प्रतियोगितामा भाग लिइरह्यो भने, फुटबल खेल्न नसक्ने पनि हुन सक्छ है” “त्यसो भएपनि ठिक छ”／
「ប្រសិនបើអ្នកបន្តចេញប្រកួតដូចឥឡូវនេះ អ្នកនឹងមិនអាចលេងបាល់ទាត់ទៀតទេ」「ចឹងក៏មិនអីដែរ」／
"ຖ້າລົງແຂ່ງຂັນຕິດຕໍ່ກັນແບບນີ້, ອາດຈະເຕະບານບໍ່ໄດ້ເລີຍໄດ໋" "ບໍ່ເປັນຫຍັງ, ເຖິງວ່າເປັນແນວນັ້ນກໍ່ຕາມ")

□ それと

▶ 卵買ってきて。あ、それと牛乳もお願い。

(त्यस पछि／ហើយថែម／ລະກະ, ແລະ)

(अण्डा किनेर ल्याउ। ए, त्यसपछि गाईको दुध पनि ल्याउ।／
ទិញពងមាន់មក, អូ ហើយសូមពឹងទិញទឹកដោះគោថែមអោយផង／ຊື້ໄຂ່ມາ. ເອີ້, ລະກະຊື້ນົມມາພ້ອມເດີ້.)

□ それとも

▶ パンにする？　それともご飯にする？

(अथवा／ឬក៏／ຫຼື, ຫຼືວ່າ)

(पाउरोटी लिनुहुन्छ ? अथवा भात लिनुहुन्छ ?／តើអ្នកចង់បាននំប៉័ងទេ? ឬក៏តើអ្នកចង់បានបាយវិញ?／
ກິນເຂົ້າໜົມປັງບໍ? ຫຼືວ່າຊິກິນເຂົ້າ?)

□ それなのに

▶ 練習は毎日やっています。それなのに、あまり上達しないんです。

(तै पनि／ទោះចឹងក៏ដោយ／ປານນັ້ນກໍ່ຍັງ...)

(हरेक दिन अभ्यास गरिरहेको छु। तै पनि सिपालु हुन सकेन।／
ខ្ញុំហ្វឹកហាត់រាល់ថ្ងៃ ទោះចឹងក៏ដោយខ្ញុំមិនមានអ្វីប្រសើរឬរីកចំរើនទេ／
ຝຶກຊ້ອມຢູ່ທຸກໆມື້. ປານນັ້ນກໍ່ຍັງບໍ່ພັດທະນາຂຶ້ນປານໃດ.)

□ それなら

▶ 今週は忙しいの？　それなら、その次にしようか。

(त्यसो भए／ប្រសិនបើចឹង／ຄັນບໍ່ຊັ້ນກໍ່..., ຖ້າເປັນແນວນັ້ນກໍ່...)

(यो हप्ता व्यस्त हो ? त्यसो भए, अर्को हप्तामा गरौं।／
តើអ្នករវល់ក្នុងសប្តាហ៍នេះទេ? ប្រសិនបើរវល់ចឹងសូមធ្វើវានៅពេលបន្ទាប់／
ອາທິດນີ້ຄາວຽກບໍ? ຖ້າເປັນແນວນັ້ນກໍ່ເອົາໄວ້ເທື່ອໜ້າເບາະ?)

音声DL 121

□ それにしては

▶ 彼、まだ大学生？　それにしては落ち着いているね。

(त्यो अनुसार／អញ្ចឹងបាន／ແຕ່ເຖິງວ່າເປັນແນວນັ້ນ, ເຫັນຄືແນວນັ້ນ)

(उ अझै कलेजको बिद्यार्थी हो ? त्यसो हो भने, आनन्द छ है।／
តើគាត់នៅតែជានិស្សិតមហាវិទ្យាល័យនៅឡើយទេ? អញ្ចឹងបានស្ងប់ស្ងាត់／
ລາວຍັງແມ່ນນັກສຶກສາມະຫາວິທະຍາໄລບໍ? ເຫັນຄືແນວນັ້ນ, ເປັນຄົນໃຈເຢັນເນາະ)

□ それにしても

▶「林さんの遅刻はいつものことですよ」「それにしても遅くない？　何もなければいいけど」

(तै पनि／ទោះបីជាអញ្ចឹងក្តី／ເຖິງຢ່າງໃດກໍ່ຕາມ, ເຖິງແມ່ນວ່າ)

(“हायासी जी जहिले पनि ढिला हुनु सामान्य हो ”“तै पनि ढिला भएन ? केहि पनि नभएत ठिकै हो”／
「ការមកយឺតរបស់លោកហាយ៉ាស៊ីគឺជាញឹកញាប់ទៅហើយ」「ទោះបីជាអញ្ចឹងក្តី វាមិនយឺតដល់ចឹងទេ?បើមិនមានអ្វី」／
"ການມາຊ້າຂອງທ້າວ ຮະຢະຊິແມ່ນເລື່ອງປະຈຳ" "ເຖິງຢ່າງໃດກໍ່ຕາມ, ບໍ່ຊ້າໂພດຫວາ? ຖ້າບໍ່ມີຫຍັງເກີດຂຶ້ນກໍ່ດີຢູ່ດອກ")

□ だからといって

▶ 私一人の力ではどうにもならないけど、だからといって、何もしないわけにはいかない。

(त्यसो भन्दैमा／ប៉ុន្តែនោះមិនមានន័យថា／ແຕ່ກໍ່ບໍ່ໄດ້ໝາຍຄວາມວ່າ...)

(म एक्लैको बलले केहिपनि हुदैन तर त्यसो भन्दैमा केहि पनि नगर्ने भन्ने कुरा पनि हुदैन।／
ខ្ញុំម្នាក់ឯងមិនអាចជួយខ្លួនឯងបានទេ ប៉ុន្តែនេះមិនមានន័យថាខ្ញុំមិនអាចធ្វើអ្វីបាននោះទេ／
ເຫື່ອແຮງຂອງຂ້ອຍຜູ້ດຽວອາດຈະຊ່ວຍຫຍັງບໍ່ໄດ້. ແຕ່ກໍ່ບໍ່ໄດ້ໝາຍຄວາມວ່າຊິບໍ່ເຮັດຫຍັງເລີຍ.)

□ ただ

▶ すごくいいホテルでした。ただ、駅からちょっと遠かったです。

(तर／ប៉ុន្តែ／ມີແຕ່ວ່າ)

(अत्यन्त राम्रो होटेल थियो। तर स्टेशनबाट अलि टाढा थियो।／
វាជាសណ្ឋាគារស្អាតខ្លាំងណាស់ ប៉ុន្តែវានៅឆ្ងាយពីស្ថានីយ៍បន្តិច／ເປັນໂຮງແຮມທີ່ດີຫຼາຍ. ມີແຕ່ວ່າໄກສະຖານນີໜ້ອຍໜຶ່ງ.)

□ **ただし（但(ただ)し）**

（तर／ទោះយ៉ាងណាក៏ដោយ／
แต่มีข้อยกเว้น, แต่ว่า, แนวใดก็ตาม）

▶ 第三月曜日(だいさんげつようび)はお休(やす)みです。ただし、祝日(しゅくじつ)の場合(ばあい)は営業(えいぎょう)します。

（तेस्रो सोमबार बिदा हो । तर, सार्वजनिक बिदा भएमा काम हुन्छ ।／
ថ្ងៃច័ន្ទអាទិត្យទីបីត្រូវបានឈប់សំរាក ទោះយ៉ាងណាក៏ដោយថ្ងៃឈប់សម្រាកសាធារណៈនឹងបើកលក់វិញ／
ວັນຈັນຂອງອາທິດທີສາມແມ່ນປິດ (ຮ້ານ). ແນວໃດກໍ່ຕາມ, ກໍລະນີຖືກມື້ພັກທາງການແມ່ນເປີດບໍລິການ.）

□ 話 **だったら**

（त्यसो भए／ភាសានិយាយ៖ បើដូច្នេះ／
ຖ້າແມ່ນແນວນັ້ນ）

▶ 明日(あした)、休(やす)みなの？　だったら、一緒(いっしょ)に映画(えいが)見(み)に行(い)かない？

（भोली बिदा हो ? त्यसो भए सगै चलचित्र हेर्न जान्नौ ?／
តើថ្ងៃស្អែកឈប់សំរាកទេ? បើដូច្នេះហេតុអ្វីអ្នកមិនទៅមើលកុនជាមួយគ្នា?／
ມື້ອື່ນພັກບໍ? ຖ້າແມ່ນແນວນັ້ນ, ບໍ່ໄປເບິ່ງໜັງນຳກັນບໍ?）

□ **つまり**

（त्यसको मतलब／ម្យ៉ាងទៀត／
ເວົ້າອີກຢ່າງໜຶ່ງກໍ່ຄື, ສະຫຼຸບກໍ່ຄື）

▶ 電話(でんわ)で問(と)い合(あ)わせると、さまざまな部署(ぶしょ)にまわされました。つまり、前例(ぜんれい)がなく、どこで担当(たんとう)するかわからなかったようです。

（टेलिफोन बाट सम्पर्क गर्‍यो भने विभिन्न विभागमा फोन पास गर्‍यो । त्यसको मतलब, पहिले यस्तो घटना नभएकोले कुन विचागले जिम्मेवारी लिन्छ थाहा थिएन जस्ता छ ।／នៅពេលខ្ញុំសាកសួរតាមទូរស័ព្ទ គឺត្រូវបានគេបញ្ជូនទៅផ្នែកផ្សេងៗ ម្យ៉ាងទៀតវាហាក់ដូចជាមិនមានលេខរៀងហើយក៏មិនដឹងថាអ្នកទទួលខុសត្រូវនៅកន្លែងណាដែរ／
ສອບຖາມທາງໂທລະສັບແລ້ວຖືກຕໍ່ສາຍໄປຫາຫຼາຍຝ່າຍ. ສະຫຼຸບກໍ່ຄື,
ບໍ່ມີຕົວຢ່າງມາກ່ອນ ແລະ ບໍ່ຮູ້ຊິຮູ້ວ່າບ່ອນໃດຮັບຜິດຊອບ.）

□ **ですから**

（त्यसैले／ដូច្នេះ／
ເພາະສະນັ້ນ, ສະນັ້ນ, ດັ່ງນັ້ນ）

▶ 作業(さぎょう)は一人(ひとり)でできるそうなんです。ですから、私(わたし)が行(い)きます。

（यो काम एकजनाले गर्न सकिन्छ जस्तो लाग्छ । त्यसैले म जान्छु ।／
វាហាក់ដូចជាការងារអាចធ្វើតែម្នាក់ឯងបាន ដូច្នេះខ្ញុំនឹងទៅ／ຮູ້ຊິເຮັດວຽກຜູ້ດຽວໄດ້ຢູ່. ເພາະສະນັ້ນຂ້ອຍຊິໄປ (ເອງ).）

□ **では**

（त्यसो भए／ចឹង／ຄັນຊັ້ນ...）

▶ では、授業(じゅぎょう)を始(はじ)めましょう。

（त्यसो भए क्लास शुरु गरौ ।／ចឹងតោះចាប់ផ្តើមរៀន／ຄັນຊັ້ນ, ເລີ່ມຮຽນກັນເລີຍ.）

□ **なお**

（त्यसमाथी／ប៉ុន្តែ／
ອີກເລື່ອງໜຶ່ງ, ອີກອັນໜຶ່ງ, ນອກຈາກນີ້）

▶ 会議(かいぎ)は予定(よてい)どおり行(おこな)います。なお、資料(しりょう)は当日(とうじつ)、お配(くば)りします。

（समय तालिका अनुसार सभा आयोजना हुन्छ । त्यसमाथी कागजपत्र त्यही दिन वितरण गर्छु ।／
កិច្ចប្រជុំនឹងត្រូវធ្វើឡើងតាមការគ្រោងទុក ប៉ុន្តែឯកសារនឹងត្រូវចែកជូននៅថ្ងៃនៃកិច្ចប្រជុំ／
ກອງປະຊຸມຈະຖືກຈັດຂຶ້ນຕາມກຳນົດ. ອີກອັນໜຶ່ງ, ເອກະສານແມ່ນຈະຢາຍໃນມື້ນັ້ນ.）

□ **なぜなら**

（किन भने／ព្រោះ／
ເພາະວ່າ, ...ນັ້ນກໍ່ຍ້ອນວ່າ）

▶ 宇宙(うちゅう)から見(み)ると地球(ちきゅう)は青(あお)い星(ほし)です。なぜなら、地球(ちきゅう)の表面(ひょうめん)の大部分(だいぶぶん)が水(みず)だからです。　同 なぜならば

（अन्तरिक्षबाट हेर्‍यो भने पृथ्वी नीलो तारा हो । किनभने पृथ्वीको सतहको धेरै मात्रा पानी भएकोले हो ।／
បើមើលពីលំហ ផែនដីជាផ្កាយពណ៌ខៀវ ព្រោះដោយសារតែផ្ទៃផែនដីភាគច្រើនជាទឹក／
ຖ້າເບິ່ງຈາກຈັກກະວານໜ່ວຍໂລກຈະແມ່ນດາວສີຟ້າ. ເພາະວ່າພື້ນຜິວຂອງໜ່ວຍໂລກສ່ວນຫຼາຍແມ່ນນ້ຳ.）

□ **もしくは**

（वा／ឬ／ຫຼືວ່າ, ຫຼືບໍ່ກໍ່）

▶ 来週(らいしゅう)の水曜(すいよう)、もしくは木曜(もくよう)までにご連絡(れんらく)ください。

（आउने हप्ताको बुधबार वा बिहिवार सम्ममा सम्पर्क गर्नुहोस् ।／
សូមទាក់ទងមកនៅថ្ងៃពុធឬថ្ងៃព្រហស្បតិ៍នៃសប្តាហ៍ក្រោយ／
ກະລຸນາຕິດຕໍ່ມາບໍ່ໃຫ້ເກີນວັນພຸດຫຼືບໍ່ກໍ່ວັນພະຫັດຂອງອາທິດໜ້າ.）

122

16 ぎおん語・ぎたい語

(अनुकार शब्द, नक्कल शब्द／ពាក្យត្រាប់សូរ/ត្រាប់គំនូរ／ຄຳສະແດງສຽງ, ຄຳສະແດງສະພາບ)

□ **うろうろ(する)**

(यताउता, ओहोरदोहोर／ដើរវើរ／ວົນວຽນ, ວົນໄປວົນມາ)

▶ さっきからお店の前をうろうろしている人がいるけど、何か用があるのかなあ。

(अघिदेखि पसल अगाडि ओहारदोहोर गर्दै गरेको मान्छे छ। के काम थियो होला।／មានមនុស្សកំពុងដើរវើរនៅមុខហាងមុននេះ ប៉ុន្តែខ្ញុំឆ្ងល់ថាតើមានការអ្វីដែរ?／ມີຄົນວົນໄປວົນມາຢູ່ຕໍ່ໜ້າຮ້ານຕັ້ງແຕ່ຫວ່າງກີ້ນີ້, ມີວຽກຫຍັງບໍ່ນໍ້?)

□ **キラキラ/きらきら(する)**

(चम्किनु／ចែងចាំង／ເຫຼື້ອມມິບມັບ, ເປັນປະກາຍ, ແວວວາວ)

▶ 空を見上げると、たくさんの星がきらきらと輝いていた。

(आकास माथी हेर्यो भने, ताराहरू चम्किरहेको थियो।／ពេលខ្ញុំក្រឡេកមើលទៅលើមេឃមានផ្កាយជាច្រើនកំពុងរះចែងចាំង／ເມື່ອແນມຂຶ້ນເບິ່ງທ້ອງຟ້າຈະເຫັນດາວຫຼາຍດວງເປັ່ງປະກາຍຢ່າງແວວວາວ.)

□ **ぐんぐん**

(छिटोछिटो／ជាលំដាប់／ຢ່າງໄວວາ, ຢ່າງສະໝໍ່າສະເໝີ, ຢ່າງບໍ່ຢຸດຢັ້ງ)

▶ 日当たりがよく、水も毎日あげたので、芽がぐんぐん伸びていった。

(राम्रोसँग घाम लाग्ने, हरेक दिन पानी दिएकोले, कोपिलाहरू छिटोछिटो वृद्धि भयो।／រាប់ពន្លឺថ្ងៃល្អហើយខ្ញុំបានផ្តល់ទឹកជារៀងរាល់ថ្ងៃ ដូច្នេះពន្លកបានរីកលូតលាស់ឡើងជាលំដាប់／ແຕກໜໍ່ຢ່າງໄວວາຍ້ອນຖືກແດດດີແລະ ຫົດນ້ຳທຸກມື້.)

□ **ごちゃごちゃ(する)**

(अस्तव्यस्त गर्नु／រញ៉េរញ៉ៃ／ຮົກມະຍຸມະຍະ, ບໍ່ເປັນລະບຽບ, ສັບສົນ)

▶ 子供が散らかすもので……。ごちゃごちゃしていて、すみません。

(बच्चाले सबै सामानहरू छरपष्ट गरेकोले, अस्तव्यस्त भएकोमा माफ गर्नुहोस्।／កុមារបានធ្វើអោយរញ៉េរញ៉ៃ ... ខ្ញុំសុំទោសដែលធ្វើអោយរញ៉េរញ៉ៃ／ຂໍໂທດເດີ້ທີ່ເຮັດຮົກມະຍຸມະຍະ. ລູກຊະເຄື່ອງ...)

□ **ころころ**

(घरीघरी／ពីមួយពេលទៅមួយពេល／ປ່ຽນແປງເລື້ອຍໆ (ເຊັ່ນ: ຄຳເວົ້າ, ແຜນ))

▶ 部長の意見はころころ変わるから困る。

(मेनेजरको विचार घरीघरी परिवर्तन हुने भएकोले समस्या हुन्छ।／ខ្ញុំជួបបញ្ហាព្រោះយោបល់របស់នាយកផ្លាស់ប្តូរពីមួយពេលទៅមួយពេល／ເດືອດຮ້ອນຍ້ອນຄຳເຫັນຂອງຫົວໜ້າພະແນກປ່ຽນແປງເລື້ອຍໆ)

□ **どんどん**

(ढकढक／សំលេងដុងដុង／ສຽງຕີ ຫຼື ເຄາະດັງ "ເຕິ້ງໆ", ເລື້ອຍໆ, ຢ່າງໄວວາ, ຢ່າງບໍ່ຢຸດຢັ້ງ)

▶ さっきから、ドアをどんどんと叩く音がする。

(केही समय अघिदेखि, ढकढक ढोका ढक्ढक्याएको आवाज सुनें।／មុននេះបន្តិច ខ្ញុំបានលឺសំឡេងគោះទ្វារដុងដុង／ໄດ້ຍິນສຽງເຄາະປະຕູດັງເຕິ້ງໆຕັ້ງແຕ່ຫວ່າງກີ້ນີ້.)

▶ 遠慮しないでどんどん食べて。

(अप्ठ्यारो (लाज) नमानी ग्वामग्वाम खाउ।／កុំស្ទាក់ស្ទើរសូមញ៉ាំកាន់អោយច្រើនៗទៅ／ບໍ່ຕ້ອງເກງໃຈກິນໄປເລື້ອຍໆໂລດ.)

□ **ぶかぶか(する)**

(खुकुलो गर्नु, ठूलो हुनु／រលុង／ຫຼົມໂລະເລະ, ໃຫຍ່ເກີນໄປ, ຫຼົມເກີນໄປ)

▶ 〈靴、ズボン、帽子など〉１つ上のサイズだと、ぶかぶかだった。

(〈जुत्ता, पाइन्ट, टोपी〉 एक साइज माथिको भएर खुकुलो थियो।／(ស្បែកជើង, ខោ មួក។ ល។) បើទំហំធំជាងខ្លួនទលេខរលុង／(ເກີບ, ໂສ້ງ, ໝວກແລະອື່ນໆ) ຖ້າແມ່ນຂະໜາດໃຫຍ່ຂຶ້ນອີກ1ເບີລະແມ່ນຫຼົມໂລະເລະ.)

□ ぶつぶつ

(फतफताउने, भुतभुताउने, गनगन／រអ៊ូ／
จั่มพึ่มๆพ่ำๆยู่ผู้ดຽວ)

▶ ぶつぶつ言(い)わないで、文句(もんく)があるならはっきり言(い)ったら？

(गनगन नगरी गुनासो छ भने प्रस्ट (स्पष्ट) भन ?／កុំរអ៊ូរទាំប្រសិនបើអ្នកមានបណ្ដឹងតវ៉ាហេតុអ្វីអ្នកមិននិយាយច្បាស់?／
บໍ່ຕ້ອງຈົ່ມພຶ່ມໆພໍ່າໆດອກ, ຖ້າມີຄໍາຕິຊົມກໍ່ເວົ້າຢ່າງຈະແຈ້ງແມະ?.)

□ ぼろぼろ

(थोत्रो, भुत्रो／ចាស់រហែក／
ສະພາບທີ່ເກົ່າແຮງ, ຂາດຫຼາຍ)

▶ このぼろぼろのジーンズ、まだ履(は)くの？

(यो भुत्रो जिन्स फेरि लगाउने ?／តើអ្នកនៅតែស្លៀកខោខូវប៊យចាស់រហែកទាំងនេះទៀត?／
ຍັງຊິໃສ່ໂສ້ງຢີນຂາດຜືນນີ້ຫວາ?)

123

17 カタカナ語(ご) (काताकाना भाषा／អក្សរកាតាកាណា／ຄຳສັບຄະຕະກະນະ)

□ **アイドル**
(कलाकार／និមិត្តរូប／ບຸກຄົນແບບຢ່າງ, ສິນລະປິນ ຫຼື ດາລາທີ່ເຮັດໃຫ້ຄົນຢາກຕິດຕາມ)

▷ 人気(にんき)アイドル
(प्रख्यात कलाकार／និមិត្តរូបពេញនិយមឬមានប្រជាប្រិយ／ບຸກຄົນແບບຢ່າງທີ່ມີຊື່ສຽງ)

□ **アウトドア**
(बाहिर, आउट डोर／ខាងក្រៅ／ນອກບ້ານ, ກາງແຈ້ງ)

□ **アレンジ(する)**
(व्यवस्थापन गर्नु, मिलाउनु, ढाल्नु／រៀបចំ／ການຈັດໃຫ້ເປັນລະບຽບ, ການຮຽບຮຽງ)

▶ 50年前(ねんまえ)のヒット曲(きょく)を現代風(げんだいふう)にアレンジしてみました。
(५० वर्ष अघिको प्रख्यात (हीट) गीतलाई आधुनिक शैलीमा ढालेर हेर्‍यौं।／ខ្ញុំបានព្យាយាមរៀបចំបទចម្រៀងដែលល្បីកាលពី៥០ឆ្នាំមុននៅក្នុងរចនាបថទំនើប／ຮຽບຮຽງເພງຍອດນິຍົມເມື່ອ50ປີກ່ອນໃຫ້ເປັນແບບສະໄໝໃໝ່ລອງເບິ່ງ.)

□ **イコール**
(बराबर／ស្មើគ្នា／ເທົ່າກັນ, ເທົ່າກັບ)

▶ AとBは、ほとんどイコールです。
(ए र बी प्राय बराबर छ।／A និង B គឺស្ទើរតែស្មើគ្នា។／AແລະBເກືອບເທົ່າກັນ.)

□ **インフォメーション**
(सूचना, जानकारी／ពត៌មាន／ຂໍ້ມູນ, ຂໍ້ມູນຂ່າວສານ)

▷ インフォメーションカウンター
(सूचना काउन्टर／បញ្ជរព័ត៌មាន／ບ່ອນສອບຖາມ, ສູນຂໍ້ມູນຂ່າວສານ)

□ **オイル**
(तेल (मोबिल)／ប្រេង／ນ້ຳມັນ)

□ **カルチャー**
(संस्कृति／វប្បធម៌／ວັດທະນະທຳ)

▷ カルチャー教室(きょうしつ) (संस्कृति कक्षा／បន្ទប់ឬថ្នាក់រៀនវប្បធម៌／ຫ້ອງຮຽນວັດທະນະທຳ)

▶ 日本(にほん)で初(はじ)めてお風呂(ふろ)に入(はい)った時(とき)は、カルチャーショックを受(う)けました。
(जापानमा पहिलो चोटि ओफुरो (नाङ्गै नुहाउने ठाउँ) मा पस्दा, फरक संस्कृतिको कारणले मलाई झट्का लाग्यो।／នៅពេលខ្ញុំចូលងូតទឹកក្តៅនៅជប៉ុនលើកដំបូង ខ្ញុំបានទទួលការភ្ញាក់ផ្អើលវប្បធម៌／ຕອນທີ່ເຂົ້າອ່າງອາບນ້ຳຢູ່ຍີ່ປຸ່ນເທື່ອທຳອິດຮູ້ສຶກຕື່ນກັບວັດທະນະທຳທີ່ແຕກຕ່າງ.)

□ **キャップ**
(टोपी, कभर, बिर्को／គំរប／ຝາ (ອັດຂວດ,ພາຊະນະຕ່າງໆ))

▶ カチッと音(おと)がするまでキャップを回(まわ)してください。
(खत्याक्क आवाज नआए सम्म बिर्कोलाई घुमाउनुस्।／សូមបង្វិលឬមួលគំរបរហូតដល់លឺសំលេងហ្គជី／ກະລຸນາບິດຝາຈົນໄດ້ຍິນສຽງດັງແກັກເດີ້.)

□ **キャラクター**
(चरित्र (क्यारेक्टर)／តំរូបសញ្ញា／ເອກກະລັກສະເພາະ, ໂຕລະຄອນ)

▷ キャラクター商品(しょうひん)
(क्यारेक्टरको बिक्री सामान／ផលិតផលតំរូ／ສິນຄ້າທີ່ມີເອກກະລັກສະເພາະ)

▶ 彼(かれ)は面白(おもしろ)いキャラクターをしているね。
(उस्ले रमाइलो चरित्र (क्यारेक्टर) गर्दैछ है।／គាត់មានចរិកគួរឱ្យចាប់អារម្មណ៍／ລາວຫຼິ້ນເປັນໂຕລະຄອນທີ່ໜ້າສົນໃຈເນາະ.)

□ **コントロール(する)**
(नियन्त्रण／គ្រប់គ្រង／ການຄວບຄຸມ)

▶ ときどき自分(じぶん)の感情(かんじょう)をコントロールできなくなる。
(कहिलेकाही म आफ्नो भावनालाई नियन्त्रण गर्न नसक्ने हुन्छु।／ពេលខ្លះខ្ញុំបាត់បង់ការគ្រប់គ្រងអារម្មណ៍ខ្លួនឯង／ບາງຄັ້ງບາງຄາວກໍ່ບໍ່ສາມາດຄວບຄຸມຄວາມຮູ້ສຶກຂອງໂຕເອງໄດ້.)

□ **システム**
(प्रणाली／ប្រពន្ធ័／ລະບົບ)

▷ 流通(りゅうつう)システム
(वितरण प्रणाली／ប្រព័ន្ធចែកចាយ／ລະບົບກະຈາຍສິນຄ້າ)

□ **シフト**
(कामको तालिका, सिफ्ट／តារាងម៉ោងធ្វើការងារ／ຕາຕະລາງວຽກ, ໂມງເຮັດວຽກ)

▷ アルバイトの勤務(きんむ)シフト
(पार्ट टाइम कामको सिफ्ट／តារាងម៉ោងការងារក្រៅម៉ោង／ຕາຕະລາງເຮັດວຽກພິເສດ)

□ **ジャンル** (किसिम／ប្រភេទ／ຊະນິດ, ປະເພດ)

□ **ショッピング** (किनमेल／ការដើរទិញទំនិញ／ຊອບປິ້ງ, ຊື້ເຄື່ອງ)

□ **シングル** (सिङ्गल／គ្រែមួយ／ດ່ຽວ)
▶ シングルの部屋(へや)を予約(よやく)した。
(सिङ्गल कोठा बुकिङ गरे।／ខ្ញុំបានកក់បន្ទប់គ្រែមួយ／ຈອງຫ້ອງດ່ຽວແລ້ວ.)

□ **スクール** (स्कूल／សាលា／ໂຮງຮຽນ)
▶ 週(しゅう)に１回(かい)、英会話(えいかいわ)スクールに通(かよ)っています。
(हप्तामा १ पटक, अंग्रेजी बोल्ने स्कूल जाने गरिरहेको छु।／ខ្ញុំទៅសាលាសន្ទនាភាសាអង់គ្លេសម្តងក្នុងមួយសប្តាហ៍／ໄປໂຮງຮຽນສຳລັບຮຽນເວົ້າພາສາອັງກິດອາທິດໜຶ່ງເທື່ອໜຶ່ງ.)

□ **スト/ストライキ** (हड्ताल, आन्दोलन／កូដកម្ម／ການນັດຢຸດງານ)

□ **ストーリー** (कथा／រឿងរ៉ាវ／ເລື່ອງລາວ, ນິທານ, ນິຍາຍ)
▶ 絵(え)を見(み)るだけでストーリーが浮(う)かんでくる。
(चित्र मात्र हेरे पनि कथा याद आउँछ।／គ្រាន់តែមើលរូបភាពគឺរឿងរ៉ាវចូលមកក្នុងគំនិតខ្ញុំ／ເບິ່ງຮູບແຕ້ມຊື່ໆກໍ່ເຮັດໃຫ້ລື່ອງລາວເຂົ້າມາໃນຄວາມຄິດ.)

□ **スマート(な)** (स्मार्ट／ឆ្លាតឬឈ្លាសវៃ／ສະຫງ່າ, ສະຫຼາດ, ເກັ່ງ, ສວຍງາມ)
▷ スマートな体(からだ)、スマートな対応(たいおう)
(स्मार्ट शरीर, स्मार्ट व्यवहार／រាងកាយស្អាតល្អ, ការឆ្លើយឆ្លងឆ្លាតវៃ／ຮ່າງກາຍທີ່ສະຫງ່າ, ການຮັບຮອງທີ່ເກັ່ງ)

□ **スマートフォン/短スマホ** (स्मार्ट फोन／ទូរសព្ទឆ្លាតវៃ／ໂທລະສັບມືຖືທີ່ທັນສະໄໝ)

□ **スムーズ(な)** (समय तालिका अनुसार चल्नु／យ៉ាងរលូន／ໄປດ້ວຍດີ, ຢ່າງບໍ່ຂ້ອງຄາ)
▶ 今(いま)のところ、仕事(しごと)はスムーズにいっています。
(अहिलेसम्म, काम सरल ढंगले जादैछ।／រហូតមកដល់ពេលនេះការងារកំពុងដំណើរការយ៉ាងរលូន／ຕອນນີ້, ວຽກພວມດຳເນີນໄປດ້ວຍດີ.)

□ **センター** (केन्द्र／មជ្ឈមណ្ឌល／ສູນ, ສູນກາງ, ໃຈກາງ)
▷ ショッピングセンター
(व्यापारिक केन्द्र／មជ្ឈមណ្ឌលទិញទំនិញ／ສູນການຄ້າ)

□ **タイミング** (समय／ពេលវេលា／ເວລາ, ຈັງຫວະ)
▶ タイミングが合(あ)わなくて、彼(かれ)とはなかなか会(あ)えません。
(समयमा नमिलेको कारणले, केटा साथीलाई कहिल्यै भेट्न सकिएन।／វាពិបាកក្នុងការជួបគាត់ព្រោះពេលវេលាមិនត្រូវគ្នា／ເວລາບໍ່ກົງກັນແດ່, ບໍ່ຄ່ອຍຈະໄດ້ພໍ້ກັບລາວເລີຍ.)

□ **ダイヤル(する)** (डायल गर्नु／ចុចលេខ／ຕໍ່ໂທລະສັບ, ໝຸນ ຫຼື ກົດເລກ (ເພື່ອໂທລະສັບ))
▶ １をダイヤルすると、フロントにつながります。
(१ डायल गर्‍यो भने, रिसेप्सनमा उठ्छ।／ចុចលេខ ១ ដើម្បីភ្ជាប់ទៅតុទទួលភ្ញៀវ／ກົດ1ເພື່ອຕໍ່ໂທລະສັບຫາບ່ອນຕິດຕໍ່ສອບຖາມ)

□ **ダブル** (दोबर／គុណនឹងពីរឬទ្វេ／ຊ້ຳ, ສຳລັບສອງຄົນ, ສອງເທົ່າ)
▶ 今(いま)買(か)うと、ダブルでポイントが付(つ)く。
(अहिले किन्यो भने दोबर पोइन्ट आउँछ।／ប្រសិនបើអ្នកទិញវាឥឡូវនេះអ្នកនឹងទទួលបានពិន្ទុទ្វេ／ຖ້າຊື້ຕອນນີ້ຈະໄດ້ຄະແນນສະສົມເຖິງ2ເທົ່າ.)

□ **ダブる** (खप्टिनु／ជាន់គ្នាឬត្រួតគ្នា／ຊ້ຳ, ສຳລັບສອງຄົນ)
▶ リストを見直(みなお)したら、一部(いちぶ)ダブっていた。
(लिष्टको समीक्षा गर्दा, एक ठाउँमा खप्टिएको थियो।／នៅពេលខ្ញុំពិនិត្យមើលបញ្ជីនោះ មានផ្នែកមួយចំនួនជាន់គ្នាឬត្រួតគ្នា／ເບິ່ງລາຍການຄືນແລ້ວເຫັນວ່າສ່ວນໜຶ່ງຊ້ຳກັນ.)

□ **ツイン(ルーム)** (डबल रुम (कोठा)／គ្រែពីរ(បន្ទប់)／ຫ້ອງພັກຕຽງຄູ່)

☐ デモ ▷ 値上(ねあ)げ反対(はんたい)のデモ

(आन्दोलन／បាតុកម្ម／ການເດີນຂະບວນ) (मूल्यवृद्धि विरुद्धको आन्दोलन／បាតុកម្មប្រឆាំងនឹងការឡើងថ្លៃ／ການເດີນຂະບວນຕ້ານການຂຶ້ນລາຄາ.)

☐ テンポ ▷ テンポの速(はや)い曲(きょく)

(ताल／សង្វាក់／ຈັງຫວະດົນຕີ) (ताल छिटो भएको गीत／បទដែលមានសង្វាក់លឿន／ເພງທີ່ມີຈັງຫວະດົນຕີໄວ)

☐ ドライ(な) ▷ ドライな性格(せいかく)

(सीधा／ស្ងួតឬក្រៀមក្រោះ／ບໍ່ມີຄວາມຮູ້ສຶກ, ບໍ່ສະແດງອອກທາງອາລົມ) (सीधा स्वभाव (सिधा व्यवहार)／បុគ្គលិកលក្ខណៈស្ងួតឬក្រៀមក្រោះ／ນິໄສທີ່ບໍ່ສະແດງອອກທາງອາລົມ)

音声DL 124

☐ ネットワーク ▶ いろいろな人(ひと)と交流(こうりゅう)して、ネットワークを広(ひろ)げましょう。

(नेटवर्क (सम्बन्ध)／បណ្ដាញទំនាក់ទំនង／ເຄືອຂ່າຍ) (विभिन्न मानिससँग अन्तरक्रिया गरेर, सम्बन्ध बढाऔं ।／សូមទំនាក់ទំនងជាមួយមនុស្សផ្សេងៗដើម្បីពង្រីកបណ្ដាញទំនាក់ទំនង／ພົວພັນກັບຫຼາຍໆຄົນເພື່ອຂະຫຍາຍເຄືອຂ່າຍກັນເທາະ.)

☐ ハード(な) ▷ ハードな練習(れんしゅう)

(कडा／ពិបាក／ໜັກ, ເຂັ້ມງວດ) (कडा अभ्यास／ការហ្វឹកហាត់ពិបាក／ຝຶກຊ້ອມໜັກ.)

☐ ハーフ ▷ ハーフサイズ、ハーフタイム

(आधा, हाफ／ពាក់កណ្ដាល／ເຄິ່ງ) (आधा साईज, हाफ टाईम／ទំហំពាក់កណ្ដាល, ពាក់កណ្ដាលពេល／ຂະໜາດເຄິ່ງໜຶ່ງ, ເຄິ່ງເວລາ)

☐ パスワード (पासवर्ड／លេខសំងាត់／ລະຫັດລັບ)

☐ パターン ▶ この病気(びょうき)の症状(しょうじょう)には3つのパターンがあります。

(ढाँचा, प्रकार／គំរូឬសញ្ញា／ແບບ, ລວດລາຍ) (यो रोगको लक्षण ३ प्रकारको छ ।／ជំងឺនេះមានរោគសញ្ញា ៣ យ៉ាង／ອາການຂອງພະຍາດນີ້ມີຢູ່3ແບບ.)

☐ バランス ▷ 栄養(えいよう)のバランス、バランスをとる

(सन्तुलन／តុល្យភាព／ຄວາມສົມດຸນ) (पौष्टिक तत्वको सन्तुलन, सन्तुलनमा राख्नु／អាហារូបត្ថម្ភមានតុល្យភាព, យកតុល្យភាព／ຄວາມສົມດຸນຂອງສານອາຫານ, ຮັກສາຄວາມສົມດຸນ)

☐ ピーク ▶ 混雑(こんざつ)のピークは6時頃(じごろ)です。

(सबैभन्दा उच्च／កំពូលឬខ្លាំង／ຈຸດສູງສຸດ, ສຸດ) (धेरै भीड हुने ६ बजे तिर हो ।／ការកកស្ទះខ្លាំងគឺប្រហែលម៉ោង ៦／ຄົນຫຼາຍສຸດແມ່ນຕອນປະມານ6ໂມງ.)

☐ ヒント ▶ 〈クイズ〉何(なに)かヒントをください。

(सुझाव, संकेत／ពត៌មានជំនួយ／ການບອກໃບ້) (〈प्रतियोगिता〉 केही संकेत (हिंट) दिनुहोस् ।／សូមផ្ដល់ពត៌មានជំនួយខ្លះដល់ខ្ញុំ(សំណួរ)／(ຄຳຖາມ) ບອກໃບ້ອັນໃດອັນໜຶ່ງໃຫ້ແດ່?)

☐ ブーム ▶ 最近(さいきん)、ジョギングがブームです。

(लोकप्रिय, प्रचारित हुनु／រីកដុះដាលខ្លាំង／ການໄດ້ຮັບຄວາມນິຍົມໃນເວລາທີ່ໄວວາ) (आजकल, जगिङ (हिडडुल)को चलन छ ।／ថ្មីៗនេះការរត់ហាត់ប្រាណកំពុងរីកដុះដាលខ្លាំង／ປະຈຸບັນການແລ່ນອອກກຳລັງກາຍພວມເປັນທີ່ນິຍົມ.)

☐ プライバシー ▷ プライバシーを守(まも)る

(गोपनियता／ភាពឯកជន／សិទ្ធិស្វ័យ... ສິດທິສ່ວນບຸກຄົນ, ເລື່ອງສ່ວນໂຕ, ຄວາມເປັນສ່ວນໂຕ) (गोपनियता पालना गर्नु／ការពារភាពឯកជន／ຮັກສາຄວາມເປັນສ່ວນໂຕ.)

☐ プライベート(な) ▶ プライベートな質問(しつもん)には答(こた)えられません。

(निजी, व्यक्तिगत／ឯកជន／ເປັນສ່ວນໂຕ) (निजी (व्यक्तिगत) प्रश्नहरूको उत्तर दिन सक्दिन ।／ខ្ញុំមិនអាចឆ្លើយសំណួរឯកជនបានទេ／ບໍ່ສາມາດຕອບຄຳຖາມທີ່ເປັນສ່ວນໂຕ.)

□ **プラン**

(योजना／ផែនការ／ແຜນການ)

▷ 旅行プラン
りょこう

(भ्रमणको योजना／ផែនការទេសចរណ៍／ແຜນການທ່ອງທ່ຽວ)

□ **フリー(な)**

(स्वतन्त्र／ទំនេរ／ຫວ່າງ, ບໍ່ໄດ້ເຮັດຫຍັງ, ອິດສະຫຼະ)

▶ 以前は会社に勤めていましたが、今はフリーです。
いぜん　かいしゃ　つと　いま

(पहिला कम्पनीमा काम गरेको थिएँ तर अहिले बेरोजगार छु।／ខ្ញុំធ្លាប់ធ្វើការឱ្យក្រុមហ៊ុនប៉ុន្តែឥឡូវខ្ញុំទំនេរ／ກ່ອນໜ້ານີ້ເຮັດວຽກກັບບໍລິສັດແຕ່ຕອນນີ້ບໍ່ໄດ້ເຮັດຫຍັງ.)

□ **ホームレス**

(घर विहीन／ជនអនាថា／ຄົນບໍ່ມີທີ່ຢູ່ອາໄສ)

▶ 少しずつだが、ホームレスが減っている。
すこ　へ

(सङ्ख्यात्मक हिसाबले थोरै भएपनि घर विहीन मानिसहरू घट्दैछ।／ទោះបីជាបន្តិចម្តង ៗ ប៉ុន្តែចំនួនជនអនាថា (មានន័យថាប្រជាជន) កំពុងថយចុះ／ຈຳນວນຄົນບໍ່ມີທີ່ຢູ່ອາໄສຫຼຸດລົງຢູ່ເຖິງວ່າຈະຫຼຸດເທື່ອລະໜ້ອຍກໍ່ຕາມ.)

□ **マスター(する)**

(दक्ष हुनु／រៀនអោយស្ទាត់ជំនាញ／ຊຳນານ, ເກັ່ງ)

▶ 何か一つ、外国語をマスターしたい。
なに　ひと　がいこくご

(कुनै एउटा, विदेशी भाषामा दक्ष हुन चाहन्छु।／ស្អីក៏ដោយអោយបានមួយ ខ្ញុំចង់រៀនភាសាបរទេសអោយស្ទាត់ជំនាញ／ຢາກຊຳນານພາສາຕ່າງປະເທດຈັກພາສາໜຶ່ງ.)

□ **ムード**

(मुड／ស្ថិតនៅ／ບັນຍາກາດ, ອາລົມ)

▶ 地元のチームが優勝して、町全体がお祝いムードです。
じもと　ゆうしょう　まちぜんたい　いわ

(आफ्नो गाउँको समूहले जितेर, गाउँवासीहरू उत्सवको मुड छन्।／ក្រុមក្នុងស្រុកបានឈ្នះជើងឯកហើយទីក្រុងទាំងមូលស្ថិតនៅក្នុងអារម្មណ៍អបអរសាទរ／ທີມທ້ອງຖິ່ນໄດ້ຮັບໄຊຊະນະ, ບ້ານເມືອງກໍ່ເລີຍຢູ່ໃນບັນຍາກາດການສະເຫຼີມສະຫຼອງ.)

□ **メーカー**

(उद्योग, निर्माता／ឈ្មោះក្រុមហ៊ុន／ຜູ້ຜະລິດ)

▷ 部品メーカー
ぶひん

(पार्टस् निर्माता／ឈ្មោះក្រុមហ៊ុនផលិតគ្រឿងបន្លាស់／ຜູ້ຜະລິດອາໄຫຼ່.)

□ **ランニング(する)**

(दौडिनु／រត់ហាត់ប្រាណ／ແລ່ນ)

▶ 週末は川沿いをランニングしています。
しゅうまつ　かわぞ

(हप्ताको अन्त, खोलाको किनारतिर दौडने गर्दछु।／ខ្ញុំរត់ហាត់ប្រាណតាមដងទន្លេនៅចុងសប្ដាហ៍／ແລ່ນລຽບຕາມແຄມນ້ຳໃນທ້າຍອາທິດ.)

□ **リード(する)**

(अग्रता, नेतृत्व／នាំមុខ／ນຳພາ, ນຳໜ້າ)

▶ ２対０で中国がリードしている。
たい　ちゅうごく

(चीन २ - ० ले अग्रता लिइरहेछ।／ចិនកំពុងនាំមុខ ២-០／ຈີນນຳໜ້າຢູ່2ຕໍ່0.)

▶ 鈴木さんがチームをうまくリードしてくれました。
すずき

(सुजुकी जीले टिमलाई राम्रोसँग नेतृत्व गर्नुभयो।／លោក ស៊ីស៊ូគិ ដឹកនាំក្រុមបានល្អអោយខ្ញុំ／ທ່ານຊູຊູກິນຳພາທີມໄປດ້ວຍດີ)

□ **レース**

(दौड／ការប្រណាំង／ການແຂ່ງຂັນ)

▶ 予想通り、激しいレースになった。
よそうどお　はげ

(अनुमान गरे अनुसार, कडा दौड प्रतियोगिता भयो।／ដូចការរំពឹងទុកវាជាការប្រណាំងដ៏សាហាវមួយ／ກາຍເປັນການແຂ່ງຂັນທີ່ດຸເດືອດຕາມທີ່ຄາດໄວ້.)

□ **ロマンチック(な)**

(रोमान्टिक／សង់ទីម៉ង់／ໂລແມນຕິກ)

▶ ロマンチックな雰囲気
ふんいき

(रोमान्टिक वातावरण (मुड)／បរិយាកាសសង់ទីម៉ង់／ບັນຍາກາດໂລແມນຕິກ.)

125

18 文型(ぶんけい) (वाक्य रचना／លំនាំប្រយោគ／ຮູບປະໂຫຍກ)

☐ ～かけ

▷ 飲(の)みかけのお茶(ちゃ)、読(よ)みかけの本(ほん)

(पिउदै गरेको चिया, पढ्दै गरेको किताब／តែកំពុងផឹក, សៀវភៅកំពុងអាន／ນ້ຳຊາທີ່ດື່ມຄ້າງໄວ້, ປຶ້ມທີ່ອ່ານຄ້າງໄວ້)

☐ ～がてら

▶ 散歩(さんぽ)がてら、郵便局(ゆうびんきょく)に行(い)ってきた。

(हिँड्डुल गर्दा गर्दै हुलाक कार्यालय गएर आएँ।／នៅពេលកំពុងដើរលេងខ្ញុំបានឆ្លៀតទៅការិយាល័យប្រៃសណីយ៍／ໄປຍ່າງຫຼິ້ນແລະທັງສວຍໂອກາດໄປໄປສະນີ.)

☐ ～気(き)がする

▶ 今度(こんど)は負(ま)ける気(き)がしない。

(यो पटक हार्छु जस्तो लाग्दैन।／លើកក្រោយខ្ញុំមិនមានអារម្មណ៍ចាញ់ទេ／ເທື່ອຕໍ່ໄປຮູ້ສຶກວ່າຊິບໍ່ເສຍ.)

☐ ～きる

▶ 最後(さいご)まで走(はし)りきった。

(अन्तिम सम्म दौडियो।／ខ្ញុំបានរត់ដល់ទីបញ្ចប់／ແລ່ນໃຫ້ຈົບຈົນເຖິງທີ່ສຸດ.)

☐ ～込(こ)む

▶ 何(なに)をそんなに考(かんが)え込(こ)んでるの？

(त्यस्तो के सोचिरहेको?／តើអ្នកគិតស្មុគស្មាញអ្វីដល់ថ្នាក់នឹង?／ກຳລັງໄຕ່ຕອງຫຍັງຢູ່ປານນັ້ນ?)

☐ ～たて

▷ 焼(や)きたてのパン、炊(た)きたてのご飯(はん)

(भर्खरै बनाएको पाउरोटी, भर्खरै पकाएको भात／នំប៉័ងដុតស្រស់, បាយឆ្អិនថ្មីៗ／ເຂົ້າໜົມປັງທາກໍ່ປີ້ງແລ້ວໃໝ່ໆ, ເຂົ້າທາກໍ່ຫຸງສຸກໃໝ່ໆ)

☐ ～た途端(とたん)

▶ 会(あ)った途端(とたん)、その人(ひと)が好(す)きになりました。

(भेट्ने बित्तिकै त्यो मानिस मन पर्‍यो।／ពេលដែលខ្ញុំបានជួបគាត់ភ្លាម ខ្ញុំបានស្រឡាញ់គាត់／ທັນທີທີ່ພົບກໍ່ມັກຜູ້ນັ້ນຂຶ້ນມາເລີຍ.)

☐ ～度(たび)に

▶ 甥(おい)は会(あ)う度(たび)に大(おお)きくなっている。

(भतिजलाई भेटेकै पिच्छे ठूलो भइरहेको छ।／ក្មួយប្រុសខ្ញុំកាន់តែធំទៅៗរាល់ពេលដែលខ្ញុំជួបគាត់／ເຫັນຫຼານຊາຍເທື່ອໃດໃຫຍ່ຂຶ້ນເທື່ອນັ້ນ.)

☐ ～だらけ

▷ 傷(きず)だらけの机(つくえ)、間違(まちが)いだらけの文章(ぶんしょう)

(खुर्याच धेरै भएको टेबुल, गल्ती धेरै भएको वाक्य／តុមួយដែលពោរពេញទៅដោយស្នាមប្រេះ, ប្រយោគពេញទៅដោយកំហុស／ໂຕະທີ່ມີແຕ່ຮອຍຂູດ, ປະໂຫຍກທີ່ມີແຕ່ບ່ອນຜິດ)

☐ ～っぽい

▷ 男(おとこ)っぽい女性(じょせい)、子供(こども)っぽい服(ふく)

(केटा जस्तो देखिने केटी, बच्चाको जस्तो लुगा／ស្ត្រីស្រដៀងប្រុស, សម្លៀកបំពាក់ដូចកូនក្មេង／ແມ່ຍິງທີ່ມີວາດຊົງຄືຜູ້ຊາຍ, ຄືເສື້ອເດັກນ້ອຍ)

☐ ～づらい

▷ 歩(ある)きづらい道(みち)、見(み)づらい本(ほん)

(हिँड्न गाह्रो बाटो, पढ्न गाह्रो किताब／ផ្លូវពិបាកដើរ, សៀវភៅពិបាកអាន／ທົນທາງທີ່ຍ່າງຍາກ, ປຶ້ມທີ່ອ່ານຍາກ)

□ **～として**
▶ 10年前は、留学生として日本に来ました。
(१० वर्ष अगाडि अन्तर्राष्ट्रिय विद्यार्थीको रुपमा जापान आएको थिएँ।／
កាលពី ១០ ឆ្នាំមុនខ្ញុំបានមកដល់ប្រទេសជប៉ុនក្នុងនាមជានិស្សិតអន្តរជាតិ／
10ປີກ່ອນໄດ້ມາປະເທດຍີ່ປຸ່ນໃນນາມນັກສຶກສາຕ່າງປະເທດ.)

□ **～とは限らない**
▶ 相手はプロだけど、負けるとは限らない。
(दोस्रो पक्ष पेशेवर भए पनि अवश्य हार्छ भन्ने छैन।／គូប្រជែងគឺជាអ្នកអាជីព ប៉ុន្តែមិនអាចកំណត់ថាចាញ់បានទេ／
ຝ່າຍກົງກັນຂ້າມເປັນມືອາຊີບແຕ່ກໍ່ບໍ່ສະເໝີໄປທີ່ (ເຮົາ) ຈະເສຍ.)

□ **～と見なす**
▶ ここにサインがあれば、同意したとみなされます。
(यहाँ हस्ताक्षर भएमा स्वीकार गरेको भन्ने बुझिन्छ।／ប្រសិនបើអ្នកចុះហត្ថលេខានៅទីនេះគឺសំរេចថាអ្នកយល់ព្រម／
ຖ້າມີລາຍເຊັນຢູ່ນີ້ຈະຖືກພິຈາລະນາວ່າເຫັນດີ.)

□ **～なんて**
▶ 結婚なんて、まだ考えてない。
(विहेको कुरा सम्म अझै सोचेको छैन।／ខ្ញុំមិនទាន់គិតអំពីការរៀបការនៅឡើយទេ／ຄືເລື່ອງແຕ່ງງານ, ບໍ່ທັນໄດ້ຄິດ.)

□ **～において**
▶ 今日の社会において、高齢化は大きな問題です。
(आजको समाजमा बुढेसकाल एक ठूलो समस्या हो।／ភាពចាស់ជរាគឺជាបញ្ហាធំនៅក្នុងសង្គមសព្វថ្ងៃ／
ການເພີ່ມຂຶ້ນຂອງຜູ້ສູງອາຍຸຄືບັນຫາໃນບໍລິສັດໃນປະຈຸບັນ.)

□ **～に応じて**
▶ 予算に応じてホテルを紹介します。
(बजेट अनुसारको होटेल व्यवस्था गर्छु।／ខ្ញុំនឹងណែនាំសណ្ឋាគារតាមថវិការបស់អ្នក／ຊິແນະນຳໂຮງແຮມຕາມງົບປະມານ.)

□ **～に過ぎない**
▶ これは原因の一つに過ぎない。
(यो एउटा कारण मात्र हो।／នេះគឺជាមូលហេតុតែមួយប៉ុណ្ណោះ／ອັນນີ້ເປັນພຽງສາເຫດໜຶ່ງເທົ່ານັ້ນ.)

□ **～に沿って**
▶ 国の方針に沿って、新しい道路が建設される。
(देशको नीति अनुसार नयाँ बाटो बनाइन्छ।／ផ្លូវថ្មីនឹងត្រូវសាងសង់ស្របតាមគោលនយោបាយជាតិ／
ເສັ້ນທາງໃໝ່ຈະຖືກກໍ່ສ້າງຕາມນະໂຍບາຍຂອງປະເທດຊາດ,)

音声DL 126

□ **～に対して**
▶ 年上の人に対して、ああいう言葉遣いはよくない。
(आफूभन्दा ठूलो उमेर भएको मानिसप्रति त्यस्तो भाषा प्रयोग गर्नु राम्रो होइन।／
ពាក្យប្រភេទនោះគឺមិនល្អប្រើចំពោះមនុស្សចាស់ទេ／ໃຊ້ຄຳເວົ້າແບບນັ້ນຕໍ່ຜູ້ທີ່ມີອາຍຸຫຼາຍກວ່າບໍ່ດີ.)

□ **～に対する**
▶ その話を聞いて、彼に対する見方が変わった。
(त्यो कुरा सुनेर उ प्रतिको हेर्ने तरिका परिवर्तन भयो।／
បន្ទាប់ពីបានស្តាប់រឿងនេះហើយខ្ញុំបានផ្លាស់ប្តូរទស្សនៈរបស់ខ្ញុំចំពោះគាត់／
ຫຼັງຈາກທີ່ຟັງເລື່ອງນັ້ນແລ້ວທັດສະນະຄະຕິຕໍ່ລາວກໍ່ໄດ້ປ່ຽນໄປ.)

□ **～に違いない**
▶ 彼女なら、きっと知っているに違いないよ。
(उनलाई भए, अवश्य थाहा हुनेमा शंका छैन।／ប្រសិនបើជានាង គឺនាងពិតជាដឹង／ລາວຕ້ອງຮູ້ຢ່າງແນ່ນອນ.)

□ **～にとって**
▶ 日本人にとって、お風呂は欠かせないものです。
(जापानीहरूको लागि ओफुरो (बाथरुम) नभई नहुने (अपरिहार्य) चीज हो।／
ការចូលអាងងូតទឹកក្តៅគឺមិនអាចខ្វះបានសម្រាប់ប្រជាជនជប៉ុន／ສຳລັບຄົນຍີ່ປຸ່ນແລ້ວ, ອ່າງອາບນ້ຳຄືສິ່ງທີ່ຂາດບໍ່ໄດ້.)

□ ～によって

▶ 調査(ちょうさ)によって新事実(しんじじつ)が明(あき)らかになった。

(अनुसन्धानले गर्दा नयाँ सत्य कुरा खुलासा भएको थियो।／ការស៊ើបអង្កេតបានបង្ហាញការពិតថ្មី／
ອີງຕາມການສຳຫຼວດ, ຂໍ້ແທ້ຈິງອັນໃໝ່ໄດ້ປະກົດອອກ.)

□ ～によると

▶ 新聞報道(しんぶんほうどう)によると、景気(けいき)はよくなっているようです。

(पत्रपत्रिकाको समाचार अनुसार आर्थिक अवस्था राम्रो हुँदै गरेको छ।／
យោងតាមរបាយការណ៍កាសែត សេដ្ឋកិច្ចហាក់ដូចជាកំពុងប្រសើរឡើង／
ອີງຕາມການລາຍງານຂອງໜັງສືພິມ, ເບິ່ງຄືວ່າເສດຖະກິດຈະດີຂຶ້ນ.)

□ ～まみれ

▷ 泥(どろ)まみれの靴(くつ)

(हिलो धेरै लागेको जुत्ता／ស្បែកជើងប្រលាក់ភក់／ເກີບມີຂີ້ຕົມຕິດເຕັມໄປໝົດ)

□ ～を通(つう)じて

▶ 彼(かれ)とは、共通(きょうつう)の知人(ちじん)を通(つう)じて知(し)り合(あ)いました。

(उनलाई चिनेको मान्छेद्वारा चिनजान भएको हो।／ខ្ញុំបានជួបគាត់តាមរយៈអ្នកស្គាល់គ្នា／
ຮູ້ຈັກກັບລາວໂດຍຜ່ານການແນະນຳຈາກຄົນຮູ້ຈັກຂອງທັງສອງຝ່າຍ.)

□ ～を通(とお)して

▶ この島(しま)は、一年(いちねん)を通(とお)して温暖(おんだん)な気候(きこう)です。

(यो टापुमा बर्षभरी न्यानो मौसम हुन्छ।／កោះនេះមានអាកាសធាតុកក់ក្ដៅពេញមួយឆ្នាំ／ເກາະນີ້ມີອາກາດອົບອຸ່ນຕະຫຼອດປີ.)

□ ～を通(とお)して

▶ ボランティア活動(かつどう)を通(とお)して、多(おお)くのことを学(まな)びました。

(स्वयमसेवकको कामद्वारा धेरै कुरा सिकें।／ខ្ញុំរៀនបានច្រើនតាមរយៈសកម្មភាពការងារស្ម័គ្រចិត្ត／
ໄດ້ຮຽນຮູ້ຫຼາຍຢ່າງຜ່ານກິດຈະກຳອາສາສະໝັກ.)

□ ～を問(と)わず

▶ このバンドは、男女(だんじょ)を問(と)わず、人気(にんき)がある。

(यो सांगीतिक समूह केटा केटी मतलब नगरी लोकप्रिय छ।／ក្រុមតន្ត្រីនេះមានប្រជាប្រិយភាពទាំងបុរសនិងស្ត្រី／
ວົງດົນຕີນີ້ມີຊື່ສຽງທັງໃນຍິງແລະຊາຍ.)

□ ～をはじめ

▶ 北海道(ほっかいどう)をはじめ、全国(ぜんこく)を回(まわ)りました。

(होक्काइदो समेत र सबै देशभरी घुमेको थिएँ।／ខ្ញុំបានធ្វើដំណើរពាសពេញប្រទេសជប៉ុនដំបូងគេគឺហុកកៃដូ／
ອ້ອມທົ່ວປະເທດ, ເລີ່ມຕົ້ນຈາກຮອັກໄກໂດ)

□ ～を経(へ)て

▶ 半年(はんとし)の研修期間(けんしゅうきかん)を経(へ)て、社員(しゃいん)になりました。

(६ महिनाको प्रशिक्षण अवधि सकाएर, कर्मचारी भइयो।／
បន្ទាប់ពីរយៈពេលបណ្ដុះបណ្ដាលកន្លះឆ្នាំខ្ញុំបានក្លាយជាបុគ្គលិកក្រុមហ៊ុន／
ຜ່ານການຝຶກອົບຮົມເປັນເວລາເຄິ່ງປີກໍ່ໄດ້ກາຍເປັນພະນັກປະຈຳ.)

□ ～を巡(めぐ)って

▶ 増税(ぞうぜい)を巡(めぐ)って、さまざまな意見(いけん)が出(で)ている。

(कर बृद्धि बारेमा विभिन्न विचारहरू आइरहेको छ।／មានមតិផ្សេងៗគ្នាអំពីការដំឡើងពន្ធ／
ມີຄຳເຫັນຕ່າງໆນາໆກ່ຽວກັບການຂຶ້ນພາສີ.)

さくいん (ສູຈກາກ／ຕາຣາງຕາມລຳດັບອັກສອນ／ສາລະບານ)

い

う

え

お

か

き

く

け

こ

さ

し

す

た

ち

つ

て

に

ぬ

ね

の

は

ひ

ふ

へ

ほ

ま

み

む

め

も

や

ゆ

よ

●著者
倉品さやか（くらしな　さやか）
筑波大学日本語・日本文化学類卒業、広島大学大学院日本語教育学修士課程修了。スロベニア・リュブリャーナ大学、福山 YMCA 国際ビジネス専門学校、仙台イングリッシュセンターで日本語講師を務めた後、現在は国際大学言語教育研究センター講師。

DTP　平田文普
レイアウト　ポイントライン
カバーデザイン　滝デザイン事務所
カバーイラスト　© iStockphoto.com/Colonel
本文イラスト　白須道子
翻訳　Nibesh Dangol／丹羽充
Kimpheng Eng／井上えりか
Vannakhone Phanolith／平田晶子
編集協力　黒岩しづ可

本書へのご意見・ご感想は下記 URL までお寄せください。
https://www.jresearch.co.jp/kansou/

ネパール語・カンボジア語・ラオス語版
日本語単語スピードマスター　INTERMEDIATE2500

令和３年（2021年）　９月10日　初版第１刷発行

著　者　倉品さやか
発行人　福田富与
発行所　有限会社　Jリサーチ出版
〒166-0002 東京都杉並区高円寺北 2-29-14-705
電話　03(6808)8801(代)　FAX　03(5364)5310
編集部　03(6808)8806
http://www.jresearch.co.jp
twitter 公式アカウント　@Jresearch_
https://twitter.com/Jresearch_
印刷所　株式会社シナノ パブリッシング プレス

ISBN 978-4-86392-527-4　

——音声ダウンロードのご案内——

STEP1. 商品ページにアクセス！　方法は次の 3 通り！

- QR コードを読み取ってアクセス。
- https://www.jresearch.co.jp/book/b587906.htmlを入力してアクセス。
- Jリサーチ出版のホームページ（https://www.jresearch.co.jp/）にアクセスして、「キーワード」に書籍名を入れて検索。

STEP2. ページ内にある「音声ダウンロード」ボタンをクリック！

STEP3. ユーザー名「1001」、パスワード「25274」を入力！

STEP4. 音声の利用方法は2通り！　学習スタイルに合わせた方法でお聴きください！

- 「音声ファイル一括ダウンロード」より、ファイルをダウンロードして聴く。
- ▶ボタンを押して、その場で再生して聴く。

※ダウンロードした音声ファイルは、パソコン・スマートフォンなどでお聴きいただくことができます。一括ダウンロードの音声ファイルは .zip 形式で圧縮してあります。解凍してご利用ください。ファイルの解凍が上手く出来ない場合は、直接の音声再生も可能です。

音声ダウンロードについてのお問い合せ先：toiawase@jresearch.co.jp(受付時間：平日 9 時～18 時)